행정학총서

한국도시행정학

—이론과 실제—

[제6판]

이 규 환 지음

法 文 社

제6판을 내면서

도시행정론의 성격과 연구범위를 밝히고자 나름대로 도시행정론의 발전단계와 조성과학까지 의욕적으로 규명해보고자 본서의 집필을 끝내면서 지난 1999년 8월 序文을 쓴지 어언간 15년의 세월이 흘렀다.

그 동안 우리나라는 집중적 도시화의 단계를 지나 선진국이 겪고 있는 분산적 도시화를 본격적으로 맞고 있는 교외화 현상도 나타나고 있으며 멀지 않은 장래에 역도시화 단계도 준비하지 않으면 안되는 도시사회가 될 것으로 전망되고 있다. 따라서 도시환경은 더욱 악화되어 도심부의 공동화현상이 도시 곳곳에 나타나고 있으며 도시 인구 감소와 더불어 인구의 노령화현상이 벌써 뚜렷하게 진행되는 면을 볼 수 있다. 이는 도시문제도 그 성격을 달라지게 할 것이다.

본서가 제5판을 내면서 부분적으로 많은 변화를 수용하면서 보완해 왔지만 지난 4~5년간 도시환경의 변화가 제6판을 내지 않을 수 없도록 하였다.

우선 2010년 각종 도시재정제도의 개혁으로 개정증보판을 내었지만 각종 통계자료의 update化 작업의 필요성과 더불어 도시행정의 질적 변화를 많이 반영시켰다.

또, 도시계획행정의 실제 편에서 도시계획시설의 설치·관리나 도시개발사업 시행의 보호, 도시계획의 수립과정과 기법 등 너무 실무적인 것은 과감히 삭제하였으며, 교통체계관리기법의 활용방안처럼 지나친 전문성을 제척하였다.

한편, 본서가 대학의 학부생들에게 한 학기 강의교재로는 벅찬면도 있었음을 알고 있었으면서도 필자로서는 어느 내용 하나 중요하지 않고 필요하지 않은 것이 없다는 학문적 욕심도 있었지만 이번 제6판을 내면서 과감히 삭제하여 총 30여 면에 가까운 지면을 줄일 수 있었다. 대개의 대학교과서의 경우 개정 증보판을 내면 분량이 늘어나는 것이 일반적인 현상인데 반해 이번 제6판에서는 한 학기 분량의 대학 강의교재로 맞춰 보려고 노력하였다.

본서가 초판 이래 15년 세월이 지나면서 도시환경변화에 부응코자 여섯번에 걸친 개정·수정 보완을 했지만 아직도 미흡한 점이 있음을 알고 있으며, 앞으로도 계속 더 좋은 저서가 될 수 있도록 연구·노력하여 보완할 것을 약속드리며, 도시행정학을 공부하는 여러분에게 본서가 도움이 되기를 바라마지 않는다.

이번 제6판을 내면서 자료수집에 큰 도움을 준 중앙대학교대학원 석·박사과정 재학생·수료생 여러분과 성당일과 집안일에 바삐 생활하면서도 본서의 교정·색인 작업에 수고해 준 아내에게 고맙다는 뜻을 이 지면을 통하여 전하고자 한다.

요즘 출판업계의 어려운 여건 가운데 제6판 출간을 기꺼이 받아주신 법문사의 사장님을 비롯한 임직원과 편집부 직원 여러분의 수고에 충심으로 감사의 말씀을 드리고자 한다.

2015년 11월

저 자 씀

제5판을 내면서

저자가 도시행정 분야를 핵심전공으로 하고 연구해온지 어언 30여년의 세월이 흘렀다. 학부에서 행정학을 전공하고 대학원에서 도시행정을 전공하여 이 분야에서 연구와 강의로 직장생활을 한지도 30여년이 되면서 최근 5년간처럼 도시 환경이 급속도로 변화하고 있는 것도 처음인 것 같다.

우리나라가 2000년대 진입하면서 그전 30~40여년간 나타났던 급속한 도시화는 이제 90% 수준에서 안정화되면서 도시행정이 그동안 양적인 변화에서 질적 내실화가 여러 분야에서 나타나고 있는 것은 여간 다행스러운 현상이 아닐 수 없다.

그 동안 수정・개정 또는 개정증보판을 여러번 내면서 도시환경 변화에 따라가는 통계처리의 업데이터화와 제도 변화의 반영이 중심이었다면 이번에는 물론 자료처리의 최신화도 있었지만 도시 행정의 질적 내실화를 많이 반영시킨 것이 본 제5판의 특징이라 할 수 있다.

본 제5판이 시대와 상황에 부응코자 노력하였으나 아직도 미흡한 점이 있음을 알고 있으며, 앞으로도 계속 더 좋은 저서가 될 수 있도록 연구・노력하여 보완할 것이며, 아무쪼록 본 제5판을 통해 도시행정을 공부하는 독자 여러분들에게 도움이 되기를 기원하는 바이다.

2011년 7월

저 자 씀

改訂增補版의 수정판을 내면서

지난 1999년 초판 이후 2000년에 와서 관련 법규의 개정으로 수정판을 낼 수밖에 없었고, 2004년 참여정부가 들어선 후 지방화·분권화가 한 때 국정의 최우선 과제로 대두되면서 도시행정에 밀접한 영향을 끼치는 각종 법률의 제정 및 개정으로 많은 제도의 변화가 생기면서 개정판을 낼 수밖에 없었다. 지난 2007년에는 도시행정의 수요측면에서 주민참여 및 통제제도의 획기적 변화와 도시행정의 공급 측면에서 도시정부의 자치조직권 및 자치행정권의 많은 변화로 인한 관련 내용의 수정이 불가피하였고, 각종 통계자료를 update화 시켰으며, 서명 또한 종전의 한국도시행정론에서 한국도시행정학으로 개명하면서 개정증보판을 낸 바 있다.

이런 수정과 보완을 거듭하는 과정에서도 미흡한 부분이 발견되고 한편으로 관련 법제의 개·폐로 또다시 수정판을 낼 수밖에 없었다. 특히, 주택법의 개정과 도시계획법이 도시개발법으로의 변경에 따른 각종 도시개발사업 내용의 변화를 가져왔고, 또한 국토의 계획 및 이용에 관한 법률의 개정으로 도시계획 내용의 중심이 되는 토지이용계획과 도시계획시설에 많은 변화를 가져 온 것에 대한 내용의 수정과 보완이 불가피할 수밖에 없었다. 따라서 본서의 제4편 도시계획행정의 실제 편이 많은 수정과 보완을 할 수밖에 없었고, 이에 따라 관계되는 내용의 추가와 삭제로 기존의 페이지조차 많은 변화가 있었다.

이러한 변화에 부응하는 과정에서 거듭 본서의 개정 및 수정이 잦아 독자의 번거로움을 끼쳐 죄송한 마음 그지없으며, 아무쪼록 수정·보완된 내용을 통해 도시행정을 공부하는 여러분에게 도움이 되기를 바라마지 않는다.

2009년 7월

저 자 씀

改訂增補版을 내면서

1999년 8월 초판을 출간한 후 2000년 새 즈믄 해를 맞아 도시행정과 관련된 많은 법령과 제도의 변화가 생겨 1년 만에 修訂版을 내고 그로부터 4년 만에 改訂版을 낸 후 3년 만에 다시 改訂增補版을 낼 수밖에 없는 것은 그동안 우리 사회가 얼마나 급속한 변화를 겪고 있는가를 나타내는 반증이기도 하다.

8년 전 필자는 도시행정현상을 다루는 분야가 독립된 학문으로서 성립될 수 있는가에 대한 해답을 얻고자 하는 것이 본서를 집필하게 된 동기라고 밝힌 바 있다. 도시행정학(municipal science) 또는 도시학(urbanology)이 독립된 학문으로 성립되기 위해서는 인접학문의 개별과학적 입장에 입각한 상호간의 연관성을 찾아야함은 물론, 무엇보다 보편성을 지닌 인식방법에 따라 도시행정理論(theory), 도시史(history) 및 도시政策(policy)을 도시행정학의 분과로 하여 고유한 영역을 정립하여야 함을 주장한 바 있었다.

여기서 도시행정이론은 도시행정현상을 因果關係로 포착하여 그것을 지배하고 있는 법칙성 내지 공통성을 밝히는 것이다. 그러나 사회과학에서 말하는 공통성·법칙성은 상대적인 것에 불과하다. 도시사회현상을 지배하고 있는 법칙성 내지 공통성도 동서고금을 통하여 적용될 수 있는 절대적인 법칙이 아니고 시간과 공간의 제약을 받는 상대적 법칙에 불과하다는 사실을 우리는 인정해야 할 것이다.

지난 7년간 우리나라 도시행정현상에는 많은 변화가 있었다. 국민의 정부에 이어 참여정부가 출범한 이래 정부혁신 및 지방분권 그리고 국가균형발전을 국정목표로 설정하면서 도시행정체제와 환경에 큰 변화가 생겼다.

먼저, 도시행정의 수요측면에서 지방분권화를 통해 중앙권한의 지방이양이 당초 기대에는 미흡하지만 자치권 신장에 큰 기여를 하였으며, 주민의 정치참여와 의사반영이 활발하게 되었다. 또한 지역경제의 성장은 지방재정의 신장을 가져왔지만 지역간 경제력 격차로 도시정부간의 재정적 불균형은 더욱 심화되었다. 특히 시민의식의 성숙으로 시민참여와 주민통제에 많은 변화가 있었다. 주민직접참정제도로서 조례의 제정 및 개폐청구권과 감사청구권 등 주민발안제 도입 이후 주민투표제와 관련된 절차법이 제정되었으며

(2004년), 주민소송제(2005년 도입, 2006년 시행)에 이어 주민소환제(2006년 도입, 2007년 시행)가 도입되었다.

다음, 도시행정의 공급측면에서 도시정부의 자치조직권과 자치행정권의 확대로 도시정부의 기능, 기구, 인력 및 재정제도와 관련법령에 많은 변화가 있었다. 특히 지방자치법령의 개정으로 2006년부터 지방의회의원이 명예직에서 유급직으로 전환되면서 회기일수가 도시정부의 조례로 자율화되었고, 2006년 지방교육자치법의 개정으로 교육·학예에 관한 기관인 교육위원과 교육감의 선출방식이 바뀌었을 뿐만 아니라 교육위원회가 시·도의회로 일원화되었다.

또한, 영국은 도시정부의 기관구성형태가 지금까지 기관통합형인 의회형 하나로만 설명하였으나 블레어(Tony Blair) 정부출범 이후 2000년부터는 도시정부의 기관구성형태를 다양화시켰으며, 특히 수도인 대런던청(Great London Authority)은 기관대립형으로 영국 역사상 처음으로 시장을 시민이 직선한 바 있다.

한편, 지방재정제도 역시 큰 변화가 있었다. 지방세인 종합토지세가 국세인 종합부동산세로 전환되었고, 지방양여금의 폐지와 지방교부세의 법정교부율이 인상되었으며, 지방공기업법의 개정으로 지방공기업의 당연적용사업의 축소와 행정자치부의 예산편성지침서 및 기채승인권의 자율화 등 지방재정제도 전반에 걸쳐 근본적인 변화가 생겼다. 그동안 본서에서 제외된 특별시와 광역시의 자치구의 재정조정제도인 조정교부금제도를 추가하였다.

이처럼 도시행정현상의 변화와 관련된 도시행·재정 내용의 수정·보완뿐만 아니라 각종 통계자료를 update하였다. 따라서 모든 통계자료를 가능한 한 2007년 7월 현재기준으로 하였으며, 불가피한 경우 2005년 기준으로 대체하고 내용을 보완하였다.

그러나 수정·보완의 탈고를 하고 나니 여전히 미완성에 대한 아쉬움이 남는다. 서명을 한국도시행정론에서 한국도시행정학으로 개명하면서 독자로부터 어떤 평가를 받을지도 염려가 되는 바이다. 또한 각종이론, 제도, 법령, 통계자료의 수정·보완 등으로 본서를 개정하는 순간, 이미 그것은 새로운 것이 아니라 조만간 낡은 것으로 전락하고 만다는 조바심을 느끼면서 제2改訂增補版의 서문이 걱정된다.

그동안 본서에 대하여 깊은 관심을 가져주고 수정·보완해야 할 부분과 내용에 대한 고견을 준 전국의 지방자치학회·도시행정학회 회원인 동료 교수님들께 감사의 말씀을 드리며, 아울러 자료수집에 큰 도움을 준 중앙대학교 대학원 행정학과 박사과정, 석사과정 및 행정대학원 석사과정 재학생 여러분께도 고마움을 잊을 수가 없다.

출판업계의 어려운 여건 가운데 改訂增補版의 출간을 맡아주신 법문사의 사장님을 비롯한 임원과 김영훈 차장 그리고 편집부 직원 여러분의 수고에 충심으로 감사의 말씀을 드리는 바이다.

2007년 7월 28일
확 트인 창문을 통해 유유히 흐르는 한강을 내려다보면서
흑석동 연구실에서

저 자 씀

改訂版을 내면서

도시행정론의 修訂版을 내면서 밝혔듯이 도시행정현상은 정치·경제·사회적 환경변화뿐만 아니라 중앙정부의 국가시책이나 법률·제도의 변화와 밀접한 관계를 갖고 있기에 본 한국도시행정론 初版이 나온지 불과 1년만에 修訂版을 내었고, 修訂版이 나온지 불과 3년만에 이렇게 改訂版을 낼 수밖에 없는 것은 그 동안 우리 사회가 겪고 있는 지방화·분권화·정보화의 거대한 물결이 이제는 미봉적인 修訂으로서는 감당하기 어려운 단계에 도달했기 때문이다.

참여정부가 들어선 후 지방화·분권화가 국정의 최우선과제가 되면서 도시행정과 밀접한 영향을 미치는 각종 법률의 제정 및 개정과 제도의 변화가 많았다. 특히 도시계획의 결정권자가 종전의 건설교통부장관에서 특별한 경우를 제외하고는 원칙적으로 시·도지사로 이양되면서 관련된 제도의 많은 변화를 가져왔다. 즉 「도시계획법」의 대폭적인 변화와 「도시개발법」과 「개발제한구역의 지정 및 관리에 관한 특별조치법」의 제정, 「도시재개발법」·「도시저소득주민 주거환경개선을 위한 임시조치법」·「주택건설촉진법」 등 3개 법률이 「도시 및 주거환경정비법」으로 통합·제정되면서 도시행정과 관련된 많은 제도의 변화는 결국 改訂版을 낼 수밖에 없었다.

또한 각종 통계자료의 낙후성을 그대로 두고 최근 수년간 본 한국도시행정론이 版을 거듭하여 새로이 인쇄되어 나올 때마다 독자들에게 항상 송구스러운 생각을 금할 수 없었던 저자로서는 개정판의 출간으로 다소 위안을 얻을 수 있으나 아직도 미흡한 점이 없지도 않다. 따라서 앞으로도 계속 더 좋은 著書가 되도록 연구·노력할 것이며, 기회가 닿는대로 최신정보나 충분한 자료를 활용하여 지속적으로 수정·보완할 것임을 기약하는 바이다.

아무쪼록 이 개정판이 보다 한국에서의 도시행정을 연구·공부하는 독자 여러분에게 도움이 되기를 바라마지 않는다.

2004년 1월

저 자 씀

修訂版을 내면서

도시행정론의 학문적 성격과 연구대상에서 밝혔듯이 도시행정현상은 정치·경제·사회적 환경변화 뿐만 아니라 중앙정부의 국가시책이나 법률·제도의 변화와 밀접한 함수관계에 있다. 특히 우리 나라 행정은 「뉴 밀레니엄」을 맞아 새로운 환경에 부응하고 무한국제경쟁시대에 국가경쟁력을 제고하고자 많은 시행착오를 거듭하면서도 개혁 지향적 행보를 늦추지 않고 있다. 국민의 정부가 들어선 후 중앙정부의 3차 구조조정 뿐만 아니라 지방정부 역시 지속적인 개혁을 진행하고 있다.

이와 같은 개혁 지향적인 환경변화에 따라 지난 연말을 전후하여 지방행정과 밀접한 영향을 미치는 각종 법률의 개정과 제도의 변화가 있었다. 즉, 「지방자치법」, 「지방재정법」, 「지방세법」, 「지방교부세법」, 「도시계획법」, 「도시저소득주민 주거환경 개선을 위한 임시조치법」 등의 개정을 비롯하여 2000년 7월에 「수도권 매립 공사」의 설립으로 「수도권 매립지 운영관리조합」이 폐지됨으로써 광역행정체제의 변화가 있었다.

이상과 같은 도시행정관련 법규 및 제도의 변화를 반영하여 「한국도시행정론」의 내용의 일부를 수정·보완하였다.

2000년 7월

저 자 씀

序　文

오늘날 도시는 국가발전의 원천지 또는 변화의 중심지로 한 국가의 발전과정에서 차지하는 정치·경제·사회·문화적 비중은 더욱 더 증대되고 있다.

그럼에도 불구하고 도시문제와 도시행정에 대한 연구대상과 방법론은 아직도 독립된 학문적 영역과 체계가 정립되지 못하고 있는 것이 우리의 현실이다. 이러한 문제의 인식과 더불어 도시행정에 대한 이론과 실제를 학문적 접근방법에 맞게끔 고찰하기 위하여 지난 1990년 「都市行政論」을 출간한 이후 내용과 자료를 보완하여 全訂版으로 본서를 집필하게 되었다.

본서의 연구대상은 도시행정의 수요·공급이라는 관점에서 그 내용을 고찰하였다. 즉, 도시행정의 수요자로서의 행정변수는 중앙정부와 지역주민 그리고 정치·경제·사회적 여건이라는 행정환경으로 보았고, 도시행정의 공급자로서의 행정변수는 조직(기관구성, 계층구조, 구역, 기구)과 기능 및 인력 그리고 재정이라는 행정체제로 보았으며, 도시행정의 수요·공급의 산출로서 나타나는 '생활의 질'과 '행정의 수준'을 결정짓는 주요수단으로 도시계획을, 주요내용으로 주택·교통·급수·쓰레기 처리를 도시행정의 실제로 보았다.

이러한 도시행정내용을 고찰함에 있어서 채택한 연구방법은 다음과 같다.

먼저, 도시행정현상에 대한 記述과 說明은 가급적 실증적·분석적으로 고찰하도록 노력하였고, 도시행정과제의 해결방안을 모색함에 있어서는 규범적·당위적인 고찰도 동시에 수행함으로써 도시발전과 주민복지증진이라는 변동대응능력을 유도하도록 하였다. 이는 우리 나라의 도시행정의 주요목표는 발전행정능력의 향상에 있으므로 이를 따로 떼어 고찰하지 않고 모든 면을 발전론적 접근방법으로 고찰·평가하고자 하는데서 기인한 것이다.

다음, 도시행정연구의 이론체계화를 위하여 도시행정의 제약조건으로 작용하는 도시행정환경으로서 크게 중앙정부의 국가시책과 주민의 기대욕구 그리고 정치·경제·사회적 상황 등 세 가지의 변수로 보고 이들간의 상호관련성을 이해하고 설명·기술하기 위하여 체제론적 및 생태론적 접근방법을 활용하였으며, 도시정부의 행정활동의 주체인 도시행정체제를 고찰함에 있어서는 비교론적 접근방법을 통하여 가능한 한 선진외국의 그것과 우리나라의 도시행정체제를 비교·고찰하여 우리 나라 도시행정발전방안을 모색하는 데 참고하였다.

필자는 지난 20년 가까이 도시 및 지방행정분야에서 연구와 정책형성에 참여하고 지방행정연수원과 대학에서 강의한 경험을 살려 나름대로 우리 나라 현실에 맞는 이론체계와 역사를 고찰하고, 실태분석을 통해 문제점을 도출하여 그 발전방안이라는 정책대안까지 제시하고자 노력하였다.

그러나 워낙 淺學菲才한 필자로서는 아직 성숙되지도 않은 학문분야를 체계화해보려는 의욕만 앞서서 이론구성이나 현상의 설명·기술에서 그리고 정책대안에서 미숙하고 부족한 점이 많은 것으로 생각한다. 앞으로 꾸준한 연구와 독자여러분의 지도·편달을 통하여 지속적으로 수정·보완해 나갈 것이다.

본서가 변변치 않으나마 도시행정론을 연구하는 학도나 실무자 또는 수험생들에게 조금이나마 도움이 될 수 있다면 저자로서 보람이 아닐 수 없다.

본서를 출판함에 있어서 감사를 드려야 할 여러분이 있다. 특히 필자가 오늘이 있기까지 학문적 지도와 후원으로 발전의 터전을 닦아주신 중앙대학교의 김규정 명예교수님과 한영환, 구광모 교수님 그리고 서울대학교의 노융희 명예교수님과 김안제, 최상철 교수님께 평생 잊지 못할 감사를 드리고자 한다. 또한 오랜 친구이자 언제나 좋아하는 畏友 최찬환(서울시립대), 이재성·이주희(국가전문행정연수원)교수의 우의를 고맙게 생각한다. 아울러 본서가 완성되기까지 자료수집에 많은 도움을 준 중앙대학교 대학원 행정학과 박사과정·석사과정에 재학중인 여러분과 워드·교정·색인작업에 수고해준 제자 한승효군에게 고마움을 잊을 수가 없다.

또한 변변치 않은 원고를 「한국지방행정론」에 이어 맡아 준 법문사 배효선 사장님을 비롯하여 관계자 여러분에게도 감사를 드리고자 한다.

끝으로 본서를 위해 표지의 題字와 그림을 직접 그려준 아내에게 고맙다는 뜻을 이 지면을 통하여 전하고자 한다.

1999년 8월 유유히 흐르는 한강을 바라보며
흑석동 연구실에서

저 자 씀

차　　례

제 1 편　도시행정의 일반이론

제 1 장　도시행정론의 성격과 연구범위 (3~39)

제 1 절　도시행정론의 성격 ······ 3

Ⅰ. 도시행정론의 성립배경　3

Ⅱ. 도시행정의 학문적 성격　4

Ⅲ. 도시행정론의 연구분과　7

제 2 절　도시행정론의 발전단계와 조성과학 ······ 9

Ⅰ. 도시문제연구의 발전단계　9

Ⅱ. 도시행정론의 조성과학　11

1. 도시지리학적 이론　11
2. 생태학적 이론　14
3. 사회학적 이론　16
4. 사회병리학적 이론　17
5. 경제학적 이론　19
6. 도시계획론적 이론　20
7. 인간정주론적 이론　21

제 3 절　도시행정론의 연구대상과 방법 ······ 22

Ⅰ. 도시행정론의 연구대상과 범위　22

1. 도시행정의 기초이론 분야　23
2. 행정수요자로서의 행정환경 분야　24
3. 행정공급자로서의 도시행정체제분야　26
4. 도시행정의 실제　28

Ⅱ. 도시행정론의 연구방법　31

1. 생태론적 접근방법(Ecological Approach)　32
2. 체제론적 접근방법(System Approach)　34
3. 비교론적 접근방법(Comparative Approach)　35
4. 발전론적 접근방법(Development Approach)　36

제 2 장　도시행정의 본질 (40~57)

제 1 절　도시행정의 의의 ······ 40

Ⅰ. 도시행정의 개념　40

Ⅱ. 도시행정의 특징　41

제 2 절 도시행정의 존재형태와 이념 …… 45
Ⅰ. 도시행정의 존재형태 45
1. 존재형태의 유형 45
2. 자치적 도시행정과 관치적 도시행정 46
Ⅱ. 도시행정의 이념 49
1. 도시행정이념의 의의 49
2. 도시행정이념의 내용 50
3. 이념간의 우선순위 56

제 3 장 도시 및 도시화의 본질 (58~94)

제 1 절 도시의 의의 …… 58
Ⅰ. 도시의 개념 58
Ⅱ. 도시의 구성요소와 기준 60
1. 도시의 구성요소 60
2. 도시의 기준 61
Ⅲ. 도시의 특징 64
Ⅳ. 도시의 유형 66
1. 계층적 분류 66
2. 구조적 분류 68
3. 기능별 분류 70
4. 법제적 분류 72
5. 시책적 분류 74
6. 「에키스틱스」(Ekistics)적 분류 77
제 2 절 도시화의 의의 …… 80
Ⅰ. 도시화의 개념 80
1. 도시화의 정의 80
2. 도시화의 제입장 81
Ⅱ. 도시화의 요인 84
1. 도시화의 직접적 요인 84
2. 도시화의 간접적 요인 87
Ⅲ. 도시화의 양상과 단계 88
1. 도시화의 유형 88
2. 도시화의 지표 89
3. 도시화의 단계 91

제 4 장 도시화와 도시문제 (95~118)

제 1 절 한국 도시화의 추세 …… 95
Ⅰ. 근대도시의 효시 95
Ⅱ. 도시화의 변천 98
Ⅲ. 서울의 종주성 100
제 2 절 한국의 도시화와 공간구조변화 …… 102
Ⅰ. 도시화의 변화 102

Ⅱ. 도시화시대의 의미와 시사 103
Ⅲ. 도시별 성장추세 107
Ⅳ. 도시간 계층구조의 변화 107
1. 대도시인구의 집중심화 107
2. 인구규모별 도시변화 109
Ⅴ. 도시내부공간구조의 변화 110

제 3 절 도시화와 도시문제 ······ 111
Ⅰ. 도시생활환경상의 문제 113
1. 도시 주택난 113
2. 도시 교통난 113
3. 도시 급수난 114
4. 도시 쓰레기 처리난 114
Ⅱ. 도시 사회병리문제 115
Ⅲ. 국토의 불균형발전 116
Ⅳ. 도시재정부담의 과중 118

제 2 편 도시행정수요와 행정환경

제 1 장 도시정부와 행정여건과의 관계 (121~132)

제 1 절 도시행정과 행정여건변화 ······ 121
Ⅰ. 도시행정과 환경체계 121
Ⅱ. 장래행정여건의 변화전망 122
1. 변화전망의 대상 122
2. 행정여건의 변화전망 123

제 2 절 행정여건변화와 행·재정수요 ······ 128
Ⅰ. 행정여건변화와 도시행정수요 128
1. 인구변화와 행정수요 128
2. 국토여건변화와 행정수요 128
3. 경제산업여건변화와 행정수요 129
4. 사회적 여건변화와 행정수요 130
5. 정치·행정여건변화와 행정수요 130
Ⅱ. 행정여건변화와 도시재정수요 131

제 2 장 도시정부와 국가와의 관계 (133~167)

제 1 절 중앙집권과 지방분권 ······ 133
Ⅰ. 중앙집권과 지방분권의 본질 133
1. 중앙집권과 지방분권의 개념 133
2. 중앙집권과 지방분권의 비교 134
Ⅱ. 신중앙집권화와 신지방분권화 137
1. 신중앙집권화 경향 138
2. 신지방분권화 경향 139

Ⅲ. 지방자치단체에 대한 중앙통제 140
1. 중앙통제의 의의 140
2. 우리나라의 중앙통제 방식 141
3. 중앙통제의 한계와 방향 144

제2절 도시정부의 자치권 ………… 146

Ⅰ. 자치권의 의의 146
1. 고유권설 146
2. 전래권설·국권설 147
3. 제도적 보장설 147

Ⅱ. 자치입법권 148
1. 자치입법권의 의의 148
2. 자치법규의 범위 148

Ⅲ. 자치조직권 150
1. 자치조직권의 의의 150
2. 자치조직권의 범위 150
3. 미국 도시정부의 자치조직권 151

Ⅳ. 자치행정권 153
1. 자치행정권의 의의 153
2. 자치행정권의 범위 154

Ⅴ. 자치재정권 155
1. 자치재정권의 의의 155
2. 자치재정권의 내용 155

제3절 국가와 도시정부간의 기능배분 ………… 156

Ⅰ. 기능배분의 의의 156

Ⅱ. 국가와 도시정부간의 기능배분의 본질 157
1. 기능배분의 원칙 157
2. 기능배분의 기준 159

Ⅲ. 국가와 도시정부간 기능배분의 현황과 문제점 162
1. 기능배분의 현황 162
2. 기능배분의 문제점 165

Ⅳ. 국가와 도시정부간 기능배분의 발전방향 166
1. 중앙행정권한의 지방이양 확대 166
2. 중앙과 지방간의 기능재정립 167

제3장 도시정부와 주민과의 관계 (168~204)

제1절 주민통제의 본질 ………… 168

Ⅰ. 주민통제의 의의 168
1. 주민통제의 개념 168
2. 주민통제의 방법 169

Ⅱ. 주민의 직접참정제도 170
1. 주민발안 171
2. 주민투표 171
3. 주민소환 171

제2절 주민참여의 본질 ………… 172

Ⅰ. 주민참여의 의의 172

1. 주민참여의 개념 172 2. 주민참여의 필요성 173
Ⅱ. 주민참여의 기능과 효과 174
1. 주민참여의 기능 174 2. 주민참여의 효과 177
3. 주민참여의 단계 178
Ⅲ. 주민참여의 방법 181
1. 외국의 주민참여방법 182 2. 한국의 주민참여방법 185
제 3 절 도시개발에 있어서의 주민참여 ········· 188
Ⅰ. 주민참여의 현황과 문제점 188
1. 계획과정상의 참여실태와 문제점 188
2. 개발사업주체로서의 참여실태와 문제점 189
Ⅱ. 주민참여의 활성화 방안 190
1. 개발계획 과정상 참여 활성화 190
2. 개발사업 주체로서의 참여 활성화 194
제 4 절 개발계획 수행과정에서의 주민참여모형 ········· 196
Ⅰ. 주민참여에 관한 이론모형 196
Ⅱ. 확정단계에서의 주민참여모형 199
Ⅲ. 집행단계에서의 주민참여모형 201
1. 집행과정에서의 주민참여 201 2. 바람직한 주민참여모형 202
Ⅳ. 평가단계에서의 주민참여모형 203
1. 평가과정에서의 주민참여 203 2. 바람직한 주민참여모형 204

제 3 편 도시행정의 관리와 공급체제

제 1 장 도시정부의 기관구성 (207~235)
제 1 절 도시자치단체의 본질 ········· 207
Ⅰ. 도시자치단체의 의의 207
1. 법인으로서의 도시자치단체 208
2. 공공단체로서의 도시자치단체 208
3. 지역단체로서의 도시자치단체 209
4. 자치권의 보지자로서의 도시자치단체 209
Ⅱ. 도시자치단체의 종류 209
1. 보통지방자치단체로서의 도시정부 209
2. 특별지방자치단체로서의 도시정부 211
제 2 절 도시자치단체의 기관구성형태 ········· 212

Ⅰ. 기관통합형(의회형) 213
1. 영국의 의회형 213
2. 미국의 위원회형 214
3. 기관통합형의 장·단점 214
Ⅱ. 기관대립형(수장형) 215
1. 집행기관 직선형 216
2. 집행기관 간선형 219
3. 집행기관 임명형 221
Ⅲ. 절충형(참사회형) 223
1. 「네델란드」와 「벨기에」의 시·읍·면 참사회 223
2. 「스웨덴」의 시·읍·면 참사회 224
3. 「덴마크」의 시참사회 224
4. 「스위스」의 시·읍·면 참사회 224
5. 독일의 의회·참사회 224
6. 의회·참사회형의 장·단점 225
제 3 절 도시자치단체의 기관 ······ 225
Ⅰ. 도시자치단체의 의결기관 225
1. 시의회의 권한 225
2. 시의회의 조직 및 운영 228
Ⅱ. 도시자치단체의 집행기관 229
1. 시장의 지위와 권한 229
2. 시장의 행정기관 232
Ⅲ. 시의회와 시장과의 관계 233
1. 시의회의 시장에 대한 관계 233
2. 시장의 시의회에 대한 관계 234

제 2 장 도시정부의 행정기능 (236~253)

제 1 절 도시행정기능의 본질 ······ 236
Ⅰ. 도시행정기능의 의의 236
1. 도시행정기능의 개념 236
2. 도시행정기능의 종류 236
Ⅱ. 도시행정기능의 내용 239
1. 주민복지증진기능 239
2. 산업진흥기능 240
3. 지역개발기능 241
4. 교육문화기능 242
5. 보안적 기능 242
6. 일반행정관리기능 243
제 2 절 도시정부의 기능배분 현황과 문제점 ······ 244
Ⅰ. 기능배분의 실태 244
1. 세출구조별 기능배분 244
2. 사무성격별 기능배분 245
Ⅱ. 기능배분의 문제점 247
1. 세출기능상의 문제점 247
2. 사무배분상의 문제점 248
제 3 절 도시정부의 행정기능 정립 ······ 250

Ⅰ. 도시개발행정기능의 모색　250
1. 경제성장을 촉진시키는 기능　250　　2. 사회복지증진을 위한 기능　251
3. 지방적 공간개발을 위한 기능　251
4. 「레저」(leisure)수요를 충족시키기 위한 기능　251
5. 연계와 조화를 확보하기 위한 기능　252
Ⅱ. 도시행정기능상 발전방향　252

제 3 장　도시정부의 계층구조와 자치구역 (254~269)

제 1 절　계층구조와 자치구역의 본질 ……… 254
Ⅰ. 계층구조의 의의　254
1. 단층제의 장·단점　255　　2. 2층제의 장·단점　256
3. 단층제와 2층제의 상호관계　257
Ⅱ. 자치구역의 의의　258
1. 행정기능과의 관계　259　　2. 계층구조와의 관계　259
3. 행정이념과의 관계　259　　4. 광역행정과의 관계　260
제 2 절　계층구조와 자치구역의 현황과 문제점 ……… 260
Ⅰ. 계층구조의 실태와 문제점　260
1. 계층구조의 실태　260　　2. 계층구조의 문제점　261
Ⅱ. 자치구역의 실태와 문제점　263
1. 자치구역의 실태　263　　2. 자치구역의 문제점　265
제 3 절　계층구조와 자치구역의 발전방향 ……… 267
Ⅰ. 개편의 필요성　267
Ⅱ. 계층구조와 자치구역 정립　268

제 4 장　도시정부의 기구와 인력 (270~281)

제 1 절　도시정부 기구와 인력의 의의 ……… 270
Ⅰ. 도시정부 기구의 의의　270
Ⅱ. 지방공무원제도의 의의　271
1. 경력직 공무원　271　　2. 특수경력직 공무원　272
제 2 절　도시정부기구와 인력의 현황과 문제점 ……… 272
Ⅰ. 도시정부의 기구실태　272
1. 시장의 보조기관　272　　2. 시장의 소속행정기관　275
3. 시장의 하부행정기관　275
Ⅱ. 도시정부의 인력실태　275

Ⅲ. 도시정부의 기구와 공무원제도의 문제점 277
제 3 절 도시정부의 기구와 인력의 발전방향 ······ 279
Ⅰ. 개편의 필요성 279
1. 장래의 행정환경적 여건에 부응하는 행정기구와 공무원 279
2. 주민의 복지와 지역개발을 촉진하는 행정기구와 공무원 279
Ⅱ. 기구와 인력의 발전방향 279
1. 도시정부의 조직·기구 279 2. 도시정부의 인력 280

제 5 장 도시정부의 재정 (282~337)

제 1 절 도시재정제도와 예산 ······ 282
Ⅰ. 도시재정의 본질 282
Ⅱ. 도시재정의 세입·세출구조 285
1. 도시재정의 세입구조 285 2. 도시재정의 세출구조 286
Ⅲ. 도시재정의 현황 288
1. 중앙정부의 재정규모 288 2. 국가재정과 지방재정의 비교 289
3. 지방정부의 재정규모 291 4. 도시재정의 세입구조실태 292
5. 도시정부의 세출구조실태 295
제 2 절 도시정부의 수입 ······ 298
Ⅰ. 시세수입 298
1. 시세의 의의 298 2. 시세제의 문제점 300
3. 시세의 발전방향 302
Ⅱ. 세외수입 303
1. 세외수입의 의의 303 2. 세외수입의 문제점 304
3. 세외수입의 발전방향 306
Ⅲ. 지 방 채 309
1. 지방채의 의의 309
2. 지방채 운용의 문제점과 발전방향 310
Ⅳ. 지방교부세 311
1. 지방교부세의 의의 311 2. 지방교부세의 문제점 313
3. 지방교부세의 발전방향 314
Ⅴ. 국고보조금 315
1. 국고보조금의 의의 315 2. 국고보조금의 문제점 316
3. 국고보조금의 발전방향 317
Ⅵ. 조정교부금 318
1. 조정교부금의 의의 318 2. 조정교부금의 문제점 319
3. 조정교부금의 발전방향 320

제 3 절 도시정부의 지출 ······ 321
Ⅰ. 도시정부의 예산과정 321
1. 예산의 편성 321
2. 예산의 심의 322
3. 예산의 집행 324
4. 결 산 327
Ⅱ. 합리적 재정지출방안 329
1. 도시재정의 계획적 운용 329
2. 경비지출의 효율화 331
3. 재정운용제도의 기본적 '틀' 333
Ⅲ. 도시재정운용 개선을 위한 전략 334
1. 감축관리(cut-back management) 334
2. 공공재(public goods)의 범위조정 335
3. 수익자부담(user charges) 336
4. 일몰법(Sunset Act) 도입 336

제 6 장 도시권의 광역행정체제 (338~358)

제 1 절 광역행정의 의의 ······ 338
Ⅰ. 광역행정의 개념 338
Ⅱ. 광역행정의 촉진요인 339
Ⅲ. 광역행정체제의 일반적 유형 340
1. 협조형식의 행정체제 341
2. 단일정부형식의 행정체제 341
3. 특별구형식의 행정체제 342
4. 연합체형식의 행정체제 343
제 2 절 광역행정처리의 현황과 문제점 ······ 345
Ⅰ. 광역행정처리의 현황 345
1. 구역재편성 방법 345
2. 사무위탁제도 346
3. 행정협의회제도 347
4. 지방자치단체조합 349
Ⅱ. 광역행정처리의 문제점 350
1. 관할구역의 다양화 문제 350
2. 도시권개발의 문제 352
제 3 절 광역행정체제의 발전방향 ······ 353
Ⅰ. 현행제도의 개선방안 353
1. 사무위탁의 활성화 353
2. 행정협의회의 효율화 354
3. 지방자치단체조합의 활성화 355
Ⅱ. 새로운 광역행정체제의 모색 357

제 4 편 도시계획행정의 실제

제 1 장 도시계획의 본질 (361~377)

제 1 절 도시계획의 발달 …… 361

Ⅰ. 계획의 일반이론 361
1. 계획의 개념 361 2. 계획의 분류 362
Ⅱ. 도시계획의 발달 365
1. 외국의 도시계획 발달 365 2. 우리나라 도시계획 발달 366
Ⅲ. 조선시가지 계획령 367
1. 조선시가지계획령의 제정배경 367 2. 조선시가지계획령의 내용 369
Ⅳ. 도시계획의 의의 372
1. 현행 도시계획의 내용 372 2. 도시계획의 기능과 특징 374
3. 도시계획의 위치 및 체계 376

제 2 장 도시계획의 내용 (378~398)

제 1 절 토지이용계획 …… 378

Ⅰ. 토지이용계획과 지역지구제 378
Ⅱ. 용도지역의 종류와 지정목적 379
1. 도시지역 379 2. 비도시지역 380
Ⅲ. 용도지구의 종류와 지정목적 381
Ⅳ. 용도구역의 종류와 지정목적 384
Ⅴ. 용도지역, 지구, 구역 상호간의 관계 385
1. 지역상호간의 관계 385 2. 지역과 지구와의 관계 385
3. 지구상호간의 관계 385 4. 구역과 지역·지구와의 관계 385

제 2 절 도시계획시설 …… 386

Ⅰ. 도시계획시설의 개념 386
Ⅱ. 도시계획시설의 종류 387
1. 도시계획시설 관련법상의 기반시설 387
2. 기반시설의 세분 388

제 3 절 도시개발사업 …… 389

Ⅰ. 도시개발사업의 개념 389
1. 도시개발사업의 목적 및 정의 389 2. 법률의 연혁 389
Ⅱ. 도시개발사업의 시행 390
1. 도시개발구역의 지정 390 2. 도시개발계획의 내용 391

3. 도시개발사업의 시행 391
제 4 절 도시관리계획의 결정절차 ···································· 394
Ⅰ. 도시관리계획의 입안 394
1. 입안권자 394
2. 주민의견 청취 394
3. 상위계획과의 관계 395
Ⅱ. 도시관리계획의 결정 395
1. 도시관리계획의 결정권자 395
2. 도시관리계획의 결정절차 395

제 5 편 도시행정의 실제

제 1 장 도시의 주택문제 (401～430)

제 1 절 도시주택문제의 본질 ···································· 401
Ⅰ. 도시주택의 의의 401
1. 주택의 개념 401
2. 주택의 기능 402
3. 주택문제의 제기 404
Ⅱ. 도시주택난의 요인 406
1. 주택의 수요측면 406
2. 주택의 공급측면 408
제 2 절 도시주택난의 현황과 문제점 ···································· 411
Ⅰ. 양적 측면에서의 주택난 411
Ⅱ. 질적 측면에서의 주택문제 412
제 3 절 도시주택난의 해결방안 ···································· 414
Ⅰ. 도시주택난의 해결방안 414
1. 도시주택정책의 기본방향 414
2. 주택난에 대한 대책 415
Ⅱ. 택지개발촉진 방안 425
1. 택지개발의 유형 425
2. 택지개발촉진 방안 427

제 2 장 도시의 교통문제 (431～462)

제 1 절 도시교통문제의 본질 ···································· 431
Ⅰ. 도시교통의 의의 431
1. 도시교통의 개념 431
2. 도시교통의 특성 432
3. 도시교통의 분류 433
Ⅱ. 도시교통난의 의의 435
1. 도시교통난의 개념 435
2. 도시교통난의 사회적 비용 436

제 2 절　도시교통난의 현황과 원인 ······ 437
Ⅰ. 도시교통난의 실태　437
1. 도시교통의 일반적 현황　437　　2. 수도권의 교통현황　441
Ⅱ. 도시교통난의 가중요인　443
제 3 절　도시교통난의 해결방안 ······ 449
Ⅰ. 교통난 해결을 위한 기본방향　449
Ⅱ. 도시교통난 해결방안　450
1. 교통수요 억제대책　450　　2. 교통공급증대 대책　453
3. 교통관련제도의 개선　457　　4. 종합교통정보체계의 구축　459
5. 교통계획의 종합화　460

제 3 장 도시의 급수문제 (463~483)

제 1 절　도시상수도 문제의 본질 ······ 463
Ⅰ. 도시상수도의 의의　463
1. 도시시설로서의 상수도　463　　2. 도시상수도문제의 내용　464
Ⅱ. 상수도시설의 설치 및 유지·관리　465
1. 상수도시설 계획　465　　2. 상수도시설의 유지관리　467
제 2 절　도시급수난의 현황과 문제점 ······ 469
Ⅰ. 도시상수도의 실태　469
1. 도시상수도 현황　469　　2. 우리나라 수자원 현황　471
Ⅱ. 도시급수난의 가중요인　472
제 3 절　도시급수난의 해결방안 ······ 477
Ⅰ. 급수난 해결을 위한 기본방향　477
Ⅱ. 도시급수난 해결방안　478
1. 도시급수행정의 제도개선　478　　2. 도시급수시설의 관리개선　479

제 4 장 도시의 쓰레기 처리문제 (484~507)

제 1 절　도시 쓰레기문제의 본질 ······ 484
Ⅰ. 도시 쓰레기의 의의　484
1. 도시 쓰레기의 개념　484　　2. 쓰레기 처리의 주체　486
3. 생활쓰레기의 변천과정　487
Ⅱ. 도시 쓰레기의 발생과정　488
1. 쓰레기의 발생특성　488　　2. 쓰레기 수거방법　489

3. 쓰레기 처리방법 490

제 2 절 도시 쓰레기 처리현황과 문제점 ······ 491

Ⅰ. 도시 쓰레기의 처리현황 491

1. 쓰레기 발생실태 491
2. 쓰레기 수거 및 운반실태 494
3. 쓰레기 처리실태 495

Ⅱ. 도시 쓰레기처리의 문제점 496

1. 쓰레기 발생특성과 관련된 문제 496
2. 수거운반과 관련된 문제 496
3. 환경오염과 관련된 문제 497

제 3 절 도시 쓰레기의 효율적 처리방안 ······ 499

Ⅰ. 쓰레기 처리개선을 위한 기본방향 499

Ⅱ. 쓰레기 처리의 개선방안 500

1. 쓰레기 발생과 관련된 개선책 500
2. 수거·운반과 관련된 개선책 503
3. 환경오염과 관련된 개선책 504
4. 쓰레기의 자원화방안 506

참고문헌 ······ 509

색 인 ······ 523

제 1 편

都市行政의 一般理論

제 1 장 都市行政論의 性格과 研究範圍
제 2 장 都市行政의 本質
제 3 장 都市 및 都市化의 本質
제 4 장 都市化와 都市問題

제 1 장　都市行政論의 性格과 硏究範圍

제 1 절　都市行政論의 性格

Ⅰ. 都市行政論의 成立背景

도시행정에 대한 연구가 새로운 학문의 한 영역으로서 우리의 관심을 끄는 근본적인 이유는 한 국가에 있어서 도시가 정치·경제·사회·문화의 발전과정에서 차지하는 비중이 더욱 더 커지고 있다는 데서 찾아 볼 수 있다.

歐美諸國의 경우 18세기 중엽부터 본격적으로 시작된 산업혁명은 공업화와 더불어 「도시혁명」으로 지칭될 만큼 도시발전을 이루어 왔었다. 특히, 산업입지(industrial location)의 결정인자인 노동력, 시장, 자본, 쇄신성의 확보가 도시에서 더욱 유리하므로[1] 집적의 이익(agglomeration effect)은 도시 중심으로 나타났으며, 도시발전은 교통·통신의 발달, 제조업의 기계화 및 공업생산력의 증대를 촉진시켜 국가발전에 지대한 영향을 미쳤다.[2]

그러나 이러한 발전 과정에서 발생한 과대도시화(Hyper Urbanization)는 주택난, 교통난, 급수난, 환경오염, 「오픈 스페이스」(open space)의 부족, 무질서한 시가지 확산(sprawl) 등과 같은 도시생활환경의 악화라는 부산물을 초래하게 되었다.

한편, 우리나라는 그동안 7차례에 걸친 경제발전 5개년 계획(1962~1996

1) David M. Smith, *Industrial Location: An Economic Geographical Analysis*(New York: John Wily & Sons, Inc., 1971), pp. 32~57.

2) 李圭煥, "都市行政論의 學問的 性格과 研究對象," 「都市行政研究」 第10集(서울 市立大學校, 1995), p. 41.

년)의 수행으로 경제부문은 동 기간중 연평균 7~8% 수준의 높은 성장률을 기록함과 더불어 총인구의 90%에 가까운 국민이 市級都市에 거주하는 도시화를 보였다. 이로써 우리나라는 현대산업사회가 지니는 사회제도, 기대수준, 가치 등의 특징을 도처에서 찾아볼 수 있게 되었을 뿐만 아니라 국토공간에 있어서도 도시와 농촌의 양분법이 크게 퇴색할 정도로 양자간의 접근현상을 볼 수 있게 되었다.

그러나 지난 수십년 동안 경제발전을 위해 채택한 불균형성장전략의 지속적인 추진은 여러 분야에서 많은 갈등을 초래하였던 것도 사실이다. 국토전체를 놓고 볼 때 형평성에 입각한 균형발전, 생활의 질의 향상, 생태계 파괴의 사전적 예방, 환경오염의 극소화 등 만만치 않은 과제들이 개발정책의 전면에 나서야 할 필요성을 가속화시켰다. 도시정책적인 면에 있어서도 도·농간 뿐만 아니라 대도시와 중소도시간의 인구배분, 도시체계정비, 도시기반의 구축, 생활환경의 정비, 내부공간구조의 개선 등과 이를 위한 도시재정의 확충과 도시행정체제의 정비가 그 어느 때보다도 절실한 문제로 대두되면서 우리나라도 도시행정을 체계적으로 연구하려는 경향이 뚜렷이 나타나고 있다.

도시행정의 궁극적인 목적은 시민복지수준 증진을 통한 '삶의 질'(quality of life)의 향상에 있다. 따라서 복지수준을 제고시키기 위해서는 도시생활환경의 개선 뿐만 아니라 도시 사회가 지닌 각종 사회·경제·행정 및 재정적 문제에 대한 개선책이 아울러 필요하다 하겠다.

그동안 先進諸國에 있어서는 종래 행정학의 한 분과로만 다루어 왔던 「도시행정」의 영역이 오늘날 학계뿐만 아니라 실무계에 있어서도 활발히 논의되고 있다.

우리나라에 있어서도 「도시행정론」이라는 과목이 대학의 행정학과 교과과정에서 필수과목으로 이수케 할 뿐만 아니라 각급 공무원 교육기관에서도 주요과목으로 연수케 하고 있다. 이에 따라 각종 저서와 학술지, 그리고 조사연구보고서 등을 통하여 도시문제를 해결하고자 하는 학문적 접근으로 「도시행정론」이 탄생하게 되었다고 할 수 있다.

Ⅱ. 都市行政의 學問的 性格

현대 행정국가화에서의 행정은 이전과는 달리, 보다 적극적으로 정책결정기능까지 담당하게 되면서 안정유지자로서의 기능만이 아닌 발전을 스스로 유도하는 변화담당자로서의 기능까지 맡게 되었다. 이러한 정책결정자, 변화담당자로서의 기능은 처음부터 변화·발전을 이룩하려는 목적·계획을 능동적으로 수립하여 이에 따라 새로운 결정·변화를 도모하려는 것이다.[3] 따라서 행정국가로 하여금 복지행정에 관한 관심과 더불어 시민의 「삶의 질」 향상까지도 행정기능의 영역으로 삼으면서 보다 적극적으로 시민생활에 관여하게 되는 것은 지극히 당연한 추세라 하겠다.

이에 따라 종래 행정학의 한 분과로서 밖에 취급되지 않았던 「도시행정」의 영역이 산업화, 도시화에 따라 나타나는 도시의 제반문제를 학문적으로 해결하고자 하는 의도하에서 일반행정학으로부터 독립하여 새로운 학문분야로 최근 크게 부상하고 있다.

도시학자들 가운데는 도시행정의 연구에 도시행정학[4](municipal science, the science of municipal government, Kommunalwissenschaft), 또는 도시정치학[5](urban politics)이라는 용어를 사용하고 있으나 아직은 하나의 독립된 과학으로서 성립될 수 있을 만큼 이론적 근거가 만족할 만한 수준에 이르지 못하고 있다.

사회과학의 한 분과학문으로서 응용과학적 성격을 갖고 있는 행정학이 아직도 과학이냐 또는 기술이냐에 관한 논쟁이 계속되고 있고, 그 성격규명이 불명료하듯이[6] 도시행정연구의 경우 더욱 일천한 학문사에서 학자의 주관이나 접근방법에 따라, 또는 도시문제의 내용이나 특성의 차이에 따라 대단히 다양하게 나타나고 있다.

도시행정의 연구대상이나 접근방법을 행정법학적 입장에서 보면 도시행정의 관계법규를 해설하고 그 법규범의 내용·타당성·상호관계 등을 규명하는 데 중점을 두고 있다.[7]

행정관리학적 입장에서 보는 경우는 도시정부의 관리행정부문을 연구의

3) Ferrel Heady, *Public Administration*(Englewood Cliffs: Prentice Hall, 1966), pp. 10～11.

4) C.A. Beard, *The Administration and Politics of Tokyo*(1923, Chap. 1); 小倉庫次, "都市行政學 の 動向," 「都市問題」(1954, 45卷 1號); 鄭世煜, 「地方行政學」(서울: 법문사, 1998) 참조.

5) Robert L. Lineberry & Ira Sharkansky, *Urban Politics and Public Policy*(New York: Harper & Row, Publishers, Inc., 1971).

6) D. Waldo, "Education for Public Administration in the Seventies," *American Public Administration*, F. C. Mosher(ed.)(Alabama: Univ. of Alabama Press, 1975), p. 185.

7) 李圭煥, 전게논문, p. 42.

대상으로 하여 그에 관한 논리적 법칙을 탐구하여 그 개선방안을 모색하는 데 중점을 두고 있다.

그리고 행정정책학적 입장에서 보면 도시지역사회가 지닌 각종 사회, 경제, 행·재정적 諸問題點 및 도시생활환경상의 각종 문제점을 조사·연구하여 그 개선을 위한 정책방향을 제시하는 데 보다 중점을 두고 있다.

그 외 또 다른 입장에서 보면 도시경제학, 인구학, 지역개발학 또는 토목, 건축학의 이론적 근거를 토대로 하여 도시의 질서있는 공간구조, 쾌적한 도시환경, 도시의 정비, 도시 및 지역개발, 인구의 집중과 분산 등에 연구의 중점을 두는 경우를 볼 수 있는 것처럼, 도시행정을 연구하는 데 있어서 아직은 일정한 체계와 접근방법이 없는 실정이다.

일반적으로 학문은 그것이 연구하고 있는 대상이 다른 학문에서 취급되지 않을 때에 학문으로서 독자성을 가지게 되는 것이다. 그러나 학문이 독립성을 가질 수 있다 하더라도 그것이 반드시 현실적으로 학문으로서 성립할 수 있는 것은 아니다. 즉, 학문의 독립성과 학문의 성립성은 동일한 것이 아니라는 점이다. 어떤 학문이 주로 다루고 있는 대상이 독립성을 가질 뿐만 아니라 그 대상을 분석하는 것이 사회적으로 보아서 가치가 있을 때에 비로소 그 학문이 현실적인 과학으로서 성립할 수 있는 것이다.

이러한 관점에서 볼 때 도시행정의 연구는 그동안 주로 도시의 정치학적 연구 또는 행정학적 연구에서 벗어나지 못하는 성격을 지녔다 하겠다. 도시행정이라는 학문이 도시화, 지방화 또는 국가발전에 힘입어 행정학의 한 분과학문으로 그 지위를 점차 굳혀가고 있다. 그러나 아직은 도시행정에 대한 연구가 독립된 과학으로서 성립되기에는 이론적 근거가 충족되지 못하고 있다고 볼 때 단일의 독립과학으로 그 학문적 성격을 규정하기란 힘들다고 본다.

그동안 도시행정의 연구는 도시행정 기능의 수행과정에서 문제가 발생할 때마다 대증요법적으로 개선방안을 모색하는 데에만 치중해 온 결과 도시사회라고 하는 하나의 사회적 현상에 대해 종합적·체계적인 고찰을 하지 못하였다.

즉, 도시행정의 연구가 그동안 각자의 과학이 관심을 갖는 분야안에서만 도시문제를 연구의 대상으로 하였으며 타 분야가 관심을 갖는 문제와의 관계에서 어떤 이론적인 공통성을 찾을 수 있는 것인가에 대해서는 과학적인 연구와 체계적인 종합을 시도하려는 노력이 미흡하였던 것이다.

따라서 정치학, 행정학, 경제학, 사회학, 법학, 인구학 등과 같은 인접학문의 개별적인 연구를 원용하여 상호간의 연관성을 찾으려는 시도와 이론적인 공통성을 모색함으로써 도시행정은 단일의 독립과학으로 발전·정착할 수 있을 것이다.

Ⅲ. 都市行政論의 研究分科

도시행정이 독립된 학문으로서 성립되기 위해서는 인접학문의 개별 과학적 입장에 입각한 상호간의 연관성을 찾아야 함은 물론, 무엇보다 보편성을 지닌 인식방법에 따라 都市行政理論, 都市行政史 및 都市政策을 도시행정학의 분과로 하여 고유한 영역을 정립하여야 할 것이다. 여기서 도시행정이론 내지 이론도시행정이란 도시행정현상을 인과관계로 포착하여 그것을 지배하고 있는 법칙성 내지 공통성을 밝히는 것이다.[8)]

그러나 사회과학에서 말하는 공통성·법칙성은 상대적인 것에 불과하다는 것에 유의하여야 한다. 사회현상 그 자체가 상황에 따라 변동하는 상대적인 성격을 가지고 있으므로 사회현상을 지배하고 있는 법칙성 내지 공통성도 동서고금을 통하여 적용될 수 있는 절대적인 법칙이 아니고 시간과 공간의 제약을 받는 상대적 법칙에 불과한 것이다.

도시행정사는 도시행정현상을 인과관계로 포착하되 그 도시행정현상이 가지고 있는 특수성을 밝히려고 하는 것이다. 도시행정현상의 記述을 시간적 계열에서 수행하는 것이 도시행정사이며, 따라서 도시행정사는 우리들의 눈앞에 부여되어 있는 도시발달, 예를 들면 한국도시가 어떠한 역사적 과정을 통하여 오늘날과 같은 특수성을 가지게 되었는가 하는 것을 밝히려고 하는 것이다. 이와 같이 도시행정이론과 도시행정사는 다같이 우리들 앞에 부여되어 있는 현실적인 도시행정현상 내지 도시사회를 분석의 대상으로 하고 있기 때문에 *存在*(Sein)에 관한 학문이라고 할 수 있다.

도시행정에 대한 역사(history)와 이론(theory)은 존재에 관한 학문으로서 서로 밀접한 관계를 가지고 있다. 이론은 일정한 가정하에서 성립되는 법칙을 수립하려는 것이다. 따라서 이론이 현실타당성을 가지려면 그 이론이 가

8) 상게논문, pp. 47~48.

정하는 조건이 현실의 역사적 발전의 흐름속에서 추상된 도시행정에 본질적인 조건이라야 하는 것이다. 이러한 역사적인 제약성을 가지고 있는 본질적 조건의 抽象은 도시행정사의 힘을 빌림으로써 완전하게 되는 것이다.

도시정책은 도시행정현상을 목적과 수단의 관계로서 포착하여 바람직한 도시발전과 더불어 시민의 복지증진을 도모하려고 하는 것이다. 예를 들면 도시생활환경을 개선・정비시킨다든지 도시행・재정력을 강화・확충시키기 위하여 수단방법을 취하는 것이 도시정책학의 과제이다. 정책(policy)은 도시행정에 관하여 수립되는 목적 또는 이상에 의하여 지도・통제되는 것으로 이상적 질서의 현실을 목표로 하고 있는 것이다. 이러한 뜻에서 정책은 當爲(Sollen)에 관한 학문이라 할 수 있다.

도시정책은 그 과제를 수행함에 있어서 도시행정사와 도시행정이론과 밀접히 연결되어야 하는 것이다. 정책은 그 정책목표의 설정에 있어서 도시행정사의 힘을 빌려야 하며, 또한 목적달성을 위한 수단을 강구함에 있어서는 도시행정이론의 힘을 빌리지 않으면 안된다. 정책에서 추구하는 목표는 현실화 될 수 있는 이상이라야 하는 것이다. 따라서 정책은 역사의 힘을 빌려서 현실화될 수 있는 정책의 과제를 역사적인 동향에서 모색하여야 한다. 또한, 정책이 그 목적을 달성하기 위하여 가장 유용한 수단을 발견하자면 도시행정이론에 의하여 명백히 이해되어야 한다.

이상은 독립된 과학으로서 도시행정학이 학문적 성격으로 그 지위를 갖추었을 때 도시행정을 연구하는 분과들이다. 그런데 지금까지의 예를 보면 경제학이나 정치학 내지 행정학 등 일반 사회과학에서는 그 학문의 분과 중 이론학분야가 그 내용과 방법에 있어서 비교적 현저한 발달로 일반적인 지위를 차지하고 있다. 그런데 비해 도시행정의 연구에 있어서는 오히려 정책과학적 성격이 보다 선행되고 있는 경향이 하나의 학문적 특색이라 할 수 있다.[9]

9) 李圭煥,「都市行政論」(서울: 녹원출판사, 1995), p. 28.

제 2 절 都市行政論의 發展段階와 助成科學

Ⅰ. 都市問題研究의 發展段階

세계의 도시화가 특히 2차대전 후에 현저히 나타나기 시작하면서 사회과학자들의 도시에 대한 관심이 고조되었다. 따라서 도시문제에 대한 정책과학적 성격이 충분히 고려되어 하나의 독립적이면서도 종합적인 연구의 대상이 되고 있지만, 오늘날 모든 분야의 과학이 그 자체로서 도시문제를 해결하려고 하는 것은 아니다.

이제까지 도시문제가 연구의 대상이 되어 왔지만 이들은 각자의 과학이 관심을 갖는 분야 안에서만 연관성을 찾으려고 하였으며, 타분야가 관심을 갖는 문제와의 관계에서 어떤 이론적인 공통성을 찾는 노력은 미흡하였다.[10]

다만 최근 도시문제가 선·후진국을 막론하고 세론의 초점이 되면서 「都市學」(urbanology, science of urban problems), 「都市行政學」(municipal science) 또는 「都市政治學」(urban politics)이라고 하는 새로운 과학이 성립되어 도시문제를 하나의 정책과학의 연구대상으로 하고 있다. 이와 같은 도시문제를 해결하려는 과학이 어떻게 이루어졌는가를 살펴보면 다음 네단계로 나누어 볼 수 있다.

첫째 단계는 文明論的 都市研究이다. 이것은 「토마스 무어」(Thomas Moor)를 중심으로 한 도시 「유토피아」(Utopia)론적 시대 혹은 그 이전의 연구방법을 말한다. 서구의 대부분 도시는 王城과 寺院이 중핵이 되어 형성되었기 때문에 도시주민의 의사가 반영될 여건이 되지 못하였다. 「그리스」나 「로마」의 도시를 보면 그 성장이 자연발생적이면서도 격자형(gridiron)의 도로를 계획하여 누구나 쉽게 접근할 수 있는 구릉지에 「제우스」神殿(acropolis)을 세워 왕성을 수비하였다. 한편, 직접민주주의 도장이였던 공회당(agora)을 시민이 자주 모이는 중심가에 두어 교역, 도시활동을 편리하게

10) 李圭煥, 전게논문, p. 43.

하였다.[11] 따라서 도시형성은 왕성과 사원을 수비하기 위하여 높은 언덕을 중심으로 하였으며 시민을 위하여서 도시를 형성하는 것은 假空的인 이상 이외에는 도저히 예상할 수가 없었던 것이다. 문명론적 도시연구에서 간신히 미래의 도시상이 나타나고 있다.

둘째 단계는 市政論的 都市硏究이다. 중세도시의 특징은 한마디로 성곽도시(walled cities)라고 표현할 수 있다. 이런 폐쇄적 사회인 중세도시는 외부정세에 어두어 과학기술 발달에 뒤지면서 그 때까지 도시지배권을 장악하고 있던 귀족이나 승려계층이 18세기 특히, 「프랑스」혁명 후 몰락하였으므로 도시운영이 시민의 손에 넘어가게 되었다. 따라서 도시에 많은 인구가 집중됨에 따라 도시행정을 어떠한 체제로 운영하여 나갈 것인가 하는 행정론적인 연구가 행하여지게 되었다. 이러한 경향은 신대륙의 개발에 따라서 서구와는 다른 형태의 도시가 미대륙에 형성되었으며, 그 때까지 볼 수 없었던 시정론이 전개되었고 이에 따라 「뉴욕」의 시정연구소도 설치되었다.[12]

셋째 단계는 社會問題的 都市硏究이다. 도시문제가 여러 분야의 학문으로서 종합적인 연구대상이 된 것은 산업혁명을 계기로 싹튼 근세도시의 도시화과정이 본격적으로 진행되면서 도시생활환경이 자본주의 발흥기 때 공장 등의 무계획적인 진출로 말미암아 본격적인 사회문제로 야기되면서부터이다. 도시라고 하면 「슬럼」(slum)이 연상될 정도로 「런던」에서는 「이스트엔드」(East End), 「뉴욕」에서는 「할렘」(Harlem), 「시카고」에서는 「블렉벨트」(Black Belt)의 비참한 도시환경이 사회문제로 되었다. 「찰스 부스」(Charles Booth)에 의한 「런던」의 도시문제연구나 「에스 론트리」(S.S. Rowntree)에 의한 「뉴욕」과 그 주변지역의 도시문제연구 그리고 「시카고」학파(Chicago School)를 중심으로 하는 도시사회문제의 연구는 도시를 여러가지 과학의 종합적인 연구대상으로 등장하게 만들었다. 특히, 1920년대 「시카고」학파가 중심이 되어 사회생태(social ecology)의 측면에서 도시의 인구규모・사회이동・사회문제・직업분포 등을 중심으로 도시화과정을 연구하였다.[13]

---

11) R.E. Wyckerley, *How the Greeks Built Cities*(New York: Doubleday, Inc., 1969), p. 35; 金源, 「都市行政論」(서울: 博英社, 1983), p. 4 再引用.

12) 李圭煥, 전게논문, p. 44.

13) Robert E. Park, Ernest W. Burgess and Roderick D. Mckenzie, *The City*(Chicago: The Univ. of Chicago Press, 1925); 金源, 전게서, pp. 5~6.

넷째 단계는 體系論的 都市硏究이다. 2차에 걸친 세계대전은 세계의 도시형태에 많은 변화를 가져왔으며, 이밖에 생활과학 · 건축 · 토목공학 · 교통공학 등도 새로운 도시형성의 기초자료를 제공하였다. 따라서 도시를 체계적이며 다른 방향으로 연구하는 경향을 나타냈다.[14] 「르 꼴비제」(Le Corbusier), 「루이스 맘포드」(Lewis Mumford)와 같은 문명사적 학자와 「찰스 비어드」(Charles A. Beard) 등의 시정론적 학자들도 새로운 도시행정의 형태에 대하여 연구를 하게 되었다. 미국의 「로드윈」(Loyed Lodwin)의 「미래의 대도시」(Future Metropolis)에서 보는 바와 같이 현대는 여러 가지 과학이 도시의 장래에 초점을 두고 전문적인 연구를 전개해 나가고 있다.

Ⅱ. 都市行政論의 助成科學

도시문제연구는 연관분야의 이론적 연구실적을 활용함으로써 도시행정론의 과학화에 기여하고 있다. 즉, 도시행정론은 조성과학 또는 보충과학의 성과를 이용한다. 도시행정론에서 중요한 조성과학으로서는 도시지리학, 생태학, 사회학, 경제학, 도시계획론, 인간정주론 등이며, 이 분야의 학문적 성과를 통하여 도시현상의 공통성 및 상호관계의 규칙성을 설명하고 기술하는데 원용하고 있다.

1. 都市地理學的 理論

도시가 인간생활공간구조의 일부라고 하는 점에서 도시현상의 기술과 설명과제를 현상의 장소적 계열에서 수행하는 도시지리학을 중심으로 하여 도시문제를 연구하려는 이론은 대단히 많다. 특히, 도시구조이론분야로서 내용적으로는 첫째, 도시내부의 지역적 분화와 그 배열 둘째, 도시기능의 공간적 전개에 관한 이론 셋째, 도시와 도시의 지배관계에 관한 이론으로 분류하고 있다.

(가) 都市內部構造 理論

이 이론의 대표적인 것으로 도시구조가 내부적으로 어떻게 형성되고 있느냐를 토지이용 「패턴」을 통해 설명하는 동심원이론, 선형이론 및 다핵이론 등이 있다.

---

14) 李圭煥, 전게서, p. 31.

① 同心圓理論

동심원이론[15](concentric zone theory)은 1925년 「시카고」대학의 「버제스」(Ernest W. Burgess)에 의하여 실증적으로 연구된 것으로 도시내의 각종 활동기능에 따라 토지이용「패턴」은 i) 도심은 중심업무지역(central business district: C. B. D.)이며, 주변지역으로 나감에 따라서, ii) 漸移地域(zone of transition) 또는 상업지역, iii) 근로자주거지 또는 공장지역, iv) 고급주거지 또는 주택지역, v) 외곽통근지역 또는 통근자 지역 등이 전개된다고 하는 것이다.

② 扇形理論

선형이론[16](sector theory)은 1939년 「호이트」(Homer Hoyt)에 의하여 동심원이론을 수정한 것으로 도시공간구조의 형성은 교통기관이나 도로 등의 발달에 따라 放射狀으로 된다는 이론이다. 즉, 이 이론은 도시공간이 개발축을 따라 형성되면서 「섹터」(sector)를 이루고 있으며, 공간형성축은 도심부의 중심업무지역(C.B.D)을 중심으로 외곽지역으로 나감에 따라서 「부채꼴」의 「섹터」(sector)를 형성하는데, 「부채꼴」의 활동기능을 보면 i) 도심의 중심업무지역 외에, ii) 도매 또는 경공업지역「섹터」(sector), iii) 서민거주지「섹터」(sector), iv) 중산층거주지「섹터」(sector), v) 고급거주지로 구성되고 있는데 교통망을 따라 형성되는 것이 특징이다.

③ 多核理論

다핵이론[17](multi-nuclei theory)은 1945년 「해리스」와 「울만」(Channey D. Harris and Edward L. Ullman)에 의해서 공간구조이론으로 제시된 것으로 지금까지 동심원이론이나 선형이론과는 달리 도시는 단일핵을 갖는 것이 아니라 도시는 그곳에 집적하는 상업, 사무업, 관아기능이나 교통망의 배치에 의해서 행동의 편의, 집적의 이익, 분산의 효과, 지대의 고저 등을 조합시킴으로써 몇 개의 핵을 동시에 형성할 수 있고 도시성장은 이 핵을 중심으로

15) Ernest W. Burgess, *The Growth of the City*, Chapter 2, in Robert E. Park, et al. (Illinois: Univ. of Chicago Press, 1925); Channey D. Harris and Edward L. Ullman, "The Nature of Cities," *The Annals of the American Academy of Political and Social Science* (No.11, 1945) 참조; 金源, 전게서, p. 63.

16) H. Hoyt, *The Structure and Growth of Residential Neighborhoods in American Cities*(US Government Printing Office, Washington, 1939); Channey D. Harris and Edward L Ullman, op. cit.; 金源, 전게서, p. 65.

17) C.D Harris and E.L Ullman, "The Nature of Cities," *The Annals of the American Academy of Political and Social Science*(No.11, 1945); 金源, 전게서, p. 66.

개발이 이루어진다.

(나) 都市外部의 空間理論

산업이 발달하고 도시인구가 급증함으로써 대도시화가 되면 도시내부만으로서는 해결할 수 없는 「언더바운디드 시티」[18](under-bounded city)의 성격을 지니게 되고 따라서 도시기능이 주변지역까지 광역적으로 확대된다. 중심도시와 주변지역간에 상호 의존하는 이런 관계에 있어서 일정한 지역적 범위(regional or spatial sphere)가 존재하게 되는데 이런 공간적 범위를 중심도시 입장에서 볼 때 도시권(urbanized region or metropolitan area)이라 한다.[19]

이와 같은 방법을 실증적으로 이용한 것이 미국의 「표준도시통계지역」(Standard Metropolitan Statistical Area)방식이다. 이것은 도시를 기능적인 면에서 고찰하여 행정권과는 별도로 도시권으로 파악하려고 하는 것이다.

관할구역의 다원화(jurisdictional proliferation)로 인하여 생기는 도시권문제를 처리하는 방식으로 여러 가지가 있으나 조직의 성질별로 보면 크게 i) 협조형식, ii) 단일정부형식, iii) 2단계형 구조의 행정체제로 구분할 수 있다.[20]

여기서 협조형식이란 우리나라의 도시권 행정협의회, 일본의 수도권정비위원회, 미국 「로스엔젤스」의 「레이크우드」제도(Lakewood System)로 대표되는 「City-County」의 행정협정 등에서 볼 수 있는 것처럼 정부단위의 변경을 가함없이 광역도시행정을 처리하는 방법이다.

단일정부형식이란 편입(annexation), 합동(consolidation), 분리(separation)와 같이 도시생활권전역에 걸쳐 단일정부가 행정권기능을 담당케 하려는 방법이다.

2단계형 구조의 행정체제(two-tier system)란 미국의 학교구나 「보스톤 리존」과 같은 특별구(ad-hoc authority or special district)와 종전의 대「런던」 도시권(Greater London Council), 「토론토」 도시권(Toronto Metropolitan

18) Underbounded City란 인구의 도시집중으로 인하여 점차 시가화구역이 넓어져 행정구역이 시가화구역보다 좁은 도시를 말한다. Kingsley Davis, *The World's Metropolitan Area*(Berkely: Univ. of California, 1959), p. 8.

19) 도시권은 파악하는 입장에 따라 다양하게 불리는데, 즉 중심도시에서 보면 세력권, 영향권이라 할 수 있고, 주변지역의 입장에서 보면 의존권이 되며, 제3자의 입장에서 보면 관계권이라 할 수 있다. 山鹿誠次, 「都市地理學」(東京: 1969), p. 77.

20) 李圭煥, 전게서, pp. 33~34.

Federation), 독일의 「하노바」(Hannover)도시권과 같은 연합제도(Metropolitan Federation)가 그 대표적 예로서[21] 광역행정수요에 대처하기 위하여 기초지방자치단체와는 별도로 새로운 광역도시정부를 신설하는 제도이다.

(다) 中心地理論

도시와 도시의 지배관계에 관한 이론으로 대표적인 것이 「크리스탈러」(W. Christaller)의 중심지이론이다. 이 이론은 도시가 상호간에 접촉을 하게 될 때 그 중심지역의 기능상태에 따라서 서로 계층적인 분화현상을 일으켜 상하의 지배관계가 생겨나게 된다는 것이다.[22]

중심지이론(central place theory)은 3차산업의 입지이론이라고도 말할 수 있다. 「크리스탈러」에 의하면, 일반적으로 도시는 그 주변에 대해 통제하고 각종 재화와 서비스를 제공·교환해 주는 기능을 가지고 있다. 이런 기능을 그 도시의 중심기능(central function)이라 하고, 이런 기능으로는 도·소매업, 교통·통신, 금융, 행정, 교육, 기타 서비스 기능이 포함된다. 이런 중심기능을 갖춘 도시를 중심지(central place)라 한다.

중심기능이 존립하기 위해서는 최소한 그 기능에 대한 일정규모의 수요(시장)가 있어야 하며, 이 최소한의 시장규모란 결국 고객의 수 또는 인구수를 의미한다. 일단 시장규모(최소인구 요구치)가 확보된 중심기능이 어느 범위까지 그 기능을 제공할 수 있는가 하는 문제는 수송비인자가 결정적 역할을 한다. 중심지로부터 거리가 멀어질수록 수송비는 증가되므로 총수익은 점차 감소되며, 총수익이 0이 되는 지점을 넘어서까지 중심기능이 행사될 수는 없다. 중심지에서부터 이 한계점까지 공간을 보완구역(complementary region) 또는 배후지(hinterland), 시장지역(market area) 등으로도 나타낸다. 읍·시 등이 중심지라면 이들 주변의 농촌지역이 보완지역이며, 도시내부에서는 도심(C.B.D.)과 부도심(Sub C.B.D.) 등이 중심지이고 주변지역이 보완지역으로 본다.

2. 生態學的 理論

생태학(ecology)은 1920~30년경부터 미국 사회학의 도시연구방법의 주

21) J.C. Bollen and H.J. Schmandt, *The Metropolitans; Its People, Politics and Economic Life*(New York: Harper & Row, Publishers, 1982), pp. 302~370.

22) W. Christaller, *Central Place in Southern Germany*(Englewood Cliffs, N.J.: Prentice-Hall, 1966); 李圭煥, 전게서, pp. 34~35 참조.

류가 되어 왔는데 전술한 「버제스」(E. W. Burgess)의 「동심원이론」이나 「호이트」(H. Hoyt)의 「선형이론」 그리고 「해리스」와 「울만」(C. D. Harris and E. L. Ullman)의 「다핵이론」도 하나의 생태학이론이다. 이처럼 생태학은 그 배경을 도시지리학에 두고 있는데 초기의 도시이론은 대부분이 도시지리학을 중심으로 해서 형성되었다고 할 수 있다.

생태학이란 원래 유기체와 환경과의 상호관계를 연구하는 학문으로서 이 접근방법은 도시발전과정에 영향을 미치는 지리·경제·사회·문화 등의 환경적 제요소를 강조하고 이들과 도시발전과의 기능적 관계를 중요시한다.[23]

이러한 생태론적 접근방법은 일반행정학 또는 도시행정론에서는 행정체제와 그를 둘러싸고 있는 환경과의 상호관계에 초점을 둔 연구방법이다. 즉, 행정은 그를 둘러싼 환경적인 요소들을 파악하지 않고는 이해할 수 없다는 입장이다.

이는 특히, 미국이 제2차대전 후 여러 후진국에 대해 많은 경제 원조와 정치제도 및 행정기술을 이식했는데도 불구하고 실패하면서 그 이유를 규명하는 가운데서 탄생하게 된 이론이다. 이 분야의 대표적인 학자로 「고오스」[24] (John M. Gaus)와 「리그스」[25](Fred W. Riggs)를 들 수 있다.

도시학에서 생태론적 이론을 집대성한 학자는 「하울리」(A. H. Hawley)로서 그에 의하면 인간의 생활은 분업의 발달과 병행해서 봉쇄적 상태에서 발전하여 보다 확대된 생활체제에로 들어간다는 것이다.[26] 이로 인해서 인구는 이동하고 지역사회의 내부에서 기능적인 분화가 일어나며, 넓은 지역은 기능분화과정에서 도심이 된 지역의 영향을 받아 가지고 지역구조를 변경시켜 가고 있는 것이다. 도시권 주위지역의 발전문제는 이와 같은 방법으로 이해할 수 있다.

---

23) Amos H. Hawley, "Human Ecology," *International Encyclopedia of the Social Sciences*, Vol. 4(New York: The Macmillan Co. and The Free Press, 1974), p. 328.

24) John. M. Gaus, Reflections on Public Administration(Alabama: The Univ. of Alabama Press, 1947), p. 9.

25) Fred W. Riggs, *The Ecology of Public Administration*(New Delhi: Asia Publishing House, 1961), p. 4.

26) Amos H. Hawley, op. cit., pp. 325~330.

3. 社會學的 理論

사회학적 연구는 처음에는 도시지리학이나 생태학에 근거를 두고 있었다. 그러나 생태학파에서 출발한 「위쓰」(Louis Writh)는 「도시화란 생활양식의 변화과정[27]이다」(urbanism as a way of life)라는 설명으로서 사회학적 이론을 전개시킴으로써 생태학적 접근방법에서 분가하게 되었다. 그리고 「파슨스」(Talcott Parsons)는 「콤뮤니티」(community)이론을 전개해서 도시를 체제(system)로서 연구할 필요가 있다고 말하면서 구조기능적 접근방법을 도입하였다.[28]

한편, 「쇼버그」(Gideon Sjoberg)는 도시를 비교함으로써 생활양식론이 반드시 중요하게 되었다는 것을 지적하고 있다.[29] 즉, 그는 「테크놀러지」(technology)를 주요한 지표로 해서 ① 도시를 갖지 못한 문명이전의 사회, ② 전산업형 문명사회, ③ 산업사회 등 3단계로 설정하고 제2의 사회에서 볼 수 있는 도시를 전산업도시, 제3의 사회에서 볼 수 있는 도시를 산업형 도시라고 구분하고 있다.

전산업형도시에서는 엄격한 신분계층적 질서, 정치・행정・군사・종교・교육 등의 여러 제도권의 「엘리트」의 독점적 지배, 경제활동의 무시, 과학적・실제적 사고에 대한 억압과 종교 및 철학적 사상의 지배, 정체적 인구구조, 이동성 및 유동성의 결여 등이 그 특색이다. 도시화 이론에 의해서 모형화된 산업형 도시는 위에서 열거한 전산업형 특성과 대조되는 측면을 현저하게 보여주고 있음을 「쇼버그」는 지적하고 있다.

이와 같은 미국의 도시문제연구경향과 마찬가지로 일본의 사회학에 있어서도 사회집단, 사회관계, 사회계층, 사회의식, 권력의식 등을 과제로 해서 도시를 연구하기 시작하게 되었으나 그렇다고 반드시 도시사회학이라고 하는 전문분야의 영역 내에서 행하여지고 있지는 않다.[30]

---

27) L. Wirth, "Urbanism as a Way of Life," *American Journal of Sociology*, No. 44(July, 1938), p. 18; L. Wirth(ed.), *Community Life and Social Policy*(Chicago: Univ. of Chicago, 1956), p. 113.

28) Richard J. Bernstein, *The Restructuring of Social and Political Theory*(Univ. of Pennsylvania Press, 1978), pp. 18~24.

29) Gideon Sjoberg, "The Modern City," *International Encyclopedia of the Social Sciences*(New York: The Macmillan Co. and The Free Press, 1968), pp. 455~459.

30) 李圭煥, 전게서, p. 36.

도시행정연구에 사회학적 이론은 행동유형(behavior patterns)과 사회적 조건의 관계를 규명하는 것으로서 주민의 정치적 태도와 참여행태(participating behavior)와 관계, 주민의 사회적 지위와 사회환경과의 관계 등에 관심을 기울인다.[31] 특히, 주민의 공동체의식과 지식수준, 인구의 도시집중과 농촌인구문제, 과도한 사회적 유동화(social mobilization), 빈곤과 질병, 실업과 범죄와 같은 현대사회의 현상을 분석하여 이러한 사회적 제문제가 과연 도시행정에 어떤 영향을 미치며, 도시행정수요의 변동에 대처하는 방안을 연구하는 것이다.

4. 社會病理學的 理論

현대에 있어 도시문명의 발달과 과학기술의 진보는 본질적으로 자연과 인간성의 파괴로부터 시작된다고 볼 수 있다. 그 결과 현실은 인간이 궁극적으로 바라고 있는 이상과는 매우 괴리되어 있어 인간으로 하여금 무의미와 권태, 불안, 소외감이라는 형이상학적인 윤리의 붕괴를 조장하고 있다.

이러한 도시사회병리의 구체적 현상인 범죄, 비행, 「슬럼」이나 매춘 등 이른바 도시 암흑면의 연구에서부터 미국의 도시연구는 시작되었다고 할 수 있다.

그 후 사회학의 이론적 연구가 진행됨에 따라서 이와 같은 종류의 병리적인 현상을 사회사업이나 사회복지 등과 달리 사회병리학이라고 하는 전문이론의 입장에서 설명하려고 하는 노력이 생겨났다. 특히, 인간은 도시화라는 사회적 과정에 있어 도시의 사회적 조직에 대한 적응방법 중에서도 소극적 내지 부정적 적응이 심화되므로 도시 내에서 각종 병리현상이 나타난다고 보는 것이다. 현대 사회병리학의 주요한 이론은 ① 不適應理論(maladjustment theory), ② 逸脫行動理論(deviation behavior theory), ③ 組織解體理論(disorganization theory), ④ 「아노미」理論(anomie theory) 등으로 구분할 수 있다.

여기서 부적응이론은 개인의 정신적·육체적 선천성 등을 중요하게 보고 있으며, 일탈행동이론도 사회적인 영향을 인정하면서 선천성에 관심을 가지고 있다.

조직해체이론과 「아노미」이론은 후천성이라고 할 수 있는 사회의 영향

31) 상게서, p. 37.

을 중요하게 보는 것으로서, 한편으로는 환경설에 접근하고 있다. 이러한 관점에서 볼 때 도시가 농촌에 비하여 범죄가 많은 것은 도시인구가 농촌인구에 비해 범죄성향이 크기 때문이 아니고, 도시의 사회환경이 범죄를 유발하기 쉽고 많은 범죄요인을 가지고 있기 때문이다.[32] 이처럼 도시가 농촌보다도 많은 병리적 현상이 발생할 가능성을 더 내포하고 있는가를 중심으로 고찰해 보면 다음과 같다.

1) 도시사람들은 성장배경, 교육수준, 직업, 가치관 등이 너무나 이질적이기 때문에 누구한테나 꼭 같이 준수해야 할 사회적 규범과 역할이 그렇게 명백하지 않다는 점이다.

2) 도시사람들은 직업과 주거지를 자주 바꾸는 경향이 있기 때문에 근린의식(neighborhood)이 희박하며 이웃과 친근하게 지내기가 어렵다.

3) 도시사람들은 농촌사람들에 비해서 새로운 생활양식에 보다 많은 관심을 쏟으며, 따라서 편의주의에 빠지기 쉽고, 과거의 전통을 숭상하는 경향이 매우 약하다.

4) 이동성이 높은 도시사회에서는 전통적인 농촌에서 볼 수 있는 비공식적 사회통제력이 개인의 행동을 크게 지배 못하며, 공식적인 법적 통제에 의해서 움직이는 인간이 된다.

5) 물질주의 또는 금전만능주의가 도시사회를 강하게 지배하게 되며, 따라서 사람들은 여러 가지 허식에 더 관심을 갖고 행동을 한다.

6) 도시사람들은 극단적인 개인주의에 빠지기 쉽기 때문에 자신의 행복과 쾌락추구에 보다 관심을 가지며, 사회구성원간의 협동보다도 경쟁과 갈등을 초래하기 쉽다는 점이다.

사회병리설 등이 도시문제를 연구할 때에 중요하게 여겨지고 있는 이유는 도시를 하나의 체제로서 취급하는 경우에는 체제자체의 상태나 변동이 사회병리와 어떠한 관련을 가지고 있는가, 또는 사회병리현상이 사회체제의 그 자체에서 나오고 있는가를 검토하는 하나의 지침적인 역할을 하고 있기 때문이다.

---

32) Mashall B. Clinard, *Sociology of Deviant Behavior*(New York: Holt, Rinehart and Winston, Inc., 1964), pp. 55~75.

5. 經濟學的 理論

도시문제해결에 경제학 이론을 원용한 학자는 「존 빌트」(John Bilt)이다. 그에 의하면 도시가 농촌의 잉여산물, 즉 생활자원에 의하여 유지되는 것으로 보고 도시를 형성하고 있는 것을 제1차적으로 생활자원을 입수할 수 있는 주민과 여기에 종속되어서 제2차·제3차의 배분에 종사하고 있는 주민으로 구분하고 있다. 그리하여 고도자본주의 단계에서는 도시 특히, 대도시는 생산적인 역할을 담당하고 있는 주민도 있긴 하지만 대다수의 주민들은 2차 또는 3차산업에 종사하는 인구가 많아지게 된다. 이처럼 도시산업구조가 1차산업보다 2차산업에, 2차산업보다 3차산업에 종사하는 사람이 더 많은 취업인구분포가 될 때 산업구조의 고도화와 더불어 도시산업우위의 부가가치를 갖게 된다.[33)]

「막스 웨버」(Max Weber)도 경제학적 시각으로 도시를 ① 소비자도시(領主도시, 官吏도시, 地代生活者도시, 金利生活者도시, 恩給者도시 등 포함), ② 생산자도시, ③ 상인도시 등으로 분류하고 있다. 「막스」주의의 도시이론은 도시를 형성하고 있는 사람의 역사적·사회적 성격과 도시에 정착하고 있는 사람이 도시를 형성함으로써 담당하게 되는 역사적·사회적 역할의 두 가지 관점에 관심을 두고 있다. 그런 의미에서 공업도시에서는 그 주민의 사회적 생산력을 담당하고 있는 당사자임에도 불구하고 자기소외의 상태에 놓이게 된다. 따라서 도시는 이와 같은 사회적 「에너지」의 결집점이 되는가 하면, 다른 한편으로는 반항이나 반동운동이 일어나는 거점이 되어 사회혁명의 정치적 역할을 담당하는 장소가 되는 곳이다. 이처럼 「막스」주의의 도시이론은 정치적 사명을 지니고 있는 것으로, 사회체제의 바탕 위에서 형성된 것이라고 보겠다.[34)]

도시행정에 관한 연구로서의 경제적 접근방법은 앞서 언급한 지리학적 접근방법보다는 넓은 기초 위에, 그러나 생태학적 접근방법보다는 좁은 기초 위에 입각하고 있다. 도시지역사회의 경제활동은 생산·유통·소비의 흐

33) 「존 빌트」는 2·3차 산업인구를 비생산적·기생적인 인구로 보았으나 「콜린 클라크」(Colin Clark)는 「1차산업보다도 2차산업이 또 2차산업보다 3차산업에 의한 것이 이득이 훨씬 많다」라고 하는 페티(Sir William Petty)의 말을 인용하여 「페티의 법칙」(Petty's Law)이라 하여 2·3차산업 위주의 도시산업이 유리함을 지적하고 있다. Colin Clark, *The Condition of Economic Progress* (2nd ed.)(London: 1951) 참조.

34) 李圭煥, 전게서, pp. 39~40.

름이 정치·행정적, 경제적 구조와 어떻게 관련되어 있는가와 밀접한 상관관계를 맺고 있다.[35] 또한 도로, 항만, 상·하수도, 주택, 전기·통신시설 등과 같은 사회간접자본이 도시경제에 미치는 영향, 노동·자본·시장·기술의 쇄신성이 산업입지(industrial location)에 미치는 영향, 총량경제성장을 위한 불균형성장「모델」이 국토개발에 원용된 성장거점이론(growth pole theory) 등에 관한 경제학적 이론은 도시행정론의 학문적 성숙에 많은 기여를 하고 있다고 생각된다.

6. 都市計劃論的 理論

도시계획이론의 대표적인 것의 하나가 도시재개발(urban renewal)이론이라 할 수 있다. 도시재개발은 도시의 건전한 발전을 도모하기 위하여 도시물리적 구조와 기능간의 괴리를 조정함으로써 도시를 개조하는 것이다. 이렇게 함으로써 ① 도시내용변화에 적응, ② 도시기능 향상, ③ 환경정비와 개선, ④ 불량주거지의 정비, ⑤ 교통문제의 해결, ⑥ 공공시설의 확보와 공급처리시설의 확충, ⑦ 재정문제 개선, ⑧ 경제활동 향상, ⑨ 도시방재, ⑩ 도시구조의 개혁 등을 이룩할 수 있다.

따라서 「슬럼」(slum)지역, 노후·쇠퇴지역(blighted area), 무허가·불법지역(squatter area) 등을 재개발하는 수법으로는 전면매수방법, 토지구획정리방법, 선매권제도 등이 일반적으로 사용되고 있다.

도시를 활력있게 하는 것으로 주로 물리적인 수법을 통하여 도시를 개조하는 도시재개발이론은 다음 세 가지로 분류할 수 있다.[36]

(1) 地區再開發(redevelopment)

전면적 재개발로 물리적 노후화가 심한 곳이나, 공공성이 강조되는 지구에 널리 채택되며, 생활환경 또는 경제활동의 장소로서 조건을 상실함으로써 새로운 기능·시설이 도입되어 구조개선이 이루어진다. 계획수립시 제약이 비교적 적고 융통성이 있으며, 새로운 시도를 해 볼 수 있는 장점이 있다.

35) 상게서, p. 40.
36) 상게서, pp. 40~41.

(2) 地區改修(rehabilitation)

부분재개발로 지역 본래의 기능회복, 시설의 부분적 신축·개축 등 보완적인 조치가 행해지며 구조적으로는 지탱할 수 있으나 부수적으로 개선이 요구된다. 지구자체가 기능이 저하되었든가, 建築物群의 보수나 관리기능의 저하로 인하여서 점차 악화되어가고 있는 지구에 적용하는 방법이다.

(3) 地區保全(conservation)

충분한 기능과 건전한 환경을 지니고 있는 지구나, 역사적·문화적으로 유명한 건축물이 많이 있는 곳에 적용되고 있는 재개발 수법으로서 제도적인 규제·통제로서 계획적인 개발로 유도될 수 있도록 하는 예방적 수법이다. 장래에 악화될 염려가 있는 지구, 현재의 상태를 보존해야 할 필요가 있는 지구에 행하는 것으로 건축물 유지·관리의 강화, 거주인구밀도의 적정화, 지역지구제의 강화를 들 수 있다.

이상의 3가지 유형은 도시를 재개발하려고 할 때 분류되는 종류인데 그 지도이념으로서는 「보존과 개발이 상반되는 경우에 이것을 어떻게 조화시켜 나갈 것인가」하는 데 초점이 있다.

7. 人間定住論的 理論

「독시아디스」(C.A. Doxiadis)에 의하여 체계화된 인간정주학(Science of Human Settlement)은 「에키스틱스」(Ekistics)란 「그리스」어의 「정주」에서 출발하고 있다.[37]

인간생활공간을 연구하는 학문을 의미하는 「에키스틱스」는 도시형성 이전의 생활공간으로는 방, 가옥, 취락, 지구, 근린주구, 지역사회 등으로 변천하고, 도시형성 이후의 생활공간으로는 소도시, 중도시, 대도시, 「메트로폴리스」(Metropolis), 「메갈로폴리스」(Megalopolis), 집합도시(Conurbation), 우주도시(Ecumenopolis) 등으로 변화함을 나타내고 있다.[38]

「독시아디스」는 인간생활이 가장 합리적·능률적으로 영위되고 있는 인간정주공간이 도시라고 보고 있으며, 이와 같은 합리성과 능률성은 다음과

37) Constantios A Doxiadis, *Ekistics; An Introduction to the Science of Human Settlements* (London: Hutchinson & Co. Publishers Ltd., 1968), pp. 21~30.

38) *Ibid.*, p. 30.

같은 5가지 지표를 가지고 결정하고 있다.

① 인간의 만족성: 인간은 정착하여 행복감을 가져야 한다.

② 통합성: 도시의 정착에는 경제 · 사회 · 문화 · 정치 · 행정 등 여러 가지 부문이 관여하고 있는데 이러한 것들이 도시에는 통합되어야 한다.

③ 단계성: 도시에서는 직업, 신분, 역할 등에 있어서 몇 개의 단계로 분류되고 있는데 그것은 전부 동일계열에 놓여 있는 것이 아니며 거기에는 단계가 이루어져야 한다.

④ 주기성: 상하의 유동 · 이동이 시간적 · 주기적으로 통제된 것이며, 정착되어 있는 생활기능이 시간적으로 주기를 가질 필요가 있다.

⑤ 「스케일」의 가변성: 인간은 걷는 거리로부터 자동차로 달리는 거리로, 또 자동차로 달리던 거리에서 비행기로 나는 거리로 생활공간이 확대된 것을 의미한다.

이상의 5가지 조건을 종합해 볼 때 인간정주사회는 방(room)에서 시작되어 우주도시(ecumenopolis)로 발전되고 있는데, 도시는 그 중간위치를 차지하고 있다.

「에키스틱스」이론은 각 분야의 도시학자로부터 도시를 이해하는 데 종합적인 도시이론으로서 「UN HABITAT」국제학술회의를 통하여 폭넓은 인정을 받은 바 있다.[39]

제 3 절 都市行政論의 硏究對象과 方法

Ⅰ. 都市行政論의 硏究對象과 範圍

도시행정론은 지방자치단체의 활동으로 나타나는 행정현상을 그 연구대상으로 한다. 그러나 도시행정현상은 상황변화에 영향을 받지 않는 독립변수로서의 기능과 활동으로 역할을 하는 것이 아니라 여러 가지 자연적 · 사

39) UN HABITAT, *International Conference on Planning and Management of Metropolitan Region*(United Nations Centre for Human Settlements, City of Nagoya, 1980, Oct.), pp. 22~29.

회적·경제적·정치적 환경 및 중앙정부의 국가목표라는 상황과 행정에 대한 주민의 기대수요 등 행정환경과 밀접한 함수관계에 있다. 이는 주로 도시행정은 행정환경에 대해 종속변수로서의 역할을 하게 된다.

이처럼 도시행정은 행정외적 환경과 복잡한 관련을 맺고 있는 복합현상인 까닭에 도시행정연구의 대상과 범위를 명확히 설정하기란 그리 용이한 것은 아니지만 도시행정이 지니고 있는 특성을 고려하면서 행정의 기본변수를 행정체제(구조·행정인)와 외부환경으로 파악하여 다음과 같이 연구의 대상과 범위를 설정하고자 한다.

1. 都市行政의 基礎理論 分野

도시행정이론의 학문적 체계를 형성하기 위한 시도로서 도시행정론의 성립배경, 학문적 성격, 연구분과를 규명하고, 행정현상을 설명·기술하기 위한 이론「모델」과 연구방법을 다룰 뿐만 아니라 도시행정론은 조성과학 또는 보충과학의 성과를 이용하여 도시행정론의 과학화를 지향하는 분야이다.

물론 행정론이나 도시행정론은 가치판단적 내용을 주로 다루기 때문에 자연과학에서와 같은 완벽한 과학성은 확보할 수가 없다고 보는 견해도 있지만[40] 도시행정론이 보다 과학성을 확보하기 위해서는 무엇보다도 그 연구대상에 관한 이론「모델」을 제시하고 연구방법을 명시해야 하는 것이다.

따라서 도시행정현상에 대한 記述과 說明은 가급적 실증적·분석적으로 고찰하도록 노력하며 도시행정과제의 해결방안을 모색할 때는 규범적·당위적인 고찰도 동시 수행함으로써 지역발전과 복지증진이라는 변동대응능력의 증진과 계획된 변동을 유도하도록 한다. 이는 우리나라의 도시행정의 주요 목표는 발전행정능력의 향상에 있으므로 이를 따로 떼어 고찰하지 않고 모든 면을 발전론적 접근방법으로 고찰·평가한다.

한편, 도시행정론의 이론적 체계화를 위하여 행정체제의 목표나 활동에 대하여 제약조건(constraints)으로 작용하는 행정환경으로서 크게 국가와 주민 그리고 정치·경제·사회적 상황 등 세 가지의 변수로 파악한다.[41] 이들

40) S. P. Robinson, *The Administrative Process; Integrating Theory and Practice*(Englewood Cliffs, N.J.: Prentice Hall, 1976), p. 22.

41) Dell Gillete Hitchner and Carol Levine, *Comparative Government and Politics*(2nd ed.)(New York: Harper & Row, Publishers, 1981), pp. 16~38.

간의 상호관계성을 이해하고 증명·기술하기 위하여 체제론적 및 생태론적 접근방법을 활용한다.

지방자치단체의 행정활동의 주체인 지방행정체제를 고찰함에 있어서는 비교론적 접근방법을 통하여 가능한 한 도시행정 또는 지방행정의 대표적 유형인 영·미·「프랑스」·독일 및 일본의 그것과 우리나라의 도시행정체제를 비교해 보며, 이론을 준거의 틀로 하여 실제 도시행정문제를 실증적·분석적으로 고찰하도록 한다.

다음은 도시행정의 본질을 이해하기 위하여 도시행정의 개념과 특징을 고찰하고, 도시행정의 존재형태 및 이념을 제시하며, 다른 한편으로는 도시행정 기초이론의 기반을 구축하기 위하여 도시 및 도시화와 관련된 제반 이론을 체계적으로 정리하도록 한다. 특히, 도시의 특성을 파악함에 있어서 농촌과 비교 분석해 보며, 도시의 형성과 발전은 어떤 요인과 단계를 거쳐서 성장하는지 도시성장의 이론에 관한 부문을 연구의 대상과 범위로 한다.

2. 行政需要者로서의 行政環境 分野

도시행정에 영향을 미치는 환경적 요인을 파악하는 것은 한 나라의 도시행정실체를 이해하는 데 매우 중요하므로 이 변수(variables)를 연구의 대상으로 한다. 따라서 도시행정은 일정한 국가의 정치적, 경제적, 사회·문화적 환경 속에서 지방자치단체가 국가와 주민과 각각 어떤 관계를 맺고 있는가 하는 도시행정의 외적 여건환경을 종합적·체계적으로 연구하는 부문이다.

물론 행정체제는 외적 환경과 함수관계에 있다. 이는 주로 행정체제는 행정외적 환경에 대해 종속변수로서의 역할을 하게 된다. 물론 경우에 따라서는 독립변수로서의 역할을 할 때도 있다. 즉, 행정체제가 외적여건의 상황을 변화시키기도 한다. 그러나 대개의 경우 행정외적 환경은 독립변수로서의 역할을 하게 되며, 따라서 외적 환경의 변동에 따라 행정수요의 내용이 달라진다.

이처럼 독립된 제약조건(constraints)으로서의 도시행정의 외적 환경은 크게 주민의사와 중앙정부체제(국가시책) 및 정치·경제·사회적 상황 등 세 가지로 집약될 수 있다(〔그림 I-1-1〕 참조).

이상의 도시행정에 대한 독립된 제약조건으로서의 외적환경 가운데 도시행정의 내용변동에 보다 능동적이고 유도적인 위치와 역할을 하게 되는

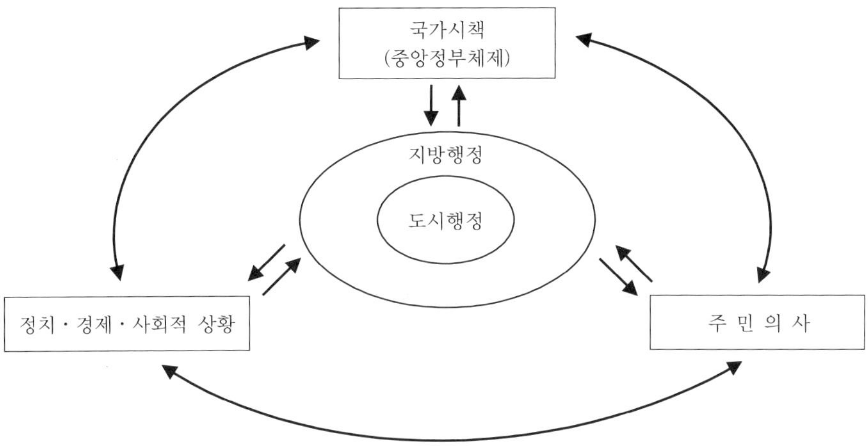

〔그림 Ⅰ-1-1〕 도시행정체제와 외적 환경과의 관계

변수는 국가체제와 주민의사라 할 수 있다.

(1) 都市政府와 國家 및 住民과의 關係

도시정부와 국가와의 관계는 ① 중앙집권과 지방분권, ② 자치단체의 자치권, ③ 국가와 자치단체의 기능배분, ④ 중앙통제 등을 주요 연구대상으로 한다.

다음 도시정부와 주민과의 관계는 주로 ① 주민참여(citizen participation), ② 주민통제(popular control) 등을 주된 연구의 대상으로 한다.

(2) 都市政府와 政治 · 經濟 · 社會的 狀況과의 關係

지방행정체제의 외적 환경변수 가운데 정치적, 경제적, 사회 · 문화적 여건변화는 도시정부의 목표나 활동에 대하여 제약조건으로 작용한다. 따라서 이러한 여건의 변동에 따라 도시행정체제의 내용이 달라지므로 종속변수로서의 지방행정론체제는 피동적일 수밖에 없다.

지방자치단체의 정치 · 경제 · 사회적 상황과의 관계에서 연구대상은 ① 지방행정여건의 변화전망, ② 행정여건변화에 따라 도시행정의 내용이 어떻게 변하는 것인가를 고찰하도록 한다.

3. 行政供給者로서의 都市行政體制分野

도시행정체제는 지방자치단체활동의 주체로서, 또한 도시행정공급체제로서 정치·경제·사회적인 상황과 주민의 의사 및 국가체제 등 외적 환경의 종속변수로서의 역할을 하며, 도시행정연구의 핵심을 이루는 분야이다. 행정체제의 기본이 되는 요소는 조직과 인력 및 재정 등이다. 행정의 수행에 있어 행동「프로그램」을 이루는 구성요소가 바로 조직과 사람 및 돈인 것이다. 이러한 조직과 인력 및 재정은 행정체계의 목표와 기능에 의해 정립되는 동시에 정립된 조직과 인력 및 재정은 주어진 목표를 달성하기 위해 기능을 수행하게 된다.

도시행정의 경우 조직은 기관구성(의결기관과 집행기관)형태, 계층구조, 구역 및 기구를 포함하고, 인사는 도시정부의 공무원제도, 임용, 능력개발, 사기앙양 등을 의미하여, 재정은 도시정부의 예산제도, 세입구조 및 세출구조 등을 포함한다.

이처럼 지방행정공급주체로서의 행정체제분야 연구는 지방자치단체의 대내적 관리측면을 다루는 부문이다. 따라서 도시정부의 대내적 관리분야의 주요한 연구대상은 다음과 같다.

(1) 都市政府의 機關構成形態

모든 지방자치단체는 지역주민의 복지에 관한 공공사무를 처리하기 위해서 일반적으로 단체의사를 결정하는 지방의회와 결정된 단체의사를 집행하는 행정기관을 갖는다. 이런 지방자치단체는 지방행정의 역사, 주민의 자치능력, 국가의 정치이념, 도시정부의 행·재정능력에 따라 기관구성의 형태가 다양하다. 이처럼 다양한 기관의 구성형태를 유형화하여 각각의 특징과 장·단점을 살펴보고, 각 기관의 조직과 운영 및 권한 그리고 보조기관 등에 관한 부문을 연구대상으로 한다.

(2) 都市政府의 機能과 事務

도시정부의 본래 존립목적인 행정기능·사무의 수행에 관한 부문의 연구이다. 지방행정기능은 크게 유지보전기능과 발전복지기능으로 구분할 수 있는데, 여기서 유지보전기능은 모든 지방자치단체가 공유하는 기능으로서 일반행정기능과 민방위기능이 해당되며, 발전복지기능은 도시 및 지역개발기능과 산업경제기능 및 사회복지기능을 포함하고 있다. 따라서 지방자치단체의 기능과 사무에 관한 연구대상은 주로 이들 각종 기능의 특성과 기능수행에 관한 제반문제를 고찰하며, 지방행정사무의 민간위탁에 관한 부문도 연구의 대상으로 한다.

(3) 都市政府의 階層構造와 區域

지방자치단체가 그에게 부여된 기능을 효율적으로 수행하려면 분업체제를 갖추어야 하는데, 그 중 종적분업체제로서의 계층제는 대표적인 종적행정체제라 할 수 있다. 일정한 구역을 관할하는 보통지방자치단체의 수에 따라 단층제와 중층제로 구분하는 계층구조와 지방자치단체의 자치권이 미치는 관할구역에 관한 부문을 연구대상으로 한다. 특히, 계층구조와 구역과의 관계는 통솔범위의 원리(span of control principle)가 적용되는 바, 단층제와 중층제의 장단점 및 계층구조와 구역과의 관계를 고려하여 역할의 체계를 확립하고, 권한과 책임을 명백히 함으로써 행정활동을 능률적으로 수행할 수 있도록 하는 관리행정부문을 고찰한다.

(4) 都市政府의 機構와 人力

지방행정단위의 각종 행정기능과 사무를 능률적으로 수행할 수 있도록 지도하는 제2차 행정활동으로서의 지방행정의 기구와 인사에 관한 부문의 연구를 한다. 즉, 행정의 내부관리 또는 관리행정부문으로서 조직관리와 인사관리 등의 연구가 이 범주에 속하는 문제들이다. 이는 행정활동의 수행에 있어 행동「프로그램」을 이루는 가장 중요한 구성요소가 바로 조직과 인력이기 때문이다. 따라서 도시정부의 행정기구 뿐만 아니라 도시정부의 지방공무원의 인사분야를 연구의 대상으로 한다.

(5) 都市政府의 財政과 經營

지방자치단체가 그들의 존립목적인 각종 행정기능과 관리행정활동의 수행에 소요되는 재원의 조달과 지출에 관한 부문의 연구이다. 도시정부의 예산제도, 세입 및 세출구조 그리고 재정운용제도 등을 연구한다. 특히, 지방재정의 세입구조로서 지방세와 세외수입 등의 자주재원과 지방교부세, 보조금, 지방양여금 등의 의존재원을 고찰하고, 또한 세출구조로서 일반행정비, 사회복지비, 산업경제비, 공익사업비, 민방위비 등의 재정지출에 관한 분야에 대해 연구하도록 한다.

한편, 지방자치단체의 기업경영체제로서 지방공기업의 활성화와 제3「섹타」의 활용에 관해서도 연구의 대상으로 한다.

(6) 廣域都市圈 行政體制

도시정부활동을 효율적으로 수행하기 위한 횡적 분업체제로서의 광역행정은 대표적인 횡적 행정체제라 할 수 있다. 도시권의 확장으로 관할구역의 다원화(jurisdictional proliferation)와 이로써 제기되는 기능적 분화현상(functional fragmentation)을 극복하기 위하여 도시권 광역행정체제의 설정에 관한 부문을 연구대상으로 한다. 확대일로에 있는 도시생활권과 행정구역이라는 정적인 지역단위와의 관계에서 많은 문제점을 일으키고 있다. 따라서 효율적인 도시권 개발행정체제를 확보하여 광역행정의 애로를 해결할 수 있도록 적극적인 개발행정체제의 모색을 위한 광역행정관리 등에 관해서도 연구의 대상으로 한다.

4. 都市行政의 實際

지나친 인구내파현상으로 야기되는 도시집적의 불이익은 여러 가지 측면에서 나타나지만 본 연구의 대상인 도시행정의 실제 편에서는 특히, 도시행정의 수요·공급의 양측면에서 과제가 되고 있는 문제를 중심으로 다루고자 한다.

따라서 이러한 관점에서 볼 때 오늘날 우리나라 도시행정에서 중요하면서도 시급한 공통적인 과제는 무엇보다도 주민의 입장에서 볼 때 가장 핵심적인 수요이면서 도시생활의 질을 결정짓는 것은 주택문제, 교통문제, 급수문제, 쓰레기처리문제라 아니 할 수 없다.

이러한 기초수요는 도시행정의 공급주체인 도시정부의 입장에 있어서도 행정수준을 결정짓는 공공재이면서 복지사회구현을 위하여 시급히 해결해야 할 과제이기도 하다. 또한, 이러한 도시문제를 극복하기 위하여 "보이는 손"(visible hand)에 의한 계획적 활동이 강조되면서 도시행정에 있어서 도시계획의 중요성은 선·후진국을 막론하고 증대되고 있으며, 앞으로도 계속

중요한 과제로 부각될 것이다.

따라서 도시행정의 실제 편에서는 주택난, 교통난, 급수난, 쓰레기처리문제 그리고 도시계획을 중심으로 연구의 대상과 범위를 설정하였다.

(1) 都市住宅問題

그동안의 경제발전으로 우리나라는 외형적인 부는 상당히 증가하였으나 인간생활의 가장 기본이라 할 수 있는 주택사정은 크게 개선되지 않고 있다. 특히, 오늘날 산업화에 따른 인구의 도시집중과 핵가족화로 인한 주택의 수요가 계속적으로 증가하고 있어 도시지역의 주택문제는 더욱 심각한 실정에 이르렀다.

이와 같은 주택문제는 계속되는 도시화로 지역적으로 보아 농촌보다는 도시가 더 큰 문제로 보여지며, 인구규모가 큰 도시일수록 주택문제가 더 심각하게 나타나고 있다. 이는 인구의 자연증가보다 인구이동에 따른 사회적 증가가 현저하게 높은 데 기인한다. 한편으로, 소득계층으로는 저소득층에 있어서 더욱 심각하다는 점에서 주택문제의 해결은 그 중요성을 갖는다고 할 수 있겠다.

따라서 이들 무주택·저소득층의 안정된 주거생활을 위해 주택난 해결의 합리적인 개선방안을 모색하도록 한다.

(2) 都市交通問題

교통사고, 교통혼잡, 교통지체현상으로 대표되는 도시교통난의 가중요인은 여러 가지가 있겠으나, 최근 급격히 늘어나는 교통인구와 차량보유대수의 급증 외에도 도로율의 저위성, 도시기능의 도심지집중, 목적통행량보다 수단통행량의 절대적 증가, 교통행정과 관리의 비효율성 등에 기인하고 있다고 보겠다.

여기서 도시교통난의 해소방안이란 도시사회에서의 교통수단이나 교통시설, 공간구조 등을 개선·발전시킴으로써 소통과정을 체계화하여 인간과 재화의 원활한 수송을 가능케 할 수 있도록 하는데 있다.

따라서 도시교통문제는 도시종합개발계획의 일환으로 수립되어야 하며, 이러한 계획목표하에 도시행정에 있어서 교통문제를 해결하는 방법으로 교통망이나 교통시설 및 교통수단을 유기적으로 연관시킴으로써 그 소통과정을 신속하고도 원활하게 체계화하여 도시교통의 최대의 난제인 교통난 해결 방안을 모색하도록 한다.

(3) 都市給水問題

도시상수도문제는 근본적으로 급수량과 수질 그리고 송·배수시설의 문제점이며, 이는 한마디로 급수난의 문제라 하겠다. 이러한 급수난의 가중요인은 여러 가지가 있겠으나 무엇보다도 생활수준의 향상에 따른 물의 수요급증, 수원지개발의 한계, 수질오염, 배·급수시설의 노후화 그리고 가압펌프장 건설비용증대 등에 기인하고 있다고 보겠다.

이와 같은 급수난의 가중요인에 따라 급수의 수요량은 더욱 증가할 것이 예상되고 있다. 따라서 상수도의 양적 증대와 질적 보전문제는 도시행정의 중요한 과제가 되고 있다.

따라서 상수도 급수가 도시민 생활에 없어서는 아니 될 생명선(life line)이 되고 있는 현실에서 수질, 급수량, 송·배수시설 등의 개선을 통한 급수난 해결 방안을 모색하도록 한다.

(4) 都市 쓰레기 處理問題

전 국토에 산재해 있는 매립지에는 매일 엄청난 양의 도시쓰레기가 비위생적으로 단순히 매립되고 있어 도시주변의 수질오염과 토양오염은 물론 토질악화로 국토의 효율적 이용에 막대한 지장을 초래하고 있다.

또한, 현재의 매립장 능력으로는 계속 발생하는 쓰레기를 처리할 수가 없기 때문에 추가적으로 새로운 매립지의 확보가 도시행정의 시급한 과제의 하나로 대두되고 있는 실정이다. 이에 대처하기 위해서 일부 도시에서는 소각시설 및 대단위 매립장을 확보 중에 있으나 아직 대부분의 도시는 위생적 처리시설을 갖추지 못하고 있는 실정이다.

따라서 도시쓰레기처리가 안고 있는 문제점을 도출·개선함과 동시에 선진도시구조와 유통「메카니즘」속에서의 도시기능을 만족시킬 수 있는 쓰레기 처리대책의 강구와 지역실정에 맞는 경제적이고 효과적인 관리대책을 제시토록 한다.

(5) 都市問題와 都市計劃

일찍이 서구사회에서는 19세기 자유방임의 시대로부터 20세기에 들어오면서 산업혁명의 성공을 가져 온 선진국은 공업화의 급속한 진행과 함께 대량생산의 원리가 지배하는 경제체제하에서 생산의 독과점현상과 이에 따라 빈부의 격차 심화, 노사문제 등 경제사회문제 뿐만 아니라 도시인구의 과밀로 각종 도시문제가 발생하였던 것이다. 이처럼 경제사회적 모순과 도시문제가 심화되면서 이를 극복하기 위한 "보이지 않는 손"(invisible hand)에 의한 예정조화가 아니라 "보이는 손"에 의한 계획적 활동이 강조되었다. 따라서 이러한 도시문제의 해결방안으로 20세기초에 이르러 도시계획의 중요성이 부각되었던 것이다.

이처럼 우리나라를 비롯한 선·후진국들은 도시문제를 하나의 도시내부문제로 보는 것이 아니라 공권력의 개입분야로 현대 발전행정의 중요한 과제로 인식하게 되었다.

따라서 각종 도시문제의 계획적 해결대책으로 도시계획의 중요성이 강조되어짐에 따라 도시계획행정의 원활한 수행을 위해 도시계획의 수립과정 및 기법을 개선·개발하고, 아울러 도시개발사업의 효율적 추진을 위한 도시계획의 기능을 강화하는 방안을 모색하고자 한다.

Ⅱ. 都市行政論의 研究方法

모든 사회과학에는 체계적이고 효율적인 연구를 위하여 접근방법(approach)이 있기 마련이다. 접근방법이란 연구대상을 보는 관점이나 대상을 연구하는 데 제기할 문제와 검토할 자료를 선택하는 기준을 의미한다.[42]

도시행정연구에 있어서도 타당성이 높은 것으로 평가되고 있는 주요한 접근방법으로서는 ① 제도적 접근방법(institutional approach), ② 규범적 접근방법(normative approach), ③ 구조·기능적 접근방법(structural-functional approach), ④ 행태론적 접근방법(behavioral approach), ⑤ 의사결정적 접근방법(decision-making approach), ⑥ 생태론적 접근방법(ecological approach), ⑦ 체제론적 접근방법(system approach) 등을 들 수 있다.[43] 그러나 어떠한

42) Veron Van Dyke, *Political Science; A Philosophical Analysis*(California: Stanford University Press, 1960), p. 34.

접근방법을 사용할 것인가 하는 문제는 연구대상·범위에 따라 달라진다. 예를 들면, 조직내부의 구성원인 행정인만을 연구대상으로 하는 경우는 행태론적인 연구방법을 채택할 수 있지만 조직의 환경까지를 연구대상으로 하는 경우는 생태론적 혹은 체제론적인 연구방법을 사용해야 한다.

도시행정론의 연구방법은 ① 독립된 제약조건으로서의 지방행정체제의 외적환경을 연구함에 있어서는 주로 생태론적 접근방법을 적용하며, ② 지방행정공급주체로서의 행정체제분야를 연구함에 있어서는 주로 체제론적 접근방법을 활용하고, ③ 선진제국의 도시행정과 우리나라의 그것을 비교해 봄으로써 특정의 가치를 실현하고, 문제를 해결할 것으로 기대되는 각종의 대안작성과 선택을 하는 연구과제를 위해서는 비교론적 접근방법을 채택하며, ④ 지방행정이 발전행정능력의 향상에 기여할 수 있게끔 하기 위하여 변동대응능력의 증진과 계획된 변동을 주도하는 차원에서 발전론적 접근방법을 사용하는 것이다.

이상에서 논의한 바를 근거로 도시행정론의 접근방법으로 관심을 끌고 있는 생태론적·체제론적·비교론적·발전론적 접근방법 등을 고찰하기로 한다.

1. 生態論的 接近方法(Ecological Approach)

생태란 살아 있는 유기체와 그 물리적·사회적 환경과의 상호작용을 뜻하며, 유기체가 생존과 기타 중요한 목적을 위하여 환경과 균형이 어떻게 유지되는가와 관련된다. 따라서 생태론(ecology)이란 유기체와 환경과의 상호관계를 연구하는 학문을 의미한다.[44] 도시행정연구에 있어서의 생태론적 접근방법은 도시행정체제와 그를 둘러싸고 있는 정치·경제·사회적 상황

43) M. E. Dimock은 행정학연구의 접근방법을 ① 법률적 접근방법(legal approach), ② 제도론적 접근방법(institutional approach), ③ 실제적 접근방법(practical approach), ④ 합리적·분석적 접근방법(rational·analytical approach), ⑤ 기구적 접근방법(instrumentalist approach) 등으로 분류하고 있다. Marshall E. Dimock, "The Meaning and Scope of Public Administration," in John M. Gaus, Leonard D. White and Marshall E. Dimock(eds.), *The Frontiers of Public Administration*(Chicago: University of Chicago Press, 1936), pp. 6~12; J. M. Pfiffner와 R. Presthus는 ① 법적·역사적 접근방법(legal·historical approach), ② 구조적·기술적 접근방법(structural·descriptive approach), ③ 행태론적 접근방법(behavioral approach) 등으로 분류하고 있다. John M. Pfiffner and Robert Presthus, *Public Administration*, 5th edition(New York: The Ronald Press Company, 1967), pp. 9~15.

44) Amos H. Hawley, "Human Ecology," *International Encyclopedia of the Social Sciences*, Vol. 4(New York: The Macmillan Co. and The Free Press, 1974), p. 328.

과 중앙정부의 국가시책 및 주민의 기대수준 등 행정외적 환경과의 상호관계에 초점을 둔 연구방법이다. 이는 도시행정활동과 내용에 영향을 미치는 제반 환경적 요소를 강조하고, 이들 환경적 제요소와 도시행정체제와의 기능적 관계를 중요시하는 접근방법이다. 도시행정체제에 영향을 미치는 행정외적 환경은 독립변수로서의 역할을 하며 또한 독립된 제약조건으로서 작용을 한다.

생태론적 접근방법은 제2차 세계대전 이후에 일어난 학문연구방법으로서 종래 행정을 환경으로부터 고립시켜 관찰하던 구조적 접근방법에 탈피한 방법이다. 생태론적 접근방법의 선구자인 「고오스」(J. M. Gaus)는 그의 1947년의 「행정에 관한 성찰」(Reflection on Public Administration)에서 행정의 생태적 요인으로서 주민(people)·공간(space)·물리적 기술(physical technology)·사회적 기술(social technology)·욕망과 이념(wishs and ideas)·재난(catastrophe)·인간의 성격(personality) 등 7가지를 들고 있으며,[45] 「리그스」(F. W Riggs)는 그의 1961년의 「행정생태학」(*The Ecology of Public Administration*)과 1966년의 「발전생태학」(*The Ecology of Development*)에서 행정에 영향을 미치는 환경적인 요인으로서 경제적·사회적·상징적·의사전달적 및 정치적 요인을 지적하고 있다.[46]

그러나 생태론적 접근방법은 행정이 환경으로부터 피동적으로 영향을 받는 측면만을 강조하는 문제점을 지니고 있다. 행정은 환경으로부터 영향을 받으면서 또한 능동적으로 영향을 미치는 면도 있음을 간과하고 있다. 즉, 환경의 변동에 따라 행정 또는 행정체제의 내용이 달라지는 한편, 행정 또는 행정체제도 여건의 상황(환경)을 변화시키기도 한다는 점이다. 종속변수로서의 행정체제는 피동적인데 반하여 독립변수로서의 행정체체는 능동적이고 유도적이다.

생태론적 접근방법이 도시행정론에 도입된다면 도시행정이 놓여 있는 환경까지 고려하기 때문에 도시행정의 실제를 이해하는 데 매우 중요하므로 이 변수(variables)에 대한 연구는 도시행정론의 과학화를 제고시키는 데 크게 기여할 수 있다. 특히, 도시행정은 지역적인 특수성을 띠고 있기 때문에

45) John M. Gaus, *Reflection on Public Administration*(Alabama: The Univ. of Alabama Press, 1947), p. 9.

46) Fred W. Riggs, *The Ecology of Public Administration*(New Delli: Asia Publishing House, 1961), p. 4.

생태론적 접근법은 도시행정의 연구에 유용한 방법이 된다. 그러나 이 생태론적 접근법은 도시행정 또는 도시행정체제를 환경의 영향만 받는 종속변수로만 보고 있는 데서 벗어나 영향을 끼치는 양면적 관계를 지니고 있음을 주목하고, 행정 또는 행정체제가 능동적으로 발전하기 위하여 생태론적 요인을 적극적으로 이용하는 문제를 생각하여야 할 것이다.

2. 體制論的 接近方法(System Approach)

체제론적 접근방법은 연구의 기본적 관점을 체제로서 파악하며, 도시행정론의 연구방법 중 가장 중요한 것의 하나라고 할 수 있다. 체제란 일반적으로 여러 개의 구성요소 또는 변수가 어떤 관계를 가지고 상호의존성·상호관련성·상호작용성·질서·통일성 등이 존재하면서 환경과 끊임없이 영향을 서로 주고받는 실체(thing) 내지 관념체(idea)를 말한다.[47] 하나의 체제는 보다 큰 체제의 한 부분이며 따라서 하위체제(sub-system)이기도 하다. 예를 들면, 사회전체를 하나의 체제(system)로 본다면 정치체제·경제체제·문화체제·행정체제 등은 하위체제(sub-system)가 되며 이들 구성요소들의 상호작용의 결과 균형을 이루고 있는 상태를 체제로 보고 있다.

한 체제는 보다 큰 체제에 대해서 하위체제이지만 보다 작은 체제에 대해서는 상위체제를 형성한다. 예를 들면, 행정체제는 전체사회체제에 대해서는 하위체제에 속하지만 인사행정·재무행정·지방행정·조직행정 등에 대해서는 상위체제를 구성하게 된다.

행정체제는 환경과의 관계에 있어서 항상 상호작용을 하면서 환경으로부터 영향을 받아 변동하고, 환경에 영향을 미치는 작용을 반복하는 개방체제(open system)로서의 성격을 띠고 있다. 행정체제는 복잡하고 다원적·동태적인 사회변동의 영향을 받을 뿐만 아니라 내부환경으로서의 조직사회가 가지는 여러 가지 영향도 아울러 받는다.

행정체제는 서로 관련되고 상호작용하는 환경으로부터 투입(input)을 받아 전환과정(conversion process)을 거쳐 산출(output)을 하고, 산출에 대한 환경의 평가가 환류(feedback)라는 과정을 통해서 체제에 재투입(re-input)된

47) Gerald E. Caiden, *Administration Reform*(Chicago: Aldine Publishing Co., 1969), p. 46; 체제론의 자세한 내용은 姜信澤, 「社會科學研究의 論理」(서울: 博英社, 1982), pp. 358~412 참조.

다.[48] 도시행정체제를 예로 들면, 투입과정을 통해서 주민들의 요구나 중앙정부의 국가시책이 투입되면 도시정부의 활동·기능수행이라는 전환과정을 통해서 주민들의 욕구가 조정되며, 중앙정부의 시책이 반영되어 산출과정을 통해서 개발사업이 집행되고, 환류과정을 통해서 주민들의 개발사업에 대한 평가가 이루어지고 새로운 욕구와 기대가 재투입된다.

이처럼 체제론적 접근방법을 도시행정연구에 도입한다면 도시행정과 환경과의 상호작용을 분석할 수 있기 때문에 민의의 소재를 포함한 지방행정체제의 외적 여건상황을 정확하게 파악할 수 있어서 지방행정의 민주성이라는 행정이념을 구현할 수 있을 뿐만 아니라 지역특성에 알맞은 지방행정을 집행할 수 있다.

그러나 도시행정론에 체제론을 도입한다면 지방행정의 환경에 대한 적응은 효과적으로 설명할 수 있으나 우선 근본적으로 체제기능을 위주로 하고 있어 균형·현상위주의 성격을 벗어나지 못하여 변화를 설명하기 곤란하다. 따라서 정태성을 벗어나기 힘들고 또한 기능관계를 설명하려고 하고 있으나 그의 성질 및 하위체제간의 구분, 비중을 명확히 하기 힘들며,[49] 도시행정의 주체적인 성격은 다룰 수가 없는 문제점이 있다.

3. 比較論的 接近方法(Comparative Approach)

행정학에 있어서 비교행정론의 연구방법이 도입되게 된 필요성은 먼저, 과학화로 표현될 수 있는 학문적 필요성에서다. 이는 파악하려는 대상간의 유사점과 차이점을 확인하여 여러 현상 중에서 유사한 요소들을 발견하고 이를 분류함으로써 개념정립을 시도하여 보편적으로 적용될 수 있는 일반이론을 형성하고자 하는 것이다. 일반이론을 형성하기 위해서는 한 나라의 행정에 대한 연구만으로는 부족하다. 따라서 여건이 다른 여러 나라의 행정을 연구함으로써 보다 더 일반적인 이론의 정립이 가능하고, 이로 인하여 행정론을 과학화할 수 있다고 본다. 특히, 「달」(R. Dahl)은 행정학연구가 비교론적이지 못하는 한 과학성을 잃게 된다고 지적하고 있다.[50]

48) Ira Sharkansky, *Public Administration; Policy-Marking in Government Agencies*, 4th edition(Chicago: Markham Publishing Company, 1978), pp. 7~8.

49) Persy S. Cohen, *Modern Social Theory*(New York: Basic Books, 1968), pp. 47~48; 姜信澤, 전게서, pp. 358~406.

50) Robert A. Dahl, “The Science of Public Administration,” *Public Administration Review*, 7-1(1957), p. 7; Robert A. Dahl, “Trends in the Comparative Study of Public Administration,”

비교행정론의 도입 필요성의 두 번째는 제2차 대전 후 미국이 후진국에 대한 경제적 · 기술적인 원조를 제공해야 할 필요가 생기면서 효과적인 원조를 위해 후진국의 행정문제에 대한 지식을 필요로 하게 되었다. 즉, 미국의 행정모형이나 행정기술을 그 역사적, 사회 · 문화적 환경이 상이한 후진국에 이식하려 한 노력이 실패를 거듭하게 됨에 따라 후진국에 대한 원조시행과정에서 비교의 필요가 제기되면서 비교론적 접근방법에 대한 관심이 더욱 높아졌던 것이다.[51)]

이와 같은 비교론적 접근방법을 도시행정론에 도입한다면 각국에서 도시행정이나 지방행정의 특수성을 가져오게 한 역사적 · 사회문화적 제요인을 비교 · 분석함으로써 보다 더 일반적인 이론의 도출이 가능해져 도시행정론의 과학화에 도움이 될 것이다. 또한, 선진제국에서 생성 · 발달된 도시행정제도와 우리나라의 그것과 비교 · 연구함으로써 효율적인 외국의 도시행정제도를 도입하여 우리나라 도시행정발전을 위한 새로운 행정제도를 모색할 수 있다. 그러나 비교연구는 문화횡단적(cross-cultural)인 성격을 띠게 되어 현실성이 없는 추상적인 이론을 도출해 낼 위험성이 있고, 맹목적적으로 외국의 제도를 선호할 문제점이 있다.[52)]

4. 發展論的 接近方法(Development Approach)

발전이란 질적 변동과 양적 성장을 내포하는 가치지향적 · 동태적 · 목표지향적인 적극적 개념으로서 주요한 사회변동의 한 국면이다.[53)] 따라서 발전개념의 특질로서는 ① 구조적 분화, ② 변동대응능력과 자율성의 증진, ③ 계획적 변동과 목표지향성 등을 생각할 수 있다.[54)]

American Society for Public Administration(April, 1961), p. 16.

51) Ferrel Heady, *Public Administration: A Comparative Perspective*(Englewood Cliff, N. J.: Prentice-Hall, Inc., 1966), pp. 8~9.

52) 李圭煥, 「韓國地方行政學」(서울: 法文社, 2006), pp. 16~21.

53) Edward W. Weidner, "Development Administration: A New Focus for Research," in Ferrel Heady and Sybil L. Stokes(eds.), *Papers in Comparative Public Administration*(Ann Arbor: Institute of Public Administration, The University of Michigan, 1962), p. 99.

54) Fred W. Riggs, *Administration in Developing Countries: The Theory of Prismatic Society*(Boston: Houghton Mifflin Company, 1964), pp. 231~232; Alfred Diamant, "The Nature of Political Development," Reprinted in Jason L. Finkel and Richard W. Gable(eds.), *Political Development and Social Change*(New York: John Wiley, 1966), p. 92; 朴東緖, "發展行政能力의 向上," 「行政論集」 第 4卷 第 1號(1966), p. 3; 李漢彬, "開發型時觀論," 「行政論集」 第 4卷 第 2號(1966), p. 8; 金圭定, 전게서, p. 116; 兪焄, 「行政學原論」(서울: 法文社 1984), pp. 94~96.

발전행정(Development Administration)이란 이처럼 변화와 밀접한 관계를 가지고 이에 올바르게 대처하거나 이를 바람직하게 유도하는 행정을 뜻한다.

발전행정을 사회경제적인 외적 환경의 변동과의 관계로 보아 수동적 작용성과 적극적인 작용성으로 구분해 볼 수 있다.

수동적 개념으로서의 발전행정은 사회발전의 한 산물로서 이해되며, 생태적 요인과의 상호작용관계에서 행정이 어떻게 변화해 가는가를 분석하고 있는데, 대표적인 학자는 「리그스」(F. W. Riggs)이다.[55]

그리고 적극적 개념으로서의 발전행정은 발전을 「계획된 변동」(planned change)으로 보아 계획된 변동의 행정으로 정의하고 있는데, 대표적인 학자는 「파난다이카」[56](V. A Pai Panandiker), 「몽고메리」[57](John D. Montgomery), 「와이드너」[58](Edward W. Weidner), 「에스만」[59](Milton J. Esman)이다.

이상의 개념설명에서 볼 때 발전행정은 현재의 상황을 전제로 한 새로운 방향의 변화를 올바르게 유도해 나가는 행정모형, 즉 발전지향적 행정체제라고 할 수 있다. 국가 또는 지방자치단체의 발전을 위해서는 고도의 전문적인 지식과 자원을 보유하고 있는 행정체제가 사회의 변동에 대응해야 할 뿐만 아니라 적극적으로 변화를 일으켜야 한다는 것이다.

발전행정은 행동지향적이기 때문에 발전행정의 접근방법은 동시에 발전을 위한 전략이라고 할 수 있다. 「일치만」(Warren F. Ilchman)은 발전행정의

---

55) 徐元宇, "開發行政의 概念과 研究方法," 「法政」(1968년 4월호), p. 54; 俞焄, 전게서, p. 97.

56) 發展을 計劃된 變動으로 보는 「파난다이카」는 發展行政을 계획된 변동의 행정으로 보고 있다. V.A. Pai Panandiker, "Developmental Administration; An Approach," in Nimrod Raphaeli(ed.), *Readings in Comparative Public Administration*(Boston Allyn and Bacon, 1967), p. 201.

57) 「몽고메리」는 發展行政을 계획된 변동의 실행으로 보고 있다. John D, Montgomery, "A Royal Invitation: Variations on Three Classic Themes," in John D.Montgomery and William J, Siffin(eds.), *Approaches to Development: Politics, Administration and Change*(New York: McGraw-Hill, 1966), p. 259.

58) 「와이드너」는 發展行政을 권위적으로 결정된 진보적인 정치적 · 경제적 · 사회적 諸目的을 달성하기 위하여 조직을 이끌어 나가는 과정으로 보고 있다. Edward W.Weidner, *op. cit.*, p. 98.

59) 「에스만」은 발전행정을 목적달성을 위한 제과업을 수행하는 행동계획의 수립 및 집행과정으로 보고 있다. Milton J. Esman, "The Politics of Development Administration," in John D. Montgomery and William J. Siffin(eds.), *Approaches to Development: Politics, Administration and Change*(New York: McGraw-Hill, 1966), pp. 107~110.

접근방법을 크게 행정체계적 방법과 사회체계적 방법으로 분류하고, 전자를 균형적 행정발전형과 불균형적 행정발전형으로, 후자를 균형적 사회발전형과 불균형적 사회발전형으로 세분하고 있다.[60)]

(1) 行政體系的 接近方法(administrative system approach)

행정체계 자체의 입장에서 행정의 문제를 다루는 것으로 다분히 사회의 다른 분야와 분리시켜 고찰하려는 접근방법이다.

① 균형적 행정발전전략[61)] : 행정체계 내의 모든 분야를 동시에 발전시켜 균형된 상태를 유지해 나가는 전략이다. 즉, 도시행정의 경우 기획, 예산, 인사, 조직, 행정구역, 계층구조 등의 도시행정체제의 모든 부문을 종합적으로 같은 수준으로 발전시킴으로써 상호보완의 효과를 얻고자 하는 방법이다.

② 불균형적 행정발전전략[62)] : 행정체계 가운데 보다 중요한 부문만을 먼저 발전시키고, 그것을 기반으로 하여 타부문을 뒤따라 오게 하는 불균형화의 전략이다. 부족한 자원과 숙련되지 못한 노동 및 낮은 기술을 가진 발전도상국의 경우 모든 행정체제를 고르게 발전시키기 보다는 중요성을 띤 부문을 거점으로 우선 개발함으로써 보다 큰 효과를 얻을 수 있는 방법이다.

(2) 社會體系的 接近方法(social system approach)

행정도 국가체제를 구성하는 하나의 하위체계로 보고 다른 하위체계와의 상호의존관계를 중요시하는 접근방법이다.

① 균형적 사회발전전략[63)] : 행정체계를 국가체계의 한 하위체계로 보고 타하위체계, 즉 정치・경제・사회 등의 체계와 밀접한 관계하에 있다는 전제하에 이들 하위의 부분체계와 더불어 발전의 균형을 이루는 행정이 되어야 한다는 전략이다. 타부문체계보다 앞서가는 행정체계가 형성되면 행정권의 우위에서 오는 관료제의 강화와 사회부문의 약화로 국가전체의 발전이

---

60) Warren F. Ilchman, "Rising Expectations and Revolution in Development, Administration," *Public Administration Review* (December 1965), pp. 315~316.

61) 대표적인 학자로 「엠메리크」(H. A. Emmerich), 「애플비」(Paul H. Appleby), 「캇츠」(Saul M. Katz) 등을 들 수 있다(Warren F. Ilchman, *op. cit.*, p. 316).

62) 대표적인 학자로 「한손」(A. H. Hanson), 「워타스톤」(Albert Waterston) 등을 들 수 있다.(*Ibid*, p. 316.)

63) 대표적인 학자로 「리그스」(Fred W. Riggs), 「파이」(Lucian W. Pye), 「아이젠슈타트」(S. N. Eisenstadt), 「라파롬바라」(Joseph LaPalombara) 등을 들 수 있다(*Ibid.*, p. 317).

저해될 가능성이 있다는 것이다.[64] 따라서 행정체계는 사회전체의 변동과 발전에 보조를 같이하는 방법이다.

② 불균형적 사회발전전략[65] : 행정과 다른 사회체계간의 상호관계를 인정하면서 행정의 독립성 내지 능동성에 더 중점을 두는 전략이다. 즉, 행정이 사회변동을 유도할 수 있고, 또 유도해야 한다는 적극적 입장에서 다른 사회체계보다는 앞서 발전해야 한다는 것이다.

이상의 발전행정의 여러 전략은 각 국가의 경제·사회적 상황에 따라 다양하게 채택되어야 할 것이다. 즉, 전공업사회적 성격을 띤 후진국에서는 행정 우선과 행정내 거점부문 우선의 불균형적 발전행정전략을 채택하고, 공업중심사회의 개발도상국에 있어서는 불균형전략으로부터 균형전략으로 전환하는 방법을 채택하며, 탈공업적 성격을 띠는 선진국에서는 사회체계는 물론 행정체계에서도 균형성을 확보하는 발전전략을 채택함이 바람직하다고 하겠다[66](〈표 Ⅰ-1-1〉 참조).

이러한 발전론적 접근방법을 도시행정에 적용한다면 국가발전이나 지역사회발전을 위한 도시행정의 역할이 강조되며, 이러한 행정의 역할을 효율적으로 수행하기 위한 전제로서 도시행정체제를 사회적 성격의 변화에 따라 단계별로 발전행정전략을 점차 불균형화에서 균형화로 유도해야 할 필요성을 강조하면 자치단체간의 불균형심화와 민간경제부문의 위축을 초래할 뿐만 아니라 관료우위사회가 대두될 위험성이 있다.

〈표 Ⅰ-1-1〉 발전 단계별 발전행정전략

단계 / 체계	전공업사회(후진국)	공업사회(개발도상국)	탈공업사회(선진국)
행정·사회체계간	불균형전략	불균형 → 균형전략	균형전략
행정체계내	불균형전략	불균형 → 균형전략	균형전략

64) Fred W. Riggs, "Bureaucracy and Political Development: A Paradoxical View," in Joseph LaPalombara(ed.), *Bureaucracy and Political Development*(Princeton: Princeton University Press, 1963), pp. 128~129.

65) 대표적인 학자로서 「와이드너」(Edward W. Weidner), 「에스만」 Milton J. Esman), 「브라이반티」(Ralph Braibanti)등을 들 수 있다(Warren F. Ilchman, *op. cit.*, p. 317).

66) 金安濟, 「地域開發과 地方自治行政」(서울: 大明出版社, 1988), pp. 519~520.

제 2 장　都市行政의 本質

제 1 절　都市行政의 意義

Ⅰ. 都市行政의 槪念

「나이그로」(F. A. Nigro)가 「행정」에 관한 개념 규정이 어려운 이유를[1] 행정의 한계가 불분명하고, 그 기능이 근래에 더욱 확대되고 있는 데서 찾은 것과 같이, 「도시행정」이야말로 내용 또는 기능이 동태적으로 변함으로써 개념규정이 어려우며 다양성을 갖고 있다.

「도시행정」(municipal government, urban administration, urbanology)이 구체적으로 무엇을 의미하는지 그 개념규정이 어려운 점은 도시행정의 영역이나 범위가 명확하게 설정되어 있지 않으며, 그 한계도 분명하지 않고 유동적이며, 또한 그 내용이나 기능도 확대·변화되고 있는 데서 그 이유를 찾을 수 있다. 오늘날 도시문제는 급변하고 있으며, 대개의 경우 변화의 원인이나 변수를 정확히 파악하기 어려운 상황을 내포하고 있으므로 고도로 체계적인 개념화는 어렵고, 어떠한 시각에서 볼 것이냐 하는 관점의 차원과 연구방법의 여하에 따라 그 정의가 각양각색이다.

이러한 다양성에도 불구하고 도시행정에 관한 개념규정을 시도해 보면, 「도시행정이란 도시자치단체(municipalities)가 도시의 건전한 발전을 도모하고, 공공복지의 증진을 위하여 행하는 일체의 정치적 또는 행정적 작용」이라 말할 수 있다.

1) Felix A. Nigro, *Modern Public Administration*(New York: Harper & Row, Publishers, Inc., 1965), p. 3.

환언하면, 도시행정이란 지방행정의 개념 중에서 「도시」라는 특정지역에 중점을 두고 이와 관련된 문제를 체계적으로 접근, 그 효율성을 증대시키고 민주화를 도모시키는 행정이라 볼 수 있다.

이를 좀더 구체적으로 살펴보면 첫째로, 행정의 주체는 도시자치단체 또는 도시정부라는 점에서 국가행정 또는 농촌행정과는 구별되며 둘째로, 도시행정의 목적은 도시의 건전한 발전과 공익증진에 있으며 셋째로, 도시정부가 수행하는 기능, 즉 사무의 영역은 도시자치단체가 국가로부터 독립된 법인격을 부여받아 독자적으로 수행하는 자치행정과 도시자치단체가 국가로부터 위임받아 수행하는 위임행정까지를 포함하며 넷째로, 도시행정을 정치와 관련시켜 볼 때 순수한 행정작용 뿐만 아니라 지방의회의 선거, 지방의회의 정책결정작용, 주민의 행정통제 등과 같은 정치작용까지지도 포함한다.

이상의 도시행정의 개념규정에서는 중앙정부가 도시라고 하는 특정지역에 설치한 하급행정기관, 즉 특별지방행정기관이 담당하는 관치행정은 제외되는 것이다. 이와 같이 도시행정의 개념을 협의로 이해하여 일정한 지역내에서 수행하는 행정 중에서 「도시자치단체가 처리하는 행정」만을 그 범주로 할 때, 우리나라와 같은 경우에 있어서는 중앙정부의 일선행정기관인 이른바 특별지방행정기관에 의해 수행되는 국세, 원호, 철도, 체신 등의 관치행정은 제외되는 것이다.

Ⅱ. 都市行政의 特徵

「후버」(E. M. Hoover)는 도시행정의 영역확산 내지는 고도화의 이유로서 과학기술의 발전, 교통통신의 발달, 노동인력의 공급, 조세 등을 열거하고 있다.[2] 그러나 보다 직접적인 것은 서구제국은 20세기에 들어 오면서 산업혁명의 성공과 더불어 공업화의 급속한 진행과 함께 대량생산의 원리가 지배하는 경제체제하에서 생산의 독과점현상과 이에 따라 빈부의 격차심화, 노사문제 등 경제사회문제 뿐만 아니라 도시인구 과밀로 각종 도시문제가 발생함으로써 도시문제에 대한 행정의 관여가 강화된 데서 찾을 수 있다.

한편, 많은 개발도상국들의 경우는 제2차 세계대전 이후 새로 쟁취한 독립을 보존하기 위한 안보와 급속히 높아지는 국민의 기대욕구의 충족을 위

2) Edgan M. Hoover, *Anatomy of a Metropolis*(New York: Doubleday, 1962), p. 31.

한 공업화 과정에서 서구사회가 수세기 동안에 경험하였던 도시화가 단기간에 이루어짐으로써 도시지역에 있어서의 공공서비스시설의 부족, 생활환경의 악화, 대규모의 슬럼(slum)형성 등 여러 가지 도시문제가 유발하는 데서 찾을 수 있다.

이처럼 선·후진국을 막론하고 도시문제를 하나의 도시내부문제로 보는 것이 아니라 공권력의 개입분야로 현대 발전행정의 중요한 과제로 인식하게 되었다.

도시행정은 도시문제를 해결하기 위하여 도시에 공공서비스를 제공하고 통제하는 활동으로서[3] 교통, 주택, 상·하수도, 도시계획, 청소, 보건, 건축, 교육, 문화, 산업, 재무, 복지, 치안 등 영역이 다양하고 복합적이여서 국가행정 혹은 일반행정에 비해 다음과 같은 몇가지 특징을 갖고 있다. 그러나 이와 같은 특징은 어디까지나 상대적인 개념이라는 것을 주의할 필요가 있다.

(1) 都市行政의 綜合性

도시행정을 일정한 지역내에서 수행하는 행정가운데 「도시자치단체」가 처리하는 행정만을 도시행정으로 이해할 때에는 특정 기능만을 수행하고 중앙정부의 지휘감독을 받는 일선기관과는 달리 지방자치단체의 기능은 포괄적이며 종합적이다.

지방자치단체의 기능은 내무·재무·보건사회·산업경제·도시개발 및 건설·환경녹지·교통·주택·상수도 및 하수도·민방위·소방 및 경찰 등 대단히 포괄적인 것으로 도시행정의 이러한 종합성은 2처17부16청의 중앙행정기관의 모든 행정이 지방자치단체에 최종적으로 집결·용해되어 거기에서 다시 종합적으로 산출되고 있다. 따라서 국가행정사무를 처리하기 위하여 중앙정부가 지방에 설치하는 출장소적 성격인 특별지방행정기관(field offices of central government)의 기능인 국세 및 관세·조달·영림·국토건설·검역·원호·병사·철도·체신 등과 같이 그 기능이 특정적인 것과는 도시행정이 구분되는 특징을 갖고 있다.

현대행정의 특징이 기능적 분화와 전문화에도 불구하고 도시행정을 이와 같은 종합행정으로 수행해야 하는 이유는 지방행정의 대상인 지방이라고

---

3) O. Diamond & J.B. McLoughlin(ed.), *Process in Planning*, Vol.1(Pergamon Press, 1973), p. 15.

하는 특정지역과 주민은 같은 존재이기 때문에 도시행정을 기능별·전문분야별로 나눌 수 없고 오히려 행정이 전문화·분화될수록 중앙 각 부처의 기능별, 개별적 시책은 일정한 지역을 단위로 하는 지방자치단체에 의하여 유기적으로 조정되고 종합화되어야 하기 때문이다.[4)]

(2) 都市行政의 地域性

국가행정이 전국을 단위로 통일적·일원적으로 실시하는 것인데 비해 도시행정은 국가내의 특정한 지역인 도시를 단위로 개별적·다원적으로 실시하는 행정임을 특징으로 한다. 따라서 국가행정은 전국민을 대상으로 공공복지를 증진시키고자 하는데 비해 도시행정은 도시라고 하는 특정지역에 거주하는 주민을 대상으로 하고 있는데 차이가 있으며, 국가행정은 전국토의 종합적·균형적 개발에 중점을 두는데 비해 도시행정은 국가내의 일정한 지역인 도시라고 하는 특정지역의 개발에 중점을 둔다.

이처럼 도시행정은 지방자치단체에 의해 특정한 지역에서 실시하는 행정을 말하는 것이기 때문에 지역의 정치·사회·경제·문화 등 모든 환경적인 요인에 의해서 영향을 받는다. 그 결과 모든 도시행정은 지역적인 성격을 띠게 되고, 이러한 지역성은 도시행정의 한 특징이기도 하다.

행정수요는 모든 지역에 있어서 그 지역이 처해 있는 환경적 특성과 조건에 따라 상이할 수밖에 없는데, 예를 들면 도시의 규모면에서 대도시의 경우에는 인구·교통·주택·공원·공해 등의 문제가 보다 중요한 과제가 되겠지만, 중소도시의 경우는 이러한 도시문제보다는 급수·하수·산업경제·보건 등의 문제가 상대적으로 보다 더 강조된다. 또한, 도시기능적 특성에 따라 행정수요도 다를 수밖에 없다.

이와 같이 도시행정의 대상이 각 지역별 실정에 따라 행정사무의 종류, 행정의 양과 질이 다양하듯이 이러한 지역성을 갖고 있는 도시행정은 전국을 단위로 전체성의 요청에 입각하여 통일적·일원적으로 실시하는 국가행정과 비교할 때 하나의 특징이 되고 있다.

(3) 都市行政의 日常性

도시행정은 특정한 지역을 기초로 하여 도시자치단체가 수행하는 제활

4) 李圭煥, 「韓國地方行政學」(서울: 法文社, 2006), p. 41.

동으로서 이때의 제활동은 지역주민의 생활을 대상으로 해서 실시하는 구체적・개별적 활동이라고도 할 수 있는 것이다. 이처럼 도시행정은 주로 주민들의 일상생활에 관련되는 제활동과 주민들의 안녕질서와 공공복지의 증진에 관한 사무를 수행하는 생활행정인 것이 그 특징이 있다.

도시행정은 구역내의 주민이 사람으로서 출생하여 사망에 이르기까지 발생되는 보편적・공통적 수요를 충족함을 그 본연의 업무로 한다. 즉, 보건사회행정, 산업경제행정, 도시개발행정, 건설관리행정, 환경녹지행정, 교통행정, 상・하수도행정 이외에도 민방위 및 소방행정 그리고 교육 및 치안행정 등은 주민들의 일상생활에 직결된 행정수요로서 이에 부응하는 것이 도시행정의 임무이다. 이에 비하여 국가행정은 국가의 존립・유지에 필요한 행정, 전국적으로 통일적 기준의 설정이나 획일성을 요하는 행정, 국민전체의 일반적인 이해관계에 관련되는 행정 또는 광역행정 등의 사무가 주된 내용이고 보면[5] 도시행정은 시민들의 일상생활에 직결되는 생활행정임이 더욱 부각되고 있다.

이와 같이 도시행정이 생활행정으로서 제 기능을 발휘하기 위해서는 현실에 바탕을 둔 대민행정・실천행정・봉사행정이 되어야 할 것이다. 이는 도시행정은 국가행정에 비해서 현실성을 갖고 있기 때문이다. 중요한 정책이나 계획은 중앙정부가 설정하고, 지방자치단체는 이에 대한 구체적인 계획의 집행을 담당하여 현실의 지역문제를 직접 해결하는 것이 도시행정의 본질이자 사명이라 할 수 있는 것이다.

(4) 都市行政의 自治性

중앙정부의 하급행정기관인 특별지방행정기관이 담당하는 관치행정과는 반대로 지역주민들이 그들의 일상생활에 관련된 사무를 국가에 의하지 않고 자기들의 의사와 책임하에 스스로 또는 대표자를 통하여 처리하는 행정을 자치행정이라 할 때 지방자치와 관련하여 도시행정은 자주적이고 자율적인 성격을 띠고 있다.

현대 민주국가의 대부분은 지방행정이나 도시행정의 수행방식에 있어 자치행정을 특질로 하는 이유는 무엇보다도 지방자치가 민주적 지방행정 또는 도시행정의 원리로서 뿐만 아니라 행정의 기술원리로서도 뛰어난 가치를

5) 상게서, pp. 42~43.

지니고 있기 때문이다.[6]

민주주의의 실천도장으로서의 지방행정 또는 도시행정은 민주주의적 방식을 주민의 공적 및 사적활동의 원리가 되도록 추진하는 기본주체가 되어야 한다. 민주사회의 구현을 위한 요소로서, 민주정치의 생활화를 위한 훈련장으로서, 또한 지역특성에 적응한 행정의 실현수단으로서 주민참여와 주민통제를 기하기에는 지방자치가 그 효율성을 제고시킬 수 있는 훌륭한 민주주의의 실천도장이기 때문이다.

도시행정은 국가행정과는 달리 지역주민의 일상생활과 밀접한 관계를 갖기 때문에 주민의 참여와 통제가 광범위하게 인정된다. 이와 같이 도시행정은 주민참여의 범위가 넓고 자치적으로 이루어지는 영역이 넓기 때문에 행정사무의 성격도 주민들의 일상생활과 관련된 것이 많고 따라서 행정사무의 대부분은 자치사무로서 지방자치단체가 독자의 의사와 책임하에 처리하고 있는 것이다.

제2절 都市行政의 存在形態와 理念

Ⅰ. 都市行政의 存在形態

1. 存在形態의 類型

도시행정은 그 업무를 수행하는 형태에 따라 크게 「完全自治行政型」(comprehensive local government system)과 「完全官治行政型」(integrated administration system)으로 편의상 구분할 수 있다.[7] 그러나 특정한 국가에 있어서 수행해야 하는 지방자치단체의 행정사무는 매우 다양하고 그 성격도 복잡하므로 한 국가의 도시행정을 완전자치행정이나 완전관치행정 중의 어느 하나로 획일화시킬 수는 없을 것이다. 즉, 행정의 성격이나 사무의 성격에 따라서 또는 한 국가의 민주적 전통이나 지방자치제 실시 여부에 따라서

6) 상게서, p. 44.

7) G.M. Harris, *Comparative Local Government*(London: Hutchinson's University Library, 1948), p. 9.

어떤 국가의 도시행정의 형태가 지방자치단체의 「자치사무」와 중앙정부의 하급행정기관에 의한 「관치행정」이 이원적으로 수행되는 「自治·官治二元型」(partnership system)이 있을 수 있다.

한편 제도상으로 지방자치단체와 중앙정부의 하급기관으로 이원화되어 있으나 실제로는 도시행정사무의 대부분을 중앙정부의 하급행정기관이 처리하고, 지방자치단체는 중요한 자치사무도 제대로 처리하지 못하는 「官治優越的 二元型」(dual system)이 있을 수 있다.

이처럼 도시행정의 수행방식을 「완전자치」나 「완전관치」 가운데 어느 하나를 고집하는 양자택일식의 논리는 설득력이 별로 없을 것이다. 따라서 어느 특정한 국가에 있어서의 도시행정 존재형태 역시 「자치적 분권」과 「행정적 분권」의 결합정도에 따라 다양하게 나타날 수 있을 것이다. 즉, 「완전자치행정」을 한쪽 끝으로 하고, 「완전관치행정」을 다른 한쪽 끝으로 하는 연속선상에서 현실의 상황을 파악할 때는 이들의 조합을 정도의 문제로 이해하여야 할 것이다.

어떤 국가가 도시행정의 처리방식을 어떤 형태로 할 것이냐는 그 국가의 민주적 전통이나 정치·경제적 상황의 정도에 따라 또는 사무의 성질에 따라서 결정된다. 일반적으로 지방자치가 전혀 실시되지 않고 중앙집권적인 국가일수록 행정의 통일성에 중점을 두게 되고, 이런 상황하에서는 「관치적 도시행정」을 더욱 강조하게 된다. 반면에 지방자치가 실시되고 지방분권적인 국가일수록 행정의 지역성에 중점을 두게 되고, 이런 상황하에서는 「자치적 도시행정」을 더욱 강조하게 될 것이다.

2. 自治的 都市行政과 官治的 都市行政

설명의 편의를 위해 「자치적 도시행정」과 「관치적 도시행정」과의 관계를 보면 상대적이며 비교적 개념으로서 이를 도식화해 보면 〔그림 Ⅰ-2-1〕과 같다. 그림에서 P_1과 P_2는 자치적 도시행정과 관치적 도시행정을 나타내

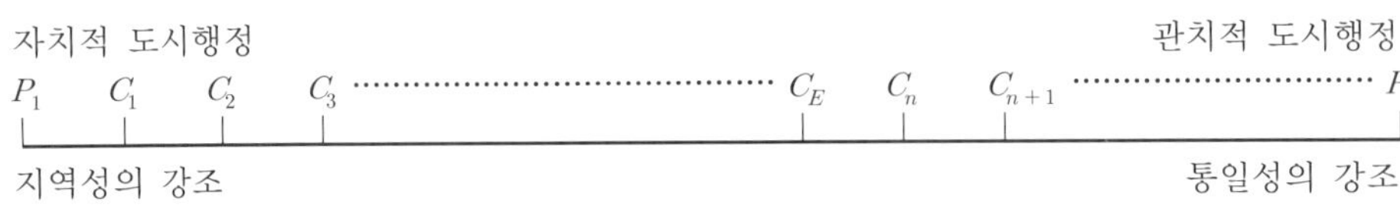

〔그림 Ⅰ-2-1〕 자치적 도시행정과 관치적 도시행정과의 관계(Ⅰ)

는 양극점이다.

C_1, C_2, C_3,………C_{n-1}, C_n, C_{n+1}……… 등은 한 국가가 도시행정의 업무를 수행하는 형태에 따라 취할 수 있는 자치적 도시행정과 관치적 도시행정의 조합(combination)들이다.[8)]

P_1의 극점에 가까울수록 자치적 도시행정을 취하는 것으로서 「完全自治型」은 영국·미국을 비롯한 영미계 지방자치제를 채택하는 일부국가와 스위스·스칸디나비아제국에서 보는 바와 같이 지방자치가 완벽하게 실시되고 있는 나라에 있어서의 도시행정의 존재형태를 말하며, 지방분권적 혹은 민주적 도시행정이라고도 한다.

P_2의 극점에 가까울수록 관치적 도시행정을 취하는 것으로서 「完全官治型」은 동남아·중동 및 아프리카의 일부국가에서 보는 바와 같이 지방자치가 전혀 실시되고 있지 않은 나라에 있어서의 도시행정의 존재형태를 말하며, 중앙집권적 혹은 비민주적 도시행정이라고도 할 수 있다.

그림의 연속선상 중간지점에 가까이 있을 수록 「自治·官治二元型」의 도시행정을 취하는 것으로서 프랑스·이탈리아·네델란드·벨기에 등의 국가에서 보는 바와 같이 「자치」와 「관치」가 조화를 이루고 있는 형태를 말하며, 반자치적 도시행정이라고도 한다.

그림의 연속선상 중간지점에서 P_2에 가까울수록 「官治優越의 二元型」의 도시행정을 취하게 되며, 브라질·칠레·콜롬비아·멕시코·우루과이·베네주엘라 등 중남미제국에서 채택하고 있는 도시행정의 존재형태로서 법적·제도적으로는 지방자치가 보장되고, 지방자치단체는 일선기관과 균형을 이루도록 되어 있으나, 실제에 있어서는 지방자치가 실시되지 않고 명목적인 지방자치로서 도시행정의 많은 업무가 관치행정에 의해 수행되고 있는 형태를 말한다.

우리나라의 도시행정제도는 위에 언급한 네 가지 존재형태 가운데 「자치·관치이원형」과 「관치우월의 이원형」의 중간형태를 취하고 있다고 생각한다. 그 이유로는 지방자치법에서 지방행정은 원칙적으로 자치로 행하게 할 것을 규정하고 있으나, 실제상으로는 국가의 위임사무가 많은 점에서 관치우월적 이원제에 속하지만, 특별한 경우를 제외하고는 중앙정부의 일선기관을 설치하지 않고 모든 국가의 지방사무를 지방자치단체에 위임하여 처리

8) 李圭煥, 전게서, pp. 44~47.

하게 하고 있다는 점에서 그러하다.

이상에서 살펴본 바와 같이 실제의 도시행정의 존재형태는 어느 국가든 완전한 자치나 관치를 채택한다기보다는 이들의 적당한 혼합선에서 찾아 볼 수 있는 것이다. 특히, 이 중에서도 *Ce*(combination equilibrium)는 자치적 도시행정방식과 관치적 도시행정방식이 가장 이상적으로 배합되어 사회적 편익(social benefit)의 극대화를 이룬 균형점(equilibrium point)이다(그림 Ⅰ-2-2 참조).

*Ce*는 자치적 도시행정방식 *Ae*수준과 관치적 도시행정방식 *Be*수준이 균형을 이루어 그 나라의 민주적 전통이나, 정치·경제적 상황에 가장 잘 부합되는 도시행정의 처리방식이다. 따라서 *Ce*는 고정되어 있지 않고 환경변화에 따라 끊임없이 변하는 것이다. 이는 사회변동과 행정철학의 변화에 따라서 능동적이고 적극적으로 이 새로운 균형점을 찾아야 한다는 규범적 주장을 뒷받침하는 근거가 되는 것이기도 하다. 그런데 이러한 규범적 주장은 주민의 행정수요와 행정의 지도원리를 객관적이고도 경험적으로 파악할 수 있다는 전제가 있어야 가능하다. 그러나 행정수행과정에서 이러한 제가치를

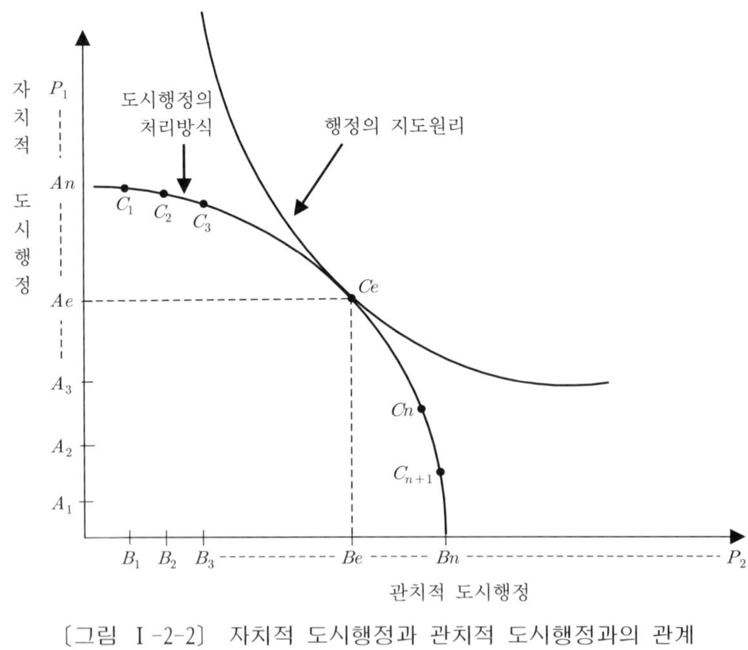

〔그림 Ⅰ-2-2〕 자치적 도시행정과 관치적 도시행정과의 관계

정확히 파악하기가 쉽지 않으며, 실제 파악하였다고 하더라도 이를 조직구성의 논리에 적용시키는데는 현실적으로 많은 한계가 있는 것이다. 그러나 부단한 의사소통과 변화대응력 향상을 통하여 이러한 한계점을 극복해 나감으로써 도시행정의 선진화를 이룩할 수 있을 것이다.

Ⅱ. 都市行政의 理念

1. 都市行政理念의 意義

행정이념이란 행정이 지향하는 최고가치·지도정신을 의미하며,[9] 모든 이념이 그러하듯이 행정이념도 국가사회의 지배적 가치관을 반영하며, 역사적·문화적·상황적 제약성에 따라 가치와 규범 및 이상 등이 다양하게 형성되는 것이기 때문에 장소와 시대에 따라 다르게 나타나고 있다.

행정이념의 필요성은 창의적이고 쇄신적 행정을 수행하기 위해서는 행정이 추구할 가치와 이념이 제시되어 있어야 하기 때문이다. 이렇게 함으로써 급격한 사회변동에 대한 행정의 대응능력, 문제해결능력을 증진시켜 나갈 수 있으며, 또한 행정현실을 이상적 상태로 이끌어 가는데 지침이 되는 행정이념은 정책을 결정하고 집행하는 데 있어서 그 기준이 되는 것이다.

국가행정 또는 일반행정과 마찬가지로 도시행정에 있어서도 지방자치단체가 추구하는 가치와 이상 및 규범이 요구되는데, 이러한 도시행정의 이념은 도시행정이 지향해야 할 이상이기 때문에 비록 행정현실이 이와 크게 상치되더라도 행정현실을 이상적 상태로 이끌어 가도록 부단히 노력해야 한다.

도시행정의 이념은 행정이 구현하려는 미래의 바람직한 상태(desired state)를 의미하는[10] 행정목표와는 달리 단지 지방자치단체가 행정업무 수행상 기준·지침·길잡이로서 이용하는 수단적 성격을 가진 가치체계에 불과하다. 따라서 특별히 추구하는 목표는 아니며, 도시행정의 이념은 행정이 추구하는 목표에 따라 달라질 수 있다. 이처럼 도시행정의 이념은 지역사회가 놓여있는 시·공간적 상황이나 지역특성이 무엇이냐에 따라 강조하는 최고

---

9) 金圭定, 「新版 行政學原論」(서울: 法文社, 1998), p. 117; Marshall E. Dimock, *A Philosophy of Administration*(New York: Harper & Row, Publishers, Inc., 1958) 참조.

10) Amitai Etizioni, *Modern Organizations*(Englewood Cliffs, N. J.: Prentice-Hall, 1964), p. 6.

가치나 지도정신이 다르게 나타날 수 있지만, 여기서는 일반적으로 제시되고 있는 민주성·효과성·능률성·합법성을 중심으로 살펴보기로 한다.

2. 都市行政理念의 內容

(1) 都市行政의 民主性

행정에 있어서 민주성(democracy)이란 행정과정의 민주화를 통하여 주민들의 의사가 우선하고 주민의사를 존중·반영시킴으로써 공공복지증진을 위한 행정, 시민에게 책임을 지는 행정을 의미한다. 따라서 도시행정에 있어서 민주성이란 대외적으로 주민과의 관계에 있어서 뿐만 아니라 대내적으로 행정조직내에서도 확립되어야 한다. 즉, 행정조직 외부와의 관계에 있어서 주민의 복지증진과 내부에 있어서 지방공무원의 민주적 행정행태의 확립이나 민주적 가치관의 형성 등이 이에 해당된다.

(가) 對外的 側面

도시행정의 민주성은 행정조직외부와의 관계에 있어서 주민 의사가 우선하고 행정이 주민에 대하여 책임을 지며, 주민의 요구에 대하여 반응성을 가짐으로써 주민의 복지증진을 기하는 것을 의미한다.

① 地方自治의 實施

지방자치는 집행의 영역에 있어서 제도화된 유일한 민주주의의 원칙으로서[11] 주민의 복지를 증진시키기 위해서는 지방자치가 실시되어야 한다. 주민과의 제1차적 접촉장인 도시행정은 민주주의의 실천도장이자 훈련장으로서의 기능과 역할을 다하기 위해서는 주민의 기본권이 최대로 보장되고, 주민 의사가 행정과정에 충분히 반영되며, 주민의 활동이 질서속에 자유롭게 전개되는 지방자치가 이루어져야 한다.

② 行政에 있어 住民參與

주민의 대표기관인 지방의회가 구성되어 있더라도 이를 보완하기 위하여 중요한 시정목표나 정책을 결정할 때에 행정위원회·공청회·심의회 등을 통하여 주민참여를 확대시킴으로써 행정의 민주성이 확보된다. 특히, 지방자치제가 미성숙되어 있는 경우 행정에의 주민참여는 약화된 민주시민으로서의 권익을 옹호하고 가치를 소생시킬 수 있으며, 중앙정치의 권력지향성과는 별도로 지방정치의「권력과 참여의 조화와 균형」을 이룩하는 계기가

11) 李圭煥, 전게서, pp. 49~50.

되어 도시행정의 민주성을 실현하게 되는 것이다.[12)]

③ 都市行政의 公開

도시행정의 공과(功過)·현황 및 문제점 등 행정정보와 자료를 주민에게 공개하고, 주민들의 이해와 협조 및 비판을 통해 지방자치단체와 시민간의 의사소통을 활발히 하여 지지를 얻어야 한다. 도시행정의 중요한 결정과정과 내용을 폭넓게 주민에게 공개하여 그들에게 비판의 기회를 주고, 누구에게나 동일한 조건에서 결정사항에 대비할 수 있도록 해야 도시행정의 민주성을 확보할 수가 있다.[13)] 정책결정이 비밀리에 이루어지거나 특수층에게만 공개된다면 주민의 의사가 무시되고 기회가 균등하게 보장되지 못하여 도시행정의 민주성이 침해된다.

④ 行政救濟制度의 確立

지방자치단체의 행정행위가 위법 또는 부당하여 주민의 권리나 이익을 침해한 때에는 이를 구제할 수 있는 제도로서 이의신청·소청·심사청구·행정상담제도 등을 통하여 주민의 불이익이나 불만·민원을 구제·해소시킬 수 있는 행정구제제도가 실질적으로 확립되어야 한다. 그러나 오늘날 도시행정이 복잡화·다기화하여 종래의 행정구제제도만으로는 그 실효를 거둘 수 없으므로 옴부즈맨(Ombudsman)제도[14)]의 도입도 고려할 필요가 있다.

(나) 對內的 側面

도시 행정조직 내부에 있어서 민주성은 분권화, 공무원의 민주적 행정행태의 확립, 행정인의 능력발전 등을 통해서 유도할 수 있는 것이다.

① 行政體制의 分權化

도시행정의 결정 및 집행권을 중앙정부에 집중시키지 않고, 가능한 한 지방자치단체에 분산시킴으로써 도시행정의 민주화를 촉진시키는 전략적 수단이다. 지방분권의 가장 큰 장점은 무엇보다도 각 지역의 특성에 적응한 행정사무의 처리로서 「풀뿌리 민주주의」, 즉 민의에 의한 정치를 구현할 수 있다는 점이다. 지방분권은 도시행정에 관한 의사결정권한을 국가의 중앙정

12) 鄭世煜, 「地方行政學」(서울: 法文社, 1998), p. 29.

13) 李圭煥, 전게서, p. 50.

14) 「옴부즈맨」이란 행정감찰관을 말하며 공무원의 위법·부당한 행위로 인하여 권리의 침해를 받은 시민이 제기하는 불만·민원을 조사하여 관계기관에 시정을 권고함으로써 시민의 권리를 구제하는 기관이다. Kent M. Weeks, "Public Servants in the New Zealand Ombudsman System," *Public Administration Review*, Vol. 29. No.6(November/December, 1969), pp. 633~638.

부로부터 지방으로 분배하여 행사하게 하는 제도로서 지방자치단체에 보다 폭넓은 자치권, 즉 자치입법권·자치조직권·자치행정권·자치재정권을 부여하는 것이기 때문에 행정의 민주화에 크게 기여할 수 있다.

② 民主的 行政行態의 確立

도시행정의 민주성은 대내적으로 분권화·권한위임에서도 확보되어야 하지만 이에 못지 않게 지방공무원으로 하여금 민주적 행정행태의 확립과 민주적 공복으로서의 고도의 행정윤리를 요구한다. 행정조직이 일반이익의 실현보다 그 조직구성원의 권익에만 관심을 가지거나, 행정의 담당자인 지방공무원의 공복의식이 희박하면 도시행정의 민주화는 한낱 허구에 불과할 것이기 때문이다.

③ 行政의 能力發展

*Y*이론[15)]에 따르는 인간관리, 자기실현욕구의 충족, 행태변화를 위한 교육훈련 등으로 지방공무원으로 하여금 능력발전의 기회가 부여됨으로써 도시행정의 민주화에 기여할 수 있다. *X*이론에 따라 조직의 목표를 달성하기 위해서는 강제통제, 처벌 등의 강압적인 수단을 사용해야 한다는 관리전략이 인간본질에 대한 그릇된 가정에서 비롯하였다고 보고, 맥그리거(D. McGregor)는 조직목표와 개인목표의 조화라는 *Y*이론에 입각하여 관리전략을 수립하였다. 이러한 *Y*이론을 행정조직에 도입한다면 공직윤리에 따른 내부적이고 자율적인 규제보장, 지방자치단체내 비공식조직(informal organization)의 인정, 목표관리(MBO)[16)]와 같은 참여적 관리, 교육훈련을 통한 행태변화 및 능력발전 등을 도모할 수 있다.

(2) 都市行政의 效果性

행정의 효과성(effectiveness)이란 행정이 추구하는 목표의 달성도(degree of goal achivement)를 의미하는 동태적·기능적 개념이다.[17)] 도시행정의 효

15) 「맥그리거」(Douglas McGregor)는 인간관리전략이론서 *X*·*Y*이론을 제시하고 있다. *X*이론은 조직성원에 대한 전통적 관리전략을 제시하는 이론이며, *Y*이론은 개인목표와 조직목표의 통합을 추구하는 새로운 이론이다. Douglas McGregor, *The Human Side of Enterprise*(New York: McGraw-Hill, 1960), Chapter 3 and 4.

16) 目標管理(Management by Objectives)란 조직내의 민주화는 물론 구성원의 자아실현욕구를 충족시켜 주고 사기를 앙양시킴으로써 행정과정에 있어서 효과성을 제고하기 위하여 목표설정에서부터 집행결과를 평가하는데까지 조직내 모든 구성원의 참여를 보장해 주는 관리전략의 한 형태이다. Jong S. Jun, "Management by Objectives in the Public Sector," *Public Administration Review*(Vol. 36, No. 1, January/February, 1976), pp. 1~5.

과성은 도시자치단체가 추구하는 행정의 목표와 실제 이룩한 실적을 대비시킴으로써 효과성이 파악될 수 있으므로 이를 측정·평가하기 위하여 무엇보다도 도시정부의 행정목표가 명확하게 설정되어 있어야 가능하다.

효과성은 행정활동이 목표달성에 바람직한 영향을 미쳤는가에 관한 것이며, 이와 같이 효과성은 목표관련적 개념이므로 지방자치단체의 발전목표를 어느 정도 달성하느냐 하는 문제에 중요한 이념이 되고 있다.

행정에 있어서 효과성이 하나의 행정이념으로 제시된 계기는 발전행정이 본격적으로 등장한 1960년대 이후로서 특히, 개발도상국가들이 경제발전과 같은 근대화를 추진하게 되고 개발목표가 제시되기 시작한 때부터라 할 수 있다. 한정된 인적·물적자원으로 투자효과의 극대화를 기하기 위하여 불균형성장이론을 개발전략으로 하여 총량경제성장 「모델」에 따라 정책목표 또는 계획목표의 달성에 중점을 두게 되면서 행정의 효과성이 중요한 이념으로 제기된 것이다.

특히, 효과성의 이념은 도시행정에서도 그 의의를 찾을 수 있는데, 도시생활환경의 개선의 일환으로 교통난·주택난·급수난·오픈 스페이스(open space)부족·공해 등의 도시문제를 해결하기 위한 방안으로 도시정책목표 또는 도시계획목표를 제시하고 도시행정은 이를 달성하기 위해 노력하는 것이며, 어느 정도 목표를 달성했느냐가 도시행정을 평가하는 기준이 된다. 그 결과 도시행정에 있어서 효과성이 강조된다.

이와 같이 효과성은 목표달성도라는 결과를 중요시하기 때문에 행정과정이 무시될 위험성이 있으며, 이를 방지하기 위해서 결과로서 효과성과 과정으로서의 능률성을 종합한 효율성 혹은 생산성의 개념이 제시되고 있다.[18]

(3) 都市行政의 能率性

행정의 능률성(efficiency)이란 투입(일정한 산출을 위하여 제공된 노력·시간·비용 등)에 대한 산출(일정한 투입에 의하여 얻어진 성과·소득·편익 등)의 비율을 말한다.[19] 행정의 능률성은 이러한 관점에서 볼 때 일정한 투입으

17) Amitai Etizioni, op. cit., p.8; James L. Price, *Organization Effectiveness*(Homewood: Irwin, 1968), pp. 2~3.

18) 金圭定, 전게서, pp. 130~133; 李圭煥, 전게서, pp. 53~54.

19) Herbert A. Simon, *Public Administration*(New York: Alfred A. Knopf, 1950), p. 54.

로 최대의 산출을 확보하거나, 일정한 산출을 확보하기 위해서 최소의 투입을 하는 대안을 선택하는 것을 의미한다.

흔히 민주성과 더불어 행정학의 2대 지표로 원용되는 이념으로서 능률성이 중요시하게 된 것은 19세기 후반에 이르러 행정국가화되고, 이에 따라 행정기능은 크게 변화·확대됨에 따라 행정부가 많은 재원이 필요하게 되면서부터이다. 그 결과 징세액의 급증을 초래하게 되고, 담세자는 정부재정의 세입·세출에 대해 「less taxation, more services」를 요구하게 되었으며, 이러한 요구에 부응하기 위해서 자원을 경제적으로 활용하는 것에 관심을 기울이면서 능률성이라는 이념을 형성하게 되었다.

도시행정에 있어서 능률성이 기본이념으로 인정되는 것은 주민들이 부담하는 지방세를 보다 능률적·합리적으로 사용해야 한다는 필요성에서 찾을 수 있겠다. 이는 도시행정분야에서도 최소비용으로서 최대효과를 이룩하려는 기준으로서 능률성이 기능하기 때문이다.

그러나 능률성을 투입과 산출의 비율이라 할 때 수치로 나타내야 하지만 계량화될 수 없는 행정행위에 대해 산출을 비율로 표시할 수 없으므로 능률측정이 곤란한 분야가 대단히 많다. 특히, 도시행정은 주민의 복지증진과 서비스의 제공을 그 목적으로 하고 있으므로 이를 수량화로 나타낼 수 없는 것이 보통이다.

앞서 살펴 본 효과성은 행정이 추구하는 궁극적인 발전목표의 달성도를 의미하는 개념인 데 반해 능률성은 목표달성과정에 있어서의 경제성을 의미하는 행정내부적인 개념이다.

주민에 대한 「보다 적은 조세의 부과와 보다 많은 서비스」라는 이념이 도시행정이 지향해야 할 과제이긴 하지만 행정이념을 단순히 투입 대 산출 혹은 비용 대 성과의 비율로 양적으로 비교하는 「기계적 능률」(mechanical efficiency)에서 벗어나 행정의 목표, 지방공무원의 자아실현, 지역사회발전 등에 기여하는 「사회적 능률」(social efficiency)로 인식할 것을 「디목」(M. E. Dimock)은 제안하고 있다.[20]

특히, 능률을 가치중립적·기계적 능률로서만 파악하지 않고 가치판단

20) Marshall E. Dimock, "The Criteria and Objectives of Public Administration"(eds.), J.M.Gaus, L.D White and M.E. Dimock, *The Frontiers of Public Administration*(Chicago: University of Chicago Press, 1936), pp. 116~133.

적 · 사회적 능률로 이해하는 경우 행정의 민주성과 능률성은 상호보완적 관계에 있는 것이며, 참다운 민주적 능률성을 기할 수 있으므로 도시행정이 지향하는 민주주의의 발전과 주민복지에 기여하는 의의를 갖는다 하겠다.

(4) 都市行政의 合法性

합법성(legality)이란 법에 의한 행정, 즉 법치행정을 뜻한다. 이는 개인의 권리 · 의무에 관한 모든 행정이 법령에 근거하여야 할 뿐만 아니라 법령의 테두리 안에서 행해질 것을 요구한다는 것이다. 법치행정의 원리가 적용되는 국가에서는 국민의사를 대표하는 의회가 제정한 법에 의해서 행정권의 자의적인 발동을 억제함으로써 국민의 권리와 자유를 보장하고, 법적 안정성이나 장래의 예측가능성을 확보하려는 취지에서 행정의 합법성을 행정이념으로 받아들이게 됨은 당연한 것이었다.

이와 같은 의미의 합법성은 행정국가화하기 전의 입법국가 · 자유민주국가에서부터 중요한 행정이념으로 인식되고 있었다. 왜냐하면 산업자본주의하에서는 장기투자를 요하게 되며, 따라서 투자자인 자본가의 입장에서 필요한 것은 안정성과 장기예측성이며 이의 확보는 법률에 따라 행정공무원의 자유재량 없이 기계적으로 충실히 집행하는 것이 가장 그들의 이익에 일치하는 것이었으며 바람직한 것이었기 때문이다.[21)]

그러나 행정국가화함에 따라 행정대상의 복잡화, 행정의 전문화 · 기술화, 도시발전을 위한 행정의 적극적 기능 등으로 법적규제는 그 한계에 직면하고 있으며, 행정활동에 대한 법적 규제는 완화되고 있다. 특히, 도시행정은 대민행정이고 지역행정이기 때문에 공직자의 적극적인 봉사자세가 요구된다. 주민의 민원사항을 지나치게 법에 근거하여 처리한다면 무사안일주의적이고 법규만능주의적인 사고방식에 젖게 될 것이다. 이처럼 도시행정에 있어서 합법성은 형식적인 법조항만을 추구한다면 가치판단적인 발전행정 · 복지행정을 목표로 하는 행정에 많은 문제점이 수반될 것이며, 더 나아가서는 주민의 이익을 해칠 수도 있는 것이다. 도시화와 더불어 도시행정기능의 질적 · 양적 변화와 강화로 행정재량의 범위가 확대되고 있으며, 다양한 합목적적 행정활동을 허용하는 경향이 있다. 그러나 이러한 경향이 지나치게 강조되는 경우 주민의 권리나 자유의 보장을 해칠 가능성이 있다는 점을 인

21) 朴東緖, 「韓國行政論」(서울: 法文社, 1997), p. 157.

식하여야 할 것이다.[22]

3. 理念간의 優先順位

이상 열거한 민주성·효과성·능률성·합법성이라고 하는 도시행정이념은 제각기 독특한 사회적인 상황하에서 요청되고 있는 것으로서 도시행정에만 고유하게 적용되는 것이 아니라 어디까지나 행정학의 기초이론에서 폭넓게 거론되고 있는 것을 원용하였음을 유의할 필요가 있다.

현실적으로 도시행정에 있어서 이러한 이념 중 어떤 것을 우선시해야 할 것이냐 하는 문제가 남는다. 현시점에서 도시행정은 이러한 이념 모두를 요청하고 있지만, 이들간의 우선순위는 행정의 특성이나 여건에 의해 구체적·개별적으로 결정되어야 할 것이지 고정불변의 것이 아니라 하겠다.

우리나라 도시행정에 있어서 이념간의 우선순위는 어떻게 될 것인가에 대해서 알아볼 필요가 있다.

이 점에서 우선 고려되어야 할 것은 행정기능인데 이의 주요기능이 발전목표 및 정책결정이라고 한다면, 이러한 목표설정 및 정책결정은 행정인이 독점적으로 결정할 것이 아니라 보다 많은 사람의 의사전달·참여를 통해서 형성되는 것이 바람직한 것이다. 따라서 우리나라의 도시행정에서 가장 시급한 문제는 지방자치제의 실시를 통한 도시행정의 민주화로 요약될 수 있다.

그 다음으로 목표 또는 정책이 결정되면 이에 일치되는 계획이 뒤따르게 되는바, 도시행정에 있어서는 지역발전목표, 주민복지증진을 보다 현실적으로 구체화하는 것이 해결해야 할 과제이다. 지역문제해결을 위해서 개발계획을 수립하게 된다. 개발계획은 행정수행에 기본지침의 역할을 하고, 행정을 평가하는 기준이 되기 때문에 행정은 제시된 개발계획을 달성하려고 노력하게 되고 이는 도시행정의 효과성으로 요약될 수 있다.

도시행정기능을 수행함에 있어 비용절감이나 불필요한 예산지출을 찾아내어 이를 삭제함으로써 능률을 증진하는 것도 행정이 지향해야 할 과제로서 능률성은 효과성의 수단개념이라 할 수 있다. 효과성은 지향해야 할 과제로서 능률성은 효과성의 수단개념이라 할 수 있다. 효과성은 목표달성이라는 결과를 중요시하는 반면에 능률성은 목표달성과정에 있어서 보다 적은

22) 金圭定, 전게서, p. 138.

비용을 뜻하기 때문에 능률성은 효과성의 하위개념이며 종속적이다.

끝으로 도시행정의 합법성이다. 행정은 법의 집행이라고만 보는 입법국가시대와는 달리, 발전행정하에서는 합법성은 당연히 지켜져야 하지만, 그것만 충족되었다고 해서 행정이 바람직한 것이 되었다고 할 수는 없는 것이다. 그러므로 행정기관이 법령을 기계적으로 집행하거나 법규만능주의적인 행정을 수행하는 것은 공무원의 가치관과 행태에 문제가 있는 것이지 법규가 잘못이 있는 것이 아닌 것이다.

결론적으로 도시행정의 이념간 우선순위는 민주성·효과성·능률성·합법성의 순위가 될 것이다.[23] 여기서 유의할 것은 어떤 이념이나 그 존재가치가 있기 때문에 모두 동시에 추구하는 것이 가장 이상적이다. 그러나 상호간에 조화를 이루는 것이 있지만 갈등관계에 있는 것도 있어 불가피하게 우선순위를 정하는 것이다. 어떤 이념이 우선시된다고 해서 다른 이념은 무시된다는 것을 뜻하지 않으며, 시대나 상황에 따라 변할 수가 있다는 것을 알아야 한다.

23) 行政理念間의 優先順位를 民主性·效果性·能率性·合法性의 순으로 보고 있는 학자로는 朴東緖(전게서, pp. 169~170), 金圭定(전게서, pp. 139~140) 등이 있으며, 金鍾表敎授는 地方行政에 있어서 優先順位를 무순으로 보고 理念間의 調和를 강조하고 있으며(전게서, p. 30), 鄭世煜敎授는 民主性·合法性·公正性·信賴性·個別性·多元性·合目的性·效果性·合理性·能率性·生産性 등의 순으로 하고 있다(전게서, pp. 37~39).

제3장 都市 및 都市化의 本質

제1절 都市의 意義

Ⅰ. 都市의 槪念

오늘날 도시는 국가발전의 원천지 또는 변화의 중심지로 불린다. 이때의 발전·변화의 의미는 매우 다양한 것으로 경제적·사회적·정치적·문화적 측면 등 거의 모든 인간활동에 관계되는 폭넓은 발전·변화를 뜻한다. 따라서 이와 같은 다양한 발전과 변화가 일어나고 있는 도시는 그 규모나 양태 및 기능도 복잡다기하여 이의 개념 역시 국가나 학자들의 관점이나 전공분야에 따라 그 정의가 각양각색이다.

도시라는 말의 어원은 중국을 그 발상지로 하고 있는데, 도시는 「다수의 상인이 모여 있는 곳」 또는 「시가지」, 「궁성」등 여러 가지를 의미하였다. 원래 중국에서의 「都」는 소위 궁성으로서 天子가 거주하는 취락을 의미하였으며, 「市」는 교역이 행하여지는 장소를 의미하였다.[1)]

이와 같은 어원으로 볼 때 「都」는 정치적·행정적 중심지 개념이며, 「市」는 상업적·경제적 개념으로 파악되므로 도시란 경제적·산업적 활동의 중심지인 동시에 정치·행정 기능이 집중되어 있는 장소라고 정의될 수 있으나 국가에 따라, 시대의 추이 또는 사회구조의 상이 등에 의하여 학자간에 다양하게 정의되고 있다.

국어대사전을 보면 「도시」란 도회나 도회지와 같은 말로서 "일정지역의 정치·경제·문화의 중추를 이룬 취락"이라 풀이하고,[2)] 「도회지」는 "인구가

1) 盧隆熙 外, 「都市行政論」(서울 大學校出版部, 1982), pp. 1~2.

조밀하여 상공업이 발달하고, 많은 문화적 시설을 갖춘 번화한 곳"이라 하고 있다.

「막스 웨버」(Max Weber)는 「도시」란 "주민의 대부분이 농업이 아닌 공업 또는 상업적인 업무로부터의 수입으로 생활하는 커다란 취락"이라고 정의하고 있다.[3] 이처럼 「막스 웨버」는 다분히 경제적 관점에서 도시를 정의하고 있으나 그는 정치·행정적인 측면도 고찰하고 있다.

사회적 측면에서 본 「위쓰」(Louis Wirth)는 「도시」란 "사회적으로 이질적인 사람들로 구성되어 있고, 상대적으로 넓은 면적과 높은 인구밀도로 영구적인 정착지"이라고 정의하고 있다.[4]

인류문명적 견지에서 「멈포드」(Lewis Munford)는 문명과 도시의 불가분성을 주장하고 있다. 사회의 발전단계가 문명단계에 들어서지 않았다면 도시는 탄생될 수 없었을 것이고, 도시가 없었다면 문명단계에 들어설 수 없었을 것이라고 보고 있다.[5]

법적 또는 정치학적 측면에서 도시를 본 「스노」(Leo F. Schnore)는 「도시」란 "자치권과 법적지위가 보장되는 행정단위"라고 정의한 「문로」(W.B. Munroe)처럼 도시를 다만 법률과 정부형태를 가지면서 도시정부의 기능을 수행하는 행정단위로 보았다. 즉, 도시를 법적 또는 정치적인 것으로서 어떤 위임권을 가지고 있는 일종의 법인체로 파악하고 있는 것이다.[6]

이제까지 몇 가지 측면에서 대강 살펴 본 도시의 특성을 종합하여 도시의 개념을 정의하면 「도시란 많은 수의 사람들이 모여서 정주하는 곳으로서, 일정지역의 정치·경제·문화상의 중추를 이루고, 비농업적 생활을 특색으로 하는 취락 내지 지역사회이며, 행정단위」로 요약할 수 있다.

---

2) 梁柱東, 「現代國語大辭典」(서울: 도서출판 일중당, 1984), p. 150.

3) Max Weber, *The City*(New York: The Free Press, 1966), p. 521~67.

4) Louis Wirth, "Urbanism as a Way of Life," *American Journal of Sociology*, Vol. 44(July, 1938), pp. 3~18.

5) Lewis Mumford, *The City in History; Its Origins, Its Transformations and Its Prospects*(New York: Harcourt Brace and World Inc., 1961), pp. 95~98.

6) Leo F. Schnore, "The City as a Social Organism," *Urban Affairs*, Quarterly(Vol. 1, No. 3, 1966).

Ⅱ. 都市의 構成要素와 基準

1. 都市의 構成要素

도시가 하나의 조직체로서 성립하기 위해서는 여러 가지 구성요소가 결합되어야 한다. 우리나라의 지방자치법 제7조에서는 도시가 되는 요건으로서 「인구」와 「도시의 형태」를 규정하고 있다. 여기서 「인구」란 시민을 의미하고, 「도시의 형태」란 물리적, 경제·사회적으로 타지역과의 관련성에 근거하는 중심기능을 의미한다고 볼 수 있다.[7] 따라서 일반적으로 도시의 구성요소로 들 수 있는 것은 크게 시민, 도시활동과 토지 및 시설 등 세 가지로 볼 수 있다.

(1) 市民(citizen)

도시를 구성하고 있는 가장 원초적인 요소는 시민, 즉 사람이다. 시민은 개개인으로 본 인간이기도 하고, 인간의 집합인 사회이기도 하다. 여기서 시민이라함은 당해 도시지역에 상주하고 있는 자연인을 의미하는데, 이는 도시가 바로 사람이 모여 사는 정주환경이라는 뜻과 더불어 이러한 인적 요소의 정주로 인해 도시가 집합사회로 존재하게 되는 의의까지도 부여하게 된다.

(2) 活動(activity)

사람이 도시라는 한 지역사회에 모여 살게 되면, 구성원 개개인의 생존과 번영을 누리기 위하여 여러가지 활동을 해야 할 뿐만 아니라 인간과 인간사이에 발생하는 다양한 활동도 필연적으로 일어나게 된다.

이러한 활동은 개개인의 의식주에 관련된 일상적인 주거활동, 보다 나은 이윤을 추구하기 위한 부의 축적을 도모하는 경제활동, 보다 윤택하고 풍요로운 삶을 영위하기 위한 문화여가활동, 이러한 여러 활동을 연결시켜 주기 위한 교통·통신활동, 여러 활동이 원활하게 일어날 수 있도록 조정·관리해 주는 공공부문의 행정활동 등이 대표적이다.

---

7) 李圭煥, 「都市行政論」(서울: 녹원출판사, 1995), pp. 82~83.

(3) 土地와 施設(land and facilities)

도시민이 도시에서 일어나는 제활동을 보다 원활하고 효용성있게 하기 위해서는 이러한 활동들을 수용해 주고 뒷받침해 줄 각종 시설이 필요하고, 또 시설물이 배치·건설되기 위하여 토지라는 공간이 필요하다.

물리적 공간으로서의 도시란 인간이 거주하는 장소와 물적 환경을 말하는 것으로, 물리적 측면에서 도시공간은 크게 네 가지로 구분한다. 즉, 먹고 자는 생활공간(living space), 생산활동을 하는 노동공간(working space), 만나고 즐기는 위락공간(contacting space) 그리고 이와 같은 활동과 기능을 연결시키고 돕는 보조공간(auxiliary space)으로 구성된다.

도시시설물의 배치·건설에는 주택이나 상점·사무실·학교·교회 등과 같은 건물과 도로·광장·주차장·교량 등과 같은 교통시설, 시청·경찰서·소방서·우체국 등과 같은 행정기관, 상·하수도·도시가스·공동구·전기 및 전화의 송배전설비 등과 같은 공급처리시설(infrastructure) 등이 그 구체적인 구성물이다.

2. 都市의 基準

국토공간의 일정지역을 도시지역으로 분류할 수 있는데, 그 분류기준은 대체로 ① 인구적 ② 물리적 ③ 경제·사회적 ④ 타지역에 대한 중심기능적 기준으로 대별할 수 있다.

① 도시란 많은 수의 사람들이 모여서 정주하는 곳 또는 인구밀도가 높은 구역이라고 볼 때 인구적 기준의 요건으로는 일반적으로 최저도시인구수준(threshold population) 개념이 도입되고 있다.

1887년의 국제통계회의에서는 도시의 인구표준을 2천 명 이상으로 할 것을 결의하였으며, 미국의 국세조사에서는 인구 1만 명 이상의 중심시 및 그 주변의 인구밀도 1평방「마일」당 2천 명의 구역을 도시화된 구역이라고 간주하고 있다.[8)]

그러나 도시지역으로 규정되기 위한 최저인구수준은 국가마다 상이하며,[9)] 또한 최저인구수준만으로 도시를 규정하는 것은 충분조건이 될 수 없

8) 康炳基 外, 「都市論」(서울: 法文社, 1984), p. 17.

9) 「베네주엘라」, 「뉴질랜드」, 호주, 「캐나다」는 인구 1,000명 이상의 지역사회를 도시로 분류하고 있고, 「프랑스」, 「콩고」, 「이스라엘」, 「아르헨티나」, 「과테말라」는 2,000명, 미국, 「멕시코」는 2,500명, 「벨기에」, 인도, 「가나」, 「이란」, 「네델란드」, 「오스트리아」, 「파키스탄」은 5,000명, 「그리

다. 왜냐하면 행정구역면적의 확대에 의해 비도시인구가 도시인구로 포함될 수 있기 때문이다. 이에 따른 결함을 보완하기 위하여 인구밀도개념이 도입되어야 하는데, 인구밀도에 의한 도시규정은 최저인구수준과 마찬가지로 통일된 기준을 아직 갖고 있지 못하다.

② 물리적 기준에 의한 도시규정은 주로 도시시설 측면에서 도시지역을 구분하는 것이다. 비록 지역인구가 최저인구규모를 상회하고, 고밀도 인구지역이라 할지라도 지역 내 도시환경시설이 불비되어 도시적 성격을 지니지 못할 때에는 도시로 규정하기 어렵다. 반면에 최저인구수준에 미달하고, 인구밀도가 저수준에 머무르고 있다 하더라도 지역 내 생활환경시설이 도시에서 향유되는 생활시설수준에 근접할 때 이 지역은 도시로 규정될 수 있다.

③ 경제·사회적 기준 중 경제적 측면에서는 동일지역에서 거주하는 사람들의 직업에 주목해 보는 것으로서 도시의 산업 및 취업구조 가운데 1차 산업 종사자에 비해 2·3차 산업종사자 비중의 상대적 크기에다 지표를 두는 방법이 그것이다.[10] 사회적 측면에서는 구성원의 교육·성장지역배경·생활양식 등의 차이에 의해서 도시지역이 규정된다.

④ 타지역에 대한 중심기능적 기준은 도시지역이 주변 배후지역에 불비된 도시시설이나 비농업부문의 산업구조를 제공하는 정도와 그 성격에 의하여 도시지역을 지정할 것을 요구한다.

그러나 도시를 구분하기 위한 제기준을 모두 충족시키는 단일화된 지표의 구축은 어려운 일이다.

우리나라 지방자치법 제7조에서 시·읍으로 규정되기 위한 조건으로 「시 또는 읍은 그 대부분이 도시의 형태를 갖추고, 시는 인구 5만 이상, 읍은 2만 이상이 되어야 한다.」고 되어 있다. 동 조문상에서는 시가 되기 위한 조건으로 도시형태적 기준과 최저인구적 기준이 나타난다. 논리적으로는 〔그림 Ⅰ-3-1〕에서 보는 바와 같이 도시는 최저인구적 기준을 충족시키는 도

이스」, 「스위스」, 「터키」, 「네팔」은 10,000명, 일본, 한국은 50,000명을 도시의 최소인구규모로 삼고 있다. L.J. King and R,G, Golledge, *Cities, Space and Behaviosr*(Englewood Cliffs, New Jergey: Prentice-Hall, 1978), p. 32: R.M. Northam, *Urban Geography*(New York: John Willey and Sons, Inc., 1979), p. 12.

10) 英國의 Sir William Petty는 인구의 산업적 이동에 착안하여 농업보다는 제조업이, 제조업보다는 상업이 이득이 많은 까닭에 경제발전에 따라 산업 및 취업구조는 1차산업에서 2차산업으로, 2차산업에서 3차산업으로 이동한다는 Petty의 법칙을 밝혔다. Colin Clark, *The Conditions of Economic Progress*, 2nd ed.(London: 1951) 참조.

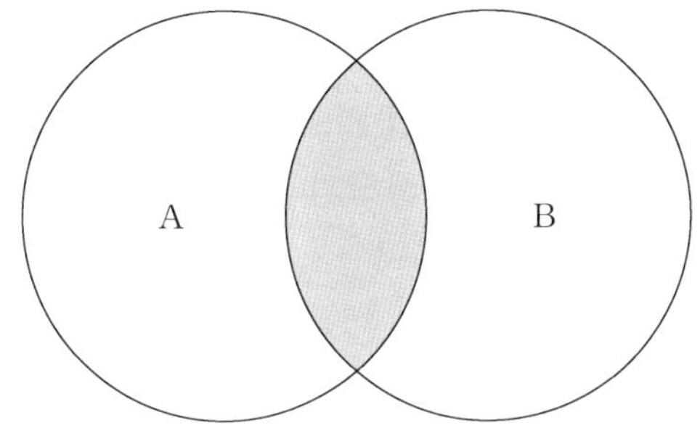

A: 최저인구적 기준을 충족시키는 도시성 ∩ B: 도시형태적 기준을 충족시키는 도시성

〔그림 Ⅰ-3-1〕 지방자치법 제7조에 의한 도시의 기준

시성 A와 도시형태적 기준을 충족시키는 도시성 B와의 결합에 의하여 규정된다. 즉, 지방자치법 제7조에 의한 도시규정은 A∩B가 될 것이다.

여기서 도시형태적 기준을 충족시키는 도시성은 그동안 구체적 사항은 불비되어 있었으나 1988년 4월 6일 개정된 지방자치법과 동 법시행령에서 도시의 형태에 대한 구체적·성격적 기준을 명확하게 규정하고 있다. 이 규정에서 시의 설치기준으로 ① 당해지역의 시가지를 구성하는 지역 내에 거주하는 인구가 전체의 60% 이상일 것, ② 상업·공업, 기타 도시적 산업에 종사하는 가구가 전체의 60% 이상일 것 등이 그것이다.[11)]

따라서 현재 시로 지정되어 있는 도시들이 모두 도시적 성격을 지녔다고 규정할 수는 없으나 도시인구규모와 도시형태적 성격은 正(+)의 상관관계 속에 있으므로 인구규모가 클수록 상대적으로 도시적 성격이 강함이 실증적으로 드러나고 있다.

우리나라에서 도시로 규정되기 위한 최저인구규모가 시의 경우 5만으로 외국의 경우보다 훨씬 높은 이유는 취락형성과정상의 특성 외에 지역인구규모가 낮을 수록 도시적 성격의 표출이 어렵기 때문이다. 이처럼 도시인구규

11) 日本의 경우 시의 승격요건을 규정하고 있는 것은 일본의 지방자치법인데 이 法의 제 8조에는 ① 人口 5만 이상이 되며, ② 당해 시의 중심시가지를 형성하고 있는 구역내에 있는 戶數가 全戶數의 60% 이상이어야 할 것, ③ 상공업 및 기타의 도시적 업무에 종사하는 자 및 그 자와 동일세대에 속하는 자의 수가 전인구의 60% 이상이어야 할 것 등으로 규정하고 있다.

모와 도시형태적 성격이라는 기준으로 도시지역을 분류하지만 현실적으로 행정구역면적의 확대로 비도시인구가 도시지역인구로 분류될 수 있다. 또한, 시가화구역보다 행정구역이 훨씬 넓음으로써 소위 「과대경계도시」[12](over-bounded city)현상을 가져와 도시행정과 농촌행정의 혼재현상을 가져오는 문제점을 초래하고 있다.

Ⅲ. 都市의 特徵

도시의 특징을 명확하게 이해하기 위하여 일반적으로 도시와 농촌을 비교함으로써 도시의 특징을 도출할 수 있다. 인간의 정주지는 여러 형태가 있으나 가장 대표적인 것으로서 도시지역사회(urban community)와 농촌지역사회(rural community)로 대별하고 있다.

일반적으로 농촌은 1차 산업을 근거로 형성된다. 이들은 고유의 문화와 전통을 가지고 있으며, 인적구성도 동질성을 유지한다. 이에 비해 도시는 2·3차 산업을 근거로 노동분화가 이루어져 있고, 각종 제도와 조직이 확립되어 있다. 인적구성도 다원화·전문화·이질화된 형태를 보이고, 농촌의 대가족은 도시의 핵가족으로 변모하게 된다. 도시의 사회질서는 유기적인 조직과 제도에 의해 유지되고 있다.

따라서 농촌은 전통사회(traditional society), 평형사회(equilibrium society)로 표현하며, 이는 농촌의 후진성, 보수성 및 정체성을 의미한다. 이에 비해 도시는 진취적이고 동태적이며, 변화와 발전을 위해 부단히 움직이고 있는 지역사회이다.

다른 한편으로 도시와 농촌을 비교하는 기준으로 생활방식 및 거주상태의 상이점 이외에 행정구역, 도시경제 지표, 사회적 지표, 문화적 지표, 인구학적 지표 등 여러 가지를 들고 있다. 그 대표적 방법으로서는 다음과 같은 것을 들 수 있다.[13]

① 성곽과 도시: 성곽의 유무에 의하여 도시와 농촌을 구분한다.

② 직업과 도시: 주민의 생활상태, 직업에 의하여 도시를 상업지, 농촌

---

12) Over-bounded City 란 도시의 행정구역이 도시적 인구집중지대인 시가지화구역보다 넓은 경우를 의미한다. Kinsley Davis, *The World Metropolitan Area*(Berkely: Univ. of California, 1959), pp. 7~10.

13) 李圭煥, 전게서, pp. 87~88.

을 농업지라고 한다.

③ 인구밀도와 도시: 통계적 표준을 설정해서 인구밀도의 대소에 의해서 도시와 농촌을 구분한다. 참고로 표준도시지역은 행정구역에 구애됨이 없이 문제해결과 관련된 통계적 목적으로 설정된 개념인데, 미국의 표준대도시 통계지역[14](Standard Metropolitan Statistical Area; S. M. S. A.)과 일본의 표준도시지구[15]가 널리 알려져 있다.

④ 법률상의 명칭: 행정구역의 명칭에 의해서 도시와 농촌을 구별하는 방법으로 시로 불리고 있는 곳은 도시, 면은 농촌이라고 한다.

⑤ 인구와 도시: 인구의 다과로 도시와 농촌을 구별하는 방법인데 통계적 면에서는 쉽다고 할 수 있으나, 행정구역의 대소에 의해서 달라지기 때문에 여기에 대한 이론적 근거를 확보해 주어야 할 필요가 있다.

이제까지 몇 가지 측면에서 대강 설명한 도시지역사회와 농촌지역사회의 일반적 특성을 종합하여 도시의 특징을 정리해 보면 다음과 같다(〈표 I-3-1〉 참조).

첫째, 직업의 구성비가 주로 2·3차 산업부문에 종사하는 인구, 즉 비농업인구가 많다.

둘째, 환경의 경우 자연적·인간적 환경보다 인위적 환경시설이 지배적이다.

셋째, 지역사회의 규모가 농촌에 비해 너무 커서 주민들간에 공동운명체 의식인 근린의식(neighborhood)이 희박하다.

넷째, 인구밀도가 매우 높으며, 인종적·사회심리적 현상이 매우 이질적이다.

다섯째, 계층성이 다층화되어 있으며, 내부적으로 사회적 분화가 크다.

여섯째, 이동성이 높고, 접촉범위가 넓으며, 2차적·간접적 접촉이 지배적이다.

---

14) 미국의 標準大都市 統計地域(S.M.S.A.)이란 말은 1930년 미국에서 大都市地域(Metropolitan District) 개념으로 설정되었는데, 1950년에 S.M.A로, 1960년에 S.M.S.A로 개칭되었다. 이 標準都市地域 設定基準은 5만 이상 인구를 가진 도시의 주변郡(County)을 中核으로 하여 상당량의 일상 交通·通信量을 가진 통합된, 경제적으로 형성된 지역을 지칭한다.

15) 일본의 標準都市地區設定은 1954년 行政官理廳의 統計基準部가 「日本標準都市地區分類」에서 발표한 것으로 標準都市地區는 인구 10만 이상의 시 및 인구 10만의 縣廳所在地를 중심으로 해서 그 주변이 都市的 性格이 강하고 中心市와 밀접한 사회적·경제적 관계를 가지고 있는 市町村으로 되어 있다.

〈표 Ⅰ-3-1〉 도시와 농촌과의 비교

구분의 기준	농촌지역 사회	도시지역 사회
① Form of Job	1차 산업	2·3차 산업
② Environment	인간적, 자연적	인위적, 시설적
③ Size of Community	소규모	대규모
④ Density of Population	저밀도	고밀도
⑤ Homogenity and Hetrogenity of Community	동질적	이질적
⑥ Hierachy of Society	단층화	다층화
⑦ Interaction	1차적, 직접적	2차적, 간접적
⑧ Mobility	희소	다발적
⑨ Social Unit	가정	직장

자료: 이규환, 「도시행정론」(녹원출판사, 1995), p. 88.

일곱째, 사회적 단위는 기능집중적인 직장을 중심으로 이루어진다.

이와 같은 도시와 농촌의 구분에 대하여 사회학적 연구는 일반주민의 직업구성, 취락의 크기, 인구밀도, 주민의 동질성 여부, 사회적 분화의 방법, 인구이동의 방향, 주민의 사회적 상호작용의 성격, 사회적 단위 등 여러가지 요인을 기준으로 하고 있다. 그러나 오늘날 국토공간에 있어서도 도시와 농촌의 양분법이 크게 퇴색할 정도로 양자간의 접근현상이 나타나는 소위 「도시·농촌연속체설」(urban-rural continuity)이 대두되고 있다.

Ⅳ. 都市의 類型

도시의 유형은 그 기준에 따라 다양하게 분류할 수 있다. 그 분류기준으로는 지형지세, 위치, 구조에서 부터 기능에 이르기까지 여러 가지로 이용되고 있으나 여기서는 ① 계층적 ② 구조적 ③ 기능적 ④ 법제적 ⑤ 시책적 ⑥ 「에키스틱스」(Ekistics)적 분류 등 여섯 가지 기준을 놓고 그 유형을 분류해 보기로 한다.

1. 階層的 分類

도시의 지위와 인구수를 기준으로 하여 계층별로 분류하는 방법인데 ①

수도, 지방도시 ② 대도시, 중도시, 소도시 등 크게 두 가지로 분류한다. 전자는 지리적 중심성을 기초로 한 분류이며, 후자는 인구수를 기준으로 한 것이다. 도시중심성은 인구의 규모와 깊은 연관이 있는 것은 사실이나 양자의 관계가 반드시 비례하는 것은 아니다.

(1) 地理的·地位的 分類

(가) 首 都

수도는「국가정치의 전국적 중추기관의 소재지」라고 할 수 있겠으나, 세계의 수도를 보면 그 양태가 반드시 동일하지 않다.

수도는 정치적 수도(political capital)와 지역적 수도(regional capital)로 구분되는데, 전자는 중앙정부의 소재지, 즉 국가의 정치적 중심도시이며, 후자는 국가 또는 대지역의 중추적인 기능을 가진 경제적·문화적 제기관의 집중을 조건으로 하지 않는다.

따라서 수도란 한 나라에 하나 밖에 없는데, 이에는 반드시 경제적·문화적인 기관도 집중되어야 하는 것은 아니다. 미국의「워싱톤 D.C」와「뉴욕」,「호주」의「캔버라」와「시드니」같은 것이 좋은 예이다. 최근 개발도상국에서는 수도가 다른 지방도시에 비해 월등하게 급성장함으로써 수도가 종주도시(primate city)로 되는 경우가 많다.

(나) 地方都市

지방도시는 지방적(regional) 내지 국지적(local)인 중심기능을 가진 도시로서 국민적이고 국가적인 기초위에서 성립된 도시와 특수도시에 대한 상대적 개념이다.

따라서 지방도시는 수도가 아닌 도시로서 대도시, 중도시, 소도시가 이에 포함된다. 수도가 전국적 기반을 지닌 도시인데 대해서 지방도시는 지역적 기반이나 구조가 문제되는 도시이다.

(2) 人口規模別 分類

(가) 巨大都市

거대도시(metropolis)는 인구규모가 2백만 이상의 도시로서[16] 대도시권(metropolitan region)이라는 지역구조체의 핵심지로서, 그 주변의 근교도시

16) Constantinos A. Doxiadis, *Ekistics*(London: Hutchinson & Co. Ltd., 1968), p. 30.

나 위성도시 또는 교외공업지 등과 불가분의 일체적인 구조체를 형성하고 있다.

거대도시의 기능은 전국적으로 파급되어, 지방도시적 기능도 아울러 지닌다. 거대도시는 대도시지역화(metropolitanization)과정을 거쳐 인근 중소도시와 불가피하게 일체적인 지역구조체를 만들고 그 핵심구실을 한다는 데는 공통적이다.

(나) 大都市

대도시는 중소도시에 대한 상대적 개념으로서 여러 가지 뜻을 가지고 있는데, 일반적으로 인구규모로 보아 중소도시보다 크고 거대도시보다는 적은 규모의 도시를 대도시라고 한다.

그런데 인구규모가 어느 정도를 넘어야 대도시라고 하는가는 시대나 지역에 따라서 그 기준을 달리하고 있으며 일정하지 않다. 왜냐하면 대도시와 중소도시를 구별하는 기준은 단순히 인구규모만이 아니라 기능면과 지역구조도 감안하여야 하기 때문이다.

도시의 계층구조를 놓고 볼 때 대도시는 거대도시와 중소도시의 중간에 있지만, 인구의 규모와는 관계없이 그 나라에서 정치·경제·문화적 면에서 탁월한 우월감과 지배성을 지니고 있는 도시가 바로 대도시라고 하고 있다.

(다) 中小都市

중소도시라 함은 우리나라에서는 인구 5만 이상에서 30만 또는 50만까지의 도시규모를 말하는데 중심업무지역(central business district)이 형성되고, 거기에 관공서가와 상가로 분화한 도시지역을 가진다.

중소도시의 대부분은 前산업형과 농촌, 산업형도시가 혼합된 사회이며, 그것은 고도로 산업화된 선진도시와도 아주 상이한 특질을 갖고 있다.

2. 構造的 分類

도시의 활동은 집중적 활동과 분산적 활동으로 구분할 수 있는데, 행정·사법·입법활동, 업무활동, 상업활동 등은 전자의 예이고, 거주활동은 후자의 예이다. 이러한 활동을 기준으로 집중적 활동이 한 곳에 모인 도시를 단핵도시, 여러 곳에 나누어져 모인 도시를 다핵도시 그리고 집중활동이 세 곳에 모인 도시를 3핵도시라고 한다.

(1) 單核都市

도시의 중추기능을 하나의 중심부에 집중시키고 있는 도시를 말한다. 도심 또는 핵심이라고도 하는 중심업무지역(central business district; CBD)은 도시라고 하는 하나의 인간 정주공간에 형성된 중심지로서 중심교통지역(central traffic district), 중심상업지역(central commercial district), 「다운타운」(downtown) 등으로 불리며, 시가지의 중앙에 위치하고 도시를 움직이는 중추기능이 협소한 C.B.D에 응집하고 있는 곳으로 도시상점가・도매상가 등의 상업활동, 금융・보험업・상사의 업무활동, 행정・입법・사법 등의 관아활동을 주로 하고 있다.[17)]

「버제스」(Ernest W. Burgess)의 동심원이론(concentric zone theory), 「호이트」(Homer Hoyt)의 선형이론(sector theory)등은 단핵도시적 도시구조를 지니게 된다. 이 단핵도시는 주로 가로망이 방사형을 띠게 되며, 도시규모가 커짐에 따라 도심 중심으로 교통문제, 공해문제, 「오픈 스페이스」(open space)의 부족문제 등 도심과밀화에서 오는 각종 폐단이 발생한다.

(2) 多核都市

중소도시에서는 도시발전의 중추적 기능을 하는 도심을 축(axis)으로 하여 도시가 성장하지만 단핵도시는 도시의 규모가 거대도시로 성장함에 따라 그 중심부가 지나치게 과밀화되어 오히려 도시성장을 방해하게 된다. 이 폐단을 개선하기 위하여 「해리스」(Chanucy D. Harris)와 「울만」(Edward L. Ullman)은 다핵도시구조를 주장하고 있다.[18)] 즉, 도시의 구조는 그 특성에 따라 도시마다 단일핵을 갖는 것보다 도시 내의 공간구조 및 형태, 입지, 교통, 도시활동, 규모 등의 요인에 의해 몇 개의 핵을 동시에 형성할 수 있다는 것이다. 따라서 거대도시의 경우 도시성장은 이 핵을 중심으로 개발과 발전이 가능할 뿐만 아니라 바람직하다는 것이다.

17) 「캐롤」(Hans Carol)은 중추기능이 도심부에 집중하는 이점으로 ① 모든 주민에게 가장 접근하기 쉬운 장소 ② 기업을 하는 사람에게는 그에게 필요한 보조적인 기능과의 접근이 용이한 곳 ③ 노동력 확보가 용이한 곳 ④ 새로운 활동에 대해 새로운 흡인력을 제공하는 곳으로 지적하고 있다. 單核都市 및 CBD에 관한 구체적인 설명은 Hans Carol, "The Hierachy of Central Functions within the City," *Annals of the Association of American Geographer*, Vol. 50(1960), 참조.

18) C.D Harris and E.L. Ullman, "The Nature of Cities," *Annals of the American Academy of Political and Social Sciences*, No. 11(1945); Edward L. Ullman, "A Theory of Location for Cities," Hatt and Reiss, *Cities and Society*(New York: The Free Press, 1957), pp. 232~236.

(3) 三核都市

단핵도시와 다핵도시의 절충형으로서 3핵도시는 한 도시내 중추기능을 3곳에 입지시키는 것이 바람직하다고 보는 것으로 「딕킨슨」(R.E. Dickinson)이 주장하고 있다.

이 외에도 線型도시, 手指型都市 및 同心圓的 都市와 扇形都市[19] 등도 구조별로 구분해 볼 수 있는 도시형태이다.

3. 機能別 分類

도시는 원래 지배적·교역적 기능이 집약된 종합도시가 많은데, 최근에 이르러 도시의 기능이 분화되어 특수한 기능을 중심으로 형성되는 경우가 많다. 따라서 기능적 분류는 도시의 기능에 따라서 분류하는 방법으로 다음과 같이 구분할 수 있다.

(1) 綜合的 分類

(가) 綜合都市

도시의 기능구성에 있어서 각각의 기능이 평균치에 접근되어 형성된 도시를 말하는데 보통도시 또는 표준도시 혹은 다원화도시라고도 한다.

도시가 지역의 중핵으로서 지역의 모든 생활의 중추적 기능을 보유할 때 그 도시기능은 보편적인 것이 되고, 특정한 기능에 편중되지 않아 각 기능이 평균치에 가깝게 된다. 다원화된 기능을 수행하는 도시는 비교적 중소도시보다는 대도시의 경우가 거의 평균적 기능배분이 되어 있다.

(나) 衛星都市

대도시에 인접되어 대도시를 모도시로 그 기능의 일부를 분담하는 도시를 위성도시라고 한다. 이는 1898년 영국의 「하워드」(E. Howard)의 전원도시에서 비롯된 것으로, 미국의 「테일러」(G. R. Taylor)가 그의 저서 「위성도시」(satellite city)에서 당시 공장이 대도시와 교통이 편리한 저지가지역으로 이전해 가는 경향을 고려하여 대도시와 고속도로 교통으로 연결된 도시를 건설하려고 했는데,[20] 이것이 바로 오늘날 위성도시의 형태이다. 이러한 위

---

19) 同心圓的 都市와 扇形都市는 李圭煥, 전게서, pp. 32~33 참조.

20) G. R. Taylor, *Satellite Cities; A Study of Industrial Suburbs*(New York: The Free Press, 1965) 참조.

성도시도 대도시와는 자치법상 독립된 지위를 갖고 있다.

(2) 專門的 分類

(가) 政治・行政都市

수도와 도청소재지 도시와 같이 한나라의 정치중추기능을 한다든가 또는 도시행정기능을 갖고 있는 도시를 정치 또는 행정도시라 한다.

정치의 중앙집권체제가 고도화되면 수도의 비중이 커지고 경제나 사회활동도 집중하게 된다. 또한 도청소재지의 도시 역시 지방단위의 행정권한의 집중으로 도시행정기능을 보유한다.

(나) 文化都市

고대 문화재를 많이 보존한 역사적 도시 또는 근대적 문화시설이 정비된 도시를 문화도시라 한다. 관광도시나 학원도시 중에는 문화도시가 많다.

(다) 教育都市

교육기관을 중심으로 형성된 도시 또는 교육기관이 다른 도시에 비하여 상대적으로 더 많이 집중되어 있는 도시를 교육도시 또는 학원도시라 한다.

(라) 觀光都市

문화재나 명승지, 온천 등 관광자원을 보유한 도시 또는 교통의 발달에 따라 관광「루트」가 광역화되어 그 기지로서 숙박시설, 정보,「서비스」시설을 제공하는 도시를 관광도시라고 한다.

(마) 寢室都市

대도시 주변에 개발된 주택지는 중심도시에 직장을 가진 사람들의 거주를 위한 장소로서만 형성된 도시를 침실도시(bed-town) 또는 기숙사도시(dormitary-town)라고 부른다. 이러한 침실도시는 직장이 중심도시에 있지만 교통이 편리한 주변 저지가지역으로 직・주가 분리되는 도시의 특성을 나타내는 현상의 결과라 하겠다.

(바) 工業都市

공업, 광업 등 특수기능을 가진 도시를 공업도시 또는 산업도시라 하는데, 공업기능을 가진 도시에는 그 업종의 특성에 따라서 경공업도시와 중공업도시로 구분할 수 있다. 광업은 천연적인 생산지의 제약 때문에 도시발전에도 한계가 있을 뿐만 아니라 그 수가 많지는 않다.

많은 지방도시가 도시의 발전은 공업의 육성을 통해 가능하다고 보고 무계획적인 공장유치를 시도하는 과정에서 당해 도시뿐만 아니라 그 주변지역에 대기오염, 수질오염, 소음 등 각종 공해문제가 전반적으로 크게 노정되므로 환경보전에 관한 충분한 사전대책의 신중한 고려가 필요한 도시이다.

(사) 漁業都市

漁家가 어항에 연해 집중하여 부락을 형성하여 도시적인 형태를 갖춘 도시를 어업도시라 한다. 이러한 도시는 본래의 어업과 가공·유통의 관련기능을 수행함과 동시에 여러 가지의 어업「서비스」기능도 행하고 있다. 원래 어업은 도시적 산업이라고 할 수 없으나 최근 원양어업의 발달로 항만시설이나 도매시장, 냉동시설, 수산가공시설 등을 중심으로 도시가 성장하여 어업도시가 형성되기도 한다.

(아) 軍事都市

군항, 비행장, 육·해·공군의 주둔지나 군사기지가 있는 도시를 군사도시라 한다. 군은 자기 완결적 조직이어서 군사기지나 부대의 주둔지 그 자체보다도 휴가나온 군관계자나 영외거주자를 상대로 하는 「서비스」분야의 3차 산업이 군사도시의 주된 기능이 된다.

(자) 休養都市

바다, 산, 온천 등 자연환경적 조건이 양호한 지역에 휴양을 목적으로 형성된 도시를 휴양도시라 한다. 이러한 자연의 혜택지역에는 관광위락 및 숙박시설 등을 토대로 하여 휴양도시가 형성된다.

(차) 港灣都市

임해지역에 발달된 도시는 항만기능을 갖게 된다. 항만의 기능은 상항, 공업항, 어항, 군항, 피난항 등으로 구분되고, 상항은 해외 무역항과 국내 내수항으로 세분된다. 이처럼 해항에 따라 도시가 형성되어 내륙교통로에 의하여 물자의 소통과 승객의 수송을 담당하고 출입국관리, 검역, 세관 등 행정기능을 하고 있는 도시가 항만도시이다.

4. 法制的 分類

지방자치법과 기타 특별법의 규정에 의하여 분류하는 방법으로서 ① 일반적인 법제도시(일반시) ② 특수한 법제도시(특별시, 광역시, 지정시) 등으로 분류하고 있다. 여기서 특수한 법제도시는 주로 대도시와 관련된 도시로서 대도시는 그 존재 성격상의 특질면에서나 행정수요면에서 중소도시와는 질적으로 다르고, 경우에 따라서 道와 동등하거나 그 이상의 능력을 가질 수 있기 때문이다. 여기에 이중행정이나 이중감독의 폐단을 없애고 대도시 특유의 행·재정수요에 알맞은 제도로 확립된 것이 특수적 법제도시이다.

(1) 特別市

일반시와는 다른 특별한 지위를 인정하고, 권한과 행정기능에 대해서 특례를 인정하는 도시를 말한다. 특히, 기능배분과 재원배분 및 지휘감독 체계에 있어서 일반시와는 달리 일반적으로 道와 같은 중간자치단체 또는 광역자치단체로부터 독립해서 동격이 된다.

우리나라 서울특별시는 1961년 「지방자치에 관한 임시조치법」에 근거하여 「서울특별시 행정에 관한 특별조치법」을 제정하여 특별한 지위를 가졌는데, 그 내용을 보면 ① 내무부장관의 일반적 지휘감독을 벗어나서 국무총리 직속하에 있게 하고 ② 중앙행정기관으로부터 감독의 범위와 방법을 대폭적으로 제한하고 ③ 직원이 중앙 각 부처와 대등한 직급을 가지게 되었고, 어느 정도 독자적인 인사권이 허용되고 있는 등의 여러 가지 특례가 인정되었다.

그러나 1991년 30년만에 지방의회가 부활되면서 한시법이었던 「지방자치에 관한 임시조치법」이 폐지됨에 따라 「서울특별시 행정에 관한 특별조치법」역시 폐지되고 그 대신 「지방자치법」에 근거하여 「서울특별시 행정특례에 관한 법률」이 제정되어 서울특별시는 정부의 직할하에 두고 수도로서의 특수한 지위를 부여하고 있다.

우리나라의 서울특별시, 개정전 영국의 「카운티 버러」(County Borough), 일본의 구「지방자치법」속의 특별시(실시된 바 없음), 미국의 시·군 분리방식(City County Separation), 독일의 특별시(Stadtkeris 혹은 Kreisfreie Stadt) 등이 이에 속한다.

(2) 廣域市

특별시의 하나이나 수도의 지위와 구분하기 위해서 우리나라에서 채택하고 있는 제도이다. 1963년 부산시를 직할시로 승격시킨 이후 1981년 인구 100만이 넘는 대구와 인천을 각각 경상북도와 경기도에서 분리시켜 직할시로 승격시켰고 1987년과 1989년에 광주와 대전을 전라남도와 충청남도에서 분리시켜 직할시로 승격시켰다. 그리고 1997년에 울산시가 경상남도에서 분리되어 광역시로 승격되었다.

직할시는 지난 1995년부터 그 명칭이 광역시로 변경되면서 도·농 통합적 성격을 갖고 있으며, 일반시와는 달리 정부의 직할하에 두고 행정자치부 장관의 일반적 감독을 받으면서 시행정의 능률을 향상하기 위하여 설치된 도시이다. 이 경우 문제되는 것은 잔여도부(rump county)이다. 당해 道에서 인구규모나 재정부담면에서 가장 큰 대도시가 분리됨으로써 나머지 지역만을 기초로 하는 道가 자립하기 어렵다는 문제가 그것이다.

(3) 指定市

일본의 지방자치법에 의하여 규정된 도시로서 인구 50만 이상의 대도시에 대하여 일정한 사무를 都道府縣과 동일한 위치에서 독립적으로 중앙정부와 직결하여 처리하도록 된 도시를 말한다.

잔여도부의 문제가 있어서 都를 府縣(우리나라의 道)과 동격으로 승격시켜 府縣의 구역에서 제외시킬 수 없다는 현실적 문제와 대도시의 특수성을 살려야 한다는 이념적 문제를 놓고 절충방안으로 일본에서 채택하고 있는 제도가 政令指定都市이다.[21] 따라서 특례인정을 통해 시로서 처리하는 사무 이외에 도도부현 또는 그 기관의 권한에 속하는 사회복지, 보건위생, 도시계획 등에 관한 16개 항목의 사무와 권한을 부여하여 대도시의 특수성을 인정하는 제도이다.

(4) 一般市

우리나라의 경우 지방자치법 제7조에 의하여 규정된 도시로서, 도시의 형태를 갖춘 인구 5만 이상의 시가 일반시 또는 보통시라 한다.

시는 법인격을 갖는 기초자치단체로서 도의 지휘감독을 받는다.

5. 施策的 分類

새로운 도시를 정비 또는 개발하는 경우 개발정책적 입장에서의 도시분류방법인데 다음과 같이 분류된다.

21) 吉富重夫·田村浩一, 「都市と行政」(東京: 大明堂, 1971), pp. 14~17.

(1) 田園都市

영국은 18세기 중엽부터 시작된 산업혁명을 계기로 산업화와 도시화가 진행되면서 공업의 도시집중과 도시권의 급격한 팽창으로 19세기 말에 이르러서는 「런던」이나 「맨체스터」 등 대도시가 각종 도시문제에 직면하게 되었다. 이때 「하워드」(E. Howard)는 *母都市*와는 별도의 신도시로서 이상도시인 전원도시(Garden City)를 주창하였다. 그는 도시와 농촌 양자의 장점을 따서 자연의 미, 사회적인 기회, 공원에의 접근성, 저주택비, 저물가, 고임금을 보장하는 자급자족적이고, 목가적인 전원도시를 만들자는 것이었다.[22] 전원에 둘러싸인 도시의 규모는 인구 5~7만정도로 토지는 공유이거나 신탁소유로 한다는 것이다. 이상적이면서도 현실적으로 건설된 바 있는 이 전원도시운동은 1903년에 회사가 창설되어 「렛치워드」(Letchworth)와 「웰인」(Welwyn)에 실제로 건설되었다.

(2) 뉴타운(新都市)

대도시인 *母都市*의 무계획적인 시가지의 평면적확산(sprawl)을 막기 위해 「그린벨트」(greenbelt)를 지정하고, 그 외곽에다 중소규모의 새로운 도시를 건설하여 모도시의 각종 도시문제를 완화해 보고자 영국에서 시도된 위성도시(satellite city)의 하나이다. 대「런던」계획에 마련되었던 이 「뉴·타운」(New Town)안은 실제로 건설되었고, 그 뒤 각국에 신도시 「붐」을 일으켰다.

영국의 전원도시도 일종의 신도시이며, 미국의 「워싱톤 D.C」주변에 있는 「레스톤」(Reston)이나 「콜롬비아」(Columbia), 新首都로 건설된 호주의 「캔버라」(Canberra), 인도의 「챈디갈」(Chandigarh), 「브라질」의 「브라질리아」(Bragilia) 등이 신도시의 대표적 예라 하겠다.

이러한 신도시는 당초 영국에서는 자급자족적 도시를 지향하였으나, 그후 나라에 따라서는 자급자족적 도시 보다는 침실도시적 「뉴·타운」을 건설하는 경우가 많아 모도시와의 교통문제·주택문제 해결에도 목적을 두고 있다.

(3) 成長據點都市

성장거점도시의 일반적인 의미는 ① 지역의 중심지이며 ② 인구·경제

---

22) E. Howard, *Garden Cities of Tomorrow*(Cambridge, Mass.: M.I.T. Press, 1965) 참조.

활동·소득 등의 측면에서 성장하고 있거나, 성장잠재력이 있는 지역이고 ③ 주변지역에 「서비스」를 제공하거나, 성장의 파급효과를 줄 수 있는 도시이며 ④ 계획적인 노력을 통하여 인위적으로 만들어 낼 수 있는 곳이다. 우리나라에서 채택하고 있는 성장거점도시의 개념은 제2차 국토종합개발계획(1982~1991년)중에 「시급도시 가운데 지역서비스 기능을 갖추고 있는 성장잠재력이 큰 도시로서, 주변낙후지역개발에 선도적 역할을 수행하고 있는 도시」라고 규정하고 있다.

이와 같은 성장거점도시에 대한 집중적인 개발 및 투자를 통해 대도시로부터 넘쳐 흐르는 기업을 흡수하여 들이고, 과소지역으로부터 도시로 나가려는 인구를 흡수하여 이들에게 직장과 생활의 기반을 제공하며, 주변지역의 주민에게는 고용기회와 고도의 도시적 「서비스」를 제공할 수 있게 하자는 것이다.[23)]

이처럼 성장거점도시는 우리나라의 상황에 비추어 볼 때 ① 기존의 지역 「서비스」기능을 갖추고 있으며, 성장잠재력이 큰 지방도시로서 상대적 낙후지역 발전의 선도적 역할을 담당하며 ② 서울, 부산, 대구, 광주, 대전 등 대도시 생활권의 중심지를 제1차 성장거점도시로 정하고, 춘천, 강릉, 원주, 청주, 충주, 제천, 천안, 전주, 정주, 남원, 목포, 순천, 포항, 안동, 영주, 진주, 제주 등 17개 지방 도시생활권의 중심지를 제2차 성장거점도시로 지정하여, 대도시인구의 지방분산 및 지방인구의 정착기지로서 작용할 수 있고 ③ 이들 거점도시를 중심으로 공공 및 민간의 우선적 투자가 이루어져야 한다.

(4) 聯合都市

도시가 발전함에 따라 행정구역을 초월하여 주택지역과 공업지역이 확

23) 成長極(growth pole) 혹은 成長據點(growth center)이라는 개념은 1955년 프랑스의「페루」(P. Perroux)를 시작으로 하여 그 후 「허쉬만」(A. Hirschman)과 「뮈르달」(G. Myrdal)을 중심으로 주장한 것으로 1960年代 이후 경제개발의 전략이 불균형성장이론에 근거하여 진행하는 과정에서 발생하고 있는 지역간의 개발 격차를 해소하기 위해 나온 지역개발전략의 하나이다. 즉 성장거점이 되는 중심도시를 집중적으로 투자 개발함으로써 성장거점 도시가 중심지역(core area)에서의 개발이익을 주변지역(periphery)에 파급시키는 역할을 담당케 하여 개발이익, 혁신 및 기술을 전달함으로 궁극적으로 지역개발의 균형화를 기할 수 있다는 전략이다. Albert O. Hirschman, *The Strategy of Economic Development*(New Haven: Yale University Press, 1958); Gunnar Myrdal, *Rich Lands and Poor; The Road to World Prosperity*(New York: Harper & Row, 1957) 참조.

대되어 가는데 이러한 경우 도시행정구역내의 한정된 시책만으로는 행정을 능률적으로 수행할 수 없다. 따라서 주변지역의 관련 지방자치단체와 연합하여 광역사무와 사업을 공동으로 실시하고 관리하는 형태를 연합도시라 한다.

「캐나다」의 「토론토」시의 대도시연합(Toronto Metropolotan Federation) 형태가 연합도시의 대표적인 예라고 할 수 있다. 교육, 소방, 경찰, 형무소, 도시계획, 사회복지, 상·하수, 공공건설 등 광역행정사무를 공동으로 관할하는 연합도시정부를 1953년에 신설하였다. 즉, 「토론토」市와 그 주변의 12개 도시들로 하나의 연합정부체제를 신설하였으나 1967년에 와서 12개시를 5개시로 통합하여 「토론토」대도시권 정부를 구성하였으며, 1988년부터는 「토론토」 대도시권의회로 되면서 32명의 대표를 직선으로 하고 있다.

6. 「에키스틱스」(Ekistics)的 分類

「에키스틱스」(Ekistics)는 「그리스」의 도시 및 건축학자인 「독시아디스」(C. A. Doxiadis)가 사용한 용어로서 인간정주의 과학(Science of Human Settlement) 즉, 인간생활공간을 연구하는 학문을 의미한다. 여기서 그는 도시사회 및 도시규모의 변천과정을 통해 다음과 같이 공간적 분류를 시도하고 있다.[24)]

「독시아디스」는 인간생활공간체계를 15가지로 분류하고 이 가운데 여섯번째 단계인 근린주구까지를 도시형성이전의 생활공간으로, 일곱번째 단계인 소도읍부터는 도시형성이후의 생활공간으로 보고 있는데 여기서는 주요도시 몇가지만 설명하고자 한다.

(1) 「메트로폴리스」(Metropplis)

지역활동의 중심소재지로서 정치·경제·사회·문화 등의 중추기능이 집중되어 있는 형태의 도시를 「메트로폴리스」라 하는데, 일반적으로 巨大都市로 불리우고 있으며 「독시아디스」는 인구 2백만 명 이상으로 보고 있다.

「메트로폴리스」는 대도시가 중소도시에 대하여 인구규모의 차를 표현하는 규모적인 개념인데 비하여 기능 중심적인 개념이기 때문에 단순히 인구가 수백만이 되었다고 「메트로폴리스」가 될 수 없다. 따라서 언제나 대도시

---

24) C.A. Doxiadis, *Ekistics*(London: Hutchinson & Co. Ltd., 1968), p. 30.

〈표 Ⅰ-3-2〉 도시규모의 변천과정

인구(population)	지역사회규모(community scale)	면적(area)
1인	① 개인(individual ; Man)	3㎡
2인	② 방(room)	15㎡
4인	③ 가옥(family; dwelling)	50㎡
40인	④ 취락(dwelling group)	0.005㎢
250인	⑤ 지구(small neighborhood)	0.03㎢
1,500인	⑥ 근린지구(neighborhood)	0.2㎢
9,000인	⑦ 소도읍(small town)	1.2㎢
50,000인	⑧ 도시(town)	7㎢
300,000인	⑨ 대도시(large city)	40㎢
2,000,000인	⑩ 거대도시(metropolis)	300㎢
14,000,000인	⑪ 집합도시(conurbation)	5,000㎢
100,000,000인	⑫ 대상도시(megalopolis)	80,000㎢
700,000,000인	⑬ 도시권역(urban region)	0.8M㎢
5,000,000,000인	⑭ 대륙도시(urbaniged continent)	6M㎢
30,000,000,000인	⑮ 우주도시(ecumenopolis)	40M㎢

와 일치되는 개념은 아니다. 다만 인구규모가 큰 도시는 기능적으로 상위의 계층에 속하고 그 지배영역도 넓기 때문에 양자의 개념을 동시에 표현하기 위하여 거대도시, 즉 「메트로 폴리스」로 사용된다.

(2) 「커너베이션」(Conurbation)

대도시권안에 있는 몇 개의 도시가 서로 영향을 미칠 정도의 공간적 위치에 있는 경우 이들 도시가 기능적으로 밀접한 상관성을 가진 하나의 群(group)형태를 이루는 경우를 「커너베이션」이라 하며, 일반적으로 集合都市라 부르기도 한다.[25]

25) 「커너베이션」이라는 용어는 영국의 사회·생물학자인「게디스」(P.Geddes)가 그의 저서 「*Cities in Evolution*」에서 처음으로 사용하였다. Gwen Bell(ed.), *Urban Environments and Human Behavior; An Annotated Bibliography*(Dowden, Penn.: Hutchinson and Ross, Inc., 1973) 참조, 우리나라의 경우 약간 다른 현상이지만 「커너베이션」의 기능을 하는 都市群으로 마산, 창원, 진주가 하나의 群으로 그리고 전주, 이리, 군산 등이 하나의 群으로 「커너베이션」과 유

「커너베이션」은 각각의 도시가 한 도시권 내에서 교통・수도・가스・전력・쓰레기처리・하수도・도시계획 등 공통적인 시설 또는 광역행정사무를 공동으로 처리하거나, 각 도시가 모든 기능을 갖추는 것이 아니라 각 도시가 기능을 분담하여, 타 도시지역에 기능을 제공함으로써 규모의 경제성을 가질 수 있어 대도시권지역 전체가 이익을 얻을 수 있는 장점이 있다. 그러나 여러 도시가 「커너베이션」의 관계에 있는 집합도시는 최종적으로 하나의 도시가 우위성을 확보하게 되어 상대도시는 이에 종속되거나 교외화되어 버리는 경우도 있다. 따라서 이들 도시 중 어느 한 도시가 성장경쟁에서 우위에 설 때에는 「커너베이션」관계가 무너진다.

(3) 「메갈로폴리스」(Megalopolis)

미국동부 연안지역에 형성된 대도시군의 연속지대, 즉 「뉴햄프셔」(New Hampshire)주의 남부에서 「버지니아」(Virginia)주의 북부에 이르는 연속한 도시지역과 교외지역이 해안을 따라 폭 30~100 「마일」 범위의 帶狀의 도시형태를 「메갈로폴리스」라 하고, 우리는 일반적으로 帶狀都市라 부르고 있다.[26)]

「메갈로폴리스」는 1957년 「프랑스」의 도시지리학자인 「고트만」(J. Gottmann)이 미국 북동부 대서양 연안에 길게 연속한 도시지역의 특이성을 착안하여 이 지역을 「메갈로폴리스」라 정의내렸다.[27)] 이 지역 내에 있는 대표적인 대도시로는 「보스턴」(Boston), 「뉴욕」(New York), 「필라델피아」(Philadelphia), 「워싱턴 D.C」(Washington D.C), 「리치먼드」(Richmond) 등이 있다.

(4) 「에큐메노폴리스」(Ecumenopolis)

「에큐메노폴리스」는 「독시아디스」가 1963년 「데로스・심포지움」(Delos Symposium)에서 창안한 용어로 우주도시 또는 세계도시라고 번역될 수 있다.

사한 성장 「패턴」을 보이고 있다 하겠다. 黃鏞周, 「都市計劃原論」(서울: 圖書出版 綠苑, 1985), p. 76 참조.

26) 美國北東部大西洋沿岸지역 뿐만 아니라 미국의 太平洋沿岸, 「유럽」 북서부, 일본의 동해도, 우리나라의 경부선 주변 도시 등도 「메갈로폴리스」라고 불릴 수 있다 하겠다.

27) Jean Gottmann, *Megalopolis: The Urbanized Northeastern Seaboard of the United States* (Norwood, Mass.: The Piimton Press, 1961) 참조.

그는 현재와 같은 세계도시화추세가 지속되고, 한편 세계적 천재지변과 세계대전이 없다면 앞으로 150년 이후에는 세계가 하나의 단일도시로 형성되어 각 나라가 제각기 다른 도시를 갖는 것이 아니라 인류가 한 도시문화권내에서 생활할 것으로 보고 있다.[28] 1975년에 보고된 「로마클럽」(Rome's Club)보고서에서도 이와 비슷한 전망을 한 바 있다.

제 2 절 都市化의 意義

I. 都市化의 概念

1. 都市化의 定義

도시화(urbanization)란 도시에 대한 개념 정립에서와 마찬가지로 국가나 학자들의 관점, 전공분야에 따라 그 정의가 다양하다.

일반적으로 도시화는 오늘날 산업사회의 특징으로서 인구가 도시지역에 집중하는 과정으로 설명되고 있다. 이는 대체로 도시화란 기계문명이 발달됨에 따라 진행되어 온 인구의 도시집중과 이 과정에서 나타난 도시지역과 도시사회 내의 여러 가지 변화를 나타내는 뜻으로 쓰이고 있다. 도시화의 정의는 광·협의 두 가지로 정리할 수 있을 것이다.

그 첫째는 좁은의미의 도시화로서 「근대산업의 발전으로 농촌적인 지역이 도시적인 지역으로 변질되는 것」으로 파악되는 것이고, 둘째는 넓은 의미의 도시화로 「지역의 도시적 요소가 점차 늘어나는 과정」으로 파악하는 경우이다.[29] 후자의 입장에서 보면 전자가 말하는 촌락으로부터 도시에로 변질되는 것은 물론이고, 도시적인 지역이 재개발, 기타 방법을 통해 보다 고차적인 도시적 지역으로 변하는 과정까지도 포함하게 된다.

또한, 사회과학자들의 도시화에 관한 여러 가지의 정의 가운데서 다음과 같은 두 가지 사실을 특별히 지적할 수 있다. 그 하나는 인구가 공간적으로

---

28) C.A. Doxiadis, "Ecumenopolis; Tomorrow's City," in *Britannica Encyclopedia*(New York: 1968), p. 31.

29) 李圭煥, 전게서, pp. 105~106.

집중하여 일정한 한도의 크기와 밀도를 유지하게 되는 과정이고, 또 하나는 소위 「도시문화」(urbanism)라고 불리는 가치나 태도·형태가 널리 확산되는 과정이라는 것이다.

「위쓰」(L. Wirth)에 의하면 도시화란 도시지역으로 인구가 집중하고, 도시의 생활체계로 들어가는 과정만이 아니라 궁극적으로 사람이 어디 있든지 도시적이라고 인정되는 생활양식(way of life)의 변화를 의미한다[30]고 보고 있다.

이와 비슷한 입장에서 「미첼」(T. E. Mitchell)은 도시화란 도시로 이어지는 과정(process of becoming urban)이라고 전제하면서[31] 그 구체적인 내용으로는 ① 인구가 농촌에서 도시로 이동하는 것, ② 산업구조가 1차산업에서 2·3차산업으로 변화하는 것, ③ 인간의 행동유형이 도시적 성질로 변화하는 것이라고 정의하였다. 이러한 개념 가운데 첫 번째의 정의는 인구학적(demographic)개념이고, 두 번째의 것은 산업구조적(industral structural)개념이며, 세 번째의 것은 행태론적(behavioral)개념이라 할 수 있다.[32]

한편, 도시화는 경제발전이 이루어지면 도시화도 그에 수반해서 이루어지고, 도시화는 또한 경제발전을 촉진하고 있음이 여러 조사·연구를 통하여 입증되고 있다. 인구의 증가, 자본축적, 기술혁신을 경제발전의 3대 요소로 보면 산업화는 자본축적을 가져오고 자본축적은 인구의 집중을 가져와 도시화가 된다고 볼 때 산업화는 도시화와 서로 밀접한 관계에 있다고 볼 수 있다.[33]

2. 都市化의 諸立場

도시화란 인구의 도시집중과 이 인구집중을 통해 일어난 여러가지 변화를 나타내는 뜻으로 일반적으로 쓰이고 있다. 이때 어떤 변화를 특히 주목하느냐 하는 문제는 학문분야에 따라 다르다. 즉, 인구학자들은 도시의 인구

---

30) Louis Wirth, op, cit., p. 18; Louis Wirth(ed.), *Community Life and Social Policy*(Chicago: Univ. of Chicago, 1956), p. 113.

31) Gerald Breese, *Urbanization in Newly Developing Countries*(N.J.: Prentice-Hall, 1966), p. 3.

32) Eric E. Lalpard, "Historical Aspects of Urbanization," Philip M. Hauser & L. F. Schnore(ed.), *The Study of Urbanization*(New York: John Willey & Sons, Inc., 1967), p. 519.

33) Forrest Pitts(ed.), *Urban System and Economic Development*(Oregon: University of Oregon, 1962), p. 239.

나 밀도의 변화에 초점을 두고, 사회학자는 도시민의 의식구조나 사회계층 또는 생활양식의 변화에 초점을 두며, 지리학자들은 도시의 기능과 영향력이 지역에 어떤 변화를 가져 오는가를, 경제학자는 산업사회의 변화에 초점을 두어 도시화를 논하고 있는 바 그 구체적 제입장을 보면 다음과 같다.[34)]

(1) 生態學的 立場

생태학적 입장(ecological aspect)에서 본 도시화는 도시의 영향력이 인근 지역이나 농촌으로 침투·확대되어 나가는 현상을 말한다. 이것은 중심도시 기능이 주변지역보다 우성이므로 열성지역인 주변에 그 영향력이 침투·확대되는 것으로 이는 도시기능을 우성생태학적 입장에서 파악하는 것이다.

(2) 體制理論的 立場

체제이론(system theory)적 입장에서 볼 때 도시화는 도시라고 하는「시스템」(system)이 분화·융합되어 나가는 과정이다. 도시는 하위체제인 환경과 유기적으로 관련되어 있으며, 또 다른 하위체제(sub-system)인 구조와 사람이라는 여러가지 도시구성요소, 즉 도시공간구조, 시설물, 조직 및 제도, 인간활동, 조직구성원의 가치관·동기·지식·기술, 경제적 수급 등 하위체제간의 상호작용인 함수관계가 분화되고 통합되는 과정에서 도시의 성장여부에 따라 도시화를 파악하는 것이다.

(3) 社會學的 立場

사회학적 입장(sociological aspect)에서 볼 때 도시화란 도시민의 의식구조나 사회계층 또는 생활양식 등의 인간의 행동유형(behavior patterns)이 도시적 성질로 변화하는 것을 의미한다. 즉, 주민들의 모습·태도·의식구조·성격이 도시에 적응하는 양상으로 변모하는 것을 도시화로 표현한다.

(4) 人口學的 立場

인구학적 입장(demographic aspect)에서 본 도시화란 도시의 인구나 밀도의 변화에 초점을 두고, 특히 도시인구의 증가를 도시화로 파악하고 있다. 이는 일정한 도시지역내의 인구증가와 인구지역의 확대라는 현상으로 나타

34) 李圭煥, 전게서, pp. 107~109.

나는데, 이는 근본적으로 도시지역 그 자체의 집적이익에 의하여 인구를 끌어당기는 흡인요인(pulling factor)과 도시가 갖고 있는 집적이익을 갖고 있지 않는 지역에 의해 인구를 밀어내는 압출요인(pushing factor) 등 두 가지 원인에 기인하여 작용한다.

우리가 일반적으로 도시화율 몇 %라고 얘기할 때의 도시화는 인구학적 입장에서 본 것이다.

(5) 産業構造的 立場

산업구조적 입장(industrial structural aspect)에서 본 도시화란 경제학적 관점에서 농촌의 1차산업인 농림어업에서 도시적 산업인 2·3차산업으로 농촌산업구조가 변화하는 것을 의미한다.「로스토우」(W. Rostow)의 이른바 산업발전단계론에서 산업화이전단계(전통사회)에서 과도기단계(도약의 단계) 및 탈공업화 단계(성숙단계)에 이르는 산업구조변화를 도시화로 파악하고 있는 것이다.

(6) 空間構造的 立場

공간구조적 입장(spatial structural aspect)에서 본 대도시화란 도시의 공간과 기능 및 영역이 중심도시에서부터 확산(diffusion)되는 현상을 의미한다.

이러한 확산의 유형도 다양한 것으로서 첫째, 팽창확산(expansion diffusion)과 이전확산(relocation diffusion), 둘째, 전역확산(contagious diffusion)과 계층확산(hierachical diffusion)으로 구분할 수 있다.

여기서 팽창확산은 새로운 지식이나 도시문화를 습득한 사람이나 기능이 도시주변지역으로 전달되는 형태인데 비하여 이전확산은 도시의 기능 및 영역이 최초의 발생지역에서 다른 장소로 옮겨가는 형태를 말한다. 또한, 전염확산은 전염병이 옮겨가는 모습으로 특정지역중심으로 도시의 기능 및 영역이 옮겨가는 모습의 확산이며, 계층확산은 도시계층이나 사회계층을 따라 도시의 우성적 기능이 확대되어 나가는 것이다.

이상에서 고찰된 도시화의 제측면에서 한가지 공통된 점을 찾는다면 도시화란 무엇으로의 변화를 전제로 하고 있으며, 그 변화의 주역은 인간 즉, 인구를 바탕으로 하는 도시화현상은 어느 한 시점을 중심으로 한 정적(static)인 현상으로서가 아니고 급속히 변화하는 동적(dynamic)인 현상인 것이며, 「스터케스틱」(stochastic)한 상황에 적응해 나가는 과정을 말한다. 이에 오늘날 도시화는 사회·문화·경제발전의 원동력으로 역할과 기능을 하는 것이다.

Ⅱ. 都市化의 要因

1. 都市化의 直接的 要因

도시화의 원인이 무엇인가에 관하여는 여러 가지 측면에서 고찰할 수 있겠으나 크게 세 가지로 생각할 수 있다. 즉, ① 농촌이 발전해서 도시가 되는 경우 ② 도시인구의 자연증가가 농촌보다 높은 경우 ③ 농촌인구가 도시로 이주해 오는 경우 등이 그것이다.[35] 물론 이 외에도 국제이민이 도시에 정착하는 경우와 도시행정구역의 개편으로 인접 농촌지역이 도시행정구역으로 편입되는 경우가 있을 수 있겠으나 그 수가 미미하여 이는 논외로 한다.

따라서 도시화가 진행되는 이 세 가지 원인 가운데 가장 중요한 것은 세 번째의 경우인 농촌인구의 도시유입에 의한 도시인구의 증가, 즉 도시인구의 사회적 증가라고 할 수 있다. 이와 같은 현상의 저변을 형성하고 있는 주원인은 산업화의 결과 도시 내의 제조업이나 상업·「서비스」업 등의 생산성증대로 농업생산에 비해 임금이 높고, 노동력의 수요가 증대하는 한편, 농촌의 경우에는 이와 반대로 농업기술이 발달함에 따라 노동력의 수요가 감소하기 때문이다.

이러한 도시화의 원인은 보다 직접적으로는 도시로 끌어들이는 요인(pulling factors)의 상호작용이 농촌인구를 도시에로 유입시키고 있고, 간접적으로는 농촌에서 밀어내는 요인(pushing factors)의 상호작용이 농촌인구를 도시로 유출시키고 있는 것이다.

도시화의 직접적 요인을 우리는 「도시의 흡인력」이라고도 표현할 수 있는 것으로서 일반적으로 산업입지(industrial location)가 주로 도시지역을 선호하게 되고, 따라서 도시산업발달과 경제활동 및 정치·사회·문화활동의 도시집중으로 더욱 도시기능은 확대되고 있다.

---

35) 상게서, pp. 109~110.

특히, 산업화는 인구의 도시집중현상을 필연적으로 수반했기 때문에 도시화를 더욱 가속화시켰던 것이다. 그러면 산업이 도시에 집중하는 요인은 무엇일까? 그것은 도시의 「집적이익」에 기인한다고 할 수 있다.

(1) 規模의 經濟(economics of scale)

규모의 경제란 대규모 생산의 이익을 말하고, 기업의 생산 혹은 시설규모가 확대되어 생산량이 증가되면 될수록 생산물의 단위당 비용을 절감시킬 수 있기 때문에 얻을 수 있는 이익을 의미한다.[36] 규모경제가 도시화에 영향을 미친다는 논리는 생산시설이 클수록 그리고 고용량이 많을수록 인구의 규모가 커지기 때문이다. 특히, 제조업은 상대적으로 규모의 경제가 크기 때문에 그 입지는 상대적으로 큰 인구의 집중, 즉 도시화를 가져 오는 중요한 요인이 된다.

일반경제학에 의하면 모든 투입이 일정한 비율로 증가할 때 생산이 이보다 큰 비율로 증가하면 기업의 생산함수는 규모경제를 실현시킨다고 한다. 즉. 생산요소의 가격이 일정불변이라고 가정할 때 생산규모가 증가함에 따라서 단위당 비용이 감소한다는 것은 결국 생산량이 요소의 투입량보다 더 빨리 증가한다는 것을 의미한다. 그렇다면 규모의 경제는 무엇에 연유하는 것인가? 이는 분업(division of labor)에 의한 생산요소의 전문화(specialization)와 대량생산의 결과로 생산요소의 대체가 가능한 데서 그 근거를 찾을 수 있겠다.[37]

제조업부문의 규모의 경제와 마찬가지로 공공부문에도 규모의 경제가 성립한다. 예를 들면, 시민들이 공동으로 이용하는 도로, 철도, 전화 등 교통·통신시설이나 상·하수도, 전력, 가스, 공동구 등 공급처리시설 또는 교육이나 위생, 의료시설 등 일반적인 사회간접자본이라고 불리는 각종 공공시설이나 공공재(public goods) 역시 대체로 규모의 경제를 나타내기 때문에 산업이나 인구의 집중으로 그 시설이용자가 늘어나면 보다 저렴한 비용으로 이용할 수 있다.

36) Walter Isard, *Location and Space Economy*(MIT Press, 1956), pp. 263~268; Edwin S. Mills, *Urban Economics*(Glenview, Illinois: Scott, Foresman and Company, 1972), pp. 13~16.

37) 趙 淳, 「經濟學原論」(서울: 法文社, 1995), pp. 316~317.

(2) 集積의 經濟(agglomeration economics)

집적경제란 특정한 지역에 기업이 집중함으로써 생기는 이익을 말하는데 이는 다음의 근거에 연유하는 것으로 보고 있다.[38)]

첫째, 다수의 법칙(law of large numbers)을 적용받게 된다는 점이다. 즉, 보다 많은 기업이나 산업의 판매 및 원료구입 등의 규모가 클수록 상황변동의 영향을 보다 적게 받으며, 따라서 도시규모가 크면 클수록 보다 취업기회가 많으며, 유효수요가 더 많아서 보다 원활한 생산계획에 의해 기업을 운영할 수 있게 된다.

둘째, 노동력의 공급과 생산에 있어서의 보완성(complementarity)을 갖는다는 점이다. 즉, 많은 활동과 인구가 집중된 도시에서는 여러 종류의 노동력을 지속적으로 공급할 여유가 있다. 또한, 생산과정에서의 보완성이 성립되어 만일 두 종류의 상품이 서로 떨어져서 생산하는 것보다 같은 장소에서 생산되는 것이 더 경제적이라면 두 상품의 소비자들은 서로 가까운 곳에 입지하려고 할 것이다.

셋째, 보다 많고 다양한 사람들로 구성된 도시는 새로운 「아이디어」, 제품, 생산과정이 창출될 뿐만 아니라 발전을 위한 쇄신창출이 가능하기 때문에 집적경제가 발생한다는 점이다.

(3) 比較優位性(comparative advantage)

지역에 따라 가용자원이 다양하게 부존되어 있기 때문에 어떤 일정한 상품의 생산에 비교우위성을 갖는 지역이 존재하게 된다.[39)] 토지는 경제활동에서 가장 중요한 자연자원이며, 그 질은 장소에 따라 매우 다르다. 도시에서는 비옥도가 그렇게 중요한 것이 아니지만 농촌지역에서는 토지의 비옥도와 더불어 灌漑, 整地, 기타 다른 형태의 개발사업 등이 경제활동에 영향을 미치는 중요한 요인들이다.

이외에도 기후조건, 거주조건, 교통조건 등이 비교적 좋은 곳에 기업이 집중하는 이유는 입지상의 비교우위성이 크게 작용하기 때문이다. 예를 들면 기후조건의 경우, 온도·습도 등은 온방비·냉방비 그리고 건축비에 크

---

38) Edwin. S. Mills, *Urban Economics*(Illinois: Scott Foresman and Company, 1972), pp. 16~17.

39) *Ibid.*, pp. 17~18.

게 영향을 미치며, 강수량은 관개비용·발전비용 등에 영향을 미치기도 하며, 강설은 교통혼잡을 가중시키며 나아가서는 청소비용을 증가시키기도 한다.

현실적으로 입지상의 비교우위성은 도시지역에서 보다 폭넓은 규모의 경제나 집적의 경비가 적용되므로 우위성을 갖게 되어 기업 및 인구의 집중화에 따른 도시화를 더욱 촉진하는 요인이 되고 있다.

2. 都市化의 間接的 要因

이는 「농촌의 압출력」이라고도 표현하는 것으로서 본질적으로는 농촌의 만성적인 빈곤, 불균형성장이론전략의 결과 나타나는 지역간의 격차 등에 기인하고 있다. 이는 대체로 도시의 흡인력이 농촌에 미친 반사작용으로 설명할 수 있다.[40)]

첫째, 농촌인구의 과다와 농촌의 상대적 빈곤성, 즉 도시와 농촌지역간의 발전불균형과 심한 소득격차는 보다 높은 수입을 위해 농촌을 떠나 도시로 향하는 농촌인구의 도시지향성을 자극하는 요인이 되었다.

둘째, 농업의 기계화와 과학화는 재래식 농경방식에 일대 변혁을 초래하였는 바, 인력의존농경에서 막대한 시간과 노동력의 잉여를 가능케 했고, 소단위 경작이 대단위 영농기계화로 전환될 수 있게 한 요인이 되었다. 이와 같은 현상은 필연적으로 많은 토착인력을 불필요하게 했고, 이들 잉여인력은 새로운 소득과 직장을 찾아 도시로 유입하지 않을 수 없게 된 것이다.

셋째, 농촌에서의 전통적인 가족주의의 쇠퇴와 직업의 단순성, 가치관의 변화에 따른 농촌사회·지방문화에 대한 매력 상실, 「매스컴」의 자극과 도시생활에의 동경 등은 농촌인구의 압출을 촉진하였고, 이러한 요인에 덧붙여 교육·통신의 발달은 농촌인구의 離農向都 경향을 더욱 부채질하게 되었던 것이다.

---

40) 李圭煥, 전게서, pp. 112~113; 韓垣澤, 「都市·地方行政論」(서울: 法文社, 1992), pp. 36~37.

Ⅲ. 都市化의 樣相과 段階

1. 都市化의 類型

도시화는 그 전개과정에 따라 집중적 도시화와 분산적 도시화, 연담적 도시화와 확산적 도시화 그리고 거대도시의 도시화와 지방도시의 도시화 등 몇 가지의 상이한 유형으로 분류되고 있다.[41)]

(1) 集中的 都市化와 分散的 都市化

도시화의 현상은 대도시를 중심으로 고찰할 때 도심부에의 집중화, 입체화와 교외에의 분산이 동시에 일어나게 마련이다. 이처럼 기존도시의 중심부를 핵으로 하여 관리중추기구가 집적됨으로써 나타나는 도시화형태, 즉 도심부의 입체적 도시화 또는 구심적 도시화를 집중적 도시화라고 한다. 반면에 도심부에 집중되어 있는 도시기능, 도시시설, 교통기관 등 중추기구가 압출작용에 의해 분산됨으로써 나타나는 도시화형태, 즉 평면적 도시화 또는 원심적 도시화를 분산적 도시화라 한다.

그런데 도시기능의 분산과정에는 단계가 있어 먼저 대공장 등 산업시설과 교육기관 등이 우선적으로 분산되고, 거주기능이 그 뒤를 따르며, 고도의 토지이용 기능으로 이행하는 것이 일반적인 경향이다.

(2) 連擔的 都市化와 擴散的 都市化

원심적 도시화 내지 분산적 도시화는 기존시가지가 접속하여 옆으로 연담되는 외연적 도시화가 연담적 도시화라고 한다면, 모도시의 교외지에 새로운 주변도시를 발전시켜 시가지가 확산되어가는 것을 확산적 도시화라 한다. 연담적 도시화는 교통체계의 발달에서 야기되는 현상이라 하겠으나, 확산적 도시화는 교외지역의 발전과 위성도시의 개발에서 야기되는 현상으로서 특히, 모도시의 인구압출에 의한 결과로서, 여기에는 교통의 발달뿐만 아니라 도시발전의 지리적 조건 등이 충족되어야 한다.

일반적으로 「메트로폴리스」(Metropolis)의 형성은 중심도시의 확산적 확

---

41) 李圭煥, 전게서, pp. 113~115; 韓垣澤, 전게서, pp. 37~38.

대를 그 강력한 요인으로 하는데 이러한 도시화가 일어나는 원인은 ① 모도시인구의 압출 ② 하천 등이 있어 주택지로서의 적지성 장애물이 되는 경우처럼 자연조건 ③ 교통기관의 발달 등에 크게 기인하고 있다. 이런 관점에서 볼 때 우리나라의 경우 고속교통기관의 정비가 미흡하므로 확산적 도시화보다는 연담적 도시화의 예가 더 많이 나타나고 있다.

(3) 巨大都市의 都市化와 地方都市의 都市化

거대도시의 도시화(metropolitanization)는 기존 대도시 시가지의 광역화와 대도시권역의 확대에 의하여 대도시와 주변도시간을 1일 생활권으로 연결하여 도심과 부도심간에 인구와 도시기능을 적절히 분산함으로써 다원화가 이루어지는 도시화 형태이다. 한편, 지방도시의 도시화는 인구나 지역규모의 제한에 따라 도심・부도심의 구별이 없고, 지역적 기능분산이 나타나지 않는 국지적 도시화이다.

특히, 거대도시의 도시화는 기존도시의 과밀화에 따라 대도시 주변에는 공업지역・주거지역 등이 형성되어 교외주택지나 교외공업지를 가지게 되고(suburbanization), 따라서 대도시권의 확장과 더불어 도시의 기능의 일부를 분담하면서 모도시의 1일 생활권에 들어가는 주변지역의 위성도시를 흡수한다.

2. 都市化의 指標

도시화의 지표는 이를 이용하는 학문분야나 학자에 따라 달라질 수밖에 없으나 일반적으로 인구의 집중현상, 인구의 정착현상, 생활기능의 분화성, 생활기능의 이동성 및 도시민의 의식구조 등 다섯가지로 생각할 수 있다.[42]

(1) 人口의 集中現象

인구학이나 생태학적인 입장에서 이용하는 지표로서 도시인구의 변화에 관심의 초점을 두는 것이다. 우리가 흔히 쓰고 있는 도시화율이란 전체인구 가운데 도시인구가 차지하는 비율을 의미하는데, 이는 주로 인구의 변화를 도시화의 지표로 보는 경우이다. 이처럼 도시인구의 절대수의 변화뿐만 아니라 인구밀도의 증대나 산업별 취업구조의 변화, 도시시설이용인구인 주간

42) 李圭煥, 전게서, pp. 114~116; 盧隆熙 外, 전게서, pp. 45~46.

활동인구와 상주인구인 야간인구의 격차변화 등도 도시화의 지표로 이용된다.

(2) 人口의 定着現象

지리학이나 건축학·토목학적인 입장에서 이용하는 지표로서 이는 도시인구가 일정한 공간에 정착한다는 점을 고찰하여 인간의 정착형태와 토지의 이용면을 지표로 이용한다.

도시란 집중된 인구가 시간을 두고 일정한 공간에 계속해서 정착할 때 비로소 형성된다. 그리고 인간의 정착은 주거나 건물의 존재로 표현된다. 따라서 이와 같은 구조물의 변화도 도시화의 지표가 될 수 있다. 이 밖에 농지전용현상이나 겸업농가율의 증가 등 토지이용 형태의 변화도 지표가 된다.

(3) 生活機能의 分化性

경제학이나 도시정치학 및 행정학적인 입장에서 이용하는 지표로서 이것은 도시에 여러 가지 기능이 집중·집적되어 있는 것으로 보고 정치·행정·경제 등의 집적도를 통해 도시화의 지표로 삼는다.

도시의 도심부에 정치·행정·경제 등의 중추관리적 기능이 집적된 곳을 중심업무지역(central business district; CBD)라 하는데 이러한 CBD의 형성이나 그 기능의 변화를 도시화의 지표로 삼을 수 있다. 도시가 갖는 생활기능의 공간적 분화성은 직·주분리 현상을 가져오고, 또한 용도지역제에 있어서 토지이용도 동질적인 것끼리 모이고 이질적인 것은 분리되게 되어 있다. 그러한 생활기능의 분화도 도시화의 지표가 된다.

(4) 生活機能의 移動性

교통학이나 경제학적인 입장에서 이용하는 지표로 이것은 도시의 집적된 인구가 이동되는 점을 고려하여 도시교통의 형태를 도시화의 지표로 삼는다.

도시에 있어서 생활기능의 공간적 분화성은 필연적으로 도시인구의 이동을 가져온다. 이 이동은 통학이나 통근과 같은 규칙적 이동과 상품구입이나 친지 방문 또는 위락시설이용과 같은 수시이동으로 구분할 수 있고, 사람의 이동과 화물의 이동 등으로 구분할 수 있다. 이와 같은 교통량의 변화도 도시화의 지표로 활용될 수 있다.

(5) 都市民의 意識構造

사회학이나 심리학적인 입장에서 이용되는 지표로 농촌과 도시를 의식 면에서 비교하는 방법을 통해 도시화의 지표로 사용하고 있다.

도시민과 농촌지역주민의 의식구조를 비교해 보면 전통주의에 대한 합리주의, 집단주의에 대한 개인주의, 권위주의에 대한 평등주의, 卽人主義에 대한 卽物主義 등의 특성이 도시민들에게 있어서 강하게 나타난다. 이러한 의식구조의 비교를 통해 도시화의 지표로 쓸 수 있다.

3. 都市化의 段階

도시화가 어떠한 과정을 거쳐 진행되느냐 하는 문제는 도시화에 대한 제 입장과 관련되는 학자나 학문분야에 따라 이론이 없지 않으나, 일반적으로 구미제국에서는 도시화(urbanization), 교외화(suburbanization), 역도시화(deurbanization)의 3단계로 나누어 파악하고 있다. 특히, 「클라센」(Leo Klaassen)을 중심으로 한 이 단계론은 대도시에는 중심도시의 인구감소가 교외에서의 인구증가 보다 더 높게 나타나 대도시권 전체로 보아 인구감소 현상이 나타나고, 때로는 교외에서도 인구가 감소되기 시작하는 이른바 도시의 쇠퇴가 문제로 되는 상황이 역도시화인 바, 최근 구미 선진국에서는 이와 같은 도시화의 단계가 진행되고 있음을 볼 수 있다.[43)][44)]

(1) 集中的 都市化

이는 좁은 의미의 도시화라고도 할 수 있는 것으로서 산업발달에 의해 급성장한 도시가 급격한 인구집중으로 인해 각종 도시문제를 파생시키는 것을 의미한다.

---

43) Norbert Vanhove and Leo H. Klaasssen, *Regional Policy; A European Approach* (Westmead, England: Saxon House, 1980), pp. 180~189; 盧隆熙, 전게서, pp. 50~52 참조.

44) 「톰슨」(W.R. Thompson)은 미국을 대상으로 조사한 한 연구에서 중심도시를 제외한 대도시권 내에서 도시화된 지역보다는 都市化되지 않은 지역(rural parts)의 인구가 더 빨리 증가했다는 점을 지적하면서, 광역도시는 중심도시 이외의 지역에 의존하는 경향이 증가하였고, 특히 중심도시 주변지역에 드문드문 분산되어 있는 도시화된 지역을 중심으로 계속해서 도시화가 진행될 것이라고 전망하고 있다. Wilbur R. Thompson, *A Preface to Urban Economics*(Baltimore: The Johns Hopkins Press, 1965.)

〈표 Ⅰ-4-3〉 도시화의 단계

유형	단 계	인구변화의 특징			비 고
		도심부	주변부	전체 도시권	
1	절대적 도시화	+	−	+	집중적 도시화
2	상대적 도시화	++	+	++	
3	상대적 분산화	+	++	+	분산적 도시화(교외화)
4	절대적 분산화	−	+	+	
5	절대적 분산화	−	+	−	역도시화
6	상대적 분산화	−−	−	−	

주; +는 인구증가, ++는 급격한 인구증가
−는 인구감소, −−는 급격한 인구감소
Source; Norber Vanhove and Leo H, Klaassen, *Regional Policy*(Saxon House, 1980). p. 180.

근대의 도시화는 산업혁명의 결과 공장이 입지하는 지역에 인구가 유입되고, 그곳에 도시가 형성되면서 시작되었다. 그러나 교통수단이 발달되었다고는 하나 그 정도가 불충분함에 따라 비교적 좁은 지역에 인구가 집중하여 주택난·급수난·공해 및 위생 등 기초적 주거환경의 불량 뿐만 아니라 도시기반시설이 불충분한 상태의 도시화를 의미한다. 이것이 최초의 도시화라고 한다.

그러나 개발도상국의 경우 구미제국과는 달리 도시화가 산업혁명과 더불어 시작된 것이 아니라서 농촌인구의 도시유입은 도시의 공업화와 전혀 무관한 농촌경제의 파탄이나 농촌사회의 불안과 같은 요인으로 밀려 난 농촌인구가 도시에 몰려든 결과로 도시화가 진행된다는 이른바 假都市化(pseudo-urbanization)현상을 보여 주고 있다. 가도시화란 도시의 공업화와 무관하게 도시화가 진행되기 때문에 도시의 실업문제를 비롯하여 각종 사회·경제적 도시문제를 야기시키고 있다.

(2) 分散的 都市化

이는 교외화(suburbanization)를 의미하는 것으로, 도시집중이 계속됨에 따라 비좁은 시가지에 집중하는 인구나 산업을 수용할 수 없게 되고, 도시의 주변부에 인구와 산업이 넘쳐 흐르게 되어 결국 경제활동의 분산화과정이 시작되는 상태를 분산적 도시화라 말한다. 즉, 도시의 외연적 확대를 뜻한다. 이처럼 도시의 외연적 확대 내지 경제활동의 분산을 가능하게 한 것은 도시교통기관의 발달이다. 특히, 전철과 고속버스가 대표적 예라고 할 수 있는 것이다.

이러한 도시분산의 결과 종래의 중심도시와 새로이 도시화된 교외의 양자는 이른바 사회적·경제적 일체성(social-economic integration)을 갖게 되어 대도시권(metropolitan area 혹은 urbanized region)을 형성하게 되는 것이다. 개인소득수준의 향상과 이에 따른 중산층의 증대 및 경제력의 향상은 토지나 주택에 있어서 보다 넓고 보다 좋은 것을 찾게 되고, 이것이 결국 교외에 대한 주택입지를 촉진하는 효과를 가져 왔다.

이러한 과정에 촉진제 역할을 한 것이 교통조건의 변화인데, 특히 자동차의 폭넓은 보급과 이에 따른 도로망의 확충은 교외로부터 도심부에 이르는 통근비용을 저하시켰다. 따라서 직·주분리가 촉진되면서 주택의 교외입지와 더불어 교외화라는 분산적 도시화를 가져 온 것이다.

이러한 교통수단의 발달 외에 도시의 교외화를 촉진시킨 또 하나의 요인은 도시환경의 악화라고 할 수 있다. 즉, 대형건물의 출현은 일조권의 침해를 초래하고, 자동차의 보급과 공업화는 대기오염·수질오염·소음 등 공해문제를 가져왔고, 도심부일수록 지가가 높아 재산세의 부담이 커지는 등 결국 도시주민으로 하여금 교외로 빠져 나가게 하는 요인으로 작용하게 된 것이다. 주민이 감소되면 될수록 도시환경은 더욱 악화되어 도심부의 공동화현상을 촉진하게 되었다.

(3) 逆都市化

이는 도시의 쇠퇴라고도 할 수 있는 것으로, 인구의 분산화에 이어 고용 역시 분산화되고 중심부와 교외를 포함한 대도시권 전체의 인구가 감소하기 시작하는 단계에 이르게 되는 것이다. 이로써 도시화는 제3단계인 역도시화[45](deurbanization)현상을 띠게 된다.

도시화가 역도시화 단계에 이르면 도시문제도 그 성격이 달라지게 된다. 과밀현상보다도 오히려 쇠퇴현상이 뚜렷하게 된다. 인구감소현상은 인구의 노령화현상을 진행시키게 마련이며, 학교와 같은 공공공익시설까지도 유휴화현상이 일어나며, 때로는 저소득층이 유입해 들어와 「슬럼」(slum)가를 형

45) 「클라센」(Leo H. Klaassen)은 역도시화 현상을 「deurbanization」이란 용어로 쓰고 있다. Norbert Vanhove and Leo H. Klaassen, *op, cit.*, p. 187.

성하게 되는 것이다.

이처럼 중심부의 「슬럼」가 형성뿐만 아니라 주변부의 노후지역(blighted area)과 불법·무허가입주지역(squatter area) 등 불량주거지역이 발생하며, 실업율이 높아지고, 범죄발생율이 높아져서 도시의 쇠퇴와 황폐가 시작된다. 물론 중앙정부 및 도시정부는 이에 대해 도시재개발(urban renewal)을 통해 도시환경을 개선·정비하도록 노력하고 있으나 이러한 도시재개발사업만으로는 도시의 쇠퇴를 막을 수 없다. 구미제국의 많은 대도시에서 이와 같은 역도시화 현상에 대한 대책으로 인구나 고용의 도시재집중책을 도시정책의 주요과제로 삼고 있는 것도 이와 같은 사정에서 연유하는 것이다.

제 4 장 都市化와 都市問題

제 1 절 韓國 都市化의 趨勢

Ⅰ. 近代都市의 嚆矢

우리나라 도시의 형성은 군사상의 거점 또는 군대의 주둔지와 행정상의 요지 그리고 시장의 중심지 등의 성격을 띠고 고대부터 형성되었다고 할 수 있다. 전제군주국가체제하에서 주로 농업사회를 기반으로, 또한 조선 500년 동안 유교적 가치관에 따른 士農工商的 신분제도에 의해 상공업은 어용화되고 멸시되어 온 결과 주민의 대부분은 농민이었다는 점에서 보편적인 도시 개념으로서 「도시」라고 부르기 어렵다고 보겠다.

특히, 고대도시는 통치권력자가 그 종속자를 거느리고 요새지에서 무력을 배경으로 하던 전근대적 정치기능의 행정중심지로서 시민과 대립되는 존재였고, 따라서 정치력의 흥망성쇠와 함께 기복이 많았다고 본다.

朝鮮初期에는 서울이외에도 관찰사, 수령들이 상주하고 있는 행정중심지나 군사 및 교통중심지인 충주, 공주, 전주, 대구, 원주, 해주, 함흥, 영흥, 평양 등의 지방도시가 형성, 발전되었지만 소비적 관아도시였을 뿐만 아니라, 시민다운 시민도, 시민경제나 시민문화가 발달할 여지없이 오직 도시행정관청의 소재지로 전근대적 도시(pre-industrial city)로서 침체성을 면치 못하였다.

이리하여 우리나라 근대도시 형성의 역사적 효시를 논할 때에는 조선의 개항과 더불어 갑오경장 이후부터라고 하겠다.

1876년 개항 이후 일본의 정치세력이 우리나라에 침투하기 시작하자 이에 수반하여 일본이 방직공업, 「시멘트」공업, 화학공업 등 여러 근대산업에 본격적으로 투자하고, 지하자원의 개발과 지역적 개발사업에 관심을 가졌는 바, 이는 조선의 산업 및 지역개발에 목적을 둔 것이 아니라 과실의 착취와 대륙침략의 근간이 되는 사회간접자본의 확충이었다. 산업입지지역과 사회간접자본의 배치지에 도시가 신설되고 근대적 의미의 도시가 형성되었다.

일제강점하의 주요도시는 朝鮮의 수도 서울을 위시하여 대구, 평양, 전주, 함흥과 주로 일정의 영향하에 형성·발달된 부산, 인천, 원산, 신의주, 대전, 마산, 진해, 군산, 목포, 해주, 진남포, 청진, 나진 등이 있었다. 특히, 강화조약의 결과로 1877년 1월에 부산이, 1879년 8월에 원산이, 1883년 9월에 인천이 각각 개항되고, 日本專管 居留地와 淸國專管租界가 설치되었다. 1897년 10월에 목포와 진남포가 개항되고 1898년 5월에 마산, 성진, 군산이 개항되어 각각 공동조계가 설치되었다. 그 뒤 1904년 3월에 용암포가, 1906년 8월에 진해, 1908년 4월에는 청진이, 1910년 8월에는 신의주가 각각 개항되었다.[1] 이리하여 쇄국정책을 써 오던 지난 세월동안 주로 내륙에 성장되어 온 도시들과는 달리 외국인들의 거주와 활동을 통한 임해도시가 발달하게 되었다.

우리나라 근대도시의 형성·발달과정을 보면 대충 크게 3가지 유형이 있었다. ① 서울, 대구, 평양, 전주 등과 같이 행정중심지로서 관찰사·수령들이 상주한 관청의 소재지라는 유서 깊은 역사적인 배경하에서 조선인의 시가지를 존속하면서 별도로 일본인의 전관거류지에 신시가지가 생겨나고, 그리하여 그들의 관서, 상가, 편익시설이 설치·발달함으로써 마침내는 주객이 바뀌는 식으로 日人의 시가지가 우위에 서게 되는 도시유형과 ② 개항, 군항, 어항, 해관 등 단일 또는 복합적인 기능을 갖고, 日人이 중심으로 시가지를 설치·발달하는 임해지대의 도시유형과 ③ 신설하는 철도노선의 요충지에 설치하는 일인의 신시가지와 그 영향으로 인하여 쇠퇴해 가는 조선인의 구시가지 등의 도시유형이 그것이다.

日政植民地化 과정에서 우리나라 도시형성은 바로 「식민지 도시화」의 양상을 파악할 수 있는데, 이것은 대체로 다음과 같은 방향으로 이루어졌다고 본다.

---

1) 孫禎睦, "우리나라 海岸都市形成과 發展過程," 「韓國都市開發論」(서울: 一志社, 1981), p. 358.

첫째는, 식민지 경영의 행정중심지로서의 도시화가 진행된 경우이다. 일제하의 도청소재지를 비롯한 많은 도시가 그러하다. 그러나 이 경우 대체로 종래 조선사회의 역사적 발전과정에서 이미 성장하고 있었던 도시를 그 기반으로 하고 있었던 것이다.

둘째, 일본이 조선을 상품판매시장화함에 따라 소비시장의 거점으로서의 도시화가 진행된 경우이다. 이 경우 그들은 조선의 원 토착상공업자를 몰락시키고, 그 위에서 식민지시장을 구축해 나갔던 것이다.

이러한 첫째 경우와 둘째 경우는 모두 우리 사회의 역사적 발전과정에서 이미 도시가 진행되고 있는 지역을 이용했다는 점에서 특징이 있는 것이다.

셋째로는, 조선을 수탈의 대상으로서 원료공급지화 과정에서 원료, 식량 등을 일본으로 수송해 가는 데 필요한 교통상의 요지에 도시화가 이루어졌던 것이다. 부산과 목포 같은 도시는 대체로 그러한 요구에서 개발되었던 것이다.

넷째로는, 軍國政權과 결탁하여 조선에 대륙침략의 병참산업기지를 건설함에 따라 이루어진 산업도시가 있다. 이 경우에는 주로 조선의 지하자원의 매장지구를 거점으로 하였으며, 함흥, 삼척 같은 도시가 그러한 요구에서 개발된 도시라 하겠다.

우리는 여기서 한국의 근대적 도시는 일제에 의해서 건설된 것이기는 하지만 그 대부분은 이미 조선사회의 역사적 발전에 의하여 종래의 도시적 기반 위에서 이룩된 것이라 하겠다.

이 시대의 도시설치과정을 살펴보면 1910년 8월 한일합방 당시의 도시행정구역으로서 도시로 지칭되는 府가 전국에 12개가 있었다. 이 12개 부 가운데 9개가 일본인들에 의하여 건설되었고, 당시까지 유력한 지방도시였던 안성, 강화, 공주, 홍성, 담양, 영광, 서흥, 영변 등의 도읍은 부에서 제외되면서 침체상태로 빠지게 되었다.

이리하여 1931년 4월 1일에 한국의 도시 수는 부가 14개, 읍이 41개로서 다음과 같다.

(1) 14府

경성, 인천, 개성, 군산, 목포, 대구, 부산, 마산, 평양, 진남포, 신의주, 원산, 함흥, 청진.

(2) 41邑

수원, 영등포, 청주, 충주, 공주, 대전, 강원, 조치원, 천안, 전주, 익산, 정읍, 광주, 여수, 제주, 금천, 포항, 경주, 안동, 상주, 진주, 진해, 통영, 밀양, 동래, 해주, 사리원, 겸이포, 안주, 의주, 완주, 선천, 강계, 춘천, 강릉, 철원, 북청, 나남, 회녕, 웅기.

그 후 1940년도에 와서는 대륙침략의 시작과 더불어 서울, 대구, 대전 등 내륙도시가 대폭 팽창되고, 대륙침략을 위하여 북부공업도시가 발달하여 청진, 성진, 송림, 평양 등 도시가 발달하였으며, 이에 앞서 원료와 식량의 반출항이거나 일인의 개항도시를 중심으로 도시화가 이루어졌기에 목포, 군산 등이 뚜렷한 발전을 보였다.

Ⅱ. 都市化의 變遷

해방 당시 府라는 명칭을 가진 市는 남북한 모두 21개였고, 이 가운데 남한에 12개가 있었다. 1946년에 2개, 1947년에 1개, 1949년에는 5개의 읍이 시로 승격됨으로써 모두 20개 시가 되었다.

1949년 지방자치법이 제정, 시행됨에 따라 서울시는 서울특별시로, 부는 시로 개편되었으며, 행정구역은 종전 그대로 승계되었다. 1949년 도시인구는 총 350만 명으로 16%의 도시화율을 보였으며, 읍까지 합하면 26%에 이르렀다.

그 후 6·25동란으로 인하여 극심한 국내인구이동이 있었는데, 주로 도시에 집중되었고 당시 임시수도였던 부산을 비롯하여 대전, 대구, 광주, 이리, 제천, 경주, 강릉, 충무 등의 인구는 배증하였다. 6·25 동란에 의한 휴전선의 변경으로 개성시를 상실하여 1954년에는 19개 시가 되었고, 1955년에 6개, 1956년에 2개가 읍에서 시로 승격되어 모두 27개 시로 늘었다. 다시 1963년에는 부산시가 정부직할시로 되고, 4개 시가 승격되어 1특별시, 1직할시, 30시로 되고, 읍이 91개로 늘어났다. 이어 1973년에 3개, 1978년 1개, 1980년에 4개의 읍이 시로 새로 승격되었다.

1981년에는 대구시와 인천시가 정부직할시로 되고, 10개시가 승격되었으며, 1986년에는 광주시가 정부직할시로, 12개 읍이 시로 새로 승격되고, 1989년에 와서는 대전시가 정부직할시로 그리고 12개 시가 새로 승격되어 모두 1특별시, 5직할시, 67시에 이르게 되었던 것이다.

1992년에는 고양, 1995년에는 직할시를 광역시로 개칭하였으며 양산읍이 시로 승격되었고 행정구역 개편에 따라 도시명이 개칭되었다. 그리고 1996년에는 용인, 파주, 이천, 논산의 4개 읍이 시로 승격되어 모두 1특별시, 5광역시, 72개 시에 이르게 되었다. 또한 1997년에는 울산시가 광역시로 승격되고, 2010년에는 마산시, 진해시가 창원시에 통합되어 모두 1 특별시, 6 광역시 등 모두 85개 시에 이르게 되었다(<표 Ⅰ-4-1 참조>).

〈표 Ⅰ-4-1〉 연도별 시승격 연혁

연도	승 격 시 명	승격 시수	누계 시수
1945	서울, 인천, 개성, 대전, 전주, 군산, 광주, 목포, 대구, 부산, 마산, 진주	12	12
1946	춘천, 청주	2	14
1947	이리(익산)	1	15
1949	수원, 여수, 순천, 포항, 김천	5	20
1954	개성(소실)		19
1955	원주, 강릉, 경주, 진해, 충무(통영), 제주	6	25
1956	충주, 삼천포(사천)	2	27
1962	울산	1	28
1963	의정부, 속초, 천안, 안동	4	32
1973	안양, 성남, 부천	3	35
1978	구미	1	36
1980	동해, 제천, 영주, 창원	4	40
1981	광명, 동두천, 태백, 금성(나주), 영천, 김해, 서귀포, 남원, 정읍	9	49
1986	구리, 평택, 과천, 안산, 삼척, 공주, 온양(아산), 대천(보령), 여천, 상주, 점촌(문경), 송정(*)	11	60
1989	오산, 의왕, 군포, 시흥, 미금(남양주), 하남, 서산, 김제, 동광양(광양), 경산, 밀양, 장승포(거제)	12	72
1992	고양	1	73
1995	양산, 송탄시는 평택시에 통합	1	74
1996	용인, 파주, 이천, 논산	4	78
1998	안성, 김포, 여천시는 여수시에 통합	1	79
2001	화성, 광주(경기)	2	81
2003	계룡, 양주, 포천	3	84
2010	마산시와 진해시는 창원시에 통합	-2	82
2012	당진, 연기군·공주시 일부·청원군 일부가 세종특별자치시로 출범	2	84
2013	여주	1	85

출처: 안전행정부, 「지방자치단체 행정구역 및 인구 현황(2014.1.1.)」.

〈표 Ⅰ-4-2〉 도시화율의 증가추이

구분 \ 연도	1960	1965	1970	1975	1980	1986	1995	2000	2010	2014
도시수	27	32	32	35	40	61	74	81	82	85
시인구(천 명)	6,997	9,267	12,792	16.792	21,441	30,936	39,344	42,702	45,471	46,623
전국인구(천 명)	24,994	28,705	31.469	34,707	37,449	41,161	45,982	47,977	50,515	51,141
도시화율(%)	28.0	32.3	41.2	48.4	57.3	75.2	85.5	89.0	90.0	90.2

자료: 안전행정부, 「지방자치단체 행정구역 및 인구 현황(2014.1.1.)」.

따라서 시대별로 시승격의 수를 보면 40년대에 8시, 50년대에 8시, 60년대에 5시, 70년대의 4시, 80년대에 37시, 90년대에 8시로서 1980년대의 시승격이 현저히 많았음을 알 수 있다.

도시화율의 증가추이를 살펴보면 1955년에 24.5%이던 것이 1965년에는 32.3%, 1975년에는 48.4%, 1980년에는 57.3%, 1986년 75.2%, 1992년 83.7%, 2000년 89.0%, 2010년에는 90.0%로 늘어나는 경향을 나타내고 있다(〈표 Ⅰ-4-2〉 참조).

이러한 도시화율은 장래 적어도 90%선으로 수렴되어 안정화되면서 그 증가율은 점차 둔화되어 갈 것으로 전망된다.

Ⅲ. 서울의 宗主性

도시화란 도시지역으로 인구가 집중되는 과정에서 주로 농촌인구의 도시유입으로 이루어지지만 도시간의 인구이동도 중요한 의미를 갖는다. 대체로 농촌에서 대도시로 직접 유입하는 경우도 있으나 중소도시로 이주했다가 대도시로 이주하는 경우도 많기 때문이다.

도시란 원래 영향권을 갖고 있는데 그 영향권의 범위는 도시의 규모에 거의 비례한다. 이와 같이 도시의 규모에 따라 주변지역에 미치는 영향을 中心性(centrality)이라고 한다. 그리고 중심성에 따라 도시규모의 공간적 계층구조(spatial hierarchy)가 형성되는데 이에는 「順位規模의 法則」(rank size rule)이 작용하는 것으로 믿어 왔다. 즉, 거대도시, 대도시, 중도시, 소도시, 농촌중심지 등 도시규모에 따른 도시의 정상분포를 이루고 있어서 한 나라의 최대도시인 종주도시의 인구규모가 1인 경우, 2위 도시의 인구규모는 2

분의 1, 3위 도시는 3분의 1, 따라서 n번째 계층의 도시규모는 n분의 1로 되어 있다고 생각했다. 그러나 개발도상국의 도시화의 물결은 이와 같은 법칙을 비현실적인 것으로 만들고 과대한 종주도시를 출현케 하였다.

특히, 서울시의 인구가 1,000만이 넘으면서 도시인구의 34.5%, 전국인구의 23.8%나 차지하고 있어 인구분포의 불균형을 가져 온 주 요인이 되고 있다. 이는 순위별 도시인구분포곡선에서 실제인구와 「지프」(G. K. Zipf)의 곡선인구[2)]의 차이가 심하고 실제인구가 월등히 적다는 사실에서도 알 수 있다.

이처럼 도시인구의 대부분이 그 나라의 최대도시에 집중되어 있는 경우 이 대도시를 宗主都市(primate city)라 하고 이 宗主性(primacy)을 측정하는 방법에는 두 가지가 있다. 그 하나는 최대도시집중도이고, 또 하나는 종주화지수(primacy index)이다. 전자는 그 나라 전체도시인구에서 종주도시가 차지하는 비율을 말하고, 후자는 순위규모법칙에 따라 그 나라 종주도시인구가 그 다음의 하위 3대 도시인구의 합계에서 점하는 비율을 뜻한다.

이러한 의미에서 서울의 종주성을 보면 다음과 같다. 1960년 서울시 인구는 전국인구의 9.8%, 도시인구의 34.9%인 245만이었다. 1970년에 와서 서울시 인구는 전국인구의 17.6%, 도시인구의 41.9%에 이르는 543만으로 성장하였다. 이것이 1980년과 1990년에 와서는 전국인구의 22.3%와 24.5%, 도시인구의 39.0%와 29.9%인 836만과 1,062만으로 각각 늘어나고 있다. 그러나 2014년에는 서울시 인구는 미미하나마 줄어들어 10,143만으로 전국인구의 19.8%로 그 비중이 줄어들었으며, 특히 도시인구의 21.8%로서 그 비중이 현저하게 줄어들었는데 이는 서울 이외의 지방도시가 상대적으로 크게 발전하였음을 의미하며, 따라서 서울의 과밀집중화가 완화되고 있음을 알 수 있다.

또한, 종주화지수는 1960년에 1.09이던 것이 1970년에는 1.53으로 가장 높았다가 1980년과 1990년에는 각각 1.43과 1.35로 완만하게 낮아지고 있으며, 2014년에는 1.14로 크게 낮아졌으나 아직도 정상적 종주화지수 0.92보다는 높음을 알 수 있다[3)](〈표 Ⅰ-4-3〉 참조).

---

2) 「지프」(G,K. Zipf)의 順位規模法則(rank-size rule)의 공식은 다음과 같으며, 이는 도시의 적정규모(optimum size of city)산출을 나타내는 것으로 이는 인구의 도시별 분포에 있어 이상적인 한 모형으로 이용되고 있다.

$Pi=Pm/n$, 여기서, Pi : i市의 이론적 인구규모
Pm: 종주도시인구규모
n : i市의 인구서열상 순위번호를 나타낸다

〈표 Ⅰ-4-3〉 서울의 종주성 지표

(단위: 千人, %)

구 분 \ 연 도	1960	1970	1980	1990	2000	2010	2014
전국인구(A)	24,994	31,649	37,449	43,390	47,977	50,515	51,141
시부인구(B)	6,997	12,955	21,441	35,558	44,702	45,471	46,623
서울인구(C)	2,445	5,443	8,367	10,628	10,373	10,312	10,143
부산인구(D)	1,164	1,842	3,160	3,798	3,812	3,567	3,527
도시화율(B/A)	28.0	41.2	57.3	81.9	89.0	90.0	91.1
전국인구밀도(인/km^2)	254	314	378	435	482	504.1	509.8
시부인구밀도(〃)	2,567	3,639	4,442	2,850	3,581	2,790	2,670
수위도[1)]	2.0	2.9	2.6	2.8	2.7	2.9	2.9
종주화지수[2)]	1.09	1.53	1.43	1.36	1.16	1.17	1.14
C/A(%)	9.8	17.6	22.3	24.5	21.6	20.4	19.8
C/B(%)	34.9	41.9	39.0	29.9	24.3	22.7	21.8

주 1): 수위도=(서울인구/부산인구).
2): 종주화지수=서울인구/(부산인구+대구인구+인천인구).
자료: 안전행정부, 「지방자치단체행정구역 및 인구현황(2014.1.1..)」.

제 2 절 韓國의 都市化와 空間構造變化

Ⅰ. 都市化의 변화

지난 40여년 동안 공업화의 추세와 더불어 우리나라의 도시화는 현저하게 진행되어 도시인구의 비중이 급격히 늘어 난 반면, 농촌인구는 절대수가 줄어들었다. 즉, 시급 도시인구가 1960년의 6,997천 명에서 70년의 12,955천

3) 「지프」에 의하면 「데이비스」(Kingsley Davis)의 이른바 종주화지수를 놓고 보면 정상적인 순위규모법칙(rank-size rule)에 따른 경우 0.92인데, 조화된 균형상태에 도달한 동질적 사회·경제체제에서 도시의 규모와 계층별 관계는 종주도시의 인구를 1로 할 때, 두 번째 도시의 인구는 1/2, 세 번째 도시의 인구는 1/3, 네 번째 도시의 인구는 1/4로 성립되는 순위규모분포가 바람직하다고 보며, 이때의 종주화지수는 1/(1/2+1/3+1/4)=0.92가 된다.

명을 거쳐 80년에는 21,441천 명 그리고 1995년 현재 39,344천 명에 이르러 35년 동안에 32,347천 명이 증가하여 5.6배가 신장한 반면, 농촌인구는 1960년의 17,997천 명에서 1970년 18,514천 명, 1980년 16,008천 명, 1995년에 와서는 6,638천 명으로 11,359천 명의 감소를 보이고 있다. 이와 같은 사실은 1960년의 도시화율 28%에서 70년에 41.2%, 80년 57.3% 그리고 1995년에는 85.5로 크게 증대시키고 있다.

그러나 이와 같은 도시화의 추세는 향후 그 속도는 점차 완화되어 2000년 이후에는 약 90%선에서 안정적으로 수렴될 것으로 예상된다.

오늘날 많은 선진국의 도시화율도 일정한계수준에 머물고, 도시화의 진행과 병행하여 농촌으로의 인구귀환("U"turn)현상이 발생, 도시화의 진행 정지나 역도시화 현상이 나타나고 있다.

Ⅱ. 都市化時代의 意味와 示唆

85개의 시를 갖게 된 우리나라는 본격적인 도시화시대를 맞게 되었으며, 이러한 도시화시대가 갖는 사회적 현상의 몇가지 중요한 의미를 보면 다음과 같다.[4)]

첫째는, 명실상부하게 도시화된 사회가 되었다는 점이다.

시부의 인구가 전국인구의 90%선에 이르렀고, 246개 자치단체 가운데 도시자치단체가 시 및 자치구를 합하여 151개, 61%를 차지하게 됨으로써 실제적으로나 제도적으로 도시사회의 면모를 갖추게 되었다. 크고 작은 도시가 국토의 곳곳에 입지하게 됨으로써 교통망의 확대와 더불어 국토공간구조는 물론 행정체계에 있어서도 그 모습을 달리하게 되었다.

둘째는, 도시 위주의 활동이 중심이 되었다는 사실이다.

전통적인 농촌사회로부터 현대적인 도시사회로 전환되었으며, 이는 국민의 일상생활과 활동이 주로 도시권 내부에서 이루어지고, 국가의 도시행정과 지역개발정책이 도시를 근간으로 수행될 수밖에 없게 되었다.

셋째는, 산업활동구조의 변화이다.

농촌에 기반을 둔 농업 또는 농업관련산업이 도시화의 확대에 따라 2·3차 산업위주의 도시적 산업으로 전이됨으로써 산업 및 취업구조가 「페티」의

4) 李圭煥, 「都市行政論」(서울: 녹원출판사, 1995), pp. 134~135.

법칙(Petty's Law)에 따라 선진국형으로 산업구조의 고도화를 나타내며,[5] 비농림어업중심의 활동체제로 변화하게 되었다.

넷째는, 시민의식을 형성한다는 의미를 찾을 수 있다.

85개 도시자치단체의 주민, 곧 전국인구의 90% 수준이 시에 살게 됨으로써 시민이라는 자격과 긍지를 갖게 되었다. 이러한 자격과 긍지는 새로운 시민의식을 형성하고, 독특한 시민상을 구축하게 된다. 도시민의 갖는 시민의식은 합리성과 과학성 및 진취성이라는 좋은 특성을 갖기도 하지만 개인주의, 실리주의, 고립주의라는 바람직하지 못한 성격을 내포하기도 한다.

다섯째는, 시민의 기대수준이 높아지고 있다는 사실을 들 수 있다.

시민이라는 긍지, 시민으로서의 의식과 행동 등으로 사회적 및 일상생활상의 성취욕구는 물론이고, 정부의 공공「서비스」에 대한 기대까지도 높아지게 되며, 이는 보다 적극적인 행동과 참여를 유발하게 된다. 따라서 도시행정에 있어서의 시민기초수요(basic needs)파악이 중요시되고 있다.

여섯째는, 도시와 농촌간의 이질화가 더욱 심해질 것이라는 성향이다.

읍이 군에 소속되어 단순한 보조행정기관으로 있을 때는 행정적으로나 주민활동면에서 읍과 면사이에 큰 차이가 없고, 하나의 군단위로서 일체성을 띠고 있었지만 읍이 시로 승격됨에 따라 기초자치단체로 자치권을 부여받음과 동시에 군으로부터의 행정적 독립과 더불어 주민들의 의식과 생활도 점차 분리되고 서로 멀어지는 경향을 보이게 된다. 잔여군부(rump county)의 문제도 겹쳐 도시와 농촌간의 이질화는 도·농간격차를 더욱 심화시킬 우려가 있는 것이다.

끝으로, 도시 상호간의 연계성이 강화되고, 대립이 심화된다는 사실을 들 수 있다. 85개의 시는 서로 경쟁과 대립 및 보완, 독립과 종속의 경향을 보이면서 규모상의 위계와 작용상의 강약관계를 형성하게 될 것이다. 서울의 종주도시적 지위와 역할은 앞으로 상당기간 계속될 것이지만 나머지 도시들, 특히 인구 30만 이하의 중소도시들은 성장과 변화의 과정을 통해 위계와 역할의 비중이 많이 달라지게 될 것으로 보인다.

---

5) 1995年을 기준으로 우리나라의 산업구조를 보면 1차산업의 구성비가 10.5%인데 비해, 2차산업 및 3차산업의 구성비는 각각 30.5%와 59.0%를 차지하고 있으며, 한편 1995년을 기준으로한 산업별 취업구조를 보면 1차산업 종사자가 21.5%인데 비해, 2차산업 및 3차산업의 취업구성비는 각각 24.5%와 54.0%를 차지하고 있다. 재정경제원,「신한국경제5개년 계획(수정편)」(1996).

도시화시대가 뜻하는 의미와 나타나는 현상으로부터 우리는 이에 부응한 적절한 정책방향을 유도하여 올바로 실천해 나가야 할 것이다.[6)]

① 지방행정과 지역개발정책은 도시중심으로 전환해야 한다는 점을 들 수 있다. 80개 도시가 전국 여러 곳에 분포되어 있고, 각 도시는 주변의 몇 개 농촌지역의 중심적 역할을 수행하는 개발거점이자 발전축이기 때문에 지방행정 내지 지역개발은 바로 이들 도시를 중심대상으로 하여 이루어져야만 하는 것이다.

② 국토공간구조의 변화를 올바른 방향으로 유도해야 한다는 것이다. 도시상호간의 연계성을 강화하고, 중소도시의 육성을 통해 도시계층간의 균형화를 도모하며, 괴리되기 쉬운 도·농간의 관계를 긴밀화시켜 상호보완의 발전 「메카니즘」을 강화해야 한다. 이를 위해 도시 상호간은 물론이고, 도시지역과 농촌지역간의 교통·통신망을 확충하고, 생산과 유통 및 소비의 경제적 활동이 공간적으로 원활히 이루어 지도록 체계화시켜야 한다.

③ 도시행정체제를 보다 건전한 방향으로 개편하여야 한다는 사실이다. 읍의 시승격, 도시세력권의 확대, 사회간접자본의 확충 등으로 도시행정의 계층구조와 행정구역의 변동이 불가피하게 요청되므로 올바른 방향으로 개편을 단행해야 한다. 아울러 농업지원행정중심의 지방행정기능을 도시행정을 효율적으로 수행할 수 있는 기능과 조직 및 기구의 재설정이 있어야 할 것이다.

④ 투자재원의 확보와 이의 효과적 이용을 모색하여야 할 것이다. 도시화에 따라 도시인구가 급격히 증가하고, 시민의 기대수준도 높아지며, 생활 「패턴」도 달라지게 되므로 공공 「서비스」를 위한 재정수요도 크게 팽창될 것이다. 이러한 재정수요를 충족하기 위한 재원확보가 이루어져야 하며, 재정수급의 불일치로 인한 재정부족의 문제가 생기면 투자사업의 우선순위를 합리적으로 결정해야 할 것이다.

---

6) 李圭煥, 전게서, pp. 135~136.

〈표 Ⅰ-4-4〉 도시성장추세 유형

구분 \ 기간	1960~1970년	1970~1980년	1) 1980~1990년	2) 1990~1999년	2000~2014년
(1) 고성장도시	서울, 대전, 수원, 의정부, 울산	부산, 수원, 성남, 울산	인천, 광주, 대전, 수원, 의정부, 안양, 부천, 청주, 천안, 포항, 구미, 창원, 울산	성남, 의정부, 평택, 안산, 구리, 시흥, 군포, 춘천, 원주, 강릉, 삼척, 충주, 제천, 천안, 공주, 서산, 남원, 김제, 순천, 나주, 포항, 경주, 김천, 안동, 구미, 영주, 영천, 상주, 점촌, 경산, 울산, 김해, 밀양	용인, 광주(경기), 파주, 김포, 의왕, 시흥, 남양주, 안산, 구리, 창원, 아산, 오산, 당진, 양산
(2) 중성장도시	인천, 제주	서울, 대구, 청주, 대전, 천안, 전주, 제주, 광주	서울, 부산, 대구, 성남, 원주, 강릉, 충주, 제천, 전주, 군산, 이리, 순천, 충무	부산, 대구, 인천, 광주, 대전, 안양, 부천, 오산, 의왕, 하남, 동해, 속초, 청주, 전주, 제주	부산, 대구, 고양, 안성, 부천, 화성, 평택, 천안, 양주, 수원, 거제, 제주
(3) 저성장도시	여수, 진해	의정부, 춘천	—	—	인천, 울산, 계룡, 원주, 청주, 포항, 의정부, 김해
(4) 정체도시	삼천포, 금천, 군산, 경주	금천, 삼천포	춘천, 속초, 목포, 여수, 경주, 김천, 안동, 마산, 진주, 진해, 제주	광명, 동두천	대전, 성남, 여수, 강릉, 구리, 정읍, 안동, 김천, 논산
(5) 낙후도시	—	—	삼천포, 동해	서울, 과천, 태백, 마산, 서귀포	김제, 익산, 문경, 삼척, 보령, 상주, 경주, 안양, 서울, 공주, 나주, 밀양, 목포, 과천

주: ① 고성장도시: 전국도시평균인구증가율보다 5% 이상 인구가 증가한 도시
② 중성장도시: 전국도시평균인구증가율보다 3-4% 이상 인구가 증가한 도시
③ 저성장도시: 전국도시평균인구증가율보다 1-2% 이상 인구가 증가한 도시
④ 정체도시: 전국도시평균인구증가율과 비슷한 도시
⑤ 낙후도시: 전국도시평균인구증가율보다 -3% 이상 인구가 감소한 도시.

Ⅲ. 都市別 成長趨勢

지난 40여년간 우리나라 도시지역의 급격한 인구집중, 증대되는 과정 및 결과가 공간적 측면에서 어떤 변화를 가져 왔는지를 분석하기 위해서 먼저, 국토공간상에서 도시별 성장속도가 어떻게 변화하고 있는가, 다음 도시간의 계층적 체계는 어떻게 변화하고 있는가, 끝으로 도시화에 따른 도시내부공간구조는 어떻게 변화하고 있는가를 고찰해 보고자 한다.

도시별 인구성장추세를 살펴보기 위해 1960년~1998년까지 과거 38년간의 도시별 인구성장의 연평균 증가율을 기준으로 전국도시를 다음과 같이 5분류하였다.

① 동 기간중 연평균 도시지역 인구증가율을 상회하는 도시를 고성장도시로 보고 ② 도시지역 인구증가율을 하회하나 읍급도시 인구증가율을 상회하는 도시를 중성장도시로 ③ 읍급도시인구증가율을 하회하나 전국인구의 연평균 인구증가율을 상회하는 도시를 저성장도시로 분류하고 ④ 그 도시의 절대인구는 감소하지는 않으나 전국인구의 연평균 자연증가율보다는 낮게 증가하는 도시를 정체도시로 분류하며 ⑤ 그 도시의 절대인구가 감소하는 도시를 낙후도시로 구분하여 정리한 것이 〈표 Ⅰ-4-4〉이다.

이 표를 보면 정부의 산업입지정책으로 인하여 대규모공업입지지역 특히 대도시 및 대도시주변지역의 인구가 그동안 꾸준히 성장하여왔음을 알 수 있다.

Ⅳ. 都市間 階層構造의 變化

1. 大都市人口의 集中深化

우리나라 도시인구성장의 특징 중의 하나는 소수 대도시 지역에 인구가 편향되어 있다는 사실이다.

〈표 Ⅰ-4-5〉 대도시의 인구집중도

구분	단위	1960	1970	1980	1990	2000	2010	2014
전국인구(A)	千人	24,994	31,469	37,449	42,689	47,977	50,515	51,141
도시인구[1)]	〃	8,497	15,626	25,983	36,001	44,876	47,308	47,234
시부(B)	〃	6,997	12,955	21,441	32,386	42,702	45,471	46,623
읍부	〃	1,950	2,671	4,542	2,216	2,174	1,837	4,485
4대도시인구(C)	〃	4,686	9,004	14,390	18,472	19,247	19,148	19,051
서울(D)	〃	2,445	5,443	8,367	10,627	10,373	10,312	10,143
부산	〃	1,164	1,842	3,160	3,797	3,812	3,567	3,528
대구	〃	676	1,083	1,778	2,228	2,538	2,511	2,502
인천	〃	401	646	1,085	1,818	2,524	2,758	2,080
도시화율	%	28.0	41.2	57.3	75.5	89.0	90.0	91.4
수위도[2)]	·	2.1	2.9	2.6	2.8	2.72	2.8	2.9
종주화지수[3)]	·	1.09	1.53	1.43	1.35	1.17	1.17	1.14
C/A	%	18.7	28.6	38.4	43.1	40.1	37.9	37.3
D/A	〃	9.8	17.6	22.3	24.8	21.6	20.4	19.8

주 1): 도시인구=시부인구+읍부인구
2): 수위도=(서울인구/부산인구).
3): 종주화지수(Davis Index)=(서울인구/부산인구+대구인구+인천인구).
자료: 안전행정부, 「지방자치단체행정구역 및 인구현황」(2014년 1월 1일 현재).

특히, 2010년 현재 국토면적의 3.2%인 4대도시에 집중된 인구는 전국인구의 37.9%, 도시지역인구의 40.5%가 되고 있는데 서울은 한국의 정치, 경제, 사회, 문화적 기회를 집적시켜 산업화의 진전과 함께 종주도시의 기반을 구축하였다. 전국인구 대비 서울 및 4대 도시 인구의 구성비를 보면 1960년에 9.8%와 18.7%, 1970년 17.6%와 28.6%, 1980년 22.3%와 38.4%, 1990년 24.8%와 43.1% 그리고 2010년에는 20.4%와 37.9%로 90년 이후 다소 감소하는 추세를 보여주고 있다(〈표 Ⅰ-4-5〉 참조).

한편, 서울의 차하위 도시인 부산인구와의 대비를 통하여 서울의 수위도를 보면 1960년 2.1, 1970년 2.9, 1980년 2.6, 1990년 2.8 그리고 2010년에는 2.8로 서울인구가 부산인구의 약 3배에 근접하고 있으나 1970년을 기점으로 그 증가추세가 다소 둔화되는 경향을 보이고 있다. 그러나 서울 도시권내에 있는 서울주변지역인구를 합하면 서울시가 우리나라 도시체계상에 점하는 수위성 내지 중심성(centrality)은 확고한 위치에 있다.

또한, 한 나라의 종주도시의 인구를 인구규모순위에 따라 제2,3,4위 도시의 인구의 총합으로 대비시킨 데이비스(K.Davis)의 종주화지수(primacy index)를 보면 1960년 1.09, 1970년 1.53, 1980년 1.43, 1990년 1.35, 2010년 1.17로 정상적인 순위규모법칙(rank-size rule)에 따를 경우 종주화지수 0.92보다 종주화경향이 확대됨을 알 수 있으나 1975년 이후 종주화의 진행속도가 다소 완화되는 추세를 나타내고 있다.

2. 人口規模別 都市變化

인구규모별 도시수와 인구구성비를 보면, 1960년의 경우 100만 이상 市는 2개이나 도시인구의 30%를 차지하였는데, 1970년에 와서 서울, 부산 외에 대구시까지 포함되어 전도시인구의 53.8%을 차지하였다. 이것은 서울과 부산만으로 도시인구의 47.3%, 서울 하나만으로도 35.3%에 이르는 서울에로의 인구집중 결과라 할 수 있다. 1980년에 100만 이상의 도시의 수는 서울, 부산, 대구, 인천의 4개 시로 되어 전 도시인구의 54.7%, 1988년에는 52.1%로 다소 떨어졌다. 1990년에는 100만 이상 시가 6개, 전도시인구의 57.5%이며 2010년은 각각 9개와 50.2%로 역시 90년에 비해 다소 감소하였다(〈표 Ⅰ-4-6〉 참조).

도시수변화를 인구계층별로 살펴볼 때 1960년~1990년중 인구 10만~20만 도시의 수가 급격히 증가하였음을 알 수 있으나 2000년에는 감소하였음을 알 수 있다. 또한, 20만~50만 규모의 도시수도 급격히 늘어났으며, 도시의 수에 있어서는 읍을 제외한 인구 5만~10만 규모의 도시수가 1960년대 20개에서 2010년에는 10개가 되고 인구구성비에 있어서는 15.3%에서 오히려 1.2%로 줄어들고 있어서 중소도시의 후퇴현상을 보여주고 있다.

대체로 인구계층별 도시수를 기준으로 할 때 우리나라 도시는 점차 안정된 피라밋의 도시체계를 형성해가고 있음을 알 수 있다.[7] 도시규모별 인구변화를 살펴볼 때 도시규모가 클수록 인구성장속도가 급속함을 알 수 있다.

한편, 개별도시의 인구순위변화를 보면 지난 수십 년간 상위 6대도시(서울, 부산, 대구, 인천, 광주, 대전)순위가 고정되어 있으나, 동남해안공업지대인 포항, 울산 등 공업도시의 순위가 상승하였고, 서울도시권 내 부천, 수원, 성남, 안양 등이 급격한 인구성장으로 인구순위가 상승추세에 놓여 있다. 이

7) 상게서, p. 140.

〈표 Ⅰ-4-6〉 도시규모별 도시수 및 인구구성비 변화

구 분		단위	1960	1966	1970	1975	1980	1990	2000	2010	2014
인구규모별 도시수	100만 이상	개	2	2	3	3	4	6	7	9	9
	100만~50만	〃	1	2	2	3	2	5	10	13	13
	50만~20만	〃	3	3	2	5	11	15	23	26	23
	20만~10만	〃	3	10	12	17	18	34	29	23	26
	10만~5만	〃	20	18	22	22	21	4	9	10	9
	5만 이하 읍	〃	83	88	82	107	153	180	182	113	200
도시규모별 인구구성비	100만이상	%	39.0	42.0	53.8	52.0	54.7	57.5	56.7	50.2	50.4
	100만~50만	〃	7.3	11.0	7.3	9.3	5.3	8.5	14.8	17.7	18.2
	50만~20만	〃	10.2	7.6	4.3	7.0	12.4	12.5	15.0	14.5	16.4
	20만~10만	〃	5.1	9.6	10.3	10.9	9.0	5.2	9.4	6.4	6.7
	10만~5만	〃	15.3	10.1	10.0	6.9	5.1	5.8	1.6	1.2	1.5
	5만 이하 읍	〃	23.1	19.7	14.3	13.9	13.5	10.5	7.5	10.1	6.8
계		〃	100.0	100.0	100.0	100.0	100.0	100.0	100.0	100.0	100.0

러한 현상은 정부의 공업개발정책 등 국토개발전략 및 대도시주변도시의 성장잠재력 개발이 도시계층에 영향을 미친다는 사실을 시사해 주는 것이다.

Ⅴ. 都市內部空間構造의 變化

도시화에 따라 도시간의 계층구조, 도시분포상의 변화 외에 개별도시내부공간구조상의 변화가 야기되었다. 도시토지이용형태가 도시별로 매우 다양하기 때문에 어떠한 형태로 진행되는지 단순화시키는 일은 무리이다. 우리나라 도시에서 일반적으로 나타난 현상은 ① 도시 내 인구밀도분포변화, ② 도시공간의 외연적 확산, ③ 도시내 토지이용의 구조적 변화이다.

첫째, 도시성장에 따른 도시내 인구밀도변화는 대도시지역에서 현저하였다. 도심에서 거리가 멀어질 수록, 인구밀도감소현상에 있어서 그 감소기울기가 점차 완만하여지게 되었는데, 이는 교통망의 확장 및 신설, 도시외곽지역의 부도심개발, 고밀도 주거지역의 출현 등으로 인구밀도 증가율이 도심부보다 도시외곽지역에서 상대적으로 높아졌음을 반영하는 것이다.

둘째, 도시화에 따른 도시공간의 외연적 확산은 대도시지역에서는 인구급증으로 인해 도시면적의 무계획적인 평면적 확산(urban sprawl)으로 특징지워진다. 이러한 현상은 특히 비계획적 주거지역에 의해 주도되었다.

셋째, 도시토지이용은 도시내부활동 「패턴」에 의해 결정되고, 도시내 활동은 도시인구규모와 함수관계를 가짐으로 도시인구계층에 따라 토지이용 「패턴」도 다양하게 나타난다.

도시내 인구증가현상으로 특히 대도시지역에서는 토지이용의 급격한 변화가 촉진되었다. 즉, 기존 C.B.D.의 확장, 종래의 주거지역에 상업지역의 진입으로 인한 전이지대의 출현, 부도심형성에 따른 상업지역의 계층화, 도시외곽지역으로의 제조업의 분산화, 도심부 토지이용의 고밀화 등이 나타났다. 이에 따라 생활환경시설의 확충, 불량주택정비 등 도시내부공간구조의 재편 및 재개발에 대한 관심이 제고되었다.

이와 함께 도시토지이용의 급격한 변화에 따른 지가규제, 도심부 용적률 규제가 등장하게 되고, 특히 토지투기를 억제하고 적정지가를 유지하기 위해 부동산 투기억제세, 공한지세, 부동산양도소득세 등의 조세적 수단과 개발제한구역 지정, 생산녹지 또는 자연녹지지역의 지정, 기준지가 고시제 등의 법적 규제수단이 나타났다.

이와 같은 현상의 진전은 인구집중이 큰 대도시지역에서는 그 속도가 급속히 이루어지고 있는데 비해 중소도시에서는 내부공간구조의 변화속도가 완만하게 진행되고 있음을 나타내고 있다.

제 3 절 都市化와 都市問題

선・후진국을 막론하고 현대세계를 괴롭히고 있는 각종 문제의 대부분은 인구문제에서부터 비롯된다. 즉, 인구폭발(population explosion), 인구내파(population implosion) 및 인구의 다양성(population diversification)에 크게 기인하고 있다고 보아도 과언이 아닐 것이다.[8)]

여기서 인구폭발이란 지난 수십년간 일어난 인구의 자연증가율의 현저한 가속현상을 말하며 그리고 인구내파란 지표상의 극소부분인 도시, 특히

8) Philip Hauser, "Population Composition and Trend," in Daniel P. Moynihan(ed.), *Urban America: The Expert Looks at the City*(New York: Voice of America Forum Lectures, 1970), p. 27.

대도시지역에 인구가 계속 집중하는, 인구의 사회증가율이 급격히 증가하는 현상을 의미한다. 인구의 다양화란 동일한 지리적 지역과 생활주기를 공유하면서 문화, 가치관, 민족, 인종, 언어 등에 있어서 이질성의 증대현상을 의미한다.

우리나라의 경우는 위에서 언급한 인구문제중 인구의 다양화문제는 제외되고 있으며, 인구폭발 및 인구내파 그 중에서도 특히 최근에는 인구내파현상이 두드러지게 나타나고 있다.

해방 당시 남한의 총인구 1,628만 명에서 25년이 지난 1970년의 총인구는 3,147만 명으로 거의 배가 되었으며, 2014년의 총인구는 51,141천 명으로 1970년도 인구「센서스」에 비해 62.5%나 늘어났다.

이러한 인구폭발에 못지 않게 놀라운 것은 인구내파현상으로 시급 도시인구가 지난 1970년의 경우 전국인구의 41.2% 이던 것이 1980년 57.2%, 1990년 75.5%에 이르렀으며, 2014년의 경우 85개 시에 거주하는 인구는 46,623천 명으로 91.4%의 높은 도시화율을 보여주고 있다.

우리나라의 인구내파현상을 더욱 복잡화시키는 요인은 과대한 종주도시(primate city)의 출현으로 1970년 당시 전국토의 0.6%에 불과한 서울에 전국인구의 17.6%가 집중하고 있던 것이 1980년에는 22.3% 그리고 1990년에는 24.8%로 최고수준에 오른 후 점차 그 집중률이 낮아져 2014년에는 19.8%로 집중하여 인구밀도 16,765인/km^{2}로 전국 평균 510인/km^{2}의 약 33배를 나타내고 있다.

최근 도시계획가, 도시경영자, 생태학자들은 도시의 과밀화 내지 과대도시화 문제와 더불어 도시의 적정규모(optimum size of city)란 용어를 쓰고 있다. 즉, 어떤 도시에 인구, 산업, 각종 시설, 재화 등이 적정하게 집중하면 자연환경의 이용 및 보존, 경제, 사회, 문화환경면에서 여러 가지 집적이익 또는 집적경제(agglomeration effect or agglomeration economies)를 가져다 주지만 그것들이 과도하게 집중하면 집적불경제(agglomeration diseconomies)를 누적시켜 그 도시의 안정된 성장을 저해하여 과밀의 폐해를 빚어내게 마련이라는 것이다.

이처럼 종주도시로의 지나친 집중은 당해도시 뿐만 아니라 국토전체의 불균형문제를 가져오고 있다. 종주도시문제나 인구내파현상이 가져오는 과대도시화(hyper-urbanization)의 제문제점을 열거하면 다음과 같다.

Ⅰ. 都市生活環境上의 問題[9)]

우리나라 도시행정에서 시급하고 중요한 과제는 무엇보다도 주민의 입장에서 볼 때 가장 핵심적인 수요이면서 생활의 질을 결정짓는 것은 주택, 교통, 상수도, 쓰레기처리 등의 문제라 할 수 있다. 한편 이러한 기초수요는 지방자치단체의 입장에서 볼 때에도 행정수준을 결정짓는 공공재이면서 복지사회구현을 위하여 시급히 해결해야 할 과제이기도 하다. 따라서 본 항에서는 주택난, 교통난, 급수난, 쓰레기처리문제를 중심으로 실태와 문제점을 고찰해 보고자 한다.

1. 都市 住宅難

시급도시지역은 지난 40년간('70~'10) 인구 1,296만 명에서 4,547만 명으로 250.8%의 인구증가현상을 나타내어 동 기간중 전국평균 60.5%의 4.2배가 증가하였다. 한편 동 기간중 가구증가율은 인구증가율의 배가 되었다. 이처럼 인구증가, 핵가족화로 인한 가구증가, 노후주택증가 등에 따른 주택의 양적 신수요와 방 수의 증가, 거주면적증가, 부대시설확충 등에 다른 주택의 질적 신수요로 인하여 도시의 주택난은 더욱 심각한 도시문제가 되고 있다. 2013년 현재 도시의 평균주택보급률이 106.0% 수준에 있으며, 이는 농촌 평균 124.5%보다도 훨신 낮은 수준임을 알 수 있다. 이러한 주택난은 질적, 문화적 관점에서 볼 때는 더욱 심각한 것이다. 즉 주택의 기능을 단순히 「shelter」로 보는 양적 기준이 아닌 「privacy」를 지켜주는 거주공간이라는 질적 기준으로 보면 주택문제는 더욱 심각해진다는 점이다.[10)]

2. 都市 交通難

도시교통난이란 일반적으로 도시사회에서 교통수단·교통시설·공간구조 등에서 문제가 있어 인간과 재화의 수송에 있어서 교통체증현상을 의미한다. 그러나 교통난은 자동차로 인한 교통체증을 주로 의미하나 교통체증

---

9) 李圭煥, "都市行政의 課題와 發展方向," 「韓國行政의 課題와 改革」(서울: 아세아 문화사, 1998), pp. 431~439 참조.

10) 李圭煥, "우리나라 都市開發의 課題와 方向," 「中央大學校 行政大學院 高位政策課程 特講論文」(2011), pp. 49~50.

으로 인한 소통난 외에 주차난・승차난・보행난을 포함한다.

교통난의 문제는 소통난・주차난의 선진형의 문제와 승차난・보행난의 후진형의 문제가 동시에 해결을 요하고 있다.

교통난이 가져오는 사회적 비용은 시간상의 손실, 에너지 낭비, 매연으로 인한 대기오염, 도시기능의 둔화, 심리적 부담 등으로 엄청난 것이다.

도시교통난의 요인을 교통의 수요・공급측면에서 파악할 수 있다. 즉 수요요인으로서는 ① 교통수요의 공간적 「패턴」, ② 인적・화물통행실태, ③ 외적요인으로 인구와 도시화 등을 들 수 있고, 공급요인으로서는 ④ 교통시설, ⑤ 교통수단, ⑥ 교통운영 등으로 구분할 수 있다.

3. 都市 給水難

인구의 증가와 산업의 발달 그리고 주민생활수준의 향상에 따라 상수도의 급수수요량이 급속히 증대될 것이 예상됨에 따라 상수도의 중요성이 더욱 높아질 것이다.

그러나 아직도 우리나라 급수보급률은 2013년 현재 98.1%에 1인 1일당 급수량은 332ℓ/일에 불과하다. 상수도의 문제점은 근본적으로 ① 급수량, ② 수질, ③ 송・배수시설에 있다.

이러한 급수난의 가중요인은 여러 가지가 있겠으나 우리나라에 있어 보다 중요한 원인은 다음과 같다.

① 생활수준의 향상에 따른 물의 수요급증, ② 도시주변 수원지개발의 한계, ③ 생활하수, 공장폐수 등으로 인한 수질오염, ④ 고지대 급수를 위한 가압「펌프」장 건설 비용 증가, ⑤ 급수 및 배수시설의 노후화로 인한 누수량 증가 등이다.

4. 都市 쓰레기 處理難

폐기물이라 함은 쓰레기・연소재・오니・폐유・폐산・폐알카리・동물의 사체 등으로서 사람의 생활이나 사업활동에 필요하지 아니하게 된 물질을 말하며, 이 중 생활폐기물이라 함은 사업장폐기물을 제외한 폐기물을 의미한다.

현행 폐기물관리법상 관리주체 및 처리의무자는 생활폐기물의 경우 원칙적으로 시장・군수가 관리주체이며, 그 처리책임자나 일반폐기물 처리업자로 하여금 대행처리시킬 수도 있다. 다만 1일 평균 300kg 이상의 쓰레기를 배출하는 자는 그 스스로 자가처리하여야 한다.

사업장폐기물의 경우에는 원칙적으로 이를 발생시킨 사업자에게 적정처리의무가 있으나 실제 처리는 사업자가 직접하거나 특정폐기물처리업자, 재생이용자 또는 공공처리시설에 위탁처리할 수 있다.

도시쓰레기처리의 문제점은 크게 쓰레기 배출량의 증가와 쓰레기 질의 다양화 등과 관련된 쓰레기 발생특성과 관련된 문제, 분리수거의 미흡, 운반장비의 부적합 등과 관련된 문제, 쓰레기 처리장에서 발생가능한 환경오염과 관련된 문제점 등 세 가지로 나누어진다.

Ⅱ. 都市 社會病理問題[11]

도시의 인구집중으로 인한 사회문제는 빈부격차의 심화, 청소년의 범죄·비행, 도시민의 의식구조의 다양성, 「매스컴」의 자극, 노사문제 등 각종 사회병리현상의 급증에 따른 사회불안의 초래 등을 들 수 있다. 이러한 사회병리의 주된 영역은 다음과 같다.

〈표 Ⅰ-4-7〉 도시사회병리내용

도시병리	개인병리	심신장애, 노인, 중독, 자살, 범죄, 비행, 매춘
	사회병리	가족병리: 사망가족, 이혼, 가출
		직장병리: 실업, 빈곤, 파업, 도산
		지역병리: 「슬럼」, 교통혼란, 공해, 주택부족
		국가 및 국제병리: 정쟁, 전쟁, 계급대립
		문화병리: 광신, 사교

이러한 사회병리과정은 생활기능장해의 발생조건, 생활기능장해의 실현, 생활기능장해의 결과현상 등 3개로 분류할 수 있다.

(가) 生活機能障害의 發生條件

자본주의적인 사회체제에서 오는 모순, 과다경쟁, 상업주의, 이상한 입신출세주의나 시험제도 같은 것을 지적하고 있다. 그리고 현대사회의 특유한 도시화, 근대화, 산업화로 인한 인구나 기능 및 공장의 도시집중, 과밀화현

11) 李圭煥, 전게서, pp. 145~146.

상, 대중화현상, 이질화현상, 이동성, 인간관계의 다면화 등을 볼 수 있다.

(나) 生活機能障害의 實現

인간의 자기소외, 해체현상, 가정·직장·지역·국가에 있어서의 긴장관계, 가치관의 갈등, 역할관계의 혼란, 욕망의 증대 등을 생각할 수 있다.

(다) 生活機能障害의 結果現象

개인병리면에서는 심신장해, 범죄, 비행, 매춘 등, 가족병리에서는 가출, 결손가족, 노인문제 등, 직장병리에서는 도산, 실업, 빈곤, 노동쟁의 등, 지역병리에서는 「슬럼」, 교통난, 주택난, 급수난, 공해 등이 들어 있다.

Ⅲ. 國土의 不均衡發展

전국에 대한 서울의 인구, 경제·산업 및 문화활동의 과밀화는 상대적으로 타지역의 상대적 과소현상을 초래하며, 이것은 결국 국가전체의 균형된

〈표 Ⅰ-4-8〉 서울의 집중도

지 표	단 위	기준년도	전국(A)	서울(B)	집중도(B/A)
면적	km^2	2012	100,188	605	0.6
인구	인	2013	51,141,463	10,143,645	19.8
1인당 GNP(현 GDP)	만원	2011	2,497	2,829	1.15
GRDP	백만원	2012	1,274,989,289	288,625,816	22.6
사업체수	개	〃	7,204,952	1,561,774	21.7
사업체 종사자 수	명	〃	37,138,728	9,082,786	24.5
제조업체수[1)]	개	〃	360,394	59,217	16.4
제조업체 종사자 수	명	〃	3,715,162	286,674	7.7
은행예금	10억원	2014	1,025,021	541,590	23.5
금융기관	개	2012	41,627	10,293	24.7
지방세	조원	〃	53.9	12.2	22.6
자동차	천대	〃	19,596	2,983	15.2
대학교[2)]	교	〃	343	117	34.1

주: 1): 제조업은 5인이상 종업원을 가진 업체를 대상으로 함.
2): 대학과 대학생수는 4년제대학만 해당(교육대는 제외).
자료: 서울시통계포탈, 국가통계포탈(KOSIS), e-나라지표.

발전을 저해하는 요인이 된다. 〈표 Ⅰ-4-8〉는 종주도시로서 서울에의 기능집중을 단적으로 나타내는 좋은 예라 하겠다.

이처럼 서울 또는 수도권의 집중을 억제하는 효과적인 대응책이 없으면 서울 또는 수도권집중의 악순환으로 대도시문제의 악화와 국토이용의 불균형이 심화되어 국가발전의 저해요인으로 작용할 것이다.

서울 및 대도시의 인구 및 기능의 지나친 집중은 결국 국토의 불균형적 발전을 초래한다는 것을 인식한 정부는 제2차 국토종합개발계획에서부터 서울인구억제정책을 적극 반영한 바 있다. 즉 국토공간구조의 양극화현상을 완화하기 위하여 인구의 지방정착을 유도하고, 궁극적으로는 국토의 균형개발을 위하여 서울·부산 양대도시로 집중하는 인구 및 산업을 지방도시로 적절히 분산·배치토록 하였다.

최근의 서울의 산업구조는 제조업 비중 감소와 서비스업 비중 증가로 특징지어진다. 총 사업체수에 있어서는 전국의 21.7%에 달하는 1,562천개 업체가 입지하고 있다. 그러나 제조업체 수의 비중은 16.4%밖에 되지 않을 뿐만 아니라 그 종사자 수의 비중은 7.7%에 불과하여 서울은 상대적으로 제조업 비중이 낮아지고 있다. 그러나 아직도 여러 분야에서 서울 및 수도권의 집중현상을 나타내고 있어 국토의 균형발전에 많은 장애가 되고 있다. 1990년대 중반 이후 인구 및 산업의 집중도가 조금씩이나마 낮아지고 있어 제2차 및 제3차 국토종합개발계획의 성과로 볼 수 있겠다.

따라서 제3차 국토종합개발계획에서는 시장경제원리에 의한 경제적 규제방식으로 전환하여 수도권 집중 억제시책의 실효성을 제고시키는 한편 실질적인 지방육성책을 강구하여 자발적으로 인구와 산업이 지방에 정착할 수 있는 여건을 조성하여 국토의 균형발전을 도모해야 할 것이다.

특히 휴전선에 인접한 수도 서울, 그 중에서도 한수이북에 인구, 산업시설, 기능의 지나친 집중은 안보상의 문제점으로 제기된다. 또한 각종 도시시설, 예컨대 육교나 고가도로 등은 전시 안보상의 취약요인이 되고 있어 관련 법령의 정비도 요구된다.

Ⅳ. 都市財政負擔의 過重

도시의 전입자 대부분이 담세능력이 거의 없는 반면에 이들에게 필요한 도시편익시설, 요구호생활대책 등의 행정서비스에 대한 수요는 증대하게 된다. 이것은 도시정부로 하여금 막대한 재정적 부담을 안겨 줄 뿐만 아니라 도시와 인접하고 있는 지역의 자치단체에도 영향을 주고 있다.

우리나라 도시정부의 세출기능 가운데 가장 큰 비중을 점하고 있는 사회복지비의 실제적 내역을 보면 영세민 위주의 인구집중 결과를 잘 반영해주고 있다 하겠다. 즉 사회복지비의 비중이 평균 50.9%가 되는데 이 항목의 실제적 지출내역을 보면 도시민 전체의 사회보장적 성격의 세출이 아니고 영세민위주의 민생안정을 도모하기 위한 기초생활보장대책이나 취약계층지원행정의 비중이 상당히 높음을 알 수 있다.

또한 환경보호, 수송 및 교통, 국토 및 지역개발비의 비중이 상대적으로 높은 것은 인구증가에 따른 국토자원보존개발이나 주민의 생활환경개선을 위한 각종 공익사업비의 비중이 상대적으로 높은데서 기인하는 바 이는 도시정부로 하여금 재정부담을 더욱 가중시키는 요인이 되고 있다(〈표 Ⅲ-2-1〉 참조).

제 2 편

都市行政需要와 行政環境

제 1 장 都市政府와 行政與件과의 關係
제 2 장 都市政府와 國家와의 關係
제 3 장 都市政府와 住民과의 關係

도시행정의 연구대상과 범위에서 도시행정현상은 행정환경에 영향을 받지 않는 독립변수로서의 기능과 역할을 하는 것이 아니라 여러 가지 정치·행정적, 경제·사회적, 국토 공간적 상황과 중앙정부의 국가정책 및 기대욕구 등의 행정환경과 깊은 함수관계에 있다. 즉 도시행정의 내용은 환경의 변동에 따라 달라지며 행정환경을 변화시키기도 한다. 그러나 주로 도시행정은 행정환경에 대해 종속변수로서의 피동적인 위치에 놓여있다. 따라서 행정환경은 도시행정의 수요자로서의 기능과 역할을 하고 있다고 할 수 있다.

이처럼 독립된 제약조건으로서의 도시행정의 외적 환경은 크게 세 가지로 집약될 수 있는 바 주민의 의사와 국가의 시책(중앙정부체제) 및 경제·사회·정치적 여건이 그것이다.

제 1 장 都市政府와 行政與件과의 關係

제 1 절 都市行政과 行政與件變化

Ⅰ. 都市行政과 環境體系

도시행정에 영향을 미치는 환경적 요인을 파악하는 것은 한 나라의 도시행정의 수요을 파악하는데 매우 중요하다 하겠다. 도시행정을 하나의 체계로 볼 때 환경은 도시행정을 둘러싸고 그것과 영향을 주고 받는 요소의 일체를 말한다.[1] 도시행정의 수요는 그의 환경으로부터 발생하고, 이 수요를 충족시키기 위한 행정의 활동결과는 다시 환경으로 투입되어 새로운 환경요소로 기능하게 된다. 따라서 환경과 도시행정은 서로 영향을 주고 받는 독립변수이면서 종속변수로서 기능하고 있다.

이와 같이 환경과 도시행정은 서로 영향을 주고 받는 상호작용관계로 맺어져 있는 것이며, 다만 행정을 수행하는 행정체제는 경직성을 띠고 있어 외적 환경의 변동과 언제나 일치하여 정립되기는 어려우며 시간적 간격을 갖게 되는바 환경을 행정에 대한 선발적 영향체계라면 행정은 환경에 대한 후발적 영향체계라고 할 수 있을 것이다.

그러나 도시행정은 외적환경과 함수관계에 있다고는 하지만 주로 외적 환경에 대해 종속변수로서의 역할과 기능을 하게 된다. 물론 도시행정이 독립변수가 되기도 하지만 대개의 경우 외적 환경의 변화에 따라 행정의 내용이 달라진다.

독립된 제약조건(constraints)으로서의 도시행정의 외적 환경을 크게 분

1) 金安濟, 「地域開發과 地方自治行政」(서울: 大明出版社, 1988), p. 587.

류해 보면 정치・경제・사회・자연적 상황과 중앙정부의 국가시책 및 주민의 의사 등 세 가지로 집약될 수 있다.

이상의 도시행정에 대한 독립된 제약조건으로서의 외적 환경가운데 보다 행정내용변동에 능동적이고 유도적인 위치와 역할을 하게 되는 변수는 중앙정부시책이며, 행정이 보다 민주화되면 될수록 주민의사라 할 수 있겠다.[2)]

본 장에서는 도시행정의 외적 환경가운데 정치・경제・사회・자연적 상황을 중심으로 이들 여건의 변화전망과 도시행정수요에 어떤 영향을 미치는가를 중점적으로 고찰해보고자 한다.

Ⅱ. 將來行政與件의 變化展望

1. 變化展望의 對象

행정여건의 변화를 전망하는 대상이나 접근방법은 여러가지가 있다. 그러나 본문에서는 실제 행정행위 또는 행정현상을 야기시키는 요인, 즉 무엇이 구체적으로 나타난 행정활동을 만들어 내느냐하는 행정변수를 중심으로 하되 여기서는 행정수요와 보다 직접적으로 관련된 행정환경 가운데 정치・경제・사회・자연적 여건을 전망하고자 한다.

도시행정에 대한 정치적, 경제적, 사회적 여건의 변화는 중앙정부의 국가시책이나 행정에 대한 주민의 기대욕구와 더불어 행정수요에 중요한 영향을 미치는 外因性 要素(exogeneous factor)로서 작용할 뿐만 아니라 도시행정수요의 주요한 요인이 되기 때문이다.

도시행정에 중요한 영향을 미치는 외인성 요소 가운데 국가시책이나 주민의사를 제외한 행정여건은 자연여건과 조형여건 및 사회여건 등 세 분야로 분류할 수 있다. 이들 자연여건과 조형여건 및 사회여건은 상호독립적이 아니라 서로 영향을 주고 받는 상호의존의 함수관계로 맺어져 있다.

기능적으로는 사회여건과 도시행정이 가장 강한 밀접성을 가지고 다음은 조형여건, 자연여건의 순이라고 할 수 있다.[3)]

2) 李圭煥, 「韓國地方行政學」(서울: 法文社, 2011), pp. 23~24.
3) 金安濟, 「國土와 環境」(서울: 博英社, 1984), p. 21.

여건변화의 전망을 함에 있어 도시행정과 보다 직접적으로 관련성을 가진 것만을 그 대상으로 삼고자 한다. 즉 자연여건 가운데는 행정의 주체이자 객체가 되는 인간의 집단으로서의 인구만을 대상으로 하고, 조형여건에서는 국토개발과 시설을 대상으로 하며, 사회여건가운데는 경제・산업과 사회・문화 및 정치・행정부문을 대상으로 하여 그 변화를 전망키로 한다.[4)]

2. 行政與件의 變化展望

(1) 人口의 變化展望

우리나라 인구증가율은 2000년 0.77%에서 2010년에는 0.42%로 낮아져 총인구가 50,618천 명에 이르게 된다. 이와 같은 증가세의 둔화현상이 계속된다면 2028년에는 총인구가 52,776천 명을 정점으로 감소하기 시작할 것으로 전망된다(<표 Ⅱ-1-1> 참조).

이처럼 인구 약 5천만 명의 높은 인구밀도를 보이게 되면 주택, 교통, 상・하수도, 「오픈 스페이스」(open space), 공해 등 각종 생활환경과 관련된 공공수요의 증가가 불가피할 것으로 예상된다.

따라서 年少人口 비율이 경제활동인구 및 노령인구에 비하여 상대적으로 높은 현재의 「종형」의 인구구조 형태가 2010년에는 선진국형의 「항아리

〈표 Ⅱ-1-1〉 우리나라 인구의 장래 전망

구분 \ 연도	단위	2000	2005	2010	2020
총인구규모	천 명	47,275	49,123	50,618	52,358
인구성장률	%	0.77	0.60	0.42	0.13
인구밀도	인/km^2	476	495	510	528
인구구조	%	100.0	100.0	100.0	100.0
0~14세	%	21.6	21.2	19.9	17.2
15~64세	%	71.2	70.1	70.1	69.6
65세 이상	%	7.1	8.7	9.9	13.2
총부양비	%	40.4	42.5	42.6	43.6
유년부양비	%	30.4	30.2	28.4	24.7
노년부양비	%	10.0	12.3	14.2	18.9

자료: 통계청, 「장래인구추계」(2002).

4) 李圭煥, 전게서, pp. 25~34.

형」에 접근할 것으로 보인다.

생활수준의 향상과 보건의료기술의 발달로 65세 이상 노령인구의 비율이 계속 높아짐에 따라, 인구구조의 노령화 현상이 빠른 속도로 진전될 것으로 예상된다. 따라서 경제활동인구가 부양해야 할 유년·노년 인구의 비율인 총부양비도 2000년 40.4%에서 2010년에는 42.6%로 계속 높아질 전망이다.

(2) 國土與件의 變化展望

현재의 국토면적 99,394km²는 간척사업에 의해 2001년에는 99,455km²로 확장될 것이며, 이는 약 0.06%가량의 국토면적을 확대하는 결과가 된다. 한편, 토지이용수요에 부응하기 위해 1994~2001년간 도시적 용지를 1,270~1,400km² 공급하게 되는데, 그 토지공급량의 60%는 농지를 전용하고, 산지전용과 간척으로 35%와 5%를 공급하게 된다.

인구의 증가 및 생활수준향상과 생산활동의 확대는 용수의 수요를 증대시키게 된다. 따라서 상수도보급률은 2001년 90.0%에서 2011년에는 100.0%가 될 것이며, 급수인구도 2001년 4,288만 명에서 5,083만 명으로 늘어날 것으로 예상된다. 2011년의 생활용수 수요는 87억톤으로 2001년에 비해 13억톤 가량 증가하고, 2011년의 공업용수 수요는 45억톤으로 2001년에 비해 7억톤 가량 증가할 것이다. 반면 농업용수는 150억톤 가량으로 큰 변화가 없을 것으로 보인다.

한편, 소득수준의 증가와 여가활동에 따른 국민활동의 증가 및 활발한 지역간 이동은 교통량의 증대를 가져오고 이는 결국 교통망의 확충으로 나타나게 된다. 제3차 국토종합개발계획의 교통수요 전망을 보면 2011년의 국내여객수는 2001년 대비 54%, 화물은 115% 증가할 것으로, 국제적으로는 여객이 86%, 화물이 71% 증가할 것으로 전망하고 있다. 또한 동기간에 국내 자동차 대수도 43% 증가할 것으로 전망하고 있다(<표 Ⅱ-1-2> 참조).

이러한 교통수요에 대응하기 위해 철도·도로·공항·항구 등의 교통시설이 전국에 고루 분포되고, 고속철도가 건설되어 국토체계가 크게 달라질 것이다.

〈표 Ⅱ-1-2〉 교통수요 전망

구 분		단위	1993	2001	2011	연평균증가율(%)
국내교통	여객	백억인	2,452	3,451	5,329	4.4
	화물	억 톤	785	1,401	3,015	7.8
국제교통	여객	백만인	12.1	26.3	48.9	8.3
	화물	조 톤	317	512	875	5.8

자료: 건설교통부, 「제3차 국토종합개발계획」('92~2001년).

(3) 經濟的 與件의 變化展望

1960년대 이후 급속한 경제성장을 이룩하여 온 우리나라는 1970년대에 와서 두 번에 걸친 「오일 쇼크」등 국제경제여건의 악화로 인한 위기를 극복하고 1990년대 중반까지 7% 이상의 고도성장을 계속해 왔다. 그러나 국민경제의 양적 팽창에만 치중한 나머지 정경유착으로 인한 폐해와 방만한 경영으로 인한 기업의 부실화가 심화되고, 1990년대 후반에 이르러 정치논리에 의한 금융긴축으로 대기업의 도산이 이어지면서 국민경제가 극도로 악화되었다. 이와 더불어 OECD 가입과 무리한 환율유지 정책은 외환위기를 촉발시켜 한국을 국가부도 직전에까지 몰아넣었다. 그러나 IMF 등의 자금지원이 이루어져 외환사정이 안정되고 적극적인 기업간 M&A나 구조조정이 진행됨에 따라, 대외신인도가 회복되고 수출도 현저히 증가하였다.

따라서 구조조정이 가속화되고 정부의 SOC 투자가 확대되면, 교통통신 인프라의 구축과 기술개발 및 산업구조의 고도화를 통해 국제시장에서의 비교우위를 확보하게 될 것이다. 또한 지역정보화가 적극적으로 추진됨에 따라 지역간의 균형발전과 생활환경의 평준화가 앞당겨질 것이고, 국토의 효율적 이용이 실현되어 전반적인 경제환경이 개선될 전망이다.

(4) 社會的 與件의 變化展望

도시행정환경과 밀접한 관계에 있는 사회적 환경 중 그 변화가 심할 것으로 예상되는 것 가운데 첫째는 도시화를 지적할 수 있다. 농촌인구의 도시로의 유입과 지방소도읍의 도시로의 성장에 따라 도시화율이 증가될 것이다. 시와 인구 2만 명 이상의 읍을 도시로 정의할 때 1991년에 82.9%이던 도시화율이 2001년에 88.1%를 거쳐 2014년에는 91.4%가 될 것으로 전망된

〈표 Ⅱ-1-3〉 도시화의 전망

(단위: 만 명, %)

구분＼년도	1991	2001	2011	2014
전국인구(A)	4,327	4,764	5,083	5,114
도시인구(B)	3,587	4,197	4,559	4,723
농촌인구	740	567	524	391
도시화율(B/A)	82.9	88.1	89.7	91.4

자료: 국토개발연구원 제공(2002).

다(<표 Ⅱ-1-3> 참조).

둘째는 국민의 생활수준이 향상되리라는 전망이다. 국민소득수준의 향상과 주민 편의시설의 확대에 따라 생활환경여건은 크게 향상될 것으로 예상된다. 국민생활의 기준이 되는 주택의 경우는 1991년에 74.5%이던 주택보급률이 2001년에는 88.1%로 증가하고 2011년에는 101.1%로 증가할 전망이다.

셋째는 국민의 지적 수준 및 의식수준이 향상되리라는 전망이다. 정보화가 급속히 진행되고 교육개혁이 적극적으로 추진됨으로써 공식·비공식적 교육 및 훈련기회가 증가됨에 따라, 국민의 지적 수준이 높아지고 의식구조도 합리적이고 과학적인 방향으로 변화하며 행동양식도 건전한 형태로 발전되어 갈 것이다.

넷째는 여가생활이 증가되리라는 전망이다. 취업자의 경우 1인당 평균 자유시간이 1988년의 주당 48시간 정도에서 2001년에는 52시간 정도로 늘어날 것으로 예측된다. 이에 따라 여가시간은 1988년 38.8시간에서 2001년에는 42.8시간으로 늘어나고, 여가 활동량은 2배 가량, 1인당 참여 횟수는 1.5배 가량 증가할 것으로 예상된다.

끝으로 중산층의 증가와 사회단체의 확대라는 사회적 변화가 예상된다. IMF 이후 기업의 인력감축과 임금삭감이 이루어지면서 일시적으로 계층간의 경제·사회적 격차가 벌어졌으나, 장기적으로는 중산층의 비중이 높아질 전망이며, 각종 사회단체의 수가 늘고 아울러 그들의 사회적 지위도 강화될 것이다. 따라서 국가발전과 사회안정을 위한 중산층의 역할이 증가하고 사회단체 및 사회조직들의 영향력은 점차 신장될 것으로 보인다.

(5) 政治·行政與件의 變化展望

정치적 환경은 도시행정에 직접적이고도 단기적인 영향을 가장 강하게 미치는 환경이다. 그것은 지방행정이나 도시행정이 국가행정의 하위체계이고 지방자치의 한 부분으로 지방자치단체의 행정권 내지 자치권은 국가로부터 주어지는 것이기 때문이다.

향후 예상되는 정치·행정여건의 변화 가운데 도시행정수요에 영향을 주는 몇가지 중요한 내용을 보면 다음과 같다.

첫째, 정치적 안정과 지방자치제가 본격적으로 정착될 전망이다. 평화적이고 순리적인 정권교체의 전통이 확립되고, 건전한 정치이념에 입각한 정당정치가 구현되며, 지방자치제가 명실상부하게 정착될 것으로 기대된다.

둘째, 지방분권화와 권한의 지방위임이 확대될 전망이다. 지방자치제의 본격적 실시에 따라 지방분권화와 지방에 대한 행정적 위임은 더욱 증대해 갈 것이다. 또한 현재 중앙정부에 집중되어 있는 권한과 기능은 점차 자치단체로 이양되어 도시정부의 자율권이 신장되고 책임행정이 강조될 것이다.

셋째, 도시행정에 대한 주민참여가 확대될 전망이다. 주민의식구조는 시민수준이 고학력 문화시민으로 변화해 감으로써 주민은 행정 뿐만 아니라 사회공동체 활동에 적극적으로 참여하게 될 것이며, 참여의 형태도 단순히 선거참여에 그치지 않고 이익집단들을 통한 조직적 참여로 전환될 전망이다.

넷째, 행정방식은 통제와 규제중심으로부터 지도적, 조장적 행정형태로 전환될 전망이다. 또한, 공공업무 가운데 일부는 공사 또는 민영화 혹은 자율화로 전환되어 정부직할에서 벗어나게 될 것이며, 주민참여의 확대로 인해 민의행정이 실천되는 단계에 이르게 될 것이다.

다섯째, 도시행정의 기업적 경영이 강화될 전망이다. 특히, 주민편익시설 확충에 따른 지방자치단체의 재정적 압박을 해소하고 민간자본의 참여를 높이기 위하여 기업경영적 행정이 강화될 것이다.

끝으로 행정기술의 과학화라는 행정상의 두드러진 변화가 예상된다. 행정장비가 현대화·과학화되고, 업무처리능력과 기동력이 향상되며, 행정절차가 표준화·기계화됨으로써 행정의 신속성과 더불어 국민생활의 편익성이 제고될 것으로 전망된다.

제 2 절 行政與件變化와 行·財政需要

Ⅰ. 行政與件變化와 都市行政需要

장래 행정여건의 상황변화는 다른 분야와 더불어 도시행정에 많은 영향을 미치게 될 것이다. 여건의 종류와 변화의 정도, 도시행정과의 관계 등에 따라 그 영향은 직접적일 수도 있고 간접적일 수도 있으며, 단기적일수도 있고 장기적일 수도 있다. 위에서 전망한 순서에 따라 각각의 행정여건의 변화가 도시행정에 미칠 영향을 예측해 보기로 한다.[5)]

1. 人口變化와 行政需要

인구라는 환경요소는 행정의 주체이자 객체라는 2중성을 갖고 있어 도시행정에 직접적인 영향을 주게 되며, 그 중요한 것은 다음과 같다.

① 도시인구수의 증가는 도시행정의 공공수요를 증대시켜 공급능력에 압력을 가하게 된다.

② 노령인구의 증가는 사회복지부문의 재정투자를 더욱 요구하게 된다.

③ 경제활동인구의 증가는 국내저축증대와 경제성장 잠재력향상에 기여하는 반면, 이들의 고용을 위한 취업기회의 확대가 필요하게 된다.

④ 세계인구, 특히 개발도상국의 급격한 인구증가는 식량부족의 문제를 심화시키고 이는 우리나라에도 직접적인 영향을 주게 된다.

2. 國土與件變化와 行政需要

국토여건은 도시행정의 기반이자 제약으로서의 자연환경인 동시에 개발이용과 보전관리의 대상이 되는 원천적인 환경이다. 국토여건변화가 도시행정수요에 미칠 영향 가운데 중요한 것은 다음과 같다.

① 인구증가, 생산증대, 생활범위확대 등은 토지수요의 증대를 가져오며, 토지부족에서 오는 토지이용의 적정화와 토지개발의 우선순위화의 필요성

5) 李圭煥, 전게서, pp. 34~38.

이 강조되고, 토지의 공공성이 더욱 부각된다.

② 주거, 공장, 경작, 목축 등의 확대에 따라 용수의 수요가 증가하므로 용수관리를 위한 행정작용이 더욱 강화된다.

③ 교통・통신 등의 발달은 국토공간체계를 변화시키고 경제권과 생활권을 새로이 형성시킴으로써 행정구역의 개편을 요망하게 된다.

④ 공장의 공단에의 집중입지와 대도시화에 따른 환경오염문제는 더욱 심각하게되고 이의 해결을 위한 도시정부의 투자와 노력이 강화된다.

⑤ 인구 및 자본의 대도시집중을 방지하여 국토의 균형있는 발전을 도모하기 위한 지역정책은 도시정부에도 그 권한과 책임이 부가된다.

3. 經濟産業與件變化와 行政需要

경제산업여건은 도시행정에 대해 국가의 경제성장을 지원한다는 분담적 역할과 더불어 각 지역의 독자적 경제기반을 구축한다는 자체적 노력으로 그 작용을 하게 된다. 특히, 지방자치에 있어 경제기반과 산업체제는 지방자치단체의 자립과 자족을 위한 가장 필수적 부문인 것이다. 장래 경제산업여건의 변화는 도시행정에 다음과 같은 수요를 창출할 것으로 본다.

① 향후 경제성장은 기술진보에 힘입는 바가 크고 공업구조도 기술집약형으로 전환되어 가므로 기술개발 및 기술교육을 강화하게 된다.

② 주민의 소득향상에 따라 생활수준이 변하게 되어 주민의 공공욕구는 증대하게 된다.

③ 지역경제의 성장은 지방재정의 신장을 가져오지만 지역간 경제적 격차로 인한 자치단체간의 재정적 불균형문제는 잔존하게 된다.

④ 소득증대와 의식변화로 인해 가계지출이 증대하므로 저축과 투자로의 유도가 필요하게 된다.

⑤ 산업구조가 비농림업부문 위주로 전환되므로 농업의 기계화 및 기업화가 요망되고 농업인구의 타산업으로의 직업변경에 따른 마찰적 실업문제가 발생한다.

⑥ 수출입의 순조현상을 지속시키기 위하여 국가적인 산업진흥, 기술개발, 수출촉진과 더불어 수입대체산업의 개발 및 지방적인 지연산업의 개발을 촉진하게 된다.

⑦ 인구증가, 생산증대, 국내 자원고갈 등으로 야기될 에너지의 부족현상

이 심화될 것이므로 대체에너지의 개발과 더불어 에너지 절약의 생활화와 절약형 개발의 유도가 필요하게 된다.

4. 社會的 與件變化와 行政需要

사회적 여건은 도시행정의 대상이 되는 인간집단 구조의 기능에 관한 현상이므로 행정으로서는 이를 올바르게 수용하여 적절히 대처하는 한편, 그 변화를 바람직한 방향으로 유도해 나가야 할 부문인 것이다. 향후 사회적 여건 변화는 행정에 다음과 같은 영향을 미치게 될 것으로 전망된다.

① 지속적인 도시화는 도시행정의 중심을 도시로 이행시키고 도시행정의 계층 및 지역체계를 변화시키게 된다.

② 국민의 생활수준향상과 활동영역확대는 공공수요의 증가를 가져오고, 공공서비스에 대한 기대감도 높아지므로 공급에 압박을 가중시키게 된다.

③ 국민의식수준의 향상, 민간기업의 지위향상 등으로 국민의 정부에 대한 참여와 비판이 강화되므로 도시정부가 이를 수용하고 처리할 능력의 확보가 필요하게 된다.

④ 사회적 활동 및 기능의 분화와 전문화에 따른 사회조직 및 단체들의 수적 증가와 지위향상이 예상되며 이는 도시행정에 압력요소로 작용하게 된다.

⑤ 노동시간의 점진적 단축에 따른 자유시간의 증가는 국민의 휴식과 위락을 위한 여가활동공간 및 시설의 확충을 요망하고, 따라서 재정투자확대를 필요로 하게 된다.

5. 政治·行政與件變化와 行政需要

정치·행정여건은 도시행정에 직접적이고도 단기적인 영향을 가장 강하게 미치는 환경이다. 그것은 지방행정이나 도시행정이 국가행정의 하위체계이고, 지방자치가 국가통치의 한 부분으로 도시정부의 행정권 내지 자치권은 국가로부터 주어지는 것이기 때문이다. 장래 정치·행정여건의 변화로 도시행정에 영향을 주는 몇가지 중요한 것을 보면 다음과 같다.

① 「이데올로기」보다는 자국의 이익추구에 더 큰 비중을 두는 국제관계의 변화로 우리의 도시행정도 향후 전개될 국제화시대에 부응하여 충분한 대응능력을 길러야 한다.

② 민주주의의 발달과 평화로운 정권교체의 전통확립은 지방자치제의 강화를 가져오고 국민의 정치참여와 의사반영이 활발하게 된다.

③ 국가권한과 중앙정부기능의 이양에 따른 지방분권화의 촉진은 지방자치단체의 자치권신장과 더불어 이를 수용·처리할 능력확보를 요망하게 된다.

④ 국정의 지향목표가 국민복지증진에 중점을 두고 정부의 자율적 책임행정이 강조됨에 따라 지방자치단체의 기능은 사회복지, 환경, 토지, 주거, 인력 등의 부문으로 치중된다.

⑤ 능률위주 행정에서 민주적인 자치행정으로 전환됨에 따라 의사결정에 보다 많은 시간을 요하게 되고 대화와 인내로서 수렴하고 설득하는 능력을 필요로 하게된다.

⑥ 행정기술의 발달과 장비의 과학화 경향은 도시정부의 행정절차와 수행방법에 영향을 주고 지방공무원의 전문화와 기술지향성 강화를 초래하게 된다.

Ⅱ. 行政與件變化와 都市財政需要

도시재정은 국가경제와 특히 당해 도시자치단체의 지역경제여건을 바탕으로 그 규모가 결정된다고 할 수 있다. 산업경제 및 사회구조의 발전으로 주민의 생활수준이 향상되고 의식수준이 다양화되면서 행정서비스에 대한 질적 수요의 다원화, 양적 수요의 팽창이 이루어져 도시행정기능이 증대되고 이에 따라 도시재정수요가 크게 증가할 것으로 예상된다.

도시자치단체를 둘러싼 제반 행정환경여건의 변화는 거기에 상응하는 주민들의 요구를 크게 증가시키고 나아가 도시정부가 수행해야 할 사무의 범위를 확대시킴과 동시에 질적으로 향상된 내용의 행정기능을 수행하도록 할 것이다.

이처럼 주민들의 행정에 대한 기대수요는 크게 복지생활수준의 향상에 따른 재정수요증가, 산업구조의 고도화와 경제생활수준의 향상에 따른 재정수요증가 그리고 주민생활편익증진을 뒷받침할 수 있는 사회간접자본에 대한 재정수요가 급격히 증대될 것으로 전망된다. 이와 같이 도시행정여건변화에 따른 지방재정 수요전망을 보면 다음과 같다.

① 지역의 소득 및 생활수준의 향상으로 건강·의료서비스와 여가활용 등 사회보장 및 복지에 대한 재정수요가 크게 증대될 것이다.

② 주민생활편익시설인 주택, 교통, 상·하수도 등의 공익적 사회건설에 대한 재정수요가 크게 상승할 것이다.

③ 산업구조의 고도화에 따라 상공업에 대한 지원행정기능과 지역경제 전반에 걸쳐 도시정부의 역할과 재정수요가 증대될 것이다.

④ 급속한 공업화와 자동차보급률의 확대 등으로 발생하는 각종 공해문제에 대한 대책으로서 환경보전과 공중위생시설확충 등 환경행정에 대한 수요가 늘어날 것이며 지금까지의 지역개발위주의 투자정책이 전환될 전망이다.

⑤ 지방문화창달을 위하여 문화·예술시설을 확충하고 범죄예방 등 사회불안 요인의 제거와 천재지변 등 사회비상사태에 대처하기 위한 도시정부의 재정잉여 및 비축이 증가할 것이며, 또한 이러한 기능을 수행하기 위한 도시정부의 행정유지관리적 재정수요도 상당히 늘어날 전망이다.

제 2 장 都市政府와 國家와의 關係

제 1 절 中央集權과 地方分權

Ⅰ. 中央集權과 地方分權의 本質

1. 中央集權과 地方分權의 槪念

집권(centralization)이란 행정권한, 특히 정책의 결정권이 조직내에 있어서는 상층부에, 조직간에 있어서는 상급조직에 집중되어 있는 조직형태를 의미하고, 분권(decentralization)은 집권과 반대의 조직형태를 뜻한다.[1)]

이와 같은 집권·분권의 개념을 중앙정부와 자치단체간의 관계에서 적용하는 것이 중앙집권과 지방분권에 해당된다. 즉 중앙집권이란 의사결정권한, 즉 정책의 결정권이라는 행정권한이 중앙정부에 집중되고, 지방분권이란 정책의 결정권이 가능한 한 자치단체에 많이 분산되어 있는 조직형태를 의미한다.

집권과 분권은 법률학적으로는 중앙과 지방간의 권한배분관계를 기준으로 분류하는 것으로 중앙집권은 중앙정부가 지방자치단체에 대하여 상대적으로 강력한 지휘·감독권을 가지는 것인데 비하여, 지방분권은 이 지휘·감독권이 약한 것을 의미한다. 한편, 정치적 의미로 파악할 때에는 중앙집권이란 중앙의 정치권력 내지 통치권은 강하고 지방의 자주성은 약한 것인데 비하여, 지방분권이란 중앙의 권력은 약하고 지방의 자주성은 강함을

---

1) 사이몬(H. A. Simon)은 集權과 分權의 기준을 意思決定權의 所在가 어디에 있는가에 따라 區分된다고 보고 있다. Herbert A. Simon(*et al.*), *Centralization vs. Decentralization in Organization: the Controller's Department*(New York: Controllership Foundation, Inc., 1954), p. 1.

뜻한다.[2] 따라서 중앙집권과 지방분권은 상대적·보완적 개념임을 유의해야 한다.

이처럼 어느 국가나 완전한 집권이나 분권은 있을 수 없으며 결국 어느 쪽을 보다 더 강조하고 있느냐에 따라서 상대적인 성격을 띠고 있어 측정하기가 곤란하며 동일한 국가에서도 여러 가지 여건의 변화에 따라 항상 동태적으로 변한다.[3]

2. 中央集權과 地方分權의 比較

(1) 中央集權과 地方分權의 長點

중앙집권이나 지방분권을 야기시키는 변수가 다양하고 각 국가가 처한 환경적 요인이 상이하기 때문에 일률적으로 중앙집권과 지방분권의 장·단점을 논할 수는 없다. 그러나 순수한 이론적인 면에서 중앙집권과 지방분권은 각각 다음과 같은 장점이 있다. 이론상 중앙집권의 장점은 역으로 지방분권의 단점이 되고 지방분권의 장점은 역으로 중앙집권의 단점이 된다.

(가) 中央集權의 長點[4]

① 國家的 危機에 대한 迅速한 對處

국가가 국제정세의 변동이나 안보상의 위기에 직면하는 경우 신속하게 대처할 수 있다. 예컨대 외침을 받아 예비군을 동원해야 할 긴박한 상황에 직면했을 때 예비군 동원권을 중앙정부가 가지고 있을 때에는 일사불란하게 대처할 수 있으나, 자치단체의 수장에게 그 동원권이 분산되어 있으면 혼란이 야기되는 등 이에 신속하게 대처하지 못할 것이다.

② 經濟發展·國民形成에 有利

중앙집권의 경우에는 경제발전의 초창기에 필요한 자원을 기간산업에 집중적으로 투자할 수가 있어 경제발전에 유리하고,[5] 국가형성(state-building) 및 국민형성(nation-building) 등 국가발전의 초기단계에 더욱 효과적이다.[6]

---

2) 鄭世煜, 「地方行政學」(서울: 法文社, 1998), pp. 65~66.

3) 朴東緖, 「韓國行政論」(서울: 法文社, 1997), pp. 366~367.

4) 이에 관한 종합적인 설명은 鄭世煜, 「新行政學原論」(서울: 法文社, 1998), pp. 71~72; 金圭定, 「新行政學原論」(서울: 法文社, 1998), pp. 392~393.

5) John N. Hazard, *The Soviet System of Government* (Chicago: University of Chicago Press, 1960), p. 98.

6) G. A. Almond and G. B. Powell Jr., *Comparative Politics; A Developmental Approach*

③ 地域間의 隔差解消

한 국가내에 있어서 경제발전의 정도나 지리적인 조건에 의해 각 자치단체마다 재정자립력, 경제력, 문화수준, 복지수준, 산업구조, 사회간접자본 등이 상이한 데 이는 중앙정부의 조정에 의해서 균형발전을 통해 해소된다.

④ 全國的 또는 廣域的 規模의 事業

대규모의 광역적인 사업과 현업에 중앙집권이 적합하다. 개별 도시정부는 이러한 종류의 사무를 처리할 수 없으며, 비록 처리한다 하더라고 그 소기의 효과를 기대하기가 곤란하다. 또한 지역개발기능도 소규모의 지방자치단체보다는 중앙정부가 담당함이 바람직하다.

⑤ 行政의 統一性, 專門性, 能率性의 確保

전국적인 통일성이 요구되는 행정사무에 적합하며, 인사관리나 예산관리 기능을 자치단체에 분권화하면 자치단체의 업무수행에 치중하는 나머지 이러한 관리기능에는 소홀해지는데 비하여, 이를 중앙집권화하면 인사나 예산의 전문가를 중앙정부에 확보하여 활용할 수 있으므로 전문화를 촉진시킬 수 있게 된다. 또한 각 자치단체에 의한 분산구매제도보다는 중앙정부에 의한 집중구매제도에 의할 때 예산의 절약과 능률을 도모할 수 있다.

이 밖에 중앙집권은 i) 소규모조직에 적합하고, ii) 각 지방자치단체간의 행·재정력을 조정하여 균형을 유지하는데 도움을 주며, iii) 부분적 이익을 초월하여 전체적 이익을 도모할 수 있다.

(나) 地方分權의 長點

① 行政의 社會的 能率增進

지방분권은 정치적 측면에서 「주민으로부터의 민주주의」를 실현시키므로 민주주의와 능률의 요구를 동시에 충족시킬 수 있다.

② 民衆統制를 통한 行政의 民主化

주민과 가까운 곳에서 지방정치를 행함으로써 지방정치와 행정에 대한 민중통제(popular control)를 강화하고 행정의 민주화를 실현할 수 있다. 중앙정부에 의한 국정이 국민으로부터 통제를 받도록 민주화가 요청되는 것처럼 지방공무원이 지방주민에 대한 봉사를 하고 도시정부에 의한 지방정치가 주민으로부터 통제를 받도록 지방분권을 통하여 민주화를 확보할 수 있다.

(Boston: Little and Brown, 1966), pp. 34~35.

③ 住民參與에 의한 行政의 民主化

지방분권을 실시하면 주민참여를 유발시켜 민의를 반영할 수 있고, 또한 주민참여를 통해 정치훈련을 가능하게 하고 주민의 정치의식수준을 향상시킨다. 또한 자치단체의 개발계획이나 사업계획을 수립·집행함에 있어 주민들을 참여시킴으로써 주민의 새로운 「아이디어」와 소망(ideas and wishes)을 수렴하여 그들의 욕구를 충족시키는 동시에 행정의 민주화를 확보할 수 있다.

④ 地域實情에 맞는 行政

지방분권은 중앙정부에 의하여 행해지는 획일적행정의 폐단을 막을 수 있다. 대도시지역은 대도시의 특수한 행정수요에, 농촌지역은 농촌의 실정에, 공업지역은 공업도시의 특수한 여건에, 관광지역은 관광지로서의 특수한 행정수요에 각각 적합하도록 그 지역의 특성을 살려 수행할 수 있다.

⑤ 地方公務員의 士氣提高

지방분권이 되면 지방공무원에게 의사결정권이 많이 위임되기 때문에 지방공무원들의 주체의식이 향상되고 사기가 높아진다. 지방공무원의 주체의식이나 사기 진작은 지방공무원의 창의성을 높이고 업무수행에 있어서 쇄신성을 가져다 준다. 또한 지방공무원들이 정책결정과 집행에 직접관여하여 풍부한 경험을 갖게 되므로 넓은 시야와 고도의 판단력, 식견을 가진 능력있는 관리자로 훈련·양성시킬 수 있다.

⑥ 迅速한 行政處理

중앙집권하에서는 경미한 행정사항일지라도 중앙정부의 승인을 받아야 하므로 번잡한 결정(red-tapes)에 따른 행정의 지체를 초래하게 된다. 그러나 지방분권화에서는 도시정부가 현지에서 모든 행정사항을 자주적으로 결정·집행하므로 복잡한 결재나 승인을 요하지 않으며 행정의 신속한 처리가 가능해진다.

⑦ 地域單位行政의 綜合·調整

중앙집권화 경우에는 한 지역에서 이루어지고 있는 행정이 기능적으로 분리되어 중앙부처에 예속되기 때문에 지역단위에 있어서 기능적인 분화가 심하다. 그러나 지방분권화의 경우에는 도시행정기관에 재량권이 유보되어 있기 때문에 지역별로 행정 전체를 종합·조정할 수가 있다.

(2) 中央集權과 地方分權의 調和

중앙집권이나 지방분권은 각기 장·단점을 내포하고 있고, 환경적 요인에 따라 그 가치가 다르기 때문에 어느 것이 더 좋다고 하는 일률적인 평가는 곤란하다. 이러한 양제도는 어디까지나 상대적인 것일 뿐 절대적인 것은 아니며 상황을 고려하여 중앙집권과 지방분권을 적절히 조정하는 것이 요구된다.

과도한 중앙집권은 첫째, 행정적인 면에서 행정수요의 지역적 특수성을 무시하고 획일적으로 처리하게 되며 둘째, 정치적인 면에서 주민으로부터의 민주주의와 민중통제를 약화시키고 셋째, 자치단체의 구역을 확대시킴으로써 자치의식을 희박하게 한다는 근본적인 결함을 가지고 있다.[7]

그런데 현대행정은 일정한 사항에 대하여 행정의 통일성을 요구하는 것이지 지방별 특성을 무시하는 행정의 획일성을 요구하는 것은 아니다. 물론 행정사무 중에는 조세, 경찰, 징병, 근로기준, 화폐 등과 같이 행정의 통일성을 요하는 것이 있지만 각 지방의 특수성에 맞게 처리해야 하는 것도 있다. 따라서 통일성을 필요로 하지 않는 사무의 처리에는 도시정부의 자주성과 창의성을 존중해야 한다.

현대의 행정에 있어서 가장 바람직한 것은 집권화와 분권화의 균형인데 행정을 기획·집행·평가의 과정으로 볼 때 중요한 기획이나 방향은 중앙에서 결정하고, 집행은 자치단체에 맡기고, 그 집행의 평가는 다시 중앙행정기관이 담당하는 경우에 집권화와 분권화는 보완성을 띠면서 균형을 이룰 수 있다.[8]

Ⅱ. 新中央集權化와 新地方分權化

오늘날 선·후진국을 막론하고 지방분권의 경향과 중앙집권의 경향이 동시에 고조되고 있는 한편, 중앙집권과 지방분권의 균형화문제가 크게 논의되고 있는 가운데 신중앙집권화와 신지방분권화라는 새로운 경향이 현대도시행정의 분야에서 크게 대두되고 있다.

---

7) 鄭世煜, 전게서, pp. 72~73; 李圭煥, 「韓國地方行政學」(서울: 法文社, 2011), pp. 65~66.

8) 白完基, 「行政學」(서울: 博英社, 1985), pp. 234~235.

1. 新中央集權化 傾向

신중앙집권화(new centralization)는 영·미처럼 전통적으로 지방자치가 확고한 뿌리를 내리고 있는 나라에서 복지국가의 건설, 행정의 능률성 확보, 지방자치의 보완 등 최근의 사회적 변동과 환경변화에 따라 중앙정부의 역할이 증가되어가는 현상을 말한다. 이것은 정치권력적인 의미보다는 상호조정·보완하는 기능적 협력관계로서[9] 민주주의와 능률을 조화시키려는데 기인하고 있다.

신중앙집권화가 나타나는 형태로는 도시행정기능의 중앙이전, 중앙재정에 대한 지방의 의존, 중앙통제 등을 들 수 있으나 일반적으로 다음과 같은 형태를 취하여 여러 가지 형태가 동시에 복합적으로 나타난다.[10]

(1) 地方行政機能의 中央移轉

도시정부의 사무가 중앙정부에 이관되는 경우를 말한다. 특히 주민의 생활영역이 확대됨에 따라 나타나는데 도로교통사고·병원·공적부조·공익사업 등에서 많이 볼 수 있다.

(2) 中央政府의 一線機關設置

이 경우는 지방에서 처리를 요하는 행정사무를 자치단체에 이양하는 것이 아니라 중앙정부의 일선기관인 특별지방행정기관을 설치한다. 그리고 자치단체에 위임하는 경우에 있어서도 단체위임보다도 기관위임의 형태를 취하여 지방의회의 관여를 배제시킨다.

(3) 中央財政에 대한 依存

자치단체는 급증하는 재정수요를 충족시키기 위해서 중앙정부에 대한 재정적 의존을 강화한다. 이와 같은 현상은 세계적인 경향으로 우리나라에서도 볼 수 있는데 이것은 중앙집권의 한 형태이면서 그 원인이 되기도 한다.

9) 「앨더퍼」(H. F. Alderfer)는 新中央集權化는 중앙정부와 지방자치단체간에 협력의 영역을 확대함으로써 중앙과 지방의 행정을 개선하는데 기여해 왔다고 주장하면서, 이러한 성격의 현대적 중앙집권을 「協同的 聯邦主義」(co-operative federalism)라고 부르고 있다. A. F. Alderfer, *American Local Government and Administration*(New York: Macmillan, 1956), p. 233.

10) 崔昌浩, 「지방자치학」(서울: 三英社, 1995), pp. 77~78.

(4) 中央統制의 强化

중앙정부의 지방자치단체에 대한 통제가 강화되고 있다. 중앙통제의 강화는 주로 전쟁이나 재정적 위기시에 이루어지지만 이러한 현상은 장기적인 추세로 나타나고 있다. 그러나 이것은 절대군주국가에서 볼 수 있는 바와 같은 후견적·권력적 통제가 아니라 권고와 정보제공, 재정적 지원, 기준설정, 승인, 직원의 임면, 정기적인 보고 등의 형태를 취한다.

2. 新地方分權化 傾向

도시행정의 능률성과 국민최저수준(national minimum)을 확보하기 위해서 신중앙집권화가 강력하게 주장되었다. 이러한 신중앙집권화는 국가와 지방의 관계를 권력적인 측면보다 행정능률의 향상을 위한 행정기술의 측면으로 이해된다고 하지만, 이는 긍정적인 면 뿐만 아니라 부정적인 면을 동시에 갖고 있기 때문에 새로운 지방분권이 요구되고 있다.[11]

첫째, 중앙정부의 계획행정에 의거한 획일행정에 의해서 국가행정의 관료화를 초래하게 되었다. 즉 신중앙집권화는 행정국가 현상을 초래하게 되고 행정부(중앙정부)가 강력한 권한을 행사하게 되어 삼권분립 등 자유민주주의가 손상되었다. 따라서 이를 바로 잡기 위해서 신지방분권이 대두되었다.

둘째, 행정사무 중에는 전국적인 성격을 가지면서 동시에 지방적 이해를 갖는 사무가 크게 증가되고 있다. 이러한 사무를 처리하는데 있어서 지방적 이해를 반영하려면 지방자치단체를 통할 수밖에 없게 된다. 그리고 주민들의 생활권이 확대됨에 따라 전국적인 이해관계를 갖는 행정사무가 증가하고 있지만 그 이해관계가 지방에 한정되는 사무는 여전히 존재하기 때문에 지방자치의 활성화를 위한 신지방분권화가 필요하다.

셋째, 현대에 이르러 인간은 보다 더 작고 인간적인 것을 추구하려는 경향이 있다. 「토플러」(A. Toffler)는 그의 「제 3의 물결」(The Third Wave)에서 앞으로의 21세기는 대량화·표준화·획일화·집중화에 대한 반동으로 개별화·다양화·특수화·분권화의 시대가 될 것이라고 예측하면서 지방분권시대나 지방시대를 예언하고 있다.

11) 村英一·星野光男, 「地方自治讀本」(東京: 東洋經濟新聞社, 1957), pp. 290~295; 崔昌浩, 전게서, pp. 80~82.

Ⅲ. 地方自治團體에 대한 中央統制

1. 中央統制의 意義

중앙통제(central control)란 일반적으로 자치단체에 대한 국가의 통제를 의미하며, 보다 넓게는 기초적 자치단체에 대한 상급자치단체의 통제도 포함하는 개념이다.[12] 지방분권이 아무리 잘되어 있다고 하더라도 국가적 차원에서 관여가 요청되는 문제들이 있으며 또한 국정의 통일과 책임문제가 있기 때문에 어느 정도 중앙정부는 자치단체에 대한 통제권을 가지고 있다. 그러나 중앙정부의 통제는 지방의 분권화를 전제로 할 때 가능하다. 이는 중앙집권화상태에서는 지방정부에 대한 통제가 당연한 것이기 때문이다.

이러한 중앙통제가 필요한 것은 국가이익이나 발전목표에 자치단체를 동반자로 유도하기 위한 것이라 하겠다. 예컨대, 각 자치단체의 복지수준, 교육수준, 보건·위생수준, 주택·교통·급수 등 생활환경수준 등의 여하는 자치단체의 기능영역에 속한다고 하지만 자치단체별 행·재정능력의 차이로 복지, 교육, 생활환경수준은 격심한 차이가 나타날 것이다. 이럴 경우, 낙후된 자치단체만의 문제가 아니라 국가사회의 전체적인 문제가 되는 것이다. 국민최저수준(national minimum level)이란 용어를 쓰고 있는 이유도 바로 여기에 있다. 따라서 국가는 모든 자치단체들에게 일정한 행정수준을 유지하기 위하여 중앙통제가 필요한 것이다.

중앙통제는 국가가 우월한 지배력을 가지고 자치단체를 일방적으로 지배, 압박, 강요하는 관점에서만 파악되어서는 아니되며, 국가는 전체적 입장에서 능력을 충분히 발휘하고, 동시에 자치단체는 그 고유의 영역에서 독립성을 유지하며, 중앙과 지방이 서로 부족한 점을 보완하고 협력함으로써 궁극적으로 국가전체의 이익이나 발전목표를 도모한다고 하는 폭넓은 관점에서 파악되어야 하는 것이다.[13]

그런데 오늘날 신중앙집권화가 촉진됨에 따라 중앙정부가 자치단체에 대한 통제가 강화하는 경향이 현저하게 나타나고 있는바, 이와 같이 중앙통

---

12) 鄭世煜, 전게서, pp. 210~211.

13) 崔昌浩, 「地方自治學」(서울: 三英社, 1995), p. 720.

제가 강화되는 이유는 다음과 같다.[14)]

첫째로, 행정기능의 양적 확대에 있다. 지방정부는 중앙정부와 비교할 때 주민들의 생활환경의 정비·개선, 복지 증진과 같은 기능의 양이 급격히 늘어나고 있는 반면에 이러한 행정수요의 팽창에 능동적으로 대처해 나갈 행·재정능력은 매우 부족한 실정에서 중앙정부의 재정적 원조가 절실히 필요하게 되었다.

둘째로, 행정기능의 질적 복잡화·고도화에 기인하고 있다. 행정기능이 적극적으로 요구호생활대책, 실업대책, 노사문제, 사회보장 등 복잡화·전문화된 기능을 수행하게 되면서 지방정부는 이러한 기능을 수행하는데 요청되는 고도의 지식과 기술, 능력을 갖추고 있지 못하다. 따라서 중앙정부의 지식적·기술적 원조와 지도, 권고, 조언, 정보제공, 사전승인 등을 받게 된다.

셋째로, 지방적 사무의 전국적 이해관계화에 기인하고 있다. 교통·통신의 발달로 생활권의 범위가 확대되면서 지방적 사무와 국가적 사무간의 한계가 불명확하게 되었다. 따라서 국가는 보다 광역적인 관점에서 자치단체의 기능수행을 조정해야 할 필요성이 대두된 것이다.

2. 우리나라의 中央統制 方式

중앙통제의 방식은 일반적으로 입법통제, 사법통제, 행정통제의 세 가지 형태로 구분되는데 오늘날에는 선·후진국을 막론하고 행정통제가 상대적으로 큰 비중을 차지하게 되었다. 따라서 본문에서는 우리나라 행정통제를 중심으로 살펴보고자 한다.

(1) 行政全般에 관한 統制

중앙행정기관의 장 또는 시·도지사는 감독상 필요할 때에는 산하 자치단체의 사무에 관하여 조언 또는 권고하거나 지도할 수 있으며, 이를 위하여 필요한 때에는 지방자치단체에 자료의 제출을 요구할 수 있다.[15)]

또한 ① 예산, ② 결산, ③ 조례·규칙의 제정 등도 시·도에 있어서는 행정안전부장관에게, 시·군 및 자치구에 있어서는 시·도지사에게 보고해

---

14) 李圭煥, 전게서, pp. 141~144.
15) 상게서, pp. 146~149.

야 한다.[16)] 뿐만 아니라 감사원은 감독상 필요한 계산서, 증거서류, 조서, 기타의 서류나 물품 등을 제출시키거나 봉인하거나 일정한 자의 출석답변을 요구할 수 있다.[17)]

행정안전부장관 또는 시·도지사는 지방자치단체의 자치사무에 관하여 보고를 받거나 서류·장부 또는 회계를 감사할 수 있다. 다만 감사는 법령위반사항에 한하여 실시하도록 하였다.[18)]

중앙행정기관의 장 또는 시·도지사는 자치단체에 대하여 조언·권고와 기술적인 지도를 할 수 있다.[19)] 그러나 실제로는 지방의 실정을 고려하지 않고 일방적·획일적으로 명령을 내리는 것이 보통이다.

지방자치법·동법 시행령, 지방공무원법, 기타의 법령은 중요한 조례, 규칙의 제정을 비롯한 광범위한 사항에 대하여 事前承認制를 규정하고 있다. 예컨대, 직속기관의 설치나 자치구가 아닌 區와 읍·면·동 행정기구의 설치의 승인 등이 그것이다.[20)]

또한 지방자치단체의 사무에 관한 그 長의 명령이나 처분이 법령에 위반되거나 현저히 부당하여 공익을 해한다고 인정될 때에는 시·도에 대하여는 주무부장관이 시·군 및 자치구에 대하여는 시·도지사가 기간을 정하여 서면으로 그 시정을 명하고 그 기간내에 이를 이행하지 않을 때에는 이를 취소하거나 정지할 수 있다. 다만 자치사무에 관한 명령이나 처분에 있어서는 법령에 위반하는 것에 한한다[21)]고 규정함으로써 중앙정부에 매우 강력한 통제·감독권을 부여하고 있다.

이처럼 우리나라의 행정전반에 걸친 행정통제 방식은 보고, 조언, 권고, 기술적인 지도, 지원, 자료제출 등 비권력적 통제방식 뿐만 아니라 사전승인, 시정명령, 취소·정지, 감사 등 권력적 통제도 많음을 알 수 있다.

(2) 人事에 관한 統制

자치단체에 대한 인사상의 통제는 중앙통제로서 가장 큰 영향을 주는 것이라 할 수 있다. 이것은 임면 뿐만 아니라 전보·승진 등의 다방면에 걸쳐

16) 地方自治法 제133조 제2항, 제134조 제2항 및 제21조 참조.
17) 監査院法 제25조 및 제27조 참조.
18) 地方自治法 제171조 참조.
19) 地方自治法 제166조 제1항 참조.
20) 地方自治法 제113조 제2항 및 제120조 참조.
21) 地方自治法 제169조 제1항 참조.

강력한 통제를 할 수 있기 때문에 도시행정의 통일성을 확보할 수 있다. 특히 종전의 자치단체의 長과 지방정부의 고위직을 정부가 임명했을 때는 중앙정부의 통제력이 막강하였으나 지난 1995년부터 자치단체의 장을 주민직선으로 뽑고, 자치단체의 국가공무원 중 대부분을 지방공무원으로 전환하면서 오늘날 인사상의 통제는 크게 약화되었다고 할 수 있다.

특별시・광역시의 부시장과 道의 부지사는 정무직 또는 일반직 국가공무원으로 보하되, 그 직급은 대통령령으로 정한다.[22]

부시장, 부군수 및 부구청장은 시장・군수 및 구청장이 임명하는 일반직 지방공무원으로 보하되 그 직급은 대통령령으로 정한다.[23]

자치단체에는 법률로 국가공무원을 둘 수 있는데, 5급 이상은 당해 자치단체장의 제청으로 대통령이, 6급 이하는 당해자치단체장의 제청으로 소속장관이 임명한다.[24]

자치단체에 배치하는 지방공무원의 정원은 대통령령이 정한 기준에 따라 그 자치단체의 조례로 정한다.[25]

(3) 財政에 관한 統制

자치단체의 재정에 대하여도 여러 면에서 중앙통제가 행해진다.

첫째로 재정보조를 통한 통제이다. 구체적인 방식으로 국고보조금에 있어서의 국고보조율과 지방비부담을, 지방교부세에 있어서의 교부세율을 법령으로 정한다. 특히 국고보조금의 지급액산정과 비용용도제한 및 그 운영에 대한 감독 등을 통하여 지방재정을 통제한다.

둘째로 기채승인을 통한 통제이다. 행정자치부장관은 지방자치단체에 항구적인 이익이 되거나 비상재해복구 등을 위하여 필요한 때에 한하여 지방자치단체의 기채를 승인하며,[26] 문화・예술・사회복지 및 지역개발을 위하여 필요한 때에 한하여 지방자치단체의 복권발행을 승인한다.

셋째로 예산편성지침을 통한 통제이다. 행정자치부장관은 매 회계연도마다 지방자치단체의 예산편성기본지침을 작성하여 전년도 8월 31일까지 지방

22) 地方自治法 제110조 제2항 및 제3항 참조.
23) 地方自治法 제110조 제4항 참조.
24) 地方自治法 제112조 제6항 참조.
25) 地方自治法 제112조 제2항 참조.
26) 地方自治法 제124조 제1항 참조.

자치단체에 시달한다. 지방자치단체는 이 예산편성기본지침에 준용하여 예산을 편성해야 하기 때문에 통제력을 갖는다.

(4) 監査에 의한 統制

감사원은 회계검사를 통하여 지방자치단체의 세입·세출의 결산을 확인한다. 회계검사의 결과를 처리하는 것으로는 자치단체 회계관계공무원의 책임을 판정하여 징계를 요구할 수 있는 권한을 가진다.

또한 감사원은 자치단체 및 소속공무원의 직무를 감찰하여 행정의 개선·향상을 도모한다. 첫째, 감사원은 감사의 결과 위법·부당하다고 인정되는 사실이 있을 때에는 소속장관·감독기관의 장 또는 그 자치단체의 장에게 시정·주의 등을 요구할 수 있다. 둘째, 제도상 또는 행정상의 모순이 있거나 기타 개선할 사항이 있다고 인정할 때에는 소속장관·감독기관의 장 또는 자치단체의 장에게 제도상·행정상의 개선을 요구할 수 있으며, 이러한 요구를 받은 자치단체의 장은 그 조치 또는 개선의 결과를 감사원에 통지하게 되어 있다.[27]

3. 中央統制의 限界와 方向

오늘날 행정국가에 있어 행정기능이 양적으로 확대되고 질적으로 복잡화·고도화되면서 그리고 지방적 사무가 전국적 이해관계화되면서 자치행정에 대한 중앙통제는 중앙정부로 하여금 자치단체를 지도·육성한다는 관점에서 그 어느 때보다 필요하게 되었다. 그러나 자치단체에 대한 지나친 관여나 간섭은 자치단체의 의욕을 떨어뜨리고 지방정부의 자주적 활동영역을 좁히게 되며 지방적 특수이익을 소홀히 하게됨으로써 결국 도시행정의 민주화를 정면으로 부정할 우려가 있다. 중앙통제의 불가피성을 인정하면서도 동시에 그 한계를 주장하게 되는 이유는 바로 여기에 있다.[28]

(1) 行政全般에 관한 統制의 限界

우리나라는 정기보고 이외에 수시보고의 요구가 많아 자치단체는 보고서작성에 많은 시간과 노력을 낭비하고 있다. 따라서 수시보고는 꼭 필요한

---

27) 李圭煥, 전게서, p. 149.
28) 상게서, pp. 150~152.

때에만 요구해야 할 것이며, 중앙정부의 인가・승인은 그 사무의 성질상 중앙정부가 관여하지 않을 수 없는 때에 한해서만 해야 할 것이다.

(2) 人事統制의 限界

지방자치가 실시되면서 자치단체의 장을 직선할 뿐 아니라 자치단체의 많은 고위직과 관리직을 그동안 국가공무원에서 지방공무원으로 전환시킨 것은 당연한 조치라 하겠다.

자치단체의 자주적인 인사의 폭을 넓히고 지방공무원에게 승진의 기회를 넓혀 주어야 한다. 또한 중앙정부는 부득이한 경우를 제외하고는 자치단체의 지방공무원에 대한 인사행정에는 관여하지 말아야 한다.

(3) 財政統制의 限界

중앙정부가 자치단체에 국고보조금을 교부하더라도 그에 따르는 중앙통제는 자치단체의 자주성을 침해하지 않는 범위내에서 한정되어야 한다. 국가가 중대한 이해관계를 가지는 행정에 대한 전국적 일정수준을 확보하고 국가의 종합계획이나 시책을 실시하며, 새로운 행정기능을 수행하기 위하여 국고보조금을 지급하는 것이므로 중앙통제는 이러한 보조금제도의 취지에 부합되는 한도내에서 그쳐야 한다.

중앙통제는 권력적・후견적인 것을 되도록 지양하고 비권력적인 것으로 전환해야 하며, 권력적 통제는 국민적 최저수준을 확보하거나 긴급한 사태에 대비하는 불가피한 경우에 한정해야 한다. 따라서 중앙통제의 바람직한 방향은 다음과 같다.[29]

(가) 知識과 技術의 助言 및 情報의 提供

중앙정부는 비교적 우수한 전문가와 시설을 자치단체보다 더 많이 보유하고 있기 때문에 지방정부가 행정을 수행하는 데 필요한 지식과 기술을 지원・전달해 주고 전문가를 파견하여 조언해 줌으로써 자치단체의 행정능력을 제고하여 도시행정수준을 향상시켜야 할 것이다.

(나) 國民的 最低水準의 確保를 위한 財政的 援助

자치단체에 대한 중앙정부의 재정적 지원의 목적은 첫째, 국민적 최저수준을 확보・유지하고 둘째, 균형있는 지역개발을 실현하여 지역경제의 격차

29) 상게서, pp. 151~152.

를 해소하는 데 있다. 따라서 재정적 입장에서 우월한 중앙정부는 재정력이 부족한 자치단체에게 적절한 재정적 원조를 통하여 자치단체로 하여금 국민생활의 최저수준을 확보하도록 해야 할 것이다.

(다) 國家와 自治團體間의 圓滿한 協力關係의 維持

행정통제는 자치단체를 국가에 예속시키려는 수직적 관계를 설정하는 데 그 목적이 있는 것이 아니라 양자가 대등한 관계에서 국가기능을 수행하는 데 협력관계의 발전이란 차원에서 인식해야 할 것이다.

(라) 垂直的 分業體系의 確立

중앙통제의 방향은 국가기능을 수행함에 있어서 국가와 자치단체간의 분업체계를 모색하는 데 두어야 할 것이다. 그것은 중앙정부가 정책이나 계획을 수립하고 지방정부가 이를 집행하며 그 결과에 대하여 중앙정부가 심사분석이나 행정감사 등 사후통제를 하여 다시 정책이나 계획수립에 환류(feed-back)시키는 일련의 행정과정에서 파악될 수 있다.

제 2 절 都市政府의 自治權

Ⅰ. 自治權의 意義

자치단체의 권능, 즉 自治權(right of self-government)은 개인의 천부인권적 기본권에 해당하는 자치단체의 固有權인가 또는 국가로부터 수여된 傳來權인가에 대하여 학설의 대립이 있다.[30]

1. 固有權說

이 학설은 중세 유럽 제국의 도시제도의 영향을 받아, 특히 프랑스의 지방권(pouvoir municipal)사상을 기초로 대두되었다. 지방권사상에 의하면 자치단체는 국가내의 소국가적 지위를 갖게 되며, 중세 유럽 제국의 지방단체가 향유했던 봉건적 특권이나 자치도시의 지방권, 오늘날 연방국가의 주가

30) 상게서, pp. 94~96; 孫在植, 「現代地方行政論」(서울: 博英社, 1985), pp. 94~96; 金道昶, 「一般行政法論(下)」(서울: 靑雲社, 1981), p. 103.

누리고 있는 준주권적 권능(quasi-sovereign power)을 가지게 된다.

이러한 지방권사상은 19세기에서 20세기에 걸쳐 일반적 현상이었던 자연법론의 쇠퇴와 더불어 다른 한편으로는 중앙정부의 전제적 군주정치가 대의제 민주정치로 대체됨에 따라 지방권사상에 기초를 둔 고유권설도 점차 퇴조하게 되었다.

2. 傳來權說·國權說

이 학설은 자치권도 국법에 근거를 두고 있으며, 따라서 자치단체는 국가의 창조물(creature of state)이고 자치권은 국가로부터 수여된 권력이라고 보고 있다. 다만 자치권은 국가에 의하여 수여된 전래적 권력이지만 자치단체는 독립적 법인격을 가진 단체로서 자기이익을 위하여 자기권리로서 이 지배권을 행사한다는 것이 대체로 공통된 견해이다.

근대국가에 있어서의 지방자치는 민족적 통일국가의 성립을 그 전제로 하는 까닭에 국가가 자치단체에게 일정한 지방적 사항(matters of local concern)을 이양하여 지방주민 스스로 처리하도록 허용할 때 비로소 가능했던 것이라 할 수 있다. 따라서 자치권은 주권적 통일국가의 통치구조의 일환으로 형성된다는 의미에서 그것은 고유권이 아니라 국법으로 부여된 권리라 할 수 있다. 그러므로 지방자치단체는 국가의 주권적 또는 준주권적 제약에서 완전히 벗어날 수 없다. 전래권설 또는 국권설은 주로 독일의 공법학자들에 의하여 주장되고 있으며 종래의 통설이었다.

3. 制度的 保障說

이 학설은 전래권설과 같이 자치권이 국가의 통치권에서 나오는 것이라고 하면서도 헌법에 지방자치의 규정을 둠으로써 지방자치제도가 보장된다고 주장한다. 그 논거는 「바이마르」헌법을 중심으로 하고 있으며 오늘날의 다수설 내지 통설이 되고 있다. 요컨대 자치권은 국가의 통치권으로부터 전래된 것으로서 헌법에 규정된 범위내에서 허용되는 것으로 이해해야 한다. 즉 지방자치단체의 조직·운영에 관한 기본원칙은 헌법에 의하여 제도적으로 보장되고 있기 때문에 지방자치를 실시할 수 있는 것이다.

지방자치의 제도적 보장설은 지방자치에 대한 법률의 유보에서 필연적으로 야기될 立法府의 全權性을 억제하여 위험현상에 대처함으로써 지방자치행정을 법률에 의한 침해로부터 보호하려는 것으로서 그 한도내에서 적극적 의미를 가지게 된다.

Ⅱ. 自治立法權

1. 自治立法權의 意義

국가가 통치권을 바탕으로 입법권을 가진 것과 마찬가지로 지방자치단체는 자치권을 기초로 자치입법권을 보유하고 있다. 이는 지방자치단체가 법규적 성질을 가지는 규범을 창조할 수 있는 권한을 말한다. 즉 자치입법권이란 지방자치단체가 자치권의 한 구현으로서 스스로 법규를 제정할 수 있는 권능을 말한다.

우리나라 헌법 제117조 1항에서 「법령의 범위 안에서 자치에 관한 규정을 제정할 수 있다」라고 규정하고 있어 자치입법권을 헌법으로 보장하고 있다. 여기서 「자치에 관한 규정」에는 지방의회가 제정하는 條例와 자치단체의 장이 제정하는 規則이 있다. 「법령의 범위안에서」라는 것은 자치법규가 헌법·법률·명령뿐만 아니라 상급자치단체의 자치법규를 위반해서 안된다는 것을 의미한다. 그리고 동일한 자치단체에 있어서도 규칙은 조례의 범위를 일탈해서는 안된다는 것을 뜻한다.

조례나 규칙 등의 자치법규는 일반성·보편성을 내포하고 있기 때문에 지역내에서는 모든 주민들에게 보편적으로 적용되지만 자치법규라는 성질에 의해 자치구역내에서만 그 효력이 있다.

2. 自治法規의 範圍

(1) 條 例

조례는 자치단체가 법령의 범위안에서 그 권한에 속하는 사무에 관하여 지방의회의 의결로서 제정하는 규범이다.[31)]

조례는 자치단체가 그 권한에 속하는 사항을 처리하기 위해서 제정하는 자치법규이기 때문에 자치단체의 권한과 조례의 범위는 밀접한 관계를 갖고 있다. 「지방자치법」 제15조에서는 '지방자치단체는 법령의 범위안에서 그 사

31) 地方自治法 제22조.

무에 관하여 조례를 제정할 수 있다'라고 규정하고 있으나 그 구체적인 범위는 다음과 같은 것들이 포함된다.[32)]

① 고유사무 및 단체위임사무의 처리에 관한 사항

② 주민의 권리·의무에 관한 사항

③ 지방자치단체의 권한을 획정하는 사항

④ 지방의회의 의결을 거침으로써 민의를 반영하고 주민통제를 보장할 필요가 있는 사항

⑤ 결정에 있어서 공정성·신중성이 요구되는 사항

⑥ 기타 법령에 의해 조례의 규정사항으로 지정된 사항

조례는 일정한 지역내에서 효력을 갖고 있으며 국가전체의 국법질서의 일환으로서 인정되는 자치법규라는 의미에서 다음과 같은 한계가 있다. ① 법령에 위반하지 않아야 하며 ② 지방자치단체의 사무(고유사무와 단체위임사무)에 관한 것이어야 하며 ③ 시·군 및 자치구의 조례는 시·도의 조례와 규칙에 위반해서는 안되며[33)] ① 주민의 권리제한 또는 의무부과에 관한 벌칙을 규정할 때에는 법률의 위임이 있어야 한다.[34)]

(2) 規 則

규칙은 자치단체의 장이 법령 또는 조례가 위임한 범위내에서 그 권한에 속하는 사무에 관하여 제정하는 자치법규를 말한다.[35)]

규칙이 규정할 수 있는 범위는 자치단체 장의 권한에 속하는 고유사무와 단체위임사무 뿐만 아니라 기관위임사무까지 포함한다. 특히 자치단체의 장이 제정하는 행정규칙의 범위는 단체사무(고유사무·단체위임사무)에 관해서는 법령이 조례사항으로 지정한 것과 의회의 권한에 속하는 사항, 주민의 권리·의무에 관한 사항 등을 제외한 모든 사무를 포함한다. 그러나 국가나 상급자치단체가 위임하는 기관위임사무는 규칙의 전권사항이다. 또한 규칙은 조례가 위임한 사항이나 조례의 실시를 위하여 필요한 사항에 대해서도 규정할 수 있다.

이처럼 규칙은 ① 법령 또는 조례가 위임한 범위내에서 제정하여야 하

32) 鄭世煜, 전게서, pp. 151~152.
33) 地方自治法 제24조 참조.
34) 地方自治法 제22조 단서 참조.
35) 地方自治法 제23조 참조.

고, ② 지방자치단체의 장이 제정하므로 고유사무, 단체위임사무는 물론 기관위임사무에 대하여도 제정할 수 있으며, ③ 주민의 권리·의무에 관한 사항은 법령의 개별적 위임이 있어야 하며, ④ 시·군 및 자치구의 규칙은 시·도의 조례나 규칙에 위반해서는 안된다.

Ⅲ. 自治組織權

1. 自治組織權의 意義

자치조직권이란 자치단체가 자치행정을 위하여 자기의 조직을 자주적으로 구성할 수 있는 권능을 말한다. 자치단체가 지역실정에 적합하고 주민의 복리증진을 위한 행정을 실시하기 위해서는 자율적인 기관구성권인 자치조직권이 확보되어야 한다. 만약에 지방자치단체의 기관구성권을 중앙정부가 행사하게 된다면 지역실정과 괴리될 뿐만 아니라 비능률성과 비민주성을 초래하게 되어 지방자치의 이념을 실현할 수 없게 된다.

이처럼 자치조직권은 자치단체가 자치행정을 실시하기 위한 행정조직을 국가의 관여로부터 벗어나 스스로 결정하는 권한으로서 자치권의 당연한 요소로 간주되고 있다. 그 이유는 이러한 자치조직권이 제도적으로 보장되지 않을 때에는 지방자치단체는 자기의 기관·조직·기구를 신설하거나 개폐함에 있어 국가의 통제·감독을 받게 되며, 따라서 자치행정을 실시할 수 없을 것이기 때문이다.[36]

2. 自治組織權의 範圍

자치조직권의 범위는 국가에 따라 일정하지 않다. 일반적으로 영국·미국과 같이 자치권의 범위가 넓은 나라에서는 자치조직권도 대폭적으로 인정되고 있는데 비하여 프랑스를 비롯한 유럽제국과 같이 자치권의 범위가 좁은 나라에서는 자치조직권도 또한 제한적인 경향을 보이고 있다. 즉 프랑스, 일본 등의 대륙법계 국가는 자치단체의 내부조직 및 인사에 관하여 중앙정부가 일정한 한도내에서 규제나 간섭을 하고 있다.

지방자치법은 시·도의 행정기구는 대통령령이 정하는 범위안에서 당해

36) 李圭煥, 전게서, p. 107.

지방자치단체의 조례로 정하고, 시 · 군 및 자치구에 있어서는 대통령령이 정하는 기준에 따라 시 · 도지사의 승인을 얻어 당해 지방자치단체의 조례로 정하며,[37] 지방자치단체의 정원기준은 대통령이 정하는 기준에 따라 당해 지방자치단체의 조례로 정하도록 하는 등[38] 중앙정부가 지방자치단체의 내부조직권에 대하여 규제를 할 수 있도록 하고 있다. 지방자치법에 규정된 행정조직에 관한 권한과 사무를 열거하면 다음과 같다.[39]

① 관할구역안 행정구역의 명칭 · 위치 및 구역의 조정
② 산하 행정기관의 조직관리
③ 산하 행정기관 및 단체의 지도 · 감독
④ 소속 공무원의 인사 · 후생복지 및 교육

3. 美國 都市政府의 自治組織權

연방헌법에 의하여 도시자치단체에 대한 권한은 주정부의 전속적 관할사항으로 되어 있는 까닭에 그 권한은 憲章(charter)이라는 형식으로 주입법에 의하여 수여되고 있다.[40] 그런데 미국에 있어서의 헌장수여방식, 즉 도시자치단체에 대한 권한부여방법에는 다음과 같은 다섯 가지 제도가 채택되고 있다.

(1) 特別憲章制度

특별헌장제도(special charter system)는 주 입법부가 각 지방자치단체인 도시정부마다 개별적인 헌장을 제정하여 그 도시자치단체의 조직과 활동을 규정하는 권한부여방법이다. 이 제도는 이론적으로 각 도시자치단체의 개별적 특수성을 존중한다는 장점이 있다. 그러나 실제에 있어서 많은 도시자치단체에 대하여 대소를 막론하고 모두 개별적 법률로 권한을 부여한다는 것은 주 입법부에게 지나치게 과중한 부담을 지우고 자치단체를 완전히 주 입법부에 예속시키는 결과를 가져오는 것이다.

---

37) 地方自治法 제112조 제1항, 제2항 참조.

38) 地方自治法 제112조 제3항 참조.

39) 地方自治法 제9조 제2항 제1호 참조.

40) 미국의 修正聯邦憲法 제10조는 「헌법에 의하여 합중국에 위임되지 아니하고 또 州에 대하여 금지되어 있지 아니한 권한은 각 주 또는 인민에게 부담된다」고 규정하고 있는 까닭에 지방자치단체에 관한 권한은 오로지 州立法府의 최고권력에 종속하며 「州의 創造物」이라고 할 수 있다. 李圭煥, 전게서, pp. 72~74.

(2) 一般憲章制度

일반헌장제도(general charter system)는 주 입법부가 주내의 모든 도시자치단체에 대하여 그 규모의 대소, 상황의 특수성, 행정수요의 차이, 능력의 우열에 관계없이 단일의 헌장에 의하여 동일한 기능을 부여하는 방식이다. 이 제도는 특별헌장제도의 단점을 제거할 수 있는 반면에 모든 도시자치단체를 획일적으로 취급한다는 결정적인 단점때문에 좋은 성과를 가져오지는 못하였다.

(3) 分類憲章制度

분류헌장제도(classified charter system)는 도시를 그 공통의 성질에 따라 수개의 등급(class)으로 나누고 그 등급에 상응하는 헌장을 제정하여 권한을 부여하는 방식이다. 이 때 분류의 기준으로는 인구의 대소를 적용하고 있다.

이는 특별헌장제도와 일반헌장제도의 단점을 보완하려는 의도에서 채택된 제도이지만 실제에 있어서 어느 정도의 인구수를 분류기준으로 하느냐가 문제이고 또 인구등급을 지나치게 세분하면 특별헌장제도와 동일한 결과를 가져 올 우려가 있다. 뿐만 아니라 인구수만을 분류의 기준으로 하고 있으므로 동일등급의 도시간의 지리적, 산업적 기타 특수사정이 무시된다는 단점이 있다.

(4) 自治憲章制度

자치헌장제도(home rule charter system)는 주헌법에 의하여 도시자치단체로 하여금 순지방적인 사항(matters of purely local concern)에 관하여 자주적인 헌장(a charter for its own government)을 제정할 수 있도록 보장하는 권한부여방식을 말한다. 이 제도하에서는 주 입법부는 전 주적인 사항(matters of state-wide concern)에 관하여서만 그 최고성을 주장할 수 있고 지방적 사항에 대하여는 각개의 도시자치단에게 독자의 권한이 부여되며 또 도시의 시민은 자기의 시정부를 스스로 조직할 수 있는 권한이 부여되는 까닭에 도시자치단체의 자치권을 확장시킨다는 점에 그 장점을 찾을 수 있다. 그러나 구체적으로 과연 무엇이 지방적인 사항인지 전주적인 사항인지 명확하게 구분할 수 있는 기준과 근거가 없다는 점이 이 제도의 결정적인 단점이다.

(5) 選擇憲章制度

선택헌장제도(optional charter system)는 주 입법부가 미리 여러 종류의 표준헌장을 기초하여두고 각 도시자치단체로 하여금 그 중의 한 가지를 선택하게 하는 권한부여방식이다. 각 도시에서 선거의 자유를 인정함으로써 특별헌장제도와 분류헌장제도가 지닌 단점을 제거하고 또 자치헌장제도에서 볼 수 있는 무엇이 지방적 사항인지에 관한 행정권의 범위에 관한 소송을 피하려고 하는 점에 이 제도의 장점이 있다.

그러나 이 제도가 원래 완전한 획일주의와 완전한 개별주의의 중간을 택하려고 하는 타협의 산물인 이상 거기에서 오는 단점을 지닐 수밖에 없다. 각 도시의 특수한 요구를 만족시킬 수 없다는 비판이 바로 그것이다.

Ⅳ. 自治行政權

1. 自治行政權의 意義

자치행정권이란 자치단체가 자기의 독자적 사무를 국가나 상급자치단체로부터 독립하여 그 사무를 자주적으로 처리할 수 있는 권한을 말한다. 여기서 자치단체의 독자적 사무란 바로 지방적 사무인 고유사무(자치사무)를 의미한다.

자치행정권의 의미를 엄격하게 해석하여 순수한 지방적 사무를 처리하는 기능으로 이해할 때에는 자치행정권의 범위는 자치사무에 한정되지만 그 의미를 넓게 해석하여 지방의회가 관여할 수 있는 사무를 처리하는 권능으로 볼 때에는 자치행정권의 범위는 자치사무와 단체위임사무까지도 포함되는 것으로 본다.[41)]

이론상으로는 자치사무와 단체위임사무를 명확히 구분하기란 쉽지않지만 지방분권을 강화한다는 정책적 관점에서 볼 때 단체위임사무를 자치사무로 전환시켜야 할 것이다. 따라서 자치행정권의 범위는 자치사무와 단체위임사무를 포함한다고 보아야 할 것이다.

자치사무란 위임사무의 상대적 개념으로서 자치단체의 존립목적이 되고 있는 지방적 복리사무를 말한다. 그러므로 자치단체는 국가나 상급자치단체

41) 李圭煥, 전게서, pp. 104~106.

의 전권에 속하는 사무를 제외하고는 그 지방주민의 복리에 관한 각종의 공공사무를 자주적으로 처리해야 한다.

2. 自治行政權의 範圍

자치행정권의 범위는 각국마다 상이하며 이에 대한 견해 또한 다양하다. 즉 자치행정권의 대상이 되는 사무를 고유사무에 한정시킬 것인가 혹은 단체위임사무 더 나아가서는 기관위임사무까지 포함시킬 것인가 하는 것이다. 그러나 자치행정권은 고유사무만을 그 대상으로 하고 있다고 보아야 할 것이다. 왜냐하면 단체위임사무는 지방의회의 관여가 인정되어 자치단체가 자율적으로 처리할 수 있다고 하지만 원래는 국가 혹은 상급자치단체의 사무였던 것이 법령에 의해 위임된 것이기 때문에 순수한 지방적 고유사무가 아니기 때문이다. 그리고 그 위임여부도 국가나 상급자치단체의 재량에 속하기 때문에 자치단체의 자치행정권의 범위에서 벗어난다. 기관위임사무는 국가나 상급자치단체의 지휘·감독권이 광범위하게 인정되어 자치단체의 자율성이 완전히 무시되고 있기 때문에 자치행정권이 영향을 미치지 못한다.

자치행정권은 주민의 권리를 제한하고 의무를 부과하는 권력적 작용(인·허가사무 등)과 주민에 대한 서비스 제공을 목적으로 하는 비권력적 작용(공공복리·환경적 사무)을 포함하는데 오늘날에 있어서는 권력적 작용보다 비권력적 작용이 증대되고 있다.

지방자치법은 자치사무와 위임사무(단체위임사무)의 구별을 인정하지만 자치사무의 범위를 명시하지는 않고 있다. 그러나 다음 사무가 자치행정권에 포함된다고 할 수 있다.[42)]

① 주민의 복리증진에 관한 사무

② 농림·상공업등 산업진흥에 관한 사무

③ 지역개발 및 주민의 생활환경시설의 설치·관리에 관한 사무

④ 교육·체육·문화·예술의 진흥에 관한 사무

⑤ 지역 민방위 및 소방에 관한 사무

---

42) 地方自治法 제9조 제2항 제2호～제6호 참조.

일선특별행정기관을 설치하는 것을 피하여야 한다.

2. 機能配分의 基準

대부분 국가의 행정체제는 중앙정부·광역자치단체·기초자치단체라는 3단계의 구조를 취하고 있다. 국가전체행정에 있어서 민주성·능률성·종합성을 달성하기 위해서 행정기능과 사무를 일정한 기준에 의해 각각의 행정주체에 부여되는데 이러한 일반적 배분기준을 설정하여 보면 다음과 같다.[49]

(1) 國家와 都市自治團體간의 機能配分基準

국가와 지방자치단체간의 사무를 배분함에 있어 그 성질상 국가가 담당하여야 할 사무를 제외하고는 도시자치단체가 담당한다. 따라서 국가가 담당하여야 할 사항을 보면 다음과 같다.

① 국가의 존립에 직접 필요한 사무: 외교, 국방, 병무, 화폐, 국가적 선거, 국가의 재정 및 조직, 사법 및 행형, 국가경찰에 관한 사무 등

② 정책상 전국적 규모로서 전국적·종합적으로 행하는 기획에 관한 사무: 국토종합개발계획, 경제개발계획, 전국주요간선도로계획에 관한 사무 등

③ 전국적으로 기준의 통일 또는 조정을 요하는 사무: 도량형의 기준설정, 의사·약사 등의 시험과 면허, 전국적인 통계조사 및 측량, 근로기준설정에 관한 사무 등

④ 전국적·광역적 규모의 사무: 국유산림·하천·항만·간척 등과 대규모 토지개량사업에 관한 사무 등

⑤ 전국적·광역적 규모의 현업사무: 우편, 전신, 철도, 발전에 관한 사무 등

⑥ 전국적·광역적 견지에서 통일적으로 처리해야 할 사무: 식량관리, 물자 및 물가의 통제, 농지제도개선, 무역 및 검역·은행업·보험업·광업 등의 감독, 공정거래의 확보, 해난심판, 수출입통제, 중요한 문화재의 보호에 관한 사무 등

⑦ 고도의 전문적인 지식과 기술이 요구되는 사무: 원자력개발사업, 기상 및 항공에 관한 사무, 대학 및 연구소의 설치·운영에 관한 사무 등

---

49) 李圭煥, 전게논문, pp. 168～170; 鄭世煜, 전게서, pp. 179～185; 吉富重夫, 「地方自治」(東京: 勁草書房, 1960), pp. 143～149.

⑧ 사회정책적 요구에 대응하기 위한 사무: 실업대책, 사회보장, 생활보호기준의 설정에 관한 사무 등

⑨ 지방자치단체의 조정사무: 자치단체간의 연락·조정사무, 지방재정제도 운영에 관한 사무, 자치단체의 사무배분과 기관설치에 관한 기준설정에 관한 사무 등

⑩ 국가발전에 관한 사무: 국가형성 및 국민형성, 사회변동의 관리에 관한 사무 등이다.

(2) 自治團體間의 機能配分基準

자치단체간의 기능배분은 지방자치의 원리에 입각하여 중간자치단체는 광역적·보완적·조정적 사무를 주로 담당하고, 주민의 일상생활 및 복지증진에 관계되는 사무는 주로 기초자치단체가 처리하도록 하여 자치단체 상호간에 기능의 중복이 없도록 하여야 한다.[50)]

(가) 廣域自治團體의 機能

중간자치단체 또는 상급자치단체라고도 불리우는 특별시·광역시 및 도와 같은 광역자치단체는 다음과 같은 기능을 담당하고 그외의 기능과 사무는 기초자치단체에 배분하여야 한다.

① 廣域行政機能

광역행정기능이란 2개 이상 시·군의 구역에 걸치는 광역적 사무를 계획하고 집행하는 기능을 의미한다. 이러한 기능에는 지방도로와 하천, 지역개발, 환경보전, 교통운수 등이 있으며, 이와 같은 행정기능은 과학·기술의 발달과 주민의 생활권의 확대로 말미암아 발생한다. 그러나 시나 군은 규모와 행·재정능력의 미숙으로 이를 효율적으로 처리할 수 없기 때문에 시·군간의 협력체제에 의해서 집행하는 경우도 생각할 수 있으나 이는 권한과 책임, 재원과 수익의 배분에 있어서는 시·군간에 갈등·대립의 소지가 있으므로 광역자치단체가 이를 맡아서 수행할 것이 요구된다.

② 補完·代行機能

보완·대행기능이란 시·군의 능력으로는 효율적으로 처리할 수 없거나 곤란한 경우 광역자치단체가 수행할 것이 요구되는 행정기능을 의미한다. 이러한 행정기능은 일반행정사무의 집행적 성격과 달리 연구·사회복지·

50) *Ibid.*, pp. 190~198.

규제 등과 같이 보완적인 성격을 띠고 있으며, 병원·연구소·시험장·식품검사소·직업안정소 등이 이에 속한다.

광역자치단체의 이러한 보완·대행기능은 자치능력이 부족한 시·군을 위해서는 필요하지만 그 자체가 처리능력을 보유하고 있는 대도시에 대해서는 불필요하며 오히려 이중행정의 폐해가 발생할 우려가 있다.

③ 連絡·調整機能

연락·조정기능이란 중앙정부와 시·군 또는 시·군상호간의 의사소통을 원활히 하고, 시·군간의 정책적 충돌과 행·재정능력의 불균형을 시정하는 기능을 의미한다. 특히, 오늘날 모든 개발계획을 수립·집행함에 있어서는 국가의 개발기능과 시·군의 개발기능간에 조정을 할 수 있도록 양자의 중간에 자치단체를 설치하는 것이 꼭 필요하다고 인식되고 있다. 즉, 직접적으로 중앙정부와 그 많은 시·군과 의사전달망(communication network)을 유지한다는 것이 불가능할 뿐만 아니라 비경제적이기 때문에 광역자치단체가 중개자의 역할을 담당하게 한다.

④ 指揮·監督機能

도 및 특별시·광역시와 시·군·자치구는 모두 동등한 법인격·자치권의 주체로서 원칙적으로 이들간에는 상·하관계가 존재하지 않는다. 그러나 실제에 있어서 광역자치단체는 인적·지역적 구성요소에 있어서 기초자치단체를 포함하고 있고 국가행정조직상 시·군 및 자치구 보다 우위에 있기 때문에 사실상의 상·하관계를 배제할 수 없다. 특히 기초자치단체의 행정기능이 기관위임사무인 경우 포괄적인 명령·복종관계가 성립하는데 이와 같은 위임사무가 시·군·자치구의 행정기능의 대부분을 차지하기 때문에 상하관계가 상시화되어 광역자치단체는 기초자치단체에 대해서 고유한 지도·감독기능을 수행하게 된다.

(나) 基礎自治團體의 機能

시·군 및 자치구는 도시행정기능 가운데 광역자치단체의 4가지 기능을 제외한 모든 기능을 수행할 수 있는 포괄적인 자치권을 갖고 있는데 그의 구체적인 내용은 다음과 같다.[51)]

① 지방계획 및 지역공익 사업, ② 환경위생사무, ③ 초등학교·직업훈련 등 교육사업, ④ 주택 및 상·하수도사업, ⑤ 공원·녹지 등의 위락시설, ⑥

51) 李圭煥, 전게서, p. 121.

도서관·박물관 등의 문화사업, ⑦ 노인·아동복지 및 청소년보호 등과 같은 사회복지사업, ⑧ 도로·주차장 등 교통시설의 확충 및 관리에 관한 사무, ⑨ 소방·방범 등의 치안사무, ⑩ 지역주민의 가치관·의식구조·행태 등 지방문화의 쇄신·창달에 관한 사무, ⑪ 경기장·도매시장·공동묘지·화장장 등 공동시설에 관한 사무, ⑫ 기타공공복지에 관한 사무에 이르기까지 실로 방대한 포괄적 기능을 담당하야야 한다.

Ⅲ. 國家와 都市政府間 機能配分의 現況과 問題點

1. 機能配分의 現況

자치단체사무는 지방자치법의 규정에 따라 자치사무, 단체위임사무, 기관위임사무로 구분된다. 지방자치단체의 사무를 이와 같이 자치사무(고유사무)와 위임사무의 구분은 사무의 실질적 내용에 따른 구별이라기보다는 연혁적인 이유에 의한 것이라고 할 수 있으며[52] 실정법상으로는 자치사무에 대하여는 지방단체의 자치에 맡겨 국가의 감독을 배제하고 그 경비도 지방자치단체가 부담해야 하는데 반하여 위임사무에 대하여는 국가의 감독을 받고 그 경비도 국가가 그 일부를 부담해야 한다는 법제상의 취지를 명백히 한다는데 구별의 의의가 있다.

(1) 自治事務

자치단체의 존립과 주민의 복리증진을 위한 사무로서 자치단체의 본래적 사무라는 의미에서 고유사무라고도 한다. 즉 지방자치단체가 당해지역 주민의 공공복리를 위하여 자기의 의사와 책임하에 적극적으로 처리하고 있는 사무를 말한다.

자치단체가 자치사무를 수행하는 데 소요되는 경비는 원칙적으로 그 전액을 지방자치단체의 자주재원과 지방교부세로 충당하여야 한다. 자치사무는 자치단체가 자기의 의사와 책임하에 자주적으로 처리하는 사무이므로 이

52) 지방자치단체의 사무를 自治事務와 委任事務로 구별하는 이론은 유럽에서 역사적으로 발생한 自然法的 地方權思想을 근거로 하여 19세기 이래 독일에서 발전되어 온 것으로서 지방자치단체가 고유하게 가지고 있는 사무를 국가로부터 위임된 사무와 구별한다는 의미에서 사용된 구분인데 自然法理論의 쇠퇴와 더불어 그 의의를 상실하고 있다.

에 대한 국가의 감독은 원칙적으로 합법성의 감독이나 교정적 감독과 같은 소극적 감독에 그치며, 합목적성의 감독이나 예방적 감독과 같은 적극적 감독은 배제된다.

자치사무의 예로서 지방자치법에 명시되어 있는 ① 자치단체의 구역, 조직 및 행정관리 등에 관한 사무, ② 주민의 복지증진에 관한 사무, ③ 농림·상공업 등 산업진흥에 관한 사무, ④ 지역개발 및 주민의 생활환경시설의 설치·관리에 관한 사무, ⑤ 교육·체육·문화·예술의 진흥에 관한 사무, ⑥ 지역민방위 및 소방에 관한 사무를 들 수가 있다.

우리나라의 국가와 자치단체간의 기능 및 사무배분의 특징은 행정권한의 중앙집권화의 결과로 중앙정부가 그때 그때의 필요와 희망에 따라 일정한 업무를 자기의 사무로 하여 자치단체에 위임하여 처리하는 위임사무 특히 기관위임사무가 과다하다는 점이다. 따라서 상대적으로 자치단체의 고유사무의 비중이 낮아 자치기능을 위축시키고 있으며, 더욱이 단체위임사무의 높은 비중은 국가로부터 적극적인 감독을 받게 된다.[53] 실제 광역시와 시 및 읍의 경우 고유사무의 비중은 각각 45.4%와 42.3% 및 20.6%이고, 단체위임사무의 비중은 각각 13.2%와 13.3% 및 2.4%이며, 기관위임사무의 비중은 각각 41.4% 및 77.0%로서 위임사무의 비중이 54.6%와 57.7% 및 79.4%나 되고 있다(<표 Ⅱ-2-1> 참조).

〈표 Ⅱ-2-1〉 자치단체별 사무배분실태

사무별 \ 단체별	시·도		시·군·자치구			읍·면·동		
	광역시	도	시	군	자치구	읍	면	동
총계	2,280 (100.0)	2,202 (100.0)	1,486 (100.0)	1,399 (100.0)	1,072 (100.0)	539 (100.0)	486 (100.0)	344 (100.0)
자치사무	1,034 (45.4)	811 (36.8)	629 (42.3)	528 (37.7)	259 (24.2)	111 (20.6)	114 (23.5)	77 (22.4)
단체위임사무	300 (13.2)	312 (14.2)	198 (13.3)	233 (16.7)	9 (0.8)	13 (2.4)	9 (1.9)	6 (1.7)
기관위임사무	946 (41.4)	1,079 (49.0)	659 (44.4)	638 (45.6)	804 (75.0)	415 (77.0)	363 (74.6)	261 (75.9)

자료: 李圭煥, 「韓國地方行政學」(서울: 법문사, 2006), p. 136.

53) 李圭煥, 전게논문, pp. 149~150.

(2) 團體委任事務

단체위임사무는 자치단체의 본래의 사무가 아니고 지방자치단체가 법령의 특별한 규정에 의하여 국가 또는 상급자치단체로부터 위임받아 처리하는 사무를 의미한다. 단체위임사무라도 일단 지방자치단체에 위임된 이상은 자치사무와 마찬가지로 자치단체의 사무로 취급된다. 다만 법령상 중앙통제가 가해지는 범위가 자치사무에 비하여 보다 넓고 경비의 일부를 국고에서 부담하는 정도의 차이가 있다.

단체위임사무에 대한 감독은 합법성의 감독이외에 합목적성의 감독까지도 허용된다고 하겠으나 예방적 감독은 원칙적으로 허용되지 않는다. 단체위임사무란 그 사무의 성질상 전국적 이해관계가 있을 뿐만 아니라 동시에 지방적 이해관계도 가지고 있으므로 지방자치단체가 이를 처리하는데 필요한 경비는 국가와 지방자치단체가 분담하는 것이 원칙으로 되어 있다.

법령상의 단체위임사무는 ① 법령에 국가 또는 지방자치단체에게 위임한다는 규정이 있을 경우, ② 법령상 ○○시・군에 ××위원회(원)를 둔다는 규정과 함께 사무내용을 표시하는 경우, ③ 시・도지사 또는 시장・군수가 시행한다는 규정을 두고 그 사무가 국가적・지방적 이해관계를 가지고 있을 때이다.[54]

(3) 機關委任事務

법령의 규정에 의해 국가 또는 상급자치단체로부터 자치단체의 장, 기타 집행기관에 위임되는 사무를 의미하며, 지방자치법을 일반적 근거로 하고 있다.[55] 이처럼 기관위임사무는 법령상의 권한위임 규정에 의거하여 지방자치단체의 장에게 위임된 사무이다. 이러한 사무는 그 성질상 지방적 이해관계보다 국가적 이해관계가 커 국가가 직접 자기의 기관을 설치하여 처리해야 함에도 불구하고 자치단체의 기관에 위임하여 처리하는 것이므로 위임받은 지방자치단체의 집행기관은 국가의 하급기관으로서의 지위에서 그 사무를 처리한다.

54) 團體委任事務의 예로서는 시・군의 국세・도세징수사무(國稅徵收法 제8조, 地方稅法 제63조), 시・도의 하천보수・유지사무(河川法 제16조). 시・도의 국도유지・수선사무(道路法 제24조 제1항) 등이 있다.

55) 국가사무의 위임관계를 규정하고 있는 地方自治法 제93조를 보면 「시・도와 시・군 및 자치구에서 시행하는 국가사무는 법령에 다른 규정이 없는 한 시・도지사와 시장・군수 및 자치구의 구청장에게 위임하여 행한다」라고 되어 있다.

이처럼 기관위임사무는 그 수임기관이 자치단체가 아닌 자치단체의 장인 집행기관이며, 따라서 지방자치단체의 사무가 아니므로 지방의회는 그 사무처리에 관여할 수 없다.

기관위임사무의 처리에 소요되는 경비는 그 전액을 국고에서 부담하는 것을 원칙으로 하며, 이 경우에 교부되는 자금은 의무적인 위탁금 또는 교부금으로서의 성격을 갖는다. 한편 기관위임사무에 대한 위임기관의 감독은 수임기관이 그 사무를 위임기관의 하급기관의 지위에서 처리하는 것이므로 교정적 감독과 합법성의 소극적 감독 뿐만 아니라 예방적 감독과 합목적성의 적극적 감독까지도 허용되고 있다.

2. 機能配分의 問題點

현행 국가와 자치단체간 그리고 자치단체 상호간의 권한 및 기능배분상에는 많은 문제점이 있다. 특히 위임사무의 경우 그 위임이 권위주의적이고 관치적이라는 점에서 몇가지 문제점이 제기되고 있다.

(1) 過多한 機關委任事務

중앙정부로 부터의 위임적 성격을 띤 사무가 지나치게 많다는 점이다. 특히 권한은 없으면서 책임만 따르는 기관위임사무가 많아 도시행정의 자율적 발전을 저해하고 있다.[56] 자치단체는 주민의 복리에 관한 사무보다 기관위임사무를 처리하는데 많은 노력을 동원하여야 하는데 중앙정부나 상급자치단체의 포괄적인 지휘·감독을 받음으로써 지방자치는 공동화를 초래하고 있다.

(2) 權限과 責任의 不一致

자치단체 계층간의 권한과 책임에 관한 명문의 규정이 없기 때문에 위임행정에 있어서 책임은 수임기관에 위임되지만 권한은 위임기관이 갖게 되어 권한과 책임에 있어서 불균형을 초래하고 있다. 특히 위임사무에 대한 필요조치가 미흡하다는 점이다. 중앙정부는 필요에 따라 자기의 사무를 지방자치단체에 위임하여 처리하는 경우 거기에 상응하는 인력, 예산, 기술 등의 지원이 있어야 하는데 현실은 그렇지 못한 것이다.

---

56) 李圭煥, 전게논문, pp. 151~152: 李圭煥, 전게서, pp. 136~137.

(3) 恣意的인 事務委任

단체위임이나 기관위임은 법령의 근거에 의하도록 하고 있으나 법령에 있어서 명령은 국가행정기관의 직권에 의해서도 발해질 수 있기 때문에 위임이 상급기관의 재량·자의에 의해 좌우된다. 특히 기관위임은 일반통첩이나 예규에 의해서도 이루어지고 있어 위임행정에 있어서 국가나 상급자치단체의 재량이 지나치게 작용한다.

(4) 過度한 指揮·監督

자치사무에 대한 지휘·감독권은 법령의 명확한 근거를 요하고 위법한 경우에만 감독기관은 자치단체의 명령·처분을 취소·정지할 수 있으며, 감독은 교정적·사후적·합법적인 방법으로 행해지는 것이 원칙이나 현실은 그렇지 못하고 과도한 지휘·감독을 하고 있는 실정이다.

(5) 機能配分에 대한 不明確한 基準

도시행정사무에는 자치사무·단체위임사무·기관위임사무가 있으나 위임행정에 대한 법령이 체계화되어 있지 않다. 또한 국가와 자치단체간 및 자치단체계층간의 기능배분이 불명확하기 때문에 국가재정과 지방재정의 구성비, 국세수입과 지방세수입의 비율, 나아가서는 지방교부세 비율을 각각 얼마로 할 것인가를 합리적으로 정할 기준이 없다.

Ⅳ. 國家와 都市政府間 機能配分의 發展方向

1. 中央行政權限의 地方移讓 擴大

현재 국가기능 가운데 목적별·행정수단별 분석을 통하여 자치단체가 수행하는 것이 적절하다고 판단되는 것은 지방자치단체에 이양하는 것이 지방분권화를 위해 바람직하며 이는 지방자치제의 실질적 구현을 위해서도 필요한 조치인 것이다.[57]

① 인·허가 등 행정의 현지성·봉사성 성격이 강한 공공복지기능은 대폭적으로 지방자치단체로 이양하고

57) 李圭煥, 전게서, pp. 137~139.

② 부분적인 단위사무중심의 이관을 지양하고 관련 기능을 총체적으로 이관함으로써 업무의 일관성을 강화하며

③ 자치행정적 성격의 기능은 자치사무화하고 단순히 행정능률의 향상이나 주민편의의 제고를 위한 것은 이양토록 한다.

2. 中央과 地方間의 機能再定立

지방자치기반확충을 위한 방안으로 가장 중요한 것 가운데 하나는 지방분권에 의한 자치권한의 확대이다. 따라서 지방자치단체가 행하고 있는 현재의 기능 가운데 단체위임사무의 거의 전부와 기관위임사무의 상당부분은 자치단체의 고유한 자치사무로 전환시키고 나머지 일부를 국가와 지방의 공동사무로 하고 순수한 국가위임사무는 최소화함으로써 중앙정부의 지나친 감독과 보조상의 문제점을 시정할 수 있다.[58]

① 자치사무의 비중을 증대시키고 국가사무 및 공동사무의 비중을 약화시키며,

② 자치사무는 도시지역일수록 강화하고 국가사무는 도 및 군 자치단체에 더 큰 비중을 두게하고,

③ 공동사무의 폭을 줄여서 경비부담과 국가감독상의 혼란을 방지토록 한다.

지방자치확충을 위해서는 지방특별관서의 혼란을 지양하거나 자치단체와의 기능조정을 통하여 책임과 권한의 한계를 명확히하고 이중행정에 따른 낭비를 방지토록 한다.

특히 다음과 같은 성격을 띤 기능을 수행하는 지방특별기관은 지방자치단체에 우선적으로 흡수토록 한다.

① 지방종합행정의 성격을 띤 기능

② 지방자치단체와 협의를 요하는 기능

③ 도시행정구역내에서 수행될 수 있는 국지적 기능

④ 특수한 기술이나 지식을 요하지 않는 기능

이러한 기능을 수행하는 지방특별관서로는 ① 지방국토관리청, ② 지방병무청, ③ 지방보훈청, ④ 지방노동청, ⑤ 농촌지도소 등이 해당된다 하겠다.

58) 李圭煥, 전게논문, pp. 170~172.

제 3 장 都市政府와 住民과의 關係

제 1 절 住民統制의 本質

Ⅰ. 住民統制의 意義

1. 住民統制의 概念

주민통제(citizen control, popular control)란 도시행정기관 및 거기에서 근무하는 공무원이 주민에 대한 행정책임을 성실히 이행하도록 보장하기 위한 과정을 의미한다.

주민통제는 주로 자치행정의 합법성에 대한 요구와 도시행정에 대한 주민의 기대에 부응해야 할 책임을 보장하려는데 그 목적이 있으며 민주적·정치적 통제로서의 성격을 가진다. 그 구체적인 내용을 보면 다음과 같다.[1)]

① 도시행정의 민주성·합법성을 보장하기 위하여 자치행정조직 외부에서 행하는 외재적 통제, 민주통제라는 의미에서 도시행정의 능률성·효과성을 보장하기 위하여 자치행정조직내부에서 상관, 또는 자치단체의 장에 의하여 행해지는 내재적 통제·관리통제와 구별된다.

② 주민통제는 정치적 통제의 성격을 띤다는 의미에서 전문적·기능적 통제의 성격을 가지는 관리통제와 구별된다.

③ 주민통제는 주민에 의한 상향적 통제라는 의미에서 하향적 통제인 관리통제나 수평적 통제인 지방의회에 의한 통제와 구별된다.

④ 주민통제는 비공식적 통제의 성격을 띤다는 의미에서 공식적 통제의

1) 鄭世煜, 「地方行政學」(서울: 法文社, 1998), pp. 254~255.

성격을 지닌 입법통제, 사법통제와 구별된다.

2. 住民統制의 方法

도시행정에 대한 주민통제 방법에는 여러 가지 있을 수 있으나 그 가운데에서 가장 중요한 것으로 간접통제방법인 선거, 직접통제방법인 직접청구(주민발안, 주민소환) 및 주민투표, 이익이나 정당에의 가입, 여론과 「매스컴」 청원 및 진정 등을 들 수 있다.[2]

(1) 選擧를 통한 統制

주민들은 선거권을 행사함으로써 자치행정에 대하여 간접적으로 통제를 행할 수 있다. 지방의회의원이나 자치단체의 장으로 하여금 선거에서의 득표를 의식하게 함으로써 자치행정업무에 대하여 간접적으로 통제를 행할 수 있는 것이다. 즉 지방의회의원이나 집행기관의 공무원들이 법령을 위반하거나, 직권을 남용하는 경우나 주민들의 기대에 부응하지 못하면 지방의회의원이나 자치단체장의 입후보자들이 다음 선거 때에 지지를 받지 못할 것이라는 일반적인 관념이 바로 간접적인 통제기능을 수행하게 한다.

이런 의미에서 선거야 말로 조직화되어 있지 않은 주민이 가지고 있는 통제방법 중에서 유일한 것이라고 할 수 있다.

(2) 政黨 · 利益集團을 통한 統制

주민들은 이익집단이나 정당을 조직하거나 이에 가입 또는 이용하여 지방자치단체의 업무에 대하여 강력한 통제를 행할 수 있다. 정당이 이념적으로 국민 전체를 위하여 정책결정에 참여하고 민중통제를 지향하는 조직이라고 한다면, 이익집단은 특수이익을 옹호하기 위하여 이를 정치인 · 행정인에게 전달하고 그들의 정책결정에 영향을 미칠 목적으로 구성된 단체라 할 수 있다. 따라서 주민들이 이러한 집단을 통하여 도시행정을 통제하는 방법은 비교적 효과적인 방법이 될 수 있는 것이다.

정당이나 이익집단을 통한 통제가 얼마나 효과적이냐 하는 것은 그 나라의 정당정치의 발달정도, 정치발전의 정도에 따라 각각 다르다.

---

2) 李圭煥, 「韓國地方行政學」(서울: 법문사, 2011), pp. 159~161; 崔昌浩, 「地方自治學」(서울: 三英社, 1995), pp. 623~624.

(3) 輿論과 「매스컴」에 의한 統制

주민들은 여론의 형성을 통하여, 특히 「매스컴」을 통한 여론의 대규모화를 통하여 지방자치행정에 대하여 통제를 행사할 수 있다. 여론이란 일정한 공공문제에 대하여 다수자가 가지고 있는 요구 및 의견의 포괄적 표출이라고 할 수 있다. 도시정부의 업무야 말로 주민에게 봉사하고 주민들의 복리증진을 도모하는 것이기 때문에 주민들의 요구와 의견을 기초로 하지 않으면 안된다.

오늘날 이러한 여론의 형성 및 그 영향력 증대에 있어서 「매스컴」의 역할이 지대하므로 주민들은 「매스컴」의 활용을 통하여 지방자치행정에 대하여 강력한 통제를 행할 수 있는 것이다.

(4) 請願·陳情을 통한 統制

주민은 지방자치행정에 관한 사항이면 재판에 간섭하거나 법규에 위배되지 않는 한 어떠한 사항이든 이를 지방의회에 청원하여 자치행정의 방향을 제시할 수 있다. 모든 도시행정기관은 청원을 수리하여 이를 성실·공정·신속히 심사·처리하고 그 결과를 청원인인 주민에게 통지하게 되어 있다.

한편 도시행정에 있어서의 진정이란 모든 도시행정기관에 대하여 주민의 억울함이나 소망을 문서로 진술하는 행위이다.

주민들의 이러한 청원·진정은 직접적인 통제방법이기 때문에 더욱 유효한 방법이 될 수 있다.

Ⅱ. 住民의 直接參政制度

주민의 직접참정제도는 주민이 지방자치행정을 운영하는 데 있어서 모든 집행기관의 의사결정을 주민들이 직접 그 의사를 표명하여 그 의사에 따라 자치행정을 수행하는 직접민주주의제도를 말한다. 오늘날과 같은 다원화된 산업사회에서는 주민이 직접의사를 결정하여 집행한다는 것은 사실상 불가능하므로 대부분 대표자를 통하여 간접적으로 자치행정에 참여하고 있는 것이다. 다만 주요한 사항에 대해서는 직접참정제도를 인정하여 간접민주주의의 단점을 보완해 나가고 있다.

도시행정에 대한 직접참정제도는 주민발안(iniciative), 주민투표(referendum), 주민소환(recall) 등의 방법이 있다.[3)]

1. 住民發案

이 제도는 일정한 수의 유권자의 서명에 의해서 자치단체의 자치헌장이나 조례의 제정 또는 개폐 등에 관하여 직접 발안하는 제도로서 지방의회 또는 지방의원의 부작위에 대하여 간접적으로 책임을 추궁하는 제도인 것이다. 여기에는 법이 정하는 수의 유권자들의 서명에 의해 법률이나 조례의 제정 및 개폐에 관한 주민의 발안이 있으면 반드시 주민투표에 회부하는 직접적 주민발안과, 일정수의 주민의 발안이 있으면 일단 지방의회가 심의를 하여 이를 승인하게 되면 주민투표에 붙이지 않고 발안이 성립하는 것과, 의회가 승인을 하지 않아야 비로서 주민투표에 회부하는 간접적 주민발안이 있다.

2. 住民投票

주민투표는 특정한 사안에 대하여 주민이 직접 정치적 의사결정을 위하여 행하는 투표이다. 여기에는 대체로 다음 세 가지 유형으로 나눌 수 있다.

첫째, 강제적·의무적 주민투표로서 자치단체의 중요한 특정사항(예컨대, 구역개편, 지방채 발행, 헌장 또는 조례의 개정, 세율의 인상 등)은 반드시 주민투표에 붙여 주민의사에 따라 최종결정을 하는 제도이다.

둘째, 선택적·자문적 주민투표로서 일정한 의안에 대한 주민투표의 실시여부를 지방의회에 일임하는 제도로서 주민투표를 실시한 이상은 그 법적 효력을 갖는 것이 일반적이다.

셋째, 항의적·청원적 주민투표로서 지방의회에서 일단 의결된 사항에 대하여 일정수의 유권자의 서명으로 항의 또는 청원이 있을 때 그 효력을 저지하기 위한 수단이다.

3. 住民召還

이 제도는 선거에 의해 공직에 취임한 사람에 대하여 일정수의 유권자가

---

3) 韓國地方自治學會, 「韓國地方自治論」(1995), pp. 199～200; 李圭煥, 전게서, pp. 161～165.

해직을 청구하면 수리하여 그것에 대하여 주민투표에 붙여 과반수의 찬성으로 당사자를 공직에서 해직시키는 제도이다.

우리나라는 이상의 3가지 주민의 직접참정제도 모두를 도입하고 있다. 즉, 지방자치단체의 장은 지방자치단체의 폐치·분합 또는 주민에게 과도한 부담을 주거나 중대한 영향을 미치는 지방자치단체의 주요 결정사항에 대하여 주민투표에 붙일 수 있다고 함으로써 주민투표제도를 도입하고 있다. 그리고 주민발안제도는 「조례의 제정 및 개·폐청구권」과 「주민의 감사청구권」을 2000년 3월 1일부터 도입하였다. 또 2006년 5월 주민은 당해 지방자치단체의 장 및 지방의회의원을 소환할 수 있는 통제장치를 마련하였다.

제 2 절 住民參與의 本質

Ⅰ. 住民參與의 意義

1. 住民參與의 槪念

주민참여(citizen participation)는 이른바 「풀뿌리 민주주의」(grass-roots democracy)적인 형태와 기능에서부터 극히 전문적인 것에 이르기까지 다의적인 개념이다. 그것은 학자에 따라 다기하게 정의되고, 주민참여의 형태나 기능이 시대적 상황이나 국가에 따라 다양하지만, 일반적으로 공공행정에 대한 주민참여란 주민들이 행정기관이나 관료들의 정책결정과정에 주체의식을 갖고 참여하여 투입기능을 수행하는 행위를 의미한다. 즉, 주민참여는 특정지역의 주민들이 자기들에게 영향을 미치는 정책결정에 참여하는 행위를 말한다. 이처럼 주민참여는 직접적으로 결정권이 없는 일반주민들이 결정권을 가진 자에 대하여 개인적 또는 집단적으로 영향을 미치기 위해서 관여하는 것이다.

이러한 주민참여는 행정과정에 있어서 참여적 민주주의를 실현하기 위한 것이고 지방자치의 당연한 논리적 귀결이다. 주민들이 지방자치행정에 참여하게 되는 근거는 다음과 같은 지위에서 비롯된다.

① 지방자치단체의 인적 구성요소로서 자치단체의 활동원천이 되는 주체적 지위

② 지방자치단체의 통치에 복종하고, 각종의 부담을 분담해야 하는 객체적 지위

③ 자치단체의 공공시설을 이용하고 행정서비스를 받을 수 있는 수익자적 지위

④ 주민단체 · 집단협의 · 여론 등의 힘을 이용하여 지방자치단체의 행정운영을 감독 · 통제하는 비공식적인 통제자의 지위

2. 住民參與의 必要性

행정수요와 배분의 결정과정에 주민을 참여시킴으로써 그들의 협조와 지지를 받아 지방자치행정의 효율적 집행을 도모할 필요성이 높아지고 있다.[4] 주민참여는 다음과 같은 이유에서 필요하다.

(1) 住民意識構造의 變化

주민들의 권리의식이 강해지고 사회전체의 분위기가 자기자신이나 가족만을 중히 여기는 이른바 개인주의 · 이기주의가 보편화됨에 따라 도시행정에 대한 주민의 욕구는 더욱 다양화 · 증대되고 있다. 그러므로 도시행정에 주민을 참여시킴으로써 그들의 요구에 따르는 책임의 분담을 인식시키고 주민의 협력과 지지를 구할 필요가 있는 것이다.

(2) 住民들의 異見 調整

오늘날 도시화된 사회에는 과거의 농촌사회와 같은 공통의 생활환경 속에서의 자연발생적인 공통적 가치관의 형성을 기대할 수 없다. 따라서 주민간의 의견의 상충이나 이해의 대립이 심각해지고 표면화되는 것이다. 그러므로 주민참여를 통해서 주민들의 이견을 조정해야 할 필요성이 있는 것이다.

4) 李圭煥, 전게서, pp.165~170; Lloyd C. Irland, "Citizen Participation: A Tool for Conflict Management on the Public Lands," in *Public Administration Review,* Vol. 35, No. 3(May/June 1975), pp. 263~269.

(3) 獨善的 行政의 防止

사회·경제가 발전함에 따라 필연적으로 조직은 대규모화·전문화되고 있으며, 조직내부에 있어서는 「엘리트」(elite)를 중심으로 하는 지배권의 소수집중화현상이 나타나고 있다. 따라서 주민참여는 이와 같은 전문가의 지배를 억제하고 구체적인 정책입안과정에서의 왜곡이나 주민의사와의 괴리를 방지하기 위하여 필요하다고 생각된다.

(4) 社會的 壓力團體로의 活用

오늘날 산업화·도시화로 인하여 환경문제가 매우 심각하게 대두되고 있다. 따라서 종래와 같은 행정기관의 일방적인 규제방식으로 환경보전·공해방지를 추진하기보다는 직접 공해로부터 피해를 받는 지역주민들을 문제해결에 참여시킴으로써 이들의 이해와 지원을 받는 한편, 사회적 압력단체로서 활용할 필요가 있다.

(5) 開發被害의 最小化

도시 및 지역개발에 주민들을 참여시킴으로써 혜택받는 다수의 주민들에게 피해받는 소수의 주민들의 입장을 이해시켜 그들이 받는 혜택의 일부를 소수의 피해자들에게 이전시킴으로써 소수자의 피해를 최소화하고 그들로 하여금 도시 및 지역개발에 협력하도록 유도할 필요가 있다.

(6) 間接民主主義의 補完

간접민주주의제도하에서 주민대표인 자치단체의 장, 지방의회의원, 기타의 기관이 그들을 선출해 준 주민의 의사를 충분히 수렴·반영하지 못하거나 주민의사와 다른 의견을 가질 때에는 이에 대한 보완적 기능을 수행해야 하는데 주민참여가 그 기능을 보완할 수가 있다는 것이다.

Ⅱ. 住民參與의 機能과 效果

1. 住民參與의 機能

주민참여는 여러 가지의 기능을 발휘할 수 있지만 가장 보편적인 기능으로서는 ① 정보기능(information function) ② 대민접촉기능(accessibility function) ③ 개입기능(involvement function) ④ 행정책임기능(accountability function)이 그것이다.[5)]

(1) 情報機能(information function)

주민참여에 있어서 정보기능에는 정보전파(information dissemination)기능과 정보수집(information collection)기능이 있는바[6)] 이러한 정보기능은 주민참여의 효과성 내지 효율성의 제고에 가장 중요한 요소라고 할 수 있다.

(가) 情報傳播機能

정보전파기능은 매우 다양하게 나타난다. 계획수립과정에 주민들이 그들의 요구를 반영시킬 수 있는 기회 및 그 과정과 도시정부의 예정된 계획과정을 홍보할 필요성을 들고 있다. 도시정부는 중장기개발계획이나 년간계획인 기본운영계획을 수립하게 되며 이에 관한 정보는 주민의 반응 및 의견을 알아보기 위해서 정보의 전파가 필요해진다.

(나) 情報蒐集機能

정보수집은 주민들의 여론을 파악하고 그에 따라 정책이나 계획을 수립할 수 있게 하는 매우 중요한 기능을 한다. 대체로 정보는 주민의 태도, 요구사항, 긴급도, 평가 등에 대한 조사활동 가운데서 수집되어진다. 정보수집을 위해 유용한 주민참여방법은 여론조사, 자문회의, 시정위원회, 공청회, 우편조사 등의 방법이 있다.

(2) 對民接觸機能(accessibility function)

대민접촉전략은 정부가 좀더 주민 개개인과 주민단체에 대한 접근이 가능하도록 하는 것이라 하겠다.[7)] 대민접촉활동의 증가는 주민이 정부와의 상호작용에 있어서 주민들이 접하게 되는 물리적·사회적·심리적인 장애요인을 파악하고 이를 줄여나가는데 있다고 할 수 있다.

주민단체의 대정부 접근요구는 개인적인 주민활동과는 달리 정기적인

5) Department of Housing and Urban Development, *Citizen Participation for Urban Management Module 13*(Washington D.C.: U.S.Government Printing Office, Aug. 1977), p.VI, pp. 27~28.

6) *Ibid.*, p. VI, p. 27.

7) *Ibid.*, p. VI, p. 28.

상호교류를 필요로 한다. 대체로 주민단체의 대정부접촉은 계획과 정책결정에 관한 내용의 것이며, 개인활동의 경우는 계획의 실제적 집행의 측면과 관련된다는 점에서 차이가 있다. 또한 개인들은 정부의 모든 수준에 대하여 접촉하려고 하는데 반하여 단체는 정기적, 계속적인 바탕 위에서 중간관리층과의 접촉을 원하게 된다. 즉 주민과 정부관료간의 의사전달은 지역사회 문제의 해결을 위해 협조하는데 있어서 부차적인 것이므로 순수한 주민참여에 있어서 정보기능과 구분되어야 한다.[8)]

(3) 介入機能(involvement function)

개입전략은 계획 및 정책결정과정에 있어서의 주민의 참여를 원활하게 할 수 있는 특히, 주민단체의 참여를 원활히 할 수 있는 구조 및 과정을 개발시키기 위해 이용되는 것이라 할 수 있다.[9)]

개입기능을 향상시키는 장치는 지역사회의 미래상에 영향을 미치는 의사결정이나 또는 목표 및 수단의 설정에 있어서 또한, 새로운 계획의 창안이나 과거계획의 폐기과정에서 주민이 개입될 수 있도록 고안되어야 한다.

한편 개입기능은 계획에 대한 주민의 동의·승인 그리고 과정에 대한 지지를 확보하는데 유익하다. 왜냐하면 주민들이 자기의 의견이 수렴·반영될 때 주민개입은 주민개인의 긍지를 높이고 또한 도시정부에 대한 관심과 지원·협조를 하게 된다.

(4) 行政責任機能(accountability function)

행정책임전략은 주민과 도시정부의 고객(client)들의 행정서비스에 대한 만족도를 측정·평가하고 또한 다른 의견의 제시 및 수정의 요구가 도시정부의 약속과 이행에 있어 일치하지 않은 점이 있는가를 조사하기 위한 것이다.[10)]

행정책임기능은 행정기관내부의 일상적 업무 외에도 외부의 주민개입(public involvement)의 필요성을 인식시키는 데에도 이용된다. 즉 주민참여의 요구가 주민들로부터 요구되지 않을 경우에도 법적으로 이를 요건화하거

---

8) *Ibid.*, p. VI, p. 29.
9) *Ibid.*, p. VI, p. 29.
10) *Ibid.*, p. VI, p. 30.

나 자치단체가 규범적으로 강조함으로써 주민참여를 촉진시킬 수 있는 것이다.

2. 住民參與의 效果

주민참여의 필요성과 기능에 대응하여 실제로 주민참여가 이루어졌을때 어떠한 효과가 발생하는지 그 기대효과를 긍정적인 면과 부정적인 면으로 구분하여 보면 다음과 같다.

(1) 肯定的인 效果

주민참여의 효과를 주민측과 지방자치단체측면에서 보고자 한다.

(가) 住民 側面에서의 效果

첫째, 대규모의 관료적 조직사회에서 소외되고 무력해진 주민의 심리적 욕구를 충족시키고 개인의 주체성을 회복할 수 있게 된다.

둘째, 주민의 자치능력을 향상시킨다. 주민들이 행정에 참여함으로써 공적인 문제에 대한 이해의 폭을 넓히고, 여러 사람의 의견과 주장을 종합·조정하는 과정에서 상호협동·상호신뢰·상호양보의 분위기를 조성한다.

셋째, 주민들을 조직화하여 압력에 대한 대응력과 정치적인 영향력을 강화하고 사회의 자기변동능력(social self-guiding capacity)를 제고시킨다.

넷째, 자치단체의 계획이나 정책을 집행하는 과정에서 주민의 권리나 재산상의 침해를 방지하거나 극소화할 수 있다.

(나) 自治團體 側面에서의 效果

첫째, 자치단체와 주민간의 거리를 단축시켜 상호협동과 신뢰를 강화할 수 있으며 결정에 대한 책임의 분담이 가능해진다.

둘째, 주민들이 자치단체에 대한 행정수요의 정확한 측정이 가능하여 사업의 우선순위를 결정하는데 유익하다.

셋째, 도시행정의 실태를 주민들이 파악·이해함으로써 정책이나 계획을 집행함에 있어 주민들의 지지와 협조를 받을 수 있다.

넷째, 주민의 요구와 기대, 의사 등을 정확히 파악할 수 있다. 따라서 정책결정의 타당성을 확보할 수 있고 정책집행에 대한 평가·환류가 활발히 이루어져 점진적인 행정발전을 기할 수 있다.

(2) 否定的인 效果

주민참여는 이상과 같은 긍정적인 효과 뿐만 아니라 다음과 같은 부정적인 면도 내포하고 있다.[11]

첫째, 주민참여는 많은 시간과 노력을 요하며, 그로 인하여 사업이나 정책집행의 지체를 초래할 우려가 있다.

둘째, 주민참여에 의해 정책 또는 계획의 결정이나 집행이 많은 영향을 받는 경우 정책의 내용은 영향력이 있는 조직이나 집단의 이익만을 대변하게 된다. 그 결과 행정의 기본가치인 공정성, 정치적 중립성, 전문성, 능률성 등이 침해된다.

셋째, 주민참여는 이론상 권력과의 협동 또는 권력에 대한 저항이라는 양면성을 가지고 있으며, 참여가 권력에 흡수·포섭됨으로써 참여의 의의를 상실하고 행정에 의한 민중조작(manipulation)의 위험성이 있다.

넷째, 공무원의 수동성을 조장하게 되어 업무수행에 대한 창의성·계획성·지도성 등이 손상되며, 책임의 공유나 협동이 아닌 주민들에게 행정책임을 전가시킬 우려가 있다.

3. 住民參與의 段階

주민참여의 단계는 주민참여의 정도를 도시정부와 주민간의 역학관계를 기초로 하여 몇 단계로 나눈 것이다. 주민참여는 지역주민들이 주체의식을 가지고 행정에 자주적으로 참여하는 것을 말하지만 그의 구체적인 양상은 다양하고 완전한 주민자치에서부터 철저한 조작에 이르기까지 여러 단계로 이루어져 있다.

「모갤프」(Melvin B. Mogälf)는 주민참여의 단계를 참여의 강도를 기준으로 하여 ① 고용정보, ② 대화조언, ③ 권한분담, ④ 통제 등의 4단계로 분류하고 있다.[12] 이밖에도 여러 학자들의 단계에 대한 연구들이 있으나 그 중 대표적인 것으로 「아른슈타인」(Sherry R. Arnstein)의 모형을 들 수 있다.[13]

---

11) 鄭世煜, 전게서, pp. 300~301 참조; Robert A. Aleshire, "Power to the People: An Assessment of Community Action and Model Cities Experience," in *Public Administration Review*, Vol. 32(September 1972), pp. 430~434.

12) Melvin B. Mogälf, *Citizen Participation: A Review and Commentary of Federal Policies and Practices*(Washington D. C.: Urban Institute, 1970), p. 6.

13) Sherry R. Arnstein, "A Ladder of Citigen Participation," in *Journal of the American Institute of Planners*, Vol. 35, No. 4(July, 1969), pp. 216~224; Sherry R. Arnstein, "Eight

단계	구분
(8) 주민통제(citizen control) · 시민위원회 지배 · 행정과 시민관계는 협상관계 · 완전 주민통제 이론적으로 가능	주민권력의 단계 (degrees of citizen power)
(7) 권한위임(delegated power) · 특정계획의 입안·실시의 결정에 시민주도 · 결과책임의 공존, 전권위임도 가능	
(6) 협동관계(partnership) · 시민과 행정이 협상을 통해서 권력재분배 시작 · 시민은 권한의 부여가 아닌 획득	
(5) 유화(placation) · 시민의 저항을 타협으로 유화 · 시민의 일정한 영향력이 인정되나 아직은 명목적 · 실질적 최종 결정권을 행정이 장악	명목적 참여의 단계 (degrees of tokenism)
(4) 상담(consultation) · 시민의 의사타진, 태도조사, 인근집회 및 공청회	
(3) 정보제공(informing) · 행정이 주민에게 일방적 정보제공으로 참여의식 자극 · 제공방법은 대량전달수단, 소책자, 포스터	
(2) 치료(therapy) · 기초유도단계 · 자조의식고취 · 우둔한 민중의 치료, 지역사회의 개발사업	비참여의 단계 (degrees of non-participation)
(1) 조작(manipulation) · 정보수집단계 · 명목적 참여암시 · 참여의식 고취의 원초단계	

출처: Sherry R. Arnstein, "A Ladder of Citizen Participation," in *JAIP* Vol. 35, No. 4(July 1969).

〔그림 Ⅱ-3-1〕 주민참여의 단계

그에 의하면 주민참여의 단계를 미국 도시사회의 현실적 분석을 토대로 주민참여를 주민의 영향력에 따라 크게 나누면 비참여(non-participation)·명

Rungs on the Ladder of Citizen Participation," E.S. Cahn & B.A. Passtt(ed.), *Citizen Participation; Effecting Community Change*(Praeger Publishers, 1971).

목참여(degree of tokenism)·주민권력(degree of citizen power) 등의 3단계가 있고, 세분하면 조작에서 주민통제까지 8단계가 있다. 이러한 구분은 여러 가지 사항의 단순화에 지나지 않지만, 주민참여의 단계를 설명하는 데에 유용하다([그림 Ⅱ-3-1] 참조).

「아른슈타인」은 이상의 8단계 각각에 대해서 구체적 사례를 제시하여 설명하고 있는데, 8단계의 특징을 정리하면 다음과 같다.

(1) 操作(manipulation)

행정과 주민간에 협동관계를 맺는다는 사실자체에 의의를 인정할 수 있는 단계로서 관료들이 일방적으로 주민을 교육시키거나 설득·계도·지시를 할 뿐이고 주민들은 다만 초청을 받아 참석하는 것으로 만족하는 수준의 단계이다.

(2) 治療(therapy)

주민의 무력함을 주로 사회사업에 분출시킴으로써 치료케 하려는 단계로서 저소득주민들에게 '아동관리'나 '청소운동' 등을 전개하도록 하는 등 일방적 행정지도에 그치는 것이다.

(3) 情報提供(informing)

情報回路는 행정에서 주민으로 통하는 일방적인 것이며 환류나 협상능력은 없다. 따라서 일방적 정보제공방법인 「매스컴」·소책자·「포스터」·문의에 대한 단순반응 등이 사용된다.

(4) 相談(consultation)

집회·태도조사·공청회 등의 방법에 의해서 주민에게 정보를 제공하고 행정에 참여토록 유도하고 있으나 행정측에서 본 성과는 많은 주민이 회합에 참석했고, 요구된 과정을 거쳤다는 명목상의 참여에 그치는 단계이다.

(5) 宥和(placation)

아직 명목상의 참여임은 분명하지만, 이 단계에서는 주민이 약간의 영향력을 행사할 수 있다. 주민들의 광범위한 참여가 각종 위원회를 통해 이루어지고 의견의 제시가 권고되나 그 의견들의 합법성과 실제가능성의 판단권은 행정측에 있다. 이 단계에서 주민들은 광범위하게 참여하긴 하지만 행정측이 주민들을 회유시키기로 결정한 이상의 혜택을 얻진 못한다.

(6) 協同關係(partnership)

시의회가 최종결정권을 가지고 있지만 주민들을 필요하다고 판단될 경우 이에 맞서 그들의 주장을 협상으로 이끌어 갈만큼 충분히 강하다.

(7) 權限委任(delegated power)

주민의 권한은 계획시설에 결정적으로 영향을 끼칠만큼 강하여 행정당국은 문제해결을 위해 주민을 협상으로 유도한다. 즉 주민들이 특정한 계획에 관하여 우월한 결정권을 행사하기도 하는 단계이다.

(8) 住民統制(citizen control)

주민들에 의한 완전자치를 뜻하는 것으로 주민들은 그들의 권한이 단지 그들의 계획을 수립・집행하고 자치할 수 있는 정도의 것이라고 주장한다. 이러한 주민통제는 비용이 많이 들고 비능률적이며 전문화나 실적주의와 병행되기 어렵다는 비판론도 있지만 어떤 사업의 계획수립에서부터 실시에 이르기까지 주민통제를 함으로써 많은 개선을 이룩했다는 보고가 나오고 있다.

Ⅲ. 住民參與의 方法

주민참여의 수단으로서 종래의 전통적인 방법으로는 행정에 대한 외부통제의 방법에 속하는 여론과 정당・이익집단 등을 통하는 방법이외에도 전시회・공청회・정보정리제공・설문조사・「매스미디어」(mass media)을 통한 홍보 등의 방법이 있고, 주민운동・교섭・청원・건의・진정・문의・자치 등을 비롯하여 주민집회・시정간담회・반상회・각종위원회・심의회・선거・주민투표・주민발안 등이 있다. 이 외에도 「아이디어」창안・요인접촉・우편 등이 있고 새로운 시도로서 「델파이」법(Delphi method), 「게임 시뮬레이션」(Gaming Simulation Method), 명목집단방법(Nominal Group Method) 등이 활용되고 있다.[14]

1. 外國의 住民參與方法

지역발전 내지 환경보전을 위한 정책결정과정에 시민의사 내지 이익을 투입하는 주민참여방법을 미국의 한 산림행정에 관한 사례를 통하여 살펴보고자 한다. 미국의 산림청(the Forest Service)은 도로가 없는 지역의 개발정책을 수립하는 과정에서 광범위한 주민참여를 시도하였던 바 실제로 사용된 주민참여의 방법을 중심으로 그 장·단점을 소개해 보면 다음과 같다.[15)]

(1) 公聽會(Public Meeting)

공청회와 같이 대중회합에 의한 주민참여의 장점으로는 ① 일시에 많은 량의 정보수집이 가능하고, ② 「슬라이드」, 영화, 「비디오·테이프」, 地圖, 도표, 강의, 유인물 등 다양한 매체를 활용할 수 있으며, ③ 전시효과와 신뢰도가 크다는 점이다. 반면에 단점으로는 ① 대중이 모임으로써 회의진행이 어렵고 많은 시간이 소요되며, ② 소수의 의사, 인기없는 의견이 무시될 우려가 있으며, ③ 효과적인 의사표시가 어렵고, ④ 비밀보장을 기대할 수 없다는 점이다.

(2) 「워크 샵」(Work Shops)

주민참여 수단으로서의 「워크 샵」의 장점은 ① 참여자의 진지하고 효율적인 참가로 창의적 「에너지」투입이 가능하고, ② 활발한 토론이 이루어 질 수 있다는 점이다. 반면에 이 방식의 단점으로는 ① 과다한 비용과 시간이 소모되고, ② 특정한 이익집단의 주장만이 편견으로 반영될 우려가 있다는 점이다.

(3) 特別委員會(Ad-hoc Committee)

주민참여방법 중의 하나인 특별위원회의 장점으로는 ① 주민의 기대를 얻기 쉬우며, ② 정책결정 자체에 높은 신뢰성을 얻을 수 있다는 점이다. 반면에 단점으로는 ① 주민전체를 대표하기 어려운 편견을 가진 위원들이 구

---

14) 李圭煥, "都市開發과 住民參與," 「地方行政硏修」 第13號(內務部 地方行政硏修院, 1988. 6), pp. 86~89.

15) J.C. Hendee, et al., "Methods for Acquiring Public Input," in Pierce & Doerksen, *Water Politics Public Involvement*(Ann Arbor: Arbor Science, 1976), pp. 125~127.

성될 우려가 있으며, ② 위원회의 법규에 기속되어 대안의 모색을 통한 의사결정이 어렵다는 점이다.

(4) 諮問「그룹」(Advisory Groups)

자문집단을 통한 주민참여의 장점으로는 ① 정확하고 신중한 의사를 결정하며, ② 구성원간의 원활한 사적관계로 교호기능이 가능하다는 점이다. 반면에 자문「그룹」은 ① 구성원의 편견이 개재될 위험성이 있으며, ② 광범위하고 다양한 시민의 요구·이익의 기술적인 집약이 곤란하다는 단점이 있다.

(5) 要人接觸(Key Contacts)

정책 내지 계획수립과정에서 요인접촉을 통한 주민참여방법의 장점은 ① 분별력있고 영향력 있는 주요 인사들의 여론을 효율적으로 집약할 수 있으며, ② 요인접촉을 통한 정책결정은 일반주민의 지지와 설득을 쉽게 할 수 있다는 점이다. 반면에 이 방법은 ① 주요 인사들의 단편적인 편견이 작용할 우려가 있으며, ② 요인들의 지역적·사적 이익만을 주로 반영될 우려가 있다는 단점이 있다.

(6) 郵便(Direct Mail)

우편방식을 통한 주민참여는 ① 다수인을 대상으로 할 수 있으며, ② 개인적인 의사가 노출될 우려가 없고 특정한 견해에 대한 책임감·압력으로부터 탈피가 가능하며, ③ 「타이트」하고 귀찮은 「스케쥴」에 구애되지 않는 개인의 자유로운 의사표시가 가능하다는 장점을 지니고 있다. 반면에 ① 무응답자의 비율이 높을 가능성과 대체로 의도한 답변이 나올 가능성이 있으며, ② 상당한 정보가 필요한 경우 과다한 비용과 노력이 요구된다는 단점을 지닌 방법이다.

(7) 意見投稿依賴(Soliciting Written Input)

매체를 통한 의견투고의 의뢰방식은 ① 대중매체인 TV, 신문, 「라디오」 등을 통한 광범위한 의견을 수집할 수 있으며, ② 문제지역 이외의 주민들의 객관적인 견해를 들을 수 있고, ③ 시간과 노력이 적게 든다는 장점이 있다. 반면에 ① 의견표시자가 다른 사람의 견해를 참조하기 곤란하며, ② 일방적인 의사표시로 끝날 우려가 있으며 관계기관이 투고자의 의견에 일일이 답변·코멘트하기 어렵고, ③ 응답자가 문제점을 잘못 인식할 경우가 많다는 단점을 갖고 있다.

(8) 設問紙調査(Questionires Survey)

설문지를 통한 주민의사 파악방법의 장점은 ① 분야별·내용별로 분류·분석하기가 쉬우며, ② 다수 주민의 의견투입이 가능하고, ③ 물리적 거리, 지방적 이익표명 이외의 광역의 의견수렴이 가능하다는 점이다. 반면에 ① 설문서작성, 표본추출 등에 있어서 신뢰성과 대표성을 확보하기 어려우며, ② 응답자의 신중하고 가치있는 답변을 기대하기 곤란할 뿐만 아니라 형식적 조사에 그칠 우려가 있다는 단점을 지닌 방법이다.

(9) 報告書(Agency Reports)

보고서를 통한 주민의견수렴방식의 장점은 ① 관계 전문가의 지식이나 의견을 참조할 수 있으며, ② 타 기관 또는 타 조직의 입장, 경험, 상황 파악이 가능하다는 점이다. 반면에 ① 너무 전문적이고 범위가 좁을 우려가 있으며, ② 타기관·타조직의 목표·의도·계획에 지나치게 영향을 받을 가능성이 있다는 단점을 갖고 있다.

(10) 日常的 住民接觸(Day-to Day Public Contacts)

일상적으로 주민을 접촉함으로써 주민의견을 수렴할 수 있는 이 방식의 장점은 ① 비구조적이기 때문에 비교적 자유로운 의사타진이 용이하고, ② 주민참여의 폭을 확대시키며, ③ 접촉의 일상화할 가능성이 있다는 점이다. 반면에 ① 제한된 범위내의 말 잘하는 소수의 의견만 반영될 우려가 있으며, ② 비공식적으로 인한 이익집약이 어렵다는 단점이 있는 것이다.

(11) 大衆媒體(Mass Media)

대중매체를 통한 주민참여방식의 장점은 ① 문제의 공공성을 주지시키고 환류(feed back)의 통로를 제공하는데 용이하고, ② 최대다수의 주민을 상대로 한 광범위한 정보제공이 가능하다는 점이다. 반면에 ① 「매스컴」의 이용비용이 많이 들고, ② 고도의 전문적 기술이 결여된 「메시지」전달의 경우 의사전달이 왜곡될 가능성이 있다는 단점이 있다.

2. 韓國의 住民參與方法

우리나라의 행정에 대한 주민참여가 제도화된 것으로는 행정각기관에 부설되어 있는 각종 위원회와 행정 최말단의 기관이면서 지역주민의 근접조직인 반상회가 대표적인 것이라 할 수 있다. 그러나 우리나라의 경우에는 참여의 제도화가 낮고 그 효과 역시 명목적인 것에 불과한 실정이다. 다음은 우리나라의 대표적인 참여의 방식에 대해서 살펴보기로 한다.[16]

(1) 각종 諮問委員會

각종 자문위원회는 시·도지사나 시장·군수 및 구청장의 자문에 응하고 해당 지역의 발전을 위해서 자치단체장에게 건의하며 자치단체장의 요청에 의하여 당해 도시 및 지역개발사업의 촉진을 위한 계몽과 권장을 행하는 역할을 담당한다. 그러나 이러한 위원회는 지방의회와는 기능과 성질을 달리하고 있다. 즉 각종 자문위원회는 지방자치단체의 개발계획 및 사업계획을 심의하고 시·도정 및 시·군정을 협의하도록 되어 있으나 실제에 있어서는 행정당국으로부터 사업계획이나 내용을 보고 받고 비공식적인 견해를 표명하는데 그치고 있다.

특히 이들 위원회의 구성이나 위원의 선임에서 그 주도권은 거의 전적으로 행정측에 장악되고 있다. 따라서 위원회를 통한 주민참여는 주민이 행정에 참여하기 위해 구성되었다기 보다 행정측이 주민생활을 지도하기 위해 행정측의 편의와 필요에 의해 만들어진 것이라는 현실적 비판을 면키 어려운 여건에 놓여있다 하겠다.

(2) 公聽會

공청회는 주민들이 직접 참여하여 지역사회문제에 관해 조사·답변하는 것으로서 자치단체가 주관하여 개최하는 경우와 주민들이 자발적으로 조직하여 개최하는 경우가 있다. 공청회의 참여자를 결정하는 방법에도 주민 모두를 대상으로 하는 것과 일정한 기준에 의해 참여자를 선별하여 초청하는

16) 李圭煥, 전게서, pp. 188~192.

방법이 있다.

우리나라의 경우 개정된 「도시계획법」 제10조의 2에 의하여 도시기본계획 및 도시계획에 대한 주민참여를 제도화하였다.[17] 특히 도시기본계획수립단계에서 주민참여는 개별적인 이해관계자와의 조정을 목적으로 하는 것이 아니라 널리 주민의 의사를 반영시키고자 하는 절차이기 때문에 개별적인 의견청취가 아니고 공청회를 개최하도록 하고 있다. 공청회의 개최결과 얻은 의견이 타당하다고 인정하는 때에는 이를 도시기본계획의 승인 신청시 공청회 결과를 첨부토록 하여 승인과정에서 주민의사가 고려되도록 하고 있다.[18]

(3) 班常會

반상회는 이웃간의 협동과 행정에 대한 보조를 위하여 주민들이 일정한 시간, 일정한 장소에 일제히 모이는 주민총회로서 ① 주민의 자조적 근린조직, ② 행정의 최말단기본조직, ③ 주민과 정부간의 대화조직 등의 성격을 가진다. 매월 개최되고 있는 반상회는 행정측에서 주민들에게 정부 혹은 지방자치단체의 시책을 널리 홍보하고 주민의 협조를 구한다는 목적도 있다. 한편 주민들 스스로가 생활에 밀접한 관련을 맺고 있는 제반문제에 대해 논의하고 행정에 대한 요구와 건의를 비교적 자유롭게 또한 정기적으로 할 수 있다는 점에서 비교적 효과성이 큰 주민참여제도인 것으로 인식되고 있다.

이러한 반상회는 1976년 5월 30일에 시작하여 매월 25일에 개최되는데 그 주요기능은 첫째, 이웃끼리 서로 돕고 협동하는 정신을 바탕으로 공공의 관심사를 자율적으로 해결하고 둘째, 반원들의 의사를 집약하여 이를 정책에 반영하며 세째, 정부시책을 홍보하는 장의 역할을 담당하고 있다.[19]

그러나 현재의 반상회에서 주민들이 행정에 반영시키고자 하는 것은 지역적·공공적 사항보다 시혜호소적·개인생활중심적인 성격을 띤 것이 많다. 그 결과 정책의 차원에 이르지 못하고 건의 수준에 머무르고 있다. 또한

---

17) 우리나라 도시계획법에 의하면 도시기본계획을 입안할 경우 시장·군수는 공청회를 개최하여 의견을 청취하도록 되어 있고(법 제10조의 2참조), 도시계획(재정비)을 입안할 경우 시장·군수는 도시계획내용을 공고하고, 일반인에게 공람시켜 의견이 있는 자가 시장·군수에게 의견서를 제출토록 하고 있다(법 제 16조의 2 참조).

18) 李圭煥, "都市計劃法 解說," 「地方自治와 議會運營」(한국지방자치학회, 지방행정연수원, 1998), pp. 202~232 참조.

19) 李圭煥, 전게서, pp. 190~191.

반상회의 운영에 공무원들이 관여하게 되어 정부홍보기관으로 전락된 감을 준다.

(4) 機關長과의 對話・巡廻懇談會

1972년부터 시작된 기관장과의 대화제도는 ① 각계 각층의 여론과 의견을 수집・분석해서 효과적인 방법으로 시정 또는 군정에 최대한 반영하고, ② 주민의 참여의식을 고취시킬 것을 목적으로 주민을 선정해서 시정 또는 군정에 관해 시장・구청장 또는 군수와 직접 대화를 나누는 제도이다.

이외에도 시장・구청장・군수 및 읍・면・동장이 영세민집단거주지・낙후지・주민집단분규지・안보취약지・기타 행정상 필요가 있는 지역을 방문하여 주민들과 직접적인 대화를 가짐으로써 주민의 참여를 행정에 반영시키는 순회간담회가 있다.

(5) 기 타

이상에서 우리나라에서 제도적으로 확립된 주민참여의 방법에 대해서 살펴보았는데 이외에도 다음과 같은 형태가 있다.

(가) 展示會

주민에게 행정정보를 제공하고 그들의 반응을 수렴하는 방법의 하나로서 전시회가 있다. 전시회를 통한 주민참여방식은 도시 및 지역개발계획에서 흔히 볼 수 있다. 도시 및 지역개발의 목표・문제점 및 개발효과 등에 관해 주민들이 쉽게 이해할 수 있도록 간결한 문장・도표・지도・사진 등을 이용하여 전시함으로써 주민들에게 정부의 시책을 알리고 주민들의 관심을 불러 일으킬 수 있다.

(나) 設問調査

설문지조사방법은 설문지를 통해서 주민들의 태도・문제점・인식도・선호도 등에 관해서 광범위한 자료를 수집하는 것을 말한다. 설문조사의 경우 설문지를 작성할 때에는 설문지가 조사하고자 하는 내용을 포함하도록 하고 문항수에 있어서도 적정수준을 유지하도록 해야 한다. 그러나 설문조사의 경우에는 주민의 자발적인 참여가 아닌 행정측이 제안한 문제에 국한된 찬반의 표현이라는 점에서 참여방식으로서의 한계가 있다.

(다) 住民運動

주민운동(demonstration)은 집회와 시위를 통해서 자신의 견해를 주장하는 경우를 뜻한다. 이는 주로 참여가 제도화되지 않은 경우나 기존의 제도가 효과를 나타내지 못할 때 나타나는 주민참여의 방법이다. 이러한 주민운동은 주로 공해발생·도시재개발·신시가지개발·공장유치·고속도로건설·댐건설 등으로 인해 주거환경이 침해를 받거나 받을 우려가 있을 때 실력행사를 통한 참여방법이다.

제 3 절 都市開發에 있어서의 住民參與[20]

Ⅰ. 住民參與의 現況과 問題點

1. 計劃過程上의 參與實態와 問題點

(1) 計劃樹立過程上의 側面

우리나라의 도시 및 지역개발계획은 그 수립과정에서 주민참여가 제대로 이루어지지 않아 계획의 목표·방향·대상을 설정하는데 주민의사가 거의 반영되지 못하고 있다. 현재 개발계획의 수립에 있어서는 대부분의 경우 행정가와 소수의 전문가집단만의 참여하에 충분한 사전조사와 주민의 욕구, 지역실정을 고려하지 않은 채 계획을 수립하는 경우가 많으며, 주민의 직·간접으로 동의를 얻을 수 있는 절차는 극히 제한되어 있는 실정이다.

계획별로 주민참여의 실태를 보면[21] 첫째, 특정 지역개발계획의 수립에 있어서 주민의 의사나 자문기관의 의견을 청취·반영하는 제도적 장치가 되어 있지 않고 있다. 실제에 있어서 행정기관 중심으로 수립되고 있어 지역주민의 적극적인 지지와 협조를 받지 못하고 있다.

둘째, 도 또는 군종합개발계획의 수립과정에 있어서도 국토건설종합계획

20) 李圭煥, 「都市行政論」(서울: 녹원출판사, 1995), pp.269~272; 李圭煥, 「道政研究」(第2號)(京畿道, 1989), pp. 135~158.

21) Willam L. Morrow, *Public Administration; Politics, Policy and Political System* (Random House, 1975), pp. 275~279.

법에서는 주민참여의 규정을 두고 있지 않고 있다. 행정기관의 장과 전문가로 구성된 국토건설종합개발심의회의 심의·의결만으로 결정하도록 하고 있어 주민적 합의가 이루어지지 않고 있다.

셋째, 도시기본계획수립시의 경우 도시계획법은 공청회를 개최하도록 규정하고 있으며, 또 도시계획 입안시의 경우 주민의견을 청취·반영을 제도화하고 있는 것은 사실이다. 그러나 실제의 운영상황을 보면 아직 이러한 제도가 정착되지 못하고 공청회나 공람시 주민의 의견개진이나 그 반영이 모두 형식에 그치는 양상을 보이고 있다.

(2) 計劃執行過程上의 側面

도시 및 지역개발계획의 집행과정 역시 주민참여와 통제수단이 제대로 보장되지 않고 있다. 특히, 도시계획은 다른 어떤 계획보다도 주민들과 밀접한 이해관계가 있는 계획인데도 계획집행과정에서 발생하는 사적소유권의 부당한 침해와 손실에 대하여 주민이 가지는 통제수단은 미비한 상태이다.

도시계획법에서는 사업시행전에 14일간의 공람기간을 두어 주민 및 이해관계인의 의견을 청취하여 타당하다고 인정될 때에는 시행계획에 반영토록 한다고 규정되어 있을 뿐 청원이나 제안 등이 전혀 보장되지 못하고 있다.

또한 도시재개발사업은 사업내용이 복잡하고 장기간이 소요될 뿐만 아니라 이해관계자들이 관련되어 있기 때문에 그들의 이해절충과 의견조정을 위해 사업시행에 대한 집단적 의사결정과 참여가 요구되는 데도 이를 허용하지 않고 있다.

2. 開發事業主體로서의 參與實態와 問題點

도시 및 지역개발사업에 주민들이 사업주체로서 참여가 필요하게 된 배경은 다음의 두가지를 들 수 있다.

첫째는 도시개발사업의 수요증대이다. 지역경제규모의 확대, 생활수준의 향상과 주민의식구조의 변화에 따라 공공시설과 각종 생활환경시설에 대한 주민들의 기대욕구는 점차 다양화·고급화되어가고 있다. 특히 지방화시대의 전개에 따라 각종 지역개발사업에 대한 주민욕구가 크게 증대되고 있어 국가 또는 지방자치단체 뿐만으로는 이를 충분히 담당할 수 없는 실정에 이르고 있다.

둘째는 정부의 가용투자재원의 취약점이다. 지역경제부분의 확대에 따라 공공부문과 민간부문의 투자수요가 크게 증대하여 국가 또는 자치단체의 재정압박이 뒤따르고 있다. 특히, 불황기에는 예산동결이 불가피하여 재원의 제약이 커지고 있다. 이에 따라 주택, 상·하수도, 도로, 공원 등 생활환경시설은 크게 개선·확충되지 못하고 있다. 이러한 배경 아래서 개발사업주체로서의 주민참여가 절실히 요청되고 있으며 지방자치단체는 이를 적극적으로 권장하기에 이르게 되었다.

도시 및 지역개발사업에 민간사업주체를 참여시킴으로써 민간자본과 민간의 창의적인 경영방식을 활용하는 것은 개발사업의 효율적 집행은 물론이고 민간경제활성화의 측면에서 보더라도 바람직스러운 일이다.

이러한 필요성에도 불구하고 실제의 도시 및 지역개발사업에 있어서 민간사업주체의 참여는 그리 활발하지 못한 편인데 그 원인을 보면 다음과 같다.

① 경제성문제로서 일반적으로 도시 및 지역개발사업은 장기간에 걸쳐 많은 투자원이 소요되므로 채산성이 낮은 경우가 많으며, ② 장래의 경제개발에 대한 불확실성 때문에 투자를 기피하는 경향이 있으며, ③ 제도적 장벽으로서 사업계획의 승인·시행과정이나 토지의 취득·이용, 인·허가절차 등 여러 가지 면에서 민간사업체는 법령 및 제도상의 제약을 많이 받고 있기 때문이다.

Ⅱ. 住民參與의 活性化 方案

1. 開發計劃 過程上 參與 活性化

지역주민들이 그들의 이해와 직접적으로 관련된 지역문제에 참여하여 그들의 의사를 행정에 반영시킨다는 것은 도시행정의 본질상 너무나 당연한 일이다. 일정한 지역의 도시계획, 개발사업, 자연보호, 주민복지사업 등에 행정수요자인 주민들이 참여하지 않는다면 이러한 사업들의 성공적인 수행은 어렵게 된다.

그러나 실제의 주민참여과정에서 주민참여는 그 정도가 극히 미약한데

다 제도화도 거의 되지 않고 있어 이의 활성화를 위한 대책이 시급한 과제로 되고 있다.[22)]

(1) 住民參與의 通路擴大

(가) 計劃過程 參與制度의 擴大

공식적 주민참여를 확대하기 위해서는 무엇보다도 먼저 개발관련법규에 주민참여를 명문화화는 것이 필요하다.

① 현행 국토건설종합계획법에는 특정지역계획이나 도 또는 군계획의 수립·집행과정에 지역주민이나 자문기관의 의견을 청취·반영하는 제도가 되어 있지 않고 있다. 따라서 계획목표설정, 최종안선택, 계획조정·집행에 이르기까지 단계별로 주민참여를 제도화해야 할 것이다.

② 도시계획이나 도시재개발사업은 주민들의 이해관계와 직접적으로 관련을 가지고 있기 때문에 현행 도시계획법과 도시재개발법의 주민참여에 대한 규정을 단계별로 확대·강화시켜야 한다. 특히 도시기본계획입안과정에서 개최되는 공청회의 효율적 운영, 주민의견청취, 공고제도의 개선을 기해야 할 것이다.

③ 지방도시계획위원회나 소회의에서 도시계획을 심의·결정하는 경우 이해관계인의 의견이나 자료를 제시하고 발언할 수 있도록 하는 제도개선이 검토되어야 할 것이다.

(나) 住民組織의 育成·强化

지금까지의 주민참여는 행정편의 위주로 행정당국이 주도하고 있는데다 개발계획과정에서 주민참여는 현실적으로 한계성을 지니고 있으므로 참여의 조직화·체계화가 필요하다.

① 지방도시계획위원회와 시·군단위의 개발위원회를 조직과 기능면에서 강화시키는 한편 시민대표로 구성되는 시민위원회를 설치할 필요가 있다. 시민위원회는 행정기관과 주민간의 가교적 위치에서 주민참여와 개발시책의 상호작용을 촉진시킬 수 있을 것이다. 또한 시민위원회는 도시계획이나 도시개발사업안에 대한 자문 및 계획의 집행과정에서 발생하는 청원·이의신청 등을 주민의 입장에서 검토하도록 하며, 계획의 효과적 실시를 위해

22) 李圭煥, 전게서, pp. 277~285; 金海東, "韓國의 住民組織과 地方行政,"「行政論集」第23卷 第1號(서울大學校 行政大學院, 1985), pp. 88~90.

주민간의 의견조정을 하는 기능을 수행하도록 한다.

② 이익단체에 대해서는 기능중심으로 관련된 이익단체의 의견과 협조를 최대한으로 수용시켜 나가는 행정풍토가 조성되어야 한다.

③ 지역단위의 주민총회는 지역사회개발과 관련시켜 사업의 선정·집행과정 및 이익의 배분에 정부주도방식을 지양하고 주민전체의 의견과 욕구를 바탕으로 이루어지도록 운영케 해야 할 것이다.

(2) 行政情報의 公開

지역개발을 주민과의 공동노력에 의해 효율적으로 수행해 나가기 위해 지방자치단체는 주민참여를 위해 필요한 정보를 공개하는 한편 주민의 의사를 광범위하게 경청하는 광보체제를 강구하여야 한다. 지역개발에 있어서 어느 정도의 행정정보를 공개해야 할 것인가의 문제는 정보공개제도가 가지고 있는 보편적인 원칙과 도시정부가 놓여있는 특수성을 감안하여 정립되어야 할 성질의 것이다.

주민에게 공개되고 제공되어야 할 정보의 구체적인 내용을 예시하면 다음과 같다.

① 정책정보로서, 여기에는 시정 및 군정의 현황, 장래예측, 과제와 논점, 정책방침 등이다.

② 계획정보로서, 여기에는 새로운 조례안, 시책, 사업계획 등을 실시하게 된 근거 및 기대되는 효과 등이다.

③ 집행정보로서, 여기에는 집행사업에 대해서 그 집행의 기준 및 방법의 세목을 표시하는 정보, 인·허가, 보조의 기준, 규제의 범위·기준·벌칙, 건설계획의 설계세목, 행정 「서비스」제공의 방법 등에 관한 정보가 포함된다.

④ 평가정보로서, 여기에는 행정사업의 진행상황 및 효과에 대해서 객관적인 평가의 정보가 포함된다.

(3) 分權化를 통한 地方行政의 强化

지방자치단체가 주민들의 요구에 대응하는 능력을 갖추고 개발행정에 주민참여를 촉진시키기 위해서는 지방분권을 통한 자치단체의 자주성을 제고시켜야 할 뿐만 아니라 자치단체의 내적 분권화도 이루어져야 한다. 자치단체의 자주성을 제고하는 방안으로 다음의 몇가지를 들 수 있다.

첫째, 행정권한을 자치단체로 대폭 이양해야 한다.

가장 예민한 주민의 관심대상인 인·허가사무의 중앙집중은 자치단체에 대한 주민관심을 제약시키고 있다. 따라서 이러한 업무를 주민 가까이에 있는 자치단체로 가능한 한 많이 이양시키는 방향으로 행정사무의 재분배가 단행되어야 한다.

둘째, 지방자치단체의 기관위임사무는 단체위임사무로 개편하고, 단체위임사무는 가능한 한 이를 고유사무로 전환시킴으로써 고유사무의 확대를 도모해야 한다.

셋째, 과도한 중앙통제가 지양되어야 한다. 현대 행정국가에 있어서 신중앙집권화의 경향과 더불어 행정통제의 필요성을 인정하지 않는 바는 아니지만 중앙통제는 권력적·강압적이어서는 안된다. 중앙통제는 국가의 전체적 조화와 발전을 위한 지도·협력의 한 형태라는 점에서 그 통제는 민주적 방식에 의존해야 한다.

넷째, 지방자치단체의 재정자립도를 높혀야 한다. 지방자치와 지방분권의 관점에서 자치단체의 이상적인 재정구조는 자체수입의 비중이 크면 클수록 바람직하다고 할 수 있다.

다섯째, 지방자치단체의 내적 분권화를 강화시켜야 한다. 주민참여의 취지에 비추어 주민들이 자신의 이해에 관계되는 문제를 담당하는 행정기관의 결정에 영향을 미치고 그 집행과정에 자발적으로 참여하기 위해서는 주민들과 일상적으로 관계를 맺기 쉬운 도시행정기관에서 주민들에 관한 업무가 처리되어야 한다.

(4) 住民意識의 啓發

주민자신이 도시행정주체로서의 자각과 함께 스스로 시민의식을 가질 때 참여의 폭은 보다 넓어지게 된다. 따라서 주민의 수동성과 능동성은 참여의 실질적 내용을 결정하는 중요한 요소로 작용하는바 참여를 확대하기 위해서는 주민의식이 계발되어 참여지향적 시민상이 정립되어야 한다.

정부에서 주민참여의 제도를 충분히 마련해 주었다고 하더라도 주민의 의식수준이 이를 활용할 단계에 있지 못하면 주민참여를 통한 지역개발의 효과는 만족스럽게 거둘 수 없게 된다.

주민의식수준이 높은 사회에서 제도적으로 주민참여의 길이 폭넓고 깊이 있게 마련되어 있다면 활발한 주민통제를 통한 지역개발의 실효는 크게 얻어질 수 있다. 그러나 공식적인 주민참여의 길이 한정되어 있는 경우에는 주민에 의한 노력을 통해 그 길을 넓혀 나가야 할 것이다. 주민의식계발이 요망되는 이유는 바로 여기에 있는 것이다.

(5) 公務員 行態의 改善

공무원은 주민참여의 상대방이며 동반자로서 주민참여가 제대로 이루어지기 위해서는 지방공무원들이 주민전체에 대한 봉사자로서의 가치관과 변화의 역군으로서의 자세를 가져야 한다.

그러기 위해서 공무원들은 첫째, 지역개발을 추진하는데 있어서 주민을 설득하고 협동하여 조정할 수 있는 민주적 역량과 자세를 가지고 주민이나 주민집단의 의사가 개발계획에 충분히 반영될 수 있도록 노력하여야 한다.

둘째, 미래의 문제를 예견하고 이해하려는 미래지향적인 자세를 가져야 한다. 공무원은 주민의 자율성을 존중하며, 조직내에 새로운 변화를 시도하고 창의력을 발휘하여 개발사무를 추진하고 그 결과에 대하여 책임을 질 줄 아는 적극적인 자세를 가져야 한다.

셋째, 공무원은 끊임없는 학습을 통하여 변화하는 행정환경에 자신을 적응시킬 수 있고 새로운 문제해결에 필요한 효과적인 능력을 갖추기 위하여 항상 연구하는 태도를 가져야 된다.

넷째, 공무원은 변동하는 사회에서 증가하는 행정수요를 분석하고 그것을 바탕으로 개발계획을 수립할 수 있는 계획능력을 가져야 한다.

다섯째, 공무원은 현대행정의 과학화와 전문화에 따라 직종에 적합한 전문지식과 기술은 물론이고 사회발전에 따르는 새로운 지식과 기술을 습득하여야 한다.

여섯째, 공무원은 지역개발에 있어서 주민참여가 필수적 요소이며, 지역개발은 바로 주민의 복지증진을 위한 것임을 깊이 인식해야 한다.

2. 開發事業 主體로서의 參與 活性化

(1) 參與擴大가 可能한 開發事業

민간부문을 활용할 수 있는 분야는 지역개발사업의 대부분에 걸쳐 가능하다고 하겠다. 그러나 특히 도시개발사업, 생활「서비스」시설, 관광개발사업 등이 그 주요 대상이 될 수 있을 것이다.

(가) 都市開發事業 部門

도시의 기반시설인 도로, 공원, 상・하수도는 공공부문에서 담당하고 있다. 그러나 도시형성에 있어서 주택, 택지개발, 도시교통, 주차장 등 도시시설정비는 민간부문에서도 담당할 수 있다. 도시재개발사업은 대부분이 민간에 의해 추진되고 있으며, 토지구획정리사업도 상당한 부분이 조합을 포함한 민간에 의하여 시행하고 있다.

주택건설에 있어서 가장 큰 장애요인은 택지 확보문제로 되어 있다. 토지개발공사・주택공사・지방자치단체가 택지개발보전법에 의하여 택지개발예정지구로 지정하여 저렴한 가격으로 대규모의 택지를 개발・공급하고 있다. 그러나 이것만으로는 공공주택건설을 위한 택지 공급에도 미흡한 실정에 있다. 따라서 민간업체를 대폭 참여시켜 공동으로 개발하여 민간주택 건설용 택지문제도 아울러 해결하는 것이 바람직하다 하겠다.

도시시설 중 주차장과 공원시설도 민간부문의 적극적인 참여가 기대되고 있다. 주차장 수요가 급증하고 있는데 반하여 건축물 부설 주차장이나 노상주차장 만으로는 이에 부응하여 충족시킬 수 없으므로 민간부문에 의한 전용주차장 시설의 확보・확충이 절실히 요청되고 있다. 도시공원은 제도상 공공부문이 관리주체로 되어 있으나 운동장・동식물원 등 공원시설은 민자유치로 확충이 가능할 것이다.

(나) 生活「서비스」施設部門

소득수준향상과 주민의식구조의 변화에 따라 교육・문화・여가 등 생활「서비스」시설의 수요가 크게 증가하고 있다. 현재 민간부문에서도 많이 참여하고 있으나 앞으로 민간활력의 활용이 더욱 기대되는 부문이다.

교육시설에 있어서는 앞으로 직업교육・훈련시설의 증설과 지방중심도시에 더욱 많은 대학시설 확충이 기대되고 있으며, 여가시설로는 지방중심도시에「골프」장, 수영장, 실내체육관 등이 건설될 것으로 보인다.

한편, 문화시설로는 대도시지역에 대형문화회관이, 지방중심도시에는 박물관, 음악실, 시민회관 등이 건설되고, 복지시설로서는 대도시지역에 종합복지「센타」, 특수복지시설이, 지방중심도시에는 아동상담소, 모자보건소, 직업훈련원 등이 확충되어야 할 것인 바 이러한 부문에 대해 지방자치단체와 민간부문이 공동으로 또는 민간부문 단독으로 참여할 것이 기대되고 있다.

(다) 觀光開發事業部門

관광단지조성, 해양관광자원개발, 관광유료도로개설, 야영장, 대규모의 유원지 등 관광지개발에 민간참여가 크게 기대되고 있다. 따라서 「호텔」·「모텔」등의 관광숙박시설과 전문토산품점에도 더 많은 참여가 이루어질 것이다.

(2) 參與活性化를 위한 政策手段

지역개발사업에 민간을 사업주체로 활발히 참여시키기 위해서는 경제성 보장이라는 동기를 부여하고 제도적 장벽을 제거해야 할 것이다. 이를 위해서는

첫째, 까다로운 인·허가제도를 대폭 개선해야 할 것이다.

둘째, 개발사업의 채산성을 고려하여 개발이익의 활용을 허용해야 한다.

셋째, 수익성과 공익성을 동시에 갖는 사업에 대해서는 제3「섹타」제도를 도입하여 정부·공공단체·민간단체가 공동으로 출자하여 운영하는 것이 바람직하다.

넷째, 금융·세제면에서의 지원이다. 우리나라는 지역개발의 촉진을 위한 방안의 일환으로 지방공업개발법과 특정지역 종합개발촉진에 관한 특별조치법에 따라 특정지역, 지방공업 장려지구 내에서 사업을 시행하는 자에 대해서는 조세감면과 융자지원제도가 실시되고 있다.

제 4 절 開發計劃 遂行過程에서의 住民參與模型

Ⅰ. 住民參與에 관한 理論模型

도시종합계획에 대한 주민참여모형을 작성할 경우 도시개발과정에서 주민이 계획수립·집행·평가에 관하여 어떠한 위치에 놓여 있으며, 또 주민이 그 위치에서 도시계획에 대하여 어떠한 대응자세를 나타내고 있는가를 기준으로 해서 ① 자치형, ② 행정참여형, ③ 적응형, ④ 저항·운동형의 4

개의 「모델」을 정립할 수 있다.[23)]

여기서 「自治型」은 뛰어난 지방분권적 행정체제의 산물로 계획의 입안・결정・집행・평가의 과정에 걸쳐서 주민이 주체적으로 계획에 관여하는 경우를 의미한다. 따라서 이것은 주민참여라고 하기보다 오히려 주민자치 그 자체라고하는 것이 더욱 적합하다고 하겠다.

「行政參與型」은 세 가지 유형으로 구분할 수 있다. 그 첫째가 행정기관의 요구에 응해서 계획조직에 대표자를 보내는 경우이다. 그 둘째가 계획확정단계에서 심의하거나 자문하는 것을 포함해서 대개 행정당국의 조언적 역할을 수행하는 경우이다. 그 셋째가 행정기관이 개최하거나 또는 제도화된 참가기회에 개인으로서 출석하여 의견을 표명하는 경우이다.

「適應型」은 기본적으로는 행정기관의 계획안에 대해서는 수동적으로 대응하면서 계획의 구체적 내용에 대해서는 행정기관에게 부분적 재검사나 수정을 요구하거나 계획시행이 초래할 주민생활상의 문제에 대하여 대응책을 강구하는 경우의 참여형태이다.

「抵抗・運動型」은 중앙집권 내지 관료주의적 행정체제의 산물로 대개 지역주민의 생활욕구가 계획과정에 반영되지 않거나, 도시계획이 중앙정부나 상급자치단체에 의해 결정되며 행정권력을 배경으로 지역주민에게 하향전달되는 과정을 택하기 때문에 주민들이 자신들의 이익을 지키기 위해 계획에 반대하는 입장에서 조직적인 운동을 전개하는 경우에 전형적으로 볼 수 있는 형태이다.

이상의 4개의 「모델」을 중심으로 볼 때 우리나라의 현실적인 주민참여방식은 도시계획의 계층체계나 지역적 특성에 따라 참여조직 자체의 성격 변화가 이루어지는 경우가 있기 때문에 이러한 모형에 엄격하게 합치하지는 않은 예가 많다. 그러나 대체적으로 우리나라의 주민참여모형은 「행정참여형」 특히 「촉진형」이나 「개인참여형」에 편중되고 있으며 「자치형」의 기반은 지나치게 미약한 실정이며, 개발수준의 향상에 따라 「적응형」 또는 「저항・운동형」에로 전환할 조짐도 보이고 있다.

한편 도시종합개발과정에서 주민이 어느 정도 참여할 수 있는가 하는 문제는 단순히 도시계획의 수립에만 한정되는 것이 아니라 지역에 있어서의

---

23) 酉尾勝, "計劃過程에 있어서의 住民參加," 「國家學會雜誌」 84-9.10(國家學會, 1971), pp. 539~541.

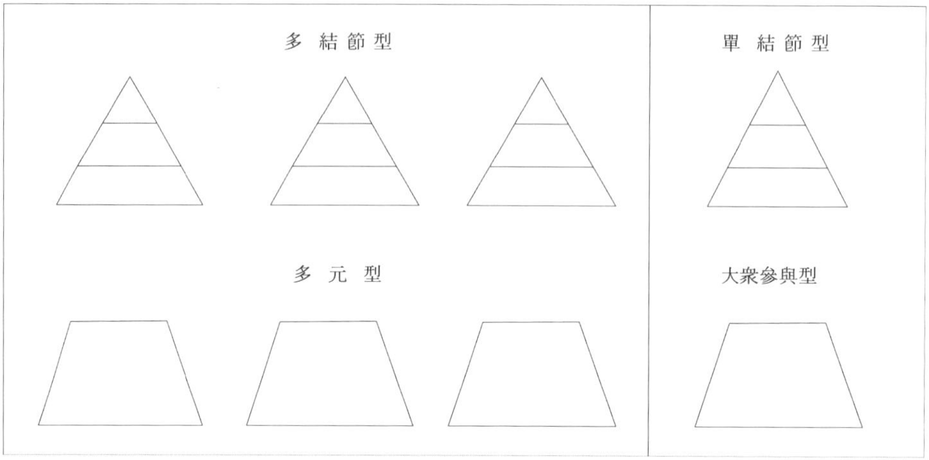

출처: T.N. Clark. *Community Structure and Decision-Making, Comparative Analysis*(Chandler Publishing Co., 1968).

〔그림 Ⅱ-3-2〕 의사결정구조모형

의사결정 「메카니즘」에도 관계되는 문제이다. 일반적으로 지역사회는 그 사회적 조건의 차에 따라 의사결정구조를 달리 하는데 「클라크」(T. N. Clark)는 〔그림 Ⅱ-3-2〕와 같이 4가지 모형으로 나누고 있다.[24)]

여기서 「大衆參與型」은 「리더」와 타체제의 구성원간에 종적인 분화까지 보이지 않고 「리더」의 교체가 비교적 용이하다.

「單 結節型」은 소수의 행위자가 계층정점에 있고 중간 또는 하층의 사람들 보다 커다란 영향력을 가지거나 동일한 행위자가 실질적으로 모든 영역에서 영향력을 행사하고 있다.

「多 結節型」은 분화된 문제영역에 다원성이 있고 각 문제영역 자체에서는 「단 결절형」인 경우이다.

「多元型」은 문제영역에 따라 다수의 분화된 영향력 계층제가 형성되어 있으나 개개의 문제영역내에서는 상대적으로 미분화된 경우이다.

「클라크」는 미국의 경우에는 「대중참여형」은 희소하고 「단 결절형」은 전통적인 「커뮤니티」(community)에서 볼 수 있으며, 대개의 대도시에서 「다 결절형」에 해당된다고 한다.

24) T.N. Clark, *Community Structure and Decision-Making, Comparative Analysis*(Chandler Publishing Co., 1968), p. 37.

우리나라의 도시종합개발계획에서의 의사결정구조는 「단 결절형」과 「대중 참여형」에서 크게 벗어나지 못한 상태에 있으므로 실질적인 주민참여의 폭도 협소하다 하지 않을 수 없다.

Ⅱ. 確定段階에서의 住民參與模型

주민참여가 지방자치단체의 정책·계획과정에 행사하는 역할이 아무리 중요하다해도 주민참여를 필요로 하는 영역은 한정적일 수밖에 없다. 왜냐하면 우리나라의 행정풍토하에서는 「자치형」의 참여방식은 기대하기 어렵다. 계획확정의 전 과정에 주민참여가 완전히 이루어진다면 기존행정체제는 혼돈과 무질서 상태로 빠지고, 불필요한 경비의 증대, 도시 및 지역개발의 지연을 가져올 수 있기 때문이다.

본문에서는 개발사업의 수립, 확정과정 중 자료의 수집, 계획목표의 설정, 대안의 선택, 계획의 조정단계만이 주민참여가 한정적으로 필요하다고 보았다. 왜냐하면 이들 단계가 다른 단계보다 주민의 이해와 보다 더 밀접히 관련되어 있기 때문이다.[25]

(1) 資料의 蒐集段階

자료의 수집단계에서는 주민의 욕구, 지역사회실태·여건 등을 알아야 한다. 이를 위해서 주민의 자유로운 의사표시가 가능하고 다수인을 대상으로 할 수 있는 설문조사나 전문가의 지식·경험을 살릴 수 있는 보고서, 자유로운 의사타진이 용이하고 주민참여의 폭이 넓은 주민집회, 간담회 등 일상적인 주민접촉 방법을 이용하는 것이 합리적일 것이다.

(2) 目標의 設定段階

계획목표의 설정단계에서는 주민적 합의가 총동원되어야 한다. 이를 위해서 주민위원회, 자문집단, 대중매개체를 통한 광범위한 정보입수, 주요인사면접, 다수인의 의견수렴이 가능한 「앙케이트」, 현상논문, 반상회 등을 통한 주민참여가 바람직하다.

25) 상게서, pp. 294~297.

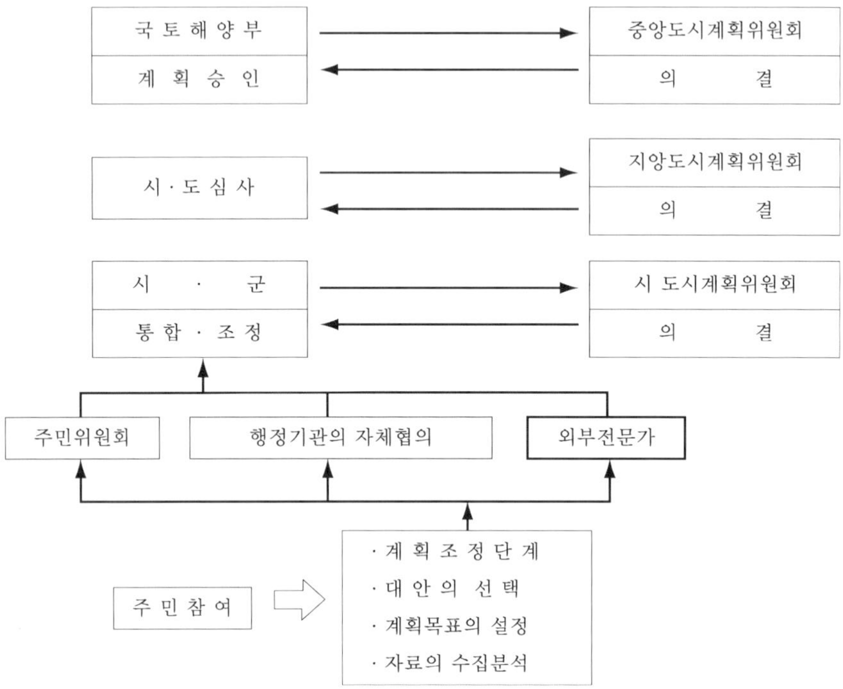

〔그림 Ⅱ-3-3〕 계획의 확정과정에서의 주민참여모형

(3) 代案의 選擇段階

대표의 선택단계에 있어서는 지역간의 균형적 발전을 도모하기 위해 합리적 기능배분, 국토의 합리적 이용 등을 위해 지역별 공청회를 개최하여 지역간의 합의를 얻어야 할 필요성이 있다.

대안의 선택에서는 순수한 사실판단(fact judgement) 뿐만 아니라 가치판단(value judgement)도 고려하여야 한다. 가치판단의 필요성 때문에 관계자 및 전문가의 의견이 구해지기도 한다. 따라서 공청회, 자문집단, 주민위원회를 참여시킴이 효과적이므로 주로 「행정참여형」에 기초하게 된다.

(4) 計劃의 調整段階

계획조정단계에서는 계획을 사실상 확정시키는 단계로서 여기서는 토론, 합의가 주를 이룬다. 계획의 조정은 행정기관, 주민위원회, 외부전문가의 의견을 통합·조정함으로써 이루어진다. 계획조정은 시장·군수가 주도한다.

(5) 計劃의 承認段階

계획의 승인단계에서는 중앙도시계획위원회, 지방도시계획위원회의 의결·심의를 거치게 한다. 현행 국토건설종합계획법에는 주민참여의 규정이 없고 단지 관계행정기관의 장과 전문가로 구성된 국토건설종합심의회의 심의·의결만을 요건으로 하고 있다.

국토건설종합심의회와 중앙도시계획위원회를 통합하여 중앙계획위원회로, 지방도시계획위원회를 지방계획위원회로 하고 대폭적인 권한을 시·도 및 시·군으로 위임하여야 할 것이다.

이상의 내용을 새로운 도시개발계획과정으로 도식화하면 〔그림 Ⅱ-3-3〕과 같이 정리할 수 있다.

Ⅲ. 執行段階에서의 住民參與模型

1. 執行過程에서의 住民參與

(1) 執行過程과 住民參與

사업집행시 주민의 자원제공은 그들의 지속적인 개발역량의 함양을 위하여 필수적이며 자발적인 욕구의 표현이다. 자원제공이란 정보, 지식, 노동, 물자제공과 현금제공의 형태가 있다. 대부분의 개발사업은 공공기관에서의 물질·현금 및 지식을 제공하고, 주민들은 노동, 물질, 현금, 정보 등을 제공한다. 지식이나 정보제공은 지역특수환경을 이용하여 사업을 성공적으로 유도하기 위하여 중요한 요소가 된다.

개발사업관리나 조정에의 주민참여는 여러 가지 형태가 있다. 흔히 볼 수 있는 형태로는 사업에 직접 고용되거나 위원회의 구성원으로서 활동하는 것이다. 주민을 개발사업에 직접 참여시킴으로써 지역주민과 사업기관과의 원활한 대화기회를 가질 수 있을 것이다. 사업효율을 높이기 위하여 간단한 훈련을 시킨다면 그 지역의 인적 자원을 개발할 뿐만 아니라 생산성의 향상과 복지도 증진시킬 수 있다. 행동주체로서의 주민참여는 사업에 더 많은 관심과 노력을 경주할 수 있어서 참여에 의한 사업의 효율성 제고와 성공을 가져올 수 있는 것이다.

계획수립과정에서 다양한 방법의 주민참여가 이루어졌다 하더라도 그것은 행정기관의 주도하에 진행되는 것으로서 일정한 한계가 있다. 도시개발계획의 집행과정에는 주민의 항의, 이의도 많고 관심도 크다. 그러므로 도시개발계획의 집행과정에서 주민의 私權행사가 부당하게 제한을 받는 경우가 발생할 경우 그들의 이익을 대변하기 위해서 주민의 참여기회를 보장하여야 할 것이다. 따라서 집행단계에 있어서의 참여모형은 「적응형」이 되어야한다.

(2) 執行過程에서의 問題點

첫째, 계획집행과정에서의 주민통제수단이 결여되어 있다는 점이다.[26] 도시개발계획은 주민과 이해관계가 깊은 계획이다. 계획의 집행으로 주민의 사적 소유권이 부당한 침해와 손해를 받는 경우가 많다. 그러나 계획집행에 있어서 이의신청, 제안 등의 방법이 제도적으로 전혀 보장되어 있지 못하여 집단적 참여의 방법도 허용되어 있지 않다.

둘째, 행정편의적 입장에서 동원적 참여가 이루어지고 있다는 점이다. 집행과정에서의 주민참여는 주민의 권익보장, 도시개발계획의 원활한 수행을 위하여 꼭 필요한 것이다. 그러나 우리나라의 현실은 집행과정에서의 주민참여는 주민의 권익보장보다도 행정편의적 입장에서 동원적으로 이루어지고 있는 실정이다.

셋째, 이밖에 주민대표참여기회가 배제된 것을 비롯하여 제도적 참여장치가 결여되어 있다는 점이다.

2. 바람직한 住民參與模型

현행 도시계획법에서는 도시계획 관계서류를 일반인에게 공람토록 명시하고, 도시계획사업에 대하여 제출된 의견이 타당하다고 인정할 때는 이를 도시계획사업의 시행허가 또는 실시계획에 반영하여야 한다고 명시하고 있다.[27] 이외는 집행과정에서의 주민참여의 규정은 없다. 따라서 집행과정에서의 주민참여를 활성화시킬 방법을 모색하여야 한다.[28]

외부전문가의 자문, 행정기관의 내부적인 협의와 주민위원회의 협의결과를 통합·조정하여 시·군계획위원회의 결정과 시·군의 승인을 거침으로

26) 상게서, p. 298.
27) 都市計劃法 제25조의 2 제 1 항 및 제 4 항 참조.
28) 李圭煥, 전게서, p. 299.

확정되게 한다. 지방계획위원회에도 도시개발에 관한 의결권을 부여하고 시・군계획위원회와 마찬가지로 구성하여야 할 것이다. 따라서 집행단계에 있어서의 참여모형은 「적응형」이지만 이의신청의 타당성이 인정되어 주민위원회의 조정을 거칠 경우「자치형」이 되어야 한다.

Ⅳ. 評價段階에서의 住民參與模型

1. 評價過程에서의 住民參與

(1) 評價過程과 住民參與

도시개발의 평가는 당초에 설정된 목표가 어느 정도 달성되고 있는가를 파악하는 과정이다. 즉, 목표와 성과간의 격차를 알아보는 과정이다. 개발계획의 평가는 계획-집행-평가의 3대 개발과정에서의 최종단계이다.

평가가 합리적으로 행해지면 다음 계획의 수립에 많은 참고가 되나 평가가 잘못된 경우에는 다음의 계획수립 때 많은 곤란을 겪게 된다.[29]

그러나 현실적으로 개발사업의 목표나 성과를 정확하게 측정하기란 매우 어렵다. 목표도 복수로 존재할 뿐만 아니라 서로 상치하는 경우가 많아 진정한 목표를 파악하기란 지극히 곤란하다. 성과측정 또한 용이한 일이 아니다. 특히 도시개발은 지역사회의 종합적인 문제를 그 내용으로 하고 있기 때문에 도로, 주택, 상・하수도 등 외형적・물리적인 변화 뿐만 아니라 주민들의 가치관・태도 등 내면적・정신적 변화도 내포된다. 따라서 그 성과를 객관적으로 파악하기란 매우 어려운 것이다.[30]

(2) 評價過程에서의 問題點

사업에 대한 인지도, 선호도, 기대에 대한 주민들의 평가를 받아 봄으로써 도시개발사업을 보완하여 이를 성공적으로 유인할 수 있다. 이러한 주민참여에 의한 평가는 비공식적이며 자문적 특성을 가지고 있다. 주민참여에 의한 평가는 산발적인 정치적 활동을 통하여 이루어지고 있어 평가에 있어서 체계적인 주민참여가 거의 이루어지고 있지 않다.

또한 대부분의 주민들이 계획수립과 집행에서의 주민참여 중요성을 인

29) 상게서, pp. 299~300.
30) 상게서, p. 300.

식하고 있으나 평가에서의 주민참여의 중요성을 인식하지 못하고 있는 실정이다. 대부분의 주민들은 평가가 그들의 이익과 밀접히 관련되어 있다고 생각하지 않고 있다.

2. 바람직한 住民參與模型

평가의 전 과정은 고도로 전문적이고 기술적이기 때문에 다른 도시개발의 단계에서보다는 주민참여의 기회가 적다. 설문조사, 보고서, 일상적인 주민접촉 등 제도화되어 있지 않은 참여방법에 의하여 수렴된 주민의사, 주민위원회의 의견, 외부전문가 및 행정기관의 의견을 통합・조정하며 이를 평가목적 설정에 반영한다.[31)]

도시종합개발계획 평가는 평가방법선정, 평가도구작성, 평가실시, 효과해석의 과정을 거치는데 여기서는 직접적인 주민참여를 제한하고 평가위원회로 하여금 이 과정들을 수행케 한다. 평가위원회는 주로 평가와 계획업무에 학식과 경험이 있는 자로 구성하고, 소수의 당연직공무원, 이익단체대표, 주민대표로 구성한다. 따라서 「행정참여형」 중에서 「대표자형」이 되어야 한다.

31) 상게서, p. 301.

제 3 편

都市行政의 管理와 供給體制

제 1 장 都市政府의 機關構成
제 2 장 都市政府의 行政機能
제 3 장 都市政府의 階層構造와 自治區域
제 4 장 都市政府의 機構와 人力
제 5 장 都市政府의 財政
제 6 장 都市圈의 廣域行政體制

도시행정의 연구대상과 범위에서 언급한 도시행정공급자로서의 도시행정체제에 관련된 문제들을 고찰하려고 한다. 도시행정체제는 도시정부활동의 주체로서 또한 도시행정공급체제로서 정치·경제·사회적인 상황과 주민의 의사 및 중앙정부체제 등 외적 환경의 종속변수로서의 역할을 하며 도시행정연구의 핵심을 이루는 분야이다. 도시행정체제의 기본이 되는 요소는 크게 조직과 인력 및 재정이다. 행정수행에 있어 행정 「프로그램」을 이루는 구성요소가 바로 이런 것들이다. 이러한 조직과 인력 및 재정은 행정체계의 목표와 기능에 의해 정립되는 동시에 정립된 조직과 인력 및 재정은 주어진 목표를 달성하기 위한 기능을 수행하게 된다.

제 1 장 都市政府의 機關構成

제 1 절 都市自治團體의 本質

Ⅰ. 都市自治團體의 意義

도시자치단체(municipality, municipal government, municipal authority)란 지방자치단체에 포함되는 한 부분이다. 그것은 도시가 대부분의 국가에 있어 하나의 지방자치단체이기 때문이다. 흔히들 지방자치단체를 지방정부라 지칭하듯이 도시자치단체를 도시정부라고도 한다. 우리나라의 경우 서울특별시와 광역시 그리고 일반市와 자치구는 모두 도시자치단체이면서 지방자치단체로서 도시라고 하는 일정한 지역적 범위를 그 구역으로 하여, 그 구역내의 모든 시민을 구성원으로 하고, 국가로부터 독립해서 일정한 자치권을 가지는 法人格 있는 단체이다. 따라서 도시자치단체는 지방자치단체의 한 부분으로서 지방자치단체의 기능과 특성을 그대로 보유하고 있다.[1)]

따라서 도시자치단체의 구성요소는 지방자치단체와 마찬가지로 장소적 구성요소로서의 區域(area)과 인적 구성요소로서의 住民(residents, citizens)과 법제적 구성요소로서의 自治權(autonomy)의 세가지로 성립된다고 하겠다. 여기서 구역은 국가 경우의 영토에 해당하고, 시민은 국가의 경우 국민, 자치권은 국가의 경우 주권에 해당한다. 이 중에서도 기초적인 구성요소는 바로 시민이라고 할 수 있다. 왜냐하면 지방자치의 주인공은 주민이고 도시자치단체에 있어서의 주권자는 다름아닌 시민들 자신이기 때문이다.[2)]

1) *International Encyclopedia of the Social Science*, Vol. 9(New York: Macmillan and Free Press, 1974), p. 450.

지방자치단체란 우리나라 지방자치법에서 사용하는 법률상 용어라고 한다면 도시자치단체 또는 도시정부란 학술상의 용어라고 할 수 있겠다.

도시자치단체는 다른 공·사단체 또는 기관, 특히 특별지방행정관서와 구별되는 몇가지 기본적인 특징을 지니고 있다. 도시자치단체는 소송의 당사자능력, 재산소유능력 등을 가지며 국법의 범위내에서 행·재정적 독립성이 보증되는 실질적인 자치권을 지니고 있다는 점에서 그 특질을 찾아 볼 수 있는 바 그 구체적인 내용은 다음과 같다.[3)]

1. 法人으로서의 都市自治團體

도시자치단체가 법인이라는 것은 그 자신 국가와는 별개의 권리·의무의 주체라는 것을 의미한다. 국가가 그 행정집행의 편의를 위하여 설치한 단순한 행정구역이 아님을 의미하고 있다. 도시자치단체는 법인으로서 각각 고유한 명칭을 갖게 되고 스스로 재산을 취득·관리하고 사업을 경영하는 등 독자의 재정권의 주체가 되며 소송을 제기하고 소송의 객체가 되는 등 권리·의무의 주체가 될 수 있다.

2. 公共團體로서의 都市自治團體

도시자치단체는 본래 공공적 사무를 집행함을 존립의 목적으로 하고 있는 점에서 사법인과 구별된다. 도시자치단체가 공공단체라는 성격에 입각하여 그 공공적 임무를 수행하기 위하여 여러 가지 실정법상의 특색이 인정되고 있다. 따라서 사법인에게는 인정될 수 없는 통치권 또는 지배권을 가진다. 또한 사법인의 행위는 원칙적으로 정치성을 내포하지 않지만 자치단체의 행위는 본질적으로 정치성을 내포하고 있으므로 주민, 지방의회, 정당, 지역적 이익집단 등의 통제·감독 및 비판을 받게된다.

자치단체는 공공단체의 성격을 가지고 있으므로 그 목적이 법률에 의하여 규정되며 이를 스스로 변경할 수 없다. 또한 법률에 의거하여 설립되고 중앙통제가 인정되며, 자치단체에게 사무처리의 의무가 부여되는 이외에도 임의해산의 자유가 허용되지 않음을 그 특질로 한다.

---

2) 李圭煥, 「韓國地方行政學」(서울: 法文社, 2011), pp. 213~214.

3) 상게서, pp. 214~216.

3. 地域團體로서의 都市自治團體

도시자치단체는 일정한 지역을 그 기초로 하는 지역단체라는 점에서 공공조합 및 영조물법인 등 협의의 공공단체와 구별된다. 물론 공공조합도 일정한 지역을 단위로 하여 설립되지만 그 지역은 공공조합의 구성요소가 아니라 다만 조합원의 자격을 정하는 기준에 불과하다.

그러나 자치단체는 일정한 지역을 그 단체구성의 기초로하고 그 지역안의 주민을 지배하는 포괄적인 권능을 가지고 있으므로 그 구역내의 주민은 당연히 단체의 구성원이 되어 통치를 받게 되는 것이다.

4. 自治權의 保持者로서의 都市自治團體

도시자치단체는 자치권을 가진다는데 그 특질이 있다. 다른 공공단체는 특징한 목적을 위해 설치되고 그 목적에 필요한 범위내에서 행정권을 부여받는데 비하여 자치단체는 국가로부터 그 구역내에서의 포괄적 지배권을 부여받는 것이다. 자치단체가 국가의 특별지방행정기관과 구별되는 근거는 바로 여기에 있다.

Ⅱ. 都市自治團體의 種類

1. 普通地方自治團體로서의 都市政府

우리나라 「헌법」 제117조 2항은 "지방자치단체의 종류는 법률로 정한다"라고 규정하고 있으며 이를 근거로 「지방자치법」에서는 보통지방자치단체로는 특별시·광역시·도와 시·군·자치구의 두 종류로 나누고 있으며[4] 특별지방자치단체로는 지방자치단체조합이 있다.

4) 보통지방자치단체에 대한 외국의 예를 보면, 영국의 경우 County와 District, 프랑스의 경우 Region 및 Departement과 Commune, 독일에 있어서는 Kreisfreis Stadt, Kreis와 Gemeinde, 미국의 City와 Town 또는 Township, 일본에 있어서는 都·道·府·縣과 市·町·村 등이 보통지방자치단체에 속한다.

(1) 特別市 및 廣域市

(가) 特別市

조선시대에 중앙집권하에 있었던 한성부는 1910년 한일합병이후 경성부로 개칭됨과 아울러 일반府와 마찬가지로 경기도의 관할구역에 소속되었다. 8·15해방이후 미군정이 실시되면서 서울시는 경기도의 관할에서 벗어나 道와 동격의 서울특별시로 승격되어 정부직할하(내무부)에 놓이게 되었다. 그것은 1949년 「지방자치법」제정이후에도 계승되다가 1962년 「서울특별시행정에 관한 특별조치법」제정에 의해 내무부에서 국무총리의 소속으로 그 관할이 변경되었는데 이는 지위의 격상을 의미하게 되어 서울특별시는 道보다도 특수한 지위를 보장받게 되었다고 볼 수 있다.

(나) 廣域市

광역시에 대한 구체적인 기준은 법제화되어 있지 않지만 일반적으로 인구 100만을 넘거나 가까운 대도시를 기존의 道 관할하에서 정부직할로 하는 직할시로 승격시켰다. 1949년의 지방자치법은 부산시를 일반시와 마찬가지로 경상남도의 관할구역에 두었으나 1963년에 「부산시 정부관할에 관한 법률」의 시행으로 경상남도의 관할구역에서 분리되어 道와 마찬가지로 정부직할하에 놓이게 되었다. 그 후 1981년에 「대구직할시 및 인천직할시 설치에 관한 법률」의 제정·실시로 대구시와 인천시도 경상북도와 경기도의 관할구역에서 각각 분리되어 정부직할하에 두게 되었다. 이후 1987년과 1989년에 광주시와 대전시가 전라남도와 충청남도로부터 분리되어 정부직할하에 놓이게 되었다.

그후 1995년에는 직할시의 명칭이 광역시로 바뀌었으며 이후 1997년에 울산시가 경상남도로부터 분리되어 광역시로 승격되면서 정부직할하에 놓이게 되었다.

(2) 市 및 自治區

시와 자치구는 군과 함께 기초자치단체에 속하지만 산업화·도시화 과정을 거치면서 형성된 지역사회라는 점에서 군과 구별된다. 즉, 군은 오랜 역사와 전통에 의해서 형성된 공동체의식을 바탕으로 한 地緣사회의 성격을 띠고 있는데 반해, 시는 인구가 비교적 조밀하고 주민의 대부분이 2·3차 산업에 종사하며, 경제적·사회적·문화적 생활양식이 농·어촌과는 매우 다른 일정한 지역에 대하여는 그 행정수요의 특성에 맞도록 농촌과 구별하여 행정을 수행할 필요가 있다. 시를 군에서 분리하여 별도의 지방자치단체로 설치한 이유는 바로 여기에 있다.

우리나라는 시가 되는 요건을 「지방자치법시행령」 제7조 제1항의 규정에 따라 ① 인구가 5만 이상이어야 하며, ② 당해지역의 시가지를 구성하는 지역내에 거주하는 인구가 60% 이상이어야 하고, ③ 상·공업 기타 도시적 산업에 종사하는 가구의 비율이 60% 이상이어야 한다고 규정하고 있다.[5)]

지방자치단체의 구인 자치구는 특별시와 직할시의 관리구역안의 구에 한하여 이는 1988년 개정된 지방자치법에 의해 지방자치단체로 되었다.[6)] 우리나라에 있어서는 시를 군과 같이 기본자치단체로 인정하고 있으며 도시자치단체인 시와 농촌자치단체인 군은 행정제도상·사무분배상·조세제도상의 차이를 인정하고 있지 않다.[7)]

2. 特別地方自治團體로서의 都市政府

특별지방자치단체(special purpose authority, ad hoc authority)란 보통지방자치단체에 비해 그 기능, 구역, 조직 등이 특수한 것을 말한다. 이러한 특별지방단체는 특정한 목적이나 특수한 행정사무를 처리하기 위한 것과 광역행정방식에 입각한 행정사무의 공동처리를 위한 것이 있다.

또한 특정한 목적이나 행정사무를 처리하기 위해서 형성된 특별지방자치단체는 특수사무처리단체라고도 한다. 미국의 교육구(school districts), 위생구(sanitary districts), 소방구(fire protection districts), 급수구(water supply districts)와 같은 특별구(special district), 영국의 경우 도시정부가 도시권역내 특수한 행정사무를 처리하는 특별행정기관(ad hoc authority), 일본의 특별구 및 재산구 등이 이에 속한다.

특별지방자치단체에는 주민을 구성원으로 하는 것과 일반지방자치단체를 구성원으로 하는 것의 두 가지 종류가 있는데 미국의 각 특별구, 스위스

5) 일본의 경우는 인구 5만이상이 되며, 중심시가지를 형성하고 있는 구역내에 있는 戸數가 60% 이상이고, 상·공업 및 기타 도시적 업종에 종사하는 자의 수가 전인구의 60% 이상이 되어야 시로 승격할 수 있음을 일본의 地方自治法 제8조에 규정하고 있다.

6) 鄭世煜, 전게서, pp. 391~392.

7) 그러나 자치구의 자치권의 범위는 법령이 정하는 바에 의하여 시·군과 다르게 할 수 있으며(地方自治法 제2조 제2항 참조), 자치구 사무의 특례는 地方自治法施行令 제9조에서 구체적으로 적시하고 있다.

의 특별자치단체와 일본의 특별구 등은 전자의 예이고, 영국의 공동위원회(joint committee, joint board) 또는 특별행정기관(ad hoc authority), 「프랑스」의 「꼼뮨」조합, 독일의 「게마인데」조합, 일본의 지방공공단체의 조합과 우리나라의 지방자치단체조합 등은 후자의 예에 속한다.[8]

지방자치법에 의하면 2개 이상의 지방자치단체가 특정 사무의 전부 또는 일부를 공동으로 처리하기 위하여 필요한 때에는 規約을 정하여 당해 지방의회의 의결을 거쳐 시·도는 행정자치부장관의, 시·군 및 자치구는 시·도지사의 승인을 얻어 지방자치단체조합이라는 법인을 설립할 수 있다고 규정하고 있다. 사무의 일부를 공동처리하기 위한 조합을 일부사무조합이라 하고, 그 전부를 공동처리 하기 위한 조합을 전부사무조합이라 한다.

지방자치단체조합은 규약을 정하여 상급감독기관의 승인을 얻어 임의로 설립할 수 있는 것이 원칙이나 조합의 규약에는 ① 조합의 명칭, ② 조합을 구성하는 지방자치단체, ③ 사무소의 위치, ④ 조합의 사무, ⑤ 조합회의의 조직 및 위원의 선임방법, ⑥ 집행기관의 조직 및 선임방법, ⑦ 조합의 운영 및 사무처리에 필요한 경비의 부담 및 지출방법, ⑧ 기타 조합의 구성 및 운영에 관한 사항 등을 규정하게 되어 있다.[9] 지방자치단체조합의 규약을 변경하거나 조합을 해산하려고 할 때에는 관계 지방자치단체의 협의에 의함이 원칙이다. 그러나 공익상 필요할 때에는 행정자치부장관의 지방자치단체조합의 설립, 해산 또는 규약의 변경을 명할 수 있게 되어 있다.[10]

제 2 절 都市自治團體의 機關構成形態

도시자치단체의 기관구성형태는 각 나라마다 정치적 전통, 문화적·역사적 배경 그리고 지방의 특수성에 따라 다양하다. 그러나 대체로 도시자치단체의 기관구성 형태는 의결기관과 집행기관을 어떻게 설치하느냐에 따라 크게 세가지 유형으로 분류되고 있다. 즉 의결기관과 집행기관을 단일기관에

8) 李圭煥, 전게서, pp. 220~222.
9) 地方自治法 제162조 참조.
10) 地方自治法 제163조 및 제164조 참조.

귀속시키는 機關統合型과 양 기능을 각각 다른 기관에 분담·분리시키는 機關對立型 그리고 위 두 가지의 형을 혼합한 折衷型의 세 가지 형태가 존재한다.

Ⅰ. 機關統合型(議會型)

기관통합형이란 기관단일형 또는 의회형(parliamentary system)이라고도 하며 도시자치단체의 정책결정기능과 정책집행기능을 단일기관으로 하여금 담당하게 하는 형태를 말한다. 이는 국가의 정부형태에 있어서 의원내각제와 유사한 것으로서 권력통합원칙에 입각하고 있다.

그 대표적인 예로서 영국의 의회형과 미국의 시정부형태 중 위원회형을 들 수 있다.

1. 英國의 議會型

영국의 지방의회는 의결기능 뿐만 아니라 집행기능까지 담당하는 의회중심형을 취하고 있다. 그러나, 1997년 집권한 블레어(Tony Blair)정부는 지방정부의 기관구성형태를 다양화시켰다. 실제로 영국의 수도인 대런던 행정청(Great London Authority)의 시장선거는 2000년 5월에 영국 역사상 처음으로 주민이 직접 선출하였다.

그러나 아직도 많은 「카운티」(County)와 「디스트릭트」(District) 또는 「버러」(Borough)에는 그 자치단체를 대표하는 수장은 없다. 그러나 그 지방자치단체를 의례적으로 대표하는 상징적인 존재에 불과한 시장이 있는 경우 이때 시장은 1년 임기로 의회에서 선출하는데 대개의 경우 의회의장과 치안판사를 겸하고 있다. 또한 각 상임위원회의 위원장도 겸할 수 있고 모든 위원회의 위원으로서 그 회의에 참석할수 있다.[11)]

위원회는 각 의회에서 법률에 의해 설치가 강제되어 있는 법정위원회(statutory committee)와 지방자치단체가 임의로 설치할 수 있는 상임위원회(standing committee) 및 특정 목적을 위해 설치되는 특별위원회(special committee)가 있다. 각 위원회의 위원은 의원 또는 의회가 임명하는 전문가인 비의원중에서 선발되기도 하며,[12)] 위원장은 의원 중에서 선출하며 상당

11) 李圭煥, 전게서, pp. 223~224.

한 권한을 갖는다. 이들 위원회는 각 소관사항의 행정사무를 관리·운영하며 소관사항에 대한 정책결정과 의회의 통과를 위한 결의안을 준비한다. 또 승인된 제계획의 실시와 감독도 하는 행정집행적 위원회이나 다만 금전차용이나 지방세징수권은 허용되어 있지 않다.[13)]

이와 같은 의회형은 영국을 비롯하여 「오스트레일리아」·「뉴질랜드」·「캐나다」·「인도」·「수단」·남아연방 등 영연방 국가에서 많이 볼 수 있는 유형이다.[14)]

2. 美國의 委員會型

미국의 위원회형(commission form)은 주민의 직선에 의해서 선출된 의원들로 구성되는 위원회의 형태를 취하고, 자치단체의 정책결정기능·집행기능 등 모든 권한이 이에 집중되어 있으며 위원회는 권한에 수반된 모든 책임을 공동으로 부담한다.[15)] 그러나 영국의 의회형과는 달리 위원회의 구성원들은 주민들의 직선에 의한 의원들로만 구성된다는 점에서 차이가 있다고 하겠다.

의회를 보통 위원회라 칭하고 의원을 위원이라고 부르고 있다. 즉 주민에 의해서 직접 선출된 3~7명의 위원이 합의체로서 의회의 입법기능을 담당하고 개개의 위원으로서는 각 行政部局을 담당하는 유형이다. 임기는 대개의 경우 4년으로 되어 있다.

이 제도를 도입하고 있는 자치단체에서는 직접 민주주의의 방법이라 할 수 있는 住民發案(initiative), 住民投票(referendum), 住民召還(recall)제도를 채택하고 있다. 이러한 제도를 채택하고 있는 취지는 위원회형에서 나타나기 쉬운 권력의 남용을 막고 민주주의를 위한 안전판을 마련하자는 사상이 내포되어 있는 것으로 보인다.

3. 機關統合型의 長·短點[16)]

(1) 機關統合型의 長點

① 지방정치와 도시행정의 권한과 책임이 주민의 대의기관에 집중되어

---

12) W.E. Jackson, *Local Government in England and Wales*, 3rd edition(1963), pp. 119~120.

13) 李圭煥, 전게서, p. 224.

14) 손재식, 「현대도시행정론」(서울: 박영사, 1996), pp. 397~399.

15) 鄭世煜, 전게서, pp. 434~435; 李圭煥, 전게서, pp. 225~227.

② 시장은 임기동안 신분이 안정되므로 주민의 신임을 배경으로 하여 행정시책을 강력히 추진할 수 있다.

③ 의결기관과 집행기관을 상호 분리시킴으로써 견제와 균형(the checks and balances)의 원리에 의하여 권력의 전횡과 병폐를 방지하고 비판·감시를 충실히 할 수 있다.

④ 시장이 주민대표로서의 정치적 「리더십」을 발휘할 수 있으며, 시장과 주민의 접근으로 민의를 자치행정에 반영하기 쉽다.

⑤ 의결기관과 집행기관의 분리로 행정의 정치적 중립성을 확보할 수 있다.

(나) 執行機關 直選型의 短點

① 의회와 수장간의 대립·충돌 등으로 행정의 혼란과 마비를 초래할 우려가 있다. 특히 주민의 자치능력이 미흡한 나라일수록 이러한 문제점은 심각하다.

② 수장을 직선제에 의해 선출하는 경우 선거과정에 정치적 영향력이 개재되어 행정능력이 우수한 인재를 수장으로 선출하기가 곤란하다.

③ 수장이 주민의 선거에 의해서 선출되므로 수장은 공약을 남발하거나 차기선거를 위한 인기관리에 전념하고, 사업이나 인사권을 정치적 미끼로 사용할 가능성이 있기 때문에 행정의 중립성·공정성을 해칠 수 있다.

④ 약시장의 경우 수장의 「리더십」이 약하고 행정권한이 분산되어 있기 때문에 행정의 통일적 수행이 곤란하다.

⑤ 집행기관은 전문적이고 직업적인 관료들로 이루어져야 하기 때문에 선거에 의해 선출하는 것이 불합리한 면도 있다는 점이다.

2. 執行機關 間選型

(1) 「프랑스」의 市·邑·面長一議會型

「프랑스」의 기초자치단체의 「꼼뮨」(Commune: 시·읍·면)에서는 수장뿐만 아니라 수장의 보좌역(adjoints)까지 의원 가운데서 선출한다. 그 임기는 의원과 마찬가지로 6년이고 의원의 지위를 계속 유지하며 시·읍·면장은 의회의장을 겸임하게 되어 있다.

이처럼 「프랑스」의 기초자치단체 수장·의회형은 집행기관인 市·邑·面長과 의결기관인 의회를 분리시키되 市·邑·面長과 보좌역을 시·읍·

면의회가 의원가운데서 선출하는 것이 특징이다. 이 선거는 시·읍·면의회의 첫 번째 회기에 실시된다. 보좌역의 수는 당해 시·읍·면의회의 정원의 30% 이내에서 그 시·읍·면의회가 자유로이 결정한다. 시장과 보좌역의 임기는 의원의 임기와 같이 6년이며 시·읍·면의회의 의장을 겸하게 되어 있다. 시장은 의결기관인 동시에 의회에서 의결된 사항의 집행기관으로 기능하고 있다.[25]

이러한 「프랑스」형의 기관구성형태를 채택하고 있는 나라로는 「이탈리아」, 「그리스」 등의 서구제국, 「터키」, 「튜니지아」, 「레바논」, 「이란」 등의 중근동국가, 일부의 동남아국가들이다.

(2) 독일의 首長·議會型

독일의 남부에 있는 「바덴-뷔르템베르그」(Baden-Wurttemberg), 「바이에른」(Bayern)주의 지방자치법은 읍·면(Gemeinde)과 군(Kreis)의 집행기관의 장을 당해 읍·면의회에서 선출하도록 규정하고 있다. 읍·면장의 임기는 4년이며 지방의회의장의 지위를 겸하고 있다. 그는 한정된 범위내에서 집행기능을 수행할 수 있을 뿐이나, 실제로는 읍·면장이 의회의 집행권까지 행사하는 예가 많다.[26]

(3) 執行機關 間選型의 長·短點[27]

(가) 執行機關 間選型의 長點

① 의회가 집행기관의 수장을 선출하고 그가 의회의장을 겸임하게 함으로써 의결기관과 집행기관간의 긴밀한 협력체제를 유지할 수 있다.

② 지방의회는 주민에게 책임을 지고, 의장은 의회에 대해서 책임을 지므로 책임정치와 책임행정을 구현할 수 있다.

③ 수장은 의회의 확고한 지지를 배경으로 하기 때문에 강력한 행정을 수행할 수 있다.

(나) 執行機關 間選型의 短點

① 전문적인 지식과 경험을 필요로 하는 집행기관의 정치적·정당적인

25) 李圭煥, 전게서, pp. 232～233.
26) 상게서, p. 233.
27) 상게서, pp. 233～234.

요소가 개입되어 도시행정의 안정성·중립성·전문성 등이 침해될 우려가 있다.

② 수장을 비롯한 집행기관이 의회의 간선에 의해 임명되므로 주민통제나 민의반영이 약하다.

③ 도시행정이 의회의 정치세력에 지나치게 좌우될 우려가 있으며, 특히 의회내의 정당세력이 불안정할 때에는 수장이 의회대책에 부심하여 행정사무를 소홀히 할 우려가 있다.

④ 수장이 정치적 또는 당파적으로 선출되기 쉬우므로 행정능력을 구비한 적임자가 꼭 수장이 된다는 보장이 없다.

⑤ 수장의 지위가 행정상의 업적보다도 정치적 역학관계에 따라 좌우될 우려가 있으며 따라서 행정적 활동을 등한히 하기 쉽다.

3. 執行機關 任命型

(1) 中央政府에 의한 執行機關 任命型[28)]

집행기관의 장 또는 책임자를 중앙정부가 임명하는 유형으로서 1982년 지방자치제도 개혁이전의 「프랑스」의 도(Departement)와 우리나라의 경우 1961년 이후 1995년까지의 시장·군수 및 도지사, 중·남미의 일부 국가의 道 그리고 「스페인」의 기초자치단체(Municipio) 등에서 이 유형을 채택하고 있다. 그러나 오늘날 중앙정부에 의한 집행기관 임명형제도를 채택하는 국가의 수는 점차로 줄어들고 있는 추세이다.

(가) 執行機關 任命型의 長點

① 행정에 관한 유능한 전문가를 자치단체의 장으로 임명할 때에는 도시행정의 질을 높이고 행정능률을 향상시킬 수 있다.

② 집권자나 정당의 환심을 사려고 할 필요가 없으므로 자치단체의 장은 오로지 합리적 행정처리에 전념할 수 있다.

③ 중앙정부와의 협조가 원활하며 행정의 통일성, 일관성을 확보하기가 쉽다.

(나) 執行機關 任命型의 短點

① 지방자치의 기본원칙인 「기관의 자기선임원칙」에 배치되기 때문에 행정의 민주성이 침해된다.

28) 상게서, p. 235.

② 지방행정이나 도시행정이 주민자치 보다도 관료에 의해 운영될 가능성이 있다.

③ 수장의 신분이 중앙정부에 의해 좌우되기 때문에 민의의 충실한 반영보다 중앙정부에 더욱 민감하게 되기 쉽다.

(2) 議會에 의한 執行機關의 任命型

(가) 美國의 議會·管理官型(council-manager form)

흔히들 市支配人制(city manager system)라고 일컫고 있는 의회·관리관형은 의회가 풍부한 경험을 가진 한 사람의 행정관인 시정관리관(city manager)을 임명하여 그에게 시의 사무에 대한 일체의 지휘·감독책임을 맡기는 도시정부의 한 형태를 말한다. 이 유형은 1910년대의 도시행정개혁기에 과학적 관리론(scientific management)의 영향을 받아 관리관(manager) 제도를 도시행정에 도입한 것이다. 1912년 「사우스 캐롤라이나」(South Carolina)주 「숨터」(Sumter)시에서 최초로 도입된 이래 미국의 중도시(인구 25,000명~250,000명의 도시)의 50% 이상이 이 제도를 채택하고 있으며[29] 미국의 능률주의에 합치되므로 이를 채택하는 도시정부가 점차 증가하고 있다.

시의회·시정관리관제에 있어서의 시장은 의회가 의원 가운데서 선출하거나(약 50%), 주민이 선출하나(약 50%) 시정의 중심인물은 아니다. 다만 외부에 대하여 시를 대표하고 의회의장의 권한을 담당하는 의례적 존재 또는 정치적 수장에 불과하다.

미국의 의회·관리관형은 「캐나다」의 많은 市에서도 채택되고 있다.

(나) 독일의 議會·行政管理官型

미국의 시정관리관제도에 바탕을 두고 있는 서독의 일부 「게마인데」(Geminde)의 의회·행정관리관형은 행정집행의 책임을 의회가 선임한 행정관리관(Gemendedirektor)이 지고 있는 점에서는 미국의 시정관리관제와 유사하다. 그러나 다만 시정관리관은 6~12년으로 그 임기가 정해지고 있는 「게마인데」가 많다는 점에서 임기를 정함이 없이 의회가 언제든지 임면할 수 있게 되어 있는 미국의 시정관리관제와 약간 차이가 있다. 의회의장 겸 「게마인데」의 정치적 수장으로서의 지위를 가진다.

---

29) Ralph C. Chandler and Jack C. Plano, *op. cit.*, p. 188; 李圭煥, 전게서, p. 236.

(다) 議會에 의한 任命型의 長・短點[30)]

① 議會에 의한 任命型의 長點

1) 행정에 대한 전문지식과 경험이 풍부한 자를 집행책임자로 선임함으로써 행정능률을 향상시킬 수 있다.

2) 고도의 직업윤리의식을 가진 전문가가 의회의 신임과 감시하에 시정을 관장하므로 부당한 정치적 압력을 배제하고 부정행위를 감소시킬 수 있다.

② 議會에 의한 任命型의 短點

1) 행정전문가인 시정관리관의 정치적 「리더십」이 부족하기 때문에 시정을 강력히 추진하기 곤란하다.

2) 정치적・의례적인 시장과 행정책임자인 시정관리관간에 마찰을 일으킬 우려가 있다.

Ⅲ. 折衷型(參事會型)

이는 도시자치단체의 의결기관과 집행기관을 분립시킨다는 점에서는 기관대립형과 유사한 이 제도는 흔히 參事會型이라고 부른다. 그러나 집행기관이 독임제가 아니라 합의제라고 하는 점에서 차이가 있는 것이다. 즉, 의회형이나 위원회형이 의결기관과 집행기관의 동일체를 그 특징으로 하는데 대해서 의회・참사회형(council-board system)은 의결기관인 의회를 모체로 하면서 몇 개의 독립된 집행기관으로서 기능하고 있다는 점에서 그 차이점을 발견할 수 있는 것이다.

1. 「네델란드」와 「벨기에」의 市·邑·面 參事會

「네델란드」와 「벨기에」에서는 지방의회가 선출한 장로의원과 중앙정부가 임명한 시・읍・면장으로 집행위원회 또는 참사회를 구성하고 이 참사회가 시・읍・면의 행정집행기능을 담당하고 있으며, 시・읍・면을 의례적으로 대표한다.[31)]

30) Ralph C. Chandler and Jack C. Plano, *op. cit.*, pp. 188~189.
31) 李圭煥, 전게서, pp. 238~239.

2. 「스웨덴」의 市·邑·面 參事會

「스웨덴」은 시・읍・면의회에서 당해 의회의 정당세력에 비례해서 선출한 5~11명의 위원으로 참사회를 구성하고 행정집행기능을 이 참사회로 하여금 담당케 하고 있다. 의회의원도 비례대표제에 의하여 선출되며 참사회의장은 의회가 의원 중에서 선출한다. 시・읍・면의 수장은 없고 의회가 임기 1년으로 선임한 의회의장이 의례적 수장으로서의 지위에 선다. 의회의원과 참사회위원의 임기는 다같이 4년이나 다만 참사회위원의 임기는 새 의회구성 1년 후에 시작해서 의회의원의 임기만료 1년 후에 종료된다.

3. 「덴마크」의 市參事會

「덴마크」에서도 시의회가 구성하는 참사회가 정부의 집행기능을 담당하고 있다. 시의회는 비례대표제에 의하여 선거되는 위원으로 구성되고 시장겸 의회의장을 선출하는데 그 임기는 의원과 마찬가지로 4년이다. 수도「코펜하겐」은 시의회가 의원 중에서 선출한 시장 1명, 부시장 5명과 장로의원 5명으로 참사회를 구성하며 이들의 임기는 4년이고 시의원 겸직이 금지된다.

4. 「스위스」의 市·邑·面 參事會

「스위스」의 시・읍・면 참사회는 주민직선 또는 의회간선의 3~9명의 위원으로 구성하고 참사회의장은 참사회원이 호선하거나 주민총회 또는 의회가 선거한다. 직접참정방식이 발달되어 있는「스위스」에서는 시・읍・면 가운데 90% 이상이 주민총회를 의결기관으로 하고, 인구가 조밀한 시・읍・면만 주민총회 대신 의회를 설치하고 있다.[32]

5. 독일의 議會·參事會

독일의 일부 주에서는「게마인데」(시・읍・면)의회가 선출하는 6~12명의 위원으로 참사회를 구성하고 참사회의장 겸 시・읍・면장은 참사회위원 가운데서 의회가 선출한다. 시・읍・면의회는 주민이 선출하는 5~80명의 위원으로 구성된다.

---

32) 상게서, p. 240.

6. 議會·參事會型의 長·短點

(가) 議會 · 參事會型의 長點

① 합의제형태를 취하므로 도시정부구성을 주민화할 수 있고 민의를 충실히 반영할 수 있다.

② 도시행정의 신중성과 공정성을 기할 수 있다.

③ 의회와 집행기관인 참사회가 긴밀한 협력체제를 유지함으로써 원활한 행정을 확보할 수 있다.

(나) 議會 · 參事會型의 短點

① 합의제의 성격상 행정책임소재가 불분명하다.

② 참사회위원은 주로 비전문가인 의원들로 구성되므로 素人行政의 위험이 있다.

③ 도시행정의 지연을 초래하고 결정이 타협에 머무르고 말 위험이있다.

제 3 절 都市自治團體의 機關

Ⅰ. 都市自治團體의 議決機關

1. 市議會의 權限

시의회는 도시주민을 대표하는 도시자치단체의 최고의결기관으로 헌법이 보장하고 있다. 이러한 시의회의 지위는 자치단체기관구성의 형태에 따라 다르다.

이와 같이 기관구성의 형태에 따라 시의회의 지위와 구체적인 권한에는 차이가 있기 때문에 이를 일률적으로 말할 수가 없다. 그러나 우리나라를 비롯한 대부분의 국가에서 기관대립주의를 채택하고 있기 때문에 우리나라를 중심으로 시의회의 권한사항을 살펴보고자 한다.

(1) 市議會의 議決權

시의회의 의결권은 의회의 권한 중 가장 근본적이고 본질적인 권한이다. 시의회의 의결을 통해서 의사를 결정한다.

시의회의 의결사항을 규정하는 방법에는 개괄주의와 열거주의가 있다. 우리나라의 경우에는 자치단체의 사무 중 중요한 사항만을 열거하여 의결을 받도록 하는 개괄적 열거주의를 채택하고 있다.[33] 따라서 지방자치법에 열거된 사항은 반드시 의회의 의결을 얻어야 하며, 기타 중요한 사항은 당해 자치단체의 조례가 정하는 바에 의하여 의결을 받는다. 우리나라는 외국에 비해 대체적으로 광범위한 의결권을 부여하고 있는 형편이다. 시의회의 필요적 의결사항은 다음과 같다.

① 조례의 제정 및 개폐

② 예산의 심의 및 확정

③ 결산의 승인

④ 법령에 규정된 것을 제외한 사용료·수수료·분담금·지방세 또는 가입금의 부과와 징수

⑤ 기본재산 또는 적립금의 설치·관리 및 처분

⑥ 중요 재산의 취득 및 처분

⑦ 공공시설의 설치·관리 및 처분

⑧ 법령과 조례에 규정된 것을 제외한 예산외 의무부담이나 권리의 포기

⑨ 청원의 수리와 처리

⑩ 기타 법명에 의하여 그 권한에 속하는 사항

(2) 市議會의 行政監視權

집행기관에 대한 시의회의 감시권은 지방자치법 제36조에 규정하고 있는 행정사무감사권과 행정사무조사권이 대표적인 제도라 할 수 있다. 전자는 행정전반에 걸쳐 실정을 파악하는 것인데 비해 후자는 특정사안에 관하여 집중적으로 실정을 파악하는 점에서 차이가 있다.

외국의 예를 보면, 「프랑스」, 「미국」 등의 국가는 포괄적인 행정감사권을 인정하지 않고 있으며, 일본도 서류와 계산서의 검열, 특정한 사무에 대한 조사 등 제한적으로 감사권을 인정하고 있다.

---

33) 崔仁基外, 「地方議會論」(서울: 法文社, 1995), p. 80.

우리나라의 개정전 지방자치법은 지방의회는 의결로서 그 지방자치단체의 사무 중 특정사안에 관하여 조사할 수 있으며, 조사를 위하여 필요한 때에는 현지확인을 하거나, 서류의 제출과 지방자치단체의 장 또는 보조 기관의 출석증언이나 의견진술을 요구할 수 있다고 규정하여 행정사무조사권만 인정하였으나 개정된 지방자치법에서는 외국의 유례도 없을만큼 행정사무감사권을 폭넓게 인정하고 있다.[34]

(3) 市議會의 請願受理權

시의회는 주민으로부터의 청원을 수리할 수 있는 바[35] 시의회에 대한 청원은 의회의원의 소개를 얻어 제출한다. 청원을 접수받은 시의회는 청원의 내용이 재판에 간섭하거나 법령에 위배되는 내용의 청원은 이를 수리하지 아니한다.

접수된 청원은 위원회 또는 본회의에 회부하여 심사를 하며, 본회의에서 이를 채택한다. 본회의에서 채택한 청원으로서 그 자치단체의 장이 처리함이 타당하다고 인정되는 청원은 의견서를 첨부하여 자치단체장에게 이송한다. 이 경우 자치단체의 장은 이를 처리하고 그 결과를 지체없이 시의회에 보고하여야 한다.

(4) 市議會의 內部自律權

시의회는 당해 시의회의 내부조직과 운영에 관한 권한을 가지고 있다. 지방의회는 의장, 부의장, 임시의장을 선거할 뿐만 아니라 사무조직으로서 시・도의회에는 사무처, 시・군 및 자치구의회에는 사무국 또는 사무과를 두고 있다.

또한 의사진행,[36] 회의질서유지,[37] 징계[38] 등에 관하여 會議規則을 정하며, 의원의 자격심사, 징계 등 의원의 신분에 관한 권한을 가지고 있다.

이러한 지방의회의 자율권에는 내부조직권, 의사자율권, 의원경찰권 등이 포함된다.[39]

34) 地方自治法 제41조 제1항 참조.
35) 地方自治法 제73조, 제74조, 제75조 및 제76조 참조.
36) 地方自治法 제71조 참조.
37) 地方自治法 제82조 참조.
38) 地方自治法 제86조 참조.
39) 崔昌浩, 전게서, p. 214.

2. 市議會의 組織 및 運營

(1) 市議會의 組織

市의회의원의 定數는 의원의 자질과 회의의 운영 등에 영향을 주는 요소이나 그 수를 몇 명으로 할 것인가에 관한 일반적 기준은 없다. 다만 미국에서와 같이 의원수를 10명내외로 적게하고 그 대신 의원에게 충분한 보수를 지급하여 직무에 전념하도록 하는 小議會型과 유럽제국에서와 같이 의원수를 보통 50～100명 규모로 하고 의원직을 명예직으로 하여 본업에 종사하면서 여가를 이용하여 직무를 수행케하는 大議會型이 있다.

대의회형은 지역주민을 광범위하고 고르게 대표할 수 있어 민주성의 원리에 충실을 기할 수 있다. 또한 의사결정은 보다 신중하게 할 수 있는데 비하여 소의회형은 의원의 자질을 높일수 있고 의회운영을 능률적으로 할 수 있다는 장점이 있다.

의원정수의 산정기준은 일본의 경우에서와 같이 인구비례에 의한 방법이 있고, 「프랑스」에서와 같이 행정구역에 의한 방법이 있으며, 행정구역원칙에 인구기준을 가미하는 방법 그리고 자치단체별로 자율적으로 결정하는 방법 등이 있다.

우리나라의 경우는 의원정수에 있어 다수주의쪽에 가까운 중간주의를 채택하고 그 산정기준은 행정구역원칙에 인구기준을 가미하여 정하도록 그 원칙을 규정하고 있다.[40]

(2) 市議會의 運營

시의회는 그 운영에 관한 내부규칙을 의회 스스로가 제정하는 자율권을 가진다.

(가) 議會의 議長團

시의회는 의장과 부의장을 두는데 시・도의회는 의장 1인과 부의장 2인, 시・군 및 자치구의회는 의장과 부의장 각 1인씩을 둔다.[41]

의장과 부의장은 의원가운데 무기명 투표로 선출하는데 임기는 2년이다. 의장은 시의회를 대표하고 의사를 정리하며, 회의장내의 질서를 유지하고

---

40) 李圭煥, 전게서, p. 247.
41) 地方自治法 제48조 참조.

의회의 사무를 감독한다. 의장이 사고가 있거나 불신임의결 또는 제소의 대상이 된 때에는 부의장이 그 직무를 대리한다.

(나) 委員會

위원회는 소관의안과 청원을 심사처리하는 상임위원회와 특정사안을 일시적으로 처리하기 위한 특별위원회로 구분되는데 상임위원회는 시·도의회에는 당연히 설치되나 시·군 및 자치구의회의 경우는 의원정수 13인 이상인 의회에만 상임위원회를 설치할 수 있다. 위원회는 그 소관사항에 대하여 심사만 할 뿐이지 의결권을 행사하지는 못한다.[42]

(다) 議會의 召集 및 會期

시의회의 집회에는 정례회와 임시회가 있다. 우리나라의 경우 정례회는 매년 2회 개최하는 것으로 되어 있다.

연간 회의총일수와 정례회 및 임시회의 회기는 당해 지방자치단체의 조례로 정하도록 2006년 4월 지방자치법 개정에서 규정하고 있다.[43] 이는 2006년부터 지방의회의원의 유급제 도입에 따른 불가피한 개정이라 하겠다.

Ⅱ. 都市自治團體의 執行機關

1. 市長의 地位와 權限

자치단체의 집행기관이란 도시자치단체의 각종 사무를 처리하고 의회의 의결사항을 집행하는 지위에 있는 기관을 말한다. 일반적으로 집행기관이란 도시행정집행의 수장(시장·의회형의 경우), 참사회 또는 집행위원회(의회·참사형의 경우)와 같은 일반행정기관을 의미하나 특정한 기능을 수행하는 특별집행기관을 설치하는 경우도 있다.

우리나라의 지방자치단체의 집행기관은 종합행정 집행기관인 일반행정기관으로서 지방자치단체의 장(서울특별시장, 광역시장, 도지사, 시장, 군수, 자치구청장)과 교육·학예집행기관으로서의 교육감이 있다. 이외에도 소수이기는 하지만 행정의 정치적 중립성·전문성·공정성 등을 확보하기 위한 행

42) 최인기 외, 전게서, p. 242.
43) 地方自治法 제47조 제2항 참조.

정위원회 등이 있다.

도시자치단체장이라 함은 광역단체로는 서울특별시장 및 광역시장을 말하며, 기초단체로는 시장·자치구청장을 말한다. 이들은 당해 지방자치단체를 대표하며 자치행정의 집행을 담당하는 집행기관의 장이다.

(1) 市長의 地位

시장의 지위는 국가에 따라 또는 도시정부형태에 따라 다르다. 우리나라는 미국의 강시장형과 비슷한 기관대립형을 택하고 있으므로 시장의 지위는 매우 강력하다고 할 수 있다. 우리나라 시장은 다음과 같은 지위를 갖는다.[44)]

① 자치단체의 수장으로서의 지위를 갖는다.

이 지위에서 자치단체의 장은 고유사무와 단체위임사무를 집행하는 최고책임자이다. 자치단체의 수장으로서의 지위에서 단체장은 타집행기관의 기능을 종합·조정할 수 있다.

② 당해 자치단체의 구역내에서 국가기관 또는 국가의 대표자로서의 지위를 갖는다.

국가는 특별지방행정기관을 설치하여 처리하는 행정사무를 제외하고는 일반적인 국가사무는 자치단체의 장에서 위임하여(기관위임사무)처리하고 있는데, 이 경우 자치단체의 장은 국가기관의 지위에 서게된다. 「프랑스」, 「스페인」, 「스웨덴」, 「덴마크」, 「벨기에」 등 유럽의 대륙법계국가에서도 자치단체장이 국가기관으로서의 지위를 겸하고 있다.

③ 자치단체의 의전적 대표이다.

우리나라의 시장은 미국, 「프랑스」, 독일의 의회·수장형에서와 같이 행정집행의 수장인 동시에 의전적 대표로서의 지위에 서고 있다. 그러나 미국의 의회·지배인(시정관리관)형, 「스웨덴」의 의회·참사회형의 정부에서는 집행기관의 수장과 의전적 대표가 분리되고 있다.

(2) 市長의 權限

시장의 권한은, 시의회의 경우와는 달리 열거주의에 의하지 않고 개괄주의에 의하기 때문에 광범위하다. 더구나 시장은 지방자치단체의 사무의 실

44) 李圭煥, 전게서, pp. 251~255.

제적 집행권자일 뿐만 아니라 사무의 전반적 통할권자도 되기 때문에 그 권한은 강력하다. 또한 시장은 자치단체의 사무인 고유사무와 단체위임사무뿐만 아니고 국가로부터 자신에게 전속으로 위임된 이른바 기관위임사무도 처리하기 때문에, 어떤 의미에서는 도시자치단체의 사무보다 더 광범위한 사무를 관장하고 있다고 할 것이다.[45]

우리나라 시장의 권한상의 주요내용은 다음과 같다.

(가) 統轄代表權

시장은 당해 자치단체를 대표하고 그 사무를 통할한다. 여기서 대표란 단체장의 행위가 그 자치단체의 행위로서 효과를 발생하는 것, 즉 당해 자치단체의 의사를 대외적으로 표시하는 행위를 말한다. 통할이란 단지 소속 집행기관 뿐만 아니라 다른 집행기관·의회·주민까지를 포함하여 당해 단체의 사무를 총괄하고 일체성을 유지함을 의미한다.

(나) 事務의 管理·執行權

시장은 당해 자치단체의 고유사무와 단체위임사무 그리고 법령에 의하여 그 시장에게 위임된 기관위임사무를 관리하고 집행한다. 여기서 관리하고 집행한다 함은 사무를 처리하는 것과 같은 의미로서 구체적으로는 기획·입안·조정·집행·확인·평가 등의 과정을 포함한다.

(다) 下級行政廳 自治團體에 대한 監督

시장은 국가기관의 지위 또는 상급기관의 지위에서 그 관할 구역내에 있는 하급행정청을 지휘·감독한다. 도지사가 시장·군수를 지휘·감독하듯이 서울특별시장·광역시장은 국가기관의 지위에서 자치구청장이 처리하는 국가의 기관위임사무와 상급기관의 지위에서 자치구청장이 처리하는 시의 기관위임사무에 대하여 포괄적인 지휘·감독권을 가진다.

(라) 所屬職員에 대한 任免權

시장은 소속직원을 지휘·감독하고 법령 또는 조례·규칙이 정하는 바에 의하여 그 임면·교육훈련·복무·징계 등에 관한 사항을 처리한다. 시장의 소속직원에 대한 임면과 지휘·감독권은 집행기관의 장으로서 가져야 할 당연한 권한인 것이다.

(마) 規則制定權

시장은 법령 또는 조례가 위임한 범위내에서 그 권한에 속하는 자치사무

45) 崔昌浩, 전게서, pp. 218~219 참조.

와 국가사무에 관하여 규칙을 제정할 수 있다. 그러나 시장·군수 및 자치구청장이 제정하는 시·군 및 자치구의 조례나 규칙은 시·도의 조례나 규칙에 위반하여서는 아니된다.

이외에도 시장의 권한으로는 다음과 같은 것이 있다.

① 시의회에 조례안·예산안을 제출하며, 기타 시의회의 의결사항에 관하여 제안권을 가진다.

② 시의회와의 관계에 있어서 의회 임시회의 소집 또는 소집요구, 의안 및 예산안의 발의, 조례의 공포, 재의요구 및 제소, 선결처분 등을 행한다.

2. 市長의 行政機關

(1) 特別市·廣域市의 行政機關

서울특별시·광역시에는 시장의 일반행정사무에 대한 보조기관으로 부시장·부지사, 실국장이 있다. 이 가운데 부시장의 직급은 대통령령으로 정하고 그 임명은 시장의 제청으로 행정자치부장관을 거쳐 대통령이 임명한다. 부시장은 당해 시장의 사고가 있는 때에 그 직무를 대리한다.

보조기관 이외에 특별시·광역시에는 전문적 또는 특수적 사무를 처리하는 소속행정기관으로 농촌진흥원, 지방공무원 교육원, 보건환경연구소, 소방본부, 각종 사업소 등이 있다. 이러한 직속기관의 설치는 대통령령이 정하는 바에 의하여 당해 도시자치단체의 조례로 정한다.[46]

(2) 市 및 自治區의 行政機關

시와 자치구의 일반행정담당 보조기관으로는 부시장·부군수·부구청장이 있다. 부시장·부구청장은 일반직 지방공무원으로 보하되, 그 직급은 대통령령으로 정하며, 당해 시장·구청장이 임명한다. 그리고 부시장·부구청장은 시장·구청장의 사고가 있을 때에 그 직무를 대리한다.

보조기관 이외에도 보건소, 소방서, 농촌지도소, 사업소, 출장소 등 전문적·특수적 사무를 담당하는 소속행정기관이 있으며, 지역적 하부행정기관으로 시에는 구(인구 50만 이상 시에 설치되며 자치구가 아님)와 동 또는 동만을, 군에는 읍·면을, 자치구에는 동을 둔다. 이들 하급행정기관의 장인 비자치구의 구청장과 읍·면·동장은 시장·군수·자치구청장의 지휘·감

46) 地方自治法 제113조 제1항, 제114조, 제115조 참조.

독을 받아 소관 국가사무 및 지방자치단체의 사무를 맡아 처리한다. 비자치구의 구청장은 일반직 지방공무원으로 보하며, 읍·면·동장은 종전에는 별정직 지방공무원이였으나 이제는 일반직 지방공무원으로 전환되었다.

(3) 合議制 行政機關

도시자치단체는 사무 또는 업무의 성질상 의회나 자치단체장으로부터 독립하여 사무를 처리할 필요가 있는 때에는 법령 또는 조례가 정하는 바에 따라 합의제 행정기관을 설치할 수 있다.[47] 이러한 특별행정기관으로서는 ① 도시자치단체의 선거사무를 관리하는 선거관리위원회, ② 지방공무원의 임용 및 승진시험을 실시하고 지방공무원의 징계를 의결하는 인사위원회, ③ 6급 이하 지방공무원의 징계, 기타 그의 의사에 반하는 불이익처분을 심사·결정하기 위한 소청심사위원회(시·도에 한하여 설치) 등이 있다. 자치단체가 합의제 집행기관을 설치하고자 할 때에는 법령에 따로 정한 경우를 제외하고는 행정자치부장관의 승인을 얻어야 한다. 자치단체는 이외에도 소관사무의 수행상 필요한 경우에는 조언·권고·건의·심사 또는 조사를 목적으로 하는 심의회·위원회 등 자문기관을 설치할 수 있다.

Ⅲ. 市議會와 市長과의 關係

1. 市議會의 市長에 대한 關係

(1) 議決權

시의회는 당해 자치단체의 최고의사결정기관으로서, 도시행정의 감독기관으로서 시장의 주요한 정책사항을 의결하고 행정집행상황에 대한 지도·감독·비판·조언 등 감시·감독권을 가지고 있을 뿐만 아니라 시장의 대부분의 중요한 정책·사업·계획 등에 대한 의결권을 가지고 있다.

(2) 行政事務監視權 및 出席答辯要求權

시의회는 자치단체사무 중 특정사안에 대한 조사 뿐만 아니라 사무전반에 대해 감사할 수 있으며, 시장 또는 관계공무원으로 하여금 의회나 그 위

47) 地方自治法 제116조 참조.

원회에 출석하여 행정처리상황을 보고하게 하거나, 질문에 답변하도록 요구할 수 있다.

2. 市長의 市議會에 대한 關係

(1) 議會 召集要求 및 議案提出權

시장은 시의회의 소집을 요구할 수 있으며, 의회에 의안을 제출할 수 있고 의회에 부의할 안건을 공고하며 조례를 공포한다.

(2) 再議要求權[48)]

재의요구권이라 함은 시장이 시의회의 의결에 대하여 이의가 있어 이의수리를 거부하고 의회에 반송하여 이를 다르게 의결해줄 것을 요구하는 권한을 말한다.

시장의 재의요구는 상당한 이유가 있어야 하며, 재의 요구를 할 때에는 재의이유가되는 문제부분을 명확하고 구체적으로 적시하여 문서로서 요구하여야 한다. 이는 법률로 정한 불변기간이며, 의회가 폐회중인 때에도 재의요구가 가능하다. 다만 법 제159조에 의한 감독관청의 요구에 따른 장의 재의요구에 대해서는 법정요구기간이 명시되어 있지 않으나 이 경우에도 특별한 사유가 없는 한 지체없이 요구되어야 한다. 자치단체의 장의 재의요구가 있는 경우 의회는 이를 거부할 수 없으며, 부득이한 사유가 없는한 재의요구서가 도착한 날로부터 10일 이내에 재의에 부쳐야 한다. 이 경우 의회가 폐회 또는 휴회중인 기간은 여기에 산입하지 아니한다.

시장의 요구에 의하여 재의에 부쳐진 의회의 의결사항이 재의결과 재의결정족수의 찬성을 얻어 전과 같이 의결·확정된 경우, 그 재의결된 사항이 법령에 위반된다고 인정되는 때에는 시장은 재의결된 날부터 20일 이내에 대법원에 소를 제기할 수 있으며, 이 경우 필요하다고 인정할 때에는 그 의결의 집행을 정지하게 하는 집행정지결정을 신청할 수 있다.[49)]

(3) 先決處分權[50)]

선결처분권이라 함은 시의회가 의결을 할 수 없거나 의결을 하지 아니하

48) 崔昌浩, 전게서, pp 229~230.
49) 최인기외, 전게서, pp. 448~450.

는 경우에 지방자치단체의 존립 또는 효율적 운영을 위하여 그 자치단체장이 의회의 의결을 거치지 아니하고 일정한 사항을 독자적 판단에 의하여 우선 처분하는 것을 말한다.[50)]

이것은 대의민주정치에 있어서 극히 예외적인 것으로서 결코 남용되어서는 안된다. 선결처분권이 인정되는 것은 일반적 사항에 대한 선결처분권과 예산에 대한 선결처분권의 두 가지 경우이다.

시장이 선결처분을 한 때에는 지체없이 의회에 보고하여 의회의 승인을 받아야 한다. 이 경우 의회가 장의 보고를 접수한 때에는 그에 대한 승인여부를 결정하여야 하며, 만일 의회가 이를 승인하지 않을 때에는 그 선결처분을 그 때부터 효력을 상실한다. 의회의 불승인이 처분 당시까지 소급하여 적용될 경우 법적 안정성과 신뢰보호의 원칙에 반하기 때문에 遡及效는 인정되지 아니한다. 한편 시장은 선결처분한 사항을 의회에 보고하여 의회의 승인을 얻은 경우 또는 승인을 얻지 못하여 그 효력이 상실된 경우에는 그 사실을 지체없이 공고하여야 한다.[51)]

50) 崔昌浩, 전게서, pp. 230~231.
51) 최인기 외, 전게서, p. 457.

제 2 장 都市政府의 行政機能

제 1 절 都市行政機能의 本質

Ⅰ. 都市行政機能의 意義

1. 都市行政機能의 槪念

도시정부의 존재의의는 그 주민을 위하여 과연 어떠한 기능을 수행하며, 주민에게 어떠한 편익을 제공해주느냐에 있다.

도시정부의 행정기능은 다의적인 개념으로 학자에 따라 그 의미와 내용이 각각 다양하게 인식되고 있다. 어떤 학자는 靜態的인 구조·제도에 대응하는 개념으로서 動態的인 기능으로 파악하여 도시행정기능이란 도시정부 행정제도의 운영실태를 뜻한다는 견해도 있고, 또 어떤 학자는 행정기능을 지방자치단체가 관장·처리하는 행정사무의 영역으로 보는 견해도 있다.[1)]

그러나 여기서 도시정부의 행정기능은 도시자치단체의 행정사무와 동의어로 사용되며, 이는 현실적으로 자치단체가 처리하는 행정사무 뿐만 아니라 당위적으로 처리해야 하는 행정사무까지 포함된다.[2)]

2. 都市行政機能의 種類

(1) 歲出構造的 分類

세출구조면에서 본 도시의 행정기능은 크게 유지보전기능과 발전복지기능의 둘로 나눌 수 있다. 여기서 유지보전기능은 ① 일반행정기능, ② 문화

1) 鄭世煜, 「地方行政學」(서울: 法文社, 1998), p. 590.
2) 崔昌浩, 「地方自治의 理解」(서울: 三英社, 1998), p. 135.

및 체육기능, ③ 민방위기능, ④ 지원기능을 포함하고 있으며, 이들 기능은 도시정부의 유지관리를 위한 것이며, 여기에 지출되는 재원은 주로 경상적 경비의 성질을 갖는다.

한편, 발전복지기능은 ① 지역개발기능, ② 산업경제기능, ③ 사회복지기능을 포함하고 있으며 이들 기능은 지역의 개발과 성장 및 복지를 위한 것으로 여기에 지출되는 재원은 주로 투자적 경비의 성격을 갖고 있다. 이러한 도시행정기능은 시·도와 시·군·자치구에 있어 모두 유사한 구조로 되어 있다.

(2) 事務 性格別 分類

법인으로서의 도시자치단체는 그 도시의 공공사무와 법령에 의하여 그 단체에 소속된 사무를 처리하도록 되어 있다. 그 도시의 공공사무가 도시정부의 고유사무인데 비하여, 법령에 의하여 그 단체에 소속된 사무는 도시정부의 단체위임사무이다. 또한, 시·도 및 시·군·자치구에서 시행하는 국가행정사무는 법령에 다른 규정이 없는 한 서울특별시장, 광역시장, 도지사, 시장·군수, 자치구청장에게 위임하여 처리하도록 되어 있다. 이와 같이 자치단체의 장에게 위임하여 처리하는 사무를 기관위임사무라 한다.[3]

(가) 固有事務(自治事務)

고유사무란 도시정부의 존립목적에 속하는 본래적인 사무, 즉 주민의 복리증진을 위한 사무를 의미한다. 도시정부가 고유사무를 수행하는데 소요되는 경비는 원칙적으로 그 전액을 도시정부의 자주재원과 지방교부세로 충당하여야 한다. 자치사무는 도시정부가 자기의 의사와 책임하에 자주적으로 처리하는 사무이므로, 이에 대한 국가의 감독은 원칙적으로 합법성 여부를 가리는 사후적 성격을 가진 소극적 감독에 한하고 있다.[4]

① 자치단체의 구역, 조직 및 행정관리에 관한 사무.
② 주민의 복지증진에 관한 사무.
③ 농림·상공업 등 산업진흥에 관한 사무.
④ 지역개발 및 주민의 생활환경시설의 설치·관리에 관한 사무.
⑤ 교육·체육·문화·예술의 진흥에 관한 사무.

3) 李圭煥, 「韓國地方行政學」(서울: 法文社, 2011), pp. 267~269.
4) 상게서, p. 268.

⑥ 지역민방위 및 소방에 관한 사무.

(나) 團體委任事務

단체위임사무는 직접적으로 당해 도시정부의 이해와 관계가 있고 전국적으로도 이해관계가 있는 사무로서, 개별적인 법적 근거에 의해 도시정부에 위임된 것이며, 이에 대한 보조금은 전부 또는 일부 법령의 규정에 의한 부담금의 성격을 가지고, 중앙정부로부터 소극적 감독 내지 적극적 감독을 받는 사무이다.

단체위임사무는 다양한 법률에 의하여 여러 가지의 사무가 시행되고 있는데 몇 가지 예를 보면 다음과 같다. 조세 등 공과금의 징수(지방세법, 조세징수법), 하천의 보수·유지 및 점용료·사용료의 징수(하천법), 국도의 유지·수선 및 점용료의 징수(도로법), 생활보호사무(생활보호법)등이 그러한 것들이다.[5)]

(다) 機關委任事務

기관위임사무는 지방적 이해관계가 없는 국가사무 중 법령이나 일반통첩에 의하여 국가 또는 상급지방자치단체로부터 자치단체의 장에게 처리가 위임된 사무로서, 보조금은 교부금의 성격을 가지고 국가 또는 상급지방자치단체로부터 적극적인 감독을 받는 사무이다.[6)]

우리나라의 기관위임사무로는 호적사무, 주민등록사무, 병무, 대통령·국회의원의 선거에 관한 사무, 국민투표에 관한 사무, 경찰, 소방, 지적사무, 국세조사, 산업통계에 관한 사무, 기부금품 통제사무, 경제계획 및 통계사무, 농업개발, 상공진흥, 공유수면매립사무 등을 들 수 있다.[7)]

우리나라는 오랫동안 중앙집권주의를 견지하여 온 까닭에 도시행정의 상당부분을 자치사무보다 위임사무로 분류하고 위임사무 중에서도 중앙정부의 감독과 통제가 용이한 기관위임사무가 많은 비중을 차지하고 있다. 지방자치의 발전을 위해서는 가능한 한 기관위임사무의 범위를 줄여가는 것이 바람직하다고 할 것이다.[8)]

---

5) 김영종, 「地方自治論」(서울: 受珍社, 1997), p. 209.
6) 李圭煥, 전게서, p. 268.
7) 김영종, 전게서, p. 210.
8) 상게서, pp. 212~213.

Ⅱ. 都市行政機能의 內容

국가나 도시자치단체가 수행하는 행정기능이 양적인 확대와 질적인 복잡화·고도화의 경향을 보이고 있는 오늘날의 행정은 국민의 보호자(protector)·통제자(controller)·중재자(arbitrator)·사회안정자(stabilizer)일 뿐만 아니라 국민에 대한 재화와 서비스의 분배자(dispenser)·안내자이며 사회변동의 담당자로서의 역할을 하고 있다.[9] 이러한 일반 행정기능에 부응하여 도시행정기능 역시 주민복지증진기능, 산업진흥기능, 지역발전기능, 교육·문화기능, 지역방위 및 소방에 관한 기능 등을 강조하게 되며 도시정부의 세출예산에서도 이를 반영하고 있다.

1. 住民福祉增進機能

사회복지적 기능은 주민 가운데 생활유지·안정이 곤란한 자에게 최저생활을 보장하는 생활보호(public assistance)기능, 노약자 및 장애자 보호, 연금·의료보험·재해보험·실업보험 등의 사회보장(social insurance)기능, 주민을 질병으로부터 보호하고 건강을 증진시키는 의료·보건과 후생에 관한 기능, 그리고 능동적으로 주민생활의 질을 향상시키는 적극적 사회복지기능 등으로 구분되고 있다.

국가가 직접 관장하는 사업 가운데도 국가는 사회복지정책의 수립·지도·감독·경비부담 등을 담당하고 그 실시의 책임은 자치단체에 위임하는 것이 보통이다.[10]

현행 지방자치법에서 규정하고 있는 주민복지증진에 관한 사무를 열거하여 보면 다음과 같다.[11]

① 주민복지에 관한 사업

② 사회복지시설의 설치·운영 및 관리

③ 생활곤궁자의 보호 및 지원

9) 李圭煥, 전게서, p. 270; 디목(Dimock)은 행정의 기능을 ① 보호기능(protection), ② 원호기능(assistance), ③ 규제기능(regulation), ④ 봉사기능(service)으로 구분하고 있다. Marshall E. Dimock and Gladys O. Dimock, *Public Administration*(New York: Holt, Reinehart and Winston, 1958), p. 27.

10) 李圭煥, 전게서, pp. 270~272.

11) 地方自治法 제9조 제2항 제2호 참조.

④ 노인·아동·신체장애자·청소년 및 부녀의 보호와 복지증진
⑤ 보건진료기관의 설치 및 운영
⑥ 전염병 및 기타 질병의 예방과 방역
⑦ 묘지·화장장 및 납골당의 운영과 관리
⑧ 공중접객업소의 위생개선을 위한 지도
⑨ 청소·오물의 수거 및 처리
⑩ 지방공기업의 설치 및 운영

2. 産業進興機能

원래 산업진흥기능은 국가의 고유한 권한이고 도시자치단체의 행정기능에 속하지 않았다. 그러나 산업·경제적 기능은 지방자치제 실시와 도시화 및 산업화의 진전에 따라 중앙정부와 도시정부간의 행정권한이 조정되는 것이 일반적 경향이다.[12] 영·미계 국가에서는 산업경제에 관한 사무의 거의 대부분이 국가사무로서 도시정부가 아닌 중앙정부의 일선기관에 의하여 주로 처리되고 있다. 대륙법계인 프랑스 등에서는 산업경제사무의 대부분이 국가사무로 되어 있으나 이들 사무를 도시자치단체에 위임하여 처리하고 있는 것이 보통이다.

산업진흥기능은 주민의 산업경제활동을 지도·조장 또는 규제를 통하여 농업생산성의 향상, 농외소득의 증가, 임업자원의 관리, 수산자원의 관리, 상공업무의 관리 등을 도모함으로써 지역경제의 활성화를 기하는데 목적이 있다.[13] 따라서 현행 지방자치법에서 농림·상공업 등 산업진흥을 위한 사무를 규정하고 있는 내용을 열거하여 보면 다음과 같다.[14]

① 小溜池·洑 등 농업용수시설의 설치 및 관리
② 농림·축·수산물의 생산 및 유통지원
③ 농업자재의 관리
④ 복합영농의 운영 및 지도
⑤ 농외소득사업의 육성 및 지도
⑥ 농가부업의 장려

12) 李圭煥, 전게서, pp. 272~274.
13) 鄭世煜, 전게서, p. 625.
14) 地方自治法 제9조 제2항 제3호 참조.

⑦ 公有林 관리
⑧ 소규모 축산개발 및 낙농진흥사업
⑨ 가축전염병 예방
⑩ 지역산업의 육성 및 지원
⑪ 소비자보호 및 저축의 장려
⑫ 중소기업의 육성
⑬ 지역특화산업의 개발과 육성 및 지원
⑭ 우수토산품 개발과 관광민예품 개발

3. 地域開發機能

공익사업적 기능인 지역개발사무는 지역개발, 도시계획 등의 개발계획에 따라 지역사회의 생활기반시설인 도로, 하천, 상·하수도, 공원, 교통시설 등 주민들의 생활편익시설을 개선하는 기능을 말한다. 이러한 지역개발기능은 자치단체 주민의 일상생활의 질을 향상시키고, 생활환경을 쾌적하게 하며, 주민들이 문화생활을 누릴 수 있도록 주민에게 적절한 편익과 서비스를 제공하려는데 그 목적이 있다.[15)]

현행지방자치법에서 규정하고 있는 공익사업적 성격인 지역개발기능의 내용을 열거하면 다음과 같다.[16)]

① 지역개발사업
② 지방토림·건설사업의 시행
③ 도시계획사업의 시행
④ 地方道, 市·郡道의 신설·개수 및 유지
⑤ 주거생활환경개선의 장려 및 지원
⑥ 농촌주택개량 및 취락구조 개선
⑦ 자연보호활동
⑧ 지방하천·준용하천 및 소하천의 관리
⑨ 상수도·하수도의 설치 및 관리
⑩ 간이급수시설의 설치 및 관리
⑪ 도립·군립 및 시립공원·녹지 등 관광·휴양시설의 설치 및 관리

15) 李圭煥, 전게서, pp. 274~276
16) 地方自治法 제9조 제2항 제4호 참조.

⑫ 지방궤도사업의 경영
⑬ 주차장・교통표지 등 교통편의시설의 설치 및 관리
⑭ 재해대책의 수립 및 집행
⑮ 지역경제의 육성 및 지원

4. 教育文化機能

교육행정기능은 도시자치단체의 가장 중요한 자치기능의 하나로서 특히 선진제국에서는 이를 자치단체의 책임하에 자주적으로 수행하고 있다. 이와 같이 자치단체의 책임하에 자주적으로 교육을 실시하고 있는 이유는 중앙집권적인 교육정책이 자칫하면 민주적 교육을 저해할 우려가 있으므로, 공교육의 중립성 원칙을 실현시키려는데 있다. 오늘날 이것은 교육의 가장 기본적인 원칙으로 간주되고 있다. 프랑스에서는 초등교육과 중등교육이 지방자치단체의 기능으로 되어 있다. 한편 미국에서는 특별지방자치단체가 초등교육을 담당하고 있으며, 특별구인 학교구는 여러도시를 포괄하여 그 교육정책을 자주적으로 결정한다.[17)]

교육・학예・예술 등을 통해 널리 주민의 정신적 교육을 높이고 문화의 발전과 체육진흥을 도모하기 위하여 현행 지방자치법에서 규정하고 있는 교육・체육・문화・예술의 진흥에 관한 사무를 살펴보면 다음과 같다.[18)]

① 유아원, 유치원, 초등학교, 중학교, 고등학교 및 이에 준하는 각종학교의 설비・운영・지도.

② 도서관, 운동장, 광장, 체육관, 박물관, 공연장, 미술관, 음악당 등 공공교육・체육・문화시설의 설비 및 관리

③ 지방문화재의 지정・보존 및 관리

④ 지방문화・예술의 진흥

⑤ 지방문화・예술단체의 육성

5. 保安的 機能

보안적 기능은 개인 및 사회생활의 안녕과 질서를 외부로부터 보호하는 기능, 즉 주민의 생명・신체・재산의 안전 및 사회생활의 질서를 확보하기

17) 李圭煥, 전게서, pp. 276~278.
18) 地方自治法 제9조 제2항 제5호 참조.

위한 사무를 말한다. 예컨대 치안, 경비, 교통안전, 위험물 단속, 공장이나 항해의 안전 등 인적 또는 사회적 재해로부터의 방어기능, 수재나 화재의 소방을 비롯하여 재산·자원 등에 대한 자연적 재앙으로부터의 방재기능을 들 수 있다. 이를 요약하면 보안기능은 경찰, 민방위, 소방 등에 관한 사무를 말한다. 이 중에서 기본이 되는 것은 경찰행정인데 이는 생활의 안전을 지키기 위한 서비스 행정인 반면에, 힘의 행사를 내용으로 하는 권력적 행정이기도 하다.

현행 지방자치법에서 규정하고 있는 지방민방위 및 소방에 관한 사무를 살펴보면 다음과 같다.[19]

① 지역 및 직장민방위 조직(의용소방대를 포함)의 편성과 운영 및 지도·감독

② 화재예방 및 소방

6. 一般行政管理機能

일반행정관리기능은 자치단체의 존립유지를 직접적 목적으로 하는 조직인사에 관한 기능, 행정기능을 수행하는데 소요되는 재원조달을 목적으로 하는 재정에 관한 기능, 행정기능의 수행을 계획·지도·촉진·조달하는 관리에 관한 기능, 주민들의 일반민원행정 등을 담당하는 기능 등을 그 내용으로 한다.

이처럼 자치단체가 자치행정을 수행하는데 기본적으로 필요한 조직 및 행정관리 등에 관한 사무를 규정하고 있는 현행 지방자치법의 내용을 열거하여 보면 다음과 같다.[20]

① 관할구역내 행정구역의 명칭·위치 및 구조의 조정

② 조례·규칙의 제정·개폐 및 그 운영·관리

③ 산하 행정기관의 조직관리

④ 산하 행정기관 및 단체의 지도·감독

⑤ 소속 공무원의 인사·후생복지 및 교육

⑥ 지방세와 지방세외수입의 부과 및 징수

⑦ 예산의 편성·집행 및 회계감사와 재산관리

19) 地方自治法 제9조 제2항 제6호 참조.

20) 地方自治法 제9조 제2항 제1호 참조.

⑧ 행정장비관리, 행정전산화 및 행정관리개선
⑨ 공유재산관리
⑩ 호적 및 주민등록 관리
⑪ 지방자치단체가 필요로 하는 조사 및 통계의 작성

제2절 都市政府의 機能配分 現況과 問題點

Ⅰ. 機能配分의 實態

1. 歲出構造別 機能配分

도시정부의 기능과 사무는 여러 측면에서 분류해 볼 수 있겠으나 여기서는 기능별 세출구조의 입장에서 살펴보기로 한다. 우선 기능을 일반행정기능, 사회개발기능, 경제개발기능, 민방위기능, 지원기능의 5가지로 구분하였으나 2010년부터는 세출기능이 일반공공행정, 공공질서 및 안전, 교육, 문화 및 관광, 환경보호, 사회복지, 보건, 농림해양수산, 산업·중소기업, 수송 및 교통, 국토 및 지역개발, 과학기술, 예비비, 기타 등으로 세분화되었으며, 기능별 구성비를 보면 〈표 Ⅲ-2-1〉과 같다.

먼저, 전국적으로 보면 자치단체의 유지·관리와 관계 있는 일반공공행정기능이 자치단체별로 많은 차이를 보이고 있다. 특히 광역자치단체인 시·도는 16.6%인데 비해, 기초자치단체인 시·군 및 자치구의 경우 5.8%, 6.1% 및 6.5%로서 경상적 경비부문에 비중이 높음을 알 수 있다.

주민복지증진과 관련된 사회복지기능의 경우 자치단체별로 보면 시·도는 30.3%인데 비해 기초자치단체인 시·군 및 자치구의 경우 26.0%, 18.0% 및 50.9%로서 자치단체별로 가장 큰 비중을 나타내고 있다.

수송 및 교통기능의 경우 자치단체별로 보면 시·도는 9.9%이며, 그리고 기초자치단체인 시·군 및 자치구는 8.7%, 4.3% 및 4.6%로서 큰 차이가 있음을 알 수 있다.

〈표 Ⅲ-2-1〉 도시정부의 세출기능별 구성비(2010 세출예산 기준)

(단위: %)

기능별 \ 단체별	전국	시・도	시	군	자치구
계	100	100	100	100	100
일반공공행정	11.5	16.6	5.8	6.1	6.5
공공질서 및 안전	1.6	1.8	1.2	2.4	0.6
교육	4.5	7.3	1.9	0.9	1.6
문화 및 관광	4.4	4.0	5.4	6.0	2.4
환경보호	9.7	7.0	15.7	12.8	3.9
사회복지	29.8	30.3	26.0	18.0	50.9
보건	1.5	1.3	1.5	1.8	2.6
농림해양수산	7.2	5.8	6.9	19.2	0.8
산업・중소기업	1.7	1.8	1.7	2.1	0.6
수송 및 교통	8.4	9.9	8.7	4.3	4.6
국토 및 지역개발	7.2	6.3	9.4	10.1	2.6
과학기술	0.3	0.6	0.0	0.0	0.0
예비비	1.4	0.8	2.4	1.6	1.2
기타	10.8	6.5	13.4	14.7	21.7

자료: 안전행정부, 「2014년도 지방자치단체 통합재정 개요」(2014).

2. 事務性格別 機能配分

도시자치단체는 그 지방의 공공사무와 법령에 의하여 그 자치단체에 소속된 사무를 처리하도록 되어 있다. 그 지방의 공공사무가 자치단체의 고유사무인데 비하여 법령에 의하여 그 단체에 소속된 사무는 단체위임사무이다. 또한 자치단체에서 시행하는 국가행정사무 또는 상급자치단체사무는 법령에 다른 규정이 없는 한, 자치단체의 수장에게 위임하여 처리하도록 하는 사무를 기관위임사무라 칭한다.

이들 세 가지 사무를 기준으로 각급 자치단체가 담당하고 있는 사무를 한국지방행정연구원이 조사한[21] 「지방행정기능 분석에 관한 연구(Ⅱ)」 보고서에 의하여 구분하여 보면 〈표 Ⅲ-2-2〉와 같다. 단, 광역시는 부산의 경우이며, 시는 김해시의 경우이고, 자치구는 부산 북구의 경우이다.

먼저, 부산광역시의 경우 기능배분의 내용을 보면, 고유사무의 비중이 47.4%인데 비해 단체위임사무와 기관위임사무가 각각 12.6%와 40.0%로서 위임사무의 비중이 52.6%를 차지하고 있지만, 2007년 8월 현재의 경우 고유사무의 비중이 더 늘어났을 것으로 추정된다.

〈표 Ⅲ-2-2〉 도시정부의 사무성격별 구성비

(단위: 사무수, %)

구 분			고유사무		단체위임사무		기관위임사무	
			건수	%	건수	%	건수	%
광역시	계	2,520	1,195	47.4	318	12.6	1,007	40.0
	일반행정	573	435	75.9	2	4.0	115	20.1
	사회복지	451	151	34.8	3,176	39.0	118	26.2
	산업경제	660	33	5.0	74	11.2	553	83.8
	지역개발	489	369	75.5	24	4.9	96	19.6
	문화및체육	219	152	69.4	20	9.1	47	21.5
	민방위	128	49	38.3	1	0.8	78	60.9
시	계	1,590	654	41.1	98	6.2	838	52.7
	일반행정	524	298	56.9	14	2.7	212	40.5
	사회복지	306	94	30.7	29	9.5	183	59.8
	산업경제	260	32	12.3	12	4.6	216	83.1
	지역개발	303	194	64.0	9	3.0	100	33.0
	문화및체육	99	36	36.4	34	34.3	29	29.3
	민방위	98	-	-	-	-	98	100.0
자치구	계	1,264	548	37.4	102	6.9	814	55.6
	일반행정	527	364	69.1	12	2.3	151	28.7
	사회복지	294	61	20.7	68	23.1	165	56.1
	산업경제	281	17	6.0	7	2.5	257	91.5
	지역개발	195	76	39.0	10	5.1	109	55.9
	문화및체육	81	29	35.8	5	6.2	47	68.0
	민방위	86	1	1.2	-	-	85	98.8

21) 한국지방행정연구원은 이미 1985년에 수행한바 있는 지방행정기능 분석에 이어서 1992년에 부산과 경남지역을 대상으로 도시행정기능을 재조사하였다.

시의 경우 고유사무 41.1%, 단체위임사무 6.2%, 그리고 기관위임사무가 52.7%를 나타내고 있다.

자치구의 경우 고유사무 37.4%, 단체위임사무 6.9%, 그리고 기관위임사무가 55.6%를 보여주고 있다.

이처럼 고유사무의 비중을 자치단체별로 보면 광역시와 일반시 그리고 자치구의 경우 각각 47.4%, 41.1% 그리고 37.4%로서 매우 낮음을 알 수 있다. 자치단체가 그 자체의 존립유지와 공공복지를 위해 수행하여야 할 자치사무의 비중이 50%가 되지 않는다는 것은 그만큼 현실적으로 지방자치제 실시에 어려움이 있음을 알 수 있다.

Ⅱ. 機能配分의 問題點

1. 歲出機能上의 問題點

도시자치단체의 기능과 사무배분의 문제점을 경제사회발전에 부응한 주민복지 증진이라는 관점에서 보면, 다음과 같은 문제점을 지적할 수 있다.[22]

첫째, 행정기능 가운데 일반행정기능의 구성비가 높은 편이다. 특히 시·군·자치구의 경우 평균 27.8%나 차지하고 있다. 즉 투자적 경비의 비중이 상대적으로 낮아 재정지출의 건전화에 문제를 야기시키고 있다.

둘째, 사회개발기능의 비중이 평균 46.0%로 비교적 높은 비중을 차지하고 있다. 그러나 사회보장적 성격의 비중보다 영세민 지원적 비중이 높은 것이 특징이며, 기초자치단체별로 차이가 큼을 알 수 있다.

셋째, 지방경제와 산업의 개발촉진을 위해 지원하는 경제개발기능이 생산성이 낮은 농수산개발 등 1차산업에 비중이 높다. 자치구의 경우 농수산개발의 비중이 0.4% 밖에 안되나, 시·도와 군의 경우 각각 27.1%와 33.5%나 차지하고 있다. 이는 도시적 산업의 상공업 부문의 기능이 상대적으로 위축됨을 알려준다.

넷째, 민방위기능의 경우 거의 대부분이 지방행정기능 가운데 위임사무로 되어있다. 따라서 지역적 특수성과 도시행정의 전문성에 적합한 개발행정을 발전시켜 나가야할 필요가 큰 이들 행정부문이 그 실효를 거두지 못하

22) 李圭煥, 전게서, pp. 284~286.

고 있다.

다섯째, 지원기능의 비중이 너무 높다는 점이다. 특히 서울시와 광역시·도의 경우 16.3%나 되고 있는데, 이는 특별회계에 대한 전출금과 자치구에 대한 조정교부금의 비중이 높은 데서 기인한 것이다.

2. 事務配分上의 問題點

(1) 事務配分의 不分明[23)]

첫째, 사무구분을 어렵게 하는 것은 현행 법령상의 규정이 불분명하기 때문이다. 예를들면, 법령상 사무처리 주체를 ① 국가, 자치단체(장), ② 장관, 시·도지사, 시장·군수, ③ 관리청, 소관청, 허가청, ④ 시·도지사, 시장·군수, ⑤ 시·도지사 등으로 매우 다양하게 표현하고 있어서 구체적인 사무의 성질이나 실제 수행하고 있는 내용을 명확하게 파악하지 않고는 객관적으로 분류하기 어렵다.

둘째, 이론과 실제상의 차이를 들 수 있다. 즉 이론적으로는 사무의 성질상 주민의 공공복지에 관한 것으로서 이해관계가 해당구역내에 한정된 사무를 자치사무로 분류하고 있으나 현실적으로는 중앙정부의 적극적인 지도감독을 받는 경우가 빈번하여 내용면에서의 분류를 어렵게 하고 있다.

셋째, 위임사무에 대한 경비부담이 명확하지 못하여 그 구분의 의미를 애매하게 하였다. 더욱이 재정력이 빈약한 자치단체는 자치사무까지 중앙정부의 보조를 받지 않으면 안되게 되었고 반대로 위임사무를 상당부분 처리하고 있음에도 재정력이 좋다는 이유로 국고보조는 극히 적은 경우가 있어서 경비부담에 의한 사무구분도 그 의미를 잃게 되었다는 점이다.

(2) 階層間 機能配分의 不明確

도시자치단체의 기능과 사무에 관한 현행 헌법과 지방자치법상의 규정은 지방자치단체가 주민의 복리증진을 위해 매우 광범위한 사무를 처리할 수 있도록 예시적 포괄주의를 취하고 있다. 따라서 계층간에 있어서 권한과 책임이 불일치하며, 또한 기능배분이 불명확하므로 국가재정과 도시재정의 구성비, 국세수입과 지방세 수입의 비율 또는 지방교부비율을 각각 얼마로

23) 韓國地方行政研究院,「地方行政機能分析에 관한 研究(Ⅰ)」, pp. 67~68; 李圭煥, 전게서, pp. 286~289.

할 것인가를 정할 기준이 없다.

(3) 委任事務의 擴大

지방자치제가 발달한 나라에서는 위임사무가 극히 제한되고 대부분의 지방사무가 고유의 자치사무로 되어 있다. 그러나 우리나라의 현실은 자치단체가 처리하는 사무 중 고유사무는 광역시의 경우 47.4%, 시는 41.1%, 자치구는 37.4%를 점하고 있어 위임사무가 고유사무보다 많은 실정이다. 더욱이 자치단체가 기관위임사무를 처리함에 있어서는 마치 국가의 하급행정관청과 같이 국가기관인 지위에서 그 사무를 처리하므로, 도시자치단체는 고유사무를 처리하기 위해 존재한다기보다는 국가의 위임사무를 집행하기 위한 중앙관청의 일선행정기관과 같은 인상을 더 풍기고 있다.

(4) 委任根據의 不明確

단체위임사무는 반드시 법령의 근거가 있어야 하며, 기관위임사무도 자치단체의 사무가 아니고 국가의 사무로서 자치단체의 수장에게 위임하여 처리케 함으로써 자치단체의 특별부담을 지게 하는 것이므로 기관위임사무도 원칙상 그 위임근거가 법령상 명문의 규정이 있어야 한다. 그럼에도 불구하고 사무배분을 규정한 각종 법령의 용어가 통일되지 않을 뿐만 아니라 동일법령내에서도 용어를 혼용하고 있어 법령상의 사무배분이 극히 모호한 상태에 있으며 사무의 위임에 관한 법령의 근거가 비체계적이어서 사무의 위임에 전혀 법령의 근거가 없는 경우가 많다.

(5) 監督範圍의 不分明

기관위임사무는 국가적 사무이므로 적극적 감독을 받아야 하나, 고유사무는 법령상 명문규정이 있는 경우에 한하여 소극적 감독을 받아야 하고 단체위임사무도 지역적 특성이 강한 사무는 소극적 감독만을 받아야 한다. 그럼에도 불구하고 고유사무 및 단체위임사무 등에 대하여도 적극적 감독을 하는 경우가 많다. 따라서 기관위임사무와의 관계를 무의미하게 하고 있다.

(6) 權限과 責任의 不一致

사무위임은 원칙적으로 사무추진의 효율성, 행정의 능률성, 주민편익성 등을 종합적으로 고려하고 위임기관의 수행능력을 감안하여 각 사무별로 검토하여 위임하여야 할 것이다. 그러나 위임기관 중심의 실적위주로 위임되는 경향이 있다. 이에 따라 실질적이고 권한있는 사무는 위임되지 않고 조사·확인등 부수적이거나 경미한 사무들만이 위임되는 경향이 있다. 어떤 경우는 사무의 기본적 결정권 등은 유보한 채 업무량이 많거나 행정책임만을 져야 하는 등의 번거로운 사무만을 위임하는 사례도 없지 않다.

(7) 經費負擔의 問題點

자치단체의 실정을 고려하지 않고 각종 법령에 의하여 또는 전혀 법령상의 근거없이 국가사무를 위임하는 경향이 있어 자치단체의 행·재정에 큰 부담을 주고 있다. 사무를 위임하는 경우에 있어서 사무처리만을 의무로 과하고 소요경비를 부담하지 않거나, 부담하는 경우에도 직접적 사업비만을 부담하고 인건비, 수용비등 간접적 부수경비를 부담하지 아니하는 경우가 많다.

제 3 절 都市政府의 行政機能 定立[24)]

I. 都市開發行政機能의 摸索

전국적으로 공통된 도시자치단체의 개발행정기능을 다음과 같이 설정할 수 있다.

1. 經濟成長을 促進시키는 機能

이 기능은 국가경제 성장을 촉진시키기 위한 도시정부의 지원기능으로서 주로 산업개발에 관련된 것이다. 농림수산업의 상대적 비중저하에 따라 제조공업의 육성을 위한 개발행정이 강화되어야 한다. 공업 가운데 중화학

24) 중앙과 지방간의 행정기능배분에 관한 발전방안은 ① 중앙행정권한의 지방이양, ② 자치단체사무의 재배분, ③ 지방특별관서의 기능조정 중심으로 제2편 제2장 제3절에서 상세히 기술한 바 있어 본문에서는 생략하였다.

공업과 같은 대단위 공업이나 첨단산업 등은 중앙정부와 직결되므로 도시정부로서는 중소영세공업과 농공단지 조성에 주력해야 한다.

2. 社會福祉增進을 위한 機能

경제성장을 촉진하는 기능을 경제개발기능이라고 한다면, 사회복지 증진을 위한 기능은 사회개발기능이다. 전자가 총량수준의 향상에 기본목표를 두고 있다면, 후자는 부문간 특히, 개인간 형평성의 제고에 역점을 두고 있다. 사회복지는 크게 3개 부문에 걸쳐 초점을 갖는데, 그 첫째가 공공시설의 확대 둘째, 주거생활과 같은 인간기본욕구의 충족 및 수준향상 셋째, 사회적 기회의 균등화라 하겠다. 사회복지부분은 대부분 주민의 욕구에 바탕을 두고 있으므로 이것은 도시정부의 주요 책임분야에 속한다고 할 수 있다. 따라서 이들 기능의 대부분은 대규모사업이 아닌 한 도시정부의 고유기능으로 설정되어야 하겠다.

3. 地方的 空間開發을 위한 機能

국가적 공간개발이 주로 중앙정부의 소관이라면, 지방적 공간개발은 도시정부의 기능에 속한다. 지방적 공간개발은 보유자원의 경제성 제고와 인위적 생산체계의 적정배치 및 사회간접자본시설의 확충을 통해 성취되어야 할 성질의 것이므로 자치단체차원에서 할 수 있고 또 해야 할 과제들이 바로 지방적 공간개발을 위한 도시정부의 행정기능으로 설정된다.

국토 및 지역개발에 관한 도시정부의 기능이 주로 국가위임사무라면, 지방적 공간개발을 위한 정부기능은 자치단체의 고유사무가 되어야 하겠다.

4. 「레져」(leisure)需要를 充足시키기 위한 機能

소득의 증대와 더불어 여가시간의 확대는 국민의 휴양 및 위락을 위한 레져 활동수요를 증가시키며, 이의 충족을 위한 행정적 기능이 크게 강조될 것이다. 이러한 행정적 기능은 관광지의 개발과 관리, 위락시설의 확충, 자연환경의 보전, 관광망의 체계화 등의 사무를 주내용으로 한다. 이들 기능 가운데 지방단위의 것은 자치단체의 고유사무로 하여 적극화되어야 한다.

5. 連繫와 調和를 확보하기 위한 機能

장래의 모든 활동은 전문화를 통해 보다 다양화될 것이다. 그러나 지나친 다양화는 개별성의 심화로 나타나며 이는 부문간의 괴리와 불균형을 초래하여 전체로서의 조화를 잃게 된다. 도시정부가 담당해야 할 이들 기능으로서는 다음과 같은 것들이 주가 되어야 한다.

① 도시와 농촌간의 연계화를 위한 기능 또는 농촌의 도시화를 위한 기능

② 공업과 농업간의 연계화를 위한 기능 또는 농업의 공업화를 위한 기능

③ 소득의 적절한 분배를 위한 기능

④ 개발과 보존을 조화시키는 기능

⑤ 경제개발과 사회개발을 조화시키는 기능

⑥ 물질적 양과 삶의 질을 연계시키는 기능

⑦ 공공활동과 민간활동을 조화있게 결합시키는 기능

⑧ 국가정책과 도시정부정책을 조화시키는 행정

⑨ 능률성과 민주성을 조화시키는 기능

Ⅱ. 都市行政機能上 發展方向

자치단체의 사무 중 위임사무가 증대되거나 많은 비율을 차지하는 현상은 여러 가지 문제점과 부작용을 유발하는 바, 그것을 요약하면 다음과 같다.[25]

① 자치단체를 국가사무의 下請機關으로 전락시키고 중앙의 광범위한 감사·통제의 대상이 되게함으로써 결과적으로 지방자치의 발전을 저해한다.

② 광역적 사무의 처리, 균등한 서비스를 필요로 하는 행정사무에 대해 중앙과 지방간 협력관계의 수립을 저해하고 오히려 중앙과 지방간의 반목 및 대립을 조장한다.

③ 위임사무에 대해서는 그 사무의 처리에 필요한 경비의 전부 또는 일

25) 상게서, pp. 292~293.

부를 국가가 부담해야 함에도 불구하고 사무를 위임할 때 사무처리 의무만을 부과하고 소요경비를 부담치 않는다면 결과적으로 자치단체의 재정적 궁핍을 가중시키는 요인이 된다.

④ 행정기관·행정사무의 割據主義를 조장함으로써 도시행정의 종합적 처리를 저해할 뿐만 아니라 지방적 창의성·적극성·자주성·자율성을 저해한다.

⑤ 이중행정·이중감사·재정적 낭비, 행정적 비능률을 초래한다.

⑥ 행정의 중앙전제화, 신중앙집권화의 명분을 제공한다.

이러한 제문제점을 개선하기 위해서는 무엇보다도 단체위임사무를 폐지하여 전부 고유사무로 돌리고, 기관위임사무 중 전국적 통일성을 기할 필요가 있는 사무를 제외하고는 점차로 고유사무화함으로써 자치단체의 창의성·적극성·자주성 및 자율성을 기할 필요가 있다.

또한, 위임할 경우 그 근거를 분명히 하기 위하여 사무배분에 관한 법령상의 용어를 통일적으로 정비하는 동시에 명확한 규정을 두도록 해야 한다. 그리고 각종 특별법상 국가사무를 자치단체의 장에게 위임할 경우 직권위임규정을 두는 것이 많은데, 대부분 서울특별시장·광역시장·도지사에게 위임할 수 있다는 규정만 설치하고 있다.

한편, 감사범위를 분명히 하기 위하여 고유사무나 단체위임사무에 대하여는 법령의 규정대로 적극적 감사를 삼가도록 해야 할 것이다. 국가감사권의 강화는 반비례적으로 자치권의 약화를 의미하는 것이므로 감사권에는 일정한 한계점을 설정하고, 감사방법도 훈령·지시·허가·인가·파면 등의 권력적 감사를 피하고 일정한 기준의 설정, 계획의 수립, 기술적 원조, 조언, 권고 등 비권력적인 관여를 하도록 방향 전환을 하여야 할 것이다.

다른 한편, 경비부담의 문제점에 대한 개선방안으로는 위임사무에 필요한 경비부담관계를 명확히 하되, 각 자치단체의 재정능력을 감안하여 전액 또는 일부를 국고 또는 상급자치단체가 보조하든가 지방교부세로 조정함으로써 자치단체가 받는 재정적 압박을 경감시킬 것 등이 요망된다.

제 3 장　都市政府의 階層構造와 自治區域

제 1 절　階層構造와 自治區域의 本質

Ⅰ. 階層構造의 意義

도시자치단체의 계층구조는 국가에 따라, 그 나라의 정치형태나 영토의 면적・인구・역사적 전통과 교통・통신의 발달정도 등에 따라, 각기 다른 형태를 띠고 있으나 크게 나누어 보면 단층제와 다층제를 택하고 있다.

여기서 단층제(single-tier system)란 일정한 지역내의 모든 행정사무를 종합적으로 처리하는 단일한 보통지방자치단체가 존재하는 경우를 말한다. 그리고 다층제(multi-tier system)란 동일한 지역내에 여러 개의 자치단체가 존재하여 관할이 중첩되는 현상을 말한다. 즉, 기초자치단체 위에 상급자치단체가 존재하는 경우를 다층제 또는 중층제라 하고, 기초자치단체 위에 다른 자치단체가 존재하지 않고 직접적으로 중앙정부와 관계를 맺고 있는 경우를 단층제라고 한다.[1)]

지방자치단체의 계층구조 가운데 가장 많은 국가에서 채택하고 있는 것은 2층제(two-tier system, double deck system)이며, 이 밖에도 단층제・3층제 또는 5층제까지 택하고 있는 국가도 있다.[2)] 일반적으로 지방자치가 발달한 영미계 국가나 「스칸디나비아」계 국가 등에서는 대개의 경우 2층제 혹은

1) 崔昌浩, 「地方自治學」(서울: 三英社, 1995), p. 133.

2) 3층제를 채택하고 있는 국가로는 「이탈리아」, 「벨기에」, 「그리이스」, 「레바논」, 「튀니지」, 「말레이지아」, 「수단」, 「에쿠아도르」, 「이란」, 「태국」 등이 있고, 4층제를 채택하고 있는 국가로는 「콜롬비아」와 「에디오피아」 등이 있고, 5층제를 채택하고 있는 대표적인 국가는 프랑스이다. 李圭煥, 「韓國地方行政學」(서울: 法文社, 2011), pp. 294~295.

단층제를 채택하고 있으며, 대륙계 국가나 중앙집권적 국가는 주로 다층제를 취하고 있다.

다층제 중에서 가장 많이 채택되고 있는 2층제를 중심으로 하여 단층제와 비교해 보면 다음과 같은 장·단점이 있다.[3)]

1. 單層制의 長·短點

(1) 單層制의 長點

① 이중행정과 이중감독의 폐단을 방지하고 신속한 행정을 도모할 수 있다. 2층제를 채택하는 나라에서 기초자치단체와 광역자치단체간의 사무배분이 명확하게 이루어지지 않을 경우에는 동일한 행정기능을 2개의 자치단체가 관장하는 이른바 이중행정의 폐해를 낳게 된다.

② 행정을 수행함에 있어 낭비를 제거하고 능률을 증진시킨다. 행정계층이 많을수록 사무처리가 지연될 뿐만 아니라 행정비용이 그만큼 증가하는 것이다.

③ 행정책임을 명확하게 한다. 단층제하에서 국가와 자치단체간에 행정기능이 적절히 배분된다면 다층제에 있어서와 같은 행정책임의 불명확이나 책임전가와 같은 문제가 제기될 여지가 없다.

④ 행정의 민주성을 확보할 수 있다. 2층제의 경우에는 기초자치단체는 상위자치단체의 하급기관으로서 기관위임사무를 처리하는데 급급하게 되고 지역주민의 요구나 복지에는 소홀하게 된다.

⑤ 지역적 특수성을 보장할 수 있다. 다층제에 비하여 각 기초자치단체의 자치권이나 지역의 특수성 및 개별성을 더욱 존중할 수 있다. 2층제의 경우 상급자치단체는 그 구역내의 모든 행정기능을 획일적으로 수행하기 때문에 농촌행정과 도시행정의 차이, 자치단체간의 규모나 행·재정적 능력의 차이 등이 경시될 우려가 있다.

(2) 單層制의 短點

① 인구가 많고 영토가 넓은 나라에서는 채택하기 곤란하다. 국토가 넓은 나라에서는 몇 개의 소구역으로 나누어 기초자치단체로 하여금 관할하게

---

3) 鄭世煜, 「地方行政學」(서울: 法文社, 1998), pp. 402~406; 李圭煥, 전게서, pp. 295~296; 崔昌浩, 전게서, pp. 133~134.

하고, 이를 상급자치단체가 종합, 조정하는 것이 필요하기 때문에 다층제가 불가피하다.[4)]

② 중앙집권화를 초래할 우려가 있다. 그것은 단층제를 채택하면 광역자치단체가 없으므로 기초자치단체의 능력으로 처리할 수 없는 사무를 곧 중앙정부가 처리하게 되어 중앙집권화를 강화하는 결과가 되기 때문이다.

③ 광역적 행정이나 개발에 관한 사무의 처리에 부적합하다.

단층제는 주민참여를 통해 행정의 민주성을 확보할 수 있지만 치산·치수·도로·운수·관광개발·광역개발계획 등 광역적 행정과 인구분산·공해방지 등과 같은 도시행정에는 무력하다.

2. 二層制의 長·短點

(1) 二層制의 長點

① 행정사무의 기능적 분업을 확보할 수 있다.

② 기초자치단체가 그 본연의 기능을 제대로 수행하지 못할 때에는 광역자치단체가 이를 보완할 수 있다.

③ 국가의 감독기능을 유지할 수 있게 한다. 중앙정부는 모든 기초자치단체를 직접 감독할 수 없으므로 일정한 지역단위 감독기관을 필요로 한다.

④ 도시행정의 역사적 발전과정을 반영하고 있다. 도시행정제도의 역사는 2층제로 이루어졌다는 것인데 그 내용은 다음과 같다. 인류는 초기에 동·리와 같은 혈연적·지연적 공동체를 형성하여 생활을 영위해 나갔는데 이것은 오늘날 기초자치단체가 되었고, 그 후 중앙정부가 수립됨에 따라 전국을 통치하기 위해서 중앙정부에서 관리를 파견하여 통치권을 행사하게 했는데 이것이 오늘날 상급자치단체가 되었다.

(2) 二層制의 短點

① 이중행정을 초래한다. 기초자치단체와 광역자치단체는 동일한 주민과 구역을 그 대상으로 하고 있다.

② 책임의 전가나 회피가 잦다. 특히 광역자치단체와 기초자치단체간의

---

4) 독일의 기초자치단체인 Gemeinde의 수가 약 8,500개나되고, 「프랑스」의 경우 Commune의 수가 약 36,500개, 일본의 市町村이 3,250개나 되고 있는데 이를 단층제로 하여 전국을 관할하는 중앙정부와 직결시킬 수는 없기 때문이다. 李圭煥, 전게서, p. 297.

기능배분이 명확하지 않을 때에는 행정책임이 모호해진다.

③ 지역적 특수성이 무시된다. 광역자치단체는 대개 그 구역 내의 성격이 서로 다른 도시자치단체와 농촌자치단체 그리고 인구·재정능력 등이 상이한 많은 자치단체를 포괄하게 된다.

④ 기초자치단체의 자율성이 침해된다. 지방자치단체는 독자적인 법인격을 갖고 있기 때문에 상호간에 계층관계가 존재하지 않는다고 하지만 현실적으로 여러 가지 이유에서 명령복종관계가 형성되는 것을 많이 볼 수 있다.

⑤ 중앙정부에 대한 주민의사의 전달과 주민에 대한 중앙정부행정의 침투가 느리고 또한 왜곡되기 쉽다.

3. 單層制와 二層制의 相互關係

이상에서 살펴본 바와 같이 단층제와 2층제는 각각 장·단점을 갖고 있기 때문에 어떤 것을 채택하는 것이 보다 도시행정 수행에 효율적인 것인가에 대한 견해도 상반되고 있다.

먼저, 단층제가 가장 이상적인 계층구조라는 주장으로서 1942년 영국의 도시 자치협회(Association of Municipal Corporation)안을 들 수 있다. 이 안에 의하면, 행정사무는 일반적으로 상호관련성이 크기 때문에 이를 기초자치단체와 광역자치단체에 배분할 수 없고 단일한 자치단체에 맡김으로써 종합행정을 달성하는 것이 가장 바람직하다는 것이다.[5] 따라서 영국의 종전의 「카운티 버러」(County Borough)나 독일의 「크라이스프라이 스타트」(Kreis-frei Stadt)와 같은 단층제는 도시 뿐만 아니라 농촌지역에도 광범위하게 적용될 수 있다는 것이다.

다음으로 2층제가 가장 이상적인 계층구조라는 주장으로서 1954년 영국의 도협회(County Councils Association), 읍협회(Urban District Councils Association), 면협회(Rural District Councils Association), 전국교구협회(National Association of Parish Councils) 등의 각종 지방자치단체협회의 「지방자치단체의 재편성」에 관한 합동보고서를 들 수 있다. 이 보고서에 의하면, 행정적 분업이 가능한 2층제가 가장 바람직한 것이기 때문에 농촌지역은 물론이며 대도시에서도 「카운티 버러」(County Borough)와 같은 단층제를

5) V. D. Limpan, *Local Goverment Area* 1934~1945(Oxford: Basil Blackwell, 1949), p. 103.

폐지하고 2층제가 광범위하게 채택되어야 한다는 것이다.[6)]

이상의 논의를 통해서 우리가 알 수 있는 것은 단층제나 2층제를 취사선택하여 일률적으로 적용하는 것은 불합리하며 여러 가지 사정을 고려하여 적절히 혼합하는 것이 필요하다는 것이다. 예를 들면, 농촌지역에는 2층제를 채택하고, 도시지역 특히 대도시지역에는 단층제를 채택하는 것이 그 하나의 방법이라 하겠다. 그리고 2층제를 채택하는 경우에도 기초자치단체와 광역자치단체간의 사무배분이 명확하게 이루어져 이중행정의 모순을 제거하고, 사무배분에 있어서도 기관위임보다 기초자치단체가 자율적으로 처리할 수 있도록 단체위임을 하는 것이 보다 더 능률적이라고 지적할 수 있다.

Ⅱ. 自治區域의 意義

자치단체의 구역(autonomous area or boundary)이란 지방자치단체의 통치권 또는 자치권이 미치는 지역적 범위를 의미한다. 국가가 영토를 구성요소로 하는 것과 마찬가지로 지방자치단체는 영토의 일부인 구역을 필요로 한다. 자치단체의 구역은 당해 자치단체의 기능을 지역적으로 한정시키되 그 지역내에 주소·거소·영업소를 가진 자연인·법인이나 단체 및 그 구역과 일정한 장소적 관계를 가진 물건으로 하여금 그 자치단체의 권능에 복종시키는 법적 효과를 낳는다.[7)]

자치구역은 그 구역내에서 수행하는 기능이 종합적인 것인가, 특정한 것인가에 따라 보통자치단체구역과 특별자치단체구역으로 나눌 수 있다. 전자는 서울특별시, 광역시, 도와 시·군·자치구의 구역을 말하고, 후자는 학교구·급수구 등 특별구(special district, ad-hoc district)를 의미한다. 보통 자치구역이라고 할 때에는 전자를 지칭하는 것이다.

자치단체의 구역은 도시정부의 기능, 계층구조, 행정이념 및 광역행정과 밀접한 관계를 갖고 있다.

---

6) Peter G. Richard, "Delegation in Local Government Recent Developments," *Public Administration*(The Royal Institute of Public Administration, Autumn 1958), p. 271.

7) 鄭世煜, 전게서, p. 743.

1. 行政機能과의 關係

자치구역의 넓이는 자치단체가 수행하는 행정기능과 밀접한 관련성이 있다. 이처럼 구역과 기능의 관련성에 대하여는 영국의 「지방자치구역위원회」(Local Government Boundary Commission)가 1948년에 발표한 보고서에서 적절히 지적되어 있다. 즉, 구역과 기능을 분리해서 논한다는 것은 잘못이며, 양자는 동시에 다루어야 한다고 주장하고 있다.[8] 이는 각 행정기능은 그에 알맞는 구역의 범위가 있기 때문이다. 예를 들면, 치안이나 질서유지와 같은 행정기능은 좁은 구역을 필요로 하지만 개발계획이나 주민복지에 관한 사무는 넓은 구역을 요구한다.[9]

2. 階層構造와의 關係

자치구역과 자치단체 계층구조와의 관계는 먼저 통솔범위의 원리(span of control principle)가 적용된다. 즉, 다층제를 택할 경우 구역의 범위는 좁아지고 단층제일수록 그 범위가 넓어진다.

다음으로 구역과 계층과의 관계는 주민과의 대화행정 및 민주행정기능과 광역적인 조정·개발행정기능의 요구와 밀접한 관계가 있다. 즉, 대화행정과 민주행정의 요구는 자치단체의 구역이 기초적·소규모적일 것을 요구한다.[10]

3. 行政理念과의 關係

자치구역은 민주성과 효율성이라는 행정이념과도 관계가 있다. 민주성을 추구하는 경우 행정수행과정에 주민참여를 유도하고 민의를 수렴하여 주민의 일상생활에 관련된 행정기능을 수행할 것을 요구하게 된다. 따라서 소규모적인 자치구역을 선호한다. 반면에 효율성을 추구하는 경우 재원의 확보와 규모의 경제(scale of economy)를 달성하기 위해서 광역화를 지향하게 된다.

---

8) W. A. Robson, *The Development of Local Government*(London: George Allen and Unwin, 1953), pp. 49~59.

9) 李圭煥, 전게서, p. 309.

10) 崔昌浩, 「地方自治制度論」(서울: 三英社, 1994), pp. 213~214.

4. 廣域行政과의 關係

광역행정이란 지방자치의 구역을 넘어 넓은 지역에 걸쳐서 일정한 행정사무를 종합적·통일적으로 처리하려는 행정기능의 수행방법을 말한다. 도시행정은 원칙적으로 당해 도시자치단체의 자치구역내에서만 수행되어야 하기 때문에 광역행정은 일종의 월권행정행위가 된다. 그러나 최근에는 교통·통신이 발달하고, 전국이 일일생활권화함에 따라 주민의 생활권역이 확대되고, 지역개발이나 복지행정에 대한 수요증대로 도시행정기능의 영향이 광역도시권에까지 미치게 되었고, 그 결과 자치구역을 재조정해야 할 필요가 생겼다.

제 2 절 階層構造와 自治區域의 現況과 問題點

Ⅰ. 階層構造의 實態와 問題點

1. 階層構造의 實態

우리나라의 도시행정계층구조는 1949년 지방자치법이 공포됨에 따라 행정계층과 자치계층의 2원적 운영을 해오고 있다. 전국의 행정구역 및 조직은 특별시·도 – 시·군·구 – 읍·면·동으로 3층제의 행정구조를 형성하였으며,[11] 자치계층은 광역자치단체로서 도와 기초자치단체로서 시·읍·면의 2층구조를 이루었고, 서울특별시에 대해서만 대도시인 동시에 수도라는 특수성을 고려하여 단층제로 하였다.[12]

1961년 5.16군사혁명 이후 읍·면은 지방자치단체로서 재정·인력·행정운영능력의 미흡이라는 이유로 1961년 9월 1일 지방자치에 관한 임시조치법에 의거하여 지방자치단체의 자격을 상실하였고 대신 군이 지방자치단체로

11) 구지방자치법은 다만 「地方自治團體는 地方의 公共事務와 法令에 의하여 그 단체에 소속된 사무」(제3조 제2항) 및 「市·邑·面長에게 委任」된 사무(제102조)를 처리한다고 일괄적으로 규정하였을 뿐 자치단체간의 권한과 기능을 전혀 구별하지 않았다.

12) 李圭煥, 전게서, pp. 318~319.

됨으로써 계층구조는 도-시·군의 2층제가 되었다.

1988년 개정된 「지방자치법」에 의해 우리나라 지방자치단체 계층구조는 상급자치단체로서 특별시·광역시·도와 기초자치단체로서 시·군·자치구가 인정되어 2층구조로 전국에 걸쳐 통일되었다([그림 Ⅲ-3-6] 참조]). 다만, 지방행정계층은 시·도-시·군·자치구-읍·면·동의 3계층구조를 이루고 있으나 인구 50만 이상 시의 경우 구를 두어 도-시-구-동의 4층구조의 행정계층이 되고 있다.

2. 階層構造의 問題點

현행 우리나라 지방자치계층구조는 2층제를 채택하고 있는 바, 이는 다음과 같은 긍정적인 면을 가지고 있다.[13]

첫째, 시·도 및 시·군·자치구의 2층제는 복잡·다양한 행정기능의 분업적 처리에 적합한 제도이다. 광역단체인 시·도는 광역적·통일적·보완적 사무를 담당하고, 기초단체인 시·군·자치구는 이들 광역단체와 경합되지 않는 보다 주민과 일상적으로 관련되는 사무를 처리한다.

둘째, 특별시·광역시의 구를 자치단체화하여 주민의 행정참여를 확대하고 주민이 도시정부에 보다 쉽게 접근하도록 하였다. 인구 100만 이상인 특

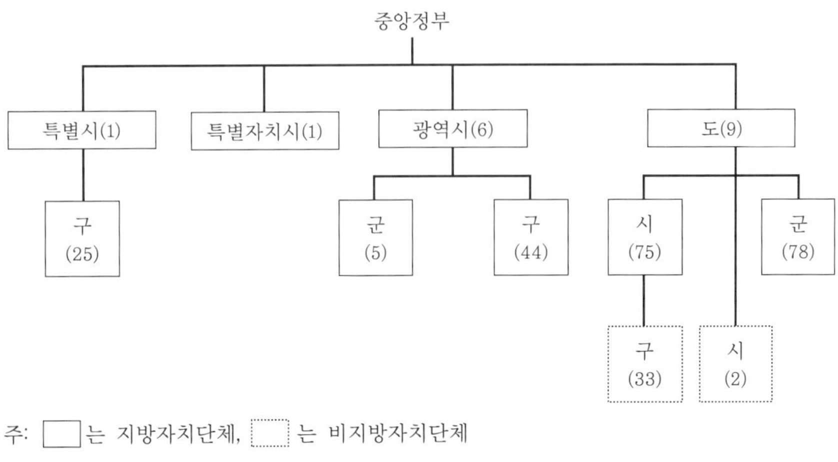

〔그림 Ⅲ-3-6〕 우리나라의 階層構造(2014년 1월 현재)

13) 상게서, pp. 320~321.

별시·광역시는 광역단체인 시청만으로 주민의사를 행정에 수렴한다는 것이 현실적으로 대단히 어려운 일이다.

셋째, 자치능력이 미약한 읍·면 대신 시·군 및 자치구를 기초자치단체화함으로써 지방자치기능이 제대로 발휘될 수 있도록 하였다. 이는 오늘날 외국에서 시도하고 있는 기초자치단체의 광역화 추세에 부합된다.

한편, 우리나라에는 자치 2계층 외에 행정보조계층이 1~2개나 있어 결과적으로 도시행정계층이 과다하여 여러 가지 폐해를 낳고 있다.[14]

첫째, 주민과 자치단체간의 관계가 소원하다. 즉, 기초자치단체라는 것이 원래 주민의 일상생활문제를 직접 처리하기 위한 자치단체인데, 이러한 기초자치단체와 주민 사이에 구·읍·면·동·리 등이 중첩적으로 개재함으로써 기초자치단체와 주민간의 직접적인 접촉이나 대화·협조가 저해되고 있는 것이다.

둘째, 중간계층은 단순한 중계·경유기관화하고 있다. 즉, 원래 각 도시행정계층간에는 역할의 분담이 뚜렷해야 하는데, 계층수가 많다 보니 중간계층들은 상위계층에서 내려오는 명령이나 지시를 단순히 하위계층에 이첩해주거나, 하위계층에서 올라오는 보고나 건의를 단순히 상위계층에 전달해주는 경우가 많은 것이다.

셋째, 상·하계층간의 중복행정이 행해지고 있다. 즉, 도시행정의 계층구조는 각 계층간 업무 분담과 분업화를 그 전제로 하는 것인데, 우리나라의 경우 재래의 각 법령들이 최근의 지방분권화 지향에 따르지 못해 사무의 지방이관이 잘 안되고 있는데다가, 지방이 담당하고 있는 사무의 성격(고유·위임사무)도 모호하며, 또한 지방의 사무처리에 대한 상급계층의 감독이 중첩적으로 행해지고 있어 특히, 말단의 도시행정계층에서는 그 감사 대비에 여념이 없는 실정인 것이다.

넷째, 행정의 지체와 낭비가 일어나고 있다. 즉, 하나의 문서를 처리하려면 복잡한 과정을 거쳐야 하는 것인데, 도시행정의 계층수가 많다 보면 이러한 문서처리의 과정이 각 계층에서 계속 반복적으로 이루어져야 하기 때문에 막대한 시간과 노력과 비용이 소요되게 되는 것이다.

다섯째, 행정의 파생업무가 기하급수적으로 창조되고 있다. 즉, 중앙에서

---

14) 崔昌浩, "地方行政 階層構造 改編을 통한 自治區域과의 調和," 「國會報」(國會事務處, 1994년, 7월호), pp. 127~128.

지시 1건이 하달되면 이것이 각 계층을 따라 관할구역수로 나누어지면서 계속 건수가 급증하여 말단에 이르고, 그것이 다시 말단에서 기안과 보고를 거듭하면서 중앙에 이르다 보면 문서의 파생수가 놀라울 만큼 늘어나는 것이다.

여섯째, 상・하계층간 의사전달에 왜곡현상이 일어나고 있다. 즉, 중앙의 시책이나 지침이 여러 계층을 거쳐 주민에 이르는 과정에서 시책이나 지침의 오해와 왜곡이 발생하며, 반대로 지역의 실정이나 주민의 의사가 여러 계층을 거쳐 중앙에 이르는 과정에서 수많은 장애가 발생하는 것이다.

Ⅱ. 自治區域의 實態와 問題點

1. 自治區域의 實態

2014년 1월 현재 우리나라의 자치구역은 서울특별시, 부산・대구・인천・광주・대전・울산 등 6개 광역시와 9개 도, 세종자치시를 포함하여 17개 시・도와 75개 시, 83개 군, 69개 자치구를 포함하여 227개의 기초자치단체와 그 아래 2개의 행정시와 33개 구, 216개 읍, 1,196개의 면, 2,076개 동의 도시행정구역으로 나누어져 있다(<표 Ⅲ-3-1> 참조).

17개 시・도 자치단체의 면적과 인구의 분포를 보면, 1개 시・도당 평균면적은 5,900.3km^{2}이고, 인구는 3,008.3천명이다. 8개 특별시・광역시・자치시만을 보면, 1개 광역도시자치단체의 평균면적과 인구는 각각 733.3km^{2}와 2,917.2천명이고, 최고와 최하간의 범위는 면적의 경우 최고 울산, 최하 세종으로 각각 1,060.5km^{2}와 464.9km^{2}로 595.6km^{2}의 차이를 나타내고 있다. 인구의 경우 최고 서울 10,143.6천명과 최하 세종 122.2천명으로 약 83배의 차이를 나타내고 있다(<표 Ⅲ-3-2> 참조).

한편, 77개 보통시의 구역을 보면 시당 평균면적은 529.0km^{2}이고, 평균인구는 310.3천명이다. 면적의 차이는 1,521.9km^{2}의 안동시와 33.3km^{2}의 구리시간의 1,488.6km^{2}이다. 인구는 1,148.1천명의 수원시와 40.9천명의 계룡시간에 1,107.2천명의 차이를 나타내고 있다. 시의 경우 자치구역의 면적과 인구 등 규모에 있어 심한 격차를 보이는 것은 도시화의 상이한 속도에서 오는 불가피한 현상이라 하겠다(<표 Ⅲ-3-3> 참조). 다만, 시도간에 면적 대 인구의 비율이 일정하지 못한 것은 구역조정의 여지를 나타내고 있다.

〈표 Ⅲ-3-1〉 전국 행정구역 현황(2014년 1월 1일 현재)

구분 / 시·도별		시·군·구				행정시·자치구가 아닌 구		읍·면·동				면적(km²)	세대수	인구(명)
		계	시	군	구	시	구	계	읍	면	동			
계(17)		227	75	83	69	2	33	3,488	216	1,196	2,076	100,305.92	20,456,588	51,141,463
특별시	서울	25			25			423			423	605.21	4,182,351	10,143,645
광역시	부산	16		1	15			210	2	3	205	769.82	1,404,663	3,527,635
	대구	8		1	7			139	3	6	130	883.48	960,265	2,501,588
	인천	10		2	8			147	1	19	127	1,040.88	1,118,988	2,879,782
	광주	5			5			95			95	501.18	563,599	1,472,910
	대전	5			5			78			78	540.21	584,877	1,532,811
	울산	5		1	4			56	4	8	44	1,060.46	431,595	1,156,480
특별자치시	세종	0						11	1	9	1	464.9	50,045	122,153
도	경기	31	28	3			20	550	32	108	410	10,172.16	4,712,324	12,234,630
	강원	18	7	11				193	24	95	74	16,872.97	664,913	1,542,263
	충북	12	3	9			2	153	15	87	51	7,406.95	644,062	1,572,732
	충남	15	8	7			2	207	24	137	46	8,204.71	857,699	2,047,631
	전북	14	6	8			2	241	14	145	82	8,066.48	766,699	1,872,965
	전남	22	5	17				296	33	196	67	12,301.00	815,769	1,907,172
	경북	23	10	13			2	331	36	202	93	19,028.99	1,139,387	2,699,440
	경남	18	8	10			5	315	20	176	119	10,537.23	1,320,887	3,333,820
특별자치도	제주					2		43	7	5	31	1,849.29	238,465	593,806

자료: 안전행정부, 「행정구역 및 인구현황」(2014).

〈표 Ⅲ-3-2〉 전국 행정구역 현황(2014년 1월 1일 현재)

구분	면적(km²)			인구		
	평균	최고	최하	평균	최고	최하
8개 시	733.27	울산: 1,060.46	세종: 464.90	2,917,200	서울: 10,143,645	세종: 122,153
9개 도	10,493.31	경북: 19,028.99	제주: 1,849.29	2,067,853	경기: 12,234,630	제주: 593,806
17개 시·도	5,900.35	경북: 19,028.99	세종: 464.90	2,996,957	경기: 12,234,630	세종: 122,153

자료: 안전행정부, 「행정구역 및 인구현황」(2014).

〈표 Ⅲ-3-3〉 시 구역의 면적과 인구(2014년 1월 1일 현재)

구분	시수	면적(km^2)			인구(명)		
		평균	최고	최하	평균	최고	최하
전국	77	529	안동: 1,521.90	구리: 33.31	310,378	수원: 1,148,157	계룡: 40,957
경기	28	278	포천: 826.73	구리: 33.31	429,442	수원: 1,148,157	과천: 70,578
강원	7	686	삼척: 1,186.64	속초: 105.63	159,452	원주: 324,837	태백: 48,794
충북	3	674	충주: 983.67	청주: 153.45	339,408	청주: 672,904	제천: 137,204
충남	8	583	공주: 864.27	계룡: 60.71	198,965	천안: 591,089	계룡: 40,957
전북	6	516	남원: 752.23	전주: 205.62	255,158	전주: 650,082	남원: 86,460
전남	5	506	순천: 907.44	목포: 50.6	209,469	여수: 291,366	나주: 87,754
경북	10	977	안동: 1,521.90	경산: 411.78	214,712	포항: 519,467	문경: 75,664
경남	8	531	밀양: 798.59	통영: 239.22	353,676	창원: 1,083,731	밀양: 108,342
제주	2	925	제주: 978.33	서귀포: 870.96	296,903	제주: 438,165	서귀포: 155,641

자료: 안전행정부, 「행정구역 및 인구현황」(2014).

2. 自治區域의 問題點[15)]

(1) 社會·經濟的 變化와의 乖離

현행 자치구역이 가지는 가장 근본적인 문제점은 역시 그동안 급속히 진행되었던 사회·경제적 변화가 제대로 반영되지 않고 있는 점이라 하겠다. 지난 수십년간 우리 사회는 여러 가지 면에서 큰 변화를 경험하였다. 산업화와 도시화로 인해 인구의 도시집중화 현상이 가속화 되어가고 교통과 통신의 발달로 거리와 공간 개념도 크게 달라졌다.

이와 같이 자치구역 또는 행정구역이 이러한 변화들을 제때 반영하지 못하고 있는 가운데 다음과 같은 문제점이 나타나고 있다.

첫째, 생활권과 행정권의 괴리현상이 생긴다. 교통의 발달로 생활권과 경제권이 하나의 자치단체를 넘어 확장될 뿐만 아니라 지역개발 등으로 단일 자치단체의 경계가 되고 있는 하천과 같은 것이 오히려 새로운 생활권의 중심이 되기도 한다.

둘째, 도시화와 산업화로 인해 광역행정수요가 급증하고 있지만 기존의 정태적인 행정구역 또는 자치구역으로서는 이에 부응하지 못하고 있다.

셋째, 도시화와 산업화는 또한 도시지역과 농촌지역의 경제력 격차를 심

15) 李圭煥, 전게서, pp. 327~330; 金秉準, 「韓國地方自治論」(서울: 法文社, 1998), pp. 62~64.

화시켜 농촌자치단체와 도시자치단체간의 심각한 재정적 불균형을 초래하고 있다.

(2) 自治團體間의 不均衡

자치단체간 인구와 재정력의 격차가 너무 크다는 점이다. 인구와 산업이 유입되는 도시 및 그 주변의 자치단체와 인구가 유출되고 있는 농촌지역 자치단체간의 불균형이 심화되어 개발능력상의 차이를 심화시킴으로써 형평성의 문제를 야기할 뿐만 아니라 행정효율까지 떨어뜨리고 있다. 즉, 농촌지역 자치단체는 인적·물적 자원이 부족해 주민의 개발욕구에 부응하지 못하는 문제가 발생하고, 대도시 지역 자치단체는 그 거대성으로 인해 근접성(accessibility)과 대응성(responsiveness) 및 행정적 효율성을 상실하게 된다는 것이다.

(3) 「오버 바운디드 시티」(over-bounded city)현상

지방자치단체의 관할구역이 합리적 기준을 결한 채 확정되고 있어 많은 지방도시의 경우 「오버 바운디드 시티」현상을 나타내고 있다. 지금까지의 관례로 보면 도시적 형태를 갖춘 인구 2만 이상의 면은 그 구역전체가 읍으로 승격되고, 그 읍이 인구 5만 이상으로 증가하면 시로 승격되어 왔다. 그러므로 시의 행정구역은 시가화된 중심부지역 만이 아니라 주변의 농촌지역까지도 포함하고 있어 행정기능의 2원성을 면치 못하고 있다. 따라서 도시행정의 전문화를 확보하지 못하며, 또한 잔여군부(rump county)의 문제도 야기시키고 있다.

(4) 區域의 不適時性

교통·통신의 발달과 경제거래권의 확대 및 그동안 많은 대규모 건설공사는 주민생활권의 다원화의 광역화를 초래하였다. 그 결과 종래의 행정구역과 상치하는 생활권이 나타나고 있다. 이처럼 행정구역이 주민의 생활권과 일치하지 않는 곳이 많아 주민의 일상생활에 불편을 주고 있다.

교통·통신과 같은 사회간접시설의 확충에 따라 시장권과 취업권 및 문화·교육권 등이 기존의 행정구역과 상이한 곳이 발생함에 따라 주민의 공간적 활동영역권이 다원화되고, 이로 인한 시간적·경제적 손실은 물론 행

정상의 애로를 초래하는 경우가 많아지고 있다.

(5) 區域의 廣域性과 區域規模의 不均衡

우리나라의 기초자치단체인 시·군은 그 구역이 너무 광역화되어 있어 주민통제와 주민참여에 어려움이 있다. 지방자치는 원래 주민들의 혈연적·지연적 공동체의식에 입각하여 그들의 공동관심사를 자율적으로 처리해 나가는 것을 의미하기 때문에 될 수 있는 한 소규모적인 것이 바람직하다.

자치단체 행정구역의 규모불균형은 더욱 심각한 문제라 하겠다. 광역시간에도 울산(1,058.2㎢)과 광주(501.3㎢)가 심한 불균형을 나타내지만 일반시의 경우 안동시(1,521.2㎢)와 구리시(33.3㎢)는 45배 이상의 차이를 보여주고 있다. 자치단체간의 이러한 불균형은 지역발전의 불균형을 초래하여 국토의 균형발전을 저해할 뿐만 아니라 주민들간의 지역감정을 더욱 악화시킬 우려가 있다. 따라서 자치단체의 능력의 균형화를 위해서도 자치구역을 개편하여야 한다.[16]

제 3 절 階層構造와 自治區域의 發展方向

Ⅰ. 改編의 必要性

서울특별시와 광역시는 종전의 경우 단층제이던 것이 현행 법령상으로는 기타 지역에서와 같이 2층제를 채택하고 있다. 그러나 실제로는 대도시에는 3층제(시-자치구-동), 기타 지역에도 3층제(도-시-동 또는 도-군-읍·면)내지 4층제(도-시-구-동: 부천시, 수원시 등)로 되어 있다. 이처럼 경유기관이 많아 중앙정부와 주민간의 의사소통이 신속하지 못하며 그 내용이 왜곡되기 쉽다. 또한 행정계층간에 권한과 책임이 불명확하여 하급기관에 대한 지시와 감독이 중첩되는 등 많은 문제점이 제기되고 있다.

16) 李圭煥, "市·郡의 都·農 統合的 行政區域 改編方案,"「國會報」 제333호(國會事務所, 1994. 7), pp. 117~123 참조.

구역개편의 필요성을 지적해보면 다음과 같다.[17)]

① 산업화·도시화에 따르는 사회경제적 여건의 변화에 적응하기 위하여 필요하다. 산업화와 도시화는 우리의 생활환경과 구조를 완전히 변화시켰으며, 과학·기술의 발달, 교통·통신의 발달, 간척사업, 댐건설, 공업단지의 건설, 신도시개발, 고속도로의 건설 등 일련의 건설사업은 국토공간의 지리적 조건과 경제권·생활권을 크게 바꾸어 놓았다.

② 공동사회와 공동생활권의 확대라는 상반되는 요구를 적절히 조화시킬 수 있는 규모로 기초자치단체의 구역을 개편할 필요가 있다.

이런 관점에서 보면, 우리나라 기초자치단체인 77개 시의 평균인구 293.3천 명과 평균면적 501.9km^2, 86개 군의 평균인구 55.5천 명과 평균면적 666.4km^{2}로 구역은 너무 넓고 인구는 과다하다고 생각된다.

③ 교통·통신이 별로 발달되지 않았던 시대에는 구역설정기준이 산맥·하천·해안선 등이 많이 이용되었으나 오늘날에는 오히려 개발구역(development area)을 중심으로 설정기준을 정할 필요가 있다.

④ 지방자치단체간에 구역 및 인구규모면에서 격차가 심할 경우에 이를 완화하기 위하여 필요하다. 자치단체간의 구역 및 인구규모의 격차는 재정규모의 격차에도 반영되어 지역개발의 불균형을 낳게 됨으로써 결국 국토개발의 불균형을 심화시키는 요인이 되고 있다.

⑤ 도시행정의 계층구조가 3-4층제로 다층화되어 있을 때에는 주민참여 내지 통제가 제약되고 행정의 지체 및 비능률을 초래하는 등 많은 문제점이 제기되므로 계층의 수를 줄이기 위하여 구역개편이 필요하다.

Ⅱ. 階層構造와 自治區域 定立

현행 계층구조와 행정구역의 문제점을 시정하고 장래 행정수요에 부응하기 위해서는 대폭적인 개편이 바람직하다. 그러나 정치·행정적 및 경제·사회적 혼란이 야기되리라는 우려에서 최소화할 수밖에 없을 것이다. 예컨대, 행정계층구조가 너무 다층화되어 있는 문제점을 시정하기 위해서 읍·면을 폐지한다고 할 때 먼저 도와 시·군의 구역조정이 불가피하며 이

---

17) 鄭世煜, 전게서, pp. 755~757; 李圭煥, "都·農 統合型 區域改編과 階層構造,"「行政區域改編의 方向」(韓國地方自治學會 硏究發表會, 1994. 4), pp. 54~62.

는 많은 시간과 경비가 소요되기 때문에 현실적으로 실현하는데 많은 제약이 따른다.[18)]

지방자치가 실시된 이후 자치단체 상호간의 구역조정이나 계층구조개편이 대단히 어려울 것으로 예상되지만 주민의 편의증진과 지역개발의 투자성 제고 및 자치행정의 효율성 확보라는 관점에서 공동의 이익을 위해 상호협의에 따라 부분적인 구역조정은 계속적으로 이루어지도록 해야 할 것이다.

따라서 원칙적으로 현재의 제도를 그대로 유지하고 지방자치단체의 경우 다음의 사항으로 개편토록 한다.[19)]

대도시의 특수성을 고려한 개발의 촉진과 도시행정의 효율성을 확보하기 위하여 대도시특례화에 있어 특별시 및 광역시의 경우는 현 체제를 그대로 유지하되 광역시승격의 인구기준을 100만 이상으로 법정화하도록 하고, 인구 50만 이상 100만 이하의 대도시는 도의 지시, 감독, 보고 등에서 상당부분을 배제하는 가칭 특정시 또는 지정시 제도를 도입함이 타당할 것으로 생각한다.

또한, 도시를 중심으로 한 교통망의 확장으로 생활권이 팽창되고 있는 현실에서 행정구역을 확대하여 도시생활권과 행정권을 접근시킴이 바람직하다. 그러나 지나친 행정구역의 확장은 주변지역의 저항과 전통성을 해친다는 점을 감안하여 도시권행정체제를 모색함으로써 광역행정문제를 해소토록 한다.

18) 金安濟, "地方自治行・財政制度의 懸案과 發展戰略,"「第2回 國家發展 및 政策 開發을 위한 政・學 세미나 發表論文」(社團法人 世界平和教授 協議會, 1989. 4), pp. 4~5.

19) 李圭煥, "道區域의 合理的 改編方案,"「地方行政研究」 제8권 제2호(韓國地方行政研究院, 1993), pp. 79~84 참조.

제 4 장　都市政府의 機構와 人力

제 1 절　都市政府 機構와 人力의 意義

Ⅰ. 都市政府 機構의 意義

도시정부에 있어서 자치단체장으로서 시·도지사와 시장·군수·구청장은 자치단체의 행정사무를 처리하기 위하여 필요한 행정기구를 설치하는데, 이때 행정기구란 보조기관, 소속행정기관 및 하부행정기관을 망라한다. 여기서 보조기관이란 자치단체의 장에 소속하여 그 직무를 보좌하는 공무원을 의미한다. 소속행정기관은 농촌지도소, 지방공무원교육원, 보건소, 경찰서 및 소방서 등이 있으며, 하부행정기관은 보통시에 있어서 구와 동이 이에 해당된다.

그러나 각 자치단체는 행정기관의 설치운영에 있어 그 합리화를 도모하고 다른 자치단체와의 균형을 유지하여야 한다.[1] 이를 위해서 자치단체의 내부기구를 실제로는 중앙정부에서 엄격하게 규제하고 있는 국가도 있는 것이 사실이다. 이처럼 자치단체의 내부의 기구를 법령이나 중앙정부의 승인으로서 통제하고 있는 경우에는 기구의 팽창을 방지하고 전국적인 균형을 유지한다는 장점도 있다. 그러나 지역적 특수성을 무시한 획일적인 행정기구가 되기 쉽고 자치단체의 조직의 자율성인 자치조직권을 침해한다는 점에서 단점이 되고 있다.[2]

---

1) 地方自治法 제112조 제1항 및 2항 참조.

2) 자치단체의 내부구조를 이와 같이 중앙정부에서 엄격하게 규제하고 있는 나라는 거의 없다. 일본에 있어서는 都道府縣에 대하여는 局(都), 部(道府縣)의 명칭과 分掌事務를 지방자치법에 예시하고 都道府縣의 조례로서 局·部의 數를 증감할 수 있게 하는 동시에 局·部 이하의 조직은

Ⅱ. 地方公務員制度의 意義

지방자치단체의 행정을 담당하는 인력을 지방공무원이라고 간단히 정의할 수 있으나, 나라마다 지방행정의 범위와 수행방법이 다르기 때문에 그의 구체적인 내용은 상이하다. 이러한 지방공무원에 대한 정의는 국가공무원과의 비교를 통해서 명확하게 할 수 있다.[3)]

임명주체·사무귀속 뿐만 아니라 보수분담주체를 기준으로 하여 국가공무원과 지방공무원을 구별하는 견해이다. 즉, 국가에 의해서 임명되고, 국가사무를 집행하며, 국가가 보수를 지급하는 공무원은 국가공무원이라고 한다면, 행정자치부나 자치단체가 임명권을 가지고, 지방사무를 집행하며, 지방재정에서 그 보수가 지급되는 공무원은 지방공무원이다. 이 견해가 지방공무원과 국가공무원을 구별하는 종합적인 기준을 제공하고있기 때문에 타당하다 하겠다.

이상과 같은 의미를 갖는 지방공무원은 국가공무원과 마찬가지로 그 종류는 크게 경력직 공무원과 특수경력직 공무원으로 구분된다.[4)]

1. 經歷職 公務員

실적과 자격에 의하여 임명되고 특별한 사유가 없는 한 정년까지 그 신분이 보장받는 공무원으로서 이에는 다음과 같은 공무원이 포함된다.

① 일반직 공무원: 기술·연구 또는 행정일반에 대한 업무를 담당하는 공무원.

② 특정직 공무원: 지방소방공무원과 기타 특수분야의 업무를 담당하는 공무원으로서 법률에 의하여 특정직 공무원으로 지정된 공무원.

③ 기능직 공무원: 기능적인 업무를 담당하는 공무원, 이들은 다시 그 담당하는 기능에 따라 여러 가지로 구분된다.

전적으로 知事의 權限에 위임하고 있고, 市町村의 部·課租織은 전적으로 市町村의 조례에 맡기고 있다. 李圭煥, 「都市行政論」(서울: 녹원출판사, 1995), p. 413; 정재길 역, 「일본의 지방자치법」(서울: 교학사, 1992), p. 98; 조창현, 「한국지방자치단체의 자주조직권에 관한 연구」(명지대학교 대학원 박사학위 논문, 1998), pp. 44~45.

3) 李圭煥, 「韓國地方行政學」(서울: 法文社, 2011), pp. 355~356.

4) 崔昌浩, 전게서, p. 516.

2. 特殊經歷職 公務員

경력직 이외의 공무원으로서, 이에는 다음과 같은 공무원이 포함된다.

① 정무직 공무원: ㉠ 선거에 의하여 취임하거나, 임명에 있어서 지방의회의 동의를 요하는 공무원, ㉡ 기타 법률 또는 조례에 의하여 정무직으로 지정된 공무원.

② 별정직 공무원: ㉠ 비서관, 비서, ㉡ 기타 법령에 의하여 별정직으로 지정된 공무원.

③ 전문직 공무원: 지방자치단체와의 채용계약에 의하여 일정한 기간동안 연구 또는 기술업무에 종사하는 과학자, 기술자 및 특수분야의 전문가.

④ 고용직 공무원: 단순한 노무에 종사하는 공무원.

제2절 都市政府機構와 人力의 現況과 問題點

Ⅰ. 都市政府의 機構實態

1. 市長의 補助機關

(1) 서울特別市

서울특별시의 행정기구체계는 시장-부시장-실·국-담당관·과-계로 되어있다. 서울특별시장의 일반행정사무에 대한 보조기관은 「서울특별시 행정특례에 관한 법률」에 규정하고 있으며, 하부조직의 설치와 사무분장은 대통령령으로 정하는 범위안에서 조례로 정한다.[5] 서울특별시의 보조기관 가운데 부시장의 정수는 3인을 초과하지 않는 범위내에서 대통령령이 정하고 정무직 또는 일반직 국가공무원으로 보하되, 부시장을 2인 이상 두는 경우 1인은 대통령령이 정하는바 정무직 또는 별정직 지방공무원으로 한다. 그 임명은 서울특별시장의 제청으로 행정자치부장관을 거쳐 대통령이 한다. 부시장은 서울특별시장의 사고가 있을 때에 그 직무를 대리한다.[6]

5) 地方自治法 제112조 제2항 참조.

이외에 보조기관의 직급은 기획관리실장이 1급(관리관), 국장은 2급(이사관) 또는 3급(부이사관), 과장은 4급(서기관)의 일반직 국가공무원 또는 지방공무원으로 보하되 점차 중간관리층을 중심으로 지방공무원으로 전환되어 가는 추세이다. 또한, 서울특별시 관할지역안의 건설사업의 효율적 추진을 위하여 서울특별시장 소속하에 건설안전관리본부를 두고 본부장은 2급의 일반직 지방공무원으로 보한다. 그리고 지하철 건설사업시행을 위하여 지하철 건설본부를 두고 본부장은 1급의 일반직 지방공무원으로 보한다. 건설안전관리본부와 지하철 건설본부의 설치와 그 하부조직의 관하여는 서울특별시 조례로 정한다. 서울특별시의 지방공무원의 정원은 대통령령이 정하는 기준에 따라 서울특별시 조례로 정하도록 하고 있다.[7)]

(2) 廣域市

광역시의 보조기관 가운데 부시장의 정수는 2인을 초과하지 아니하는 범위안에서 대통령령으로 정하고, 부시장은 정무직 또는 일반직 국가공무원으로 보하며 그 직급은 대통령령으로 한다. 다만 부시장을 2인 이상 두는 경우에 1인은 대통령령이 정하는 바에 의하여 정무직 또는 별정직 지방공무원으로 보하되, 그 자격기준은 당해 지방자치단체의 조례로 정한다.

정무직 또는 일반직 국가공무원으로 보하는 부시장은 시장의 제청으로 행정자치부장관을 거쳐 대통령이 임명한다. 이 경우 제청된 자에게 법적 결격사유가 없는 한 30일 이내에 그 임명절차를 완료하여야 한다.

광역시의 부시장 이하 보조기관은 대통령령으로 정하는 범위안에서 당해 지방자치단체의 조례로 정한다. 그리하여 도와 광역시의 행정기구에 관한 규정에서 부시장·부지사 밑에 실·국·과 및 소방본부를 두도록 하고 실·국 및 소방본부의 설치와 사무분장을 정하고 있다.

(3) 一般市

시의 보조기관 가운데 부시장의 정수는 1인이며, 일반직 지방공무원으로 보하되 그 직급은 대통령령으로 정하며 당해 시장이 임명한다. 부시장은 당해 자치단체의 장을 보좌하여 사무를 총괄하고 소속직원을 지휘·감독하며,

---

6) 地方自治法 제111조 제3항 참조.

7) 地方自治法 제113조 참조.

자치단체의 장이 사고가 있을 때 당해 부시장은 그 직무를 대리한다.

시·군의 일반행정담당 보조기관으로는 인구규모가 큰 시의 경우 일반적으로 부시장-실·국-담당·과-계로 되어 있고, 인구규모가 작은 시나 군의 경우는 일반적으로 부시장·부군수-실·과-계로 구성되어 있으며, 시·군의 행정기구는 대통령이 정하는 기준에 따라 도지사의 승인을 얻어 당해 자치단체의 조례로 정한다.

시의 조직편제는 75개 시 가운데 인구 15만 이상의 시인 66개 시가 局制를 실시하고 있고, 나머지 8개 시는 課制로 되어 있으나 이것 역시 인구 50만 이상의 시와 인구 15~50만의 시 그리고 15만 이하의 시 등 크게 세 가지 형태로 구분되고 있다.

(4) 自治區

지난 1988년 지방자치법 개정으로 기존의 행정구가 법인격이 부여된 자치구가 되면서 일반시·군과 같은 기초자치단체로서 보조기관의 내용은 시·군과 유사하다 하겠다. 즉, 자치구의 보조기관 가운데 부구청장은 부시장, 부군수와 마찬가지로 일반직 지방공무원으로 보하되 그 직급은 대통령령으로 정하며 당해 구청장이 임명한다.

부구청장은 구청장을 보좌하여 사무를 총괄하고 소속직원을 지휘·감독하며, 자치단체의 장이 사고가 있는 때에는 당해 자치구의 부구청장이 그 직무를 대리한다.

자치구의 일반행정담당 보조기관으로는 부구청장-실·국-과장이 있다.

참고로 인구 50만이 넘는 대구광역시의 달서구의 행정기구를 보면 4실·

〈표 Ⅲ-4-1〉 자치구의 행정기구 비교

(2014. 1. 1 현재)

구분	인구 50만 이상		30~50만		15~30만		15만 이하	
	서울시 (관악구)	광역시 (대구달서구)	서울시 (동작구)	광역시 (광주서구)	서울시 (도봉구)	광역시 (대전동구)	서울시 (중구)	광역시 (인천중구)
실·국본부	5	4	5	3	5	3	5	3
과·담당관	31	23	29	21	29	20	30	21
담당	135	100	129	83	118	81	135	82

국본부와 23과·담당관과 135담당으로 구성되어 있다. 그리고 인구 30~50만이 되는 광주광역시의 서구를 보면 3실·국본부와 21과·담당관과 83담당으로 구성되었다. 인구 30만 이하인 대전광역시의 동구를 보면 3실·국본부와 20과·담당관과 81담당으로 구성되어 있다. 현재 자치구의 행정기구를 인구규모별로 예시해보면 〈표 Ⅲ-4-1〉과 같다.

2. 市長의 所屬行政機關

보조기관 이외에 지방자치단체는 전문직 또는 특수직 사무를 처리하는 소속행정기관으로, 소방기관·교육훈련기관·보건진료기관·시험연구기관 및 중소기업지도기관, 사업소, 출장소 등을 설치할 수 있다. 이러한 소속행정기관의 설치는 필요한 때에는 대통령령 또는 대통령령이 정하는 바에 의하여 당해 지방자치단체의 조례로서 설치할 수 있다.[8)]

3. 市長의 下部行政機關

지방자치단체장의 하부행정기관으로 인구 50만 이상 시에 구(성남, 부천, 수원, 고양, 안양, 전주, 청주, 안산, 포항)와 동, 그리고 50만 이하의 보통시와 자치구에는 동을 둔다. 이들 하부행정기관의 장인 비자치구의 구청장과 동장은 시장·자치구청장의 지휘·감독을 받아 소관국가사무 및 지방자치단체의 사무를 맡아 처리한다. 자치구가 아닌 구의 구청장은 일반직 공무원으로 보하되 시장이 임명하며, 동장은 일반직 공무원으로 보하되 시장 또는 자치구의 구청장이 임명한다.

또한 자치구가 아닌 구와 동에 소관행정사무를 분장하기 위하여 필요한 행정기구를 두되, 그 설치에 관하여는 시·도지사의 승인을 얻어 당해 자치단체의 규칙으로 정한다.[9)] 현재 비자치구의 시의 구청장은 4급인 일반직 공무원이며, 동장은 5급의 일반직 지방공무원으로 보하게 되어있다.

Ⅱ. 都市政府의 人力實態

지방청, 즉 도·시·군·읍·면·동에 근무하는 공무원의 전국 시·도별

8) 地方自治法 제113조 그리고 제114, 제115조 참조.
9) 地方自治法 제117조, 제118조, 제119조 및 제120조 참조.

및 기관별 정원은 〈표 Ⅲ-4-2〉에 있는 바와 같다. 전국의 총 지방청 공무원 정원은 2014년 1월 1일 현재 292,482명으로 나타나고 있다. 정원으로 볼 때, 시·군 및 구가 전체의 52.8%로 가장 많고, 시·도 공무원수가 28.9%로 다음이며, 읍·면·동이 16.3%로 가장 적은 편이다.

한편, 지방청에 근무하는 공무원 가운데 국가직이 0.02%인 82명이고, 지방직은 99.98%인 292,482명으로 구성되어있다. 직종별로는 일반직이 69.3%를 차지하며, 기타 정무, 별정, 소방, 기능, 고용, 연구, 지도, 교원직이 31.7%로 구성되어있다. 또한 일반직을 직렬별로 그 정원별 구성비를 보면, 50.3%가 행정직이고, 복수직이 19.2%로 그 다음이며, 시설직이 14.2%, 보건위생직

〈표 Ⅲ-4-2〉 지방청 공무원의 정원

(2014. 1. 1 현재)

구 분	합계	시·도	군	자치구	시	일반구	읍	면	동
합 계	292,482	84,763	48,167	48,542	56,138	7,017	5,439	17,471	24,945
서 울	47,521	16,650	0	24,320	0	0	0	0	6,551
부 산	16,629	6,627	527	7,308	0	0	37	41	2,089
대 구	13,054	5,135	724	5,652	0	0	86	87	1,370
인 천	13,054	6,246	1,194	4,081	0	0	25	197	1,311
광 주	6,858	3,120	0	2,825	0	0	0	0	913
대 전	6,934	3,255	0	2,814	0	0	0	0	865
울 산	5,504	2,507	794	1,542	0	0	98	118	445
경 기	45,209	9,290	1,909	0	23,069	4,228	826	1,541	4,346
강 원	16,516	4,126	5,823	0	3,886	0	520	1,377	784
충 북	12,119	3,034	4,250	0	2,099	439	378	1,326	593
충 남	16,303	3,793	4,571	0	4,388	369	576	2,012	594
전 북	16,175	3,716	4,746	0	4,011	532	285	1,920	965
전 남	24,602	3,953	10,291	0	5,899	0	804	2,963	692
경 북	24,477	4,998	7,197	0	6,565	312	980	3,193	1,232
경 남	22,479	4,218	6,141	0	6,221	1,137	505	2,546	1,711
제 주	5,048	4,095	0	0	0	0	319	150	484

자료: KOSIS 국가통계포털(2014). ※ 국가직 공무원 82명 포함.

〈표 Ⅲ-4-3〉 지방청 공무원 총괄

(2014 1. 1 현재)

• 직종별

계(명)	일반	정무	고위공무원	별정	소방	자치경찰	기능	고용	연구	지도	교원
292,482	202,710	250	41	2,114	38,391	127	39,722	-	3,343	4,487	1,297

• 직급별(일반직)

계(명)	행정	광공업	농림수산	보건위생	환경	교통	시설	통신	복수직
202,710	101,963	6,081	7,297	13,176	3,741	1,058	28,785	1,689	38,920

6.5%, 농림수산직 3.6%, 광공업직 3.0%, 환경직 1.8% 등의 순으로 구성되어 있다(<표 Ⅲ-4-3> 참조).

Ⅲ. 都市政府의 機構와 公務員制度의 問題點

도시정부의 기구와 공무원제도의 문제점을 지방자치단체를 중심으로 지적해보면 다음과 같다.[10]

첫째, 기구의 편제와 인력의 배치에 있어 하위계층이 너무 빈약하여 국가 또는 상급기관으로부터 과도하게 위임해오는 업무를 효율적으로 처리하기 어려운 실정이다. 하위계층으로 내려갈수록 기구가 줄어들어 시민과 가장 밀접한 관계를 맺고있는 동의 경우에는 평균 21명의 직원이 중앙-시・도-시・구-동의 단계를 거쳐 하향적 업무수령과 상향적 업무보고라는 막대한 업무량을 담당해야 할 입장에 있다.

둘째, 도시행정의 기능은 종래의 권력행정기능과 관리행정중심에서 개발행정기능으로 그 중점이 변환되었는데도 불구하고 행정기구는 아직도 내무행정위주로 편성되어있다.

특히 도시 및 지역개발을 종합적・체계적으로 다룰 수 있는 기구가 미비하고 주택개량, 도시계획, 교통기획, 관광개발, 지역경제활성화 등에 관한 행정기능과 사무가 중복되거나 책임소재가 불명확한 경우가 많다.

셋째, 행정수요와 행정기구가 균형을 이루지 못하고 있다.

10) 李圭煥, 전게서, pp.367~369.

도시적 산업인 상공업진흥을 위한 지원행정의 강화, 자연보존활동의 강조, 민간부문활동과 인구이동의 증대로 인한 주민과 도시정부간의 접촉증가 등으로 지방자치단체의 행정수요는 질적으로 다양하고 복잡해졌으며, 양적으로 비대해졌으나, 공급적 측면에서의 기구와 인력은 이에 부응하지 못하고 있다.

넷째, 인력의 지역간·조직간의 불균형적 배치로 인하여 행정계층상의 비능률을 가져오고 있다. 경기도내 지방자치단체의 인력 및 시세를 보면 정원 1인당 시민의 수에 있어서 광명시의 394인에서 동두천시 155인으로 약 2.5배의 차이를 나타내고 있다. 이는 전국적 차원에서 비교해 볼 때 더욱 격심한 차이를 보일 것이다.[11] 공무원 1인당의 업무량을 유사한 성질의 경우 동일해야 한다는 원칙에서 본다면 지역간, 조직간의 인력배치는 재조정되어야 할 것이다.[12]

다섯째, 지방공무원은 국가공무원에 비해 사회적 지위의 상대적 저하, 인사상의 차별, 보수의 미약, 업무의 과중, 책임과 의무의 강요, 장래에 대한 기대감의 약화 등은 지방공무원의 이직을 촉구하고 이에 따라 공무원의 능력과 자질향상에 걸림돌이 되고 있다.

여섯째, 행정의 다양화 및 전문화현상으로 인하여 전문인력의 필요성이 증대되고 있으나 전문인력의 확보는 미흡한 수준에 머물러 있다. 특히, 도시개발 관련부서의 행정업무를 대부분 행정직이 담당하고 있으며, 그 나머지는 기술직인 토목, 건축, 농림직이 담당하고 있다.

---

11) 행정안전부 지방행정종합정보시스템, 「공무원 1인당 담당주민수」(2010).

12) 한원택, 「도시행정론」(서울: 법문사, 1998), pp.537~538.

제 3 절 都市政府의 機構와 人力의 發展方向

Ⅰ. 改編의 必要性

지방자치단체의 행정기구와 공무원제도는 도시행정체제의 핵심을 이루는바 이들의 개편 필요성은 여러 가지로 지적할 수 있겠으나 본절에서는 다음과 같이 크게 두 가지로 지적하고자 한다.[13]

1. 장래의 行政環境的 與件에 부응하는 行政機構와 公務員

도시정부의 발전지향적인 행정체제, 그 중에서도 행정기구와 공무원은 향후의 행정환경적 변화에 적절히 대응하고 올바르게 수용할 수 있을 뿐만 아니라, 나아가 이들 변화를 보다 건전한 방향으로 유도해갈 수 있는 기구의 편제와 인력의 배치가 되어야 하는 것이다.

2. 住民의 福祉와 地域開發을 촉진하는 行政機構와 公務員

둘째의 필요성은 지방주민의 복지와 지방지역단위의 개발을 보다 더 촉진할 수 있는 행정체제로 개편되어야 한다는 것이다. 행정기구를 개편하는 궁극적 목표가 주민복지의 증진과 지방발전에 있는 만큼 이들 목표의 구현을 가능케 하는 방향으로의 제도개편이 있어야 할 것이다.

Ⅱ. 機構와 人力의 發展方向

1. 都市政府의 組織·機構

도시정부에 부여된 자치기능과 사무를 올바르게 수행하고 지역적 특성을 제대로 살릴 수 있는 내용의 체제로 조직·기구를 발전시켜 여건변화를

13) 李圭煥, 전게서, pp. 369~373; 李圭煥, "自治基盤擴充을 위한 地方行政發展方案," 「首都圈對策과 地域均衡發展을 위한 政策討論會 發表論文」(國土開發研究院, 國務總理室 地域均衡發展企劃團 共同, 1989. 5. 20~30), p. 166.

능동적으로 수용하고 대처할 수 있는 체제로 발전되어야한다. 이를 위해서는 먼저 자치기반구축을 위하여 주민복지와 지역경제 및 지방발전을 보다 효과적으로 추진할 수 있도록 도시정부의 조직·기구가 정비되어야 한다. 따라서 토지와 주택, 상하수도 및 청소 등의 주거환경, 도로, 교통, 주민건강과 사회복지, 지방산업개발, 자원의 개발과 보전 등에 역점을 두는 기구가 되어야 할 것이다.

다음은 지방자치단체와 같은 대상의 업무를 관장하는 중앙정부의 지방특별관서가 많아서 행정의 중복과 혼란을 초래하는 경우가 많다.

지방자치제가 실시되고 있는 현실에서 지방자치기반확충을 위해서는 지방특별관서 가운데 지방국토관리청을 흡수하여 현 건설국을 지역개발국과 상·하수도국 및 도로국으로 분리하며, 보훈지청을 흡수하여 보건사회국을 보건국과 사회복지국으로 분리하고, 지방병무청과 지방노동청을 흡수하여 병무국과 노동국을 신설하는 등 지방특별행정기관의 기능조정과 더불어 도시행정기구의 정비가 이루어져야 할 것이다.

2. 都市政府의 人力

장래 도시정부의 인력관리는 자치적 성격을 살리면서 행정의 안정과 능률을 확보해야한다는 원칙에 따라 이루어져야 하며, 아울러 자치단체간 어느 정도의 균형화도 고려해야 할 것이다.

인사의 권한과 책임은 자치단체장이 보유하도록 함을 대원칙으로 하고, 지방공무원의 전문성 확보와 신분상 안전보장 및 인사질서의 확립이란 필요성을 충족할 수 있는 장치를 제도적으로 정립해 나가도록 함이 바람직하다.

① 국가사무의 지방위임 내지 지방자치사무화에 따라 중앙인력을 단계적으로 도시정부에 재배치한다.

② 광역자치단체보다는 대민 접촉이 많은 기초자치단체에 공무원수의 상대적 비중을 점차 높여나간다.

③ 지방계층의 상위기관은 직종을 세분화하여 전문화시키고, 하위기관은 대분류하여 지나친 전문화를 지양한다.

④ 지역간 및 부서간의 인력조정을 업무량을 기준으로 하여 재조정해 나간다.[14)]

---

14) 황성돈, "신인사행정의 기본원칙과방향," 「2000년대를 대비한 정부조직의 혁신방안」(한국행

⑤ 인사의 권한과 책임은 자치단체의 장에게 점차 위임시켜 나간다.

⑥ 지방자치단체로부터 기술직·연구직 국가공무원의 행정지원요청이 있는 경우 국가차원의 전문인력의 파견제도를 구축한다.

정학회, 하계학술대회 발표논문집, 1997), p. 66.

제 5 장 都市政府의 財政

제 1 절 都市財政制度와 豫算

Ⅰ. 都市財政의 本質

도시재정(urban finance)이란 도시정부의 경제활동을 말한다. 도시자치단체가 그의 목적달성에 필요한 제기능을 수행하기 위해 재원을 조달하고 지출하며 관리하는 체계적이고 계속적인 경제활동의 총체가 도시재정인 것이다. 공공경제로서의 도시재정은 도시의 기업과 가계로 구성되는 민간경제와 더불어 도시경제를 구성하게 된다. 이와 같이 도시재정은 도시자치단체의 활동이나 기능과 밀접한 관계를 갖고 있기 때문에 도시재정이나 예산은 자치단체 활동의 계수적인 표현이라고 볼 수 있다.[1)]

도시재정은 지방재정의 한 부분이다. 그것은 도시가 대부분의 국가에 있어 하나의 지방자치단체이기 때문이다. 많은 나라에서 볼 수 있는 도시정부(municipality)가 그것이다. 우리나라도 현재 서울특별시, 6개의 광역시, 75개의 일반시, 69개의 자치구는 모두 도시자치단체로서 재정의 자주권을 가진 독립된 도시정부이다.

도시재정의 특징은 공공경제로서의 재정이 갖는 민간경제에 대한 특징과 지방재정으로서의 국가재정에 대해 나타나는 특징 그리고 지방재정 안에서 농촌지역의 지방재정과 비교한 특징 등으로 구분해서 살펴볼 수 있다.

---

1) 李圭煥, 「韓國地方行政學」(서울: 法文社, 2011), p. 415.

(1) 民間經濟에 대한 特徵

공공경제로서의 재정은 민간경제에 비해 공공성과 강제성 및 계획성이 보다 강하다는 특징을 지니고 있다.[2)]

재정의 공공성이란 공공욕구를 충족시키기 위하여 공공재(public goods)를 생산·제공하는 활동에 소요되는 재원을 확보하고 소비하는 일체의 행위가 이루어짐을 뜻한다.

재정의 강제성은 정부의 수입이 강제적으로 징수되는 조세 등에 기초하고 있으며 일체의 지출이 법규에 따라 이루어짐을 의미한다.

재정의 계획성은 재정이 반드시 예산의 수립을 전제로 하며, 재정의 운영은 수립된 예산을 통하여 계획적으로 그리고 질서있게 행하여진다는 성격을 뜻한다.

(2) 國家財政에 대한 特徵

도시재정과 국가재정과의 대비에서 나타나는 특징으로는 도시정부간의 다양성과 국가에 의한 제약성을 들 수 있다.

국가재정은 국가라는 하나의 주체로 되어 있으나 도시재정은 서로 독립된 지방자치단체라는 여러 개의 주체에 의해 개별적으로 관장되고 있다.

지방자치단체는 상호독립해서 운영되고 있으므로 서로간에 수지의 융통이 이루어지지 않는다. 즉, 어떤 단체의 재정이 흑자일지라도 그 잉여금을 다른 적자단체에 융통해서 그 적자를 보전할 수 없는 것이다.[3)]

도시재정은 몇 가지 현상적인 특징을 갖고 있다.[4)] 하나는 재정의 수요와 수준이 계속적으로 증가해 간다는 것이다. 이것은 도시정부의 복지행정기능이 양과 질에 있어 높아지고, 지역주민의 욕구가 점차 커져가고 있는데 연유하고 있다. 또 하나의 특징은 도시재정이 정부간 관계의 중요한 「이슈」(issue)라는 것이다. 즉, 도시정부에 할당되는 재원의 크기는 중앙정부가 도시정부에 부여한 책임의 크기와 연관되어져 있다는 것이다.

2) 상게서, pp.416~420.

3) 李相熙, 「都市財政論」(서울: 啓明社, 1992), p. 25.

4) Anmarie H. Walsh, *The Urban Challenge to Government: An International Comparison of Thirteen Cities*(New York: A Praeger Publishers, 1969), pp. 123~124.

(3) 農村財政에 대한 特徵

농촌재정에 대한 도시재정, 즉 군재정과 대비한 시재정의 특징은 농촌과 도시라는 지역적 상이에서 연유되는 현상이다.

첫째, 재정의 규모가 크고 신장률이 높다. 농촌보다는 도시의 경제규모가 크고 산업시설이 많으며 유통거래가 활발하여 재원이 더 풍부하고 그의 성장속도도 더 빠른 것이 일반적 경향이다.

둘째, 재정구조가 복잡하고 변화가 신속하다. 도시는 농촌보다 경제사회적 구조가 더욱 복잡하고 그 변화도 신속하므로 이와 직접적인 관계를 가진 도시재정도 내용이나 변화에 있어 농촌재정보다 더 복잡하고 다양하며 신속하다.

셋째, 재원의 부족을 더 크게 느끼고 있다는 사실이다. 도시는 인구의 급격한 증가로 투자수요가 재원의 규모를 능가함으로써 재정의 부족현상이 심하게 나타나는 것이 일반적 현상이다.

도시재정은 그 역할과 기능에 있어서 많은 변화를 겪고 있는데 종전에는 사무처리의 경비로만 사용되었으나, 이제는 소득의 재분배를 통한 배분적 정의의 실현, 시장실패를 시정하기 위한 자원의 최적배분, 경제의 성장 및 안정 등의 수단으로 사용되고 있다.[5]

(가) 資源配分의 機能

재정의 자원배분 기능이란 재정을 통해 시장실패를 교정하고 사회적 최적생산과 소비수준이 이루어지도록 하는 것을 말한다. 특히, 공공재는 외부효과가 크고 소비의 비경합성과 비배제성이라는 특성을 갖고 있기 때문에 정부가 재정을 통해 공급하지 않으면 안된다. 국방, 치안, 사회간접자본시설과 같은 공공재 뿐만 아니라 교육, 주택 등의 준공공재까지도 정부재정을 통해 공급하게 된다.[6]

(나) 所得再分配의 機能

재정에 의한 소득재분배는 세입면에서는 조세제도에 의하며, 세출면에서는 이전적 지출과 저소득층에 대한 사회복지지출을 통하여 이루어진다. 세입면에서는 누진세(progressive tax)제도를 도입하고 세출면에서는 생활보호

5) R. A. Musgrave, *The Theory of Public Finance*(New York: McGraw-Hill, 1959), chap. Ⅰ.

6) 심정근 外, 「地方財政學」(서울: 博英社, 1997), pp. 47~48.

대상자・실업자 등에 대해 이전지출(transfer)을 단행하고 있다.

(다) 經濟安定化의 機能

자치단체는 재정정책을 통해서 경기의 자동조정기능이다. 이것은 호황기에는 세수입이 자연증가하여 세로 흡수된 양만큼 수요가 감소하기 때문에 경기과열을 억제하게 되며, 반면에 불황기엔 세수가 자연적으로 감소되므로 구매력의 저하를 방지하는 것이다.

Ⅱ. 都市財政의 歲入・歲出構造

1. 都市財政의 歲入構造

도시정부의 세입원은 크게 두 가지로 나눌 수 있는 데, 그 하나는 일반세입(general revenue)이고, 또 하나는 공익세입(utility revenue)이다. 일반세입은 공경제적 세입, 즉 파생적 수입인데 대하여 공익세입은 사경제적 수입, 즉 본원적 수입의 성격을 갖는다.[7)]

일반적으로 정부예산은 국민의 조세부담과 직접적인 관련이 있는 일반회계, 기업활동의 성격을 띤 공기업특별회계 및 그 밖의 특별한 정부기능수행을 목적으로 구분계리되고 있는 기타 특별회계 그리고 지방자치단체의 교육비특별회계 등으로 대분류하는데, 이들 회계가 정부의 모든 재정활동을 포괄하는 것으로 볼 수는 없다. 왜냐하면 재정활동에 속하는 활동들이 부분적으로 예산외로 처리되고 있기 때문인데 기금활동이 그 예라고 할 수 있다.

도시자치단체의 활동은 크게 '일반행정 및 재정활동'과 '특정사업활동'으로 구분할 수 있는데, 전자의 경우는 강제적으로 부과・징수되는 조세에 의하여 그 비용이 조달되는 것을 원칙으로 하고, 후자는 세금이 아닌 다른 특정한 세입으로 그 경비를 충당하는 것이 관례이다. 그러므로 도시자치단체는 행정기관으로서의 기능을 수행함에 있어서 그 활동이 일반행정 및 재정의 영역에 속하는 것인지에 따라 제각기 다른 재원조달방법을 마련하게 되는 것이다.

---

7) Robert L. Lineberry and Ira Sharkeornsky, *Urban Politics and Public Policy*(New York: Harper and Row Publishers, 1971), p. 207.

(1) 地方歲入의 分類

(가) 自主財源과 依存財源

자주재원이란 자치단체가 법령의 범위 안에서 독자적으로 부과·징수할 수 있는 재원이고, 의존재원이란 국가나 광역자치단체가 결정하여 자치단체의 수입이 되는 재원을 의미한다.[8] 도시정부의 대표적 세입원에는 지방세, 세외수입, 지방교부세, 국고보조금, 조정교부금이 있고, 이 가운데 지방세와 세외수입은 자주재원으로, 지방교부세·국고보조금·조정교부금은 의존재원으로 나누어진다.

전체의 세입규모에서 자주재원의 구성비를 재정자립도라 하고, 의존재원의 구성비를 재정의존도라 한다.

(나) 一般財源과 特定財源

지방재원을 그 費途를 기준으로 분류할 때에는 일반재원과 특정재원으로 나누어진다. 일반재원이란 자치단체가 어떠한 경비로도 지출할 수 있는 수입을 뜻하며, 특정재원이란 지출해야 하는 비도가 특정되어 있는 수입을 의미한다. 일반적으로 지방세·세외수입·지방교부세를 일반재원으로, 국고보조금을 특정재원으로 각각 분류하고 있다.

(다) 經常收入과 臨時收入

도시재정세입을 그 규칙성과 안정성을 기준으로 분류할 때에는 경상수입과 임시수입으로 나눌 수 있다. 경상수입이란 매년 규칙적·안정적으로 확보할 수 있는 수입을 뜻하며, 임시수입이란 매년 불규칙적·임시적으로 확보되는 수입을 의미한다. 경상수입은 Trotabas가 원초적 수입(recettes originaires)이라고 정의하였으며 지방세·사용료·수수료·보통교부세 등이 있으며, 임시수입은 특별교부세·부동산매각수입·지방채수입 등이 있다.

2. 都市財政의 歲出構造

세출이란 도시정부가 그의 목적을 달성하기 위하여 도시재정수입을 기초로 하여 1년 동안 지출하는 공공경비(public expenditure)를 말한다. 이러한 도시정부의 세출은 지역주민의 복리를 증진하고 그들의 정치적 욕구를 만족시켜 주는데 목적이 있다. 따라서 공공경비라는 것은 도시정부가 이러한 목적달성을 위한 그의 임무를 수행하는데 필요한 화폐를 지출하는 것

8) 鄭世煜, 「地方行政學」(서울: 法文社, 1998), pp. 659~660.

이다.

도시정부의 세출분류기준에는 여러 가지가 있으며 분석의 목적에 따라 상이한 기준을 선택하여 분류할 수 있다.[9] 현재 우리나라에서는 예산편성을 용이하게 하고, 의회의 심의를 돕고, 주민들이 이해하기 쉽게 세출을 기능별 또는 성질별로 분류함으로써 도시정부의 행정활동을 이해하는데 도움을 준다.

(1) 機能別 分類

(가) 一般行政費

일반행정비는 직접 주민에게 어떤 형태의 서비스를 제공하기 위한 비용이라기보다는 다양한 도시행정분야의 임무를 수행하는 도시자치단체의 조직(지방의회 포함)을 유지·운영하는데 소요되는 일반관리적 사무경비이다.

이는 입법, 선거관계, 기획, 공보, 감사, 내무, 재무, 공무원교육 등의 과목으로 구분된다.

(나) 社會開發費

사회개발비는 도시정부의 교육 및 문화예술을 창달하고, 주민의 보건 및 생활환경을 개선하며, 사회복지활동을 수행하는 데 소요되는 경비로서 교육 및 문화, 보건 및 생활환경 개선, 사회보장 등의 과목으로 구성된다.

(다) 經濟開發費

경제개발비는 지역산업을 육성하거나 지역경제를 활성화하는데 소요되는 경비와 국토자원을 보존·개발하고 교통을 효율적으로 관리하는데 소요되는 경비인데, 이는 농수산개발, 지역경제개발, 국토자원보전개발, 교통관리 등의 과목으로 구성된다.

(라) 民防衛費

민방위비는 민방위관리비, 비상대책, 병사관리 등의 민방위활동, 화재예방과 피해경감을 위한 소방관리활동을 하는데 소요되는 경비로서 민방위관리, 소방관리 등의 과목으로 구성된다.

(마) 支援 및 其他 經費

지원 및 기타 경비는 도시행정업무를 수행하는데 직접 소요되는 경비라

---

9) Werner Z. Hirsch, *The Economics of State and Local Government*(New York: McGraw-Hill Book Co., 1970), p. 167.

기보다는 이를 지원하기 위한 경비인데, 이는 지방채상환, 제지출금, 각종 교부금, 예비비 등으로 구성된다.

(2) 性質別 分類

(가) 人件費

인력고용에 사용되는 비용으로 급여, 상여금, 수당 등을 포함한다.

(나) 物件費

일반수용비, 판공비, 공공요금 등이 포함된다.

(다) 經常移轉費

한 자치단체로부터 국가 또는 다른 자치단체, 가계, 기업 등의 민간에 이전되는 비용으로 민간이전에는 사회보장적 수혜금, 연금, 의료보험 부담금, 민간보조금 등이 포함된다.

(라) 資本支出費

직접 또는 간접적으로 자본형성과 관련되는 비용으로 자본형성비, 무형고정자산, 민간에 대한 자본이전, 자치단체에 대한 자본이전, 기업회계 등에 대한 자본이전, 해외자본이전, 국가기관 등에 대한 자본이전 등을 포함한다.

(마) 保全財源費

보전재원비에는 차입금 상환, 지방채 상환, 유가증권 매입 등이 포함된다. 자치단체간 내부거래는 회계간·계정간 전출금 및 예탁금, 적립금, 예수금전대차관상환, 이자로 구분된다.

Ⅲ. 都市財政의 現況

1. 中央政府의 財政規模

정부의 재정기능 중 상당부문은 지방행정조직에 의해서 보다 합리적으로 수행할 수 있으며, 따라서 전국적인 재정부문의 효율성 증대를 위해서는 중앙과 지방의 합리적 기능분담이 매우 중요한 과제이다.

먼저, 국가일반회계 예산규모를 중심으로 세입구조와 세출구조를 보면 지방재정과는 많은 차이를 보여주고 있다. 국가예산의 일반회계 세입구조를 2014년 예산을 기준으로 볼 때, 세입총액 247조 2,031.6억원 중 그 구성비를

〈표 Ⅲ-5-1〉 국가예산규모(일반회계)

(단위: 백만원, %)

		2013		2014		증감	
		금액	구성비	금액	구성비	금액	구성비
세입	① 내국세	173,763,000	72.2%	179,621,000	72.7%	5,858,000	3.3%
	② 관세	10,269,100	4.3%	10,550,600	4.3%	281,500	2.7%
	③ 교통세	13,000,500	5.4%	13,480,800	5.5%	480,300	3.6%
	④ 교육세	4,762,200	2.0%	4,458,900	1.8%	-303,300	-6.8%
	⑤ 종합부동산세	1,095,000	0.5%	1,139,100	0.5%	44,100	3.9%
	⑥ 세외수입	37,780,369	15.7%	37,952,762	15.4%	172,393	0.5%
	계	240,670,169	100.0%	247,203,163	100.0%	6,532,994	2.6%
세출	① 방위비	52,803,979	21.9%	54,652,363	22.1%	1,848,384	3.4%
	② 교육비	50,265,597	20.9%	51,070,458	20.7%	804,861	1.6%
	③ 사회개발비	33,693,824	14.0%	34,855,646	14.1%	1,161,822	3.3%
	④ 경제개발비	50,540,735	21.0%	51,912,664	21.0%	1,371,929	2.6%
	⑤ 일반행정비	15,833,706	6.6%	17,335,036	7.0%	1,501,330	8.7%
	⑥ 지방조정교부	36,188,921	15.0%	36,306,876	14.7%	117,955	0.3%
	⑦ 채무상환·기타	1,343,407	0.6%	1,070,120	0.4%	-273,287	-25.5%
	계	240,670,169	100.0%	247,203,163	100.0%	6,532,994	2.6%

주: 2013년 예산은 최종예산기준이고, 2014년 예산은 당초예산임.
자료: 기획재정부, 「2014년 나라살림」(2014).

보면 내국세가 72.7%, 관세수입 4.3%, 교통세 5.5% 등 국세수입이 84.6%를 차지하고 있으며, 이 이외 세외수입이 15.4%를 점하고 있다. 다음, 국가예산의 세출내역을 보면 방위비지출이 22.1%, 교육비지출이 20.7%, 경제개발비용이 21.0%로서 이 세 지출항목이 63.8%를 구성하고 있으며, 이 이외 지출내역으로는 사회개발비용이 14.1%, 지방재정조정교부금 14.7%, 일반행정비용이 7.0%, 채무상환·기타가 0.4% 등으로 구성되어 있다(<표 Ⅲ-5-1> 참조).

2. 國家財政과 地方財政의 比較

자치단체의 역할과 재정부문을 보다 정확히 파악하기 위해서는 중앙정부재정과 지방재정을 비교해 볼 필요가 있다.

〈표 Ⅲ-5-2〉 중앙정부재정과 지방재정의 비교

(단위: 억원)

구분	재정 규모(일반회계 순계)					조 세				
	중앙정부재정(A)		지방재정(B)		B/A+B	국세(C)		지방세(D)		D/C+D
연도	규모	신장률	규모	신장률	%	규모	신장률	규모	신장률	%
1990	274,557	-	154,910	-	36	268,474	-	63,786	-	19
2000	926,022	237	576,532	272	38	929,347	246	206,006	224	18
2007	1,711,721	523	1,182,428	663	41	1,614,591	501	435,243	584	21
2008	1,815,858	561	1,330,400	759	42	1,673,060	523	454,797	614	21
2009	2,049,275	646	1,449,206	836	41	1,645,407	513	451,678	609	22
2010	2,052,235	647	1,350,250	772	40	1,777,184	562	491,598	672	22
2011	2,148,604	683	1,407,068	808	40	1,923,812	617	523,001	721	21
2012	2,237,034	715	1,512,643	876	40	2,030,149	656	539,381	747	21
2013	2,102,878	666	1,454,315	839	41	2,103,981	684	526,899	727	20
2014	2,201,825	702	1,346,192	769	38	2,164,529	706	544,751	756	20

주: 2012년까지는 결산액, 2013년은 최종예산액, 2014년은 당초예산액.
자료: 안전행정부, 「2014년도 지방자치단체 통합재정 개요」(2014).

먼저, 여기서는 납세자의 조세부담과 직결되는 일반회계의 재정규모를 살펴보면, 1990년의 경우 재정의 총규모는 42조 9,467억원이었으며, 이 때 지방재정은 15조 4,910억원으로 총재정의 36%를 차지하고 있다. 2014년 예산을 기준으로 볼 때 중앙정부재정은 220조 1,825억원이고, 지방재정은 134조 6,192억원으로 총재정규모의 38%로 그 비중이 향상되었다. 동 기간 중 중앙정부재정은 702%가 신장하였으나, 지방재정은 769%나 신장하였다(<표 Ⅲ-5-2> 참조).

지방재정의 비중이 최근에 높아지고 있는 것은 경제가 성장하고 생활수준이 향상됨에 따라 지역주민들의 교육, 교통, 상하수도, 주택, 보건위생 등 기본적인 공공서비스의 질적, 양적인 확대를 요구하는 경향에 지방자치단체들이 적극적으로 부응하고 있음을 나타내는 결과이기도 하다.

이러한 지방재정의 팽창에 따라 재원의 자체조달이란 측면에서도 점차 개선되고 있음을 볼 수 있다. 조세총액에서 지방세가 차지하는 비중은 1990년의 19%에서 점진적으로 상승하여 2010년 당초 세입예산규모로 볼 때 국세와 지방세의 구성비가 78:22로 개선되고 있음을 알 수 있다.

〈표 Ⅲ-5-3〉 지방재정의 회계별 총규모(세입순계)

(단위: 억원)

구 분	1995년	2000년	2005년	2010년	2013년	2014년
총규모	523,789	777,761	1,284,145	1,398,565	1,769,920	1,635,793
일반회계	366,674	576,532	997,142	1,134,229	1,454,338	1,346,192
특별회계	157,115	195,229	287,003	264,336	315,581	289,601

주: 2013년도 까지는 최종예산액, 2014년도 당초예산액.
자료: 안전행정부, 「2014년도 지방자치단체 통합재정 개요」(2014).

3. 地方政府의 財政規模

지방재정의 회계별 총규모는 세입으로 볼 때 1995년에 52조 3,789억원, 2000년에 77조 7,761억원, 2005년에 128조 4,145억원, 2014년에 163조 5,793억원으로 증가하였다. 지방재정을 회계별로 보면, 일반회계가 특별회계보다 훨씬 더 높은 비중을 점하고 있음을 알 수 있다(<표 Ⅲ-5-3> 참조).

자치단체별 예산총규모를 살펴보면 〈표 Ⅲ-5-4〉와 같다.

〈표 Ⅲ-5-4〉 자치단체별 총규모(총계, 일반+특별회계)

(단위: 억원)

구 분	1995년	2000년	2005년	2010년	2013년	2014년
총규모	497,825	706,934	1,373,802	1,832,260	2,358,517	2,203,359
서울특별시	72,909	99,241	168,670	212,573	237,890	244,133
광역시	72,909	99,241	186,961	278,573	348,435	320,788
특별자치시	-	-	-	-	7,285	7,605
도	110,220	148,113	323,099	429,943	548,770	525,754
특별자치도	-	-	-	27,498	38,773	35,825
시	121,703	184,234	378,234	472,174	628,776	569,279
군	72,535	98,604	192,692	242,500	310,709	273,833
자치구	44,555	68,468	123,623	168,790	237,879	226,142

주: 2013년도 까지는 최종예산액, 2014년도 당초예산액.
자료: 안전행정부, 「2014년도 지방자치단체 통합재정 개요」(2014).

〈표 Ⅲ-5-5〉 일반회계 세입구조

(단위: 억원)

구 분	1995	2000	2005	2010	2013	2014
계	266,673	576,532	998,142	1,398,565	1,769,920	1,635,793
지방세수입	153,169	203,616	359,769	478,785	526,899	544,751
세외수입	90,325	166,536	291,047	315,556	443,821	206,145
지방교부세	56,713	84,494	200,183	255,505	351,378	316,006
지방양여금	18,702	37,134	-	-	-	-
보 조 금	32,190	76,529	137,978	297,005	368,411	376,584
지 방 채	15,575	8,223	8,166	51,714	79,410	48,727
보전수입 등 및 내부거래	-	-	-	-	-	143,580

주: 2013년까지 결산액, 2014년도 당초 예산액.
자료: 안전행정부, 「2014년도 지방자치단체 통합재정 개요」(2014).

4. 都市財政의 歲入構造實態

(1) 一般會計 歲入構造

지방정부의 일반행정수요를 충족하기 위해 조달되는 일반회계세입은 규모에 있어서는 부족함을 면치 못하고 있지만 구조적인 측면에서는 비교적 건전한 방향으로 변화되어 왔다. 〈표 Ⅲ-5-5〉에 있는 일반회계 세입구조 추이에서 보면 지방세와 세외수입의 규모가 커졌음을 알 수 있으며 이는 지방교부세와 보조금의 상대적 약화를 가져와 재정자립도의 신장을 가져왔다.

또한, 지방교부세의 신장이 매우 저조한 비중을 점하고 있다는 점이다. 부족재원을 보전하여 지방자치단체의 일반재원의 폭을 넓혀 가용재원의 능력을 제고시키는데 중요한 역할을 하는 지방교부세의 재원신장이 낮은 것은 지방재정에 큰 압박을 주게 된다.

자치단체별로 보면, 서울특별시의 경우 상대적으로 자주재원인 지방세와 세외수입의 비중이 높아 재정자립도가 높음을 알 수 있으며, 자치단체별로 재원의 구성비가 다양함을 알 수 있다(<표 Ⅲ-5-6> 참조).

〈표 Ⅲ-5-6〉 일반회계 단체별 · 재원별 세입 총계예산 구성비교

총 계 규 모								
구 분	계	지방세	세외수입	지방교부세	조정교부금 및 재정보전금	보조금	지방채	보전수입 등 및 내부거래
계	1,796,314	553,956	93,368	315,932	67,106	669,138	13,081	83,735
특별시	169,269	124,073	14,252	1,200	-	23,386	3,000	3,358
광역시	234,954	103,345	16,086	33,332	-	63,272	6,683	12,235
특별자치시	5,355	2,534	102	1,540	-	1,023	-	156
도	444,166	137,479	10,386	50,979	-	221,465	710	23,147
특별자치도	27,091	7,545	1,074	9,459	-	7,509	-	1,503
시	452,925	118,923	24,576	105,609	28,423	151,120	2,188	22,086
군	246,324	19,460	8,645	110,817	4,889	89,520	325	12,667
구	216,230	40,596	18,246	2,996	33,794	111,842	175	8,582

주: 순계규모로 작성할 경우 단체 및 회계간 중복계상(보조금 · 세외수입등)분이 공제되므로 정확한 구성내용을 파악하기 위해 총계규모로 작성

자료: 안전행정부, 「2014년도 지방자치단체 통합재정 개요」(2014).

(2) 市稅 收入構造

지방자치단체의 지방세 세입구조를 보면 일반목적적인 보통세의 비중이 특정목적적인 목적세의 비중보다 훨씬 크다는 것을 알 수 있다.

세목별로 보면, 취득세의 비중이 24.0%로서 가장 많은 비중을 차지하고 있으며 지방소득세 18.5%, 재산세 14.9%, 자동차세 12.4%로서 이들이 지방세의 주된 재원이 되고 있음을 알 수 있다(<표 Ⅲ-5-7> 참조). 기초자치단체인 시 · 군의 경우에는 재산세와 지방소득세 및 자동차세가 시 · 군세 전체의 85.0%와 84.0%를 차지하고 있어 이들 세 세목이 전체 지방세의 큰 비중을 차지하고 있음을 알 수 있다.

(3) 稅外收入構造

일반회계세입 가운데 큰 비중을 차지하고 있는 세외수입의 재원내역을 보면 경상적 세외수입보다는 임시적 세외수입의 비중이 더욱 높게 나타난다. 이는 그만큼 세외수입의 안정적인 확보가 이루어지고 있지 못함을 의미

〈표 Ⅲ-5-7〉 2014년도 지방세 세목별·단체별 규모

(단위: 억원)

세목별＼단체별		계	특별광역시세	특별자치시세	도세	특별자치도세	시세	군세	자치구세	구성비(%)
계		544,751 (553,956)	218,213 (227,418)	2,534	137,479	7,545	118,923	19,460	40,596	100
보통세	소계	467,687 (485,892)	187,190 (196,395)	2,344	104,623	6,547	116,627	19,197	40,160	87.5
	취득세	130,983	56,212	1,468	71,081	2,222	-	-	-	24.0
	등록면허세	12,968	219	62	6,853	166	-	-	5,669	2.4
	주민세	3,396	1,097	10	-	36	1,584	344	325	0.6
	재산세	81,410 (90,615)	8,937 (18,142)	189	-	818	34,533	4,466	32,467	14.9
	자동차세	67,280	28,491	155	-	916	31,081	6,638	-	12.4
	레저세	10,554	3,501	-	6,488	566	-	-	-	1.9
	담배소비세	27,564	11,833	82	-	390	12,572	2,688	-	5.1
	지방소비세	41,656	20,559	114	20,200	783	-	-	-	7.6
	지방소득세	100,876	56,342	265	-	652	36,857	5,061	1,699	18.5
목적세	소계	60,107	26,643	187	32,165	942	170	-	-	11.0
	지역자원시설세	9,957	4,291	20	5,401	76	170	-	-	1.8
	지방교육세	50,150	22,352	168	26,765	866	-	-	-	9.2
지난연도수입		7,956	4,380	2	691	56	2,126	264	436	1.5

注: ( )는 총계 예산기준이며, 순계와 차이가 발생하는 이유는 서울 본청과 자치구 간 재산세 공동과세 중복부분(9,205억원)을 서울 본청에서 공제하였기 때문임.

자료: 안전행정부, 「2014년도 지방자치단체 통합재정 개요」(2014).

한다.

세부 항목별로 보면, 서울특별시와 광역시는 사용료수입과 사업수입, 재산매각수입을 주된 재원으로 하고, 도와 시·군·자치구는 사용료수입, 사업수입, 재산매각수입이 주종을 이루고 있다(<표 Ⅲ-5-8> 참조).

경상적 세외수입 가운데 이러한 재산임대수입과 사용료·수수료수입은 광역자치단체일수록 이들 세입의 비중이 높게 나타난다. 그러나 이들 세입이 차지하는 비중은 낮은 수준에 있으며, 이는 지방자치단체의 재산관리와

〈표 Ⅲ-5-8〉 2014년도 세외수입 세목별 · 단체별 규모(일반+특별회계)

(단위: 억원)

세목별 \ 단체별		세외수입 예산 규모(일반+특별회계)								
		계	특별광역시	특별자치시	도	특별자치도	시	군	자치구	구성비(%)
계		216,639	78,018	845	18,454	2,273	80,396	14,281	22,372	100.0
경상적 세외수입	소계	137,804	49,442	455	6,000	1,855	55,130	10,164	14,758	63.6
	재산임대수입	5,068	3,418	11	157	36	851	213	382	2.3
	사용료수입	70,864	32,761	124	600	992	28,694	4,383	3,310	32.7
	수수료수입	10,475	679	21	392	171	5,242	819	3,151	4.8
	사업수입	30,868	10,864	253	528	465	14,647	2,409	1,702	14.2
	징수교부금수입	10,009	421	1	656	23	2,810	517	5,581	4.6
	이자수입	10,520	1,299	45	3,667	168	2,886	1,823	632	4.9
임시적 세외수입	소계	78,835	28,576	390	12,454	418	25,266	4,117	7,614	36.4
	재산매각수입	23,130	11,239	-	775	23	7,058	2,019	2,016	10.7
	부 담 금	26,396	7,087	176	7,814	75	10,083	571	590	12.2
	기타수입	23,565	9,406	11	3,618	268	5,974	1,286	3,002	10.9
	지난연도수입	5,744	844	203	247	52	2,151	241	2,006	2.7

주: 총계기준.

서비스행정을 통한 응익적 세입의 폭을 확대해야 할 과제가 되고 있다.

5. 都市政府의 歲出構造實態

(1) 一般會計 歲出構造

일반회계의 세출을 기능별로 보면 다음과 같은 몇 가지 특색을 찾을 수 있다(<표 Ⅲ-5-9> 참조).

첫째, 일반공공행정비의 비중이 높으며, 그것은 서울특별시 · 광역시 · 도가 기초자치단체인 시보다 더 많은 비중을 차지하고 있다. 일반공공행정비는 지방자치단체의 존립과 기관유지를 위해 충당되는 비용이며 절대적으로 필요한 것이다. 그러나 이러한 소비적 성격이 강한 경상적 경비부문이 높다는 것은 결코 세출의 건전한 구조를 보여주는 것은 아니라고 하겠다.

〈표 Ⅲ-5-9〉 도시정부의 일반 및 특별회계 세출구조

(단위: 백만원, %)

지방자치단체	세출기능	2013	2014
시·도 본청	일반공공행정	17,880,066(16.5)	18,810,183(16.6)
	공공질서 및 안전	2,254,420(2.1)	2,055,180(1.8)
	교육	8,703,160(8.0)	8,324,691(7.3)
	문화 및 관광	4,413,455(4.1)	4,523,643(4.0)
	환경보호	7,742,964(7.1)	7,974,300(7.0)
	사회복지	29,628,371(27.4)	34,356,842(30.3)
	보건	1,464,161(1.4)	1,516,715(1.3)
	농림해양수산	6,471,872(6.0)	6,568,721(5.8)
	산업·중소기업	2,180,823(2.0)	2,096,049(1.8)
	수송 및 교통	11,811,031(10.9)	11,261,950(9.9)
	국토 및 지역개발	7,265,253(6.7)	7,085,284(6.2)
	과학기술	622,444(0.6)	629,432(0.6)
	예비비	973,206(0.9)	924,455(0.8)
	기타	6,893,297(6.4)	7,283,061(6.4)
	합계	108,304,523(100.0)	113,410,506(100.0)
시	일반공공행정	3,475,588(6.5)	3,292,691(5.8)
	공공질서 및 안전	724,894(1.3)	670,134(1.2)
	교육	1,027,475(1.9)	1,069,498(1.9)
	문화 및 관광	2,984,138(5.5)	3,053,096(5.4)
	환경보호	8,606,024(16.0)	8,963,166(15.7)
	사회복지	12,396,077(23.1)	14,825,287(26.0)
	보건	807,222(1.5)	857,959(1.5)
	농림해양수산	3,783,396(7.0)	3,924,897(6.9)
	산업·중소기업	1,079,674(2.0)	951,032(1.7)
	수송 및 교통	4,727,397(8.8)	4,989,223(8.8)
	국토 및 지역개발	5,702,538(10.6)	5,351,813(9.4)
	과학기술	7,334(0.01)	9,724(0.02)
	예비비	1,311,441(2.4)	1,374,285(2.4)
	기타	7,139,488(13.3)	7,595,133(13.3)
	합계	53,772,686(100.0)	56,927,938(100.0)

자료: 행정안전부, 「지방자치단체 예산개요」(2013, 2014).

둘째, 사회복지비의 비중이 더 높아져야 한다. 생활무능력자의 생계보장, 사회복지시설에 대한 지원, 영세민 지원, 보건 위생환경에 대한 사회복지 부문의 지원 확대 뿐만 아니라 보다 적극적인 사회보장적 지원이 요망되고 있음에 비추어 볼 때 이 분야에 대한 지원이 더욱 확대될 것이 요구된다.

(2) 投資事業費 構造

재정지출의 건전성은 투자사업비의 비중과 깊은 관계를 갖고 있다. 먼저, 일반회계에 있어 투자사업비의 구성을 보면 도·특별자치도가 가장 높음을 알 수 있다. 도·특별자치도의 경우 2000년, 2010년, 2014년에 각각 70.3%, 88.7%, 85.9%인데 비해, 특별시·광역시의 경우 각각, 40.0%, 77.4%, 76.9%였다.

특별회계에 있어서는 대체적으로 투자사업비의 비중이 크게 높은 것이 특색이다. 이는 일반회계 중 투자적 성질을 가진 사업은 특별회계로 이전하여 운영하는 경향을 생각하면 기관유지적 특성이 강한 일반회계는 투자사업의 비중이 낮고, 기업적 성격이 강한 특별회계의 투자사업비 비중이 높음은 당연하고도 바람직한 구성이라고 할 수 있을 것이다. 특별회계에 있어서는 투자사업비 가운데 공익사업비가 거의 대부분을 차지하고 있는 것이 특색인

〈표 Ⅲ-5-10〉 연도별 투자사업비 비중

(단위: %)

연도별	전국평균	특별시·광역시	도·특별자치도	시	군	자치구
2005	58.8	37.5	67.6	65.2	66.6	50.7
2010	79.6	77.4	88.7	79.4	81.2	73.5
2011	78.9	77.5	87.8	78.9	81.0	73.1
2012	79.9	77.2	86.2	80.1	81.9	73.3
2013	78.9	78.7	87.4	78.3	81.0	74.3
2014	79.9	76.9	85.9	80.6	81.6	76.2

1999~2007: (사업예산 총계규모/일반회계총계예산규모×100)
2008~2010: (정책사업 예산/자치단체 예산규모×100)
* 사업예산에서는 품목예산에서 경상적 경비로 편성되는 부분(일반운영비, 국내여비 등)이 정책사업에 포함되어 2008년부터 편성되므로 정책사업 비중이 투자비 비중보다 높게 나타남.
자료: 행정안전부, 「지방자치단체 예산개요」(2000~2014).

데 이는 공기업특별회계나 기타특별회계의 성격이 공익사업에 치우치고 있음에 기인하는 것이라고 볼 수 있다.

제2절 都市政府의 收入

Ⅰ. 市稅收入

1. 市稅의 意義

시세는 도시정부가 그 행정을 수행하는데 소요되는 일반경비에 충당하기 위하여 시민 등으로부터 강제적으로 부과·징수하는 화폐수입으로서 도시정부세입의 주종을 이룬다.

시세는 국세나 여타의 지방수입과 다른 몇 가지 특색을 갖고 있는데, 이는 시세의 의의를 보다 명확하게 설명해주는 근거가 된다. 그 가운데 대표적인 몇 가지를 예를 들면 다음과 같다.[10)]

① 시세는 자치단체가 과세권에 근거하여 강제적으로 부과·징수한다.

② 시세는 납세자 개개인에 대한 직접적인 반대급부의 성격을 갖지 않는다.

③ 시세는 도시정부가 공적 욕구의 충족에 필요한 일반적 경비를 얻기 위한 재원조달의 목적으로 징수하는 것이고, 원칙적으로 특정한 목적이나 사업을 위해서 징수하는 것은 아니다.

④ 시세의 부과나 징수는 모두 금전으로 표시하고 납부함이 원칙이다.

이러한 시세를 그 성질별로 분류하면 다음과 같다.

(1) 普通稅와 目的稅

조세수입의 용도의 특정여부를 기준으로 보통세(ordinary tax)와 목적세(ear-marked tax)로 구분한다. 즉, 조세의 징수목적이 사전에 사용용도가 정해지지 아니한 일반적인 경비에 충당하기 위하여 과징하는 세를 보통세라

10) 鄭世煜, 전게서, pp. 662~663.

하며, 충당하여야 할 경비를 특별히 정하고 그 경비의 지출에 의하여 직접 이익을 받는 자에게 그 부담을 요구하는 세를 목적세라 한다.

(2) 財產課稅, 所得課稅, 消費課稅

이는 과세대상이 재산인가 소득인가 또는 소비인가에 따른 분류이다. 재산과세는 재산의 보유에 관련된 조세인 재산세와 자동차 소유에 대해 과세하는 자동차세와 재산권과 그 밖의 권리의 설정·변경 또는 소멸에 관한 등록면허세와 부동산, 차량, 건설기계 등 과세물건의 취득에 관한 조세인 취득세가 있다. 소득과세에는 주민의 소득의 크기에 따라 과세되는 지방소득세가 있다. 소비과세에는 담배의 소비행위에 과세하는 담배소비세와 재화 또는 용역의 공급, 재화의 수입 거래에 부과하는 지방소비세가 있다.

(3) 獨立稅와 附加稅

독립세란 도시자치단체가 국가 또는 다른 도시자치단체와 독립해서 독자의 세원을 보유하고 독자의 과세표준에 의해서 과할 수 있는 세무를 말하고, 부가세란 국가 또는 다른 자치단체의 과세표준 또는 세액에 대해서 일정한 정률로서 이에 부가해서 과하는 세를 말한다.[11] 한국의 지방세는 독립세 중심으로 되어 있다.

(4) 道稅와 市·郡稅, 市稅(特別市·廣域市)와 區稅

이는 지방세의 과세주체에 따른 구분으로 현행 한국의 지방세법에서 분류하고 있는 제도이다([그림 Ⅲ-5-2] 참조).

특히, 서울특별시와 광역시의 경우 지방세목 11개 가운데 자치구세는 등록면허세와 재산세 등 2개 세목이며, 이외 9개 세목이 특별시(광역시)세로 되어 있다.

(5) 從價稅와 從量稅

과세표준을 화폐단위로 표시한 과세물건의 가치(가격)로 하느냐 혹은 과세물건의 수량·용적 등(산출단위)으로 하느냐에 따라 종가세(ad valorem tax)와 종량세(unit tax)로 구분된다.[12] 과세표준을 화폐단위로 표시하면 과

11) 李相熙, 「地方財政論」(서울: 啓明社, 1992), p. 192.

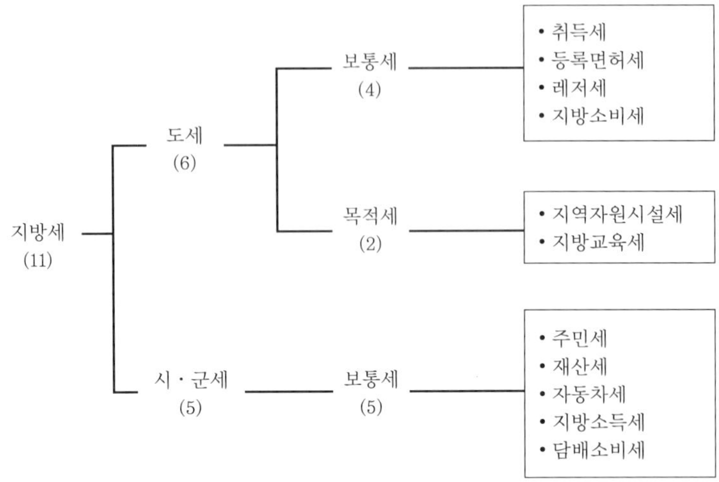

세의 공평을 기할 수 있으나 과세물건의 가치평가가 힘들고, 반면에 과세표준을 물건의 수량・용적 등으로 표시하면 과세는 간단하지만 그 부담이 불공평할 우려가 있다. 종량세의 예는 담배소비세, 자동차세(배기량) 등이다.

(6) 定額稅와 定率稅

세율이 과세표준에 관계없이 일정한 금액으로 정해져 있는 조세를 정액세라 하고, 세율이 과세표준의 일정비율로 정해져 있는 조세를 정률세라 한다. 정률세는 다시 과세표준의 대소와 관계없이 세율이 일정한 비례세와 과세표준의 크기가 증가함에 따라 세율이 증가하는 누진세로 나눈다. 현재 지방세 중에 주민세는 정액세의 예이고, 취득세는 비례세이며, 재산세는 누진세의 예라고 할 수 있다.

2. 市稅制의 問題點[13]

(1) 地方稅源의 貧弱

우리나라는 지방세원이 매우 빈약하다. 이와 같이 지방세원이 빈약하여 국가에의 의존도가 높을 때에는 자치단체의 부담과 책임의 원칙이 되어 국가에 의한 도시재정의 보호가 불가피해진다. 특히, 자치단체의 장들은 지방

12) 심정근 外, 전게서, pp. 155~156.

13) 李相熙, 전게서, pp.292~296 참조; 鄭世煜, 전게서, pp. 671~675 참조.

세를 더 많이 징수하여 주민들의 반발을 사느니보다는 차라리 국가로부터 보조금이나 지방교부세를 더 받는 편이 휠씬 현명한 방법이라고 생각하기 쉽다.

(2) 稅源의 地域的 偏在

지방세에 관한 가장 중요한 문제의 하나는 바로 세원이 대도시, 특히 서울을 비롯한 수도권에 지나치게 편재하고 있는 점이다.

그 결과 자치단체간에 세원의 격차가 심각하여 지역간의 위화감을 가져올 뿐만 아니라 행·재정력의 격차로 행정수준의 차이를 가져오고 있는 실정이다.

(3) 地方稅收의 伸張性 低調

현행 지방세제하에서는 실질적인 신장율이 극히 저조한 바 그 이유는 다음과 같다.

첫째, 지방세는 자산과세 중심으로 배분되어 있으며 신장성이 높은 소득과세의 배분이 극히 빈약하기 때문이다.

둘째, 지방세의 세목 중 상당한 비중을 차지하는 정액세를 물가상승률에 따라 조정하지 못하여 실질적인 세수의 감소를 초래했기 때문이다.

셋째, 자산과세의 주된 과세객체인 부동산의 과세시가표준액을 물가에 연동시켜 조정하지 못했기 때문이다.

넷째, 각종 조세감면제도를 채택하고 있어서 불공평세제가 시정되지 않고 있기 때문이다.

(4) 劃一的 稅制와 課稅自主權의 缺如

우리나라 지방세제는 부담의 균형을 도모하기 위하여 세목·세율·과세방법 등을 법률로 획일적으로 정하고 있으며, 자치단체에 의한 법정외 세목의 설정을 일체 금지하고 있다. 또한 일부 세목에서 표준세율과 제한세율을 채택하고 있으나 그 신축성의 범위는 극히 제한되어 있으며, 지방자치단체의 과세의 자주권은 거의 인정되지 않고 있다.

3. 市稅의 發展方向

(1) 國家와 地方間의 稅源再配分

우리나라에 있어서 중앙과 지방의 세원배분은 최근에 많이 개선되었지만 아직도 국세와 지방세 비율이 약 80:20으로 되어 있다. 이와 같이 세원배분에 있어 중앙이 월등하게 우위를 점하고 있는 상태에서 국세·지방세의 조정을 통한 지방세원의 증대를 위해서는 현행 국세와 지방세 체계상 세원분포의 보편성, 응익성의 원리, 세수의 안정성 등을 고려하여 재배분되어야 할 것이다.

국세 세원의 지방이양에는 첫째, 세원의 분리를 전제로 한 독립된 특정세목의 전부를 이양하는 방안과 둘째, 세원의 중복을 전제로 한 국세의 특정세목의 일부를 이양하며 공동으로 이용하는 방안이 있다. 독립된 일부세목의 전부를 이양하는 경우란 예를 들면 국세인 전화세를 지방세로 이양할 경우이고, 세원의 중복을 전제로 국세의 세원을 공동으로 이용하는 경우란 예를 들면 소득세 또는 부가가치세의 일부분을 이양하는 경우라 하겠다.

(2) 現行 稅制의 改善

(가) 財産關聯稅의 稅率構造 改善

현행 재산세는 비현실적인 과세단위의 결정으로 인하여 담세능력에 따른 세부담의 누진효과가 제대로 반영되지 못하고, 최저세율 적용단계에서 응능부담원칙이 적절하게 반영되지 못하는 문제점을 안고 있어 과세단위를 합리적으로 조정할 필요가 있다. 세율구조조정 외에 과표현실화도 요구된다 하겠다.

(나) 彈力稅率制度의 積極的 活用

탄력세율제도는 각 지방자치단체가 특수한 재정수요를 충족하기 위하여 자율적으로 탄력세율의 범위 안에서 세율을 정할 수 있도록 하여 세수확보에 신축성을 부여한 제도이다. 현행 지방세법에서 탄력세율의 적용이 보장된 세목으로는 주민세, 지역자원시설세, 취득세, 등록면허세(부동산등기등록세), 지방소득세, 지방교육세 등 6개 세목이 해당된다. 6개 세목은 탄력세율을 적용하기 위해서 자치단체가 자율적으로 탄력세율을 적용할 수 있다.

(다) 地方稅 非課稅·減免의 改善

지방세의 비과세·감면이 대부분 지방세법과 자치단체의 감면조례 및 조세감면 규제법에 의해 이루어지는데 주로 국가정책목적을 달성하기 위한 것이고 지역의 잠재력과 특수성에 대한 고려는 미약하다. 지방세의 비과세·감면규모는 '10년 결산기준으로 15조가 넘는 것으로 지방세징수액 대비 30% 수준으로 취약한 지방세원을 감안할 때 과다한 편이다. 따라서 앞으로 지방세의 비과세·감면제도는 이를 대폭 축소 조정하는 방향으로 나아가되 비과세·감면이 불가피할 경우 국가로부터 별도의 재정보전을 받는 방안이 바람직하다.[14)]

(3) 新稅源 開發과 法定外 稅目의 設置

지방세 신세원개발은 자치단체의 세수증대를 통한 자립기반강화 측면 뿐만 아니라 지방자치단체 주민의 결정에 따라 독자적인 세목을 설정할 수 있는 지 여부는 재정운용의 자율성 측면에서 매우 중요한 의의를 갖지만 조세법률주의 관점에서 반론이 제기되고 있다.[15)]

지방세의 신세원으로서는 여러 가지가 고려될 수 있겠으나 대표적으로 거론되고 있는 것은 수익자부담금의 일종인 관광세, 공해세 등이며 이밖에도 수자원이나 지하자원과 부존자원으로부터 부가가치에 대한 도시정부가 세금을 부과하는 방안도 거론되고 있다.

Ⅱ. 稅外收入

1. 稅外收入의 意義

세외수입이란 일반적으로 도시자치단체의 자체수입 중 시세수입을 제외한 수입으로서 시세와 대응되는 개념이라 하겠다. 세외수입은 매우 복잡하고 다양한 수입구조를 지니고 있으며, 일반회계와 특별회계를 포함해서 행정적 용어로 사용되고 있다.

---

14) 李圭煥 外, 「地方稅 非課稅·減免의 問題點과 改善方案」(光州·全南發展硏究院, 1995. 11), pp. 163~169 참조.

15) 원윤희, "地方財政擴充을 위한 地方稅制改編方案," 「地方財政擴充方案」(서울特別市議政會, 1998. 12), pp. 45~47 참조.

이러한 세외수입은 광의(廣義), 협의(狹義), 최협의(最狹義)로 구분할 수 있다.

첫째, 세외수입을 광의로 구분할 때에는 실질적 세외수입인 재산임대수입, 사용료, 수수료, 사업장 생산수입, 징수교부금, 이자수입 등 경상적 세외수입 뿐만 아니라 명목적 세외수입인 재산매각수입, 이월금, 기부금 및 기금, 전입금, 융자금, 부담금, 잡수입, 과년도 수입 등 임시적 세외수입도 포함된다. 일본에서는 세외수입이란 용어대신 「기타의 수입」이라고 하는데 이는 우리나라의 광의의 세외수입에 해당한다.

둘째, 세외수입을 협의로 구분할 때에는 광의의 세외수입 중에서 재산매각수입, 이월금, 전입금, 융자금, 기부금, 분담금, 잡수입, 과년도 수입 등과 같은 임시적 세외수입을 제외한 수입을 의미한다. 따라서 협의의 세외수입은 실질적 세외수입, 즉 일반회계의 경상적 세외수입과 특별회계의 사업수입의 합계를 말한다.

셋째, 세외수입을 최협의로 구분하면 그것은 협의의 세외수입 중에서 특별회계의 사업수입을 제외한 수입, 즉 일반회계의 재산임대수입, 사용료, 수수료, 징수교부금, 이자수입 등 경상적 수입을 의미한다[16](<표 Ⅲ-5-8> 참조).

2. 稅外收入의 問題點

세외수입은 그 종류가 매우 많으며 종류별로 다양한 특성을 지니고 있으므로 그에 따른 문제점 또한 적지 않다.[17]

(1) 稅外收入 運營의 計劃性 缺如

경상적 세외수입보다 임시적 세외수입의 비중이 월등히 높은 것은 도시재정의 안정성이 그만큼 취약함을 의미한다. 특히 순세계잉여금의 비중은 전국적으로는 전체 세외수입의 36.6%나 되고 있다. 순세계잉여금은 지방자치단체의 전년도결산에 따른 이월금에서 명시이월금, 사고이월금, 계속비이월금, 보조금사용잔액을 제외한 금액으로서, 1999년도부터 지방세외수입에

16) 鄭世煜, "都市財政에 있어서 稅外收入의 增大方案," 「地方財政」 제17권 5호(한국지방재정공제회, 1998), p. 7.

17) 상게논문, pp. 10~14 참조; 박연수, "우리나라 地方稅外收入의 實態," 「地方財政」 제17권 5호(한국지방재정공제회, 1998), pp. 24~27.

포함되며, 이의 발생원인은 주로 무리한 사업계획과 방만한 예산편성으로 인하여 발생하는 것이 상당히 많은 것으로 분석된다.

(2) 使用料 및 手數料 料率의 未調整

수수료의 종류는 법령에 의한 국가위임사무 수수료와 조례에 의한 지방자치단체 수수료로 구분되는데, 법령에 의한 국가위임사무 수수료는 350종으로 4.0%이고, 조례에 의한 지방자치단체 수수료는 8,354종으로 96.0%를 차지하고 있다.

이와 같이 사용료·수수료는 징수근거와 종류가 다양하며, 관리상의 어려움 등으로 요율이 장기간 방치되어 있는 실정이다.

사용료의 경우 요율이 적기에 조정되지 못함으로써 평균 수지율은 58.5%에 불과하고, 자치단체별로는 시·도가 평균 59.9%, 시·군·구가 56.7%에 불과한 실정이다.

(3) 料率體系의 不均衡性

요율수준이 어떤 합리적인 기준없이 행정편의에 따라 자의적으로 정해지거나 동일한 서비스에 대한 사용료가 지역여건의 차이를 적절히 반영하지 못하고, 일률적으로 변경 조정되는 경우가 많다. 이에 따라 서비스 종류별 원가보상수준과 요율수준이 매우 불균형하고 다양하다.

(4) 無料提供 서비스의 過多

중앙부처가 지방자치단체에 업무처리를 위임하면서 각종 수수료를 무료로 제공하도록 규정하고 있어서 지방자치단체의 업무처리를 위한 인력과 경비가 고려되지 못하고 있으며, 현재 무료로 제공되는 수수료는 1,200여종에 이르고 있다.

(5) 負擔金 運營의 不合理

현행 부담금제도는 관련법령과 종류가 많아서 지방자치단체가 효과적으로 관리하는데 애로가 많다. 특히 부담금의 귀속주체가 부담금별로 다르며 국가와 지방간의 객관적 배분기준이 결여되어 있고, 일부 부담금의 수입측정에 문제점이 드러나고 있다.

(6) 過怠料 運營의 不合理

행정상 의무위반행위에 대한 제재로서 과하는 과태료는 지방재정법 제28조에 의하여 사무를 위임받은 지방자치단체의 수입으로 귀속되고 있다. 그러나 이의가 제기된 과태료의 경우에는 이를 관할법원에 이송하여 비송사건절차법에 따라 재판을 받도록 되어 있고, 재판결과 확정된 과태료는 국고에 귀속되고 있어서 수입금의 귀속주체에 대한 일관성 결여 및 자치단체의 세입결손의 원인이 되고 있다.

(7) 經營收益事業의 經營能力 未洽

자치단체는 도시재정확충을 위하여 1979년부터 본격적으로 민간경제를 침해하지 않는 범위내에서 경영수익사업을 실시하여 공익성과 수익성을 동시에 추구하고 있다. 현재 경영수익사업으로 시행하고 있는 주요개발분야는 토지개발이용(주택조성 · 공유수면매립 · 하천부지개발 등), 관광유원지개발 · 운영(공원 · 유원지 · 해수욕장 · 야영장 운영 등), 지역부존자원의 효율적 활용(하천 · 해사 등 골재채취 · 석산개발 등), 공유재산관리(각종 회관 · 체육시설 · 주차장관리운영 등), 농림수산 소득증대(화훼재배 · 양모장 운영 · 지역특산물직판장 운영 등)의 5개 분야이다.[18]

3. 稅外收入의 發展方向[19]

(1) 使用料 · 手數料 收入의 增大

(가) 使用料 · 手數料의 料率現實化

공공서비스 수준과 서비스 사용료 수입 수준은 직접적인 비례관계에 있다. 주민들의 높아지는 공공서비스 욕구는 그 효과 및 수혜를 직접 · 간접으로 받는 주민들의 부담으로 해결될 수밖에 없으며 따라서 응익의 원칙에 따라 사용료 · 수수료 요율을 현실화해야 하는 것이다.

(나) 無料提供서비스의 有料化

중앙정부가 지방자치단체에 업무처리를 위임하면서 각종 수수료를 무료로 제공하도록 규정하고 있는 것이 820여종에 이르고 있다. 물론 모든 무료

18) 李圭煥, "地方經營收益事業의 活性化 方案," 「地方財政」 제17권 5호(한국지방재정공제회, 1998), pp. 51~57 참조.

19) 李圭煥, "地方自治團體의 稅外收入 擴充方案," 전게논문, pp. 15~19.

수수료를 유료화시켜야 한다는 것은 아니지만 불합리한 무료서비스는 자원배분의 효율성과 재정확충 차원에서 유료화시키는 것이 합리적이다.

(다) 公企業 등에 대한 道路使用料 徵收

한국전력공사, 한국통신공사, 도시가스 등 공기업에서 사용하고 있는 도로사용료는 현재 감면되고 있다. 예컨대 ① 한국전력공사가 사용하는 송전지하케이블, 전주·전선, ② 한국통신공사에서 사용하는 공중전화부스 등 도로설치물, ③ 도시가스의 지하가스관, ④ 송유관, ⑤ 열수송시설 등이다.

(라) 國家委任事務 手數料 收入의 地方自治團體 收入化

지방자치단체가 수행하는 국가위임사무에 대한 수수료는 그 사무의 근거법령에 의하여 국고로 귀속되고 있는데, 이는 사무는 위임처리하면서 그 비용은 부담하지 않는 모순을 야기하므로 그 수수료 수입은 지방자치단체의 수입으로 귀속시키는 방안을 모색하여야 할 것이다.

(마) 手數料 徵收의 單一法制化

현행 수수료는 지방자치법에 일반적인 근거가 규정되어 있을 뿐 대부분의 수수료는 개별법령에 규정되어 있어서 법령은 운영하는 관계부처에 의존하지 않을 수 없다. 따라서 개별법령에 규정된 수수료를 흡수·수용하여 유사 수수료간의 형평을 유지하고, 사회여건과 물가인상 등에 부응하여 요율을 적기에 조정할 수 있도록 하는 수수료제도의 일원화를 위하여 단일법제화하는 방안이 바람직할 것이다.

(2) 財産 및 利子收入의 增大

공유지관리를 부동산 신탁회사 등 민간에게 위탁시키는 토지신탁관리제도가 도입·활용될 필요가 있다. 일본에서 활성화되고 있는 공유지 신탁제도는 자치단체가 소유하고 있는 토지에 신탁은행 등에 신탁하고 일정한 목적사업(백화점, 레저시설 등)에 활용시켜 그 수익을 자치단체가 배당받는 제도이다. 이는 토지의 소유권을 보유한 채 그 활용도를 높이는 방법이다.

도시재정의 운영과정에서는 수입과 지출흐름의 시간적 격차로 인하여 일시적인 자금부족과 여유자금이 발생하는 것이 보편적인 현상이다. 따라서 가능한 한 현금보유를 최소화하고 자금투자를 확대하여 이자수입을 극대화하는 것이 필요하다. 지출에 충당하기 이전에 일시적으로 발행하는 여유자금을 최적투자상품에 투자하여 가능한한 많은 이자수입을 확보하면 지방재원이 확충되는 것이다.

(3) 負擔金運營의 合理化

부담금이란 특정한 공익사업으로 인하여 특별한 혜택을 받은 자 또는 비용을 유발하는 자에게 그 사업에 필요한 경비를 부담하도록 하는 제도로서 수익자 또는 원인자 부담원칙에 따라 경비부담과 혜택(지역 · 사람)이 일치하여야 하는 것이 원칙이다.

따라서 부담금은 수익자(원인자)에 의한 경비부담으로만 충당하고, 자치단체간의 재정조정은 국고보조금사업 등에 의해 수행하는 것이 바람직하다고 할 수 있다.

(4) 過怠料 · 犯則金運營의 合理化

행정상의 질서위반으로 부과되고 있는 과태료는 지방자치단체에 귀속되어야 하나 이의 제기된 과태료는 이를 관할법원에 이송하여 재판받도록 되어 있고 재판결과 확정된 과태료는 국고에 귀속되고 있어서 수입금의 귀속주체에 대한 일관성 결여 및 자치단체 세입결손의 원인이 되고 있다. 따라서 과태료 귀속주체의 일관성 확보와 자치단체의 재원확보차원에서 관계법령의 개정이 조속히 이루어져야 한다.

교통범칙금이 국고로 전입되고 있는데 이것 역시 지방자치단체 세외수입으로 전환되어야 한다.

(5) 經營收益事業의 活性化[20]

경영수익사업을 활성화시키기 위하여 우선 사업영역을 확대해야 한다. 사업영역을 확대하기 위하여는 사업내용을 명확히 할 필요가 있다. 경영수익사업이 민간기업의 경영원리를 어느 부분까지 도입해야 하느냐 하는 것은 결국 경영수익사업의 영역과 직결되는 문제라 하겠으며 이것은 공공성과 수익성의 조화에 관한 문제이다.

---

20) 李圭煥, "지방경영수익사업의 활성화 방안," 전게논문, pp. 58~62 참조.

Ⅲ. 地 方 債

1. 地方債의 意義

도시정부의 경비는 원칙적으로 지방세, 세외수입, 지방교부세, 보조금 및 지방양여금 등에 의하여 충당·조달되어야 한다. 그러나 대규모적인 건설사업, 지방공기업의 설비투자, 재해복구 등의 경우에는 경상적 수입으로서 필요한 경비를 조달할 수 없는 경우가 많다. 이러한 경우 지방자치단체는 차입에 의하여 필요한 자금을 조달하지 않을 수 없으며 지방채의 필요성이 여기에 있다. 따라서 지방채는 한 마디로 말해서 「지방자치단체의 차입금」이라고 할 수 있다. 이러한 지방채를 좀더 구체적으로 정의해 보면 「지방채란 지방자치단체가 재정수입의 부족을 보충하기 위한 자금조달에 의하여 부담하는 채무로서 그 이행이 다년도에 걸쳐서 이루어지는 것이며, 증서차입 또는 증권발행의 형식을 취하는 것」이라고 할 수 있다.

지방채의 기능은 다음과 같이 정리해 볼 수 있다.

(1) 財源調達機能

지방자치단체가 수행하는 사업 중에는 초기에 많은 재원의 투입을 필요로 하면서 그 편익은 장기적으로 불규칙하게 나타나는 것이 있다. 대규모 투자사업을 위한 자본적 지출이나 예측할 수 없는 자연재해의 복구비용은 경상수입만으로 감당하기 어렵다. 이러한 경우 세율인상을 생각해 볼 수 있으나 여기에는 세법개정·조세저항·경제활동의 위축 등의 문제가 수반되고, 다른 부문의 지출삭감이나 국고보조금에 의존하는 것도 한계가 있으므로 지방채에 의한 재원조달이 타당성을 지니게 된다.

(2) 負擔의 公平化機能

지하철·도로·상하수도·하수종말처리장 등과 같은 내구적 공공재(durable public goods)의 편익은 미래 세대에게도 배분된다. 이러한 시설의 비용을 모두 지방세로 충당한다면 편익과 부담간에 대응성이 없어져 세대간 불공평이 발생한다. 이러한 불공평이 지방채에 의한 자금조달로 어느 정도 해소시킬 수 있다.

(3) 赤字財政의 補塡機能

지방채는 재정적자가 누적되어 도시재정에 압박을 줄 때 이를 보전하는 수단으로 이용되기도 한다. 그리고 과거에 발행한 지방채의 상환일정을 바꾸거나 높은 이자율로 발행한 지방채를 낮은 이자율의 지방채로 상환하기 위하여 발행하기도 한다. 이러한 지방채는 임의상환지방채라고 할 수 있다.[21)]

2. 地方債 運用의 問題點과 發展方向

(1) 積債基準의 彈力的 適用

현재 지방채를 발행할 수 있는 단체의 기준은 거의 모든 단체가 충족하고 있어 자치단체간의 부익부 빈익빈 현상을 초래하는 원인이 될 뿐 현실성이 없다. 따라서 적채기준을 광역자치단체와 기초자치단체, 도시지역과 비도시지역으로 구분하여 차등적용할 필요가 있다.[22)]

(2) 起債承認權의 漸進的 移讓

지방자치단체는 지방채발행계획을 제출할 때부터 행정자치부와 교섭해야 하고 승인액의 범위 내에서 다시 지방의회의 의결을 얻어야 하며, 기채사업에 따라서는 관계 중앙행정기관의 실질적인 승인을 받아야 한다. 지방자치단체의 재정운용이 건실하지 못한 점을 감안할 때 일정한 재정통제는 불가피하다고 하겠으나 이는 근본적으로 자치원리에 부합되지 않는다. 재정여건을 분석하여 일정요건을 갖춘 기초자치단체의 일정액 이하의 지방채발행은 당해 지방의회의 승인을 얻어 스스로 발행토록 하고 있다.

(3) 借入線의 多様化

차입금 형태의 지방채가 전체의 62% 내외를 차지하고 있고 증권발행 형태의 지방채는 38% 수준을 유지하고 있다.[23)] 증서차입채 중에서도 민간자금

---

21) 심정근 外, 전게서, pp. 209~210.
22) 상게서, p. 225.
23) 상게서, p. 226.

의 비중은 감소추세에 있고 정부자금의 비중은 다소 증가하고 있다. 그러나 정부관리기금은 대부분 특정사업을 지원하기 위하여 운용되고 있는데, 지방자치단체에서는 이러한 기금의 활용이 아직도 저조한 편이다.

따라서 재정력이 비교적 양호한 광역자치단체에서는 차관자금 및 민간자금으로부터의 차입을 늘리고, 재정력이 취약한 기초자치단체에서는 정부자금으로부터의 차입을 늘리는 등 자치단체별 차입선의 다양화를 모색해야 한다.

(4) 發行金利의 段階的 現實化

지방채의 활성화에 있어 가장 큰 장애요인의 하나는 비현실적인 발행금리라고 할 수 있다. 지방채의 이자율이 경쟁상품인 국채나 회사채의 발행금리에 비하여 월등하게 낮기 때문에 소화가 잘 되지 않고 있다. 지방자치단체가 상환부담을 줄이기 위하여 이자율을 낮게 책정한다는 것은 당연하다고 하겠으나, 그 결과 첨가소화라고 하는 무리한 방법을 동원하지 않을 수 없게 된다.

Ⅳ. 地方交付稅

1. 地方交付稅의 意義

지방교부세(local revenue-sharing)란 지방자치단체의 재정적 불균형과 재원의 부족을 보완하기 위해 중앙정부가 내국세의 일정비율을 교부하는 지방재정조정제도이다. 이러한 지방교부세는 그 규모가 법으로 정해져 있고 사용목적이 제한되어 있지 않다는 점에서 국고보조금과는 구별된다.

국가가 갖고 있는 자금의 일부를 행정수요에 충당할 재원이 부족한 지방자치단체에 할애해 줌으로써 모든 지방자치단체의 행정적 서비스 수준을 어느 수준 이상으로 유지시키기 위한 재정조정제도로서 지방교부세제도는 지방교부세법의 규정에 의하여 중앙정부로부터 지방행정기관의 건전한 발전을 기하고자 하는데 목적을 두고 있다. 그리고 지방교부세의 규모는 원칙적으로 목적세 및 종합부동산세 등을 제외한 내국세총액의 19.13%로 규정되어 있다.[24]

지방교부세는 보통교부세와 특별교부세의 두 가지 종류가 있다. 보통교부세는 용도를 제한하지 않고 지방자치단체가 자율적으로 사용할 수 있는 일반재원이고 지방교부세 가운데 100분의 96이 보통교부세의 재원이 된다. 특별교부세는 일반적인 재정수요가 아닌 특수한 사정으로 발생한 재정수요에 충당하거나 재정수입의 감소를 보충해 주기 위해 교부되는 특정재원으로서 지방교부세 전체의 100분의 4가 특별교부세의 재원이 된다.[25]

(1) 地方自治團體의 自主性 保障機能

지방교부세의 기본적인 특징의 하나는 그것이 지방자치단체의 자치행정권을 침해해서는 안된다는 데에 있다. 중앙정부가 자치단체에게 그 사무를 처리하는데 필요한 재원을 충분히 교부했다 하더라도 만약 중앙정부가 이러한 재정지원에 여러 가지 조건이나 제약을 붙인다면 지방자치단체의 자치행정권 내지 자주성은 명목적인 데에 그치게 되고, 실질적으로는 재정적인 측면에서 국가의 간섭을 받게 되어 지방자치단체의 자주성을 상실하게 될 것이다.

(2) 地方自治團體간의 財源의 均衡化機能

지방교부세제도는 자치단체간의 재원을 조정하여 균형화를 도모함을 그 목적으로 한다. 자본주의경제의 발전은 지역적인 재원의 편재와 지방자치단체간의 재정력의 현저한 격차를 낳는다. 따라서 이를 조정하여 지방자치단체간의 재정력의 평준화를 도모하는 것이야말로 바로 지방교부세의 본질적 기능으로 간주되고 있다.

(3) 地方自治團體의 財源保障機能

지방교부세제도의 특징의 하나는 재원보장기능에서 찾을 수 있다. 지방자치단체에 대한 지방교부세의 재원확보기능은 각 자치단체에 대하여 산정한 기준재정수요액이 기준재정수입액을 초과할 때에 이를 보전하는 방식으로 구체화된다.

---

24) 地方交付稅法 제4조 제1항 참조.

25) 李圭煥, 전게서, pp. 478~480.

2. 地方交付稅의 問題點[26)]

(1) 基準財政需要額 算定의 問題點

(가) 單位費用의 非現實性

기준재정수요가 실제의 표준적 재정수요를 과소평가하게 되는 근본이유는 연도가 지날수록 단위비용이 비현실화되는 데 있는 것으로 판단된다.

(나) 財政需要 反映의 不充分

기본재정수요액은 있어야 할 재정수요를 나타내는 것이지만 지방교부세의 총액이 적기 때문에 지방자치단체의 현실적 재정수요와는 거리가 있다.

(2) 基準財政收入額 算定의 問題點

(가) 地方稅 徵收努力 誘發機能 缺如

지방교부세의 목적 중의 하나가 교부세 배분액을 자치단체의 조세징수액과 연계시킴으로써 자치단체의 징세노력을 유발하는 것인데 우리나라의 현행 지방교부세제도는 자치단체의 징세노력에 따라 교부금 배분액이 증가하는 것이 아니라 오히려 감소하여 교부세가 자치단체의 징세노력을 유발하기보다는 저해하는 결과를 나타내고 있다.

(나) 基準財政收入額 算定의 不合理

현재와 같은 기준재정수입액을 지방세목표액으로 산정할 경우 지방교부세를 많이 받기 위해 지방세목표액을 낮게 책정한다든지 혹은 자체사업의 확대를 위해 지방세목표액을 높게 책정할 경우 지방교부세의 배분에서 이익 또는 불이익을 받게 되는 경우가 발생한다.

(3) 地方交付稅의 水平的 財政均衡化 機能의 未洽

지방교부세의 주요한 목적 중의 하나가 중앙정부와 지방정부간의 수직적 재정불균형과 자치단체간의 수평적 재정불균형을 조정하는 데 있는데 우리나라의 현행 교부세제도는 지방자치단체의 공공지출수요와 자체수입간의 차액을 보전함으로써 중앙정부와 지방자치단체간에 수평적인 재정균형화 기능이 미흡하다.

---

26) 심정근 외, 전게서, pp. 243~245; 李圭煥, "地方交付稅의 問題點과 改善方案," 「中央行政論集」 제9권(중앙대학교 국가정책연구소, 1995), pp. 220~224.

3. 地方交付稅의 發展方向

(1) 法定交付稅率의 引上[27)]

지방자치제 실시 이후 국가기능·사무 가운데 지방이양 또는 위임된 기능·사무가 적지 않음을 감안할 때 지방교부세율의 점진적인 인상이 요구된다. 그러나 국가의 기능수행을 위한 재원이 역시 필요하므로 점진적·단계별로 인상함이 현실적이라 하겠다. 그 방법으로 1차로 내국세의 20% 수준까지 높인 후 10년내 25% 수준으로 인상함이 바람직하다 하겠다.

(2) 單位費用 算定體系 改善

각급 단체 상호간의 단위비용의 차이를 합리적으로 설정하기 위한 개선안은 교부세제도의 측정항목별로 표준적 행정서비스 공급수준을 설정하고 그 공급수준을 유지하기 위한 경비수준을 각 자치단체의 다양한 비용여건을 감안하여 단위비용으로 산정하는 방향으로 되어야 할 것이다.

(3) 地方自治團體의 地方稅 徵收努力의 反映

지방의 자체적인 조세 징수노력을 유발하기 위하여 현재 중앙정부에 의해 결정되는 지방세의 세목과 세율을 자치단체의 특성과 필요에 따라 자주적으로 결정할 수 있도록 해야 할 것이며, 특히 지방교부세배분액과 지방자치단체의 조세징수노력이 연결되어야 할 것이다. 이를 위해서 유보율 수준을 각 지방자치단체의 징세노력에 맞춰 차등화하는 방안을 검토해야 할 것이다.

(4) 地方財政力 測定을 위한 財政指數 開發

지방재정제도의 장기적인 발전을 위한 재정정책의 수립을 위해서 지역총생산을 위시한 기초통계를 작성하고 이러한 기초통계를 바탕으로 적합한 재정력지수를 개발하며 실증분석을 통하여 공공지출의 수요에 대한 소득 및 가격탄력성 등 기본적인 경제통계치를 추정하는 작업에 대한 새로운 인식과 노력이 이루어져야 할 것이다.

---

27) 李圭煥, 전게서, pp. 483~484; 李圭煥, 전게논문, pp. 224~226 참조.

V. 國庫補助金

1. 國庫補助金의 意義

국고보조금(grant-in-aid, subsidies)은 국가가 지방자치단체에 대해 일정한 행정수준을 유지하거나 특정한 사업을 수행하는데 필요한 경비의 전부 또는 일부를 교부해 주는 것으로 지원금융의 성격을 띠고 있다.[28] 따라서 국고보조금은 지방자치단체 입장에서 보면 의존재원이자 특정재원의 성격을 띠고 있다.

특정행정을 일정한 수준으로 확보하고, 국가의 종합적인 계획이나 시책을 실현시키고, 새로운 사무를 보급·장려하고 특별한 재정수요에 대응하여 국민의 편리를 위해 사무를 위탁·처리할 뿐만 아니라 한 지역 또는 한 부문에의 투자가 다른 영역에 긍정적 효과를 파급하게 하는 데 국고보조금제도의 실시 근거를 두고 있다.

이러한 국고보조금은 다음과 같은 특질을 지닌다.[29]

① 국고보조금은 그 비도가 정해져 있는 특정재원임을 그 특질로 한다.

② 국고보조금은 국가로부터 교부되는 의존재원임을 그 특질로 한다.

③ 매년 경상적으로 수입되는 경상재원임을 그 특질로 한다.

국고보조금은 의무적 성질을 가지는 부담금·교부금과 임의적 성질을 가지는 협의의 보조금의 세 가지로 구분할 수 있다.

(1) 負擔金

부담금이란 지방자치단체 또는 그 기관이 법령에 의하여 처리하여야 할 사무로서 국가와 지방자치단체 상호간에 이해관계가 있고, 또한 그 원활한 사무처리를 위하여 국가가 그 경비를 부담하지 않으면 안될 때에 그 전부 또는 일부를 부담하는 것을 말한다.[30] 부담금은 국가가 의무적으로 지출하는 것이므로 그 내용을 명확히 하고 안정성을 확보할 필요가 있다.

---

28) 권형신 외, 「한국의 지방재정」(서울: 도서출판 해남, 1998), p. 378; 鄭世煜, 전게서, p. 691.

29) 李相熙, 전게서, pp. 504~505.

30) 地方財政法 제21조 제1항 참조.

(2) 交付金

교부금이란 본래 국가가 스스로 수행하여야 할 사무(예: 국민투표, 대통령 또는 국회의원의 선거, 외국인등록, 징병 등)를 지방자치단체 또는 그 기관에 위임하여 수행하는 경우에 그 소요되는 경비에 충당하기 위하여 교부되는 보조금이다. 지방자치단체는 그 경비를 부담할 의무가 없으며 국가가 당연히 그 전액을 부담하여야 한다.[31]

(3) 狹義의 補助金

협의의 보조금은 지방자치단체가 그 경비의 전액을 부담하여야 할 사무에 대하여 국가가 시책상 필요하다고 인정되거나 또는 자치단체의 재정형편상 지원이 필요한 경우에 교부한다는 의미에서, 자치단체가 실시하여야 할 사무로서 국가와 자치단체간에 이해관계가 있을 때에 국가가 그 경비를 부담하는 부담금과 구별된다.[32]

2. 國庫補助金의 問題點

(1) 地方政府의 自主性 沮害와 地方費 負擔過重[33]

국고보조금은 중앙정부의 지시성 사업에 대한 재원으로서 보조조건이 지나치게 획일적일 때는 해당지역의 조건을 정확히 반영시키지 못하게 된다. 따라서 지방자치단체의 입장에서는 중앙정부의 지시에 따르기 위해서 사업의 우선순위를 무시하고 쉽고 경우에 따라서는 필요치 않은 부대사업까지 시행하는 결과를 초래한다.

(2) 다른 財政政策手段과의 連繫性 缺如

우리나라 국고보조금제도의 운영에 있어서 중앙정부 시책에 따른 사업과 지역 특수성을 반영하는 지방자치단체의 재정계획과의 조화 및 구체적 연계가 이루어지지 못하고 있는 실정이다.

31) 地方財政法 제21조 제2항 참조.
32) 地方財政法 제23조 제1항 참조.
33) 심정근 外, 전게서, pp. 250~252; 李圭煥, 전게서, pp. 485~487.

(3) 適正補助率 算定의 問題

차등보조율제도를 채택하고 있으나 재정력이 높은 자치단체는 국고보조금을 확보하여 개발을 촉진하고 지역경제를 활성화시켜 유효수요를 유발하게 되며 이로 인해 고용기회가 확대되고 소득원이 창출되는 효과를 가져와 세입원이 늘어난 데 비하여 재정력이 취약한 자치단체에서는 재정사정으로 국고보조금 확보가 어려워 개발이 지연되고 지역경제가 침체되는 등 악순환이 계속되어 도시재정은 빈익빈 부익부 현상으로 지역간 격차가 두드러지게 나타나고 있다.

3. 國庫補助金의 發展方向

첫째, 국고보조금제도의 개선을 위해서는 무엇보다 동 제도의 취지를 살릴 수 있도록 제도를 정비하여야 하며 다른 재정정책수단과의 연계를 강화해야 한다.[34)]

지나친 보조금의 영세화는 중앙의 불필요한 통제와 예산의 낭비를 초래하며 보조금의 본래의 기능을 수행할 수 없다. 보조금 가운데 성질이 유사한 것은 통·폐합되어야 하며, 영세보조금은 폐지되어야 한다.

둘째, 지역간 재정격차를 심화시키는 것을 개선하기 위해서 성과가 높을 것으로 예상되는 국고보조사업에 재정력이 약한 자치단체도 참여할 수 있도록 정부가 승인한 사업의 지방분담금은 자치단체가 지역개발기금 등에서 외부차입할 수 있도록 하는 방안을 적극적으로 고려할 필요가 있다.

셋째, 장기적 안목에서 중앙과 도시정부간의 기능 및 역할분담이 재정립되어야 하며, 특히 중앙정부사무와 지방사무의 구분기준, 중앙·도시정부간 경비분담원칙 등이 명확하게 설정되어야 한다.

넷째, 보조금사업의 선정, 재정부담의 배분 그리고 사업운영에 있어 통제위주의 중앙정부 주도를 지양하면서 도시정부의 입장과 여건이 적절하게 반영될 수 있는 통로의 마련이 필요하다.

다섯째, 국고보조금이 자치단체에서 현재보다 융통성 있게 활용될 수 있도록 보조대상을 확대한 포괄보조금제도(block aid)를 도입하며, 기존 보조금의 정비과정에서 확보되는 재원이 지방사업을 위한 回轉基金에 활용되는 방안이 모색되어야 한다.

---

34) 심정근 外, 전게서, p. 252; 李圭煥, 전게서, pp. 490~491.

여섯째, 도시재정의 운영측면에서 지방예산의 편성·확정에 지장을 초래치 않도록 국고보조사업의 선정, 국고보조금의 배정 등 제반절차를 간소화하고, 국고보조금과 관련된 시간계획(time schedule)을 현재보다 앞당기는 방안이 연구되어야 할 것이다.

Ⅵ. 調整交付金

1. 調整交付金의 意義

조정교부금제도는 각 특별시·광역시별로 자치구간 세원 분포의 불균형으로 인한 재정불균형을 해소하고, 자치구간 행정의 일정한 수준을 확보하기 위해 시세 중 일부세목을 일정한 기준에 따라 자치구에 교부하는 제도이다.[35)]

따라서 조정교부금제도는 본질적으로 특별시·광역시와 자치구간의 수직적 형평보다는 자치구 상호간의 수평적 형평이 더 큰 비중이 있는 것이다. 즉, 조정교부금제도의 주요 의의는 지방교부세와 마찬가지로 ① 자치구간 재정력의 형평화와 ② 자치구에 대한 재원보장 등이다.[36)]

자치구 재정조정제도는 지방자치법 제160조의 규정에 따라 특별시·광역시와 그 관할구역내의 자치구간의 재원조정을 하기 위한 제도이다. 즉, 조정교부금은 각 자치구의 기준재정수입액과 기준재정수요액을 산정하여 기준재정수입액이 기준재정수요액에 미달하는 자치구에 부족재원을 교부율에 의하여 지원하여 주는 것이다.

자치구 조정교부금의 재원은 특별시·광역시의 시세수입 중 취득세와 등록세의 합산액에 조례가 정하는 일정한 비율(조정률)을 곱하여 얻은 금액이다.

자치구의 지방세를 중심으로 한 자체재원의 배분구조를 세입측면에서 조세구조가 도와 시·군과 비교하여 볼 때 크게 차이가 남을 알 수 있다. 즉, 시·군에는 총 16개 지방세목 중 목적세 2개 세목을 포함한 9개 세목의 배분된 반면, 자치구에는 목적세인 사업소세를 포함하여 면허세, 재산세 등

35) 李圭煥, 전게서, pp. 491~492.

36) 李圭煥, "대도시조정교부금제도의 의의와 필요성,"「지방재정」 제18권 제5호(한국지방재정공제회, 1999), pp. 23~24.

3개 세목만이 배분되어 세목면에서 많은 차이가 있다.

또한, 자치구는 지방교부세의 교부대상단체에서도 제외되어 있어 대신 특별시장 및 광역시장에게 당해 시세수입의 일정액을 확보케 하여 자치구 상호간의 재원을 조정하도록 하고 있다.

현행 조정교부금은 지방교부세처럼 법정교부율로 정해진 것이 아니라 지방자치단체의 조례에서 규정하도록 함으로써 자율성과 신축성을 보여주고 있다. 실제 대도시별 교부율을 보면, 서울 50%, 부산 51%, 대구 52%, 인천 50%, 광주 70%, 대전 68%, 울산 58% 수준이다.

2007년도 69개 자치구의 조정교부금은 자치구 총세입규모의 28%를 점하고 있다.

조정교부금의 산정방법은 거의 지방교부세의 산정방법과 비슷하며, 조정교부금은 보통교부금(90%)과 특별교부금(10%)으로 구분·운영된다.

2. 調整交付金의 問題點

(1) 調整財源의 規模未洽

자치구의 재정자립도가 평균 40%대이지만 20% 수준의 자치구도 적지 않다. 현행 제도로는 조정재원이 자치구 재원부족액에 계속적으로 현저하게 미달할 때 특별시장과 광역시장은 조정재원을 상향조정하도록 조례를 개정하여 충분한 조정재원을 확보할 책임이 있다.

(2) 調整交付金 算定方式의 問題

합리적인 기준재정수요를 산정할 수 있도록 측정항목, 측정단위, 단위비용 등에 객관적인 산정방식을 분석해야 한다. 각 측정항목별로 설정되고 있는 측정단위로 의원정수, 공무원수, 가구수, 주민수 등 13~22종의 통계가 배정되고 있으나 해당 측정항목과의 상관도가 낮아 타당성이 적은 측정단위가 사용되고 있다.

(3) 特別交付金 配定方式의 問題

조정교부금 총액의 90%가 보통교부금으로 각 자치구에 일정한 배정방식에 따라 배정되고 잔여분 10%는 특별교부금으로 시 자체에서 임의로 결정하는 기준에 따라 교부되고 있다. 특별교부금은 사실상 시비보조금과 같이 지정된 용도를 위하여 시의 재량에 따라 교부되고 있기 때문에 진정한 자주 재원으로 보기 어렵다.

3. 調整交付金의 發展方向

(1) 調整交付金 財源의 擴大

현행 재원이 취득세와 등록세가 부동산거래와 직접적 관계가 있기 때문에 부동산경기의 부침에 따라 민감하게 영향을 받는다는 점이다. 따라서 취득세·등록세의 일정비율보다는 시 본청세 전체의 일정비율로 규정하도록 관련법을 개정할 수도 있을 것이다.

장기적으로는 시 본청과 자치구간의 지방세 세목 재배정이 검토되어야 할 것이다.

(2) 交付金 算定方式의 改善

기준재정수요 산정에 이용되고 있는 측정항목의 개선, 측정항목별로 지정되고 있는 측정단위의 재산정 그리고 단위비용의 현실화 등이 재검토되어야 한다.

측정항목의 개선방향은 자치구 재정수요를 정확하게 측정할 수 있도록 자치구의 예산과목과 조화가 되는 방향이면서도 가능한 한 항목 및 세항 목수가 단순화되는 방향이 바람직하다.

(3) 逆交付稅制度의 導入

기준재정수입액이 기준재정수요액을 초과하는 자치구에 대해서는 초과액을 역교부세로 징수하여 부족한 자치구에 특별교부금으로 교부함으로써 자치구간 재정불균형을 시정하는 방안을 검토할 수 있다. 이는 독일의 주정부간 역교부금제도와 일본의 동경도의 都區간 재정조정납부금제도와 유사한 것이다.

(4) 特別交付金의 比率縮小

지방교부세의 특별교부세 비중을 4%로 축소했듯이 조정교부금의 특별교부금의 비중은 현행 총액의 10%에서 점진적으로 그 비율을 축소해 나가야 할 것이다. 특별교부금의 배정방식 자체를 상당한 정도 정형화함으로써 조정교부금의 원래 목적에 부합되는 목적으로 사용될 수 있도록 제도화하는 방법도 검토되어야 할 것이다.

제 3 절 都市政府의 支出

Ⅰ. 都市政府의 豫算過程

1. 豫算의 編成

예산의 편성이란 도시정부가 차기 회계연도에 수행하고자 하는 시책이나 사업계획 및 이러한 제활동을 위하여 필요로 하는 재화의 획득과 지출에 대한 예정적 계산인 예산안을 작성하는 것이다. 이처럼 예산편성이란 도시정부가 시책이나 사업계획을 수립·분석한 다음 선정된 사업계획(program)에 자금을 배정하는 예산과정의 첫 번째 단계이다.[37]

지방자치단체의 장이 예산안을 편성할 때에는 중·장기지방재정계획을 기초로 하여야 한다. 지방자치단체의 장은 법령 및 조례가 정하는 범위 안에서 합리적인 기준에 의하여 그 경비를 산정하여 예산에 계상하여야 하고, 모든 자료에 의하여 엄정하게 그 재원을 포착하고 경제의 현실에 맞게끔 그 수입을 산정하여 이를 예산에 계상하여야 한다.[38]

지방자치단체의 예산편성 절차는 중·장기지방재정계획의 수입 및 지출, 예산편성지침의 시달, 예산요구서의 작성·제출, 예산요구서의 사정 및 예산안 편성, 예산안의 의회제출 및 고시라는 과정을 거쳐서 완료된다.

(1) 豫算編成指針의 示達

행정자치부에서는 기획예산처의 예산편성기본지침과 대통령의 국정연설자료 및 공약사업 그리고 행정자치부 및 해당 중앙부처의 의견을 수렴하여 예산편성지침을 작성한 다음 전년도 7월 31일까지 지방자치단체에 예산편성

---

37) 심정근 外, 전게서, p. 259.

38) 地方財政法 제36조 제1항, 제2항 및 제3항 참조.

지침을 일괄적으로 시달한다. 다만, 예산편성기본지침이 시달된 후 지방자치단체의 재정에 영향을 미치는 중요한 국가정책이 수립되거나 변경되는 경우에는 이미 시달된 지침을 변경하여 시달할 수 있다.[39] 예산편성지침에는 ① 국가재정운용의 기본방향, ② 지방재정의 여건과 전망을 통한 지방재정운용방향과 국가 특히, 행정자치부의 역점시책사업의 추진방침, ③ 예산편성의 기준과 단위당 정부단가 등이 포함된다.

(2) 豫算要求書의 作成·提出

예산편성지침을 통보받은 각 부서장 및 기관장은 이를 기준으로 지정된 기일까지 소관부서의 예산요구서와 부속서류를 작성하여 제출하여야 한다. 예산요구서는 예산총칙, 세입세출예산, 계속비, 명시이월비와 채무부담행위로 구성된다.[40] 그러나 대부분의 지방자치단체는 사업예산 총액과 연도별 지출 예산을 사전에 확정하는 계속비 예산을 편성하지 않고, 매 회계연도별 사업비를 각 연도 예산안에 편성하고 있다.[41]

(3) 豫算要求書의 査定 및 豫算案 編成

예산요구서가 제출되면 예산주관부서는 예산요구부서의 설명을 듣고 난 다음 지방자치단체장의 재정운용방침, 재정상황, 사업의 우선순위 등을 고려하면서 예산요구액을 사정하게 된다.

(4) 豫算案의 提出

이와 같은 과정을 거쳐 편성된 예산안은 지방자치단체의 장이 지방의회에 제출한다. 제출기일은 시·도는 회계연도 개시 50일전인 11월 11일까지, 시·군·구는 회계연도 개시 40일 전인 11월 21일까지 제출하여야 한다.[42]

2. 豫算의 審議

예산심의란 자치단체장이 제출한 예산안에 담겨 있는 정책과 사업계획을 시의회가 사전에 검토하고 재정규모를 확정하는 예산심의의 두번째 단계

39) 地方財政法 제39조 참조.
40) 地方財政法 제40조 참조.
41) 金鍾淳, 「地方財政學」(서울: 三英社, 1997), p. 149.
42) 地方自治法 제127조 참조.

를 말한다.

시의회는 이와 같은 예산심의를 통하여 집행부가 제안한 정책을 수정·보완·개정하는 정책결정기능을 수행함과 동시에 집행부에 대한 통제권을 행사한다.[43]

(1) 提案說明

예산안에 대한 심사가 시작되면 자치단체장은 본회의에 출석하여 예산안이 작성된 배경과 그 속에 내포되어 있는 재정·경제정책의 방향 및 예산의 기본내용과 관련된 제안설명을 한다.

(2) 所管常任委員會와 豫算決算特別委員會 審議

상임위원회가 있는 지방의회의 경우에는 소관상임위원회에서 예비심사를 거친 후 본회의의 의결로 구성된 예산결산특별위원회에 회부하여 종합심사를 받게 된다.

그러나 상임위원회가 설치되어 있지 않은 시·군·자치구에서는 예비심사를 거치지 않고 예산결산위원회에 바로 회부하여 종합심사를 하게 된다.

(3) 本會議 議決 및 移送

종합심사를 거친 예산안은 본회의에 부의된다. 본회의에서는 예산결산특별위원장이나 위원장이 지명한 의원이 종합심사의 결과를 보고한다. 그 후 의원들의 정책질의와 찬반토론을 거쳐 의결함으로써 익년도 예산안은 확정된다. 예산안의 의결기한은 광역의회의 경우 회계연도 개시 15일전에, 기초의회는 회계연도 개시 10일전까지이다.[44]

의장은 확정된 예산안을 3일 이내에 당해 자치단체장에게 이송하게 되고, 지체없이 그 내용이 행정자치부장관(시·도의 경우), 또는 시·도지사(시·군·자치구의 경우)에게 보고된 후 고시된다.

---

43) 金鍾淳, 전게서, p. 154.

44) 地方自治法 제127조 제3항 참조.

3. 豫算의 執行

(1) 豫算의 配定

각 실·과장은 예산성립 후 즉시 세입예산월별집행계획서, 세출예산월별집행계획서를 작성하여 세입주관과와 예산주관과에 제출하여야 한다.

이때 예산주관과장은 세입주관과장이 작성하여 제출한 자금수급계획서를 기준으로 하여 세출예산월별·분기별배정계획서를 소속행정기관의 각 실·과는 물론 지방의회 사무기구, 보조기관 및 하부행정기관에 예산을 월별 또는 분기별로 배정하고,[45] 경리관 및 지출원과 세입주관과에 송부하여야 한다. 이러한 예산배정은 배정계획서에 의거한 지출원인행위를 할 수 있도록 통지하는 행위이다.

(2) 收入과 支出

우리나라 예산은 세출예산 이외에도 세입예산을 포함하기 때문에 예산의 집행과정은 지출원인행위와 출납 이외에도 세입의 징수 및 수납을 포함한다.

(가) 支出原因行爲와 出納

예산이 배정되면 자치단체의 장 또는 그 위임을 받은 공무원인 경리관은 지출의 원인이 되는 계약 또는 기타의 행위를 법령·조례 또는 규칙이 정하는 바에 의하여 배정된 예산의 범위 내에서 할 수 있다. 그리고 지출원인행위를 실행한 경리관은 자치단체의 장이 임명한 공무원(支出員)에게 지출원인행위 관계서류를 송부하여야 한다.[46]

(나) 歲入의 徵收와 收納

세입의 징수란 지방자치단체가 수납하여야 할 모든 세입을 조사결정하여 이를 납부의무자에게 통지하는 행위를 말하고, 수납이란 징수통지에 의하여 납부의무자가 납부하는 것을 수령하는 행위이다.

45) 地方財政法施行令 제35조 및 地方自治團體 財務會計規則 제18조 참조.
46) 地方自治法施行令 제53조 참조.

(3) 豫算不成立時의 豫算執行

(가) 豫算不成立時의 豫算執行

지방의회가 법정기일 안에 예산안을 의결하지 못한 때는 전년도 예산에 준하여 집행할 수 있다. 그러나 준예산으로 집행된 예산은 당해연도의 예산이 성립하면 그 성립된 예산에 의하여 집행된 것으로 본다.[47]

준예산을 집행할 수 있는 경우는 ① 법령이나 조례에 의하여 설치된 기관 또는 시설의 유지·운영에 필요한 경비, ② 법령 또는 조례상 지출의무의 이행에 필요한 경비, ③ 이미 예산으로 승인된 사업의 계속에 필요한 경비로 한정되어 있다.

(나) 早期執行

지방자치단체의 예산이 성립된 후 회계연도가 개시되기 전이라도 ① 교통이나 통신이 불편한 지방에서 지급하는 경비, ② 여비, ③ 외국에서 지급하는 경비, ④ 선박운항에 소요되는 경비, ⑤ 지방자치단체의 소속행정기관 및 하부행정기관에서 필요한 부식물의 매입경비, ⑥ 업무추진비 및 특별활동비, ⑦ 지역경제정책상 조기집행을 필요로 하는 공공사업비 등의 사항에 관하여는 회계연도 개시 전이라도 조기배정할 수 있다.[48]

(다) 先決處分

자치단체의 장은 지방의회가 성립되지 아니한 때와 지방의회의 의결사항 중 주민의 생명과 재산보호를 위하여 긴급하게 필요한 사항으로서 ① 지방의회를 소집할 시간적 여유가 없을 때, ② 지방의회에서 의결이 지체되어 의결되지 아니한 때에는 선결처분할 수 있다. 선결처분은 다음 회기의 지방의회에 보고하여 승인을 얻어야 하고, 승인을 얻지 못할 때에는 그 효력은 상실된다.[49]

예산이 성립된 후에 여건이나 정세변동에 탄력적으로 적응할 수 있도록 지방재정법에서는 예산집행의 신축성을 확보할 수 있는 방안을 규정하고 있는데 그 내용을 보면 다음과 같다.

---

47) 地方自治法 제131조 및 地方財政法 제37조 참조.
48) 地方財政法施行令 제36조 참조.
49) 地方自治法 제109조 참조.

(4) 豫算의 移·轉用과 移替

(가) 豫算의 移用

예산성립후에 생긴 사정변경 등으로 부득이 세출예산의 각 소관 및 입법과목(장·관·항) 상호간의 경비를 융통하는 것인데, 이러한 이용은 원칙적으로 금지되고 있으나, 예산집행상의 필요에 의해 미리 지방의회의 의결을 얻었을 때는 가능하다.[50]

(나) 豫算의 轉用

세출예산의 행정과목인 각 세항이나 목간의 경비를 상호 융통하여 사용하는 것인데, 이러한 전용의 대상이 될 수 없는 비목으로는 ① 봉급, ② 시설비, ③ 공공요금, ④ 상환금 등이다.[51]

(다) 豫算의 移替

지방자치단체의 기구·직제 또는 정원에 관한 법령이나 조례의 제정 또는 개폐로 인하여 관계기관간의 직무권한, 기타의 변동이 있을 때에는 그 예산을 상호 이체할 수 있도록 되어 있다.[52]

(5) 豫算의 移越

(가) 明示移越

명시이월은 세출예산 중 경비의 성질상 당해 연도내에 그 지출을 끝내지 못할 것이 예상될 때에는 그 취지를 예산에 명시하여 미리 지방의회의 의결을 얻어 이를 익년도에 이월하여 사용하는 것이다.[53] 따라서 이 제도는 회계연도 독립의 원칙에 대한 예외로서 인정되고 있다.

(나) 事故移越

사고이월은 세출예산 중 당해 연도내에 지출원인행위를 하고 불가피한 사유로 인하여 그 연도내에 지출하지 못한 경비와 지출원인행위를 하지 아니한 그 부대경비의 금액을 익년도에 이월하여 사용하는 것이다.[54]

(다) 繼續費의 遞次移越

사업의 성격상 여러 해에 걸쳐 계속적으로 집행할 필요가 있는 경비는

---

50) 地方財政法 제47조 제1항 참조.
51) 地方財政法 제49조 참조.
52) 地方財政法 제47조 제2항 참조.
53) 地方財政法 제50조 제1항 참조.
54) 地方財政法 제50조 제2항 참조.

계속비를 편성하도록 되어 있다. 그런데 당해 연도 세출예산에 포함된 계속비의 연부액을 회계연도 종료시까지 집행하지 못하는 경우 불용액으로 처리하지 않고 다음 회계연도에 순차적으로 이월하여 집행할 수 있도록 되어있다.[55]

(6) 豫算費

세출예산의 편성시 예측할 수 없는 예산 외의 지출 또는 초과지출에 충당하기 위하여 자치단체는 예비비로서 상당한 금액을 세입세출예산에 계상하여야 한다. 과거에는 전체 예산의 100분의 1 이상을 예비비로 편성하도록 되어 있었으나 1994년 지방재정법 개정으로 편성규모에 관한 제약은 없어졌다.

4. 決　　算

심의과정이 예산에 대한 사전심사인 것과는 달리 결산은 예산집행결과에 대한 사후심사를 말한다. 결산이란 예산집행을 종료한 집행부가 세입·세출예산의 집행실적을 확정적 계수로 표시하는 것을 뜻하는데 의회는 결산에 대한 승인권을 보유하고 있다.[56]

예산의 심의·의결과 결산의 심사·승인이라는 2개의 절차에 의하여 주민대표인 지방의회의 지방재정에 대한 통제가 그 실효성을 확보하게 되며, 따라서 주민들에 대한 지방재정보고의 성격도 갖게 된다.[57]

그러나 지방의회는 결산의 검사·심의과정에서 비록 위법·부당한 수입이나 지출이 발견되어도 그 자체를 무효로 하거나 취소할 수 없다. 위법·부당한 사실이 발견되면 지방단체장에게 정치적·도의적 책임을 추궁하는 외에 다른 수단은 없다.[58] 그러나 결산심사를 통해 그 심사결과의 감사활용과 익년도 예산안 심사에의 반영이 가능하게 되므로 결산제도는 미래의 도시재정계획의 수립과 예산편성에 대한 유효적절한 통제수단이 된다.

자치단체장은 출납폐쇄 후 3개월 이내에 결산서 및 증빙서류를 작성한

55) 地方財政法 제50조 제3항 참조.

56) 金鍾淳, 전게서, p. 171.

57) 지방재정운영의 투명성을 제고하기 위하여 지방자치단체는 연 1회 이상 세입·세출예산의 집행상황, 지방채의 현재액 등을 주민에게 공개하도록 되어 있다. 地方財政法 제60조 참조.

58) 권형신 外, 전게서, p. 296.

후, 지방의회가 선임한 검사위원의 검사의견서를 첨부하여 다음 연도 지방의회의 승인을 받아야 한다. 승인을 얻은 후 5일 이내에 시·도는 행정자치부장관에게, 시·군·자치구는 시·도지사에게 각각 보고하고 그 내용을 고시하여야 한다.[59]

(1) 歲入·歲出決算의 提出

자치단체의 장은 예산안의 제출시에 세입·세출결산을 작성하여 지방의회에 제출하여야 한다. 지방의회에 제출하는 세입·세출결산은 세입·세출결산보고서, 공기업특별회계보고서, 물품증감 및 현재액보고서, 계속비결산보고서 등을 포함한다.[60]

(2) 決算檢査委員의 選任 및 決算檢査

결산검사위원은 시·도는 9인 이내, 시·군·자치구는 5인 이내로 하고, 당해 지방의회의 의원이나 공인회계사 등 재무관리에 관한 전문지식과 경험을 가진자 중에서 지방의회가 선임한다. 결산위원의 검사사항은 세입·세출의 결산, 계속비·명시이월비 및 사고이월비의 결산, 채권채무의 결산, 재산 및 기금의 결산, 금고의 결산 등이다. 검사위원은 결산검사 종료 10일 이내에 검사의견서를 당해 자치단체의 장에게 제출하여야 하며, 지방의회는 결산심의시 필요한 경우 검사위원을 출석시켜 설명을 들을 수 있다.[61]

(3) 地方議會의 審議·承認

자치단체장은 출납폐쇄(2월말) 후 3개월(5월말) 이내에 결산서를 증빙서류와 결산검사위원의 검사의견서를 첨부하여 다음 연도에 지방의회에 제출하며, 지방의회는 상임위원회의 예비심사와 예산결산특별위원회의 종합심사를 거쳐 본회의의 승인절차를 거치게 된다.[62]

---

59) 地方自治法 제134조 참조.

60) 地方財政法 제51조 참조.

61) 李圭煥, "地方自治團體 決算制度의 發展方向,"「地方財政」 제17권 6호(韓國地方財政共濟會, 1998), pp. 47~49 참조.

62) 地方自治法 제134조 제1항 참조.

Ⅱ. 合理的 財政支出方案

1. 都市財政의 計劃的 運用

(1) 中期財政計劃制度의 定着

도시 및 지역개발계획은 각종 행정수급에 대처하면서 종합행정의 실현을 확보하기 위한 것으로 재원의 확보가 없는 개발계획은 단순한 기대적·종합적인 시책의 나열에 불과한 것이 된다. 따라서 재정계획은 지방자치단체가 중·장기적인 전망하에 예정되는 제시책이나 구상을 조정하고 통합할 수 있는 현실적인 기초를 이룬 것으로서 도시 및 지역개발계획은 중장기재정계획이 뒷받침될 때 비로소 그 실효성이 확보될 수 있는 것이다. 이 같은 관점에서 중장기 재정계획을 발전·정착시켜야 할 필요성은 다음과 같다.[63]

① 도시재정에 있어 광범위한 수요증대에 대해 한정된 재원으로 대처하기 위해서는 수요증대의 장기적 전망하에서 재정운용이 이루어져야 한다.

② 예정외 경비의 발생을 지방재정에 충격없이 받아들이기 위해 장기적 전망에 입각한 재정운용이 필요하다.

③ 단년도 예산제도가 갖는 전년도 답습적 예산제도를 지양하고, 재정수요와 재정공급을 중·장기에 걸쳐 예측하기 위해 계획적 재정운용이 필요하다.

④ 도시재정 환경변화에 효율적으로 대처할 수 있도록 변화를 반영할 수 있는 연동계획적 성격을 띠는 중·장기적 재정운용이 필요하다.

(2) 資本投資計劃의 導入

도시재정의 효율적 운용을 위하여 중기재정계획제도를 도입·운영해 오고 있으나 아직 제도정착이 미흡한 현실에서 성공적으로 중기재정계획을 운영·발전시키기 위해서는 관련제도의 도입 또는 보완운영이 강화되어야 할 것이다. 이러한 관련보완제도에는 자본투자계획[64](Capital Improvement Program;

---

63) 李圭煥, 「都市財政의 計劃的 運用」(都市 및 地域計劃研究所, 1984), pp. 33~36; 李圭煥, 전게서, pp. 521~523; 중기재정계획제도에 관한 구체적인 내용은 이규환, 「한국지방행정학」, pp. 554~566 참조.

64) 자본투자계획제도 관한 구체적인 내용은 다음을 참조할 것. Robert D. Lee and W. Johnson, *op. cit.*, pp. 240~.245; John L. Mikesell, *Fiscal Administration*(Homewood, Illinois:

C.I.P.)과 사업별 예산편성방식 등의 도입이 그 대상이 될 것이다.

C.I.P. 제도를 도입·운영하고 있는 미국의 많은 도시정부들은 C.I.P.를 통하여 재정계획과 예산편성에 다음과 같이 기여했던 것이다.[65]

① 공공시설의 확충을 추진하는 데 있어서의 재원부족을 적자재정과 지방채발행으로 충당할 수 있었다는 점, ② 공공시설의 신설, 확장경비를 조세수입에만 의존하지 않고 수익자부담의 원칙에 의하여 공채의 발행으로 다음 세대에도 부담의 균등화를 기할 수 있었다는 점, ③ 장기계획의 필요성을 절실히 인식하게 되었다는 점 등이다.

C.I.P.제도는 무리한 기채사업을 남발하고 경제적 안정을 해칠 우려가 있다는 결함을 갖고 있다. 그러나 도시정부의 자산상태와 재정구조를 이해하는데 용이하고 자본지출의 분석을 가능케 하며, 도시정부의 공신력을 높이고 경기회복에 기여한다는 장점을 갖고 있다. 따라서 부족된 재원으로 개발을 촉진할 필요가 있는 도시정부에서는 도입의 필요성이 큰 제도이다.[66]

C.I.P.는 도시정부내에 투자를 요하는 투자사업에 대하여 치밀한 사업계획을 작성하는 것이다. 이 계획은 당해년도 예산을 심의하는 과정에서 그리고 지역주민이 도시정부의 활동을 이해하는데 매우 중요한 정책자료로서 활용될 수 있다. 또한 공공시설의 위치를 정하고 그 투자시기를 결정함으로써 민간투자와 함께 도시의 종합적 계획의 유용한 도구가 될 수 있다.[67]

(3) 事業別 豫算編成方式의 導入

현행 품목별 예산제도 중심하에서 예산편성이란 행정조직 단위별로 인건비, 물건비 등의 경비구분을 토대로 하여 예산요구 및 사정이 이루어지고 있다.

이러한 예산편성방식은 ① 예산편성과 사정이 전체적인 사업목적의 달성 또는 경비지출의 효율적 배분보다는 지엽적인 경비지출의 통제에 치중하게 되고, ② 조직의 미분화 또는 지나친 세분화로 인한 기능 또는 사업의 명백한 표출이 어려운 문제점 등을 지니고 있다.

The Worsey Press, 1982), pp. 96~97.

65) Jesse Burkhead, *Government Budgeting*(New York: Wiley, 1956), pp. 184~185.

66) 金圭定, 전게서, pp. 838~839.

67) 李圭煥, "改革的 地方豫算制度의 導入方案," 「地方財政」 제15권 6호(韓國地方財政共濟會, 1996), pp. 62~68.

현행 예산제도는 사업목표의 효과적 달성보다는 경비지출의 타당성을 더 중시하는 경향이 있다. 그러나 사업시책체계에 따라 예산을 분류, 편성, 집행하는 사업별 예산편성방식을 실시하게 되면 중기재정계획제도를 운영하는데 효율적인 뒷받침이 될 것이다. 또한, 사업별 예산편성방식을 실시하게 되면 사업별로 비용편익분석(cost-benefit analysis)이 가능하게 되어 예산집행자들에게 비용의식을 제고시킴과 동시에 사업별 목표관리가 가능하게 된다.

2. 經費支出의 效率化

(1) 減縮管理

행정단위별 경비를 최소화하여 작은 사업규모별로 행정목적을 달성토록 하는 것은 자치단체의 당연한 의무이다. 특히, 행정지원적 성격의 경상비지출은 사무처리의 간소화 및 능률화 등 행정관리개선을 통해 최소한도의 수준에 그쳐야 하며, 관료적인 이해관계로 인한 기구확장이나 인원증원 등은 억제되어야 할 것이다. 이런 점에서 무성장관리(zero-growth)나 감축관리(cut-back management)와 같은 관리기법은 도시재정운영의 장기적 지침이 된다고 할 수 있다.[68]

한정된 재원으로 도시재정 환경의 급격한 변화에 따른 행·재정수요에 효과적으로 대응하기 위한 새로운 관리전략으로서 감축관리가 불가피하다. 감축관리는 역기능적이거나 불필요한 기구·정책만을 정비하는 것이 아니라 자원난, 「인플레이션」, 세입결함 등으로 말미암아 기능, 기구, 정책까지도 정비해야 하는데 어려운 점이 있다. 이 때, 감축규모나 감축대상과 아울러 능률과 형평을 어떻게 조화시킬 것이냐 하는 문제가 제기되는데 이는 감축관리의 가장 중요한 요소이다.

정부의 서비스에 가장 많이 의존하는 계층이 영세민, 신체장애자, 노약자 등인데 일반적으로 이들에 대한 서비스전달의 단위원가가 가장 높다. 따라서 생산성 기준에 의거한 맹목적 예산절감은 이들 계층에서 가장 큰 영향을 미친다. 즉, 감축이 불가피할 때 흔히 정치영향이 가장 약한 계층의 예산을 삭감하는 경향이 있으며, 이를 합리화시키기 위해 생산성이라는 기준이 사

68) 李圭煥, "美國의 減縮管理와 그 推進戰略," 「地方財政」 제12권 2호(韓國地方財政共濟會, 1993), p. 38.

용된다. 따라서 감축관리 선정에는 지나친 능률을 강조해서는 안되고 형평도 이에 못지않게 중요하다는 점을 염두에 두어야 한다.

(2) 投資審査分析制度

자치단체의 자체재원이 빈약한 여건하에서 제한된 자원을 효율적으로 배분, 지출하여 도시행정 서비스 효율성을 제고시키는 것은 앞으로 도시재정이 해결해야 할 중요한 과제의 하나이다. 이러한 관점에서 장기적 공공수요를 예측하고, 이에 기초하여 중점사업과 투자의 우선순위를 결정하는 가운데 이러한 투자계획이 연도별 지방예산과 국고보조금 산정에 적절히 반영될 수 있는 체계적 재정운영이 요구된다. 합리적 투자지출을 기하기 위한 방안을 구체적으로 지적해 보면 다음과 같다.

① 투자지출의 효율화를 기하기 위한 방안으로서 비용·편익분석, 경비·효과분석 등 과학적 분석방법이 광범위하게 활용되어야 할 것이다.

② 투자사업에 대한 사전적 타당성 조사의 체계적 실시와 더불어 사업집행과정에서의 효율성 제고를 위한 점검체계(monitoring system)와 사후적 평가체계의 수립이 필요하다.

③ 투자비의 효율화 노력을 뒷받침하기 위해서는 투자관련 예산회계제도의 전반적 개혁이 수반되어야 할 것인 바, 이와 같은 내용들을 고루 함축하고 있는 투자심사분석제도를 고찰할 필요가 있다.[69]

지방자치단체가 투자사업에 대해 심사분석과정을 거침으로써 다음과 같은 효과를 거둘 수 있다.

첫째, 경제성이 없는 투자를 억제하고 투자사업의 부실화를 사전에 예방할 수 있다.

둘째, 각종 후보사업 중 가용재원의 범위내에서 투자우선순위에 입각한 사업선정을 가능케 한다.

셋째, 공공기관 또는 상위예산담당기관으로부터의 투·융자 자금의 우선배정 또는 외자도입의 지원자료로 제시할 수 있다.

넷째, 각종 요금·가격, 세율의 결정에 필요한 기준을 제공한다.

다섯째, 결재권자에게 투자사업결정에 필요한 자료를 체계적으로 분석하

---

69) 투자심사분석제도에 관한 구체적인 내용은 다음을 참조할 것. 李圭煥, 「都市財政의 計劃的 運用에 관한 硏究」(中央大學校 大學院 博士學位論文, 1987), pp. 77~83 및 pp. 130~133.

여 제시할 수 있다.

투자의 타당성을 검토하고 투자사업의 우선순위를 결정하는 기법으로 가장 널리 이용되고 있는 방법이 사업의 편익과 비용을 측정, 비교하는 비용·편익분석(cost-benefit analysis)이다.

3. 財政運用制度의 基本的 '틀'

(1) 構造的 接近의 限界

도시행정수요의 급증과 도시재정수요의 격증에도 불구하고 우리나라의 도시재정은 세입면에서 구조적 문제점을 가지고 있을 뿐만 아니라 지방예산제도 등 운용면에 있어서도 많은 문제점을 지니고 있어 재정활동의 효율성을 저하시키고 건전한 재정운용을 어렵게 하는 요인이 되고 있다.

구조적 문제점은 근본적으로 재정수입의 증대에서 문제해결의 접근방법을 찾아야 하는 한계가 있다. 지방세 수입의 증대, 중앙정부지원의 확대 등의 방법이 가능할 것이나 근본적으로 재정수요와 공급의 「갭」을 메우기 위해서는 신세원의 발굴, 국세와 지방세간의 조세체계개편 등과 같은 장기적인 대책이 종합적으로 강구되어야 할 것이다.

이처럼 도시재정의 구조적인 문제의 해결접근은 중앙정부와 도시정부의 기능배분의 재조정을 전제로 하고 있으며, 또한 지방세입의 증대는 주민의 추가부담과 더불어 조세저항과도 직결된다는 점에서 정치적 결단 없이는 용이하게 달성할 수 없다. 더욱이 재정활동의 합리성을 확보하는 근본적인 대책이 될 수 없다. 왜냐하면 재정활동에 있어 자원배분의 합리화 등은 재정지출측면에서 운용의 효율화를 통하여 성취되어야 할 과제이기 때문이다.[70)]

(2) 運用的 接近의 財政觀

이상에서 도시재정의 효율화 또는 건전화를 위한 제도모색의 접근방법으로는 구조적 접근에는 한계가 있음을 알 수 있다. 따라서 여기서는 재정활동에 있어 자원배분과 관련하여 도시재정의 효율적 운용을 위한 몇 가지 방안을 우선 고찰해 보고자 한다. 이를 위해서는 무엇보다도 건전재정운용에 대한 새로운 재정관의 정립이 요구된다. 종래 건전재정이란 궁극적으로

70) 李圭煥, "地方財政支出의 合理化方案, 「地方財政」 제13권 4호(韓國地方財政共濟會, 1994), p. 52.

재정지출을 줄이고 재정수입을 늘림으로써 달성될 수 있을 것으로 본 재정관에서는 도시재정은 세입의 범위 내에서 필요한 서비스를 공급하기 위한 단순한 재원배분활동의 개념으로 인식되어 온 것이 사실이다.

이러한 경제성, 능률성을 바탕으로 한 경영적 시각에 입각한 재정운용은 다음과 같은 기준을 고려하여 추구되어야 할 것이다.

첫째, 가능한 한 주민의 비용부담을 절감하면서도 주민에 대한 서비스 공급량과 질을 향상시킬 수 있는 방법을 모색하는 것이고,

둘째, 앞서 방법의 모색이 어려울 경우 동일한 수준의 비용부담으로 서비스 공급의 양과 질을 최대화시키거나, 동일한 수준의 서비스공급을 유지하면서도 비용부담을 최소화시켜 투입(input) 대 산출(output)의 비율이 最適解가 되도록 하여야 한다.[71]

Ⅲ. 都市財政運用 改善을 위한 戰略

1. 減縮管理(cut-back management)

감축관리는 역기능적이거나 중복·과다하거나 불필요한 기능, 구조, 인력, 정책 그리고 사업 등을 의식적으로 정비하는 결정과 집행을 의미하지만 예산의 절감과 관련하여 감축관리란 자원소비를 낮추고 조직활동을 줄이는 방향으로 조직의 변혁을 유도하는 것이라고 설명할 수 있다.[72]

감축관리가 제기된 배경에는 1970년대의 석유파동을 계기로 고도경제성장에서 안정성장의 시대로 이행하는데서 오는 수입의 정체와 성숙화 사회에의 급속한 진입에 따른 의무적 지출 등에 의한 재정수입의 악화 등으로「작은 정부」에의 움직임이 각 국에서 일어나게 되었고, 정부기구의 축소와 예산의 절감이 중요한 과제로 등장하게 되면서부터이다.

우리나라도 이러한 시대조류에 부응하여 최근 들어 중앙 및 지방정부 기구정비를 단행하고, 도시정부에 있어서도 경상적 경비 및 경상사업 등의 표준화와 아울러 예산의 비능률요소 제거와 절감노력을 하고 있다.

이와 같이 예산의 절감은 감축관리의 목표이며 결과인 것이 사실이나 감

71) 李圭煥, 전게박사학위논문, pp. 9~10.

72) 李圭煥, "美國의 減縮管理와 그 推進戰略,"「地方財政」 제12권 2호(韓國地方行政共濟會, 1993), p. 58.

축관리는 예산의 절감 뿐만 아니라 기능, 기구, 인력, 정책 등의 정비도 그 대상으로 하고 있다. 따라서 감축관리의 실천에는 공무원의 심리적인 저항, 조직의 환경변화에 대한 적응력, 조직의 동태적 보수주의[73](dynamic conservatism), 감축의 반대를 위한 정치적 연합, 법적인 제약, 많은 비용소요 등의 저해요인이 있다.[74]

2. 公共財(public goods)의 範圍調整

1970년대 중반 이후 미국과 일본에서 국가와 지방자치단체의 심각했던 재정위기를 배경으로 거기에 대응할 자치단체의 행·재정개혁론으로 대두된 것이 「행정수비범위이론」 혹은 「행정한계론」 또는 「공·사분담론」이다.

행정수비이론은 행정의 책임분야를 재검토하고 행정이 예산으로 담당해야 할 분야를 다시 수정하는 것과 본래 개인이나 가정 및 사회에서 해결되어야 할 것에 대해서는 주민자치의 영역에 위임하거나 민간부문의 시장 「메카니즘」에 맡겨 두는 것을 말한다.[75]

공공재의 범위를 축소하는 가장 중요한 방법 중의 하나는 서비스를 도시정부에서 세금에 의해 공급하지 아니하고 민간부문에서 공급하는 것이다. 실제로 미국의 여러 주에서는 오랫동안 경찰, 소방, 응급치료, 도로, 공원, 위락시설 및 쓰레기수거 등의 지방서비스 공급을 민간부문에 의존하고 있다.[76]

민영화(privatization)를 통한 위탁공급이 능률적인 이유는 민간기업의 경우 이윤추구라는 「인센티브」를 가진다는 데 있다. 따라서 가격개념이 적용되는 일부 수익성 사업에 대하여 이를 민영화시키거나 민간자본을 유치토록 하는 것이 바람직하다.

공공재의 범위조정과 관련한 또 한 가지의 방법은 특정사업의 공사화이다. 오늘날 자치단체의 활동은 일반적으로 크게 일반행정활동과 기업활동으

---

73) 조직은 동태적 실체인바 조직의 목표가 달성되었거나 환경적 요인으로 목표의 달성이 불가능한 경우 조직은 새로운 목표를 발견하거나 환경의 개조를 시도하고자 하는데 이러한 현상을 동태적 보수주의라고 부른다.

74) 李圭煥, 전게논문, pp. 67~68.

75) 成憢龍夫, "行政守備範圍論 と 都市財政," 「都市問題」(東京: 東京市政調査會, 1982. 11月號), pp. 45~46.

76) Robert W. Poole, Cutting Back City Hall(New York: A Free Life Editions Book, Universe Books, 1980), pp. 27~32.

로 구분되는데 기업활동에 의한 서비스의 공급을 독립된 법인체인 공사가 담당케함으로써 기업성을 제고시키면서 자치단체의 행정수비범위를 그만큼 축소시킬 수 있는 것이다.

3. 受益者負擔(user charges)

서비스의 공급으로 인한 수익자가 그 공급비용의 일부 또는 전부를 부담하게 하는 수익자부담의 원칙은 광의의 행정수비범위이론의 영역에 포함된다고 할 수 있다.

토지구획정리사업, 도시계획사업, 도시재개발사업 등 자치단체가 시행하는 사업 중에는 자치단체의 막대한 재원부담을 요하는 반면, 그 지역의 일부 주민에게 지가상승 등 엄청난 이익을 주는 것이 적지 않다. 이러한 사업을 조세 등 일반재원으로 충당하는 경우에는 특정한 주민에게는 엄청난 불로소득을 주는 반면, 주민전체의 세부담은 과중해지는 모순을 낳게 된다. 따라서 주민상호간 부담의 공평을 기하고, 불로소득적 개발이익을 그 지역사회에 환원시키기 위하여 이 제도는 매우 중요하다.

4. 日沒法(Sunset Act) 導入

감축관리전략의 하나이기도 한 일몰 또는 일출(Sunrise)기준의 개발은 재정운용·개선을 위한 전략이 될 수 있다. 미국의 연방의회는 대부분의 연방정부사업들에 대하여 10년마다 그 사업의 존속여부를 다시 검토받아야 한다는 일몰법을 통과시켰으며, 州정부차원에서는 1976년 Colorado州에서 최초로 일몰법을 제정하였고, 그 후 많은 州에서 이를 입법화하였다.[77)]

우리나라의 경우 일몰법을 도입한다면 사업심사의 타당성을 미국처럼 입법부인 국회나 지방의회가 할 수는 없을 것이다. 입법부에 이런 권한을 두는 것은 미국처럼 강력한 권한을 입법부가 행사하기 어렵기 때문에 심사주체를 행정부에 두어 중앙의 경우 재경부, 행정자치부, 감사원으로 구성된 임시기구(task force)를, 지방의 경우 예산담당부서를 중심으로 작업반을 구성·운영하는 방법을 모색하는 것이 바람직할 것이다.

일몰법은 행정의 팽창을 영구화시키지 않는다는 점에서 감축관리의 유력한 기법이라 하겠다. 특히 기존의 시책이나 기구 뿐만 아니라 사업·사무

77) 李圭煥, 전게논문, pp. 70~71.

도 필요한 경우 일출시키며, 재검토 결과 일몰시킬 경우 방만한 행정운영을 막을 수 있어 재정운용에 큰 영향을 미칠 수 있을 것이다.

제 6 장　都市圈의 廣域行政體制

제 1 절　廣域行政의 意義

Ⅰ. 廣域行政의 槪念

도시와 주변지역간에는 경제, 문화, 교육 뿐만 아니라 교통, 상·하수도, 주택, 위생, 공해, 편익시설 이용 등 제반생활분야에서 상호의존하는 일정한 지역적 범위(regional or spatial sphere)가 존재하게 되는데 이런 공간적 범위를 도시권(urbanized region, metropolitan area)이라 한다.[1)]

산업이 발달하고 도시인구가 급증함으로써 생활권이 도시의 행정구역을 넘게 되어 일정한 행정업무는 한 도시만으로 해결할 수 없으며 그 주변지역에까지 광역적으로 그 기능이 미치게 되었다. 특히 대도시화가 되면 도시내부만으로서는 해결할 수 없는 「언더바운디드 시티」[2)](under-bounded city)의 성격을 지니게 되고 따라서 도시기능이 주변지역에까지 광역적으로 확대되어 광역행정수요가 나타나고 있다.

미국에서는 일찍이 1930년대에 대공황의 진행과정에서 이를 극복하기 위한 수단으로 광역주의(Regionalism)가 주장되기 시작한 이래 그 내용이 이론적·실천적으로 계속 축적되어 왔다. 특히 전통적인 주정부연방제도의 비합리성을 구제하기 위한 대안으로 채택되어 T.V.A와 같은 超州的인 개발사

1) 都市圈은 파악하는 입장에 따라 다양하게 불리워지는데, 즉 중심도시에서 보면 세력권 혹은 영향권이라 할 수 있고, 주변지역의 입장에서 보면 의존권이 되며, 제3자의 입장에서 보면 관계권이라 할 수 있다. 山鹿誠次, 「都市地理學」(東京: 1969), p. 77.

2) Under-bounded city란 인구의 도시집중으로 인하여 점차 시가화구역이 넓어져 행정구역이 시가화구역, 즉 도시적 인구집중지대보다 좁은 도시를 말한다. Kingsley Davis, *The World's Metropolitan Area*(Berkely: University of California, 1959), p. 8.

업으로 전개되었다.[3)]

영국에서는 급격한 사회 및 경제구조의 변화에 부응하기 위해 자치단체의 구역을 광역적으로 재편성함으로써 중앙집권화의 경향에 대처하게 되었던 것이다.[4)]

우리나라에서도 광역행정제의 실시를 위해 지방자치법에서 그 근거를 마련하고 있는 바 사무의 위탁,[5)] 지방자치단체조합의 설립,[6)] 행정협의회의 구성[7)] 등이 그것이다.

Ⅱ. 廣域行政의 促進要因

일반적으로 광역행정을 촉진시키는 요인은 다음과 같다.

(1) 社會 및 經濟圈域의 擴大와 均質化

교통과 과학기술의 발달 및 경제의 발전에 따라 지역주민의 경제권·생활권·교통권이 크게 확대되고 인간의 이동성이 증대되어 서로 괴리된 생활권·경제권·교통권·행정권 등을 일치시킴으로써 행정의 효율성과 주민의 편의를 높여야 할 필요성이 증대되었다.[8)]

(2) 都市化의 急激한 進展

대도시화에 따라 중심도시는 위성도시 및 근교지역을 흡수하여 일종의 집합도시(conurbation)를 이룸으로써 광역도시권이 형성되는 것이다. 이러한 광역도시권내에서는 특히 지역간의 기능적 의존성이라는 측면에서 볼 때 이러한 광역권내의 인구, 교통, 상·하수도, 도로, 경찰 등 각종 행정문제의 양적인 증대와 질적인 변화에 따라 일정한 자치단체의 관할구역 뿐만 아니라 인접구역에까지 관계되는 광역권 전체를 대상으로 하는 행정처리방식이 요

---

3) Alan K. Campbell and Roy W. Bahl (eds.), *State and Local Government*(New York: The Free Press, 1976), pp. 71~80.

4) W. Thornhill, *The Case for Regional Reform*(London: Thomas Nelson and Sons, 1972), pp. 73~78.

5) 地方自治法 제151조 제1항 참조.

6) 地方自治法 제159조 제1항 참조.

7) 地方自治法 제152조 제1항 참조.

8) 鄭世煜, 「地方行政學」(서울: 法文社, 1998), pp. 768~769.

구된다.

(3) 行政서비스의 均質化

대도시나 중심도시는 행정 및 재정력과 기술이 중소도시나 주변지역에 비해 높은 데다가 양자간의 격차가 심하다. 따라서 대도시에 인접해 있는 자치단체를 중심도시의 행정권에 흡수시킴으로써 자치단체간의 행·재정력 격차를 완화할 수 있다. 이렇게 함으로써 지역주민의 복지향상, 행정서비스의 균질화를 도모할 수 있을 뿐 아니라 이중행정·이중과세의 폐단을 제거할 수 있다.

(4) 開發行政과 計劃行政의 要請

지역개발의 근간이 되는 수자원의 개발, 치산치수, 주요도로의 정비, 공업용지의 확보 등의 사업은 현재의 행정구역에 구애됨이 없이 광역권을 토대로 하여 종합적·통일적으로 계획하여 실시하지 않으면 안되는 것이다.

이와 같이 지역개발을 위해서는 현재의 행정구역을 초월한 광역적 처리라는 차원에서 행정문제를 처리하는 광역행정처리방식이 요청된다.

(5) 地方分權과 中央集權의 調和 要請

광역행정이 지방자치를 옹호한다는 논리는 바로 그 지방의 경제·사회·문화에 관한 지역적 특수성과 주민의 편의에 부응하여 중앙정부에 의한 획일적·권력적 행정처리로부터 자치행정사상을 보호하는 것을 의미한다. 한편 광역행정의 촉진요인이 되고 있는 중앙집권과 지방분권의 조화와 균형의 모색은 신중앙집권화의 경향에 따르는 것이다. 따라서 광역행정은 지방분권주의와 중앙집권주의를 조화시키기 위해서도 요구된다.[9]

Ⅲ. 廣域行政體制의 一般的 類型

광역도시권내 관할구역의 다원화문제를 해결하기 위하여 외국에서 채택하고 있는 광역행정체제는 여러 가지가 있으나 조직의 성질별로 나누어 보면 크게 ① 협조형식, ② 단일정부형식, ③ 2단계형구조의 특별구, ④ 2단계

9) 상계서, p. 769.

형구조의 연합제도로 구분할 수 있다.[10]

1. 協助形式의 行政體制

협조형식이란 우리나라의 도시권 행정협의회, 일본의 수도권정비위원회, 미국의 「로스엔젤스」의 「레이크우드시스템」(Lakewood System)으로 대표되는 「City-County」의 행정협정 등에서 볼 수 있는 것처럼 정부단위의 변경없이 광역행정을 처리하는 방법이다.

협조방식은 기존의 도시행정구조의 개혁이나 정부단위의 변경없이 구역과 기능을 조정하려는 시도인데, 그 장점으로서는 다음과 같다.[11]

① 구역을 변경하지 않고서도 광역행정이 요청하는 구역의 확대와 동일한 효과를 가져오고,

② 광역행정이 필요로 하는 기술 및 능률을 기할 수 있으며,

③ 관계 자치단체의 독자성, 자주성을 부정하지 않는다.

그러나 이러한 협조방식의 체제가 성공하려면 각 자치단체가 보다 큰 전체 지역에 철저해야 하고 할거주의(sectionalism)나 편협한 지방적 정신이 완고해서는 안된다. 특정한 행정기능을 위하여 여러 자치단체간에 협력관계가 필요하다. 따라서 이 방식은 복잡한 대도시권역의 행정체계를 그만큼 혼잡하게 한다는 단점이 있다.

2. 單一政府形式의 行政體制

단일정부형식이란 편입(annexation), 합동(consolidation), 분리(separation)와 같이 도시권 전역에 걸쳐 단일정부가 행정권 기능을 담당케 하려는 방식이다.

단일정부형식은 병합의 방식을 통하여 사회적·경제적으로 밀접한 관계에 있는 주변지역을 대도시의 관할구역에 편입 또는 합병함으로써 광역행정문제를 해결하는 방식으로서 이의 장점은 다음과 같다.

① 중심시는 새로이 합병된 지역에 대하여 충분한 통제권을 갖는 것이고,

10) J.C. Bollens and H.J. Schmandt, *The Metropolis: Its People, Politics and Economic Life*(New York: Harper & Row, Publishers, 1982), pp. 302~370.

11) 李圭煥, 「韓國地方行政學」(서울: 法文社, 2011), pp. 379~380.

② 대도시권으로 하여금 경제적·사회적인 면에서 뿐만 아니라 정치적으로 통일체를 만들며,

③ 정부기구가 간소화되며 권한이 하나의 지방정부에 집중되기 때문에 그 정부는 결과에 대해 책임을 질 수 있다.

그러나 합병에는 많은 문제점이 있다. 즉 지역간의 이해의 대립, 감정의 상위 등에 기인하는 저항과 합병에 의하여 선진지역 중심의 시책이 실시됨으로써 후진지역의 발전 및 개발이 경시될 가능성이 큰 것이다.

대도시권은 부단히 확대되고 있으므로 합병은 또 합병을 필요로 하게 된다. 반대로 구역의 빈번한 변경을 피하고 상당히 항구성 있는 행정구역을 설정한다면 그것은 필연적으로 지나치게 시가화구역보다 행정구역을 팽창시키는 소위 「오버바운디드 시티」[12](over-bounded city)현상을 가져오게 된다. 따라서 행정의 경비는 증대하고 도시구역내에 농촌을 편입시켜 2원행정이 이루어지는 불합리성을 낳게 된다.

3. 特別區形式의 行政體制

2단계형구조(two-tier system)의 행정체제형식에는 광역행정수요에 대응할 수 있는 새로운 자치단체를 신설하는 것으로서 특별구(ad-hoc district, special district)와 연합체(Metropolitan Federation)가 그 대표적인 예이다.

특별구란 특정의 행정목적을 위하여 행정구역을 초월하여 설치하는 일종의 특별자치단체로서, 이 방식의 원형은 미국에 있어서 학교구이며 대도시권에서 흔히 볼 수 있는 실예는 상·하수도특별구이다.

특별구의 예로서 「보스톤·리죤」안이 있다. 이에 의하면 공원과 상·하수도의 책임은 대도시특별구위원회(Metropolitan District Commission)에 이관되고, 이 위원회는 「보스톤」시는 물론 그 주변 15마일 이내의 「City」와 「Town」에 이르기까지 관할권을 가지고 있으며, 또 대도시교통청(Metropolitan Transit Authority)과 대도시특별구위원회 계획국(Planning Division of the Metropolitan District Commission)이 설치되어 대도시권역 전체를 각기 관할하고 있다.[13]

---

12) Over-bounded City란 Under-bounded City의 상대적 개념으로서 행정구역이 시가화 구역보다 훨씬 더 넓은 도시를 말한다. 이런 도시일수록 행정의 이중성, 즉 도시행정과 농촌행정을 함께 수행해야 하는 어려움이 있다. Kingsley Davis, *The World Metropolitan Area*(Berkely: Univ. of California, 1959) pp. 8~10.

우선 이 특별구가 지닌 장점을 보면 다음과 같다.

① 새로운 행정단위이긴 하나 기존 자치단체의 권한에는 별 영향이 없어 창설이 용이하며,

② 개개의 도시권 행정기능에 따라 특별구를 설정하는 것이기 때문에 행정기능에 보다 알맞는 합리적인 구역을 설정할 수 있고,

③ 특별구는 독립된 행정단위이기 때문에 기존의 자치단체의 재원과는 별도의 재정수입을 갖는다. 즉 특별구는 주민에게 세금을 부과하지 않고 운영하는 사업에서 수입을 얻는다.

그러나 이 특별구방식의 단점은 기존의 자치단체위에 새로운 행정기관을 중첩케 하고 지방단체의 난립을 초래함으로써 주민의 도시행정에 대한 관심을 잃게 하며 민중통제를 약화시킨다는 것이다. 또한 특별구는 각각 독립된 입장에서 활동하기 때문에 행정상의 분열과 복잡성을 초래하여 도시행정 전체로서의 조정 및 통합이 불가능하게 된다는 문제점을 갖고 있다.

4. 聯合體形式의 行政體制

대도시권을 하나의 정치적 단위로 설정하여 그 권역내의 모든 자치단체의 존립권한을 그대로 보유하는 방식으로서 연합도시를 聯邦으로 하고 그 구역내의 종래의 자치단체는 支邦으로 하는 연방적 도시제라 할 수 있다. 그리하여 도시권내 중심도시는 그 구역전체에 관한 행정기능을 집행하고 연합에 참가하는 小自治團體는 순전히 지방적인 사무만을 처리한다.

2단계형구조(two-tier system)의 행정체제로는 「워싱톤」 대도시권광역의회(The Metropolitan Washington Council of Government; COG), 「몬트리올」 도시공동체(Communaut Urvaine de Montral), 「토론토」 대도시권정부(The Metropolitan Toronto Government)가 그 예이다.

이 가운데 연합제도의 대표적 예라 할 수 있는 「캐나다」의 「토론토」대도시권정부를 보고자 한다. 1953년 「몬타리오」州정부는 「토론토」대도시권 정부법을 제정하여 「토론토」시와 그 시를 둘러싸고 있는 12개 도시들로 하나의 연합정부체제(federated system of government)를 설치하였다.[14] 1967년에

13) 특수한 광역행정사무를 처리하기 위하여 일반행정구역 또는 자치구역과는 별도로 구역을 설치하는 특별구에는 단일목적 특별구와 다목적특별구가 있는데, 「보스톤」대도시 특별구위원회는 후자의 예라 하겠다. Charles R. Adrian, *State and Local Government* (2nd ed.) (1967), pp. 227~250.

와서 본래의 13개 시를 6개 시로 통합하였다. 당초 연합정부는 25명의 위원으로 구성되었으나 이후 32명으로 늘어났는데, 「토론토」시가 12명의 대표를 확보하고 5개의 주변도시들은 20명의 대표를 갖게 되었다. 이후 1988년부터는 「토론토」대도시권의회로 되면서 각 지역대표는 지역별 주민직선으로 선출한 상임직 정치인들로 구성되었다.[15)]

「토론토」의 도시권행정제도에서 보는 바와 같이 연합제도는 수개의 자치체가 사회적·경제적으로 밀접한 관계에 있는 경우 이러한 자치체가 연합하여 자기네들의 기존의 위치와 자치권을 유지하면서 동시에 도시권 전체를 중심으로 하나의 정치적 단위를 설정하는 방법이다. 이 방식은 지분단체인 기초자치단체의 독자성을 박탈하는 것이 아니기 때문에 합병과 같이 지방적 감정에 자극을 주지 않고 도시권의 행정통합을 실현할 수 있다. 그리고 지분단체는 종전대로 자주적 행정을 처리하기 때문에 분권화가 가능하고 중앙의 부담과중을 배제할 수 있다.

그러나 반면에 이 방식은 기능의 중복(duplication of activities)을 초래하여 행정력과 경비의 낭비를 가져오기 쉽다. 또한 행정기관의 다원화는 권한의 대립(conflict of authority)과 분쟁을 초래하여 도시권행정의 발전을 저해한다. 당초에는 합리적으로 권한이 배분이 되었다고 하더라도 중앙과 지분단체의 중간위치에 속하는 중간적 권한의 발생은 불가피하고 여기에서도 권한의 경합과 대립을 가져올 수 있다.

14) J.C. Bollens and H.J. Schmandt, *op. cit.*, pp. 474~478; W.W. Crouch, "Mtropolitan Government in Toronto," in *Public Administration Review* (Spring, 1954), pp. 85~95.

15) 李圭煥 外, 「廣域行政體制의 새로운 模型設定에 관한 研究」(전라남도 용역보고서, 1994), pp. 261~265.

제 2 절 廣域行政處理의 現況과 問題點

Ⅰ. 廣域行政處理의 現況

1. 區域再編成 方法

(1) 合併方式

우리나라 광역행정처리방식으로 가장 많이 이용되어 온 것이 합병방식이었다. 서울시의 경우를 보면 경기도 밑에 있던 경성부 당시인 1919년의 행정구역의 면적은 36km^{2}에 불과했으나 1936년, 1943년, 1949년, 1973년 등 크게 다섯차례를 통해 경기도지역을 편입시킴으로써, 현행 행정구역은 당시에 비해 17배가 넘는 627km^{2}나 되고 있다. 이는 지금까지 서울시의 인구밀도가 1km^{2}당 1만 명에 이르면 주변 경기도 군부지역을 편입시켰기 때문이다.[16)]

이와 같은 병합방식이 서울시 뿐만 아니라 우리나라에서 가장 많이 이용되고 있는 것은 지방자치의 전통이 강한 외국의 경우와는 달리 지방자치단체의 구역변경에 대한 결정권을 지닌 중앙정부가 피편입지역의 행정단위의 불이익을 감수시키는 설득력이 강하고 피편입지역주민들의 저항이 적기 때문이다. 그러나 이 방식은 피편입지역에서 전통적 지역명칭을 시에 양보하는 불이익이 따르고 잔여군부(rump county)문제가 생긴다.

(2) 分離方式

대도시광역행정문제를 처리하기 위해 대도시를 도에서 분리하여 광역시로 승격시키는 시·도분리(city-county separation)방식을 사용하거나 군에서 읍을 분리하여 시로 승격시키는 시·군분리방식을 이용하여 왔다. 전술한 바와 같이 해방후 경성부가 경기도로부터 분리되어 서울특별시로 승격되었고 1981년에는 인천시가 직할시로 승격되면서 경기도로부터 분리되었다. 이 방식도 역시 잔여도부 및 잔여군부의 문제가 심각하게 제기되고 있다.

---

16) 李圭煥, 전게논문, pp. 60~62.

2. 事務委託制度

(1) 事務委託의 意義

자치단체가 다른 자치단체와 협의하여 그의 사무의 일부를 다른 자치단체 또는 그 자치단체의 장에게 위임하여 처리하는 것을 사무의 위탁이라고 한다.[17] 지방자치법상에 의하면 자치단체의 사무를 다른 자치단체나 그 장에게 위임할 수 있도록 규정하고 있지만 사무의 위탁이 자치단체간의 협력방식이라는 점을 감안한다면 다른 자치단체의 장에게 위임된 사무라도 결국 자치단체의 대표기관으로서 그 장에게 위임된 것이라고 보아 법적인 주체는 어디까지나 그가 소속된 자치단체라고 보는 것이 보다 정확한 해석이 된다.[18]

(2) 事務委託의 種類

지방자치법의 규정상 사무위탁의 종류를 명확히 구분하지는 않았지만 자치단체는 그의 업무를 다른 자치단체에게 위탁하면서 그 처리방식을 상호간의 합의로 결정할 수 있다. 자치단체가 그의 사무를 다른 자치단체로 하여금 수행하게 하는 사무위탁의 방식에는 위임과 대리가 있다.

지방자치법 제141조 5항 위임된 사무의 관리 및 처리에 관한 조례 또는 규칙은 규약과 다르게 정하여진 경우를 제외하고는 수임자치단체에도 그대로 적용할 수 있다고 하여 이를 확인하고 있다. 업무수행의 주체는 여전히 위탁한 자치단체이며 수탁자치단체는 위탁자치단체의 대리인으로서 위탁자의 명의로 그 업무를 수행한다. 수탁자치단체가 수행한 행위의 결과는 직접 위탁 자치단체에 귀속되며 행정책임도 위탁자치단체에 귀속된다. 다만, 수탁자치단체는 단순한 행정보조인이나 당사자와는 달리 위탁자의 의사에 반하지 않는 범위내에서 의사결정을 할 수 있다는 점이 다르다고 할 수 있다.[19]

17) 地方自治法 제151조 제1항 참조.

18) 李圭煥, "地方政府間의 關係,"「政府間 關係; 理論과 實際」(서울: 法文社, 1997). pp. 307~308.

19) 이기우, "지방자치단체의 협력활성화 방안,"「사회와 교육」(1994), pp. 226~227.

(3) 事務委託에 관한 運用實態와 問題點

자치단체가 사무를 위탁하고자 하는 경우에는 관계자치단체간의 협의에 의하여 규약을 정하여 이를 고시하여야 한다.[20] 이 경우에 자치단체의 장은 사무위탁의 당사자가 시·도 또는 그 장인 경우에는 행정자치부장관 및 관계 중앙행정기관의 장에게, 시·군·자치구 또는 그 장인 경우에는 시·도지사에게 보고하여야 한다.[21]

특수한 사무위탁의 경우로 도시계획법 제20조의 4에 의하면 건설교통부장관은 광역계획구역을 도시계획으로 결정할 수 있고 광역계획을 입안할 자를 시장·군수 또는 도지사가 협의하여 정할 수 있도록 규정한 것은 여기서 말하는 사무위탁의 경우에 해당된다. 협의가 성립되지 않으면 같은 도의 경우에는 도지사가, 2 이상의 시·도에 걸치는 경우에는 건설교통부장관이 입안할 자를 정하며, 국가계획과 관련하여 필요한 경우에는 건설교통부장관이 관할 시장·군수의 의견을 들은 후 관계 중앙행정기관의 장과 협의하여 직권으로 입안할 자를 정할 수 있도록 하고 있는데 이는 강제적인 사무위탁의 경우에 해당된다.

현재 사무위탁에 의한 협력은 광역자치단체와 기초자치단체간의 협력이 주종을 이루고 있고 그 밖에 공공시설(예컨대, 화장장)의 이용에 관한 것에 일부 활용되고 있지만 전체적으로 보아 사무위탁의 활용도는 그다지 높은 편이 아니다. 현재 시행되고 있는 사무의 위탁은 지방자치법 제141조에 따르기보다는 관례에 따른 협약의 체결, 조례, 규칙의 제정을 통하여 시행중인 것이 대부분이다. 사무위탁에 의한 사무처리가 저렴하고 융통성과 적응성이 강한 협력방식인데도 현재 활용도가 낮은 것은 지방자치의 역사가 짧고 중앙에 의존하는 행정행태를 유지해 왔기 때문이다. 지방자치사무의 효율적인 처리를 위하여 이 제도를 보다 적극적으로 활용해야 한다.[22]

3. 行政協議會制度

(1) 行政協議會의 意義

자치단체는 2개 이상의 자치단체에 관련된 업무의 일부를 공동으로 처리

20) 地方自治法 제151조 제2항 참조.
21) 地方自治法 제151조 제1항 참조.
22) 李圭煥, 전게논문, pp. 308~309.

하기 위하여 관계 자치단체간에 행정협의회를 구성할 수 있다.[23] 협의회는 2 이상의 자치단체간의 결합이지만 별개의 법인격을 가지는 것은 아니며 관계 자치단체의 독자성도 원칙적으로 제한하지 않는다는 면에서 지방자치단체조합에 비하면 상당히 느슨한 협력방식이다. 행정협의회는 법인격을 갖지 않기 때문에 권리와 의무의 귀속주체가 될 수 없다.[24]

(2) 行政協議會의 運用實態

현재 우리나라에서 자치단체간의 협력형태로 선호되는 것은 행정협의회이다. 행정협의회는 1966년 8월 26일 내무부가 작성한 도시권 행정협의회설치요강에서 비롯되며 1966년 11월 15일 대구에서 행정협의회가 구성된 것을 시초로 2012년 1월 현재 전국적으로 총 46개의 행정협의회가 구성되어 170여개의 자치단체가 관련되어 있다.

행정협의회의 운영현황을 살펴보면, 2012년의 경우 전국의 46개 행정협의회가 개최한 총 회의수는 105회였고, 협의 안건수는 332건이다. 1981년부터는 내무부가 작성시달한「도시권 행정협의회 활성화지침」에 의거하여 다소 감소하다가 최근에는 다시 증가되고 있다.

이들 운영실적은 당초에 행정협의회에 대한 자치단체나 행정자치부의 기대수준에 미치지 못하는 것으로 평가된다.[25]

(3) 行政協議會의 問題點

행정협의회의 운용실적이 기대에 미치지 못하는 원인으로 여러 가지 문제점이 제시된다. 제도상의 미비점으로는 자치단체의 장만으로 구성되어 지

〈표 Ⅲ-6-1〉 행정협의회 운영실적

실적년도	82	84	88	90	94	98	'00	'04	'06	'08	'10	'12
권역수	52	52	52	56	52	55	55	56	56	55	55	46
개최횟수	145	68	41	51	50	24	45	46	51	37	78	105
협의안건수	309	189	128	161	154	113	212	358	288	192	351	332

자료: 행정안전부 내부자료(2014).

23) 地方自治法 제152조 제1항 참조.

24) 상게논문, pp. 311~314.

25) 이기우, 전게논문, pp. 231~232.

방의회의 참여가 배제되어 있거나 협의사항에 대한 기속력이 결여되어 있다는 것, 협의사항이 불이행되었을 때 강제수단이 결여되었거나 협의회의 사무국의 기능이 미약하다는 것 등이 일반적으로 제시되는 문제점이다.

행정협의회의 근본적인 문제점은 우리나라에서 자치단체간의 협력의 수요를 거의 대부분 행정협의회의 방식으로 해결하려 하고 행정협의회의 기능에 지나친 기대를 하고 있다는 것이다. 행정협의회의 결정에 강제력을 부여하고 이를 더욱 강화하려 한다면 관련 자치단체는 행정협의회를 통한 협력을 가능한 한 피하려고 할 것이며 행정협의회의 성격상 그러한 기능을 수행하기에 적합하지도 않다. 행정협의회의 기능을 강화하려고 하는 개선방안은 문제의 해결에 도움을 주기보다는 역효과를 낳을 것으로 여겨진다.[26]

4. 地方自治團體組合

(1) 地方自治團體組合의 意義

지방자치단체조합이란 지방자치법 제149조에 따라 2 이상의 자치단체가 하나 또는 둘 이상의 사무를 처리하기 위하여 결합한 공법상의 사단법인이다. 따라서 지방자치단체조합은 관련 자치단체와는 별개의 권리주체로서 권리와 의무의 귀속주체가 된다. 지방자치단체조합은 관련 자치단체의 업무에 속하는 사무를 관련 자치단체와 독립하여 자기책임하에 처리하는 권리와 의무를 갖는다. 지방자치단체조합이 처리하는 업무는 자치사무이건 위임사무이건 상관이 없지만 조합규약에 정해진 사무에 대해서만 업무수행권이 인정된다. 자치단체에 위임되는 사무는 항상 개개의 특정된 사무이어야 하고 포괄적인 사무의 규정은 관련 자치단체의 업무를 침해하고 관계 주민에게 혼란을 줄 수 있으므로 허용되지 않는다.

(2) 目的組合의 運用實態와 問題點

우리나라에서 지방자치단체조합은 매우 적다. 경기도에 1970년에서 1974년 사이에 존재한 시・군 통신조합이 유일한 것이었으나 1991년 서울특별시, 인천광역시, 경기도로 구성된 수도권매립지운영관리조합이 설립되었다. 동조합규약의 주요내용은 다음과 같다.[27]

26) 상게논문, pp. 233~234.
27) 이기우, 전게논문, pp. 238~239.

수도권매립지운영관리조합의 사무는 매립지의 설치에 관한 협의 및 운영·관리이다. 조합회의의 위원정수는 7인이며 서울특별시 3인, 인천광역시 2인, 경기도 2인이며 각 구성지방자치단체의 폐기물담당국장과 시·도의회에서 선출된 의원 4인이 위원이 된다. 위원의 임기는 폐기물 담당국장은 재직기간, 의원인 위원은 2년으로 한다. 조합에는 조합장과 부조합장을 두며 조합장은 서울특별시, 인천광역시, 경기도의 부단체장을 순서대로 2년의 임기로 하며 부조합장은 조합장이 아닌 부단체장으로 한다.

자치단체조합업무의 효율적인 수행을 위해 사무직원의 선임을 관계 자치단체의 공무원파견에 의존하지 말고 조합장이 임명하여 계속적인 근무를 하도록 하는 것이 바람직하다. 조합의 경비는 폐기물 반입료, 지방자치단체의 부담금 및 기타 수입으로 한다. 매립지의 설치 및 운영·관리비용은 1992년까지는 인구비율로, 1993년부터는 폐기물반입량의 비율로 부담한다.

그러나 2000년 7월부터 이 조합은 폐지되었고, 환경부 산하의 「수도권매립공사」가 설립되어 이 업무를 담당하게 되었다.

Ⅱ. 廣域行政處理의 問題點

1. 管轄區域의 多樣化 問題

도시권에는 여러 자치단체가 그 권한과 책임에 있어 서로 독립하고 있어 권역전체의 통일적 행정이 불가능하다. 따라서 도시권은 관할구역의 다원화로 다음과 같은 문제점이 나타나고 있다.[28]

(1) 權限의 對立(conflict of authority)

대도시권은 다수의 도시정부를 내포하고 있으므로 특정한 행정기능에 대한 권한문제로 여러 단체간에 대립이 발생한다. 대부분의 지방관리는 그들의 권한을 빼앗기지 않으려고 하기 때문에 이로 인해 능률적인 도시행정에 역행하는 결과를 가져온다.

28) 李圭煥, 「都市開發을 위한 廣域都市行政體制에 관한 硏究」(서울大學校 環境大學院 碩士學位 論文, 1977), pp. 36~38.

(2) 「서비스」의 重複(duplication of services)

대도시권내 여러 도시정부가 같은 기능을 상호 조정과 계획성 없이 개별적으로 처리하고 있다. 권역전체를 통해서 통일적인 행저처리의 기준이 필요함에도 불구하고 각 도시정부단위는 서로 다른 기준을 갖고 있고 또한 지방적인 좁은 시야에서 행정을 하기 때문에 전체적인 측면에서 볼 때 많은 행정 낭비와 비능률을 가져온다.

(3) 不充分한 「서비스」(inadequacy of services)

도시권의 주변지역은 사회·경제적으로 중심시와 일체적 관계에 있으므로 행정수요에 있어서는 중심시와 차이가 없다. 그러나 주변지역의 도시정부는 이러한 행정수요를 중심시와 같은 높은 수준에서 만족시킬 수 없다.

(4) 地域計劃의 缺如(lack of regional planning)

대도시권은 하나의 경제적 통일체이다. 그러므로 권역내의 각 지방의 이해관계를 조정하여 권역 전체의 발전을 보장할 수 있는 지역개발계획이 필요하다. 그럼에도 불구하고 권역이 행정상으로 분리되어 있어 종합적인 관점에서 지역개발계획을 수립하고 그것을 집행할 수 있는 주체가 없다.

(5) 財政上 問題(financial problems)

대도시권 전체로서는 충분한 재정적 자원을 갖고 있을지 모르나 권역내의 각 도시정부는 개별적으로는 필요한 행정기능을 수행하는 데 충분한 재원이 없다. 중심시에서 주변부에로의 이주로 인하여 중심시에 있어서 세원의 감소를 가져오는 미국과 같은 선진국과는 달리 우리나라에서는 주변농촌지역의 재정자립도가 상대적으로 낮다.

(6) 新中央集權化(new centralization)

대도시권의 광역행정사무에는 전국적 성질을 가지는 행정사무, 지방적 성질을 가지는 특수행정사무, 중앙정부와 자치단체의 중간적 성질을 가지는 행정사무 등이 상호 연결되기 때문에 자치단체간의 능력만으로는 효율적으로 처리할 수 없는 사무가 증대되고 있다. 이를 해결하기 위하여 중앙정부가 관여하는 필요성이 확대되면서 신중앙집권화를 초래할 가능성이 높아지고 있다.

2. 都市圈開發의 問題

같은 도시권내에 존재하는 자치단체들이 각각 독자적인 도시개발계획을 수립하고 집행하고 있어 중심도시와 주변지역간의 조화와 연계가 결여되어 이것이 도시권 전체의 종합적인 개발에 애로가 되고 있다. 따라서 도시권내 관할구역의 다양화현상으로 인하여 야기되는 도시권개발의 문제를 개발계획 수립상의 문제와 집행상의 문제로 구분하여 살펴보고자 한다.[29)]

(1) 開發計劃樹立上의 問題

첫째, 목표의 갈등을 들 수 있다. 도시권의 개발, 정비, 개량 등을 위한 계획의 입안과정에 있어서 여러 자치단체들은 일치되는 목적의식을 갖는 것이 아니다.

따라서 문제의식의 불일치에서 오는 갈등은 계획의 입안과정에서 많은 문제를 야기시킨다.

둘째, 계획수립에 필요불가결한 자료, 통계수집의 애로점이다. 도시권개발계획의 수립을 위한 기초조사에서 권역내의 인구, 산업의 현황, 토지의 이용상황, 교통량 등의 자료가 필요한 데 중심시의 경우는 별 문제가 없지만 주변지역의 자료수집에는 많은 제약점이 있다.

셋째, 개발계획수립에 주변지역의 주민의사가 반영될 「채널」이 거의 없다. 도시권개발계획이 수립되면 자연히 권역내 토지이용의 규제가 따르는데 이것이 주변지역의 주민에게 불이익을 초래하는 경우가 많다.

넷째, 개발계획수립과정에서 중심시와 주변지역이 대등한 입장에 놓여 있지 않기 때문에 계획수립이 중심시 위주이다. 이것이 도시권 전체의 균형적 발전에 장애가 되는 주요 원인이 되고 있다.

(2) 開發計劃執行上의 問題

첫째, 주변지역의 주민이나 공무원의 저항의식에서 효율적인 집행에 방해가 되고 있다. 계획의 구체화는 언제나 변화를 수반하게 되며 이는 필연

---

29) 李圭煥, "統合的 都市圈開發行政體制의 摸索," 「都市問題」(대한도시행정공제회, 1984년 10월호), pp. 51~52.

적으로 관계인의 이해관계가 있는 데 대체로 주변지역의 주민이나 공무원은 피해의식을 갖고 있어 이것이 집행과정에서 부정적 작용을 한다.

둘째, 중심시가 주변지역에 대해 단순히 토지의 규제, 즉 물리적 계획으로만 그치는 경향이 있고 주변지역의 일상생활에 대한 고려가 없다. 이것이 계획의 집행에 비협조의 원인이 되고 있다.

셋째, 주변지역에서는 충분한 「서비스」를 못받고 있다는 점이다.

넷째, 할거주의(sectionalism)사고가 계획의 효율적인 집행에 방해가 되고 있다.

다섯째, 도시권내 자치단체는 그 주변지역의 도시개발사업이나 시설들을 설치하는 데 서로 상대방에게 책임전가하는 경향이 있어 그 주변지역은 행정혜택까지 받지 못하는 망각의 지대로 변하는 사례가 있다.

여섯째, 중심시와 그 주변 도시정부간에 권한의 대립으로 계획의 구체화에 역기능이 나타난다.

이상에서 고찰한 바와 같이 도시권개발의 가장 큰 애로는 한 마디로 관할구역의 다양화(jurisdiction proliferation)현상에서 초래하고 있다고 하겠다. 도시권개발의 효율화를 위해서는 도시권과 행정구역이 일치됨이 바람직하지만 이것은 현실적으로 불가능하다. 따라서 양자를 그대로 두고 광대한 지역을 포함한 종합적 광역행정을 수행할 수 있는 새로운 행정체제의 설립으로 양자간의 불일치에서 오는 제문제의 해결과 도시권개발의 효율화를 기하고자 함이 세계적인 추세라 하겠다.

제 3 절 廣域行政體制의 發展方向

Ⅰ. 現行制度의 改善方案

1. 事務委託의 活性化

지방자치법 제151조에 의하면 자치단체 또는 그 장은 소관사무의 일부를 다른 자치단체 또는 그 장에게 위탁하여 처리할 수 있도록 규정하고 있으며, 상·하수도, 쓰레기 처리장, 화장장, 납골당, 박물관 등 규모의 경제를 고려할 수 있는 분야나 세금부과 및 징수, 도로건설 및 관리 등 서비스 제공분야를 중심으로 사무를 위탁함으로써 자치단체간의 상호협력체제를 공고히 할 수 있고 사무처리와 관련하여 자치단체간의 상호갈등과 마찰을 미연에 방지할 수 있다. 일본의 경우 사무위탁의 사무종류로 후생복지, 교육, 환경위생, 방재 등의 사무를 자치단체간에 위탁하여 처리하고 있다.

이를 위하여 지방자치법 및 관계법령을 보완하여 주체, 효과, 절차, 관리 및 집행의 방법, 경비 및 재원부담, 변경 및 폐지에 대한 규정을 법령을 통해 정비하도록 하여야 한다. 그리고 특정사무에 대해서 점진적으로 활용하면서 추진 상황에 따라 점차 확대해 나가는 것도 광역행정문제의 효율적인 해결방법이다.

2. 行政協議會의 效率化

(1) 合理的인 協議會 圈域構成

행정협의회의 설치권역을 기능적 상호의존성과 공간적 균질성, 규모의 경제성 등을 고려하여 합리적으로 구성하여야 한다. 이와 함께 분야별 행정협의회를 구성하여 적극적으로 광역행정문제를 해결하여야 한다.

(2) 執行力을 위한 履行手段의 法制化

행정협의회의 특성상 합의된 내용에 대한 구속력이 미약하기 때문에 이행에 대한 담보능력은 그만큼 적다. 따라서 운영의 효과성을 위하여 합의내용을 집행권을 부여하여 효율적으로 처리할 수 있도록 하여야 한다.

이를 위해서는 합의된 내용이 해당 자치단체가 의사결정한 것으로 하고 재정적인 분담을 하도록 하여야 한다.

(3) 民主的인 參與의 保障

협의회의 참여자가 해당 자치단체의 장으로 되어 있기 때문에 합의된 내용이라도 지방의회의 의결을 구해야 하는 사항이거나 지방의회와 마찰을 유발할 수 있는 경우가 많다. 이러한 경우에는 효율적으로 집행이 불가능하므로 지방의회가 행정협의회에 참여한다면 합의내용의 집행에 대한 효과성은 그만큼 높아질 수 있다. 또한 해당지역의 발전을 위한 광역행정문제의 해결이니만큼 지역 주민이 참여할 수 있도록 하여야 한다.

(4) 廣域計劃權의 賦與

수도권과 같은 광역권에 있어서는 도시계획, 주택단지 및 공업단지 조성, 도로 교통문제, 상・하수도, 환경오염문제 등 전반적인 차원에서 계획권을 부여하여야 한다.[30] 즉, 전반적인 계획권, 효율적인 집행을 위한 사업추진 및 이해권, 국고보조금 등 재정문제에 대한 결정권한 및 국가보조 등을 부여하도록 한다.

(5) 運營의 內實化 및 活性化

현재 연 2회의 정기회와 임시회, 실무협의회를 활성화하고 내실화하여야 한다. 이에 대한 방안으로 정기회의와 수시회의로 분류하여 정기회의는 연 2회의 의무회의로 하고 수시회를 통하여 적시대처가 가능하도록 운영하여야 한다.

또한 실무협의회를 상설기구화하여 상근직원을 두고 중심자치단체에 실무국・과를 설치・운영하도록 한다.[31]

3. 地方自治團體組合의 活性化

(1) 地方自治團體組合 設置의 活性化

수도권을 비롯한 대부분의 광역권에서 해결해야 할 광역행정문제로는 상・하수도문제, 환경문제, 교통문제, 주택문제 등이 있는데, 현재 자치단체간의 협조가 제대로 이루어지지 않고 있기 때문에 비효율적으로 처리되고 있다. 따라서 이러한 문제를 효율적으로 처리하기 위해서는 일부사무 또는 복합사무조합의 설치를 통해서 운영하는 것이 바람직하다.

(2) 法的 地位의 保障

현행 지방자치단체조합제도가 특별지방자치단체의 한 종류로서 그 법적 지위를 인정받기 위해서는 지방자치법 체계의 정비와 함께 조합의 법적 권능이 확대되지 않으면 안된다.

---

30) 유재원, "수도권 광역행정의 실태와 개선방향,"「수도권 광역행정의 효율적 수행방안 모색」(국민회의 제6차 정책토론회의, 1996), pp. 55~56.

31) 李圭煥, 전게서, pp. 404~406.

먼저 조합의 독자영역의 설정 및 기능의 확대가 필요한데, 지방자치단체조합에 특별지방자치단체로서의 법인격이 부여되면 보통지방자치단체와 유사한 법적지위를 지니게 된다.

또한 현행 지방자치법 제2조 "지방자치단체의 종류"에 대해서는 많은 문제점이 있어 부분적으로 개정되어 있으나, 특별지방자치단체의 설치·운영에 관한 구체적인 사항을 정하고 있지 않다. 따라서 지방자치법상에서 대통령령이 그 세부기준으로 되어 있으므로 이에 대한 법령의 제정이 시급하다.[32]

(3) 組合會議에 대한 地位의 補完

현행법상 지방자치단체조합은 조례제정권이 없어 독자적인 의사결정 및 집행기능의 발휘가 불가능하고 구성 자치단체의 의사에 좌우됨으로써 본래의 목적인 적시성, 경제성, 효율성 등의 이점을 활용하지 못하고 있는데, 이를 위해서는 지방자치단체조합의 의결기관으로서의 조합회의의 성격 및 지위를 보완해야 한다.

(4) 首都圈埋立地運營管理組合의 運營主體 一元化

수도권매립지운영조합은 매립지조합과 환경관리공단의 역할분담에 있어서 1989년 행정협정(서울특별시, 인천광역시, 경기도, 당시의 환경처) 당시부터 많은 논란이 제기되어 왔으며 현재에도 그 운영의 주체에 대한 입장 차이가 존재하고 있다. 당시에는 환경관리공단 중심의 일원화였지만 이는 지방자치에 역행한다는 비난이 제기되고 있다. 따라서 수도권매립지운영관리조합의 운영주체의 일원화는 매립지조합중심의 일원화가 요청된다고 하겠다.[33]

이를 위해서는 다음과 같은 내용의 보완이 필요하다.

첫째, 사무국장의 권한을 강화해야 한다. 지방자치단체장의 순번제 조합장의 상근화를 추진하기 어려운 상황에 있어서는 현재의 실질적인 관리업무를 총괄하는 사무국장에게 책임과 권한을 명확하게 부여하는 것이 필요하

32) 하상군, 「한국의 지방자치단체조합에 관한 연구」(단국대학교 대학원, 박사학위논문, 1996), p. 138.

33) 김정훈, "수도권 쓰레기 매립지의 문제점과 개선방안," 「서울시정연구」 제4권 제2호(1996), pp. 146~148.

다. 이를 위해서는 사무국장의 임기가 일정기간 동안 보장받아야 한다.

둘째, 상근직원의 배치이다. 조합관리의 효율성을 제고하고 계속적인 전문지식을 축적하기 위해서는 상근직원의 배치가 필수적이다. 현행 1년 정도의 파견근무기간은 전문지식의 축적이나 업무를 파악하기에는 부족한 기간이다. 이를 위해서는 조합자체적인 인력충원도 고려해 볼 수 있다.

그러나 2000년 7월부터 이 조합과 환경관리공단이 통합되어 「수도권 매립공사」가 설립되어 운영주체가 일원화 되었으나 신중앙집권화 문제가 제기되고 있다.

Ⅱ. 새로운 廣域行政體制의 摸索

자치단체간의 관계는 처리사무의 성격에 따라 다양하지만 우리나라에서는 세 가지의 협력방식만이 법적으로 제도화되어 있다. 이것은 우리나라의 자치단체가 상호관계를 형성하는 데 있어서 경직성을 보여주는 것이므로, 현재의 자치단체 형편을 고려하여 새로운 협력관계를 모색해서 행정의 효율성 제고와 자율성의 확립방향을 찾아야 한다. 예를 들면 쓰레기매립시설, 문화·위락시설 등을 공동으로 설치·관리하는 협력관계의 모색 또는 지방자치단체간의 이해가 상충하여 상호간 조정이 필요한 경우에 공동기관을 설치하고 이를 처리하도록 하는 방안 등이다.

G.D.H. Cole은 광역행정체제로서는 도시권의 사회·경제적 기반의 공통성을 고려하여 광역도시권개발계획을 작성할 것을 제안하고 있다. 이러한 광역행정체제는 민주주의의 전통이 약하고 관료적 통제가 강한 국가에서 특히 절실한 의의를 갖는다.[34)]

광역행정체제는 자주재원에 의한 자율성을 지니는 체제가 바람직한데, 자체수입으로 외부행정체제로부터 독립하여 도시권행정에 대한 행동지침과 사업계획을 세울 수 있으며 종래의 자치단체는 그대로 존속시키면서 도시권 기능별로 관할구역(catchment area)을 설정할 수 있고 도시권 전체의 관심사를 일원적으로 처리할 수 있는 특별구를 광역행정체제로 구상함이 필요하다 하겠다.[35)]

34) G. D. H. Cole, Local and Regional Government (1947), pp. 116~117.

35) 李圭煥, 전게서, pp. 408~410.

실제로 경기도 소속 지방공무원을 대상으로 설문조사한 연구보고서에서도 이와같은 특별구에 대한 필요성이 높은 것으로 나타나고 있다.[36]

〈표 Ⅲ-6-2〉에서 나타나듯이, 설문조사 중에서 특별구방식이 35.8%로 가장 높은 지지를 나타내고 있다.

〈표 Ⅲ-6-2〉 광역행정수행을 위한 행정체제방식에 대한 인식

설문내용/응답수	분포도(수)	구성비(%)
① 도시권행정협의회	143	30.1
② 도·군조합구성	112	23.6
③ 기능별 특별구	170	35.8
④ 사무위탁방식	43	9.0
⑤ 기 타	7	1.5
합 계	475	100.0

36) 상게서, p. 409.

제 4 편

都市計劃行政의 實際

제 1 장　都市計劃의 本質

제 2 장　都市計劃의 內容

제 1 장　都市計劃의 本質

제 1 절　都市計劃의 發達

Ⅰ. 計劃의 一般理論

1. 計劃의 槪念

계획의 의미는 「장래를 예견한 행동」이라고 하는 것으로부터 시작하여 다양하게 제시되고 있다. 여기서는 행정이 이루어지는 과정에 따라 계획의 의미를 살펴보면 다음과 같이 정의할 수 있다. 즉, 「계획이란 특정한 목표를 달성하기 위하여 최상의 이용가능한 방법·절차를 선택하기 위한 의도적이고 합리적인 행동」을 뜻한다.[1] 여기서 특정목표란 계획의 경우 특정정책을 의미한다. 따라서 계획이란 장래의 변화를 합리적으로 기도하는 노력이라는 점에서 정책과 같으나 다만 구별을 한다면 정책은 보다 일반성을 지니는데 비하여 계획은 특정성·구체성을 띤다고 하는 상대적인 차이를 갖는다고 할 수 있다.[2]

19세기 자유방임주의 시대로부터 20세기에 들어오면서 산업혁명의 성공을 가져온 영국은 공업화의 급속한 진행과 함께 산업의 독과점현상이 나타났으며 그 결과로 빈부격차의 심화, 노사문제, 공해, 도시생활환경의 악화 등 경제·사회문제가 공장이 입지한 도시를 중심으로 집중적으로 발생하였다. 즉, 19세기의 경제·사회적 모순이 심화되면서 이를 극복하기 위한 "보

1) Albert Waterston, *Develement Planning*(Baltimore: Johns Hopkins Press, 1965), p. 26.

2) P.P. Le Breton and D. A. Henning, *Planning Theory*(Englewood Cliffs: Prentice Hall, 1961), p. 9.

이지 않는 손"에 의한 예정조화가 아니라 "보이는 손"에 의한 계획적 활동이 강조되었다. 따라서 19세기말부터 위와 같은 문제점에 대한 해결방안으로 계획의 중요성이 부각되었다.

한편, 미국의 경우는 1929년 대공황을 맞으면서 「루즈벨트」대통령의 「뉴딜」정책을 뒷받침하기 위해 1933년 국가기획위원회(National Planning Committee)를 설치하기에 이르렀고, 영국의 경우에도 노동당의 대두와 더불어 수정자본주의적인 산업국유화와 사회보장제도가 도입되면서 계획은 현대국가행정의 불가결한 요소로서 등장하게 되었다.[3]

특히, 제2차대전 이후 독립을 얻은 많은 신생개발도상국들이 식민지시대 유산의 탈피와 경제개발을 위해 경제계획을 수립하기에 이르렀다. 이러한 계획의 중요성이 인식되고 이념을 초월하여 계획적 노력이 경주됨에 따라 계획에 대한 논쟁과 방법론에 대한 연구는 깊이를 더해 가고 있다.

2. 計劃의 分類

계획은 보는 관점에 따라 다양하게 분류할 수 있다. 이를 계획의 대상, 계획의 기간, 계획의 형식, 계획의 범위, 목적과 수단 등에 따라 살펴보면 다음과 같다.[4]

(1) 計劃對象別 分類

대상에 따라 물리적 계획(physical planning), 경제계획(economic planning), 사회계획(social planning), 전시동원계획(war mobilization planning) 등으로 구분할 수 있다. 물리적 계획은 공공시설계획, 토지개발계획, 도시계획 등을 포함하며, 경제계획은 화폐적 단위를 중심으로 한 경제개발을 추구하는 계획이며, 사회계획은 인간을 중심으로 한 사회복지를 목표로 하는 계획이다. 전시동원계획은 상시적 계획이 아니라 비상동원계획으로 전략적으로 의미를 갖는 계획이다.

(2) 計劃期間別 分類

계획기간에 따라 장기계획(long-range planning), 중기계획(middle-range

3) 李圭煥, 「都市行政論」(서울: 녹원출판사, 1995), pp. 695~696.

4) 상게서, pp. 119~121.

planning), 단기계획(short-range planning) 등으로 구분할 수 있다. 장기계획은 일반적으로 10년 이상에서부터 30년에 이르는 계획으로 계획기간의 장기성과 그에 따른 미래의 불확실성 때문에 계획이라기보다는 장기전망(long-range perspective)이란 명칭을 쓰기도 한다. 중기계획은 5년을 전후로 하여 어느 정도 미래에 대한 확실성이 뒷받침된 계획을 뜻한다. 단기계획은 1년 내외의 계획기간을 지닌 것으로 연도별 사업계획, 기본운영계획이 여기에 속한다.

장기계획과 단기계획 중 어느 것이 더 바람직한 것이냐는 일률적으로 말할 수 없다. 장기계획이 단기계획보다 원칙적으로 좋을지 모르나 장기계획이 지닌 미래예측의 부정확성과 상황변동에 유연성있는 적응이 힘들다는 점 때문에 장·단기계획을 혼용하는 경우가 많다. 일반적으로 국토개발계획이나 도시기본계획과 같은 것은 장기계획적 성격을 지니며, 경제계획은 중기계획, 사업계획은 단기계획적 성격을 띤다고 할 수 있다.

(3) 計劃形式別 分類

계획형식에 따라서는 청사진적 계획(blue-print planning)과 절차적 계획(process planning)으로 구분할 수 있다.[5] 청사진적 계획은 최종적으로 달성하고자 하는 목표를 결정하고 이를 위한 전 계획기간에 걸쳐 사업의 우선순위, 기준, 투자내역까지 처음부터 계획의 수정·보완을 전제로 하지 않는 확신위에 세워진 계획이다. 이에 반하여 절차적 계획은 계획을 실천시켜 나가는 과정에서 사업의 우선순위나 내용에 대하여 여건의 변동과 새로운 정보에 따른 수정·보완을 전제하여 수립된 계획을 집행하며, 단계별로 다음 단계에서 무엇을 해야 할 것인가를 비교적 유연성있게 수정·보완해 나가는 계획이다.

(4) 計劃範圍와 理論의 一貫性別 分類

계획범위와 논리의 일관성에 따라 합리적 종합계획(rational comprehensive planning)과 부분적 점진적인 계획(disjointed incremental planning)으로 나눌 수 있다. 합리적 종합계획은 가장 이상적인 계획모형이라 할 수 있다.

5) Andress Faluid, *A Reader in Planning Theory*(New York: Pergamon Press, 1973), pp. 127~136.

즉, 종합적으로 조정되고 시간적으로도 단기에서 장기에 이르기까지 일사불란한 계획의 일관성을 지니며 합리적인 계획논리가 내재해 있기 때문이다. 그러나 현실적으로 합리적이고 종합적인 계획이 교과서적 이론을 떠나서 어느 정도 가능한지에 대해선 의문과 비판이 있다. 합리적이고 종합적인 계획수립을 위한 정보의 부족과 근본적인 인간능력의 한계, 지나친 비용소요, 사실과 가치 사이의 인과성의 부족, 계획대상의 개방성 등의 요인으로 이상적인 계획이란 스스로 한계가 있다고 볼 수 있다. 그래서 이러한 합리적 종합계획에 비하여 만족스럽지는 못하지만 부분적이고 점진적인 계획이 불가피하고, 현실문제를 해결하는데 보다 효과적이라고 말하고 있다.[6)]

(5) 目的과 手段別 分類

규범적 계획(normative planning)과 기능적 계획(functional planning)의 구분이다. 계획은 목적과 목표를 설정하고 이를 달성하기 위한 최적의 수단을 찾아내는 과정이다. 이러한 목적과 수단과의 관계에서, 규범적 계획은 목적과 수단을 동시에 고려하여 하나의 사회 내지 조직이 추구하는 이상적인 미래를 계획하려는 것이다. 여기에 비해 기능적 계획은 목적이 주어졌다고 보고 이러한 목적을 실현하기 위한 최선의 수단을 찾아내려는 것을 말한다.

즉, 규범적 계획에서는 목적과 수단은 불가분의 관계에 있다. 그러나 기능적 계획은 일단 목적은 주어졌다고 보고 수단적 합리성만을 추구한다는 면에서 규범적 계획에 비해 단순한 계획일 수 있다. 그럼에도 불구하고 규범적 계획과 기능적 계획은 완전히 구분되어질 수 있는 것은 아니다. 왜냐하면 목적과 수단이란 자체가 상대적이기 때문이다.

상위의 목적을 위해서 하위목적은 수단이 될 수 있으며, 수단이라 하더라도 하위수단에 대해서는 목적의 의미를 지니고 있기 때문이다. 규범적 계획은 가격판단을 동반하는데 비해, 기능적 계획은 단순한 계획의 내부적 논리에만 충실하면 된다고 할 수 있다.

---

6) Charles Lindblom and David Braybrooke, *A Strategy of Decision; Polocy Evalution as a Social Process*(Glencoe, Illinois: The Free Press, 1963).

Ⅱ. 都市計劃의 發達

1. 外國의 都市計劃 發達

영국에서는 산업혁명의 성공으로 19세기부터 20세기에 이르는 동안 발생한 도시문제의 해결방안으로 도시계획의 중요성이 부각되었고, 미국에서는 1929년 대공황 이후 경제문제 뿐만 아니라 도시문제에 대한 행정의 관여가 강화되었다. 2차대전 이후 많은 개발도상국들은 서구사회가 수세기 동안에 경험하였던 도시화의 과정이 단기간에 이루어짐으로써 여러 가지의 도시문제, 대규모의 「슬럼」(slum)형성, 공공시설의 부족, 교통난 및 주택난, 공해 등의 각종 생활환경상의 악화문제를 발생시켰다.

따라서 많은 선·후진국들은 도시문제를 하나의 도시내부문제로 보는 것이 아니라 공권력의 개입분야로 현대 발전행정의 중요한 과제로 인식하게 된 것이다.

이상과 같은 계획활동에 대한 일반적인 발전과 더불어 도시행정에서도 각종 도시문제의 해결대안으로 계획의 중요성은 계속 강조되었다.

18세기 후반부터 시작한 산업혁명의 물결은 공장도시(factory town)를 건설하게 이르렀다. 급격히 유입되는 도시인구로 인하여 주택난, 교통난, 급수난, 공해, 무질서한 시가지 확산(sprawl) 등 생활환경상의 악화문제가 도시에 집중적으로 나타나면서 이를 극복하기 위한 이상주의적 도시개혁론자를 낳게 하였다.

이러한 공장도시의 병폐와 개혁론자의 주장에 힘입어 19세기 후반부터 20세기 초에 걸쳐 「하워드」(E. Howard), 「언윈」(R. Unwin)을 중심으로한 전원도시론자들에 의해 「웰윈」, 「레치워드」와 같은 전원도시가 런던교외지역에 실제로 건설되기에 이르렀다.

이러한 영국의 전원도시운동은 미국으로 전파되어 「쉬타인」(C. S. Stein)과 「라이트」(H. C. Wright), 「페리」(C. Perry) 등에 의하여 도시계획의 여러 개념들이 체계적으로 정립되기에 이르렀다.[7)]

1940년대에 영국에서는 「아버크롬비」(P. Abercrombie)를 중심으로 「그린

7) 李圭煥, 전게서, pp. 699~700.

벨트」와 「위성도시」, 「신도시」의 개념이 체계화되었다.

제2차대전 후 많은 신생국들은 공업화를 근대화의 정책으로 추진하면서 급격한 도시화현상을 보였다. 「브라질」, 「파키스탄」과 같은 국가에서는 「브라질리아」, 「이슬라마바드」와 같은 신수도를 건설하였으며, 이러한 움직임은 소위 가도시화(pseudo-urbanization) 또는 초대도시화(over-urbanization)현상을 극복하기 위해 도시내부문제보다 대도시인구의 집중억제 및 분산과 같은 지역계획적 차원으로 전개되어 왔다.

많은 개발도상국들은 서구 선진제국들의 도시계획적 이상과 수법을 모방하는데 그치는 것에 불과하였으며, 일부 무허가 불량주택개량과 관련된 도시계획적인 노력이 있었다고 할 수 있다.

2. 우리나라 都市計劃 發達

우리나라의 근대적인 도시계획개념은 1930년대 일본을 통하여 도입되었고, 이 당시만 하더라도 도시계획은 건축통제 내지 건물의 안전과 위생에 대한 경찰행정의 일부로서 받아들여졌다. 도시계획적용대상도시도 극히 한정된 지역에 그쳤으며, 전국적으로 제도화되기는 1934년 조선시가지계획령이 제정, 공포된 이후이다. 따라서 조선시가지계획령이 우리나라의 근대적인 도시계획의 효시라 할 수 있다.[8)]

조선시가지계획령은 현재의 건축법, 도시계획법, 토지구획정리사업법에 담겨있는 내용을 총독부령으로 제정된 것으로 건축규칙, 토지이용계획, 가로망계획이 주된 내용을 이루었다. 이 조선시가지계획령은 1962년 도시계획법과 건축법이 분리·제정될 때까지 거의 30년간 우리나라 도시계획의 기본법령으로 되었다.

1962년 도시계획법과 건축법이 분리·제정되어 건축규제와 도시계획이 다른 개념으로 발전되어 왔으며, 1967년 도시계획법으로부터 토지구획정리사업법이 분리·재정되었고, 1971년과 1973년에 도시계획법은 대폭적인 수정·보완을 거쳤다. 1976년 도시재개발법이 제정되고 1980년 도시공원법이 제정됨으로써 지난 20년간 도시계획에 관련된 많은 법제가 정비되었다.

우리나라의 도시계획이 이상과 같은 역사적인 발달을 해 오는 과정에서

8) 李圭煥, "日帝下의 都市開發行政에 관한 考察,"「中央行政論集」 제11권(中央大學校 國家政策研究所, 1997), pp. 52~53.

계획대상영역의 확대와 개념 자체에 상당한 변화가 있었다. 그러나 아직도 종합계획으로서 도시계획이라 하기에는 거리가 멀다고 보여지며 전통적 도시계획의 잔재가 많이 남아 있다. 계획과 예산 및 투자와의 분리, 토지이용 및 물적 시설의 지나친 강조 때문에 나타나는 청사진적 탁상계획이 되는 일이 많으며, 개발을 선도적으로 유도하는 기능보다 규제와 행정통제의 수단별 역할에 치중하는 경향이 없지 않다.

우리나라 도시계획의 효시라고 할 수 있는 朝鮮市街地計劃令의 제정배경과 그 내용을 보면 다음과 같다.[9]

Ⅲ. 朝鮮市街地 計劃令

1. 朝鮮市街地計劃令의 制定背景

(1) 都市開發에 있어서의 「計劃」手法導入

대한제국에서 일제시대 전반기까지는 오늘날의 개념에 의한 도시계획이라는 것은 없었으며, 다만 도시규모의 팽창에 따른 대증요법적 수단으로 시가지정리라는 이름으로 도로의 확장・정비를 시도하는 정도가 고작이었다.

1910년 8월 한일합방 이후 1912년 10월 일제는 총독부 훈령을 발하여 주요시가지의 市區改正 또는 확장을 하고자 할 때에는 그 계획설명서 및 도면을 첨부토록 하였으며, 동년 11월에는 京城市區改修豫定計劃路線 29개(후에 47개 노선) 지정이 1930년대 중반까지 서울의 街路計劃의 전부였다.[10]

한편 건축통제를 목적으로 조선총독부는 1913년 「市街地建築取締規則」을 공포하였는 바 이것은 바로 도시계획법과 건축법이 제정되기 이전 상태에서 건폐율, 건축선, 건축물의 재료, 부대설비, 미관, 재해방지 등을 규제하는 한편 오늘날의 개념에서의 방화지구, 미관지구, 준공업지역 등을 규정함으로써 도시건축물이 지녀야 할 최소한의 요구를 충족하려고 한 것이었다.

특히 경성부에서는 시가지계획의 필요성을 인지하고 1921년 경성도시계획연구회를 조직하여 구역, 교통, 위생, 보안, 경제, 교육, 공원, 사회시설, 제도, 건축, 주택 및 재원의 12개 항목으로 나누어 도시계획실시를 전제로한

9) 상게논문, pp. 63~68.
10) 朝鮮總督府, 「朝鮮土木事業誌」(1937), pp. 1023~1024.

도시계획조사연구를 하고 각 분야에 걸친 의견이나 조사를 하여 계획과 실시를 촉진하게끔 노력하고 있었다.[11)]

(2) 「朝鮮市街地計劃令」의 制定背景

京城府 최초의 도시계획은 1930년에 작성한 것이다. 이 계획은 1921년 도시계획실시를 전제로한 도시계획조사가 진행되고 민 · 관 · 전문가 300명을 망라하여 경성시가지계획연구회가 조직되면서 기초작업을 시작하고 약 10년에 걸친 준비작업 끝에 성안된 것이다. 이 계획은 1929년을 기점으로 30년후인 1959년을 목표년도로 한 계획안인데 그 주요내용을 보면 다음과 같다. 즉 계획면적 108.77km^{2}에 계획인구 71만 명을 수용하기 위하여 용도지역계획으로는 주거지역이 39.0%, 상업지역 12.3%, 공업지역 12.9%, 미지정지 7.3% 및 주거불능지 28.5%로 되어 있으며, 가로망계획으로는 192개 노선에 총연장 284.97km를 개수 · 확장하며, 공원계획은 38개 계획공원에 그 면적은 3,065,000m^{2}이며, 상수도계획은 보급률 70%에 급수인구 555천 명을 계획하고 있다.[12)]

그러나 이 계획은 준거법령의 미비로 「종이 계획」(paper plan)으로 끝났지만 이 계획안은 1934년 조선시가지계획령이 제정되면서, 이 준거법령의 근거하에 계획된 1936년의 경성부도시계획안에 거의 그대로 반영되었다.

조선시가지계획령을 제정하게 된 동기 중의 또 하나는 羅津開發의 긴급성에도 있었다. 물론, 경성부를 비롯한 도시인구의 급격한 증가에 따른 시가지정비도 중요한 동기 중의 하나이지만 계획령은 일본의 소위 대륙침략「루트」의 중계지점으로 선정된 羅津을 1931년부터 개발하기 시작하였다.

이와 같은 개발경기에 자극받아 인구의 폭발적 증가와 아울러 지가의 급상승과 도시제반시설의 부족 및 시가지의 무질서한 팽창(sprawl)현상이 나타났다. 그런데 그 당시 우리나라에는 도시계획에 관한 법령이 없어서 이와 같은 무질서와 폭발적인 지가상승을 규제할 수 없었기 때문에 총독부는 시가지계획령의 제정 필요성을 더욱 깊이 느꼈다고 할 수 있다.

11) 朝鮮公論, 「國際都市京城部」(1935年 11月號), pp. 59~60.
12) 서울特別市, 「서울6百年史」 4권(1982), pp. 369~376.

2. 朝鮮市街地計劃令의 內容

(1) 市街地計劃의 意味와 變遷

우리나라는 1910년대를 전후하여 일부나마 도시계획이란 개념을 일본을 통해 받아들였고 이 당시만 하더라도 도시계획은 건축통제 내지 건물의 안전성, 위생성에 대한 경찰행정의 일부로서 받아들여졌다. 적용대상 도시도 극히 한정된 지역에 그쳤으며, 근대적 의미의 도시계획의 적용이 전국적으로 일반화되기는 1934년 제정된 조선시가지계획령이 공포된 이후이다.

일본에서 도시계획법과 시가지건축법이 제정시행된 것은 1919년이었는데 이 두개의 법내용을 혼합해서 조선총독부가 조선시가지계획령을 발포한 것은 1934년 6월 20일 제령 제18호이었다. 본 령 제1조에서 밝히고 있는 시가지계획의 의미는 「시가지의 창설 또는 개량을 위하여 도시계획구역내의 필요한 교통, 위생, 보안, 경제 등에 관한 중요시설의 계획」이라고 규정하고 있다.[13] 구체적 범위는 명확하게 명시되지 않았으나 현행 도시계획법에 있어서는 「도시계획구역과 그 구역안에서 도시의 건전한 발전을 도모하고 공공의 안녕질서와 공공복리의 증진을 위한 토지이용, 교통, 위생, 산업, 안보, 국방, 후생 및 문화 등에 관한 당해시설의 계획」이라고 정의되고 있다.

도시계획은 역사적으로 볼 때 공공계획분야 중에서 가장 오래되었다. 도시계획은 아직도 그 나라의 사회제도와 산업구조에 따라 해석을 달리하고 있지만 그 목적을 보면 도시계획은 현재 도시내부에 무질서하고 불건전한 요인을 제거하고 장래 변화가 예측되는 새로운 양상에 미리 대처하여 융통성 있는 여지를 마련함으로써 도시생활과 도시환경을 향상시키고 도시가 균형있게 발전할 수 있도록 토지의 합리적인 이용을 도모하는데 그 목적이 있다.

따라서 도시계획은 도시내에서 이루어지는 여러 가지 활동과 이러한 활동들을 담는 시설물의 입지와 규모를 계획하여 도시에서 이루어지는 여러 기능간의 연결을 효율화시킴으로써 최대한의 경제성과 편익 및 도시미관을 이룩하려는 의도적 노력이 바로 도시계획이란 이름으로 발전되어 왔다.

13) 서울特別市, 「市史資料 II」(1983), pp. 361~364.

(2) 朝鮮市街地計劃의 內容

우리나라 최초의 도시계획법인 조선시가지계획령은 현재의 도시계획법, 건축법, 토지구획정리사업법에서 담고 있는 내용을 일개 총독부령으로 제정되었으며 건축규제, 토지이용계획 및 가로망계획이 주축을 이루고 있다.

이 조선시가지계획령은 1962 도시계획법, 건축법이 분리제정 될 때까지의 거의 30년간 우리나라 도시계획 및 건축규제의 기본법령으로 되어 있었다.

다음은 조선시가지계획령의 주요내용을 요약한 것이다.[14)]

(가) 市街地計劃의 定義

시가지의 창설 또는 개량을 위하여 필요한 교통, 위생, 안보, 보안, 경제 등에 관한 도로, 광장, 철도, 궤도, 하천, 운하, 항구, 공원, 수도, 하수도, 운동장, 시장, 광장, 묘지, 화장장 및 오물처리장, 비행장, 토지구획정리, 일단의 주택지경영, 일단의 공업지조성, 저수지와 방풍, 방화, 방사, 방호에 관한 시설의 계획으로서 시가지계획구역에 대하여 시행하려는 것을 말한다.

(나) 市街地計劃區域의 指定 및 執行者

① 시가지계획구역 및 시가지계획은 그 구역에 관계있는 府會, 邑會, 面協議會의 의견을 들어 조선총독이 이를 결정하고 시가지계획구역 및 시가지계획의 요령을 고시한다.

② 시가지계획사업의 집행은 조선총독이 결정하는데 따라 행정청이 집행하며 조선총독이 특별히 필요에 따라 행정청이 아닌 자로서 그 출원에 따라 시가지계획사업의 일부를 집행할 수 있다.

③ 시가지계획사업의 비용의 부담은 행정청이 집행할 경우에는 국가, 공공단체를 통할하는 행정청이, 행정청이 아닌 자가 이를 집행할 경우에는 그 자의 부담으로 하고, 국가 또는 공공단체는 당 시가지계획사업으로 인하여 현저한 이익을 받은 자로 하여금 그 받은 이익의 한도에서 동사업의 비용의 전부 또는 일부를 부담시킬 수 있다.

④ 도로, 광장, 하천, 항만, 공원, 기타 총독이 정하는 시설에 관한 시가지계획사업에 필요한 토지, 그 토지에 정착한 물건으로서 사업에 필요한 것과 그 토지물건에 관한 소유권이외의 권리는 이를 수용 또는 사용할 수 있다.

---

14) 朝鮮總督府, 朝鮮市街地計劃令 및 同計劃令施行規則 참조; 서울特別市, 『市史資料Ⅱ』, (1983), pp. 361~965.

(다) 地域 및 地區의 指定과 建築物 등의 制限

① 조선총독은 시가지계획구역내에 주거지역, 상업지역 및 공업지역을 지정할 수 있다.

② 각 용도지역 지정에 위배되는 건축물을 건축할 수 없다.

③ 조선총독은 시가지계획구역내 풍치지구, 미관지구, 방화지구 및 풍기지구를 지정할 수 있다.

④ 시가지계획구역내에 있는 건출물은 그 부지가 도로부지에 접하여 건축해야 하며, 건축선은 도로폭의 경계선으로 한다.

⑤ 조선총독은 건축물의 높이, 구조, 설비 혹은 부지, 공지에 관한 규제와 학교, 집회장, 극장, 여관, 공장, 창고, 병원, 시장, 서장, 화장장 등의 시설의 위치, 구조, 설치 또는 부지에 관한 규제를 할 수 있다.

⑥ 행정관청은 지역내의 건축물이 안보상 위험시, 위생상 유해시 또는 본령 규정위반시는 그 건축물의 제거, 개축, 수선, 사용금지 및 사용정지 등을 조치할 수 있다.

(라) 土地區劃整理

① 시가지계획으로서 결정된 토지구획정리에 대하여 그 구역내의 토지소유자는 총독이 지정하는 기한내에 인가신청을 해야 하며 만약 인가신청이 없거나 신청이 있어도 그 내용이 부적합하면 총독은 행정청에 집행케 할 수 있다.

② 행정청은 사업시행을 위하여 換地豫定地를 지정하여 구역내에 있는 건물 기타 공작물의 소유자에 대하여 그 이전명령을 또는 점유자에 대하여 철거를 명할 수 있다.

③ 행정청이 시행하는 토지구획정리사업의 비용부담은 사업지역내의 소유자나 관계인으로 하여금 그 비용의 전부 또는 일부를 부담시킬 수 있다.

(3) 朝鮮市街地計劃令의 特色

이상과 같은 주요내용을 담고 있는 조선시가지계획령은 다음과 같은 몇 가지 특색을 지니고 있다.

첫째, 당시의 일본에서 적용하고 있었던 도시계획법과는 달리 도시계획법과 건축법을 분리하지 않고 있다는 점이며,

둘째, 일본의 경험을 토대로 새로운 요소를 가미하여 특별도시계획법적

성격을 띠고 있었으며,[15)]

셋째, 기시가지의 개선보다는 교외도시지의 창설에 중점을 두고,

넷째, 일본의 도시계획법에서 채택하고 있는 제한주의를 취하지 않고 필요한 경우에는 어디에서나 적용할 수 있는 보다 포괄적 강제성이 강하며,

다섯째, 토지구획정리사업을 시행하는데 있어서는 조합시행을 인정하지 않고 개인시행, 공동시행 및 행정청시행의 셋으로 국한하였으며,

여섯째, 도시계획위원회는 중앙에만 설치하고 지방에는 설치하지 않았다는 점이다.

이와 같은 특색 중에서 특히 두번째의 특별도시계획법적 성격에 대하여 살펴보면, 일본은 조선시가지계획령을 국토계획적 관점에서 운영했다는 것이다.

1938년 9월 시행규칙을 개정하여 시가지계획에서 결정할 사항 중「일단의 공업용지조성사업」을 추가함으로써 공업용지조성을 위한 토지수용의 길을 터놓았다. 우리나라의 도시계획이 생긴 환경에서 볼 때 공업입지와 유기적으로 연결하지 않으면 안된 사실이 도시계획의 국토계획적 성격을 입증하는 것이라고 할 수 있다.

Ⅳ. 都市計劃의 意義

1. 現行 都市計劃의 內容

우리나라 국토의 계획 및 이용에 관한 법률 제2조는 "도시계획은 도시계획구역과 그 구역안에서 도시의 건전한 발전을 도모하고 공공의 안녕질서와 공공복리의 증진을 위한 토지이용, 교통, 위생, 보안, 국방, 후생 등에 관한 다음과 같은 계획을 말한다"라고 개괄적인 내용을 언급하고 있다. 즉, 동법 제2조는 도시계획의 내용을 규정하고 있는 바 그 내용을 성격별로 재정리하여 구체적으로 열거하면 다음과 같다.

15) 金儀遠, "日帝下의 韓國都市,"「都市問題」(대한지방행정공제회, 1982.11), pp. 10~12.

(1) 都市基本計劃

(2) 土地利用計劃: (地域, 地區 및 區域의 指定 또는 變更에 관한 計劃)

① 지역: 주거지역, 상업지역, 공업지역, 녹지지역

② 지구: 미관지구, 풍치지구, 고도지구, 방화지구, 시설보호지구, 위락지구, 보존지구, 주차장정비지구, 공항지구, 방재지구, 아파트지구, 도시설계지구, 자연취락지구

③ 구역: 특정시설제한구역, 개발제한구역, 도시개발예정구역, 시가화조정구역, 상세계획구역, 광역계획구역

(3) 都市計劃施設: (設置, 整備, 改良에 관한 計劃)

① 교통운수시설: (도로, 주차장, 자동차정류장, 철도, 궤도, 삭도, 운하, 항만, 공항, 자동차 및 중기검사시설, 자동차 및 중기운전학원)

② 도시공간시설: (광장, 공원, 녹지, 유원지, 관망탑, 공공공지)

③ 유통 및 공급시설: (시장, 유통업무설비, 수도, 공동구, 전기공급설비, 가스공급설비, 유류저장 및 송유설비, 열공급설비, 방송·통신설비)

④ 공공문화시설: (운동장, 공용의 청사, 학교, 도서관, 연구시설, 문화시설, 공공직업훈련시설, 사회복지시설, 청소년시설)

⑤ 도시방재시설: (하천, 저수지, 방풍설비, 방화설비, 사방설비, 방조설비)

⑥ 보건위생시설: (하수도, 도살장, 공동묘지, 화장장, 폐기물처리시설, 수질오염방지시설, 종합의료시설, 폐차장, 장례식장)

(4) 都市計劃事業

① 토지구획정리사업

② 도시재개발사업

③ 일단의 주택지조성사업

④ 일단의 공업지조성사업

⑤ 시가지조성사업

도시계획은 도시내에서 이루어지는 여러 가지 활동과 이러한 활동들을 담는 시설물의 입지와 규모를 계획하여 도시에서 이루어지는 여러 기능간의 연결을 효율화시킴으로써 최대한의 경제성과 편익 및 도시발전을 이룩하려

는 의도적 노력이다. 단순한 물적계획(physical planning), 토지이용계획(land use planning)과 구별되며, 종합계획(comprehensive planning)으로의 성격이 강조되고 있다.[16)]

그러나 이상의 도시계획의 내용에서 보는 바와 같이 도시계획의 내용을 열거주의로 택하고 있는 우리나라 도시계획은 내용면에서 물적시설에 치중한 경향이 있으며, 인구, 사회, 경제, 산업, 행정, 재정에 대한 내용은 누락되어 도시종합개발계획으로서는 미흡함을 보여주고 있다.

2. 都市計劃의 機能과 特徵

종합성과 통합성을 그 기본속성으로 하는 도시계획은 우선 강제성을 갖고 있어서 반자유방임적(anti-laissez-faire)이며 둘째, 도시계획은 계획된 변화(planned change)로 인해 발생된 혜택이 특정의 개인을 위해서라기보다는 공공복리(public welfare)를 대상으로 한다. 세번째의 특징은 예산의 뒷받침(budgeting)이 없이는 도시계획이 이루어질 수가 없다는 것이다.[17)]

(1) 都市計劃의 强制性

18세기의 자유방임주의적 시대에는 비계획적 철학에 입각하여 도시의 변화가 이루어졌다. 시장 「메카니즘」은 "보이지 않는 손"(invisible hand)에 의해 결정된다는 「아담 스미스」(Adam Smith)주의가 반계획적(anti-planning)이었고 그리하여 계획적 변화(planned change)를 채택하는 경우 자유경쟁제도에서 오는 창의성·생산성을 저해한다고 보았다.

그러나 산업혁명 이후 계속되어온 사회·경제적 문제는 자유방임제도로서 극복하기 어렵게 되었다. 즉, 산업혁명에 따른 18세기의 영국 도시는 과밀, 환경오염 등 도시인의 건강을 해치는 각종 요인들과 그로 인한 사회범죄, 주택부족, 교육시설부족, 도시근로자 복지시설개선 등이 큰 문제로 대두되었다. 이 문제는 일시적 보완책으로서는 해결이 어려워 계획을 통한 근본적인 변화가 요청되기에 이르렀다.

이런 관점에서 현대 도시계획의 잉태가 경제발전 및 기술발달과 동시에 이루어졌다고보기보다는 그 후에 일어난 현상이며, 위의 두 가지가 상충될

16) 李圭煥, 전게서, pp. 701~702.
17) 상게서, pp. 702~705.

때 공공의 교정적 개입이 불가피하게 됨으로써 대두되었다고 볼 수 있다.

오늘날 사회는 「보이지 않는 손」에 의해 사회변화가 결정되는 것이 아니라 「보이는 손」(public intervention)에 의해 계획적인 변화가 이루어지는 것이 특징이기 때문에 그 실천과정에서 강제성을 띤 경찰권을 행사하는 경우가 많다.

도시가 이미 개발되었거나 또는 개발되지 않았던 것을 계획을 통해 새로운 환경으로 변화시킬 경우 강제성을 지닌 수용권(eminent domain)을 발동할 경우가 있다. 이 경우 수용권의 행사는 도시계획시행자인 공공기관에 의해 발동되는 것이 원칙이다.

우리나라 도시계획법 제29조에 의하면 「시행자는 도시계획구역안에서 도시계획사업에 필요한 토지·건축물 또는 그 토지에 정착된 물건이나 그 토지·건축물 또는 물건에 관한 소유권 이외의 권리는 이를 수용 또는 사용할 수 있다」고 규정하고 있으며, 그 구체적 세칙은 「토지수용법」에 따로 정하여 적용키로 하고 있다.

뿐만 아니라 어떤 시설물이나 토지의 사용마저도 도시계획에 의해 제약을 받게 된다. 이의 통제방안으로서 빼놓을 수 없는 것이 용도지역제(Zoning)이다.

이 외에도 도시계획의 시설은 건물규제, 공해방지규제 등에 의해서 직·간접적으로 제약을 받고 있다.

(2) 都市計劃의 公共福利性

도시를 계획하는데 있어서 활용되는 이와 같은 각종 강제성을 띤 규제가 주민의 공공복리(public welfare)를 증진하는데 기반을 두어야 함은 당연하다. 도시시설 및 환경조성에 소요되는 공공자금(public expenditures)의 부담은 도시민이 부담하면서 혜택은 특정인만이 받을 경우 경비부담측과 수혜측 사이에 형평성의 원리에 위배되는 문제가 생긴다.

우리나라 도시계획법 제1조와 제2조에서 이점을 강조하고 있다. 그러나 막상 공공복리를 어떻게 정의하느냐 할 때는 그리 간단하지 않다. 이와 같은 어려움을 돕기위해 다음과 같은 다양한 평가기법을 통하여 객관적 합리성에 입각한 형평성을 찾아 보려고 노력하고 있다.

① 비용·편익분석방법(Cost-Benefit Analysis)

② 비용・효과성분석방법(Cost-Effectiveness Analysis)
③ 대차대조표분석방법(Planning Balance Sheet)
④ 목표달성분석방법(Goal-Achievement Matrix)

(3) 豫算反影

아무리 좋고 훌륭한 계획이라 할지라도 실천에 옮길 재정력의 뒷받침이 없이는 한낱 「종이 계획」(paper plan)에 불과하다.

도시계획의 실행은 장기계획(10-20년)속에 원칙(policy guideline)이 명시되고, 중기계획인 자본투자계획(Capital Improvement Program)에 따라 자본예산(Capital Budgeting)을 반영한다. 그리고 이것을 실천하는 사업계획(investment project)을 해마다 채택한다. 이들 계획은 고정되어 있는 것이 아니라 유동적이며, 해마다 투자사업의 결과에 따라 그 내용이 수시로 수정된다.

이와 같은 계획된 투자계획 및 재원조달이 예산에 반영되지 않을 경우 그 계획은 당초 예기했던 공공복리의 증진도 어려울 것이고 설정한 목표도 달성할 수 없게 된다.

미국의 도시정부는 1930년대까지만 해도 자본투자계획(C.I.P.)이 없는 이른바 「계획없는 발전」이 되었다가 제2차대전후부터는 C.I.P.가 도시계획에 있어서 광범위하게 채택되고 있다.

이상적으로 도시개발계획을 운용하려면 먼저 도시정부가 약 20년 정도의 앞을 내다 보는 도시장기종합개발계획을 수립하고, 이 계획에 알맞는 하부계획으로 도시의 물리적 계획(physical plan)을 작성하며, 그것에 준해서 5개년 자본투자계획을 세우는 것이다. 이렇게 하여 계획이 확정되면 매년도의 예산을 5개년 자본투자사업계획에 연도별로 포함시킴으로써 도시계획의 실효를 보게 되는 것이다.

3. 都市計劃의 位置 및 體系

전술한 바와 같이 도시계획은 국토계획의 최하위계획으로서의 성격을 가지는 동시에 개별 교통계획이나 공급처리계획, 수자원계획, 조경계획, 자연보호계획, 공업계획 등 부문계획을 포괄하는 일반종합계획으로서의 성격을 지닌다.

또한 도시계획은 그 자체 장기계획(20년)인 도시기본계획과 협의의 도시계획으로 체계화되어 개별 건축물계획에 대한 규율을 제공한다[18](<표 Ⅳ-1-1> 참조).

〈표 Ⅳ-1-1〉 도시계획의 위치 및 체계

구 분	도시기본계획	도시계획(재정비)	사업시행계획
(1) 계획의 목표	도시개발방향 및 미래상 제시	구체적인 개발 및 규제	사업시행
(2) 계획내용	물적, 경제적, 사회적 측면의 종합	물적측면	특정대상계획
(3) 법적근거	도시계획법	도시계획법	도시계획법, 개별해당법
(4) 법적 구속력	시장, 군수	개별시민	개별시민
(5) 계획수립주체	시장, 군수	시장, 군수	시장, 군수, 시행자, 조합, 기타
(6) 계획기간	20년	10년	1~5년
(7) 계획구역의 범위	도시계획구역 및 연접지역	도시계획구역	도시의 일부지역
(8) 시민참여의 형태	공 청 회	공 람	공람, 직접참여
(9) 계획간의 연계	국토계획, 도계획등의 지침수용과 도시(재정비)계획에 지침제시	도시기본계획의 지침수용과 도시계획에 지침제시	도시기본계획 및 도시(재정비)계획의 지침 수용
(10) 표현방식	개념, 계획적 표현방식	구체적, 법적 표현방식	상세계획 및 설계
(11) 도면의 축척	1:2,5000(5,000)	1:5,000	1:600~1:1,200

* 지구계획, 도시개발사업계획, 도시계획시설계획을 포괄하는 의미의 도시계획(재정비).

18) 李圭煥, "都市計劃法解說," 「地方自治와 議會運營」(韓國地方自治學會, 地方行政硏修院, 1998), pp. 198~199.

제 2 장 都市計劃의 內容

제 1 절 土地利用計劃

Ⅰ. 土地利用計劃과 地域地區制

토지이용계획은 계획구역내의 토지를 어떻게 이용할 것인가에 대한 계획이다. 즉, 토지수요를 추정하여 이를 합리적으로 조정·유도하는 것이다.

여기에서의 토지는 매립지, 간척지 등 조성예정지도 포함되는 계획이며 이용을 어떻게 해석하느냐에 따라 그 범위도 달라진다.

토지이용계획을 교통계획, 도시시설계획과 같이 물적계획의 대표적인 것으로 볼 때에는 협의로 해석하는 것이나, 가장 광의로 볼 때에는 위의 모든 계획을 포함하는 도시기본계획과 마찬가지로 이해할 수 있다.

토지이용계획은 장래 토지이용의 방향을 제시하는 것으로 그 자체로는 구속력을 가지지 않지만 법적 구속력을 가지기 위해서는 독일이나 스웨덴처럼 지구단위계획으로 구체화되는 경우도 있으며, 미국이나 우리나라와 같이 지역지구제로 나타날 수가 있다. 지역지구제는 한 도시의 계획이 집행되어지는데 필요한 법적, 행정적인 방안의 하나이다. 이러한 수단은 각국의 역사적·경제적·배경, 국토의 크기, 자원의 정도 등에 따라 상이하며 우리나라도 경제·사회 발전과 더불어 변천되어 왔다.[1)]

---

1) 李圭煥, "都市計劃法解說,"「地方自治와 議會運營」(韓國地方自治學會, 地方行政研修院, 1998), p. 204.

Ⅱ. 用途地域의 種類와 指定目的[2)]

1. 都市地域

인구와 산업의 밀접이 예상되어 지역적인 개발정비관리보전 등이 필요할 때 다음과 같이 지정한다.

(1) 住居地域

거주의 안녕과 건전한 생활환경의 보호가 필요한 지역

(가) 전용주거지역

① 제1종 전용주거지역: 단독주택 중심의 양호한 주거환경 보호지역

② 제2종 전용주거지역: 공동주택 중심의 양호한 주거환경 보호지역

(나) 일반주거지역

① 제1종 일반주거지역: 저층 주택 중심의 주거환경지역(4층 이하 층수 제한)

② 제2종 일반주거지역: 중층 주택 중심의 주거환경지역(15층 이하 층수 제한)

③ 제3종 일반주거지역: 중고층 주택 중심의 주거환경지역(층수 제한없음)

(다) 준주거 지역

주거기능을 위주로 상업 및 업무기능을 보완하기 위하여 지정

(2) 商業地域

상업과 기타업무의 편익 증진을 위하여 필요할 때 다음과 같이 지정한다.

① 중심상업지역: 도심·부도심의 업무 및 상업기능 확충을 위하여 지정

② 일반상업지역: 일반적인 상업 및 업무기능 담당을 위하여 지정

③ 근린상업지역: 근린지역에서의 일용품 및 서비스 공급을 위하여 지정

---

2) 國土의 計劃 및 利用에 관한 法律施行令 제30조 참조.

④ 유통상업지역: 도시 내 및 지역 간 유통기능 증진을 위하여 지정

(3) 工業地域

공업의 편익증진을 위해 필요할 때 다음과 같이 지정한다.

① 전용공업지역: 주로 중화학공업・공해성 공업 등을 수용하기 위하여 지정

② 일반공업지역: 환경을 저해하지 아니하는 공업을 배치하기 위하여 지정

③ 준공업지역: 경공업 그 밖의 공업을 수용하되, 주거・상업・업무기능을 보완하기 위하여 지정

(4) 綠地地域

자연환경, 농지 및 산림의 보호, 보건 위생, 보안과 도시의 확산 방지를 위하여 녹지의 보전이 필요한 지역

① 보전녹지지역: 도시의 자연환경・경관・산림 및 녹지공간 보전을 위하여 지정

② 생산녹지지역: 주로 농업적 생산을 위해 개발을 유보하기 위하여 지정

③ 자연녹지지역: 도시의 녹지공간의 확보, 도시 확산의 방지, 장래 도시용지의 공급 등을 위한 보전을 위하여 지정, 불가피한 경우 제한적인 개발 허용

2. 非都市地域

(1) 管理地域

① 보전관리지역: 자연환경보호, 산림보호, 수질오염방지, 녹지공간 확보 및 생태계 보전 등을 위하여 필요하나, 주변의 용도지역과의 관계 등을 고려할 때 자연환경보전지역으로 지정하여 관리하기가 곤란한 지역

② 생산관리지역: 농업・임업・어업생산 등을 위하여 관리가 필요하나, 주변의 용도지역과의 관계 등을 고려할 때 자연환경보전지역으로 지정하여 관리하기가 곤란한 지역

③ 계획관리지역: 도시지역으로의 편입이 예상되는 지역 또는 자연환경

을 고려하여 제한적인 이용·개발을 하려는 지역으로 계획적·체계적인 관리가 필요한 지역

(2) 農林地域

도시지역에 속하지 아니하는 농지법에 의한 농업진흥지역 또는 산림법에 의한 보전임지 등으로서 농림업의 진흥과 산림의 보전을 위하여 필요한 지역

(3) 自然環境保全地域

자연환경·수자원·해안생태계·상수원 및 문화재의 보전과 수산자원의 보호·육성 등을 위하여 필요한 지역

Ⅲ. 用途地區의 種類와 指定目的[3)]

(1) 景觀地區

① 자연경관지구: 산지·구릉지 등 자연경관의 보호 또는 도시의 자연풍치를 유지하기 위하여 필요한 지구

② 수변경관지구: 지역내 주요 수계의 수변 자연경관을 보호·유지하기 위하여 필요한 지구

③ 시가지경관지구: 주거지역의 양호한 환경조성과 시가지의 도시경관을 보호하기 위하여 필요한 지구

(2) 美觀地區

① 중심지미관지구: 토지의 이용도가 높은 지역의 미관을 유지·관리하기 위하여 필요한 지구

② 역사문화미관지구: 문화재와 문화적으로 보존가치가 큰 건축물 등의 미관을 유지·관리하기 위하여 필요한 지구

③ 일반미관지구: 중심지미관지구 및 역사문화미관지구 외의 지역으로서 미관을 유지·관리하기 위하여 필요한 지구

3) 國土의 計劃 및 利用에 관한 法律 제37조, 施行令 제31조 참조.

(3) 高度地區

① 최고고도지구: 환경과 경관을 보호하고 과밀을 방지하기 위하여 건축물높이의 최고한도를 정할 필요가 있는 지구

② 최저고도지구: 토지이용을 고도화하고 경관을 보호하기 위하여 건축물높이의 최저한도를 정할 필요가 있는 지구

(4) 防火地區

화재의 위험을 예방하기 위하여 필요한 지구

(5) 防災地區

풍수해, 산사태, 지반의 붕괴 및 그 밖의 재해를 예방하기 위하여 필요한 지구

(6) 保存地區

① 문화자원보존지구: 문화재·전통사찰 등 역사·문화적으로 보존가치가 큰 시설 및 지역의 보호와 보존을 위하여 필요한 지구

② 중요시설물보존지구: 국방상 또는 안보상 중요한 시설물의 보호와 보존을 위하여 필요한 지구

③ 생태계보존지구: 야생동식물서식처 등 생태적으로 보존가치가 큰 지역의 보호와 보존을 위하여 필요한 지구

(7) 施設保護地區

① 학교시설보호지구: 학교의 교육환경을 보호·유지하기 위하여 필요한 지구

② 공용시설보호지구: 공용시설을 보호하고 공공업무기능을 효율화하기 위하여 필요한 지구

③ 항만시설보호지구: 항만기능을 효율화하고 항만시설을 관리·운영하기 위하여 필요한 지구

④ 공항시설보호지구: 공항시설의 보호와 항공기의 안전운항을 위하여 필요한 지구

(8) 聚落地區

① 자연취락지구: 녹지지역·관리지역·농림지역 또는 자연환경보전지역안의 취락을 정비하기 위하여 필요한 지구

② 집단취락지구: 개발제한구역안의 취락을 정비하기 위하여 필요한 지구

(9) 開發進興地區

① 주거개발진흥지구: 주거기능을 중심으로 개발·정비할 필요가 있는 지구

② 산업개발진흥지구: 공업기능을 중심으로 개발·정비할 필요가 있는 지구

③ 유통개발진흥지구: 유통·물류기능을 중심으로 개발·정비할 필요가 있는 지구

④ 관광·휴양개발진흥지구: 관광·휴양기능을 중심으로 개발·정비할 필요가 있는 지구

⑤ 복합개발진흥지구: 주거기능, 공업기능, 유통·물류기능 및 관광·휴양기능 중 2 이상의 기능을 중심으로 개발·정비할 필요가 있는 지구

⑥ 특정개발진흥지구: 주거기능, 공업기능, 유통·물류기능 및 관광·휴양기능 외의 기능을 중심으로 특정한 목적을 위하여 개발·정비할 필요가 있는 지구

(10) 特定用途制限地區

주거기능 보호 또는 청소년 보호 등의 목적으로 청소년 유해시설 등 특정시설의 입지를 제한할 필요가 있는 지구

(11) 그 밖에 대통령령이 정하는 기구

시·도지사 또는 대도시 시장은 지역여건상 필요한 때에 대통령이 정하는 기준에 따라 당해 시·도 또는 대도시의 조례로 용도지구의 명칭 및 지정목적과 건축 그 밖의 행위의 금지 및 제한에 관한 사항 등을 정하여 위의 열거한 용도지구 외의 용도지구의 지정 또는 변경을 도시관리계획으로 결정할 수 있다.

Ⅳ. 用途區域의 種類와 指定目的[4)]

(1) 開發制限區域

도시의 무질서한 확산을 방지하고 도시주변의 자연환경을 보전하여 도시민의 건전한 생활환경을 확보하기 위하여 도시의 개발을 제한할 필요가 있거나 국방부장관의 요청이 있어 보안상 도시의 개발을 제한할 필요가 있다고 인정되는 경우에는 개발제한구역의 지정 또는 변경을 도시관리계획으로 결정할 수 있다. 이러한 개발제한구역의 지정 또는 변경에 관하여 필요한 사항은 따로 법률로 정한다.

(2) 都市自然公園區域

시·도지사 또는 대도시 시장은 도시의 자연환경 및 경관을 보호하고 도시민에게 건전한 여가·휴식공간을 제공하기 위하여 도시지역 안의 식생이 양호한 산지(山地)의 개발을 제한할 필요가 있다고 인정하는 경우에는 도시자연공원구역의 지정 또는 변경을 도시관리계획으로 결정할 수 있다. 이러한 도시자연공원구역의 지정 또는 변경에 관하여 필요한 사항은 따로 법률로 정한다.

(3) 市街化調整區域

국토해양부장관은 직접 또는 관계 행정기관의 장의 요청을 받아 도시지역과 그 주변지역의 무질서한 시가화를 방지하고 계획적·단계적인 개발을 도모하기 위하여 대통령령이 정하는 일정기간 동안 시가화를 유보할 필요가 있다고 인정되는 경우에는 시가화조정구역의 지정 또는 변경을 도시관리계획으로 결정할 수 있다. 시가화조정구역의 지정에 관한 도시관리계획의 결정은 제1항의 규정에 의한 시가화 유보기간이 만료된 날의 다음날부터 그 효력을 상실한다. 이 경우 국토해양부장관은 대통령령이 정하는 바에 따라 그 사실을 고시하여야 한다.

---

4) 國土의 計劃 및 利用에 관한 法律 제38조, 제29조, 제40조, 제41조 참조.

(4) 水産資源保護區域

농림수산식품부장관은 직접 또는 관계 행정기관의 장의 요청을 받아 수산자원의 보호·육성을 위하여 필요한 공유수면이나 그에 인접된 토지에 대한 수산자원보호구역의 지정 또는 변경을 도시관리계획으로 결정할 수 있다.

Ⅴ. 用途地域, 地區, 區域 相互間의 關係

1. 地域相互間의 關係

도시계획구역안의 모든 토지는 하나의 지역을 갖는다. 다만, 지정할 준비가 되어 있지 못하거나 시가화의 정도가 다르거나 기타 사유에 의거 용도지역을 지정할 필요가 없는 경우에는 지역의 지정을 하지 않는(미지정지역) 경우도 있으나 하나의 토지에 두 가지 이상의 용도지역을 지정할 수는 없다.

2. 地域과 地區와의 關係

지구는 어떤 지역위에 겹쳐서 지정(토지이용계획의 세분구체화)되는 것이며 그 성격에 따라 일정한 지역에만 한정되는 것을 원칙으로 한다.

3. 地區相互間의 關係

현행 11개의 지구 중 그 성격상 두 개 이상의 지구가 중복 지정될 수 있는 것이 있고, 어떤 지구는 중복지정이 불가능한 것도 있다.

예컨대 시설보호지구는 미관지구, 최고고도지구, 방화지구와 중복지정할 수 있으나, 시설보호지구가 보존지구와 중복지정된다는 것은 불합리하다.

4. 區域과 地域·地區와의 關係

지구단위계획구역과 도시개발구역은 원칙적으로 어떤 용도지역 이나 지구에 관계없이 지정될 수 있으나 개발제한구역 또는 시가화조정구역에 지구지정은 불합리하다.

제 2 절 都市計劃施設

Ⅰ. 都市計劃施設의 概念

도시계획시설이란 국토의 계획 및 이용에 관한 법률 제2조 제6항 및 동법 시행령 제2조에 열거한 규정에 의한 기반시설 중 동법 제30조의 규정에 의한 도시관리계획으로 결정된 시설이다. 이 도시계획시설은 도로·공원·수도 등 도시의 생활 및 기능유지에 필요한 불특정 다수인과 관련이 많은 공공적 성격이 큰 도시계획구역 내 시설로서 도시구조의 골격을 이루고 있다.

이를 도시계획시설로 결정케하는 이유는 동 시설이 도시계획구역내에 일정규모로 입지하게 될 때에는 동 지역은 물론 도시 전체에 인구·교통·환경문제 등 지대한 영향을 미치기 때문에 그 시설의 입지 및 규모를 적정하게 함으로써 도시발전방향 및 계획적 개발방안을 효율적으로 정립하고자 하는데 있다.

도시계획시설은 그 형태에 따라 다음과 같이 구분한다.

(1) 點的施設

주로 소규모 건축시설(학교, 도서관, 도살장 등)

(2) 線的施設

도로, 수도 등 망조직을 형성하는 시설

(3) 面的施設

공원, 광장, 유원지 등 대규모 토지를 필요로 하는 시설

Ⅱ. 都市計劃施設의 種類

1. 都市計劃施設 關聯法상의 基盤施設

도시계획시설은 아래의 기반시설 중에서 국토의 계획 및 이용에 관한 법률 제30조의 규정에 의한 도시관리계획시설로 결정된다. 기반시설은 다음 각목의 시설로서 대통령령이 정하는 시설을 말하며 국토의 계획 및 이용에 관한 법률 제2조 제6호 각목 외의 부분에서 "대통령령이 정하는 시설"이라 함은 다음 각호의 시설(당해 시설 그 자체의 기능발휘와 이용을 위하여 필요한 부대시설 및 편익시설을 포함한다)을 말한다.

(1) 交通施設

도로·철도·항만·공항·주차장·자동차정류장·궤도·삭도·운하, 자동차 및 건설기계검사시설, 자동차 및 건설기계운전학원

(2) 空間施設

광장·공원·녹지·유원지·공공공지

(3) 流通·供給施設

유통업무설비, 수도·전기·가스·열공급설비, 방송·통신시설, 공동구·시장, 유류저장 및 송유설비

(4) 公共·文化體育施設

학교·운동장·공공청사·문화시설·체육시설·도서관·연구시설·사회복지시설·공공직업훈련시설·청소년수련시설

(5) 防災施設

하천·유수지·저수지·방화설비·방풍설비·방수설비·사방설비·방조설비

(6) 保健衛生施設

화장시설 · 공동묘지 · 봉안시설 · 자연장지 · 장례식장 · 도축장 · 종합의료시설

(7) 環境基礎施設

하수도 · 폐기물처리시설 · 수질오염방지시설 · 폐차장

2. 基盤施設의 細分[5)]

위의 기반시설 중 도로 · 자동차정류장 및 광장은 다음 각 호와 같이 세분할 수 있다.

(1) 도 로

① 일반도로

② 자동차전용도로

③ 보행자전용도로

④ 자전거전용도로

⑤ 고가도로

⑥ 지하도로

(2) 자동차정류장

① 여객자동차터미널

② 화물터미널

③ 공영차고지

④ 공동차고지(「화물자동차 운수사업법」 제33조 또는 제35조에 따른 협회 또는 연합회가 설치하는 경우에만 해당한다)

(3) 광 장

① 교통광장

② 일반광장

5) 동법 제1항 및 제2항의 규정에 의한 기반시설의 추가적 세분 및 구체적인 범위는 국토해양부령으로 정한다.

③ 경관광장
④ 지하광장
⑤ 건축물부설광장

제 3 절 都市開發事業

Ⅰ. 都市開發事業의 槪念

1. 都市開發事業의 目的 및 定義

(1) 都市開發法의 目的

도시개발에 관하여 필요한 사항을 규정함으로써 계획적이고 체계적인 도시개발을 도모하고 쾌적한 도시환경의 조성과 공공복리의 증진에 기여함을 목적으로 한다.[6)]

(2) 都市開發事業의 定義

도시개발구역 안에서 주거·상업·산업·유통·정보통신·생태·문화·보건 및 복지 등의 기능을 가지는 단지 또는 시가지를 조성하기 위하여 시행하는 사업을 말한다.[7)]

2. 法律의 沿革

「도시계획법」은 1962년에 제정되어 토지구획정리사업에 대하여 규정하고 있었으나, 1966년 토지구획정리사업을 보다 활성화시키기 위하여 이 법에서 분리하여 「토지구획정리사업법」을 제정하였다. 그리고 1962년의 「도시계획법」은 토지개발사업과 관련하여 일단의 주택지경영과 공업용지조성사업을 도입하였고, 1971년 전면 개정시 일단의 주택지조성사업과 도시개발예정지구조성사업을 도입하였으며, 1991년에는 시가지조성사업이 도입되었다. 그러나 1999년 법 개정에서 도시개발예정지구조성사업은 폐지되어 「도시계

6) 都市開發法 제1조 참조.
7) 都市開發法 제2조 제2호 참조.

획법」에 의한 개발사업은 일단의 주택지조성사업, 일단의 공업용지 조성사업, 시가지조성사업으로 구성되었으며, 도시재개발법에 의한 도시재개발 사업이 있었다.

그러나 도시개발사업을 보다 원활히 하기 위하여 1999년 말 「토지구획정리사업법」에 의한 환지방식과 수용·사용방식을 바탕으로 하는 「도시개발법」을 제정하게 되었으며, 이 법이 제정됨으로써 「도시계획법」에 의한 각종 개발사업과 「토지구획정리사업법」이 폐지되었다. 이와 같은 법령정비는 「도시개발법」을 제정하면서 「토지구획정리사업법」과 「도시계획법」상의 도시계획사업에 관한 규정을 통합하여 도시개발에 관한 일반절차를 「도시개발법」에 규정하게 되었기 때문이다.[8)]

Ⅱ. 都市開發事業의 施行

1. 都市開發區域의 指定[9)]

시·도지사는 계획적인 도시개발이 필요하다고 인정되는 때에는 도시개발구역을 지정할 수 있으며, 또한 도시개발사업이 필요하다고 인정되는 지역이 2 이상의 특별시·광역시 또는 도의 행정구역에 걸치는 경우에는 관계 시·도지사가 협의하여 도시개발구역을 지정할 자를 정한다.

또한 국토해양부장관은 다음에 해당하는 경우에 도시개발구역을 지정할 수 있다.

① 국가가 도시개발사업을 실시할 필요가 있는 경우

② 관계중앙행정기관의 장이 요청하는 경우

③ 제11조 제1항 제2호에 따른 공공기관의 장 또는 같은 항 제3호에 따른 정부출연기관의 장이 대통령령으로 정하는 규모 이상으로 도시개발구역의 지정을 제안하는 경우

④ 제2항에 따른 협의가 성립되지 아니하는 경우

⑤ 그 밖에 대통령령으로 정하는 경우

---

8) 류해웅, 「도시관련 3법해설 -도시계획과 도시개발법」, 국토연구원, 2000. 8, pp. 169~170 참조.

9) 都市開發法 제3조 참조.

2. 都市開發計劃의 內容[10)]

개발계획에는 다음 사항이 포함되어야 한다. 다만, 제13호와 제14호에 해당하는 사항은 도시개발구역을 지정한 후에 개발계획에 포함시킬 수 있다.

① 도시개발구역의 명칭·위치와 면적

② 도시개발구역의 지정목적 및 도시개발사업의 시행기간

③ 도시개발구역을 2 이상의 사업시행지구로 분할하여 도시개발사업을 시행하는 경우에는 그 지구분할에 관한 사항

④ 도시개발사업의 시행자에 관한 사항

⑤ 도시개발사업의 시행방식

⑥ 인구수용계획

⑦ 토지이용계획

⑧ 교통처리계획

⑨ 환경보전계획

⑩ 보건의료 및 복지시설의 설치계획

⑪ 도로, 상·하수도 등 주요 기반시설의 설치계획

⑫ 재원조달계획

⑬ 도시개발구역 밖의 지역에 기반시설을 설치하여야 하는 경우에는 당해 시설의 설치에 필요한 비용의 부담계획

⑭ 수용 또는 사용의 대상이 되는 토지·건축물 또는 토지에 정착한 물건과 이에 관한 소유권 외의 권리, 광업권, 어업권, 물의 사용에 관한 권리가 있는 경우에는 그 세목

⑮ 기타 대통령령이 정하는 사항

3. 都市開發事業의 施行

(1) 施行者[11)]

도시개발사업의 시행자는 다음 각 호의 자 중에서 지정권자가 이를 지정한다.

① 국가나 지방자치단체

10) 都市開發法 제5조 참조.

11) 都市開發法 제11조 참조.

② 대통령령으로 정하는 공공기관

③ 대통령령으로 정하는 정부출연기관

④ 「지방공기업법」에 따라 설립된 지방공사

⑤ 도시개발구역의 토지소유자(「공유수면매립법」 제9조에 따라 면허를 받은 자를 해당 공유수면을 소유한 자로 보고 그 공유수면을 토지로 보며, 제21조에 따른 수용 또는 사용 방식의 경우에는 도시개발구역의 국공유지를 제외한 토지면적의 3분의 2 이상을 소유한 자를 말한다)

⑥ 도시개발구역의 토지소유자(「공유수면매립법」 제9조에 따라 면허를 받은 자를 해당 공유수면을 소유한 자로 보고 그 공유수면을 토지로 본다)가 도시개발을 위하여 설립한 조합(도시개발사업의 전부를 환지방식으로 시행하는 경우에만 해당하며, 이하 "조합"이라 한다)

⑦ 「수도권정비계획법」에 따른 과밀억제권역에서 수도권 외의 지역으로 이전하는 법인 중 과밀억제권역의 사업 기간 등 대통령령으로 정하는 요건에 해당하는 법인

⑧ 「주택법」 제9조에 따라 등록한 자 중 도시개발사업을 시행할 능력이 있다고 인정되는 자로서 대통령령으로 정하는 요건에 해당하는 자(「주택법」 제2조 제4호에 따른 주택단지와 그에 수반되는 기반시설을 조성하는 경우에만 해당한다)

⑨ 「건설산업기본법」에 따른 토목공사업 또는 토목건축공사업의 면허를 받는 등 개발계획에 맞게 도시개발사업을 시행할 능력이 있다고 인정되는 자로서 대통령령으로 정하는 요건에 해당하는 자

⑩ 「부동산투자회사법」에 따라 설립된 자기관리부동산투자회사 또는 위탁관리부동산투자회사로서 대통령령으로 정하는 요건에 해당하는 자(제1호부터 제5호까지 또는 제7호부터 제9호까지의 규정에 해당하는 자와 공동으로 시행하는 경우에만 해당한다)

⑪ 제1호부터 제5호까지 또는 제7호부터 제10호까지의 규정에 해당하는 자 중 둘 이상이 도시개발사업을 시행할 목적으로 출자하여 설립한 법인

(2) 實施計劃의 認可[12)]

도시계획사업의 시행자는 대통령령으로 정하는 바에 따라 도시개발사업

12) 都市開發法 제17조 참조.

에 관한 실시계획(이하 "실시계획"이라 한다)을 작성하여야 한다. 이 경우 실시계획에는 지구단위계획이 포함되어야 한다. 또한, 시행자(지정권자가 시행자인 경우는 제외한다)는 실시계획에 관하여 지정권자의 인가를 받아야 한다.

지정권자가 실시계획을 지정하거나 인가하는 경우 국토해양부장관이 지정권자이면 시 · 도지사 또는 대도시 시장의 의견을, 시 · 도지사가 지정권자이면 시장(대도시 시장을 제외한다) · 군수 또는 구청장의 의견을 미리 들어야 한다.

실시계획에는 사업 시행에 필요한 설계 도서, 자금 계획, 시행 기간, 그 밖에 대통령령으로 정하는 사항과 서류를 명시하거나 첨부하여야 한다.

(3) 施行方式[13)]

도시개발사업은 시행자가 도시개발구역의 토지 등을 수용 또는 사용하는 방식이나 환지방식 또는 이를 혼용하는 방식으로 시행할 수 있다.

또한 지정권자는 도시개발구역지정 이후 다음 각 호의 어느 하나에 해당하는 경우에는 도시개발사업의 시행방식을 변경할 수 있다.

① 제11조 제1항 제1호부터 제4호까지의 시행자가 대통령령으로 정하는 기준에 따라 제1항에 따른 도시개발사업의 시행방식을 수용 또는 사용방식에서 전부 환지방식으로 변경하는 경우

② 제11조 제1항 제1호부터 제4호까지의 시행자가 대통령령으로 정하는 기준에 따라 제1항에 따른 도시개발사업의 시행방식을 혼용방식에서 전부 환지방식으로 변경하는 경우

③ 제11조 제1항 제1호부터 제5호까지 및 제7호부터 제11호까지의 시행자가 대통령령으로 정하는 기준에 따라 제1항에 따른 도시개발사업의 시행방식을 수용 또는 사용 방식에서 혼용방식으로 변경하는 경우

수용 또는 사용의 방식이나 환지방식 또는 이를 혼용할 수 있는 도시개발구역의 요건, 그 밖에 필요한 사항은 대통령령으로 정한다.

13) 都市開發法 제21조 참조.

제 4 절 都市管理計劃의 決定節次

Ⅰ. 都市管理計劃의 立案

1. 立案權者

도시관리계획의 입안권자는 원칙적으로 특별시장, 광역시장, 시장 또는 군수이지만 그 계획이 국가계획과 관련된 경우 국토해양부장관도 입안자가 될 수 있다.

2. 住民意見 聽取

도시관리계획을 입안할 경우 입안권자는 그 내용을 주민에게 공람하여 주민의견을 청취토록 하고 있다.[14]

① 시장·군수는 또는 구청장은 제1항에 따라 관계 서류 사본을 송부받거나 법 제7조에 따라 주민의 의견을 청취하려는 경우에는 다음 각 호의 사항을 전국 또는 해당 지방을 주된 보급지역으로 하는 둘 이상의 일간신문과 해당 시·군 또는 구의 인터넷 홈페이지에 공고하고 14일 이상 일반인에게 공람시켜야 한다. 다만, 도시개발구역의 면적이 10만 제곱미터 미만인 경우에는 일간신문에 공고하지 아니하고 공보와 해당 시·군 또는 구의 인터넷 홈페이지에 공고할 수 있다.

② 공고된 내용에 관하여 의견이 있는 자는 도시개발구역의 지정에 관한 공고를 한 자에게 의견서를 제출할 수 있다.

③ 시장·군수 또는 구청장은 제출된 의견을 종합하여 국토해양부장관, 시·도지사에게 제출하여야 하며, 제출된 의견이 없으면 그 사실을 국토해양부장관, 시·도지사에게 통보하여야 한다.

④ 국토해양부장관, 시·도지사, 시장·군수 또는 구청장은 제3항에 따라 제출된 의견을 공고한 내용에 반영할 것인지를 검토하여 그 결과를 공람기

---

14) 都市開發法 제7조 및 施行令 제11조 참조.

간이 끝난 날부터 30일 이내에 그 의견을 제출한 자에게 통보하여야 한다.

3. 上位計劃과의 관계

도시관리계획은 도시계획구역을 대상으로 단위도시의 정비·개발 및 보전을 위한 계획이므로 국토 전체 또는 일정한 지역 전체에 대하여 광역적이며 종합적인 관점에서 계획되도록 입안되어야 하며, 도시계획은 그러한 상위계획에 적합하여야 한다. 즉 국토종합개발계획, 수도권정비계획, 도종합개발계획 등은 도시기본계획 및 도시계획입안의 기본이 된다.

Ⅱ. 都市管理計劃의 決定

1. 都市管理計劃의 決定權者[15)]

도시관리계획은 시·도지사가 직접 또는 시장·군수의 신청에 의하여 이를 결정한다. 다만, 다음의 도시관리계획은 국토해양부장관이 결정한다.

① 국토해양부장관이 입안한 도시관리계획

② 일단의 토지의 총면적이 5제곱킬로미터 이상에 해당하는 도시지역, 관리지역, 농림지역 또는 자연환경보전지역간의 용도지역의 지정 및 변경에 관한 도시관리계획

③ 녹지지역을 도시기본계획이 수립되지 아니한 시·군에서 토지의 면적이 50만 제곱미터 이상의 주거지역, 상업지역 또는 공업지역으로 변경하는 사항에 관한 도시관리계획

④ 개발제한구역의 지정 및 변경에 관한 도시관리계획

⑤ 시가화조정구역 지정 및 변경에 관한 계획

⑥ 수산자원보호구역의 지정 및 변경에 관한 계획

⑦ 토지의 면적이 1제곱킬로미터 이상에 해당하는 제2종 지구단위계획구역의 지정 및 변경에 관한 도시관리계획

2. 都市管理計劃의 決定節次

도시관리계획의 결정절차는 다음과 같은 과정을 거치도록 되어있으며

---

15) 都市開發法 제29조 참조.

· 도시기본계획수립지침에 규정된 기초조사방법을 준용 · 환경성검토 · 토지적성평가 포함	기초조사 (결정 또는 변경계획 수립)(시장, 군수)	법 제6조, 령 제10조, 시행규칙 제10조
· 주민의견청취 공람공고 · 지방의회 의견청취 · 도시계획위원회의 자문(의결)	입안 (시장, 군수)	법 제7조, 령 제10조, 시행규칙 제10조
· 농지전용 등 관계부서 협의 · 지방도시계획위원회 심의의결	도지사	법 제8조, 령 제14조, 시행규칙 제11조
· 관보게재	결정 또는 변경고시(도지사)	법 제9조, 령 제15조
· 시, 군, 구, 읍, 면, 동사무소에 비치	공람(시장, 군수)	법 제9조, 령 제15조
· 결정변경후 2년 이내	현황측량 지형도면 작성 (시장, 군수)	법 제33조
· 관보게재	지형도면 승인고시 (시장, 군수)	법 제33조
· 시, 군, 구, 읍, 면, 동사무소에 비치 · 토지이용계획 확인서 발급	공람(시장, 군수)	법 제9조

〔그림 Ⅳ-2-1〕 도시관리계획의 결정절차

이를 도식화하면 〔그림 Ⅳ-2-1〕과 같다

(1) 都市管理計劃決定의 申請

(가) 도시관리계획의 입안방법

① 광역도시계획 및 도시기본계획에 부합되어야 한다.

② 국토해양부장관, 시·도지사, 시장 또는 군수는 도시관리계획을 입안하는 때에는 대통령령이 정하는 바에 따라 도시관리계획도서와 이를 보조하는 계획설명서를 작성하여야 한다.

③ 계획의 상세 정도, 도시관리계획으로 결정해야 하는 기반시설의 종류 등에 대하여 도시 및 농·산·어촌 지역의 인구밀도, 토지이용의 특성 및 주변환경 등을 종합적으로 고려하여 차등화되게 입안되어야 한다.

④ 도시관리계획의 수립기준, 도시관리계획도서 및 계획설명서의 작성기준·작성방법 등은 대통령령이 정하는 바에 따라 국토해양부장관이 정

한다.

(나) 주민의 입안제안

① 주민(이해관계자 포함)은 다음 각호의 사항에 대하여 도시관리계획을 입안할 수 있는 자에게 도시관리계획의 입안을 제안할 수 있다. 이 경우 제안서에는 도시관리계획도서와 계획설명서를 첨부하여야 한다.

② 제안절차: 제안서→반영여부 및 처리결과 통보→도시계획위원회 자문→도시관리계획도서와 계획설명서의 활용→제안자의 비용 부담

(2) 都市管理計劃決定의 協議[16)]

(가) 시・도지사가 결정하는 도시계획의 경우

시・도지사는 도시계획을 결정하고자 하는 때에 관계행정기관의 장과 미리 협의하여야 하며, 국토해양부장관은 관계중앙행정기관의 장과 미리 협의하여야 한다.

(나) 국토해양부장관이 입안・결정한 도시계획의 경우

시・도지사는 국토해양부장관이 입안하여 결정한 도시계획 및 중요한 사항에 관한 도시계획을 결정 또는 변경 결정하고자 하는 때에 미리 국토해양부장관과 협의하여야 한다.

(다) 都市計劃委員會의 審議

지정권자는 도시개발구역을 지정하거나 제4조 제1항 단서에 따라 개발계획을 수립하려면 관계 행정기관의 장과 협의한 후 「국토의 계획 및 이용에 관한 법률」 제106조에 따른 중앙도시계획위원회 또는 같은 법 제113조에 따른 시・도 도시계획위원회나 대도시에 두는 대도시도시계획위원회의 심의를 거쳐야 한다. 변경하는 경우에도 또한 같다. 다만, 대통령령으로 정하는 경미한 사항을 변경하는 경우에는 그러하지 아니하다.

「국토의 계획 및 이용에 관한 법률」 제49조에 따른 지구단위계획에 따라 도시개발사업을 시행하기 위하여 도시개발구역을 지정하는 경우에는 제1항에 따른 중앙도시계획위원회 또는 시・도 도시계획위원회나 대도시에 두는 대도시도시계획위원회의 심의를 거치지 아니한다.

16) 都市開發法 제8조 참조.

(3) 決定告示 供覽[17)]

지정권자는 도시개발구역을 지정하거나 제4조 제1항 단서에 따라 개발계획을 수립한 경우에는 대통령령으로 정하는 바에 따라 이를 관보나 공보에 고시하고, 대도시 시장인 지정권자는 관계 서류를 일반에게 공람시켜야 하며, 대도시 시장이 아닌 지정권자는 해당 도시개발구역을 관할하는 시장(대도시 시장 제외)·군수 또는 구청장에게 관계 서류의 사본을 보내야 하며, 지정권자인 특별자치도지사와 관계 서류를 송부받은 시장(대도시 시장 제외)·군수 또는 구청장은 해당 관계 서류를 일반인에게 공람시켜야 한다. 변경하는 경우에도 또한 같다.

17) 都市開發法 제9조 참조.

제 5 편

都市行政의 實際

제 1 장 都市의 住宅問題

제 2 장 都市의 交通問題

제 3 장 都市의 給水問題

제 4 장 都市의 쓰레기處理問題

우리나라 도시행정에서 시급한 중요한 과제는 무엇보다도 주택·교통·상수도·쓰레기 처리 등의 문제라 할 수 있다. 그것은 주민의 입장에서 볼 때 가장 핵심적인 수요이면서 생활의 질을 결정짓는 것이기 때문이다. 또한 이러한 기초수요는 도시정부의 입장에 볼 때에도 행정수준을 결정짓는 기준이며 복지사회구현을 위하여 시급히 해결해야할 과제이기도 하다. 이러한 도시문제를 계획적으로 해결하고자 하는 도시계획의 중요성도 도시행정에 있어서 어느 때보다 강조되고 있는 시점이기도 하다. 따라서 본 편에서는 주택난, 교통난, 급수난, 쓰레기 처리문제, 도시계획을 중심으로 이론과 우리나라 도시의 실태와 문제점, 그리고 개선방안을 고찰해 보고자 한다.

제1장 都市의 住宅問題

제1절 都市住宅問題의 本質

Ⅰ. 都市住宅의 意義

1. 住宅의 槪念

주택은 의·식과 더불어 인간생존의 불가결한 요소로서 인간생활의 휴식처가 되는 장소라고 할 수 있다. 따라서 주택은 국가 전체적으로 볼 때 민생 안정과 생활의 질을 결정하는 중요한 요소가 되는 것이다.

이러한 의미를 갖고 있는 주택의 개념을 한 마디로 정의하기란 대단히 어려우나 기능을 중심으로 정의하여 보면 다음과 같다. 주택이란 자연환경으로부터의 인간들의 은신처(shelter)이고, 한 주거집단단위인 세대 또는 가구의 사생활(privacy)의 장(place)이며, 경제 사회적인 입지(location)인 동시에 안정성이 보장된 재산이라고 할 수 있다.[1)]

도시의 주택문제란 본질적으로 도시 특히, 대도시의 문제이고 주택소유능력이 없는 도시 저소득층의 문제이다.

인간이 살아 가는데 있어서 의·식·주는 기본적인 요소이며, 이 중 주택은 생활의 기반일 뿐만 아니라 정신적 안정면에서도 크게 작용하여 노후의 불안도 주택의 안정이 확보되지 못한 사람에게는 더욱 큰 문제가 된다.[2)]

우리나라는 그동안의 경제발전으로 외형적인 부는 상당히 증가함에 따

1) 權泰埈, "韓國의 住宅政策," 黃明燦 編, 「住宅政策論」(서울: 經營文化院, 1985), p. 35.

2) Wallace F. Skmith, *Housing; The Social and Economic Elements*(Berkeley: California University Press, 1971), pp. 3~4.

라 인간 생활의 가장 기본적이라 할 수 있는 주택사정도 어느 정도는 개선되고는 있으나, 산업화에 따른 인구의 도시집중과 핵가족화로 인한 주택의 수요가 계속적으로 증가하고 있어 도시지역의 주택문제는 쉽게 해결할 수 없는 중요한 도시문제가 되고 있다.

일반적으로 도시의 주택난은 주택부족을 뜻하는 것인데, 주택부족은 양적인 부족과 질적인 문제로 설명할 수 있다. 주택의 양적부족이란 주택의 공급이 주택 수요에 미달하는 것으로서 주택수급의 불균형이 발생하는 상태이다. 주택의 질적 문제는 주택의 거주조건이 불량하여 주택이 제 기능을 다하지 못하는 상태를 말하는 것이다.

따라서 도시의 주택난 해결은 주택의 양적 부족을 해소하기 위한 주택건설의 증가 특히, 저소득층을 위한 주택공급의 증대와 불량 또는 노후주택의 질적 개선이라는 두 가지 접근법에 의하게 되는 것이다.[3)]

2. 住宅의 機能

주택은 인간생활의 기본적이며 필수적인 안식처로서 인간생존의 본질적인 근거가 된다. 이와 같은 주택은 우리들의 생활의 장으로서 여러 가지의 기능을 가지고 있는데 이를 몇 가지 구분해 보면 다음과 같다.[4)]

(1) 隱身處(shelter)로서의 住宅

일반적으로 주택이란 인간이 거주하는 은신처를 말한다.[5)] 주택은 우선 비, 바람, 대기 등의 자연계의 여러 가지 위협적인 조건들로부터 인간을 보호하는 은신처이다.

이러한 은신처로서의 주택은 인간생활의 기본적 요소이며 안식처로서, 가족과의 생활을 영위하게 하는 터전이며, 노동력을 재생산하고 후세대를 이끌어 나갈 자녀들의 교육 내지는 보호의 장이며, 경제적 소비 및 생산활동, 외부방어와 평안의 유지 및 사교와 예식을 행하는 일상생활의 본거지로서 모든 사회제도의 모체인 것이다.[6)] 따라서 은신처로서의 주택은 주택을 필요로 하는 수요자들에 대응하는 질과 양을 구비한 물적구조와 기능을 갖

3) 韓垣澤, 「都市・地方行政論」(서울: 法文社, 1992), p. 470.
4) 權泰埈, 전게논문, pp. 35~37.
5) Charles Abrams, *The Language of Cities*(New York: The Viking Press, 1971), p. 137.
6) 尹張燮・張明都, 「住居學」(서울大學校 出版部, 1978), p. 1.

춘 것이어야 할 것이다.

(2) 「프라이버시」(privacy)의 장으로서의 住宅

생활수준이 향상될수록 사람들은 보다 사생활을 지켜주는 공간적 장(place)을 향유하려는 강한 경향을 갖게 되므로 주택은 은신에 적절할 뿐 아니라 「프라이버시」(privacy)의 장으로도 충분해야 한다.

「privacy」라는 것은 근본적으로 사회적인 관념이다. 즉, 당시 그 사회의 관습과 가치관 등에 의해서 한 주택에는 어떤 관계에 있는 사람들이 어떤 구조내에서 살기를 원하는가와 관련되어 있다. 한 집에서 살 수 있는 인간관계의 단위, 즉 주거단위를 우리는 가구 또는 세대(household)라고 한다. 그래서 주택은 이와 같은 각 주거단위의 「privacy」의 장(place)이라고 할 수 있다. 이러한 「프라이버시」의 보장은 주택에 의해서 가능한 것이므로 주택은 사람들에게 안식처로 마련되어야 함은 물론이고 그들 자신의 「프라이버시」를 보장받는 장이 되어야 한다.

(3) 立地(location)로서의 住宅

주택은 개인과 한 주거단위, 집단체의 사회·경제적 환경내에서의 상대적 입지 또는 위치이기도 하다. 이처럼 주택이 도시내의 위치와 주위 환경과 불가분의 관계를 가짐으로써 사람들은 주거를 어디에 입지하느냐에 따라 이웃(neighborhood)을 구하고 자기들의 직장, 학교, 공공시설, 문화시설 등과의 적절한 관계를 구하게 된다. 즉, 어느 지점에 주거를 정하느냐를 결정함에는 그 주변의 여러 가지 물적 편의시설, 이웃과의 관계, 그 지역에 대한 사회적 태도 그리고 직장과 교육적·문화적 기회의 접근도 등을 고려하게 된다.

그러므로 주택은 주택만의 독립된 조건으로서 그 기능이 충분히 발휘될 수는 없고 생활환경시설과 긴밀히 연관되어 있어야만이 더욱 효과적이다. 따라서 우리가 주택을 필요로 하는 것도 그와 같은 이유 때문이다. 즉, 주택은 자기 주위의 사회·경제적 환경 가운데서의 상대적 입지(relative location)라고 할 수 있다.

(4) 財産增殖(capital investment)手段으로서의 住宅

오늘날 도시에 거주하는 상당수의 사람들은 그들의 주택이 재산으로서의 가치를 다른 어떤 편익보다도 중시하는 경향을 부인할 수 없을 것이다. 그러므로 일상생활 활동에 어느 정도 불편이 있어도 그 주택이 재산으로서 증식의 전망이 비교적 좋으리라고 판단되면 소위 전매로 가격상승 효과가 크기 때문에 이를 참고 살아가는 사람들이 많음을 볼 수 있다.[7)]

또 주택이라는 재산은 다른 어떤 형태의 재산보다 비교적 안정성이 있는 것으로 믿어지고 있다. 그래서 주택을 소유하는 것은 이와 같은 한 가계의 재정적 안정보장을 확보하는 것이라고 생각하고 있다. 그러나 주택의 재산상의 가치는 빈부 또는 소유자와 무소유자의 차이를 심화시키고 나아가 도시내 주거지역간 격차를 야기시킨다. 그런 까닭에 재산으로서 주택의 가치는 보존되어야 하나, 부당하게 작용되어 사회적 불평등 또는 지역적 불균형을 심화시키지 않도록 조치되어야 할 것이다.

3. 住宅問題의 提起

일반적으로 주택은 인간 생활의 기본요건이고 사회와 국가의 기초단위가 되는 가정생활의 본거지일 뿐 아니라 주택상황은 그 지역사회의 주민들의 생활수준을 평가할 수 있는 한 가지 기준이 되기도 한다. 더욱이 주택은 인간생활의 기본적이며 필수적인 안식처이고 주민의 복지를 위한 기본요건임과 동시에 사회적·경제적 안정을 위한 정책수단이 된다는 점에서 주택정책 및 주택행정의 중요성이 더욱 높아진다 하겠다. 따라서 오늘날 선후진국을 막론하고 주택문제가 도시정부 및 도시행정에서 주요한 과제로 등장하게 된 배경은 다음과 같다.[8)]

① 주택난이 본질적으로 농촌사회의 문제라기보다는 도시사회의 문제라는 점

② 인구폭발 또는 구직을 위한 인구의 도시집중이 고조되고 있다는 점

③ 생활수준·문화수준의 향상에 따라 고급주택소유욕이 높아졌다는 점

④ 경제적·물리적 쇠퇴지역(blighted area)의 확대에 따른 노후화 현상과 새로운 빈민지역의 불량주택이 증가한다는 점

⑤ 노후 및 불량주택의 철거, 공장이전 등에 따라 주택의 수요가 증가한다는 점

---

7) 李圭煥, 「都市行政論」(서울: 녹원출판사, 1995), p. 576.

8) 상게서, pp. 576~578.

⑥ 가구의 세분화, 가구의 증가, 단위가족제도 등에 따라 주택의 수요가 증가한다는 점

⑦ 住宅의 수요·공급간의 불균형확대와 과소주택투자로 인해 신주택건설이 완만하고 주택시장의 탄력성이 낮다는 점

⑧ 주택산업은 타산업에 비해 경기변동에 민감하고 외부자금에 대한 의존도가 높은 반면, 외부자금의 조달이 원활하지 못하다는 점 등의 요인을 지적할 수 있다.

한편 주택부문의 투자우선순위에 대한 견해는 개발경제학자와 사회복지정책학자간에 상반된 입장을 취하고 있다.[9] 즉, 개발경제학자들은 주택부문에 대한 투자의 우선순위를 낮추어야 하는 이유를 다음과 같이 설명하고 있다.

① 경제학의 관점에서 볼 때 주택은 자본재가 아닌 소비재일 뿐만 아니라 주택부문이 생산에 직접 기여하지 않는 일종의 장식품이라는 점,

② 국민생산적 관점에서 분석 할 때 주택부문에는 상대적으로 많은 자본을 필요로 하고 투입 대 산출비율에서는 제조업 등 타산업부문과 경쟁할 수 없으므로 주택부문의 투자는 극히 비능률적인 것으로 판단하고 있다. 따라서 주택부문투자는 우선 고도의 국민경제성장을 이룩한 후에 그 과실을 주택부문에 투자하는 것이 바람직하다고 보고 있다.

반면, 사회복지정책가들이 규정하는 주택부문의 생산성을 요약하여 보면

① 영세자본, 유휴노동력 등 미활용자본을 동원할 수 있다는 점

② 주택제공은 인구이동을 유인하는 가장 큰 정책수단의 하나이므로 국토개발·지역개발·도시개발정책의 효과적 수행에 주택투자를 이용할 수 있다는 점

③ 근로자의 주택개선과 건전한 생활은 노동생산성을 증대할 수 있다는 점

④ 주택은 소득을 창출하고 생산성에 영향을 미치는 투자이며, 주택산업은 노동참가율이 가장 높은 산업의 하나이므로 주택산업은 소득효과·생산효과·고용효과가 높다는 점

⑤ 주택건설산업은 제조업부문의 경기와 역주기현상을 나타내므로, 일반경기의 침체시 주택건설부문을 지원함으로써 주택산업은 경제구조내에서

9) 韓垣澤, 전게서, pp. 470~471.

경기조절기능을 할 수 있다는 점이다.

이처럼 주택부문의 투자우선순위에 대한 상반된 개발경제학적 관점과 사회복지정책적 관점에 대하여 많은 학자들은 후자의 견해를 지지하면서[10)]주택부문의 산업생산성증대를 강조하고 있음이 일반적 경향이다.

Ⅱ. 都市住宅難의 要因

1. 住宅의 需要側面

도시의 주택난은 주택부족을 뜻하는 것이라 할 수 있다. 즉, 주택의 수요와 공급간의 격차이며 이는 경제유통과정에서와 마찬가지로 공급이 수요에 미치지 못하는 현상이다.

이러한 도시의 주택난은 양적인 부족과 질적인 문제로 설명할 수 있다. 주택의 양적부족이란 주택의 공급이 주택수요에 미달함으로써 수요공급간의 불균형이 발생되는 상태이고, 주택의 질적 문제는 주택의 거주조건이 불량하여 주택이 제기능을 다하지 못하는 상태를 말하는 것이다.

앞서 주택의 기능 가운데 은신처로서의 주택은 주택의 양적 수요와 보다 직접적인 관계에 있다고 한다면 「프라이버시」(privacy)의 장으로서의 주택은 주택의 질적 수요와 관계가 있다고 볼 수 있다.

따라서 주택의 수요는 질적인 측면과 양적인 측면으로 구분하여 그 원인을 찾아볼 수 있다.

먼저, 주택의 양적 수요의 요인으로는 다음과 같은 것을 지적할 수 있다.

① 인구의 도시집중으로 인한 신수요,

② 가구의 세분화 특히, 핵가족화의 결과 나타나는 가구의 증가,

③ 노후 및 불량주택의 철거 등에 의한 수요증가,

④ 투기적 매입이나 건축중인 미입주건물 등에 의한 공가율의 증대,

⑤ 재해나 전쟁으로 인한 주택의 파괴 및 멸실 등에 의한 수요증가,

⑥ 기존 주택의 용도변화,

⑦ 공공용지 및 사회간접시설의 확충이나 도시재개발·도시개조 등에

---

10) 金源, 「都市行政論」(서울: 博英社, 1983), p.213; Mark Hinshaw, "Environmental Preferences of Future Housing Consumers," in *JAIP*(March, 1972), p. 106.

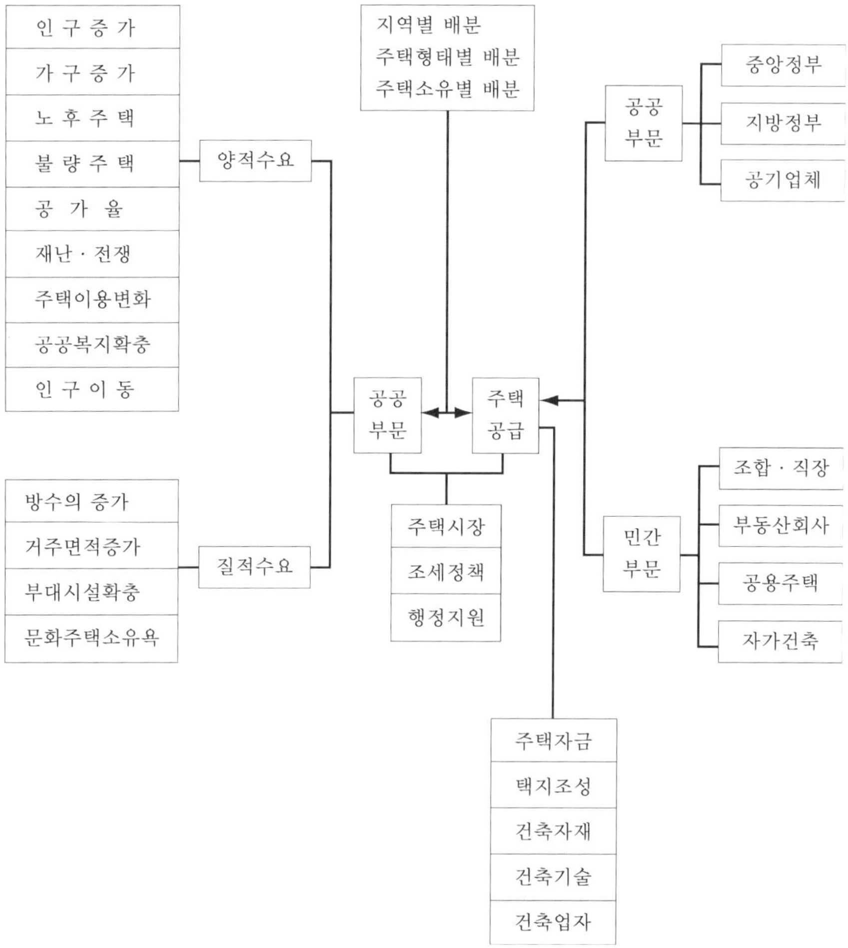

자료: 崔相哲, "韓國의 住宅需給實態와 展望,"『韓國의 住宅現況과 住宅金融에 관한 「심포지엄」主題論文』(서울大學校 環境大學院, 1975. 7. 5).

〔그림 V-1-1〕 주택수급의 분석「모델」

의한 기존주택의 철거,

⑧ 공장이전이나 불량지구개조 등에 의한 인구이동으로 외곽지역의 주택수요증가 등을 들 수 있다(〔그림 V-1-1〕 참고). 특히 이 가운데 주택의 양적수요에 보다 직접적인 영향을 미치고 있는 요인은 인구 및 가구의 증가라 할 수 있다.

다음, 주택의 질적 수요의 요인으로는 다음과 같은 것을 지적할 수 있다.

① 주택구조의 변화에 의한 방수 및 거주면적의 증가,

② 주택의 고급화에 의한 부대시설의 확충,

③ 생활양식의 변화, 소득 및 생활수준의 향상에 의한 문화주택소유욕 등을 들 수 있다.[11)]

2. 住宅의 供給側面

도시의 주택문제는 주택수요에 비해 주택공급이 충분히 뒤따르지 못하는데서 기인한다고 볼 수 있다. 특히 우리나라 도시의 경우 늘어나는 인구 및 가구수의 증가에 비해 주택공급이 상대적으로 부족하기 때문에 주택문제가 발생하게 마련이다.

우리나라에서 주택공급의 기능을 수행하고 있는 주체는 크게 중앙정부, 지방자치단체, 대한주택공사, 주택은행 등과 같은 공공부문에 의한 주택공급과 자가건축, 공용주택, 조합・직장, 부동산회사 등과 같은 민간부문에 의한 주택공급이 그것이다. 또한 주택공급의 형태는 대단위 아파트군의 건립과 독립가옥의 건립으로 나타나고 있다.

주택공급은 주택수요를 충족시키는 범위내에서 주택수요자에게 제공되어야 한다. 따라서 주택공급은 다음과 같은 원칙하에서 이루어져야 한다.

① 주택공급은 적량성의 원칙을 가져야 한다. 즉 수요에 부응한 양의 주택이 공급되어야 함을 의미한다.

② 주택공급은 적시성의 원칙을 가져야 한다. 즉, 주택수요의 발생시점에 일치하여 공급하여야 한다는 것이다.

③ 주택공급은 적지성의 원칙이 있어야 한다. 즉 적지성의 원칙으로서 주택의 공급은 주택의 수요에 필요한 지리적 위치에 공급되어야 함을 의미한다.

④ 주택공급은 적법성의 원칙을 지녀야 하는 바 이는 법칙의 규정에 맞게 주택이 공급되어야 한다는 것이다.[12)]

다음은 우리나라에서 주택공급의 주요한 기능을 수행하고 있는 주체를 중심으로 살펴보면 다음과 같다.

---

11) 韓桓澤, 전게서, pp. 474~475.

12) 金安濟, "住宅供給의 基本理論," 黃明燦 編, 전게서, pp. 211~221.

(1) 公共部門에 의한 住宅供給

공공복리행정의 일환으로 무주택자에게 국가나 지방자치단체 또는 주택공사나 주택은행 등과 같은 공기업체가 저리 임대 또는 융자금을 제공하여 장기저리의 좋은 조건하에 영세민에게 주택을 건립해 주는 형태인데 이는 주택행정의 핵심이 되고 있다.

이와 같은 성격의 주택공급은 중앙이나 지방자치단체 그리고 공공기관에 의해 그 정책이 결정·집행되어야 하는 공적 문제이다. 또 국가와 공공기관 그리고 국민의 직접적인 참여와 조정에 의해 그 해결책이 모색되어야 하므로 주택정책의 수립과 집행은 국가의 공공업무 중의 중요한 일부분이다.

따라서 도시화과정에 있는 개발도상국과 선·후진국을 막론하고 주택행정은 중앙정부가 조정·통제하고 있고 대개의 경우 각국은 주택문제를 다루기 위한 독립된 부·성이 설치되어 있다. 미국의 경우는 연방정부내의 주택·도시개발성(Department of Housing and Urban Development)이 주택문제와 도시개발문제를 총괄하여 조정하고 있고, 영국에서는 주택 및 지방자치성(Ministry of Housing and Government)이 설치되어 있는 것이다.

한편, 우리나라의 경우는 심각한 주택난과 주택문제의 중요성에도 불구하고 아직 중앙정부 내에 독립부처로 설치되어 있지 않고 있다. 다만 건설교통부의 주택도시국이 주택행정의 중앙기구로서의 기능을 하고 있는 한편, 자치단체의 경우에는 서울특별시와 부산광역시에 주택국이, 기타 광역시에는 건설주택국이, 그리고 도에는 도시국내에 주택과를 두고 있다.

또한, 주택행정의 집행기구로서 건설교통부 산하의 대한주택공사가 정부의 공공투자에 의한 주택건설을, 한국토지공사가 주택단지조성을 맡고 있고, 주택의 건설과 보수 등을 위한 주택금융업무를 취급하는 기관으로서 주택은행이 설치·운영되고 있다.[13]

(2) 民間部門에 의한 住宅供給

민간부문에 의한 공급으로서 자가건축, 공용주택, 조합·직장, 민간기업 등에 의한 공급형태로 구분할 수 있다.

첫째는, 실수요자 자신들에 의한 주택건립으로서 자가주택·자조주택은 주택공급의 최초 형태인 동시에 주택공급에서도 비중이 크다. 여기서 자조

13) 李圭煥, 전게서, pp. 580~581.

주택이란 무주택자 등 주택의 실수요자가 자기자본으로 또는 재력이 부족한 무주택자들이 친·인척, 주민, 공사기관 등의 협조를 얻어 주택을 건설하는 형태이다.[14]

둘째는, 영리를 위하여 분양주택, 임대주택, 상가주택 등을 건립하는 형태로서 영리를 목적으로 하는 주택건설기업에 의하여 주택사업이 수행되어 매각 또는 임대하는 형태이다. 이로 인해 주택산업이 발전하게 되고 주택공급에도 크게 기여한다.

여기서 분양주택은 주택을 실수요자에게 일시불 또는 분할불로 분양하여 소유권을 이전시키는 주택을 말한다. 현재 우리나라의 도시에서 민간 주택건설업자에 의하여 건설·공급되는 주택이 대부분 일시불로 거래되고 있다.

임대주택은 공영주택의 일종이긴 하나 다른 점은 사용자에게 소유권을 이전시키지 않고 입주자의 능력에 따라 월세나 전세 등 저렴한 임대료로 사용하게 하는 주택정책으로서, 자가주택건설의 재정능력이나 융자금 혜택을 받을 수 없는 저소득층 또는 자가주택이 필요치 않는 특수층을 위한 주택공급방법이다. 그러나 최근에는 영리를 목적으로 개인 또는 주택건설기업이 임대주택사업에 참여하는 경우가 나타나고 있다.

상가주택은 주로 도심지구에 주택과 상점의 이중 역할을 할 수 있는 고층주택을 건축하는 것을 말한다. 도심부는 지가가 높고 인구가 과밀하여 저층주택보다는 고층아파트를 지어 상층은 주택으로, 하층은 상가로 이용함으로써 주거와 상용의 겸용으로 건축하는 것인데, 이로써 주택난의 해결과 토지이용의 고도화를 동시에 기할 수 있는 방식이다.

셋째는, 비영리적인 주택공급형태로서 기업이나 직장 같은 조합에서 소속 구성원의 복지증진의 일환으로 주택을 건설하여 조합원들에게 주택을 공급하는 것이다. 이러한 조합주택 외에도 기업주택이 있는데 이는 비영리적인 주택공급형태로서 기업주가 피고용인을 위해 社宅, 給與住宅 등을 제공하는 것인데 이러한 주택공급은 산업 및 경제발전에 따라서 활성화되고 있다.

14) 전게서, pp. 581~582.

제 2 절 都市住宅難의 現況과 問題點

Ⅰ. 量的 側面에서의 住宅難

우리나라는 1960년 이후 고도의 산업화와 더불어 도시화를 수반하여 농어촌 인구의 도시이주현상을 가속화시켜 도시인구 특히 대도시인구의 급속한 팽창을 가져옴으로써 그만큼 도시의 주택수요를 가중시키게 되었다.

2013년 현재 우리나라의 가구수는 총 13,261천 가구에 달하고 있으나 주택수는 약 15,305천호로서 주택보급률이 115.4%로, 1990년 주택보급률 72.4%보다 43.0%가 높아져서 이제는 가구수에 비해 주택이 2,044천호 이상이나 되고 있다(〈표 Ⅴ-1-1〉 참조).

도시지역의 주택사정은 전국 평균에 비해서 상대적으로 부족한 편이다. 즉 2013년 현재 106.0%의 주택보급률로서 전국 평균에 비해 9.4%포인트 이상 낮음을 알 수 있다. 그러나 도시지역 주택보급률이 90년대 들어와서 현저하게 향상되었는데 이는 그동안 정부가 200만 주택건립 등 강력한 주택공급정책이 어느 정도 성과를 얻은 것으로 평가된다.

지난 25년간('85~'10년) 주택에 관련된 각종 자료를 보면 동기간 동안 인구의 연평균증가율은 1.13%이지만 가구의 연평균 증가율은 인구증가율의

〈표 Ⅴ-1-1〉 주택보급률 추이

구 분	단위	1990	1995	2000	2005	2010	2013
가구	천가구	10,168	11,758	11,928	12,491	13,025	13.261
주택	천호	7,357	9,902	11,472	13,223	14,456	15,305
주택보급률	%	72.4	84.2	96.2	105.9	110.0	115.4
-도 시	%	60.7	76.4	89.1	96.1	99.0	106.0
-농 촌	%	94.1	95.6	103.5	115.7	121.9	124.5
도시화율	%	81.9	85.5	89.0	89.1	90.0	91.0

주: 연평균증가율('85~'05): 인구 1.13%, 가구 2.12%, 주택 3.73%.
자료: 국토해양부, 「2010 주택업무편람」(2010).

배가 되는 2.12%이지만 주택공급률은 3.73%되고 있어 동기간 동안 우리나라 주택보급률이 얼마나 향상되었는지 그 이유를 알 수 있다.

우리나라는 지난 25년간('85~'10) 주택건설실적을 보면 對 GDP주택투자율은 매년 평균 6~7% 수준을 상회하여 왔고 건설실적은 크게 향상되었다. 〈표 V-1-2〉에서 볼 수 있듯이 80년대에는 매년 20~25만호 주택을 건설하던 것이 90년대 들어와서는 매년 60~70만호 주택을 건설하였으며 2000년대 와서는 매년 40~45만호 수준으로 안정적으로 주택을 공급하고 있다. 또한 부문별 주택공급실적을 보면 점차 공공부문에서 민간부문의 비중이 높아짐을 알 수 있다.

〈표 V-1-2〉 주택건설실적

(단위: 천호)

구 분	1990	1995	2000	2005	2010	2013
계	750	619	433	464	387	440
공공부문	269	228	140	141	138	79
민간부문	481	391	293	323	247	361

자료: 국토교통부, 「내부행정자료」(2013).

Ⅱ. 質的 側面에서의 住宅問題

인간은 누구나 보다 더 쾌적하고 안락한 주거생활을 원하므로 좀더 큰 규모의 주택을, 좀 더 나은 질의 주택을, 자기 소유의 주택을 원하는 것은 당연한 일인 것이다.

〈표 V-1-3〉 주택의 질적 수준 추이

구 분	단위	1985	1990	1995	2000	2005	2013
100인당주택수	호	15.5	16.9	21.5	24.9	28.0	36.4
주택평균규모	평	21.9	24.6	25.1	24.7	26.4	28.5
1인당주거면적	평	3.6	4.3	5.2	6.1	6.9	9.5
수세식화장실	%	33.6	51.3	75.0	86.9	91.4	95.4
입식부엌	%	35.1	52.4	84.5	93.9	99.8	98.6

자료: 국토교통부, 「내부행정자료」(2013).

주택의 양적 공급 증대와 더불어 국민의 양호한 주거환경 욕구에 따라 우리나라 주택의 질적수준은 점차 향상되고 있다. 즉, 주택의 질적 수준을 나타내는 주택의 평균규모, 가구당 평균 사용방수, 가구당 평균 주거면적 등이 점차 늘어나고 있으며, 불량주택 및 노후주택이 개량되고 부엌, 화장실, 목욕탕 등 부대시설도 현대식으로 개선되고 있는 것으로 나타났다.

우리나라는 현재 지속적인 경제성장을 바탕으로 한 문화수준의 향상으로 100인당 주택수, 주택의 호당 평균면적, 1인당 주거면적, 각종 위생 및 편의시설 등의 질적 주거수준은 상당히 개선되었다(〈표 V-1-3〉 참조).

주택규모의 추이를 보면 매년 주택규모가 증대하는 경향을 보이고 있다. 주택당 평균 방수는 1990년 3개에서 2013년 4개로 증대하고 있다. 도시에서 방수는 더 많아지고 있다. 주택당 평균면적도 1990년 24.6평에서 2013년 28.5평으로 커지고 있다. 도시의 경우는 규모가 더 커서 서울의 경우 2005년 현재 평균면적이 주택당 32.5평에 이른다. 이러한 주택규모추이를 주택종류별로 보면 단독주택의 규모증대가 특히 두드러지는 데, 이는 땅값이 비싼 도시지역에서 땅을 경제적으로 이용하기 위한 것으로 이해된다.

2013년 현재 건설된 주택의 평균규모는 28.5평으로서, 지난 1985년에 건설된 평균규모인 21.9평에 비해 무려 30% 가까이 증가하였음을 알 수 있다. 이는 일본 28.0평('94년), 영국 29.6평('91년), 독일 27.1평('92년)과 같은 수준이다.[15] 이와 같이 새로 건설되는 주택의 규모가 커지고 시설의 고급화로 단위주택당 투자액 또한 크게 증가되었다. 결과적으로 對 GDP 주택투자율이 6~7% 수준을 유지해 왔다 하더라도 총건설량에 있어서는 차질을 가져오지 않을 수 없게 된 것이다. 이와 같은 결과는 신규주택공급이 주로 중산층을 대상으로 이루어져 왔기 때문으로 해석될 수 있다.

우리나라에서 주택시설수준을 살펴보면, 싱크대설비가 되어 있는 부엌시설을 갖춘 가구가 2013년 현재 전국적으로 98.6%이다. 화장실시설도 종래에 비하여 크게 개선되어 수세식 보급률이 전국 95.4% 수준이다. 목욕시설의 경우도 상당한 개선이 있었으나 도시와 농촌간에는 격차가 있다.

그동안 불량주택지역의 해결책으로 재개발사업을 추진해 왔다. 영세민의 부담능력을 초과하는 아파트의 건설로 영세민에게 실질적인 도움을 주지 못한 채 철거세입자들의 반발 등 많은 사회문제를 야기시켜 왔다. 서울시는

15) 統計廳, 「大都市住宅 및 住居環境 變化研究」(1997).

재개발사업으로 2005년 현재까지 1,471천호의 재개발주택을 건립 또는 시행 중에 있으나 무주택서민을 위한 실질적인 주택보급이 되었느냐에 대해서는 상당한 문제점이 있었다고 생각된다.

그동안 불량주택지역의 해결책으로 재개발사업을 추진해 왔다. 영세민의 부담능력을 초과하는 「아파트」의 건설로 영세민에게 실질적인 도움을 주지 못한 철거세입자들의 반발 등 많은 사회문제를 야기시켜 왔다. 지방자치단체와 대한주택공사 등 공공부문에서 지난 5년간(2006~2010) 500천호 이상의 공공주택을 건설하였으나 무주택서민을 위한 실질적인 주택보급이 되었느냐에 대해서는 상당한 문제점이 있었다고 생각된다.

제 3 절 都市住宅難의 解決方案

Ⅰ. 都市住宅難의 解決方案

1. 都市住宅政策의 基本方向

주택정책은 사회경제발전계획의 일환으로서 가구주택을 공급하고 주택수준을 향상시켜 생활환경수준의 향상을 기하는데 그 기본목표를 두고 있다. 우리나라 도시 주택난의 심각성으로 보아 이러한 기본목표를 달성하기에는 그리 쉽지 않다고 보겠다.

오늘날 도시주택정책의 당면목표는 심각한 양적 주택난의 해결과 불량주택의 해소라는 질적 주택난의 해결에 있다. 그러므로 주택정책에 대한 기본방향 설정은 도시정부만의 문제로 한정할 것이 아니라 국가전체의 안목으로 설정되어져야 할 것이다. 이러한 관점에서 도시주택정책의 기본방향을 설정하여 보면,

첫째, 택지를 적기에 적지에 확보하며, 지가를 안정적으로 유지할 수 있게끔 택지공급을 확대하도록 한다.

둘째, 영구임대주택, 장기임대주택 등의 국민주택건설에 지원되는 국민주택기금을 확충하는 동시에 민간주택금융의 발전을 통하여 실수요자의 주

택구매력을 보강할 수 있게끔 주택건설에 소요되는 재원확충에 치중한다.

셋째, 도시자치단체와 주택공사의 공영주택사업과 대단지조성사업을 활발히 추진한다.

넷째, 주택취득을 원활히 하기 위해 주택관련 조세체계를 개선토록 한다.

끝으로 주택정책의 대상은 자력으로 주택을 확보할 수 있는 고·중소득층을 제외한 저소득층이므로 이들을 위한 정책으로 전환되어야 한다.

2. 住宅難에 대한 對策

(1) 共同住宅建設 擴充

인구의 지나친 도시집중으로 인한 도시팽창과 핵가족화로 인한 가구증가 그리고 노후주택의 증가 등으로 주택난이라는 새로운 도시생활환경상의 악화라는 문제점을 제기하였으며 그 해결책으로 주택의 공동화, 즉 공동주택의 건설문제가 대두하게 되었다.

이러한 공동주택의 필요성은 도시의 무질서한 시가지 확산을 방지하며, 토지의 이용도를 제고시키는 동시에 편리한 새로운 생활환경을 조성한다는 견지에서 공동주택, 즉 아파트건설의 의의를 찾아볼 수 있다. 이러한 아파트의 건설은 20세기에 들어와서 고도로 발달된 공업과 건축공학의 힘으로 이루어진 결과라고 할 수 있다.

이와 같이 도시생활에 있어서 아파트에 의한 주거양식의 변화는 정책입안자들의 도시계획과 토지이용계획상의 방편으로 이용되어 국가에서 시행하고 있는 공영주택건설을 아파트건설로 주도하는 동시에 도시시설 등 여러 가지 생활환경조성 등을 이유로 아파트의 건설을 장려하게 이르렀다.

특히 1970년대에 와서 아파트의 건설은 본격적으로 서민을 위한 주택공급수단이 되었고, 도시생활에 있어서 편리하고 안락한 문화적 주거생활을 영위할 수 있는 장소로서 각광을 받게 되어 아파트의 건설은 날로 증가하고 있다. 이와 같은 아파트에 의한 주거양식의 변화는 우리나라에서만의 현상이 아니라 이미 선진제국이 도시의 팽창, 인구의 증가, 토지의 이용계획 등 다각적인 정책방향으로 아파트의 건설을 권장하고 있으며 도시문화생활의 주거형태로 보편화되어 있는 실정이다.

한편, 저소득층에게 있어서 주택가격은 가장 중요한 요소라고 할 수 있는데 이를 단독주택과 비교해 보면 일반적으로 주택가격은 垈地費와 크게

〈표 V-1-4〉 주택형 및 건축연면적별 주택가격

(단위: %)

구 분	평 균	소 형	중 형	대 형
평 균	100.0	100.0	100.0	100.0
단독주택	100.3	100.2	100.4	100.1
연립주택	98.7	98.4	99.6	97.9
아 파 트	101.7	103.5	98.7	95.3

자료: 한국감정원, 「전국주택가격동향조사」(2014년 5월 기준).

대별할 수 있다. 우선 아파트와 단독주택의 주택가격구성비를 보면 아파트의 경우 1960년대는 대지 : 건축비의 구성비가 10 : 90였으며, 1970년대는 20 : 80으로 계속 완만한 지가의 상승을 나타내었고, 1980년대에는 40 : 60으로 계속 완만한 지가의 상승을 나타내었고, 1990년대는 60 : 40의 구성비를 나타내고 있다. 이에 반하여 단독주택의 경우를 보면 1960년대는 대지 : 건축비의 구성비는 30 : 70이었다가 1970년대에 와서 50 : 50으로 나타났으며, 1980년대에는 80 : 20으로 구성비를 나타났으며 1990년대에는 80 : 20의 구성비를 나타내어 지가의 증가폭이 아파트에 비해 단독주택이 엄청나게 크다는 것을 알 수 있다.[16]

또한 2014년을 기준으로 주택형 및 건물연면적별 주택가격은 주택규모가 소형의 경우 아파트가 가장 높으며, 대형의 경우 단독주택이 더 높음을 알 수 있다. 그러나 같은 주택형이라 하더라도 주택규모가 클수록 건물연면적별 주택가격은 낮아지고 있으며 그 낮아지는 경향은 아파트가 연립주택이나 단독주택보다 더 크다는 것을 볼 수 있다(<표 V-1-4> 참조).

(2) 賃貸住宅普及의 擴大

경제적으로 주택을 소유할 수 없는 저소득계층에게는 소유정책이 실효를 거두기가 어렵고 낮은 임대료를 지불하고 안정적인 거주가 가능하도록 임대주택의 대량공급이 최선의 방법일 것이다.

2010년 현재 우리나라 전체 주택보급률이 111.0% 이상이나 되고, 특히 도시의 주택보급률이 99% 이상이나 되고 있으며,[17] 무주택자의 대부분이

16) 李圭煥, 전게서, p. 599.

17) 우리나라 주택보급률을 보면 2010년말 현재 111%이며, 도시가 99.0%, 농촌이 121.9%가 되고 있다. 국토해양부, 「2010주택업무편람」(2010).

〈표 V-1-5〉 각국의 자가주택보유율

(단위: %)

구 분	미국	일본	프랑스	독일	영국	캐나다	대만
주택보급률	111.4	115.2	120.5	100.6	106.1	101.3	102.2
자가보유율	66.4	61.2	54.1	42.0	71.0	70.7	88.1

자료: 대한주택공사, 「주택통계편람」(2010); UN, Statistical Year Book(2010).

저소득으로 자가주택취득능력이 부족한 실정이다. 이런 현실을 감안할 때 이들 중 상당수가 앞으로 임대주택을 이용할 것으로 보여지며 외국의 예에 비추어 보더라도 임대주택의 보급은 계속 확대되어야 할 것이다.

외국의 경우 주택보급률이 100% 이상인 국가들에 있어서 자가거주율은 일부 몇 나라를 제외하고는 대개 60% 전후로 나타나고 있다. 이는 대부분이 임대주택에 거주하는 것을 의미하는 것으로 주택에 대한 기능이 재산적 의미인 소유보다는 거주의 의미가 더 강한 것으로 나타나며 또한 국가의 임대주택정책이 상당한 수준에 달하고 있음을 나타내고 있다(〈표 V-1-5〉 참조). 완전한 의미의 임대주택이라 함은 영구임대를 전제로 한 임대주택을 말한다. 외국의 경우 차가란 대부분이 이런 의미에 있어서의 임대주택이라 할 수 있다.

그러나 우리나라에서의 차가의 경우 월세나 전세등을 포함하기 때문에 차가 전체를 임대주택으로 여길 수는 없다. 따라서 영구임대를 위한 임대주택의 보급률은 외국에 비해 상당히 뒤떨어져 있는 실정이다.

현행 우리나라의 임대차체계는 주택금융제도의 미발달, 임대주택산업의 미개발 등으로 인하여 전세제로서 임대료지불방식이 일반적이며, 거주방식은 동거형태가 보편화됨으로써 임대상태의 불안정, 저소득층 주거수준의 불량, 임대차인 간의 갈등 등 사회적 문제를 야기하게 된다. 이로써 양질의 주거서비스를 갖춘 임대주택을 체계적으로 공급할 국가적·정책적 필요성이 대두되었다.[18]

이러한 임대주택건설의 당위성에도 불구하고 임대주택사업의 특수성으로 인해 민간건설업자의 참여가 부진하며 대부분 주택공사가 공급하고 있는 실정이다.

이는 첫째, 임대주택건설에 드는 막대한 비용에 비해 투자금의 회수기간

18) 李圭煥, 전게서, pp. 600~601.

이 길다는 것이다. 일반 주택사업자들이 쉽게 임대시장에 참여할 수 있는 제도가 마련된다면 공급량도 많아지고 시장도 안정되어 높은 수익성을 보장받는 임대주택시장이 형성될 것이다.

둘째, 건설원가의 평균 50% 이상을 차지하는 것이 택지인데 주택이란 가능하다면 직주근접을 요하는 바 현재 대부분의 인구가 도시에 집중되어 있고, 택지는 부족하여 도시비대화현상이 빚어지고 있는 만큼 보다 적극적으로 택지공급을 해주는 정책적 배려가 요구된다. 현재 주로 토지개발공사에서 임대주택부지를 조성해 이를 염가로 분양하고 있으나 그 수량은 극히 적으며 앞으로 민간업자들이 공동택지개발조성에 적극 참여하도록 유도해야 할 것이다.

셋째, 입주자의 수입능력에 따라 적정한 임대료의 책정이 요구된다. 월수입에 알맞는 주택개발을 해야 수입한도내에서의 주택선택이 가능한데 현재의 수준으로서는 실수요자인 저소득층에게는 부담능력이 없으므로 그 효율성이 낮을 수밖에 없다.

현재 정부에서는 민간건설업체가 건설하는 5년임대후 분양주택을 적극적으로 지원하고 있고 각종 지원에 힘입어 임대주택을 건설하고자 하는 건설업자는 점차 늘고 있는 실정이다.

그러나, 현 제도는 5년이라는 짧은 기간의 임대를 전제하고 있고 건설업자의 입장에서는 건축비가 낮을수록 초기의 자금회수가 용이하므로 과도한 건축비절감 노력에 의한 부실공사의 위험이 있다. 또한 건설업자들의 관심은 정상적인 임대수입이 아니라 건설행위에 대한 대가를 변칙적으로 획득하고자 하므로 장기투자를 회피하게 된다.

따라서 장기적으로 임대주택사업을 육성하기 위하여는 임대행위로서 수익을 얻고자 하는 임대업자를 지원육성하는 것이 필요하다. 임대업자를 육성하기 위한 방안은 먼저, 장기적으로는 임대자와 임차자의 쌍방을 대등하게 보호하는 차원에서 투자기반을 조성하고 전문화된 임대관리공사를 육성하여 민간투자를 촉진시키며,

다음, 단기적으로는 건설업자외에 임대목적으로 주택을 구입하는 개인까지 포함하여 지원하도록 하고 민간의 임대주택투자가 활성화하기까지는 특히 도시자치단체의 역할이 증대되어야 할 것이다.

그리고 임대주택투자자의 투자비부담을 완화하기 위하여 주택가격을 저

렴화할 수 있도록 유도하고 입주자의 주거안정을 도모할 수 있도록 임대료, 입주보증금 등의 규정이 책정되어야 한다. 특히 장기임대를 유도하기 위하여 제반 지원제도를 임대기간에 따라 차등하여 운용할 필요가 있다.

한편 민간 임대주택도 크게 늘려야 하겠지만 정부의 재정지원에 의한 혜택을 받을 수 있도록 하며 절대 빈곤가구와 영세민가구 등을 위한 특별대책을 마련하여야 한다. 이는 사회복지정책 측면에서 우선순위를 높여 공공부문에서는 소규모 영구임대주택을 건설해야 할 것이다.

(3) 宅地開發의 擴大

주택난해결을 위해서는 무엇보다도 주택사업의 활성화가 선결과제가 아닐 수 없다. 따라서 주택사업의 활성화를 위해서 주택사업의 3대요소라 할 수 있는 택지개발, 주택자금 및 주택기술을 중심으로 그 문제점과 개선방안을 살펴보고자 한다.[19]

주택정책을 효과적으로 수행하기 위한 중요한 과제중의 하나는 주택을 건설할 택지의 개발이다. 그동안 고도성장기를 겪으면서 인구의 대도시 집중현상이 심화되고서부터 대도시지역에서의 택지확보문제가 심각하게 대두되기 시작했다. 특히 이때부터 나타난 부동산투기의 부작용으로 토지가격이 다른 물가상승의 폭을 훨씬 앞질러 감에 따라 주택공급정책에 큰 차질이 생기게 되었다. 즉 주택비구성에 있어서 택지비의 상승은 주택가격의 상승을 촉진시켜 결국 저소득계층을 위한 서민주택공급에 큰 위협을 가하기에 이르렀다.

이처럼 무주택, 저소득층에게 있어서 자가주택 마련을 어렵게 하는 가장 큰 요인의 하나는 급속한 택지가의 상승이라고 할 수 있다. 이들에게 저렴한 가격으로 택지를 공급할 수 있게 하고 기존 주택가격상승을 다소 완화할 수 있는 방법은 신규택지를 대량으로 개발하여 공급하며 토지투기로 인한 지가상승을 강력히 억제하고 국토의 평면적 확장 및 토지이용의 개선 등 적극적인 방안을 강구해야 할 것이다.

따라서 다음과 같은 방향에서 택지공급을 추진해 나가야 할 것이다.[20]

---

19) 李圭煥, "都市行政의 課題와 發展方向," 「韓國行政의 課題와 改革」(서울: 아세아 문화사, 1998), pp. 442~443.

20) 李圭煥, 전게서, pp. 603~604.

첫째, 택지공급의 확대는 신규택지의 저렴한 개발과 공급, 지불능력의 제고를 위한 자금지원, 민간참여의 확대를 통한 신규재원의 발굴 등으로 실수요자에게 적정한 배분이 될 수 있도록 하는 것이 매우 중요하다.

둘째, 택지의 저렴한 개발을 위해서는 집단적 대규모 택지개발이 이루어져야 한다. 이렇게 함으로써 질서있는 종합개발이 가능하며 도시기반시설과 단지내 공공시설의 계획적 조성과 정비가 이루어져서 주거지의 질적 수준을 높일 수 있다.

셋째, 도시주변 유휴지의 개발과 활용을 도모한다. 장기적으로 보아 개발제한구역의 선별적 개발도 검토할 필요가 있다. 구역의 불합리성을 시정하고 주민들의 재산권행사에 불편을 줄이는 취지에서 개발제한구역(green belt)지정의 목적을 달성하면서도 불합리한 구역을 재조정하는 것과 동시에 선별적 개발을 고려해 볼 필요가 있다.

넷째, 가장 근원적인 방법은 택지의 대량공급방안을 마련하고 토지투기를 방지하여 지가를 안정시키고 실수요자에게 적절히 배분될 수 있게끔 토지시장을 안정화시킨다. 아울러 토지의 고도이용을 할 수 있도록 제도적, 기술적인 여러 보완조치를 마련하여야 할 것이다.[21]

일반적으로 법적, 행정적으로 개발규제를 강하게 받고 있는 토지일수록 개발규제가 해제되면 높은 지가상승을 유도하게 되며 이로 인해 토지소유자나 개발자가 개발사업에 따른 이익을 취할 수 있게 된다. 따라서 개발이익은 이를 환수하거나 공영개발을 확대함으로써 저소득 무주택자가 혜택을 받을 수 있는 방안이 마련되어야 할 것이다. 따라서 앞으로 대도시에 있어서 대규모의 택지개발이나 녹지지역, 개발제한구역 등의 미개발지를 주거지역으로 개발함에 따르는 이익의 일정비율을 저소득 무주택자를 위한 임대주택 보급에 충당토록 해야 할 것이다. 주택문제의 가장 핵심적인 과제인 택지개발확대방안에 대해서는 다음 항에서 별도로 고찰하고자 한다.

(4) 住宅金融 支援擴大

주택금융의 기능은 자금을 최대한으로 동원하여 주택을 생산하고 이를 무주택 서민층에게까지 그 혜택이 미칠 수 있도록 자금을 효율적으로 배분

21) 國土開發硏究院, "規制緩和를 통한 土地供給의 원활화," 「21世紀 對備 國家課題公聽會」(1997), pp. 13~14.

하는데 그 목적이 있다.[22] 주택금융의 중요성은 서민들에게 주택자금을 저이자로 장기융자할 수 있다는 것이다.

일반적으로 주택은 고가의 내구재이기 때문에 소득수준이 낮은 계층들은 그 대가를 일시에 가계에서 지불할 능력이 없다. 따라서 주택수요자는 거액의 자금을 필요로 하므로 주택금융에 대한 필요성이 절실히 요청되는 것이다. 그러므로 주택금융은 수요자에게 지불능력을 높여줌으로써 주택시장의 활성화를 기할 수 있다. 또한 이러한 주택금융은 공급자에게도 필요로 한다. 공급자에게는 주택건설자금의 지원을 통하여 주택공급을 확대하고 나아가서는 주택산업을 육성, 발전시키는 데도 크게 기여할 수 있다.[23]

우리나라 도시의 경우 자체자금의 빈약과 정부시책에 따른 임대주택 건립으로 인한 투자재원의 회수부진, 건축비의 상승 등으로 주택건립이 부진한 실정이다. 따라서 투자재원의 확보를 위해서는 경영수익사업의 적극적인 추진 등으로 재원을 확보할 수 있다. 한편, 시 일반회계 가용자원의 대폭적인 지원과 정부의 국민주택기금의 대출규모를 확대해야 하며, 민간부문의 투자재원을 확보하기 위해서는 무주택자의 주택부금가입을 적극 권장하고 기업체의 유휴자금을 주택건설에 투자하기 위해 세제상의 혜택이 주어져야 할 것이다.[24]

주택금융은 주택건설을 촉진하거나 주택구입을 용이하게 하기 위하여 제도적으로 일반금융과는 다른 특성을 가지고 운용되고 있다.[25] 현행 우리나라의 주택금융제도를 보면 공공부문에 국민주택기금, 민간부문에는 한국주택은행, 국민은행 및 생명보험회사가 참여하는 극히 단순한 구조로 되어 있다.

국민주택기금의 경우 국민주택건설에 자금을 지원함으로써 무주택계층의 자기집 마련에 적지 않은 기여를 하고 있는데 그 재원조달면에 있어 많은 문제점이 있으므로 정부의 과감한 재정출연이 요구된다. 아울러 장기 안정적인 자금조성원의 개발이 절실히 요구되고 있다.

한편 민영주택자금을 취급하는 국민은행은 전용면적 25.7평(개인주택은 30평) 이하 주택에 대한 자금공급을 담당하고 있어 저소득계층을 포함한 중

22) 李成福, 「都市行政論」(서울: 法文社, 1993), p. 659.
23) 韓垣澤, 전게서, pp. 482.
24) 李圭煥, 전게논문, p. 443.
25) 하성규, 「住宅政策論」(서울: 博英社, 1995), p. 147.

산층까지도 그 공급대상으로 삼고 있다.

주택금융 운영상의 문제점을 정리하여 보면 다음과 같다.

첫째, 무주택자의 구매력 수준이 낮다는 점이다. 따라서 주택금융에 의존하는 바가 클 수밖에 없는 데, 현실은 주택금융의 혜택을 받기가 매우 제한적이라는 것이다.

둘째, 주택구입시 융자금의 기여도가 낮다는 점이다. 우리나라의 주택금융은 원리금 상환에 대한 부담이 서민층으로서는 너무 과중할 뿐만 아니라 주택금융의 융자에 의하여 주택구입을 할 경우 주택거래 실가격에 비하여 너무 낮은 수준에 있다.

셋째, 융자한도액, 이자율 및 상환기간 등 융자조건이 외국에 비해 불리하다는 점이다. ① 융자한도를 보면 우리나라의 경우 주택구입 실소요자금사정액의 80% 이내로 규정하고 있는데 외국의 경우는[26] 100%까지 융자하고 있는 것이다. ② 융자금에 대한 이자율은 20년 장기융자일 경우 연리 10.5% 수준이나 외국의 경우[27] 4.5%~9.0% 수준밖에 안되는 것이다. ③ 원리금의 상환기간에 있어서는 우리나라가 20년간인데 비하여 외국은[28] 30~35년이고 보면 불리한 실정이다.

(5) 住宅技術의 改善

건축자재개발 및 건축기술 향상을 위하여 ① 주택설계의 표준화를 통한 자재의 규격화, ② 선진건축기술의 도입·보급, ③ 새로운 기술의 개발과 진흥을 도모한다.

이처럼 건설자재개발과 건축기술향상으로 주택건립공법의 개선의 결과로 나타나는 것이 조립식주택건립과 「프레임」(Frame)식 아파트건립이라 할 수 있다.[29]

조립식주택은 건축기간이 단축되고 공사비가 저렴하여 외국에서는 주거난해결을 위하여 많이 건립하고 있다. 유럽에서는 60%, 일본만 하더라도 20% 이상을 차지하고 있다. 조립식주택은 분업식으로 제조한 건축자재를 조

26) 구 서독이나 대만에서는 주택매입 실소요자금사정액의 100%까지 융자하고 있다.

27) 구 서독은 4.5~5.0%, 日本 5.05~7.05%, 싱가포르 25%, 대만은 9.0%의 利子率이 되고 있다.

28) 元利金 償還期間이 미국은 30년, 일본은 36년까지로 長期이다.

29) 李圭煥, 전게논문, pp. 443~444.

립하여 지은 주택, 아파트 등 대규모 건축양식에 알맞으며 이 방식이 채택될 경우 공기의 단축뿐만 아니라 건축비도 30% 가까이 절감할 수 있다고 한다.

「프레임」식 아파트 건립은 도시정부가 건물의 공조와 외벽공사 및 진입도로공사를 담당하고 입주자가 건물내벽공사와 기타 부대공사를 공동자력으로 건설하는 것이다. 시예산은 정부융자금과 일반회계 전입금으로 시가 총괄 관리집행하고 입주자공사비는 자기부담으로 공동관리 집행한다. 그리고 건립공사가 완료된 아파트는 시장명의로 보존등기하고 입주자와 도시정부간에 분양계약을 체결하며 융자금에 대한 상환이 완료되는 세대에 대하여 입주자개인에게 소유권을 이전한다. 따라서 양적 주택난을 최소의 경비로서 해결하기 위하여 이러한 「프레임」식 아파트건립을 적극적으로 활용할 필요가 있다.

(6) 不良住居地區 再開發活性化

불량지구의 재개발사업은 노후불량건물의 개조뿐만 아니라 토지이용의 고밀화 및 시가지의 고층화를 통하여 새로운 주택건설을 기할 수 있어 주택공급 및 도시정비의 복합적 효과를 가져다 주는 것이다.[30]

대개의 경우 불량주거지구는 주거환경이 최저수준에도 미달되는 것은 물론이거니와 대부분 고지대에 자리잡고 있어 도시미관을 해친다. 또 많은 경우에 타인의 사유지나 국공유지를 점유하고 있어서 도시계획에 막대한 지장을 주기도 한다. 그러나 이들 대부분이 최저소득층인 영세민이기 때문에 이들 불량주택지구의 정비사업은 대단히 어렵고 막대한 재원을 필요로 한다는 점이 가장 큰 문제라고 할 것이다.

따라서 불량주택정비사업의 추진방향은[31] 첫째, 불량주택의 입지여건을 고려해서 단계별로 재개발사업을 추진하도록 하며 주거적합지역에는 용도지역의 변경 및 사업추진을 위한 적극적인 지원책이 있어야 한다.

둘째, 불량주택지구의 물리적 특성 및 주민의 경제능력, 주민의사 등을 고려한 계획수립과 아울러 개발의 이익을 주민에게 돌려준다는 것을 계몽·홍보하여 지속적이고 일관성 있는 사업을 추진해야 한다.

---

30) Charles Abrams, *Man's Struggle for Shelter in Urbanizing World*(M.I.T. Press, 1964), pp. 71~80.

31) 李圭煥, 전게논문, p. 444.

셋째, 불량주택재개발사업의 시행은 막대한 자금이 소요되므로 전문건설업체의 적극적인 참여로 합동개발을 추진해야 하며 아울러 시 당국의 행정적인 지원책이 있어야 할 것이다.

넷째, 불량주택개발사업의 추진과정에는 많은 인력과 시간이 소요되므로 사업의 원활한 수행을 위해 재개발사업의 추진을 위한 전담기구를 확대·설치해야 할 것이다.

이러한 불량주택지구재개발의 효과는 단독주택으로 많은 토지를 점유하고 있던 불량주택을 철거하고 고층아파트를 건축함으로써 토지의 이용률을 제고하기 때문에 택지부족으로 주택을 건립할 수 없는 대도시의 주택난 해결에 많은 기여를 할 수 있고, 도시미관상으로도 바람직하다 하겠다.

(7) 稅制上의 支援擴大

주택건설업자가 주택건설을 위하여 택지를 매입하는 것은 재산소유의 목적이 아니라 주택건설에 필요한 원자재로서 매입하는 것이다. 따라서 주택업자가 소유하게 되는 택지 또는 주택이 재산형식으로 소유되는 것이 아니라 주택생산의 원자재 또는 제품재고의 형식으로 임시 소유하는 것이다. 따라서 지방세인 취득세, 등록세 및 재산세를 부과하는 것은 불합리하기 때문에 과세대상에서 제외함으로써 보다 저렴한 가격으로 무주택자가 주택을 구입하여 주거안정을 기할 수 있도록 정책적 배려가 요청된다.[32)]

또한 무주택자가 구입하는 국민주택규모 이하의 소형주택에 대해서는 취득세, 등록세 감면을 확대하고 그 대신 대형주택에 대해서는 재산세를 중과할 필요가 있겠다. 그리고 양도소득세는 주택에 대한 투기적 수요의 억제가 주된 목적이므로 주택투자 및 거래가 위축되지 않도록 양도차익 및 보유기간에 따라 세율을 합리적으로 재조정하고, 임대산업육성을 위해 임대소득세의 감면을 추진할 추진할 필요가 있다.

---

32) 상게서, p. 445.

Ⅱ. 宅地開發促進 方案

1. 宅地開發의 類型

택지개발이란 택지의 조성 및 공급과 공공시설의 정비를 통하여 시가지의 개발을 행하는 것으로 도시지역에서 주택난 해결을 위한 택지개발형태는 대체로 신개발, 재개발 그리고 예정지구의 지정개발 등 크게 3가지로 구분하고 있다.[33]

(1) 新開發

(가) 土地區劃整理事業

종합적인 단지개발을 통하여 도시의 건전한 발전을 도모하고 대도시로서의 효용증진과 공공시설을 정비하기 위하여 사업주체가 토지구획정리법에 의거 기존 토지의 교환, 필지분할 및 구획변경 등을 행하는 사업으로 70~80년대 도시개발의 대종을 이루었으며 도시발전에 크게 기여한 택지개발방법이다.

(나) 一團의 住宅地造成事業

도시에서의 무질서한 개발행위를 규제하고 쾌적한 주거환경을 조성하기 위하여 도시계획법에 의거, 서울에서 처음 실시하였다. 그러나 1977년 주택건설촉진법이 개정되어 주택건설사업계획 승인시 대지조성계획도 동시에 이루어지게 되므로 현재는 이 방식에 의한 택지개발은 거의 실시되지 않고 있다.

(다) 아파트地區 開發事業

중・고층 아파트와 저층 주거용건물 또는 기타 건축물의 혼합으로 일어나는 미관 및 채광상의 장애를 방지하고 토지이용을 효율화하기 위해 지구내 집단적인 아파트를 건립하는 개발사업으로 도시계획법에 의하여 아파트지구를 지정하고 주택건설촉진법에 의하여 개발한다.

(라) 新都市開發事業

국가, 지방자치단체, 정부투자기관이 도시의 건전한 발전과 공공복리의

---

33) 李圭煥, 전게서, pp. 609~610.

증진에 기여하면서 정해진 사업목적을 달성하기 위해 신규로 대규모의 토지를 개발하는 사업을 말한다. 대도시의 인구분산을 위한 위성도시건설 또는 행정도시의 건설 그리고 공업단지의 건설 등이 이에 속한다. 그 예로서 과천 행정도시, 반월 공업도시, 창원 신도시, 그리고 일산, 분당, 평촌, 중동, 산본리지역 주택도시 건설 등을 들 수 있다.

(마) 土地形質變更事業

토지의 형질변경이라 함은 절토, 성토 또는 정지 등으로 토지의 형질을 변경하는 행위와 공유수면의 매립을 말한다. 현행 제도상 민간개인이 할 수 있는 거의 유일한 택지개발사업인 이 사업은 도시계획법 및 토지형질변경 등 행위허가기준에 관한 규칙에 의거 시행된다.

(2) 再開發

슬럼(Slum)화 되었거나 도시기능을 다할 수 없는 지역에 대하여 공공시설을 정비, 개량하고 건축물은 고층화시키는 등 토지의 합리적 고도이용으로 도시기능을 회복시키거나 새로운 기능으로 전환시키기 위해 실시하는 사업으로 도심재개발사업과 주택개량을 위한 불량지구 재개발사업으로 나눌 수 있다.

(가) 都心再開發事業

토지의 합리적 고도이용과 도시기능의 회복을 목적으로 기존 시가지를 재개발하는 것으로 도시재개발법이 적용되고 환지처분방식을 쓴다.

(나) 不良地區再開發事業

도시의 건전한 발전과 주택개량촉진을 위해 도시재개발법에 의거 기존의 불량한 토지, 주택에 대하여 재개발하는 사업으로 주택개량이 주된 목적이라는 점에서 도시기능 회복을 위한 도심재개발사업과 구별된다.

(다) 不良地區 住居環境 改善事業

재개발사업 시행이 곤란한 지역이나 주민이 원하지 않는 경우에 저소득 주민집단거주지역의 주거환경을 개선하기 위해서 시행하는 사업으로 「도시저소득주민 주거환경 개선을 위한 임시조치법」에 의거 1989년 7월부터 1999년말까지였으나 5년 연장이 된 시한부로 시행된다.

이 사업은 주택개량은 물론 주민소득증대, 공동시설 확충 등을 포함하여 종합적인 주거환경 개선을 이룩하는 것이다.

(3) 豫定地區의 指定開發

(가) 都市開發豫定區域 造成計劃

도시에 있어서 인구 및 산업의 집중현상을 완화하고 균형있는 발전을 도모하기 위하여 도시계획법에 의거하여 미리 개발예정구역을 지정하여 개발할 수 있다. 이 사업의 주체는 시장, 군수, 건설교통부장관 그리고 특별법에 의하여 설립된 공법인이 되며, 택지는 사업시행자에게 토지를 양도한 자, 특정시설을 이전하고자 하는 자, 기타 주택 등을 건축하고자 하는 자에게 우선 공급하며 공공감보가 있다.

(나) 宅地開發豫定地區 指定 開發

대규모의 저렴한 택지개발을 위해 1980년 제정된 「택지개발촉진법」에 의거하여 택지개발예정지구를 지정하여 시행하는 방법으로 개발이익의 환수, 공공성 확보를 위하여 사업시행자를 공공기관으로 제한하고 있다.

(다) 國民住宅用 垈地造成事業

서민들을 위한 국민주택과 조합주택을 건립하기 위하여 주택건설촉진법에 의거하여 대지를 조성하는 사업으로서 이에는 국공유지, 체비지의 우선매각, 임대 등의 특혜가 부여된다. 사업의 주체는 국가, 지방자치단체, 주택공사, 도시개발공사, 건설등록업자 등이며 택지공급대상 역시 위에서 말한 국민주택사업이 된다.

2. 宅地開發促進 方案

토지는 한정된 자원이기 때문에 국가적 우선순위에 따라 이용의 경합이 생기게 마련이며 토지를 택지로 우선 활용할 경우 타부문에서 토지부족현상을 초래할 것이 분명하다. 그러나 국민복지상 주택문제가 중요하기 때문에 이에 소요되는 택지는 타부문에 우선한다는 전제하에 다음과 같은 택지개발 촉진방안을 강구하여 도시서민주택공급확대에 기여해야 할 것이다.[34)]

(1) 土地備蓄制 導入 實施

토지자원의 효율적이용, 필요토지의 안정적 확보, 지가의 조절 및 재원절약을 위해 토지를 미리 개발 또는 매입해 두었다가 필요한 경우 직접 사용하거나 매각하는 토지비축제도는 지가상승이 높고 보상이 용이하지 않은 우

34) 상게서, p. 612.

리의 경우 도입할 만한 제도라고 생각된다. 토지비축을 위해 다음과 같은 몇 가지 방안을 생각할 수 있다. ① 국토이용관리법상의 유휴지에 대한 선매제를 토지거래허가 지역에 확대 적용하고, ② 토지은행기능을 강화시키고, ③ 공공사업시 주변토지 초과수용을 확대하고, ④ 개발가능지에 대한 공공기관의 사전매수를 확대하며, ⑤ 공공기관 개발토지의 선매권 행사 확대 등의 방안을 활용해야 할 것이다.

(2) 宅地供給 對象地 擴大

(가) 丘陵地, 山地의 적극적 開發

지금까지 우리나라의 주택건설은 평지를 주된 대상으로 하였다. 그러나 우리 국토의 66.2%가 산림지로 되어 있는 점을 감안하여 앞으로는 농지침식을 지양하고 산지, 구릉지, 경사지 등을 최대한 개발, 활용해야 할 것이다.

(나) 干拓・埋立事業 積極 實施

국토자원이용의 극대화, 효율화를 위하여 국가소유의 하천, 바다, 湖沼, 水流 또는 水面을 간척, 매립하여 국토면적을 확장하도록 해야 한다. 특히 우리나라의 서해안은 수심이 낮아 간척, 매립에 유리한 조건이다. 다만 간척, 매립사업으로 인한 환경훼손을 고려하여 이에 대한 대책도 동시에 적극 강구되어야 할 것이다.

(다) 開發制限區域의 選別的 活用

개발제한구역은 필요에 의해서 설정한 것이나 도시화 현상과 대도시주변의 택지난 등을 감안하여 개발이 용이한 곳 중 다른 목적에 지장이 없다면 일정한 범위 내에서 용도를 제한하여 이용할 수 있도록 개발제한구역의 선별적 활용을 검토할 필요가 있다.

(라) 都心地 不適格工장의 移轉 및 活用

도심지 또는 인접지역에 공장이 있을 경우 외곽지에 이전토록 유도하고 빈터를 주택지로 개발한다.

(3) 開發方法의 改善

(가) 開發主體의 多元化와 機能 分擔

① 開發主體의 多元化

현재까지 택지개발은 공공부문이 주도하였으나 앞으로 택지의 수요가 양적으로 증가하고 질적으로 다양화될 것에 대비하여 민간부문이 적극 참여토록해야 한다. 민간 참여를 확대하는 방안으로 기존 방법에 의한 택지개발사업주체에 민간부문을 추가함으로써 가능할 것이다. 이외에도 최근 활발하게 논의되고 있는 합동개발 방법을 도입하는 것이 좋을 것이다.

합동개발 방안이란 하나의 토지개발사업에 참여주체가 둘 이상인 경우를 말한다. 이는 개발자간의 합동개발과 개발자와 토지소유자간의 합동개발로 나누고, 후자는 다시 토지신탁, 등가교환, 차지개발 방식 등 세 가지로 세분할 수 있다.

② 供給主體間의 機能 分擔

토지공급주체는 민간, 공공부문에 다양한 주체가 있는데 이들 주체가 지니고 있는 특성을 최대한 살려 기능분담이 이루어지도록 해야 한다. 민간부문은 중산층을 대상으로 택지를 공급하고 공공기관중 토지개발공사나 주택공사 등 공사에서는 신도시건설, 전략공단조성, 간척사업 등 대규모 사업과 토지은행기능을 담당하도록 한다. 그 이외 사업은 지방자치단체가 담당하도록 함으로써 지역 특성을 살리고 도시정부의 기능을 높이도록 하는 것이 좋을 것이다.

(나) 造成方法의 能率化

① 公營開發方式의 擴大

공공기관이 예정지구의 토지를 전면 매입하여 개발한 후 분양하는 공영개발방식은 토지취득면에서 용이하고 절차가 비교적 간단하기 때문에 현 제도중 가장 능률적인 방법이라 할 수 있다. 따라서 택지개발예정지구지정, 신도시개발 등을 통한 공영개발을 확대해야 할 것이다.

② 補償價格의 上向 調整

토지매입 과정에서 보상협의가 잘 안되는 가장 큰 요인은 보상가격 문제다. 현재의 보상수준은 실거래수준에 대부분 미치지 못하므로 보상의 효율적 추진을 위해서 실거래가격 수준으로 상향조정해야 한다.

③ 移住對策의 樹立

공영개발을 실시하기 위하여 일대의 토지매수는 물론 기존 주택의 철거가 불가피한 바 철거 과정에서 집단민원이 야기되지 않도록 철거대상 주민들과 협의를 통하여 적절한 이주대책을 수립해야 한다.

(4) 開發資金擴充

(가) 政府의 財政投資擴充

주택투자율은 경제규모와 경제성장률에 따라서 유동적일 수밖에 없지만 정부의 재정투자가 확충될 수 있도록 노력하여야 할 것이다.

(나) 宅地開發基金 設置

택지개발에는 막대한 자금이 소요될 뿐만 아니라 자금의 회임기간이 길기 때문에 별도의 재원확보가 요구된다. 또한 토지은행 기능을 원활히 하기 위하여 기금조성액의 일정 비율을 기금에 지원토록 하는 동시에 택지개발채권을 발행하는 방안을 검토할 필요가 있다.

(다) 民間資本 參與擴大 誘導

택지개발에 대한 정부의 재정지원에는 한계가 있을 뿐만 아니라 공공기관에 전적으로 의존할 때 사업의 효율성이 저하될 우려가 있으므로 민간자본을 택지개발에 도입하는 것이 중요하다. 민간참여 확대를 위한 방안으로 택지를 공급받은 자로부터 그 대금의 전액 또는 일부를 미리 받는 선수금제도나 기존의 공영개발 방식에 민간기업을 참여시키는 합동개발방식을 활용하면 좋을 것이다.

제 2 장　都市의 交通問題

제 1 절　都市交通問題의 本質

Ⅰ. 都市交通의 意義

1. 都市交通의 槪念

교통(transportation)은 그 주체에 따라 인적·물적 교통으로 분류된다. 狹義의 교통이란 어떤 목적을 가진 사람 또는 물체의 공간적 이동을 말한다.[1] 교통은 인간의 의지에 의한 이동이므로 하천의 물 흐름에 따라 흙이나 모래 따위가 옮겨지는 것과 같은 자연현상과는 다르다. 또한 이동을 위한 전용공간안에서 반복현상과 함께 거리의 저항을 수반하는 것이기 때문에 단순히 식탁에 요리를 운반한다거나 한 건물 내에서의 이동과는 다르다.

廣義의 교통에는 정보의 공간적 이동이 포함된다. 이 때 이동을 통신(communication)이라 한다. 이러한 통신을 포함하는 의미의 교통은 거리로서 의식되는 것, 즉 그 거리의 지형을 극복하는 것이라 하겠다.

그러나 여기서는 교통의 의미를 협의의 측면, 즉 어떤 목적을 위한 인간 또는 재화의 물리적 이동으로 보고자 한다.

교통이 지역사회에 미치는 영향은 경제적으로 지역개발의 효과, 유통기능의 합리화를 가져다 주는 시장효과, 지가상승 등의 자산증대효과 등을 갖고 있으며, 사회적 영향으로는 지역사회의 평준화, 지역사회의 분업화 및 도시지역의 확대 등을 가져다 준다.[2]

1) 黃鏞周, 「都市計劃原論」(서울: 녹원출판사, 1985), pp. 271~272.
2) 李成福, 「都市行政論」(서울: 法文社, 1992), p. 705.

이러한 교통의 효과 외에도 도시지역내 또는 지역간에서 인구나 재화의 이동 효율화는 수송시간을 감축시키고, 지역간의 연계성을 증진시킴으로써 지역 생산성을 제고시킬 수 있다.

따라서 현대도시사회에서의 교통은 의·식·주문제 못지않게 인간활동의 기본요소이다. 인간과 재화의 원활한 수송이 불가능하다면 인간의 활동과 생활도 그만큼 위축되게 되는 것이다.[3)]

2. 都市交通의 特性

도시교통은 도시권내의 이동이므로 다른 지역의 교통에 비해 상대적으로 다음의 몇가지 특성을 갖는다.[4)]

첫째, 도시교통은 대중교통의 등장을 불가피하게 한다는 것이다. 도시지역의 인구집중은 자연적으로 교통수송인구의 급증을 요구하게 된다. 이처럼 인구증가와 도시기능의 복잡·다양화 그리고 수송수단의 증가로 인해 통행량의 계속적 증가는 대량수송을 필요로하여 교통혼잡을 가져오게 된다. 이러한 교통혼잡을 해결하기 위해서는 대중교통의 등장을 요구하게 된다.

둘째, 도시교통이 지역사회의 경제적 사회적 발전에 영향을 미치고 있다. 먼저, 경제적인 측면에서 보면 공업, 관광, 주택 등의 개발을 촉진할 수 있어 개발효과를 제공한다. 또한 시장권의 확대 및 유통의 합리화 등을 통한 시장효과를 가져다 주며, 지가상승을 통하여 자산증식의 효과가 있는 것이다. 다음은 사회적인 측면에서 보면 도시권내 개발지역과 저개발지역간의 교통체계의 연계를 통하여 지역개발의 균형화를 도모할 수 있으며, 또한 도시교통체계의 원활화는 도시화를 증진시킨다는 것이다.

셋째, 목적통행량보다 수단통행량이 훨씬 더 증가한다는 점이다. 도시에 있어서는 단 1회 교통수단을 이용하여 목적지에 도착할 수 있는 경우도 있지만 대도시일수록 여러 번의 교통수단을 바꿔타야 원하는 목적지에 갈 수 있다. 도시내에서는 토지이용 「패턴」이 상이하고 교통수단이 다양한 데다가, 도로 「패턴」 또한 일정하지가 않아 여러 번의 교통수단(mode)을 이용하여 목적지에 도착하는 경우가 많다. 예를 들어 출·퇴근시 버스·지하철 또는 택시를 갈아타고 목적지에 가야하는 불가피한 경우가 많다. 이처럼 목적통

3) 韓垣澤, 「都市·地方行政論」(서울 : 法文社, 1992), p. 451.
4) 상게서, pp. 452~453; 李成福, 전게서, pp. 706~709.

행량보다 수단통행량이 많아짐으로써 이용자에게 경제적·시간적 손실은 물론 교통혼잡을 더욱 가중시키는 요인이 되는 것이다.[5)]

넷째, 교통목적(trip purpose)과 통행수단(traffic mode)이 다양하다는 점이다. 근래에 이르러 출·퇴근이나 등·하교 외에 개인사무(personal business), 쇼핑(shopping)·여가(recreational activity) 등을 목적으로 하는 통행이 늘고 있고,[6)] 과학의 발달에 따라 새로운 통행수단이 개발될 가능성이 많다는 것이다.

다섯째, 비교적 좁은 지역내에서 다량의 교통이 발생하는 교통집중현상의 반복과 주기성이 나타난다는 점이다. 도시통행의 목적은 주로 통근·통학교통과 업무상 이동이 대부분이기 때문에 통근·통학시를 중심으로 하여 일정한 시간대에 「러쉬 아워」(rush hour) 현상이 나타난다. 이는 주초에 시작되었다가 주말이면 끝나는 교통집중현상의 반복과 주기성을 의미한다. 특히 주변지역에서 도심지역으로 통행이 집중되는 도심부 중심의 교통권이 형성되는 특성을 나타내고 있다는 것이다.

여섯째, 소득증대·생활수준의 향상으로 승차습관의 증가현상이 현저하다는 것이다. 도시에서는 1인이 1일당 평균승차하는 회수, 즉 승차습관의 증가현상이 소득의 증대나 생활수준의 향상, 생활양식의 변화, 2·3차 산업의 발달 등으로 인해 자동차의 역할과 수요가 증가일로에 있기 때문에 현저하게 나타나고 있다는 것이다.

끝으로, 도시교통이 제공하는 서비스는 시장기능에만 맡겨 놓을 수 없다는 점이다. 이는 도시교통이 제공하는 서비스는 외부효과가 큰 공공재적 성격을 지니고 있고, 구성요소가 복잡·다양하기 때문에 요소간 연결성·체계성을 유지하려면 시장기능에만 의존할 수 없기 때문이다. 따라서 도시교통의 원활한 운영은 도시행정의 수요측면을 해소시켜 주기 때문에 주민들의 정치·행정적 지지수단을 획득할 수 있다는 것이다.

3. 都市交通의 分類

일반적으로 도시교통은 ① 주체, ② 교통목적, ③ 교통기관, ④ 도시공간,

5) Rovert Creigeton, *Urban Transportation Planning*(Illinois: University of Illinois Press, 1970), p. 21

6) Rober B. Micheli and Chester Rapkin, *Urban Traffic: A Function of Land Use*(New York: Columbia University Press, 1954), pp. 16~19.

⑤ 통행발생에 따라서 나뉘어지는데 이들을 세분하여 고찰하면 다음과 같다.

(1) 主體別 分類

이 기준으로 보면 사람과 물적 교통으로 분류된다. 사람의 교통은 그 기능에 따라서 장소적 이동이라는 교통 자체를 목적으로 하는 산책이나 「드라이브」(drive)라는 본래적 수요의 교통과 어떤 목적을 달성하기 위해 장소적 이동이 필요한 경우와 같은 파생적 수요에 의한 교통으로 나누어진다. 도시내에 있어서 대부분의 교통은 파생적 수요에 의한 것이며, 물적 교통은 모두 파생적 수요교통이다.

(2) 交通目的別 分類

도시교통은 해마다 통행량이 증가하고 있을 뿐만아니라 통행목적도 다양한 것이 일반적 특징이다. 통행목적을 분류하는 기준으로서 일반적으로 ① 통근, ② 통학, ③ 업무, ④ 구매, ⑤ 방문, ⑥ 위락, ⑦ 귀가 등으로 나누어 진다.

(3) 交通機關別 分類

교통기관별로 도시교통을 분류하여 보면 ① 보행자 교통, ② 차량교통, ③ 철도교통, ④ 지하철교통으로 나누어진다. 차량교통에는 버스, 택시, 승용차 등의 교통수단이 있으며, 보통 대량수송에는 고속철도나 지하철도를 이용하지만 도시교통은 근거리 교통으로 손쉬운 자동차교통이 대종을 이루고 있다.[7]

(4) 都市空間的 分類

교통서비스의 대상지역의 규모에 따라 국가, 지역, 도시, 지구, 교통축으로 분류된다. 도시교통은 도시내교통(intra urban transportation)을 주된 대상으로 하지만 동시에 도시간교통(inter urban transportation)인 지역교통도 포함된다. 지구교통은 도시내의 근린지구와 같은 소규모지구를 다루는 교통이다. 교통축교통은 도시내에 토지개발이 고도로 집중된 상업지역을 선형으로

7) 李圭煥, 「都市行政論」(서울: 녹원출판사, 1995), p. 618.

연결하는 교통망의 일부에서 일어나는 교통현상을 대상으로 한다.

(5) 通行發生別 分類

통행발생(trip generation)별 분류는 통행 「패턴」의 유형에 따라 ① 도시외곽지의 경계밖에서 도시지역을 관통하고 지나가는 통행인 통과통행(through movement), ② 도시외곽지역에서 경계안으로 유입해 오는 통행인 유입통행(external-internal movement), ③ 도시내의 교통이 외부지역으로 유출되는 통행인 유출통행(internal-external movement), ④ 도시계획구역 또는 행정구역에서의 통행인 도시내부통행(internal movement) 등으로 분류된다.[8)]

Ⅱ. 都市交通難의 意義

1. 都市交通難의 槪念

과대도시화로 인한 도시생활환경상의 문제중에서 교통문제는 교통의 본질상 다른 도시기능을 보완하는 데 있는만큼 교통문제의 해결은 다른 도시기능의 회복에 있어서 필수불가결한 요소인 것이다.

도시교통문제의 유형은 일반적으로 ① 교통혼잡(traffic congestion), ② 교통사고(traffic accident), ③ 접근불가능성(inaccessibility), ④ 시선장애(visual intrusion), ⑤ 소음과 진동(noise and vibration), ⑥ 긴장과 불안(strain and discomfort), ⑦ 대기오염(air pollution) 등을 들 수 있다.[9)]

이러한 도시교통문제는 흔히 교통난이라고 표현되는데, 여기서 교통문제의 심각성을 해소시킬 수 있는 방안이란 교통수단이나 교통시설, 공간구조 등을 여하히 개선·발전시킴으로써 인간과 재화의 수송을 원활히 할 수 있느냐에 놓여 있는 것이다.

따라서 도시교통난이란 일반적으로 도시문제 가운데 도시사회에서 교통수단·교통시설·공간구조 등에서 문제가 있어 인간과 재화의 수송으로 인한 교통체증(bottle neck) 현상을 의미한다고 하겠다.[10)]

8) 元濟戊, 「都市交通論」(서울: 博英社, 1987), pp. 8~10.
9) Rovert Creighton, op. cit., pp. 6~14.
10) Rovert P. Kalter, "Bottle Neck on the Roads," in George M. Smerk(ed.), *Readings in*

교통난은 자동차시대의 병(a disease of the rubber tire age)이라고 규정되는 교통체증을 주로 의미하나, 교통체증으로 인한 소통난 외에 주차난·승차난·보행난을 포함한다.

교통난의 문제는 소통난·주차난의 선진형의 문제와 승차난·보행난의 후진형문제를 동시에 해결할 것을 요구하고 있다. 또한 종래의「러쉬 아워」(rush hour)나 도심지에서만의 문제가 아니라, 이제는 도시 전역으로 확산되고 있다는데에 문제의 심각성이 있다. 교통난이 가져오는 사회적 비용은 시간상의 손실,「에너지」낭비, 매연으로 인한 대기오염, 도시기능의 둔화, 심리적 부담 등으로 엄청난 것이다.

2. 都市交通難의 社會的 費用

일반적으로 교통체증에 대한 분석은 교통흐름이 일정지역에 장시간 지체하던가, 여러 번의 정차(stop)를 해야하므로서 발생되는 교통지체, 대기오염, 소음, 심리적 갈등의 요인에서 비용분석(cost analysis)을 통해서 판단할 수 있다.[11]

교통난이 가져 오는 사회적 비용을 살펴보면 첫째, 시간상의 손실이다. 예를 들어 도로 차선당 차량 밀도가 300대 정도이면 시속 45km이상으로 주행할 수 있다. 그러나 차선당 750대에 이르면 평균 차량속도는 16km/h로 떨어진다.

둘째, 교통난이 심화되면 통행시간 외에도 연료소모나 매연방출량도 높아진다. 승용차의 경우 시속 64km로 주행하면 km당 0.09ℓ의 휘발유를 소모하나, 16km로 주행하면 0.19ℓ가 소모된다. 일산화탄소와 탄화수소의 배출량도 시속 64km에서 16km로 주행속도가 떨어지면 각각 23g과 2.8g에서 60g와 5.7g으로 증가한다.

셋째, 실제 교통체증으로 인한 시간적·경제적 손실 외에도 도시기능의 둔화, 심리적 부담 등을 고려한다면 이 보다 훨씬 높을 것이다. 또한 교통난 해소를 위한 도로건설 및 유지비용, 교통사고비용, 배기가스비용, 소음 및

Urban Transportation(Indiana: Indiana University Press, 1968), p. 76.

11) 李建榮, "승용차 이용의 사회적 비용,"「都市問題」(大韓地方行政共濟會, 1987. 4월호), pp. 33~34〔U. S. Environmental Protection Agency, Mobil Source of Emission Factor, (Wasington, D.C., 1978), p. 32〕再引用.

진동 등에 관한 제비용을 고려하면 교통난의 사회적 비용은 대단하다 하겠다.

이처럼 도시교통난은 엄청난 사회비용을 수반한다. 이같은 교통체증은 이용자가 부담하는 추가부담과 사회전체적으로 발생되는 추가부담이 다르기 때문이다. 즉 이용자의 입장에서는 이용자 추가부담이 가장 적은 선택을 하는 것이 최적이나, 사회적으로는 사회적 추가비용을 최소화하는 것이 최적이기 때문이다. 따라서 사회적 추가비용과 이용자 추가부담의 차이를 교통혼잡세(congestion toll)의 명목으로 징수하면 승용차 이용을 절제시켜 사회적 최적상태로 이끌 수 있다.

제2절 都市交通難의 現況과 原因

Ⅰ. 都市交通難의 實態

1. 都市交通의 一般的 現況

향후 10년정도는 우리나라 도시교통체계상에서 볼 때 어느 때보다 극심한 변화가 일어나는 시기가 될 것이다. 이같이 예상되는 여건변화에 대처하기 위해서는 먼저 현재 및 장래 자동차 보유대수의 파악이 필요하다.

전국 6대도시인 서울, 부산, 대구, 인천, 광주, 대전의 경우 교통문제는 심각하여 도시행정의 최고의 현안이 되고 있으며, 이는 단순히 차량이 많다는 것만을 의미하는 것이 아니라 교통정책, 교통시설, 교통사고, 교통공해 등 교통문제 전반을 포괄하는 의미라고 할 것이다.

특히, 서울 및 수도권은 물론이고 여타 대도시의 경우에도 「러시아워」(rush hour)가 따로 없을 만큼 교통이 혼잡한 실정에 이르고 있다.

이제 지방자치제가 본격적으로 실시되는 마당에서 민선시장들이 가장 관심을 갖고 다루어야 할 분야가 교통난 해결이라는 것은 재론의 여지가 없는 핵심과제가 되고 있다.

먼저 자동차 보유현황을 보면,[12] 2014년 4월 현재 기준 자동차등록대수

〈표 V-2-1〉 인구 및 가구당 자동차대수 추이

구 분	1970	1980	1990	1996	2001	2005	2010	2014
천가구당 대수	20.4	60.4	298.9	657.8	837.7	862.2	906.3	956.8
천인당 대수	4.0	13.8	79.5	206.5	262.2	315.6	351.6	380.0

자료: 국토교통부, 「자동차등록현황」(2014. 4).

는 총 19,663천대(이륜차 포함시 21,786천대)로서 2000년과 비교할 때, 자동차는 63.5% 증가하였으며, 2011년에 1,840만대를 넘어 세계에서 6번째로 자동차 1,800만대 보유국가가 되었으며, 이에 따라 인구 2.7명당 또는 1가구당 자동차 1대씩을 보유하게 되어 자동차는 일상생활의 필수품이 되었다(〈표 V-2-1〉 참조).

2014년 4월 현재 보유 자동차의 차종별 구성을 보면, 승용차가 15,316천대, 화물차가 3,315천대, 버스가 963천대 그리고 특수차가 67천대이다.

자동차 용도별로는 사업용자동차가 1,153천대로 5.9%에 불과하고 비사업용자동차가 18,510천대로 94.1%를 차지하고 있다. 이처럼 비사업용자동차의 구성비가 높은 것은 지난 '96년 이후 사업용자동차가 6.7% 증가한 반면, 비사업용자동차는 10.1%씩 증가하였기 때문이다(〈표 V-2-2〉 참조).

지역별로는 경기도가 4,525천대로 우리나라 전체 자동차 보유대수의 23.3%를 차지하고 있으며, 서울이 3,008천대로 전체의 15.3%, 경남이 1,475천대로 7.5%, 그 이외에 부산, 경북, 대구 순으로 나타나고 있다.

우리나라의 자동차 증가추세에 있어서는 인천, 경기등 수도권지역이 높게 나타나고 있다.

우리나라의 자동차 1대당 인구수는 약 2.7명으로서 자동차 증가 잠재력은 높은 편이다. 세계의 평균적인 추이를 보면 자동차의 증가추세는 초기에는 서서히 증가하다가 소득증가에 따라서 급격한 증가추세를 보이며 보유수준이 일정수준에 이르면 증가율이 급격히 둔화하게 된다.

이러한 추세를 감안할 때, 우리나라의 자동차보유대수는 2015년에 2,000만대에 이를 것으로 예측된다.

한편, 대도시 교통의 소통난, 승차난, 주차난, 교통사고와 환경오염 현황을 살펴보면 다음과 같다.[13]

12) 국토해양부, 「자동차등록현황」(2010. 4).

〈표 Ⅴ-2-2〉 연도별 자동차 보유현황

(단위: 천대)

연도	계 (A+B)	자동차(A)					자동차 용도별		이륜차 (B)
		소계	승합	승용	화물	특수	사업용	비사업용	
1986	2,121	1,309	155	664	472	18	233	1,076	812
1990	4,780	3,395	384	2,075	925	11	322	3,073	1,385
…	…	…	…	…	…	…	…	…	…
2000	13,887	12,059	709	8,803	2,510	37	619	11,440	1,828
2002	15,650	13,949	1,275	9,737	2,894	42	723	13,226	1,708
2004	16,662	14,934	1,204	10,621	3,062	47	767	14,167	1,728
2006	17,643	15,895	1,106	11,607	3,133	49	817	15,078	1,748
2008	18,609	16,794	1,097	12,484	3,160	53	911	15,883	1,814
2010	19,766	17,941	1,050	13,631	3,204	56	974	16,967	1,825
2012	20,963	18,870	987	14,577	3,240	62	1,052	17,818	2,093
2014. 4	21,786	19,663	963	15,316	3,315	67	1,153	18,510	2,123

자료: 국토교통부, 「자동차등록현황(2014)」, 「교통안전연차보고서」(2013), 도로정책과(2014).

(1) 疏通難

자동차보유대수의 급증으로 서울시의 도심, 교량 및 도시경계를 통과하는 차량의 수가 1995년 600만대에서 2010년 약 2,000만대로 3.3배 증가하였으며, 서울시내 운행차량의 평균속도는 1995년 22km/h에서 2010년에는 외곽순환도로와 중앙차선제 도입으로 24km/h로 좋아졌다. 특히, 교통체계개선노력과 지하철건설 및 도로확장 등으로 다소간의 차량소통속도를 증가시키거나 적어도 악화되는 것을 막을 수 있을 것 같다.

(2) 乘車難

2010년 출・퇴근시 차내 혼잡도(승차인원/차량정원)는 서울시내 혼잡구간의 경우 지하철 166%, 버스 130%, 부산시내 혼잡구간의 경우 지하철 230%, 버스 170%에 달하고 있어 대중교통 수송능력 부족으로 인한 승차난은 심각한 수준이다. 또한 교통체증으로 버스이용승객의 대기시간과 통행시간이 증가되어 점차 버스이용객의 수가 줄어들고 승용차이용을 부추기는 경향을 초래하고 있다.

---

13) 상게 보고서 중심으로 저자가 재정리한 내용임.

〈표 V-2-3〉 20km 통행시 소요시간 비교(출근시간대)

도시명	동 경	런 던	파 리	뉴 욕	싱가폴	서울
소요시간(분)	48	46	31	35	29	45

자료: 서울특별시교통정보센터, 「2013년도 서울시차량통행속도」(2013).

수송 분담구조 측면에서 볼 때 2000년대의 도시교통여건은 지속적인 자가용승용차의 증가와 이에 따른 노면교통량의 급증으로 극히 악화될 것으로 전망된다.

따라서 승용차 이용을 억제하고 노면교통량을 줄이기 위해서는 대중교통 수송분담률을 현수준보다 크게 높여 도시 교통체계가 대중교통 중심체계로 구축되어야 한다. 특히, 지하철의 경우 대량수송이 가능하고 교통체증이나 공해를 유발하지 않는다는 점에서 토지자원이 제약되어 있는 현실을 감안할 때 도시의 수송분담 구조에 있어 지하철의 비중은 더욱 높아져야 할 것이다.

표에서 보는 바와 같이 2010년의 지하철 분담률이 서울의 경우 현재의 35.0%에서 45.0%로, 2020년에는 부산은 13.9%에서 35%까지 높아져야 할 것이다. 이렇게 될 경우 대중교통 분담률도 70% 수준으로 제고되어 명실공히 대중교통 중심의 도시 교통체계가 구축되는 것이다(〈표 V-2-4〉 참조).

(3) 駐車難

우리나라 전체의 주간(업무지) 주차장보유율이 87.6% 수준에 이르며 최근에 와서 도시의 주차문제는 많이 개선되었다. 도심진입차량의 억제와 경차우대, 지하철역 근처의 대규모 환승주차장건설, 주택가 이면도로의 활용

〈표 V-2-4〉 수송분담구조 조정 목표

구 분		서 울		부 산	
		2010	2014	2010	2014
대중교통	시내버스	27.8	26.4	27.3	28.9
	도시철도	35.0	37.9	13.9	16.8
택 시		6.2	5.3	13.8	13.2
승용차 · 기타		31.2	30.3	45.0	41.1

자료: 서울특별시, 「대중교통기본계획」(2014), 부산광역시, 「승객통행량조사」(2014).

〈표 V-2-5〉 교통사망자 국제비교(자동차 1만대당 사망자)

구 분	한국('10)	일본('10)	미국('10)	OECD평균
사망자(명)	2.4	0.7	1.3	1.2

자료: IRTAD, OECD, 2011. 3 발표.

등에 기인하고 있다.

(4) 交通事故와 環境汚染

2013년 교통사고 발생건수는 22.3만건, 교통사고로 인한 사회적 손실비용은 GDP의 1.9% 수준인 23조 이상에 달하고 있으며, 2011년 통계로 본 우리나라의 자동차 1만대당 사망자수는 2.4명으로 영국, 일본, 미국 등에 비하여 2~3배 이상 높은 실정이다.

그리고 도시의 교통혼잡은 사회·경제의 다방면에 걸쳐 영향을 주고 국민의 사회복지 수준에도 심각한 영향을 끼치고 있는 실정이다. 특히, 교통체증은 대중교통 이용자에게 불편을 가중시키고 있을 뿐만 아니라, 교통체증으로 인한 도로교통혼잡비용을 급증케하여 2010년에만 28.5조원에 달하고 있다.[14)]

2. 首都圈의 交通現況

수도권의 인구성장추세를 보면 서울은 1970년에 5,525천인이었으나 2010년에는 10,313천인으로 86.7%가 증가하고 있으며, 수도권의 인구도 동 기간에 8,883천인에서 24,857천인으로 180%가 증가하였다. 이는 전국 평균인구증가율을 훨씬 상회하는 것으로 도시화의 진전에 따라 서울 그리고 수도권으로 인구가 집중되어 1970년 서울이 전국인구의 17.9%, 수도권은 28.8%이던 것이 2010년에는 서울이 20.4, 수도권이 49.2%를 차지하고 있다.

〈표 V-2-6〉 교통부문의 환경오염물질 배출기여도

오염물질	일산화탄소 (CO)	질소산화물 (NOx)	황산화물 (SOx)	휘발성유기 화합물(VOC)	암모니아 (NH3)
기여도(%)	64.5	30.9	8.4	7.9	3.3

자료: 환경부 국립환경과학원, 「대기오염물질배출량」(2011).

14) 한국교통연구원, 「전국교통혼잡비용추정과 추이분석」(2013).

〈표 Ⅴ-2-7〉 수도권 인구성장추이

(단위: 천명)

지역＼연도	1996	2000	2005	2010	2013	연평균 증가율			
						'96~'00	'01~'05	'06~'10	'11~'13
전 국	45,545(100.0)	46,134(100.0)	48,067(100.0)	50,515(100.0)	50,948(100.0)	0.8	0.8	1.0	0.3
수도권	21,065(46.2)	21,354(46.3)	22,770(47.4)	24,857(49.2)	25,131(49.3)	2.3	1.3	1.8	0.4
서 울	10,470(22.9)	10,373(22.5)	10,287(21.4)	10,313(20.4)	10,195(20.0)	−0.3	0.2	0.2	−0.4
경기(인천)	10,595(23.2)	11,459(24.8)	12,483(26.0)	14,544(28.8)	14,936(29.3)	3.0	1.8	1.3	0.9

자료: 안전행정부, 「안전행정통계연보」(2013).

시대별 인구변화의 차이점은 80년대에 서울의 인구집중이 크게 완화된 반면 수도권의 인구급증은 계속되었으며, 2000년대에는 서울은 안정상태인 반면 수도권은 여전히 인구가 집중되는 상황이다(〈표 Ⅴ-2-7〉 참조).

수도권 지역의 차량등록대수의 변화는 '96~'13년 사이에 무려 93.0% 증가를 나타내며, 2001~'13년 사이에 수도권 전체 차량의 연평균 증가율은 3.11%로 이는 전국의 증가율 3.45%보다 낮은 증가율이다. 2013년 5월 현재 수도권의 총 차량대수는 8,641천대로 전국의 44.5%를 차지하고 있으며 점차 그 비중이 낮아지고 있다. 차종별로는 승용차가 가장 많은 77.7%인 15,078

〈표 Ⅴ-2-8〉 수도권 차량등록대수 변화

(단위: 대)

차종별＼연도		1996	2001	2005	2011	2013	연평균 증가율(%)			
							'96~'01	'01~'05	'06~'11	'11~'13
수도권	승용차	3,408,067	4,321,049	5,385,680	5,760,013	6,942,456	4.9	5.6	1.3	9.8
	버 스	299,582	617,968	540,267	435,285	462,947	15.5	−3.5	−3.6	3.1
	트 럭	746,765	1,032,338	1,174,276	1,050,183	1,214,361	6.6	3.2	−2.0	7.5
	기 타	27,037	11,791	14,456	13,596	21,634	−17.5	5.4	−1.1	26.1
	계	4,481,451	5,983,146	7,114,479	7,259,077	8,641,398	5.9	4.5	0.4	9.1
전국	승용차	6,893,633	8,889,327	11,122,199	13,899,293	15,078,354	5.4	6.1	4.6	4.2
	버 스	663,011	1,257,008	1,124,645	1,039,278	970,805	14.1	−2.7	−1.4	−3.4
	트 럭	1,962,564	2,728,405	3,102,171	3,222,045	3,285,707	6.8	3.3	0.7	1.0
	기 타	33,884	39,375	47,000	57,177	65,998	3.1	4.5	4.0	7.4
	계	9,553,092	12,914,115	15,396,715	18,217,793	19,400,864	6.3	4.8	3.4	3.2

자료: 국토교통부, 「자동차등록현황보고」(2013.5).

천대이다(〈표 Ⅴ-2-8〉 참조).

이와 같이 수도권 교통난의 직접적인 원인은 승용차를 위시한 차량의 급증에 있으며, 이러한 차량의 급증은 수도권의 지속적인 경제성장과 인구집중 등에 따른 수도권의 비대화에 기인하고 있다.

Ⅱ. 都市交通難의 加重要因

도시교통난은 자동차시대의 병이라고 규정되는 교통체증(bottle neck)을 주로 의미하나, 교통체증으로 인한 소통난 외에 주차난・승차난・보행난을 포함한다. 주차난으로 주차공간을 찾기 위해 배회하는 차량이 교통소통에 영향을 주고, 또한 이들은 보행에 장애를 가져오고, 보행난으로 보행자의 차도점거 등으로 다시 영향을 미치는 악순환의 관계가 성립되기 때문이다.

도시교통난의 요인을 교통의 수요・공급측면에서 파악할 수 있다. 즉 수요요인으로서는 ① 교통수요의 공간적 「패턴」, ② 인적・화물통행실태, ③ 외적 요인으로 인구와 도시화등이다.

공급요인으로서는 ① 교통시설, ② 교통수단, ③ 교통운영 등으로 구분하여 살펴볼 수 있다. 본문에서는 일반적인 사항을 중심으로 우리나라 도시교통난이 야기되는 요인을 지적해 보고자 한다.[15]

(1) 交通人口의 急增

도시화의 진전에 따라 특히 대도시의 교통인구는 상주인구의 증가보다 훨씬 더 빠른 속도로 증가하고 있다. 예를 들면 서울의 상주인구는 2010년말 10,313천 명이며 위성도시로부터 유입된 것을 포함한 1일 통행인구는 46,700천 명이다. 상주인구는 '92년 10,976천 명을 고비로 지난 20년간 감소추세에 있으나 통행인구는 상주인구와 달리 연평균 4.96%씩 늘어나고 있다. 이러한 현상은 서울뿐만 아니라 우리나라의 많은 도시가 겪는 공통현상이라 할 수 있다. 이는 도시화와 더불어 소득수준이 향상됨으로 해서 시민들의 활동영역이 넓어지고, 그만큼 더 적극적으로 승차횟수가 잦아지고, 따라서 교통량이 더욱 발생함으로써 교통난의 가중요인이 되고 있음을 의미한다.

15) 李圭煥, 전게서, pp. 628~633.

(2) 自動車 登錄台數의 急增

전국의 차량등록대수의변화는 '96～'13년 사이에 무려 2.0배의 증가를 나타내며, '11～'13년 사이에 전국 전체 차량의 연평균 증가율은 3.2%로 이는 동 기간 중 수도권의 증가율 9.1%보다는 훨씬 낮은 증가율이다. 특히 2000년부터는 자동차 등록대수가 수도권이나 대도시 못지않게 지방중소도시 및 농촌지역의 자동차 등록대수가 급속히 증가하는 추세를 보이고 있다. 이처럼 급격한 차량의 증가로 인한 교통수요의 급증은 도시교통난의 가중요인이 되고 있다.

(3) 目的通行量보다 手段通行量의 急增

도시에 있어서는 단 한 번의 교통수단을 이용하여 목적지에 도착할 수 있는 경우도 있지만, 여러 번의 교통수단을 이용해야 원하는 목적지에 갈 수 있는 경우도 있다. 도시내에서는 토지이용「패턴」이 상이하고 교통수단이 다양한데다가, 도로 「패턴」 또한 일정치가 않아 여러 번의 환차통행이 불가피한 경우가 많다. 이처럼 여러 번의 교통수단을 이용하여 목적지에 도착하는 것은 단 한번의 승차로서 목적지에 가는 것에 비해 이용자에게 경제적·시간적 손실은 물론 교통난을 더욱 부채질하는 요인이 되는 것이다.

(4) 道路率의 低位性

도로는 도시에 있어 동맥으로 간주되는 것으로서, 이러한 도로시설은 기능에 따라 크게 세 가지 유형으로 구분된다.

첫째는, 차량의 통과기능을 담당하는 지역간 및 도시내 간선도로이다.

둘째는, 도시내 상업지역의 배분도로, 주택가의 가로망, 지역간 지선도로 등 차량의 집·배분을 담당하는 도로이다.

셋째는, 사무실과 주택에서 발생하는 주·정차수요를 담당하는 주차시설도 도로시설의 한가지 유형으로 분류될 수 있다.

그런데 이러한 중요한 기능을 수행하는 도시도로는 차량의 증가와 밀접한 관계를 갖고 있다. 산업화와 더불어 급속한 도시인구증가는 많은 도시문제를 발생시켰으며, 그 중의 하나가 차량수의 증가를 수용하지 못하는 도로문제이다.

우리나라 도시의 도로율은 지금도 열악한 수준에 있으나 향후 도로연장

증가추세도 연평균 1.4% 내외에 머무를 전망이어서 연평균 차량증가율 3.6%와 비교해 볼 때 도시 교통문제는 도로공급으로 해결이 어려울 전망이다.

한편 서울시의 도로율은 2013년기준 22.3%에 불과하여 동경 28.0%, 런던 35.2%에 비해서도 훨씬 낮아 도로혼잡을 촉진하는 원인이 되고 있다.

(5) 駐車場施設의 不足

자동차보유대수의 급증과 더불어 도시내에서의 주차장시설의 필요성이 더욱 높아지고 있다. 이는 교통의 흐름을 원활히 하는 도로공간의 확보도 중요하지만 이들 차량을 정차시켜 놓고 용무를 볼 수 있게 하는 주차공간의 필요성도 대단히 중요한 것이다. 도시교통수단이 다양한 데 비하여 이들 교통수단을 상호 연결시켜 주는 공간이 주차장인데 이것이 부족할 경우 이용자에게 불편을 주기 때문이다.

만약 자동차를 주차시킬 주차시설이 없는 경우 주차해야 할 차량이 주차공간을 찾아다녀야 하든가 아니면 노상불법주차를 하게된다면 이는 다른 교통에 지장을 초래하여 도시교통난의 가중요인으로 작용하게 되는 것이다.[16]

2013년 1월 기준 주차장은 17,323만 면으로 주차장 확보율은 87.6%에 불과하고 도심지 대형시설물의 부설주차장이나 공영주차장을 제외한 차고지 확보율은 이보다 훨씬 낮은 40%수준에 머물러 있다. 이로인해 주택가 이면도로는 불법주차 차량으로 야간에는 이미 도로의 기능을 상실한 실정이며, 앞으로 현재와 같은 상태가 계속되면 주거지역의 이면도로는 물론 간선도로마저 도로기능을 상실하고 자동차로 인한 급격한 사회적 비용증가가 예상되고 있다.[17][18]

---

16) 주차장의 종류는 주차형태에 따라 도로변에 주차하는 노상주차와 도로를 벗어나 주차하는 노외주차로 대별할 수 있다.

주차장종류
- 노상주차장(on street parking)
- 노외주차장(off street parking)
  - ① 차고(garage)
  - ② 광장식주차(surface lot)
  - ③ 옥내주차(multi-floor structures)

17) 국토교통부, 「통계연보」(2013).

18) 연도별 주차장 현황 (단위: 천면)

구분	계	노상주차장	노외주차장	부설주차장
2001	8,485	871	836	6,778
2005	11,597	895	1,075	9,627
2010	15,174	813	1,078	13,283
2013	17,323	727	1,088	15,508

생활수준의 향상에 따라 증가하는 승용차의 도시주차문제로는 ① 도심 주차수요의 급증 및 주차시설의 절대부족, ② 불법노상주차의 성행, ③ 주차 요금의 획일적 징수, ④ 건물부설주차장 설치기준의 불합리, ⑤ 주차장 지원 제도의 미비 등을 지적할 수 있다. 이러한 주차문제로 인하여 노면교통흐름에 지장을 초래하는 요인이 되고 있다.

(6) 不合理한 都市構造와 道路網

도시구조는 지리적 여건에 따라 형성되며 형태상 특징에 따라 집중형, 선형, 평면적 확산형의 세 가지 유형으로[19] 대별할 수 있다. 이러한 도시의 유형에 따라 도로망체계가 달라진다.

집중형 도시는 일반적으로 도심으로부터 외곽지역을 향해 방사형(star pattern)으로 뻗어가므로 일명 방사형 도시라고 부르며, 자연발생적으로 형성된 도시가 이와 같으며 우리나라 대부분의 도시가 이 형태에 속한다. 이러한 도시는 규모가 작은 동안은 도시혼잡의 문제가 발생하지 않지만 도시 규모가 커지게 되면 도로의 도심집중으로 특히 도심부의 과밀 및 혼잡이 야기된다.

우리나라의 많은 도시는 자연발생적으로, 오랜 역사적 변천에 따라 형성된 도시로서 자동차위주의 교통문화가 대두되기 전부터 생활양식에 맞도록 발달・형성되어 왔다. 따라서 도시도로망의 기본적인 틀이 차량통행을 위한 현대화 된 형태를 취하지 못하고 있다.

특히 방사형의 도로망이 대부분이어서 도심지 간선도로에 과중한 교통 집중이 되고 있으며, 도심을 목적으로 하지 않는 통행이 도심을 불필요하게 통과하는 교통량이 많아 교통난 가중요인이 되고 있다.

또한 「로타리」형이 아니면서 「로타리」형으로 설계된 교차로가 많아 이로 인한 네거리의 많은 공간이 비효율적으로 방치되고 있다.

순환도로가 부족하여 도심지 통과 교통량을 우회시켜 도심지의 교통부하를 줄이는 기능을 하지 못하고 있다. 또한 도로간의 접속체계인 도로계층제(road heirarchy)가 지켜지지 않으므로서 도로의 기능, 차량허용량, 노폭들

19) 집중형(concentric, radial pattern)도시가 방사형이라면, 선형(linear pattern) 도시는 주로 해안 또는 큰 강을 끼고 발달한 도시로서 도로간선도로의 양측을 따라서 시가지가 형성된 경우가 많으며, 평면적 확산형 도시는 격자형(grid pattern)으로 이루어져 있는 도시라 하겠다. 사례 도시로는 평면적 확산형 즉 격자형으로 대구, 대전 등을 들 수 있고, 선형도시로는 부산・마산 등을, 집중형 도시로는 서울, 진주 등을 지적할 수 있겠다. 李圭煥, 전게서, p. 631.

이 상호 적절하게 공간적으로 배분되지 못함으로써 교통흐름에 지장을 주어 이것이 교통난의 요인으로 작용하기도 한다.

(7) 都市機能의 都心地集中

도시구조가 집중형 도시일수록 단핵구조의 도시형태가 되어 도시의 주요 기능인 상업, 업무, 관아기능과 시설들이 대부분 도심지(central business district: C.B.D.)에 집중하게 된다. 따라서 도심을 중심으로 교통수요가 발생하여 도심의 과밀·혼잡현상은 불가피하다 하겠다.

서울 등 7대도시의 2013년기준 차량평균 주행속도를 보면 서울이 26.4km/h로 최근에 조금 향상되었고, 부산 35.4km/h, 대전 26.3km/h, 인천 25.0km/h, 대구 32.3km/h, 광주 32.6km/h, 울산 25.7km/h로 7대도시의 평균주행속도의 평균값은 29.1km/h로서 우리나라 교통문제의 실정을 반영하고 있다.[20]

(8) 交通行政과 管理의 非效率性

60년대 이후 산업화와 도시화의 급속한 진전에 따라 도시인구가 급증하였고, 생활수준의 향상에 따라 자동차보유대수 역시 급증함으로써 도시교통수요가 팽창일로에 있는 데 도시계획에서 이러한 변화를 제대로 수용하지 못하고 있다.

또한, 교통관련 행정조직의 다원화 및 비전문성으로 인하여 교통문제에 대한 대책이 미흡하다 하겠다. 중앙부처의 경우 교통행정체계는 국토해양부, 행정안전부, 지식경제부(자동차)가 관장하고 있다. 지방조직의 경우는 지방자치단체의 교통관광국, 건설국(도로), 지방경찰청으로 각각 분산되어 있어서[21] ① 종합계획에 따른 교통정책의 포괄적 집행이 어렵고, ② 교통

20) 국토교통부, 「육상교통업무자료」(2014).

21) 지방교통관련 행정조직의 소관업무를 보면 다음과 같다.

해당부서	소 관 업 무
교통국	교통정책수립, 교통안전종합계획 수립, 교통유발부담금 징수, 교통영향분석, 교통안전시설 관리, 광역교통계획 수립 및 관리, 주차장 설치 및 관리, 대중교통 개선, 차량지도 및 단속, 도시철도계획 수립 및 관리, 교통수요관리, 차량등록
지방국토관리청	도고건설사업 관리, 도로점용 관리
지방경찰청	교통안전시설 및 사고방지대책 수립·시행, 운전면허 관리, 교통규제 시설 관리, 교통정리·통제·단속, 교통사고 처리, 교통안전교육
도로관리사업소	위험도로 구조·개선, 도로시설물 설치·정비, 재해응급복구, 교량·터널 관리, 과적차량단속

시설투자의 우선순위결정에 있어서 합리성을 결하고, ③ 교통행정 전반에 대한 책임소재가 불분명하며, ④ 교통문제를 체계적으로 집행할 수 있는 법체계 및 계획체계의 미비 등으로 교통계획의 종합화가 되지 않는 실정이다.[22)]

한편, 교통행정의 전문성 측면에서 볼 때 기구의 독립 및 사무분장, 인력의 수 및 교통관련전문가의 확보에서 심한 낙후성을 면치 못하고 있다.

다음은 교통관련재정상의 문제점이다. 즉 교통관련조직의 다원화는 결국 교통관련재정의 분산 및 총괄적인 규모의 영세성을 의미한다, 특히 지방고유사무인 교통행정과 관련된 각종 교통법규위반의 과징금, 과태료, 범칙금 등을 국고로 귀속하는 등 불합리한 재정체계가 교통문제해결을 위한 재원확보를 어렵게 하고 있다.

(9) 道路運營의 非效率性

우리나라의 대도시 간선도로의 운영은 통과교통 및 접근교통을 함께 처리하고 있어 간선도로 본래의 기능을 벗어나 도심 도처에서 병목구간으로 인식되고 있다.

특히 간선도로상에 좌회전 허용 교차로가 지나치게 많으며 도로폭 및 도로차선의 불연속성이 산재되어 있는 실정이다. 이면도로의 경우 무질서한 주차와 과속차량운행이 방치되어 있어 혼잡이 심한 상태이고 이면도로가 시내교통순환에 적극 활용되지 않고 있다.

교차로의 경우는 교차로 처리가 비합리적인 경우가 많다. 예를 들면, 직진차선이 갑자기 좌회전차선으로 바뀌거나 교차로 통과직후 차선수가 감소하는 등 교차로로 인한 신호대기 장기화 및 교통흐름을 차단하는 비합리적인 측면을 많이 노출하고 있다.

특히 도로운영을 저해하는 요인은 간선도로상에서 지하철공사, 도로공사 등 각종 공사가 수시로 이루어지고 있으나 이에 대한 교통관리체계가 미흡하여 도로운영의 비효율성을 초래하고 있다.

22) 李圭煥, "都市行政의 課題와 發展方向," 「韓國行政의 課題와 改革」(서울: 아세아 문화사, 1998), pp. 435~436.

(10) 大衆交通施設의 不足

대도시 교통난의 주요요인은 대중교통시설부족이 주요원인이라고 말할 수 있다. 이는 그동안 대중교통수단에 대한 투자가 부족하였음을 반영하는 것으로 서울과 부산, 대구, 인천을 제외하고는 현재 운영중인 도시철도노선이 없으며 수도권의 경우 외국대도시에 비해 도시철도의 연장 및 수송분담률이 매우 낮은 실정이다(〈표 V-2-9〉 참조).

이에 함께 대중교통환승시설, 버스정류장, 대중교통정보안내체계 등 대중교통 이용편의시설이 부족하여 대도시교통난을 초래하고 있다.

제 3 절 都市交通難의 解決方案

Ⅰ. 交通難 解決을 위한 基本方向

우리나라 대도시 교통난의 가중요인으로는 앞 절에서 살펴 본 바와 같이 ① 교통인구의 급증, ② 자동차보유대수의 급증, ③ 목적통행량보다 수단통행량의 절대적 증가, ④ 도로율의 저위성, ⑤ 주차장시설의 부족, ⑥ 불합리한 도시구조와 도로망, ⑦ 도시기능의 도심지 집중, ⑧ 비효율적인 교통행정과 관리 등으로 요약되고 있다.

따라서 도시행정에 있어서 교통문제의 해결을 위해서는 도로율의 증대, 도로망의 정비와 효율화, 교통수단별 분담율의 개선, 부도심권개발, 주차장시설의 확충, 교통통제의 전산화, 교통종합계획의 수립 등을 통하여 교통난 해소에 기여토록 하여야 할 것이다.[23]

〈표 V-2-9〉 세계 주요도시의 도시철도 공급현황 및 수송분담률

구 분	수도권(2012)	동경권	파리권
연 장(km)	860.4	2,070	1,239
인구당 연장(km/백만)	39.9	174.1	116.9
수 송 분 담 율(%)	35.0	76	53

주: 수송분담률은 서울시의 도시철도 수송분담률임.
자료: 국토교통부, 「육상교통업무자료」(2013).

23) 李圭煥, 전게서, pp. 633~634.

이와 같은 교통행정의 과제를 수행하기 위해서 해결해야 할 교통정책의 기본방향을 다음과 같이 설정하고자 한다.

첫째, 토지이용의 효율성, 승용차이용억제 등을 통하여 교통수요억제대책을 모색하며,

둘째, 도로체계의 정비, 주차시설의 확충 등을 통하여 교통공급증대 대책을 강구하고,

셋째, 교통관련법규의 일원화, 교통재정의 확충, 교통행정의 전문화 등을 통하여 교통관련제도의 개선을 모색하며

넷째, 장·단기 교통계획의 수립, 교통기구 및 정보의 종합화 등을 통하여 도시교통행정 및 교통계획의 종합화를 도모토록 한다.

Ⅱ. 都市交通難 解決方案

1. 交通需要 抑制對策

(1) 都心機能의 分散

교통문제의 해결은 토지이용의 용도와 배치에 결부된 사람과 재화의 이동에서 찾아야 하기때문에 토지이용계획의 합리화로 교통처리를 유도하고 변화시켜야 한다.

토지이용이 교통에 미치는 영향은 ① 교통망의 체계를 형성시키고, ② 교통수요의 발생지와 소멸지를 결정하며, ③ 발생되는 교통량과 이의 흐름을 결정하도록 한다. 또한 교통은 교통망의 설치와 차량의 운행을 통하여 새로운 토지이용의 형성이나 기존 토지이용의 변화를 가져오는 작용을 한다. 즉, 토지이용이 독립변수이고 교통이 종속변수인 성격이 강하다는 것이다.[24)]

따라서 대도시 교통난의 주요요인 가운데 하나가 토지이용의 도심에의 과도한 집중과 직·주분리에 있는만큼 토지이용 측면에서의 대책이 필요한 것이다.

도시교통발생유형과 토지이용을 보면 주거지역과 근무·교육지역사이에서 가장 많은 교통이 발생하고, 그 다음이 주거와 상업·위락지역이

24) 李圭煥, 전게논문, pp. 445~446.

다.[25]

도심지에 집중된 상업·위락·업무지역에는 과도한 교통수요를 발생시킨다. 따라서 도심의 과도한 집중을 완화하기 위해서는 특히 대도시에 있어서는 적정지역에 몇 개의 부도심권을 개발하여 도심집중의 교통수요를 억제토록 한다.

(2) 交通手段別 分擔率의 改善

교통수단별 통행분담(modal split)과정은 총 교통량 또는 지구별 교통을 여러가지 교통수단별(승용차, 택시, 버스, 지하철 등)로 분담시키는 과정이며, 이는 교통수단별 통행분담율로 표시된다. 분담율 결정에는 교통수단의 선택을 주는 요소들, 즉 속도·교통거리·안전도·편의성·비용·「서비스」정도·도시규모·도시형태·교통발생인구의 사회적·경제적 배경 등 여러 가지 요소를 정량적으로 분석·파악하여야 하고, 이를 계량화함으로써 한 교통수단을 이용할 수 있는 교통발생자와 이용할 수 없는 자를 구분하게 된다.

교통량 수요억제를 위해서는 무엇보다도 승용차 수요대체수단의 공급이 필요한 것이다. 급속한 승용차 증가는 대중교통수단의 이용을 억제하게 되어 더욱 더 도시교통난을 가중시키는 요인이 되고 있다.

승용차 보유대수의 급증으로 오히려 도시교통난이 가중되고 따라서 교통혼잡과 교통지체현상이 더욱 심화됨으로써 승용차를 소유하는데서 오는 불편이 편리한 점보다 더 많은 시점이 도래한다고 볼 때 지하철·시내 직행좌석버스의 도입과 확충은 승용차 구입동기를 감소시키는 교통수요억제효과가 크다고 본다.

따라서 우리나라 지방대도시에서는 승용차 수요대체수단의 공급으로 시내직행좌석버스제와 지하철 건설을 도입·시행할 필요성이 절실하나 막대한 재원의 마련 및 구체적인 타당성 검토는 각종 도시계획과 연계되도록 계획하여야 한다. 서울·부산에서와 같이 지하철·시내직행좌석버스제가 실시되고 있는 도시에서는 더욱 확충할 필요가 있다 하겠다.

---

25) Gideon Golany, *New Town Planning: Principles and Practice*(New York: John Wiley & Sons, 1976), p. 168.

(3) 大衆交通利用促進型 驛勢圈開發

도시의 교통난은 대중교통서비스의 실패라고 말할 수 있다. 이러한 교통난을 최소화하기 위하여는 지하철역을 중심으로하는 역세권을 개발하고 역세권이 지역의 중심이 되도록 해야한다. 특히 역세권에 대중교통서비스를 효율적으로 지원할 수 있는 환승시설과 지하철이용승객을 위한 각종 공공기관 등 공공편익시설을 유치하고 백화점 등 교통유발 영향이 많은 시설을 밀집시켜 지하철과 버스이용을 촉진시켜야한다.

서울시의 경우 이와 같은 취지의 역세권개발을 계획한 바 있으나 역주변 토지소유자들에 의한 단독개발과 난개발로 소기의 성과를 이루지 못하였다. 이에 따라 향후 추진될 역세권의 개발계획도 그 전망이 불투명하지만 앞으로 건설 추진할 지하철건설사업은 역세권개발계획을 점검하고 지하철역을 중심으로 지역특성에 맞는 개발계획으로 전환하도록 해야 할 것이다. 특히 역세권의 토지개발이 역세권개발계획에 부응토록 해야한다. 이를 위해서는 역세권을 "도시설계지구"로 지정하여 그에 상응하는 규제를 받도록 해야 할 것이다.

(4) 交通需要管理의 强化와 駐車秩序의 確立

불요불급한 교통수요를 보다 적극적으로 억제하기 위하여 교통수요관리정책을 강화하며 동시에 주차문제 해소를 위해 주차질서를 확립하여야 한다. 교통수요관리정책을 강화하기 위하여는 먼저 승용차 이용을 감축하고 대중교통으로의 전환을 통한 교통량의 감축을 유도하도록 해야 한다. 또한 시간적, 공간적으로 혼잡한 교통량을 분산시킬 수 있는 시책을 마련해야 한다. 주차질서의 확립을 위하여는 주차장의 유료화확대, 주차요금 차등적용 강화, 주차상한제 확대 추진, 노상주차 금지지정체계에서 노상주차 허용지정체계로의 전환, 불법주차 단속의 강화, 주차안내체계의 도입, 차고지증명제의 도입, 거주자 우선주차제의 확대실시 등이 요구된다.

(5) 버스서비스의 改善

시민생활과 가장 밀접한 연관을 가진 버스서비스를 개선하기 위해서는

첫째, 버스노선체계의 개편 및 운행형태의 다양화가 이루어져야 한다. 이를 위해서는 간선, 지선, 연계노선 등 노선위계에 따라 직행좌석버스, 도시

형버스, 마을버스 등을 각기 투입하는 버스운행형태에 따른 버스의 기능의 재정립과 노선의 신설 및 폐선, 연장 및 단축, 변경 등에 관한 기준의 정립이 요구된다.

둘째, 시내버스의 서비스수준에 대한 평가를 실시하여, 그 결과를 토대로 정부의 지원 등에 차등을 둠으로써 서비스수준 향상을 유도하며 시내버스가 나아가야 할 서비스 목표수준과 현시점에서 기본적으로 갖추어야 할 최저수준을 제시하고, 평가결과에 따라 서비스수준을 높이기 위한 다각적인 대응방안을 강구하여야 한다.

셋째, 버스운전신호 및 버스베이 등의 설치를 통한 교차로 및 정류장에서의 우선처리로 정시성을 확보하고 이용자의 편의를 제고해야 한다. 그리고 버스차량을 고출력, 냉방 고급버스로 교체하고 노약자와 장애자 등 교통약자를 위한 저상버스의 도입등 버스 고급화로 버스서비스를 개선해야 한다.

넷째, 시내버스운송업체의 경영합리화와 종사자의 복지개선, 시설개선 등을 지원할 수 있는 세제개선 등에 관한 규정을 조정하는 등 버스업체의 구조조정이 요구된다.

마지막으로 버스업체간 가장 문제가 되는 버스노선선정시 경쟁원리에 입각한 버스노선입찰제를 도입함으로써 버스업계의 경영효율성 제고와 서비스개선을 도모할 수 있다. 이와 같은 방안을 도입함으로써 시민의 중추적인 통행수단인 버스서비스 수준이 개선될 수 있을 것이다.

2. 交通供給增大 對策

(1) 道路施設의 擴充

도로건설의 확충에는 많은 재원이 소요되므로 도로율 제고에는 현실적인 제약이 따른다. 그러나 급격히 증가하는 자동차수에 능동적으로 대처하는 방법은 도로율의 증대가 유일한 길이라 하겠으나 재정상의 한계가 있으므로 급격한 도로율의 증가는 어렵더라도 각 도시에 대한 지속적인 재정투자가 있어야 하겠다. 즉 하천부지의 활용이라든지, 산악지형에 「터널」 등을 과감히 설치하여 도로시설을 확충하여야 할 것이다.[26]

또한 현행 주택법을 개정하여 주택가의 도로는 소방도로이면 가능하도록

26) 李圭煥, 전게논문, pp. 446~447.

되어 있는 것을 3~4차선 도로로 확장하여 교통문제에 대처해야 할 것이다.

특히, 도시고속화도로의 건설을 통하여 도심내 통과통행량의 감소로 교통처리능력을 제고시키고 지역간 교통소통에 기여하도록 한다. 필요시에는 고가도로 건설도 보다 과감히 건설할 필요가 있다.

우리나라 도시의 도로문제는 도로면적 부족 이외에도 주요 간선을 포함한 모든 도로의 폭이 협소하고 도로의 노면상태가 나쁘고 포장률이 낮다는 점이다. 그리고 노상주차가 심하며, 건축물의 밀도와 용도가 증대하는데 비해 도로의 연장·확장·신설이 이에 따르지 못하는데 기인하고 있다.

(2) 道路網의 整備와 效率化

도로의 역할이란 곧 도시를 구성하는 각 부문들간의 유기적 연결에 있기 때문에 도시구조에 따라 상이한 형태의 도로망을 갖는 것은 당연하다. 예를 들면 평면적 확산형 도시인 격자형의 장점은 용도설정이 용이하고 시가화구역의 확산 가능성이 크며, 균형개발이 이루어진다. 반면에 산악지형에서는 부적합하고, 단조로운 도시구성에 중심성이 없으며 많은 교차로로 인한 통행흐름에 장애요인이 되는 단점을 갖고 있다.

집중형 도시인 방사형의 장점은 강력한 중심부형성이 가능하고, 중심부와의 접근성이 단축되며, 도시활동이 편리하다. 반면에 건축부지가 부정형적이고 중심부의 과다한 통행이 집중되어 불필요한 통과교통이 발생하는 단점을 갖고 있다.

선형도시의 장점은 개발 및 성장의 융통성을 지니며, 공해의 최소화를 가져다준다. 반면에 대도시화가 불가능하며, 중심성을 부여하기가 곤란한 단점을 지니고 있다.

이상의 세 가지 기본형 중에 하나로 뚜렷하게 구별하는 경우도 있지만 많은 경우에 이들 기본형의 혼합 또는 발전형으로 취하게 되며, 때로는 특수한 목적을 달성하기 위해 독특한 가로망의 형태를 택하기도 한다.

예를 들면 현재 방사형의 도로망을 지니고 있는 서울의 경우 주요 방사선 간선도로의 대부분이 도심으로 집중되어 있기 때문에 교통난은 더욱 심하다. 이런 도시에서는 교통혼잡을 완화하기 위한 도로망의 정비는 기존의 토지이용계획·교통량의 발생과 유통예측에 따라 가로망을 순환방사형으로 하고 부도심권을 개발함으로써 도심부에 집중되어 있는 교통기능을 분산시킬 수 있는 것이다.

대도시의 교통량조사를 교통개발연구원에서 실시한 자료에 의하면 도로구간의 단위거리당 차량지체시간은 승용차가 1km를 주행하는데 평균 45초가 지체되어 1개 노선주행을 위한 소요시간의 1/3이 지체시간으로 소모된다는 것이다. 이러한 지체원인으로는 신호대기, 일단정지, 보행로 및 건널목, 「버스」정차, 도로공사, 도로불량, 「커브」, 「로타리」, 철교교차나 교량, 장애차량 등 때문인 것으로 되어 있어 노선의 교차에 의한 방해가 주원인임을 알 수 있다. 이로써 도로의 입체화에 의한 유통의 원활이 요망되는 것이다.

교통난 해소를 위한 임기응변적인 도로의 신설 및 확장은 오히려 유발교통량의 증대를 가져온다는 사실과 「러쉬아워」(rush hour) 때의 교통정체나 혼잡의 대부분이 노폭의 일관성이 결여된 데서 오는 병목(bottle neck)현상임을 감안하면, 간선도로의 확폭에 의한 도로율의 제고보다는 중소도로(이면도로)의 활용 및 개선이 더 효과적 대안이 될 수도 있다.[27]

(3) 駐車施設의 擴充

주차난은 간선도로상의 불법주차로 인한 차선잠식과 이면도로상의 주차로 도로활용도를 저하시켜 도심교통체증의 중요한 원인이 된다.

도시 도심내 주차문제는 주차시설의 확보를 위한 주차장관련법 등 법적·제도적 규제가 완비되기 이전에 건축된 건물들이 대부분이어서 주차장을 충분히 확보하지 못한 상태에서 급격히 자동차가 증가함으로써 주차수요가 급증한데서 발생하였다.

현재 도시 주차정비상의 문제점과 개선방향을 개괄적으로 정리하면 ① 주차요금의 차등별 실시와 현실화, ② 공공 및 도시계획 주차장의 확보, ③ 공용주차장의 확보, ④ 민영주차장에 대한 행정지원제도의 강화, ⑤ 입체다단주차장건설을 적극권장, ⑥ 건물부설주차장의 정비확충, ⑦ 주차장관리제도의 개선 등을 지적할 수 있다[28](〈표 V-2-10〉 참조).

도심의 승용차통행을 억제하기 위해서는 도시외곽지에서 온 승용차들은 도시순환선 부근에 주차시켜 놓고 다시 지하철을 이용하여 도심지로 출근할

27) 李圭煥, 전게서, pp. 637~638.
28) 李圭煥, 전게논문, pp. 447~448.

수 있게끔 하는 '외곽지대 대규모주차장'(park and ride)의 설치가 지하철이 건설되어 있는 도시에는 도입할 필요성이 있다.

아울러 국민들에게 자기자동차의 차고지는 스스로 마련해야 한다는 의식을 갖게하고, 민간부문에서도 주차시설에 투자를 촉진하는 한편, 주차문제를 근본적으로 해결하기 위하여 지방자치단체에서 지역실정에 맞는 차고지 확보 의무제를 여건이 성숙된 지역부터 단계적으로 도입해야 할 것이다.

(4) 交通體系管理技法의 擴大實施

종전의 교통철학은 모든 교통문제가 도로망이 확충되지 않은 데서 오는 것이므로 도로만 건설되고 확장되면 모든 교통문제가 해결된다는 도로건설 우선주의 또는 도로망의 양적 확대만 이루어지면 된다는 외연적 성장사상이었다. 이같은 교통철학에 변화가 오기 시작한 시기가 1970년대 중반으로 歐美諸國의 교통체계관리기법(Transportation System Management: T.S.M.)의 도입과 도시교통건설의 관리·운영의 필요성이 대두되면서부터이다.[29]

도로교통능력의 증대는 공간적 여유가 있다면 도로신설 또는 확장에 의하면 용이할 것이나 도로의 양적 정비가 한계에 달한 도심부에서는 그 기능적 향상으로 이용효율의 제고가 유효하다.

자동차주행에 사용되는 도로는 교통공간의 손실을 막기 위하여 버스전용차선을 설치하고 노상주차를 규제한다. 또 구간속도를 높이기 위하여 차도와 횡단보도의 공간분리, 완·고속차선의 분리가 바람직하다.

방사형 간선도로의 「러쉬 아워」대책으로 가변차선제 채택, 좌회전금지 실시, 일방통행제 실시 등이다.

도로망의 중앙집중식 구조하에서 교통신호체계의 연동화 특히, 전자감응식 신호체계의 구축이 필요하다. 교통통제의 전산화를 통하여 시시각각으로 변하는 교통정보를 수집·분석·지시하여 적정한 교통통제를 실시하며 교통정체요인을 해소하고 교통소통의 원활과 차량의 주행시간을 단축하며 불필요한 정지를 없애고 도로의 교통처리 능력을 최대한으로 발휘케하므

---

29) Gakenheimer Ralph and Michael Meyer, "Urban Transportation in Transition: The Sources and Prospects of TSM," Alan Altshaler(ed.), *Current Issues in Transportation Policy* (Illinois: Lexinton Book, 1979), pp. 149~164.

〈표 V-2-10〉 주차정비상의 문제점과 개선방향

문 제 점	개 선 방 향
(1) 도심주차수요의 급증	• 주차요금의 차등별실시 - 이용시간별(Park Time 제 적용) - 주차형태별 및 대·중·소형 차종별 - 지역별 차등적용 • 주차수요의 적정수준검토 및 도심기능분산 • 대중교통수단의 장기계획추진(지하철 및 경전철망건설)
(2) 주차시설의 부족과 질적 낙후	• 대형 공동주차장 건설 유도 • 주차장시설분담금 지출방안
(3) 건축물 부설주차장 설치기준의 불합리	• 업체, 업종별 주차시설확보 기준마련 - 음식점, 체육관(좌석수), 병원(병상수) - 예식장, 백화점, 호텔(법정기준이상)
(4) 주차장 육성지원책 미비	• 민영주차장의 건설촉진방안 개선 - 금융상 보조 및 세제상 감면 - 투자비에 대한 수익성 고려
(5) 도시계획 및 공공 주차장의 설치부진	• 공공투자에 의한 주차시설 확충 - 주차장시설 회계계정 설치 - 도시계획에 의한 주차용지 지정고시
(6) 불법 노상주차 성행 및 간이노외주차장 주차능력 미비	• 불법 주차지역 폐쇄 • 입체형 다단식 주차시설 설치

로 교통난 해소에 크게 기여한다.

3. 交通關聯制度의 改善

(1) 交通關聯法規의 一元化

도시교통과 관련된 도시관계법규의 정비가 필요하다. 현재 교통관계의 법규가 체계화되어 있지 못하고 법규간의 상호모순이 존재하고 있다. 예로서 「터미날」시설이 도시계획시설임에도 불구하고 법적으로는 자동차운송사업법에 의해 규제받고 있으며, 다만 도시예규에 시설설치기준이 제시되고 있을 뿐이다.[30]

현행 교통관련법규 일부를 정리해 보면 〈표 V-2-11〉와 같으며, 도시교

30) 李圭煥, 전게서, p. 640.

통의 원활화를 위해서는 교통관련법규들의 일원화 내지 상호보완적 기능을 충분히 발휘될 수 있도록 정비되어져야 할 것이다.

(2) 交通財政의 擴充方案

교통문제의 해결은 재원의 마련이 선결과제인데, 교통문제는 사전 예측 측면에서 강구하는 것이 장기적으로 비용의 절감을 도모한다. 지하철 도입, 주차시설의 확충 등 교통문제 해결을 위한 재원의 확보방안들은 아래와 같이 검토되어질 수 있다.[31)]

〈표 V-2-11〉 현행교통관련 주요 법규와 내용

법 규 명	교 통 관 련 주 요 내 용
(1) 도시교통정비촉진법	• 교통시설의 정비를 촉진 • 교통수단 및 교통체계의 효율적인 운영관리 • 도시교통정비 기존계획 영향평가
(2) 국토이용관리법	• 국토개발 및 토지이용계획과 교통망구성
(3) 택지개발촉진법	• 대단위 택지개발과 관련한 교통체계구상
(4) 토지수용법	• 공공시설 설치를 목적으로 한 토지이용
(5) 건축법	• 각종 구조 및 건축물과 교통수요 • 도시설계기법에 의한 집단건축 · 집단교통수요
(6) 토지구획정리사업법	• 구획정리 방식에 의한 단지조성과 교통망구성
(7) 도시재개발법	• 도심재개발방식에 의한 토지이용증대 • 불량주택재개발에 의한 단지조성
(8) 도시계획법	• 도시계획에 의한 토지이용 및 도시개발 • 도시계획시설 설치에 의한 교통수요
(9) 주차장법	• 주차장설치 및 관리에 관한 교통체계정비
(10) 도시공원법	• 도시공원설치와 이용객 교통처리
(11) 공업배치법	• 공장재배치 · 이전설치와 교통분산
(12) 환경보전법	• 환경보전대책과 교통공해처리
(13) 주택건설촉진법	• 주택건설촉진과 교통처리연계
(14) 도로법	• 도로점포 · 도로수익자 분담금

31) 상게서, pp. 640~641.

첫째, 세수의 탄력성이 높은 국세 가운데 자동차관련조세인 유류 및 승용차 특별소비세의 일부를 지방세로 이양하는 방법이다.

둘째, 교통범칙금을 포함한 각종 교통위반·벌과금의 지방자치단체의 세외수입화를 통하여 도로 및 주차공간의 확충에 재투자하여야 할 것이다.

셋째, 자동차 수요억제 및 재원확충의 측면에서 자동차세의 차등세율인상이 고려될 수 있다.

넷째, 현재의 석유개발기금의 적립처럼 석유수입시 부과되는 세금에서 도로관련 유류에 중과세하여, 이로써 교통관련 특별기금을 설치, 장기저리로 도시정부에 융자하는 것이다.

다섯째, 투자비용이 엄청나고 막대하며, 그 혜택이 다음 세대에까지 이어지는 도로개발비나 지하철건설비는 세대간 비용분담의 형평성을 고려하여 기채에 의한 재원조달이나 차관도입이 검토될 수 있다.

여섯째, 도로수익자분담금제도의 적극적인 활용과 개발이익의 환수를 통하여 교통재정의 확대가 요구된다 하겠다.

4. 綜合交通情報體系의 構築

현재의 대도시교통난은 교통시설공급만으로 해소할 수 없다. 특히 대도시 교통생활권의 광역화와 교통여건의 악화는 신속·정확한 교통정보 서비스요구를 증대시키고 있다. '97년 9월 확정된「국가IST기본계획」중 첨단교통정보체계(ATIS: Advanced Travel Information System)의 구축계획에 따라 대도시는 종합교통정보체계를 구축하여야 한다. 이는 교통시설별로 분산관리되고 있는 교통정보시스템을 상호연계하여 표준화된 정보연계망을 구축하고 광역적이고 종합적인 교통정보서비스를 제공하는 허브(Hub)역할을 담당하고 있다. 현재 종합교통정보체계는 여러 기관이 독자적으로 구축·계획중에 있는 교통정보 관련시스템을 건설교통부가 발주하고 교통개발연구원이 수행중인「수도권첨단교통정보체계 상세설계 및 세부사업 시행방안(1997. 12~1998. 12)」의 연구결과를 바탕으로 표준화된 건축설계하에 광역적이고 일관된 정보연계망을 구축·운영하여야 할 것이다. 양질의 교통정보를 신속·정확하게 제공하기 위해서는 교통정보를 수집할 수 있는 다양하고 방대한 교통정보수집시설을 설치·운영하여야 하며, 이를 위해서는 민간부문의 시설투자와 운영 등 민간사업자의 창의적이고 적극적인 사업참여가 필수적으로 요구된다.

5. 交通計劃의 綜合化

(1) 中·長期 交通計劃의 樹立

우리나라 도시의 대부분이 교통문제의 해결에 있어서 장기적 전망에 입각한 대책수립이 아니라 위기관리적 성격을 띤 사후대책이었다. 즉 사람과 화물의 이동을 위해 사용되는 기능과 시설의 배치와 그 관리운영을 다루는 교통계획을 장기적 시각에서 종합적으로 다루는 노력이 미흡하였다.

도시에서 교통시설은 도로·철도·궤도 및 수로 등의 「네트워크」를 구성하는 交通路施設과 「터미널」, 주차장, 교통광장, 공항, 항만 등의 交通集結點(nodal point)으로서의 시설로 대별할 수 있다.[32] 도시교통계획은 이들 교통수단들의 연계화된 종합교통 「시스템」으로서 여러 가지 조건을 만족시키면서 교통수단간 최적화를 도모하는 것이라 할 수 있다.

시간적 차원에서 교통계획은 다음 3가지의 독립적이고 상호관련된 활동을 요구하고 있다. 즉 장기교통계획, 교통체계관리(T.S.M.)계획 및 교통개발계획(T.I.P.)이 그것이다.[33]

장기계획은 20~30년간의 기간에 필요한 지역교통을 전망한다. 장기교통계획에서 중요한 것은 주요 교통망 또는 도시고속도로처럼 고정되어 있고 막대한 자본이 소요되는 시설의 필요성 여부를 결정하는 것이다. 이러한 장기계획은 지역내의 교통개발과 토지이용의 개발을 위한 기본방향을 제공한다.

교통체계관리(T.S.M.)계획은 교통관리상의 개선이나 그렇게 막대한 자본이 소요되지 않는 교통·가로시설을 계획하는 것이다. 교통체계관리는 5~15년의 계획기간으로 교통체계를 요소별로 어떻게 운영하며 관리할 것인가에 대한 세부적인 계획을 포함한다.

교통개발계획(T.I.P.)은 향후 5년동안에 수행할 수 있는 특정교통계획의 세부투자계획이다. 그것은 장기교통계획과 교통체계관리계획의 양자에서 투자의 우선순위가 높은 것을 중심으로 발전시킨 것이며, 또 새로운 도로와 대중교통체계의 연장과 같은 고정시설의 건설과 기존시설물의 관리 및 운용

32) 黃鏞周, 전게서, pp. 296~297.

33) 尹定燮·李賢浩, 「都市計劃概論」(서울: 技文堂, 1984), pp. 268~269.

의 개선 등을 포함한다.

이처럼 교통계획에 있어서 과거와 같이 관리계획이 주가 되어서는 안되고 교통체계의 구성요소가 상호관련되어 단절되는 일이 없도록 토지이용계획 및 도시시설의 배치가 종합적이고 장·단기적으로 조화를 이루는 계획이 되어야 할 것이다.

(2) 交通行政 擔當部署의 確立

현재 교통행정에서 가장 중요한 과제 중의 하나는 교통문제를 지방자치단체에서 담당하고 추진시켜 나갈 주체의 제도적 확립이다. 도시의 교통정책을 담당할 책임부서가 설치되어야 하고 각 도시가 가진 특성과 교통체계상의 속성, 재원확보의 정도에 따라 자율적으로 교통계획을 수립하고 추진할 수 있는 제도가 뒷받침되어야 한다. 사람과 재화의 효과적인 수송은 전체적으로 계획·재정·도시체계의 작용에 통일적이고 종합적인 접근을 가능케 하는 조직적인 정비없이는 불가능하다.[34]

현재 우리나라의 도시정부의 교통행정기구는 건설교통부가 담당하고 있으나 도시가 지닌 특성과 교통체계의 속성, 재원확보능력 등의 측면에서 자율적으로 교통계획을 수립하고 추진할 수 있는 여건이 뒷받침되지 않고 있다.

교통담당부서가 제도적으로 확립된 다음에 도시자치단체·교통안전관리협회·운송업체·경찰과 같은 주체간의 역할분담이 체계화되어야 하나 도시지역내의 교통문제를 해결하기 위한 책임은 다른 여러 기관들 사이에 분산되어 있고, 교통정보 또한 분산된 업무책임에 따라 여러 단위기관에 분산되어 있다. 그리고 그 해결은 다른 기관들 사이의 다양한 책임의 소재로 더욱 복잡하게 되어있다.[35]

교통주체간의 상호협조가 이루어지기 위해서는 교통에 관한 방대한 자료가 끊임없이 수집·정리·분석되어 상호간 「네트워크」가 활성화되어야 하는데 이른바 교통관리체계(T.S.M.)로 교통부서에 의해 주도되는 것이 선

---

34) David S. Arnold(ed.), *Urban Transportation in the Practice of Local Government Planning*(Internal City Management Association, 1979), pp. 214~219

35) Harold M. Mayer, "Transportation Facilities Planning External," in William H. Claive, (ed.), *Handbook on Urban Planning*(New York: Van Nostrand Reinhald Co., 1978), pp. 195~200.

진국의 공통된 경향이다.[36)]

중앙정부(건설교통부)는 국가교통관리 및 운영적 측면과 계획적 측면에서 도시교통의 구조적 개선책을 확립, 교통서비스의 사회적 형평성이란 관점에서 사회복지정책을 추진하면서 지방이나 도시정부에서 이루어질 수 없는 도시간 지역도로 등의 교통망 확보에 투자를 추진해야 할 것이다. 한편 각 도시는 각 도시의 특성에 맞추어 장기교통계획을 수립·추진하면서 여러 이익집단이 교통계획과정에 적극적으로 참여할 수 있는 분위기를 조성하여야 한다.

36) 林岡源, "都市情報 시스템 設計에 관한 硏究," 「한국 OR 학회지」 제2권 1호(한국운용과학회, 1977), pp. 75~88.

제 3 장 都市의 給水問題

제 1 절 都市上水道 問題의 本質

Ⅰ. 都市上水道의 意義

1. 都市施設로서의 上水道

인간집단 생활의 기반은 「토지와 물」이며, 도시는 「물」을 쉽게 구할 수 있는 장소에서 형성되어 왔고 도시문명사에서 볼 때도 도시형성은 풍부한 물을 전제로 하고 있다. 예컨대, 14세기말에 朝鮮開國時 한강하류 강변에 서울을 건설한 것은 말할 것도 없거니와 「나일」강, 「티그리스 · 유프라테스」강, 「인더스」강, 황하 등의 강변에 우리 인류의 고대문명이 발생한 것도 결코 우연한 일이 아니다. 역사를 돌이켜 보건대 고도의 도시문명이 이루어진 곳은 항상 풍요한 물을 전제로 하였다.

물과 지역과의 관계는 경제산업의 발전이나 기술의 발달과 함께 급격히 변화되어 왔다. 그러나 산업혁명 이후 세계적으로 선진국의 현대적 대공업도시의 출현은 도시의 용수수급에 새로운 문제점을 첨가하였다. 더욱이 최근 중화학공업화는 물을 대량으로 사용하는 용수형공업을 발전시키고 공업용수의 수요증대는 증가일로에 있는 현실이다.

따라서 도시의 급수기능은 도시성립과 발달의 조건이 되고 있으며 물의 처리에서 볼 때 현대도시성립의 기초는 인공저수지, 송수, 정수 등의 제기술이라고 말할 수 있다. 이러한 상수도는 현대도시의 기간시설이며 주민의 문화적인 생활을 영위케 하기 위한 시설이라 하겠다.

법문상 상수도라 함은 導管 및 기타의 공작물에서 물을 정수하여 공급하는 시설의 총체이며,[1] 수도시설이라 함은 수도를 위한 취수, 저수, 도수, 정수, 송수 및 배수시설과 기타 수도에 관한 시설로서 당해 수도의 시설자가 관리하는 것을 말한다.

2. 都市上水道問題의 內容

사람은 신체기능의 발휘를 위하여 1일 약 2.5ℓ~3ℓ의 물을 필요로 하고 있으며 취사, 세탁, 목욕 등 개인생활에 필요한 생활용수에서 뿐만 아니라 도시공공용수와 산업용수 등에 있어서도 물의 수요는 날로 늘고 있다.

인구가 증가하고 도시가 형성되어 발전하면서 일상생활에 있어 물에 대하여 받아오던 자연의 혜택도 한계에 도달하게 되어 산의 샘이나 강 등에서 수로에 의해 引水供給을 받을 필요성이 대두되었다.

수도가 생겨날 당시의 기능은 처리하지 않은 물을 자연그대로 수요에 따라 공급하는 것이었으나 점차 인구의 증가와 공업화의 진전에 따른 수원의 오염으로 인하여 깨끗한 물을 공급하기가 곤란하게 되었다. 따라서 물을 여과하고 정수해서 공급하게 되었다. 그후 정화수 공급으로 消化器系統의 전염병을 막기 위한 수도 즉, 위생시설로서의 수도의 가치가 정립하기에 이르렀다.

또 도시의 상수도의 급속한 확산의 원인은 도시내의 지하수의 오염을 들 수 있다. 일반 도시에서는 우물물 등에 의한 지하수 이용이 옛부터 행해져 왔다. 그러나 도시인구의 과밀화에 따라서 지하수는 가정하수와 공장폐수 등 각종 오수의 침투로 오염되고 전염병의 매개역할을 함으로써 시민의 안전성있는 수원이 되지 못한 것도 수도시설을 확장하게 된 원인이 되었다.

수도는 消火用水와 공장용수의 획득에 있어서 없어서는 안 될 시설이다. 도시가 과밀할수록 화재발생이 빈번해 지고 따라서 소화용수는 상수도에 의존하게 되었으며, 공업발전에 따라 비약적으로 증대되는 공업용수도 상수도가 그 공급을 담당하게 되었다.

도시생활을 영위하는데도 물의 공급없이 성립되는 산업과 직장이 거의 없으므로 도시 상수도 없이는 도시가 존재할 수 없다고 할 수 있다. 따라서 도시기반시설로서의 상수도의 중요성은 비약적으로 증대되고 있는 것이다.

1) 水道法 제2조 제1항 참조.

따라서 도시상수도의 문제점은 ① 급수량, ② 수질, ③ 송·배수시설과 관련된 문제라고 요약할 수 있다.

Ⅱ. 上水道施設의 設置 및 維持·管理

1. 上水道施設 計劃

(1) 施設計劃 決定過程

상수도 시설기준은 시설의 종류, 내용 및 질적기준을 지역별, 생활권별 규모에 맞게 제시하여야 한다. 시설기준의 요체는 공급되는 상수의 수질과 수량이다. 즉 대상급수지역에 어떠한 수질의 상수도를 얼마만큼의 수량으로 어떠한 처리과정을 거쳐 공급하느냐 하는 것은 시설의 규모 및 질적 기준의 기초가 된다.

원수의 수질과 정수처리방식의 선택 및 이에 따른 취수, 저수, 도수, 정수, 송수, 배수, 급수시설을 설치할 때에는 시설의 기술적·질적 기준에 앞서 시설의 규모, 시설의 기준이 되는 상수도의 급수량이 먼저 결정되어야 한다. 계획 1일 최대 급수량은 시설계획의 기본이 된다. 계획 1일 최대급수량을 산정하기 위해서는 급수구역이 확정되어야 하겠고, 대상도시나 생활권의

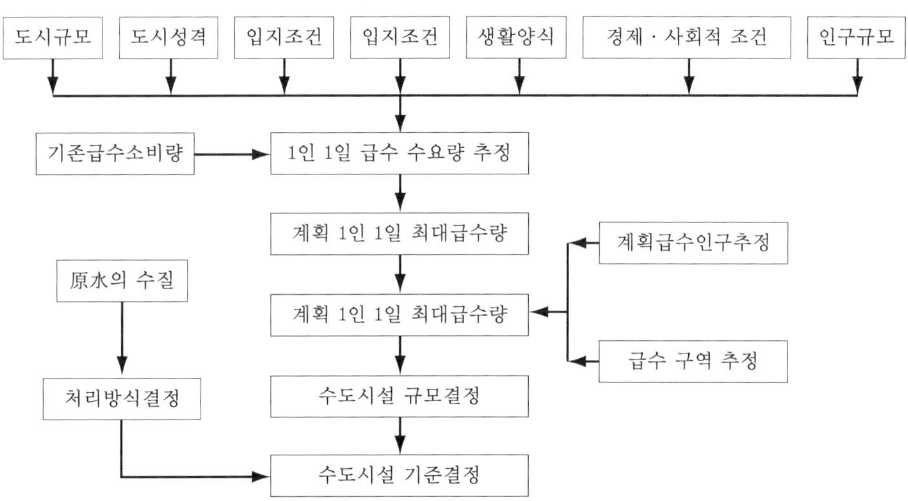

〔그림 V-3-1〕 상수도시설 기준결정과정

규모, 생활양식, 경제·사회적 조건의 고려 및 계획급수인구가 추정되어야 한다[2](〔그림 V-3-1〕 참조).

(2) 給水需要量 推定

장래 급수수요량을 추정하기 위해서는 급수구역, 계획인구, 급수보급률, 계획급수인구, 계획1인 1일 최대급수량의 결정이 선행되어야 한다. 계획1인 1일 최대급수량 및 급수보급률은 도시의 규모 및 특성, 기후, 생활양식, 사회·경제적 조건, 인구규모, 수질 등 제요인에 의하여 좌우되기 때문에 적정 수요량을 추정하는 것은 어려운 문제이다.

일반적으로 급수계획 대상도시의 용수수요 성격을 생활용수(가정용수), 상업용수, 공업용수, 공공용수, 소방 및 기타 용수로 구분하고, 각 용수별 전체 수요량을 집계하여 급수인구로 나누면 1인당 필요한 급수량을 얻을 수 있다. 여기에는 앞서 언급한 제요인에 따라 대상도시의 급수량은 큰 차이가 난다.

급수계획 대상도시의 산업구조와 인구규모에 따라 1인 1일 최대급수량을 산정하는 방법도 있다. 일본의 경우를 보면 3차산업의 비중이 40%를 넘을 때는 100만인 이상의 대도시에서는 평균 1인 1일 최대급수량이 400~500ℓ에 이르고 있다(〈표 V-3-1〉 참조).

〈표 V-3-1〉 산업구조별·급수인구 규모별 급수량기준

산업구조 / 급수인구	2차+3차≧70%		70%>2차+3차≧50%		2차+3차<50%
	3차≧40%	3차<40%	3차≧40%	3차>40%	
1만 이하	150~300ℓ	175~300ℓ	150~300ℓ	150~300ℓ	150~300ℓ
1만~5만	200~350ℓ	200~350ℓ	200~350ℓ	175~350ℓ	175~325ℓ
5만~10만	250~400ℓ	250~400ℓ	275~400ℓ	225~400ℓ	
10만~30만	275~425ℓ	300~450ℓ			
30만~100만	350~450ℓ	350~500ℓ			
100만이상	400~500ℓ	—			

자료: 이규환, 「도시행정론」(서울: 녹원출판사, 1995), p. 653.

2) 李圭煥, 「都市行政論」(서울: 녹원출판사, 1995), p. 652.

2. 上水道施設의 維持管理

상수도시설은 크게 취수, 정수, 배수로 구분된다. 상수도 처리과정은 시설계획에 따라 다소 차이가 있으나 대부분 다음과 같은 과정에 준해서 처리되고 있다(〔그림 V-3-2〕 참조).

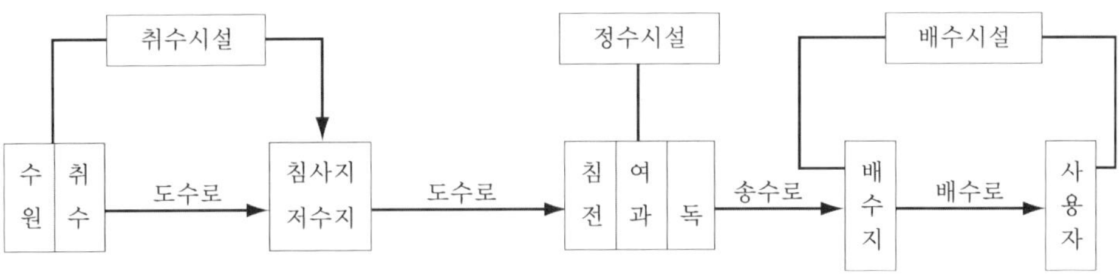

〔그림 V-3-2〕 상수도처리과정

(1) 水源管理

수원의 오염은 대개 생활하수, 분뇨처리장의 부적당한 처리, 공장폐수 등에 의한다. 옛날에는 분뇨가 농업용으로 많이 이용되었으나 최근 거의 비료에 의존하고 있어, 분료의 직접 하수로의 유입이 증가하고 있다. 그리고 각종 산업화의 발달은 공장폐수를 격증시키고 있다. 또한 도시화율이 급증함에 따른 하수처리 시설의 용량부족으로 인한 생활하수도 하천을 계속 오염시키고 있다.

이에 대한 대책으로는 하수도 정비를 촉진하고 하수처리설비를 조속히 확장해야 할 것이며 법률 제정 등으로 공해방지 대책을 더욱 강화해 나가야 할 것이다.

또한 이에 대한 정수방법의 개선책으로는 다음과 같은 것을 생각할 수 있다.

① 완속여과의 경우 여과속도를 더욱 느리게 해야한다.

② 전염소처리를 행하여 유기물을 산화시켜 세균수를 대폭 감소시킨다.

③ 2단계 여과법을 사용한다.

④ 활성탄을 사용하여 냄새와 미세한 입자를 흡착 제거한다.

(2) 淨水管理

상수도 처리과정에서 가장 중요하고 핵심적인 부분이 정수장이다. 가장 위생적인 물 공급의 성패는 바로 이 정수장 관리라고 하겠다. 이 과정에서 발생할 수 있는 문제점은 다음과 같은 두 가지가 있다.

첫째, 여과속도의 과다를 들 수 있다. 여과속도가 빨라지면 충분히 여과를 못시켜 줄 뿐아니라 여과지로 들어오는 침전지의 유속도 증가하여 충분히 침전시켜 줄 수 없으므로 여과의 부하까지 가중시키게 된다.

둘째는 약품의 주입문제이다. 약품은 각종 세균을 죽여서 위생수로 만드는 역할을 하는데 이때 사용되는 염소나, 유아의 치아보건과 관련되어 주입되는 불소 등은 그 자체가 독성이 있으므로 과다주입 되었을 때 인체에 해를 끼치게 되며, 과소 주입했을 때는 소독, 살균의 효과를 달성할 수 없게 된다.

(3) 配水管理

배수관리에서 중요시해야 할 점은 다음과 같은 두 가지를 지적할 수 있다.

첫째, 수압유지이다. 적정 수압을 유지하지 못하면 고지대에서는 물이 나오지 않게 되고, 너무 높을시는 관파열 등의 문제가 발생한다.

둘째, 각종 관로에 대한 누수의 방지이다. 우리나라 전반적인 누수율은 평균 10%를 초과하고 있다. 이는 막대한 재정손실을 초래함은 물론, 특히 관파열로 인한 누수의 경우 수압이 내려갔을 때 외부 이물질이 관내로 유입되어 위생상 불결한 문제가 발생할 것이다.

이에 대한 대책으로는 노후관의 적기교체, 계량기의 규격품사용 및 적정교체, 가압급수시 적정 수압유지, 누수탐지장비 현대화, 기동수리반 편성·운영강화 등을 지적할 수 있다.

제 2 절 都市給水難의 現況과 問題點

Ⅰ. 都市上水道의 實態

1. 都市上水道 現況

우리나라 상수도의 보급은 1886년 부산시에 이어 1908년 서울시 뚝섬 수원지를 건설하면서 근대상수도가 창설되었다. 지금까지 수도시설의 증설, 공급의 확대 등 상수도 보급에 많은 노력을 하여 왔으나 인구의 도시집중, 산업구조의 고도화, 생활수준의 향상, 급격한 도시화, 환경오염 등에 따른 상수도시설 수요증가에 시설확장이 따르지 못하고 있다.

2013년 6월 현재 전국 상수도 보급률은 98.1%로서 선진국인 호주의 99.7%, 독일의 99.3%, 일본의 97.5%에 비해 거의 비슷한 수준이며[3] 급수인구는 총인구의 98.1%에 해당하는 약 50,905만 명 정도가 급수시설의 혜택을 받고 있으며 아직도 1.9%에 해당하는 약 50만 명이 지하수, 우물 및 간이상수도에 의존하고 있는 실정이다.

2013년 1월 전국 시설용량은 1960년에 517천ton/일에 비해 56배가 증가

〈표 Ⅴ-3-2〉 우리나라 상수도시설 및 보급현황

구분 / 연도	총인구 (천명)	급수인구 (천명)	보급률(%)	시설용량 (천m³/일)	1인 1일당 급수량(ℓ)
1960	24,954	4,210	17	517	100
1981	38,723	22,088	57	7,508	264
2000	47,980	41,770	87.1	26,980	380
2003	48,824	43,633	94.6	28,462	347
2007	50,034	46,057	96.4	31,265	340
2013	51,881	50,905	98.1	29,959	332

자료: 환경부 수도정책과(2014.1).

3) 환경부, 「수도정책과 내부자료」(2014.1).

한 28,885천ton/일이며, 1일 1인당 급수량도 1960년에 100ℓ에서 2013년에 332ℓ로 증가해 왔으나 일부 도시는 성수기에 상시급수를 못하고 시간제, 격일제 등 제한급수를 하고 있으며, 일부 도시는 기간 급수시설은 갖추어져 있으나 시가지지역 확산에 비하여 배수지 및 가압시설 미비로 인하여 고지대 및 변두리 관말지역에 급수불량지역이 남아 있는 형편에 있다(〈표 V-3-2〉 참조).

참고로 외국도시의 1일 1인당 급수량을 비교하여 보면 미국의 「워싱턴」이 670ℓ, 영국의 런던이 360ℓ, 일본의 동경이 520ℓ인데 비하면 아직도 우리나라의 수도시설 확충은 많은 투자가 요망된다.

그러나 7대 대도시의 상수도현황을 보면 상수도보급률은 98.1%이며, 1일 1인당 평균급수량은 307ℓ/일에 불과한 실정이다.[4] 배수량을 기준으로 한 1일 1인당 평균급수량을 도시별로 보면 서울이 302ℓ/일, 부산 278ℓ/일, 대구 299ℓ/일, 인천 338ℓ/일, 광주 315ℓ/일, 대전이 332ℓ/일, 울산이 283ℓ/일을 나타내고 있다(〈표 V-3-3〉 참조).

한편 도시급수량 가운데 누수율·도수율 등을 포함한 무수율이 서울 5.5%, 부산 7.8%, 대구 8.7%, 인천 12.3%, 광주 15.5%, 대전 10.9% 등 대도

〈표 V-3-3〉 대도시 상수도 보급현황(2013)

구 분	총인구 (천명)	급수인구 (천명)	보급률 (%)	직접급수량 (천m^3/일)	총급수량 (천m^3/일)	1일1인당 급수량(ℓ)	무수율(%)
전 국	51,881	50,905	98.1	16,359	6,029,176	332	16.0
서울특별시	10,442	10,443	100	3,157	1,177,116	302	5.5
부산광역시	3,574	3,574	100	994	367,761	278	7.8
대구광역시	2,528	2,528	100	754	281,491	299	8.7
인천광역시	2,891	2,891	100	961	351,816	338	12.3
광주광역시	1,484	1,478	99.6	465	172,044	315	15.5
대전광역시	1,539	1,538	99.9	509	191,143	332	10.9
울산광역시	1,167	1,157	99.2	322	117,868	283	11.2

※ 직접급수량: 총급수량-분수량
※ 분수량: 다른 수도사업자에게 유상으로 공급한 수량
자료: 환경부 수도정책과(2014.1).

4) 환경부 수도정책과(2010) 내부자료.

시 평균 10% 이상이 되고 있음을 볼 때 송·배시설관망의 노후현상이 심각함을 알 수 있다.

또한 상수도 「톤」(ton)당 생산비를 보면 도시별로 큰 차이가 나고 있다. 즉 서울의 「톤」당 생산비는 631원, 부산 849원, 대구 581원, 인천 677원, 광주 615원, 대전 564원으로서 부산시는 대전시보다는 51.0%나 더 비싼 상수도를 공급하고 있음을 알 수 있다. 특히 전국적으로 가장 비싼 강원도 정선군(2,338원)은 가장 싼 경기도 성남시(494원)보다 약 4.7배나 더 비싼 상수도를 공급하고 있다.[5)]

2. 우리나라 水資源 現況

우리나라 수자원의 특성을 보면 연평균 강우량은 1,245mm로서 세계평균의 1.4배이나 인구 1인당 물의 양은 2,591톤으로서 세계평균 19,635톤(년)에 비하면 1/8에 불과하고, 연평균 강우량은 2/3가 6~8월에 편중되어 대부분 홍수로 유출되고 이용가능한 평상시 유량은 총수자원량의 24%에 불과한 실정이다. 지하수 부존량은 130~140억톤으로 추정하고 있으나 帶水層이 얇고 경제성의 희박으로 개발 불가능한 상태이다. 또한 유역별 수자원 부족량과 용수수요의 불균형을 이루고 있으며 「댐」 및 저수지의 적지부족과 높은 보상비 등으로 용수개발단가가 상승되고 용수수요가 하구지역에 편중되어 있는 특성을 지니고 있다.[6)]

우리나라는 1916년부터 강우량 관측을 개시한 이래 현재까지 연평균 강우량은 1,245mm로서 세계 연평균 강우량 880mm와 비교해 볼 때 1.4배로서 많은 편에 속한다. 그러나 강우량이 많다고 해서 수자원이 풍부한 것은 아니다. 인구 한 사람당 물의 양은 2,591톤으로서 미국의 25,022톤, 일본의 5,107톤, 중국의 4,693톤에 비교하면 아주 적은 편이다. 이것은 국토면적은 좁고 인구밀도는 크기 때문이다. 더욱이 우리나라 강우량의 연변화는 계절별로나 지역별로 변동이 심하다. 때문에 하절기인 우기에는 하천유량이 과하여 오히려 해를 입고 그외 기간에는 하천유량이 부족하여 물을 이용하거나 물을 다스리는 측면에서 큰 어려움이 뒤따른다.

우리 국토에 내리는 총강우량은 1,245억톤으로 이 중 삼투·증발 등 손

5) 환경부 수도정책과 제공(2014).
6) 한국수자원공사, 「한국수자원장기종합계획」(2006~2020).

실량이 517억톤으로 42.0%이며, 하천으로 유출하는 양은 732억톤으로 58.0%에 해당하는 양이다.

하천 유출량 732억톤 중에서도 72%에 해당하는 522억톤이 홍수시 일시에 유출해 버리고 평상시에 유출하는 양은 201억톤에 불과하다.

홍수시 유출되는 732억톤 중「댐」용수공급 177억톤과 평상시 유출량 중 이용가능한 201억톤, 지하수 이용량 27억톤을 합한 337억톤을 이용하고 있는데 이 중 69%에 해당하는 235억톤이 농업용수와 하천유지용수이고 생활용수 및 공업용수로 이용되고 있는 것을 102억톤에 불과한 실정이다.

Ⅱ. 都市給水難의 加重要因

인구의 증가와 산업의 발달 그리고 주민생활수준의 향상에 따라 상수도의 급수 수요량이 급속히 증대될 것이 예견됨에 따라 공급처리시설(infrastructure)의 하나로서 상수도의 중요성은 더욱 높아질 것이다. 그러나 아직도 우리나라 대도시의 급수보급률은 평균 99.8%에 1일 1인당 급수량은 307ℓ/일에 불과하며 이는 전국 평균 332ℓ/일보다 낮은 수준이다. 따라서 도시상수도 문제점은 근본적으로 수질, 급수량 및 송·배수시설에 있다. 이러한 상수도문제점을 중심으로 급수난의 가중요인을 살펴보면 다음과 같다.

(1) 生活水準의 向上에 따른 需要量의 增加

국민소득의 증가로 생활수준의 향상은 수세식 화장실, 세탁기, 목욕탕, 온수기의 사용 등 물의 이용장치의 급증과 급수보급률의 증가로 더욱 급수사용량을 증가시켜 도시급수난의 가중요인이 되고 있다.

이와 같이 물 이용 구조의 변화에 따라 상수도가 국민생활이나 사회경제에 미치는 영향은 점차 그 중요성을 더하게 되었으며, 특히 주택의 고층아파트화 및 빌딩의 대형화 등으로 더욱 물의 수요량을 가중시켰으며, 현대도시생활에 있어서의 물은 한번밖에 사용하지 않고 그대로 흘려보내는 물 사용「시스템」도 물 사용량의 증가요인이 되었다.

그리고 경제성장과 함께 생활수준의 향상은 소비성향의 촉진으로 절수의 관념 없이 물을 소비하게 되었으며 물은 무한한 자원이라는 도시민의 사고에서도 증가요인을 찾을 수 있다.

이러한 제요인으로 우리나라 도시민의 급수량은 1970년의 1일 1인당 급수량이 158ℓ에서 1987년에는 310ℓ로 96%나 증가하였고, 2013년에는 332ℓ로 더욱 증가하여 급수난의 큰 압박요인으로 작용하고 있음을 알 수 있다.

(2) 水源池開發의 限界

우리나라는 인구의 도시집중, 산업의 고도화, 생활수준 향상, 급격한 도시화에 따른 생활용수, 공업용수, 영업용수 등 용수수요가 급격히 증가하기 때문에 아무리 수자원을 개발하여도 공급이 수요를 따라가지 못할 전망이다.

전국의 용수수요는 인구의 증가와 생활수준의 향상으로 인한 생활용수 수요증대와 공업화로 인한 공업용수 외에 농업용수 및 하천유지용수 등의 증대에 따라 용수수요는 날로 증가하고 있다.

용수의 안정적 공급을 위해서는 무엇보다도 먼저 수자원 이용량을 늘려야 하는데 용수수요 전망을 보면 2006년 현재 344억톤에서 2020년에는 356억톤으로 증가된다(〈표 V-3-4〉 참조). 2020년 총용수 356억톤 가운데 상수도의 주된 용도인 생활용수의 비중은 23%로서 약 82억톤이 되고 공업용수가 약 10%로서 34억톤이 되어 모두 33% 이상이 상수도 수자원으로 이용될 계획이다.

(3) 水質汚染

우리나라의 수질오염현황을 하천을 중심으로 살펴보면 다음과 같다. 하천의 경우는 급격한 도시화 및 산업화의 영향으로 도시하천의 오염이 심화되어 가고 있다.

도시주변 하천의 수질은 환경기준치의 최대 상한선이 BOD기준 10ppm을 5~30배 초과하는 실정이며, 주요하천 본류의 상당 구간이 용수사용 허용기준치인 BOD 8ppm을 초과하고 있다.

이처럼 도시하천의 오염원인을 살펴보면 다음과 같다.

① 오염원이 사람으로서 도시인구가 급증함으로써 생활하수가 증가하는데 기인하거나,

② 공업화로 인하여 고농도폐수배출에 의하여,

③ 소, 돼지 등 동물의 사육으로 발생하는 오염원 발생량의 20%가 하천

〈표 V-3-4〉 용수 수요전망

(단위: 억톤)

구 분	1996	2006	2011	2016	2020
용 수 수 요	302	344	355	358	356
생활용수	59	79	81	82	82
공업용수	28	28	32	35	34
농업용수	158	160	158	157	156
유지용수	57	77	84	84	84

자료: 한국수자원공사, 「수자원장기종합계획(2006~2020)보고서」(2006년).

에 유입하며,

④ 비료 및 농약 등에 의하여 하천오염이 발생하게 된다.

이와 같은 오염원의 증대로 수질오염이 심화되어 감에 따라 이로 인한 피해가 상수도분야, 농업용수분야 등에서 나타난다. 특히 상수도분야에서는 주요 상수취수원이 오염되어 일부 정수장에서는 거품 등이 발생하여 정수처리에 곤란을 겪고 있으며 수도물에서 악취가 발생하여 심각한 문제로 대두되고 있는 실정이다.

(4) 配·給水施設의 老朽化로 인한 漏水

상수도행정에서 가장 큰 과제는 無收率을 줄이는 것이다. 이 무수율을 줄이면 줄이는 만큼 시설확충의 대체효과를 거두는 것이기에 더욱 중요한 비중을 차지하고 있다.

급수량의 대체면에서도 완전히 정수한 상수이기에 경제적 이익이 대단하다고 할 수 있다.

2013년 환경부 수도정책과의 자료에 의하면 무수율이 시급도시의 경우 전국 평균이 16.0%이고 대도시인 서울은 5.5%, 부산 7.8%, 대구 8.7%, 인천 12.3%, 광주 15.5% 그리고 대전시가 10.9%로 나타나고 있다.[7]

이처럼 무수율이 높은 요인은 송·배수관의 노후화로 인한 누수에 주로 기인하고 있다고 하겠다.

한편 이렇게 무수 내지 누수되는 것을 수량으로 환산하면 연간 총공급량 60.3억톤 가운데 8.6억톤의 무수량이 생기고 누수량은 6.3억톤이 된다. 이 물

7) 환경부 수도정책과(2014).

〈표 V-3-5〉 무수 및 누수현황(2013)

총공급액	누 수			무 수		
	누수량	누수율	금 액	무수량	무수율	금 액
60.3억톤/년	6.3억톤/연	10.4%	4,063억원	8.6억톤/연	16.0%	5,560억원

자료: 환경부 수도정책과(2014).

을 전국평균 상수도요금 649.1원을 적용하여 금액으로 환산하면 무수량은 5,560억원이며, 누수량은 4,063억원의 엄청난 재정 및 인력이 낭비된다(〈표 V-3-5〉 참조).

(5) 加壓「펌프」場 建設 등 投資費의 增大

수도사업에 있어서 건설비 및 관리·운영비가 매년 증가하여 그에 수반된 급수원가도 상승하고 있다.

특히 도시인구가 급증하면서 도시 변두리 고지대에 거주하는 인구가 증가하고 이들 지대에 물의 원활한 공급을 위해서는 가압「펌프」장을 여러 곳에 건설하여야 하며 이에 따라 막대한 투자비가 소요된다.

또한 정·취수시설의 노후화는 생산성을 저하시키고 관망의 노후화는 누수량을 증가시켜 애써 많은 경비를 투자하여 취수 및 도수를 거쳐 정화처리를 한 물의 낭비를 초래하여 경제적인 손실 뿐만 아니라 급수 불량과 수도물 오염의 원인도 된다. 근래에 들어서 노후시설개량 및 노후관 교체사업을 활발히 하고 있어 여기에 많은 예산이 투자되고 있다.

그러나 아직도 많은 미급수인구가 산재하여 수도의 혜택을 받지 못하고 있다. 이러한 미급수지역 해소를 위한 시설이나 확장사업은 지리적 여건이 열악한 지역에까지도 배수관을 부설해야 하는 등의 공사로 물을 공급해야 하기 때문에 점점 시설단가가 높아져 투자비가 증가되고 있다.[8)]

(6) 上水道 管理體制의 不合理

그동안 복잡 다원화되었던 중앙정부차원에서 상수도관리체제는 이제 어느 정도 일원화·체계화시켰는데 반해 지방자치단체 차원에서의 상수도 행정은 아직도 많은 문제점을 갖고 있다. 즉 중앙정부는 그동안 건설교통부가

8) 李圭煥, 전게서, pp. 661～662.

담당해 왔던 상수도 주무부처를 환경부로 이관하면서 종전의 내무부가 주관하였던 「아세아」개발은행 차관사업인 17개 도시 지방상수도 급수시설 확장사업도 환경부로, 그리고 수질관리와 면단위 이하 지역간이상수도급수업무도 보건사회부에서 환경부로 이관하여 상수도와 관련된 종합적이고 체계적인 관리주체는 환경부로 일원화하였다.

그러나 지방자치단체의 급수행정은 아직도 비전문가인 일반행정공무원이 담당하고 있으며 그 관리형태도 많은 자치단체가 직접경영사업으로 운영하고 있다.

이러한 상수도 사업주체가 상수도업무를 추진할 때 나타나는 일반적인 문제점은 다음과 같다.

첫째, 구성원이 지방공무원이며 행정기관이어서 구성원의 창의성이나 사업운영상의 신축성을 기대할 수 없고, 독립된 법인격이 없기 때문에 운영상 관료적인 경향으로 흐를 뿐 아니라 오로지 공공성에만 치중하여 기업적 성격을 기대할 수 없다는 것이다.[9]

둘째, 구성원에 대한 인사교류가 너무 빈번하다는 점이다. 일반행정요원이 경험과 특수한 훈련없이 기업관리를 잘 할 수 있다고 볼 수 없으며, 관청 회계방식의 예산을 다루던 행정요원이 즉시 기업회계 업무를 능숙하게 처리하리라고는 기대할 수 없다. 또한 상수도는 토목공학의 한 분야이지만 토목, 건축, 기계, 전기, 화공, 보건 등 전문적이면서도 전체가 종합된 이론과 적응기술이 필요한 부문이다. 그런데 상수도 종사자에 대한 인사가 상기한 전문성, 특수성 및 숙달성의 고려없이 일반행정기관의 일부분으로서의 위치 때문에 너무 빈번히 이루어지고 있어 사업의 성과를 기대할 수 없다.

셋째, 일반행정을 기준으로 제정된 직급제를 상수도사업이라는 기업활동에 그대로 적용하는데 많은 모순이 생기고 있다. 예로서 수원지에서 장기간 전동기의 운전만을 취급해 온 숙련공이 고용원으로서 근속년한에 비추어 너무 보수가 낮다. 그렇다고 토목기원 또는 기계기원으로 임명하면 일정기간 후에 기사 등으로 승진, 책임있는 위치에 앉게 될 것이며 그 때 여러 가지 전문기술을 요하는 감독을 맡게 되는데 원래 단순한 기술직 배경만을 가지고 있으므로 본인도 그 임무를 수행하는데 고통을 느끼게 되고 때로는 그 조직체에 결정적인 지장을 주는 경우가 있다.

---

9) 상게서, pp. 662~663.

넷째, 수도종사자에 대한 낮은 보수수준으로 전문가의 확보가 어렵다. 기업으로서의 관리의 전문성, 기업회계, 상수도공학의 전문성, 특수성에 의해 수도법 제17조에서 상수도 종사자의 자격요건을 정하여 보직케 하고 있다. 그러나 수도종사자에 대한 보수는 공무원의 보수기준을 그대로 적용하고 있으며 도시근로자 평균생계에 비해서도 월등히 낮은 수준이어서 전문자격을 가진 전문인을 확보한다는 것은 현실적으로 어려운 실정이다.

제 3 절 都市給水難의 解決方案

Ⅰ. 給水難 解決을 위한 基本方向

도시행정에 있어서 상수도는 시민생활의 필수요소로서 뿐만 아니라 현대 도시 성립의 전제조건으로 도시행정의 기본이다. 따라서 도시급수난의 해소는 그 도시의 균형있는 발전을 위해서 필요할 뿐만 아니라 시민복지행정의 차원에서도 필요한 것이다.

산업화에 따른 수질의 오염, 도시화에 따른 물의 수요량의 증대, 1인당 물 소비량의 증가와 물 이용도의 확대에 따른 원수의 부족 등 용수문제는 날로 심각해져 가고 있다.

상수도는 취수시설, 도수시설, 정수시설, 송·배수시설 등으로 막대한 건설비와 장기간의 건설기간이 소요되는 바 단기간에 도시급수난의 해소는 불가능하므로 도시행정과 연계하여 급수수요량의 증가에 능동적으로 대처하는 것이 바람직하다.[10)]

생활수준의 향상과 수원지개발의 한계, 수질오염, 송·배수시설의 노후화, 가압펌프장건설비용증대 등으로 인한 급수난을 해소하는 방안으로 그 기본방향을 다음과 같이 설정하고자 한다.

① 수원지 상류에 생활하수 및 공장폐수 유입 금지

② 가압송수를 지양하고 자연유하식의 최대활용

10) 李圭煥, "都市行政의 課題와 發展方向," 「韓國行政의 課題와 改革」(서울: 아세아문화사, 1998), p. 450.

③ 취수설비, 정수설비 및 송·배수시설을 지하구조물로 대체
④ 누수량 절감을 위한 급수관정비(공동구화)
⑤ 중수도개념 도입

Ⅱ. 都市給水難 解決方案

1. 都市給水行政의 制度改善

(1) 上水道事業의 地方公社化

우리나라 수도법에서 수도사업은 정부 또는 지방자치단체가 경영함을 원칙으로 하고 있으며 2005년말 현재 도시정부 기업형이 106개 있다.

이 가운데 도시행정 기업형 사업주체를 지방공사화함으로써 자치단체를 대신하여 주민들의 복지증진 및 경제사회적 서비스를 제고시킬 수 있다.

이러한 지방공사는 공기업의 여러 형태 가운데 선진국에서 가장 많이 채택하고 있으며, 공익을 추구하면서도 사기업의 창의성, 신축성을 가미하여 기업성을 활용할 수 있는 장점이 있다.

급수행정은 선·후진국을 막론하고 예외없이 공영기업으로 운영하고 있으므로 우리나라도 상수도사업을 지방공사화함으로써 지방자치단체 및 중앙부처로 이원화되어 있는 체제를 일원화함으로써 일관성있는 상수도 시책을 추진함이 바람직하다 하겠다.

지방공사화함으로써 인사, 조직, 예산면에 독립성이 확보된다.

① 지역실정에 맞는 직무제를 신설하고 이에 따른 보수수준을 책정함으로써 상수도 관련학문을 전공한 기술인이 선호하는 직장이 될 수 있다.

② 지방정부 기업형에서의 빈번한 인사로 인한 비전문성인데 반해 지방공사는 동일 직무에 장기근무하면서 전문인이 될 수 있다.

③ 지방정부 기업형은 기업성보다 공공성에 치우친 반면 지방공사는 경영합리화를 위한 자주성, 자율성이 확보되어 예산의 탄력적 운영이 가능하다.[11)]

---

11) 상게논문, pp. 450~451.

(2) 投資財源의 確保

상수도사업의 투자비는 도시의 발전에 따른 용수수요의 증가와 시설의 노후화에 따른 개량, 교체사업비 증가, 수질오염에 의한 처리 비용의 증가 및 미급수지역에의 신규시설비 등의 수요가 계속적으로 증가할 것이다.

따라서 이에 대한 투자재원의 조달은 적자경영으로 특별회계적립금이 없는 상수도사업주체는 지방공사로 발족하여도 외부재원에 의존하는 수밖에 없을 것이다.

신규 투자재원을 외부재원으로 투자하였을 경우 그 원리금의 상환 및 감가상각비 등으로 계속적으로 경영의 압박을 받게 되므로 정부에서는 신규설비사업에 대하여는 교부세를 현재 전체 사업비의 5~10%수준에서 30%수준까지 증액하고 재정자금의 기준이자율을 현재 10%에서 5%정도의 수준으로 완화해 주는 등 융통성 있는 대책이 필요하다. 또 상환기간도 현재의 5년거치 15년 상환을 20년 이상으로 늘려주는 등 획기적인 대책이 요구된다.

또한 지방상수도공사의 설립을 전제로 할 때 새로 설립되는 지방상수도공사가 과도기에 있어서의 재정안정을 도모할 수 있도록 지원하는 「지방상수도 건전화 기금」(가칭)을 신설하는 방안도 바람직한 것이다.[12]

한편 상수도요금을 적정수준으로 현실화하여 급수재정의 효율화를 도모해야 하며, 급수용수의 절수를 유도하고 지나친 요금인상은 자제하되 실원가차원에서 억제하며, 도시간의 격차를 시정하여 수요자의 불공평감을 해소해야 할 것이다.

2. 都市給水施設의 管理改善

(1) 給水源의 開發擴大

수자원 확보방안으로는 첫째, 광역적 용수공급체계형성이 필요하다. 전국을 한강, 낙동강, 금강 및 영산·섬진강 등 4대 수역권과 기타지역으로 구분하여 각 수역의 특성에 따라 개발을 추진하도록 하며 용수부족지역에 대해서는 유로변경 등 구역의 연결에 의한 광역적 용수 공급체계형성으로 이에 대처해야 할 것이다.[13]

---

12) 李圭煥, 전게서, pp. 665~666.
13) 상게서, pp. 666~667.

다목적 「댐」을 중점적으로 건설하는 한편 저수지, 보 등 기존 수리시설의 개·보수 및 확충과 소규모 용수원의 적극개발로 지류 및 한해지역의 용수원을 확보하고 지하수의 개발·이용 및 보전을 위한 관리제도도 개선·발전시켜야 할 것이다.

둘째, 절약적 용수이용이 필요하다. 수자원의 개발과 공급에 소요되는 사회적 비용을 용수 가격에 반영하게 하여 수계별로 물이 부존상황 및 가격수준에 상응한 물의 절약적 이용을 유도한다. 산업구조 역시 장기적으로는 절약형으로 전환토록 하고 용수의 재이용 등 물의 질에 따른 차등이용을 도모하며 누수방지 등 물 관리대책을 강구해야 할 것이다.

셋째, 수계별 종합관리의 필요성이다. 점차 심각해지고 있는 수질오염에 대처하기 위하여 수계관리에 관한 현행 법제와 기구를 보강하여 종합적 관리체계를 갖추며, 수계별로 환경보전 기준을 설정하여 효율적으로 관리하고 홍수조절을 위한 수계별 자동홍수통제체계를 갖추어야 할 것이다.

(2) 給水施設의 擴充

급수시설은 수원지나 정수장 뿐만 아니라 정수장에서 배수지까지 급수량을 공급하는 송수관과 배수구역별로 급수원을 배수하는 배수관 그리고 고지대지역의 송수를 위한 가압장이 모두 급수시설에 해당된다.

이러한 상수도시설확장과 관련된 투자는 좀더 과학적이고 장기적인 관점에서 시책을 추구하여야 한다. 도시인구증가가 급격히 예견되는 데도 2~3년후의 급수인구만을 대상으로 한 수원시설이나 정수시설 그리고 송배수관은 급격한 인구증가와 공장입지로 곧 그 시설을 확장·개조하거나 새로운 급수시설이 불가피하게 되어 하나의 낭비요인이 되기 때문이다.

따라서 상수도 시설의 개량·확충을 위하여는 기채 등에 의하여 장기적인 안목에서 적극적인 투자를 하여야 한다. 문화생활 향유에 긴요한 풍부하고 수질이 좋은 급수수혜를 다음 세대도 받는다면 시설투자비도 당대 뿐만 아니라 다음 세대도 분담할 수 있는 지방채발행을 통하여 장기적 시설투자 확대가 필요하다 하겠다.[14)]

상수도 투자는 요금수입으로 상환되는 생산성 투자이기 때문에 단기적인 수지균형투자라는 사고에서 벗어나 장기적 수지균형을 고려하고 현행 급

14) 李圭煥, 전게논문, p. 452.

수자의 부담은 물론 다음 세대 수요자의 부담을 인정하면서 적극적인 장기시설시책을 수립·추진하여야 한다.

(3) 漏水防止對策

無收量 가운데의 대부분은 누수량이 차지하고 있다. 수도물의 누수는 많은 경비를 들여 취수 및 도수를 거쳐 정수처리한 물의 낭비로서 경제적인 손실 뿐만 아니라 급수난의 원인이 되기도 한다.

현재 전국의 상수도 송배수관망 노후로 11.4% 가까운 누수율이 나타나고 6대 대도시에만 연간 4,025억원의 재정손실이 발생하므로 누수탐사를 하여 노후불량관을 개체해 나가야 할 뿐만 아니라 예방조치 또한 중요하다.

누수가 다발하는 관로는 그 해당지역 전체에 문제가 있는 경우가 많으므로 부설당시의 시공이나 관 재질이 불량하거나 지역전체의 부등침하가 발생하고 있는 경우에는 누수 등의 사고관망만을 보수하여도 재차 다른 문제가 발생할 가능성이 크다. 따라서 그 원인을 분석하고 필요한 경우 전면적으로 광범위하게 신관으로 교체하고 교체에 있어서는 동일한 문제가 재발되지 않도록 근본적인 대책을 강구하며 장래계획을 고려하여 필요시 관의 용량을 높이는 것도 바람직하다.[15]

선진국 도시에서 시행하고 있는 예방적 대책에는 배수관망의 「Block System」화,[16] 수압조정과 야간최소유량유지, 적정배수지용량결정, 배수관의 경제적 유량적용, 급수관 통합으로 관수·연장·연결의 최소화, 계량기 개량 등이 있다.

(4) 水質汚染防止

현재 우리나라의 수질은 악화일로에 있는데도 불구하고 공업단지, 농공지구 등의 입지에 대한 환경영향평가를 실시하고 있으나 형식적인 면에 치우치고 있다. 더욱이 현재 악화되어 있는 수질이 개선되기까지는 장기간이 소요될 뿐만 아니라 많은 투자가 이루어져야 한다. 앞으로 당분간은 악화될

15) 상게서, p. 668.

16) 배수관망의 Block System화는 균등급수, 안정급수에 목적이 있으나 누수방지에도 반드시 필요한 「시스템」이다. 대관로인 배수본관인 Block System을 給水分岐를 하지 않기 때문에 이로 인하여 야기되는 누수를 방지할 수 있다. 배수 Block을 구분하여 운영함으로써 비상시 사고대책이 용이하며, 갈수기에는 Block 상호간의 유량배분으로 지역간의 급수불균형을 최소화할 수 있는 장점이 있다.

것으로 전망되기 때문에 각 유역별로 표본을 선정하여 계속적인 수질변화전망 및 장·단기 대책을 수립하여 과감한 투자가 있어야 할 것이다.

따라서 수질개선방안으로 다음과 같은 대책이 필요하다.

첫째, 상수보호구역의 단속강화이다. 이를 위해서는 상수도보호에 필요한 경비 즉 인건비, 기동장비구입비 및 관리비를 지원하여 책임감있게 관리할 수 있도록 하는 것이 바람직하다.

둘째, 오염원 제거방안이다. 수원지 주변의 쓰레기처리시설, 하수종말처리시설, 분뇨처리시설, 공장폐수처리시설, 농·축산배수처리시설 등을 통하여 하수 및 폐수유입을 금지토록 해야 할 것이다.

셋째, 수질오염 방지를 위한 주민계몽 및 홍보강화이다. 주민이 버린 쓰레기, 분뇨, 각종 세제 등 모든 오물이 수질을 오염시켜 그 물을 본인 자신이 다시 먹는다는 인식을 계몽·홍보하며 수원오염방지에 노력하여야 한다.

따라서 주민에게 양질의 물을 생산하여 공급하기 위해서는 이상의 수질개선방안 외에 다음과 같은 정수처리 및 급수대책을 세워야 한다.[17]

첫째, 정수처리시설의 개량이다. 현재 보유하고 있는 정수처리시설로 악화된 수질을 정수할 수 있는지를 판단하여야 한다. 상수도시설이 적합하지 못하면 그 자체로 수질이 저하되기 때문에 사전에 수질변화에 따른 충분한 기술검토, 수질변화에 대책, 효과분석 등을 거친후에 장기적인 확장 및 개량계획을 수립하여 그 계획에 따라 시설을 확장·개량·보완하여야 한다.

둘째, 정수처리방법의 개선이다. 현재 우리나라에서 시행하고 있는 정수처리과정은 전염소처리→활성탄투입→침전→여과→염소투입이다. 그러나 이러한 기존의 과정만으는 수질악화 및 부영양하에 따른 異臭味 발생시 이를 제거하기에는 미흡하다. 일본의 경우 異臭味 제거를 위해 정수처리과정을 응집침전지→급속여과지→「오존」처리→粒狀活性炭여과→소독처리방법으로 하고 있다.

(5) 中水道의 開發

상수도급수에 대한 수요의 증가는 최근 산업의 급속한 발달, 도시화의 진행, 생활수준의 향상 등으로 꾸준하게 상승하고 있다. 그러나 지금까지 일반적으로 대처해 왔던 「댐」건설 중심의 수자원개발은 점차로 한계에 달할

17) 李圭煥, 전게서, pp. 668~669.

것이 예상되고 있다.

이러한 상황에서 간접적 급수원 확보대책으로 중수도(雜用水道)개발에 대해서도 충분히 연구해 보아야 할 것이다.

중수도란 사람이 마시기에 적합하지 아니한 물을 공급하는 시설의 총체라고 정의할 수 있다.[18] 선진국의 경우 중수도개발이 상당히 이루어지고 있는데 일반적으로 상수도보다 저수질의 물을 사용하는 경우로 마시기에 적합하지 않는 급수와 사용하고 버린 오수를 모아들이는 하수도의 중간에 위치하고 주로 수질에 착안하여 분류한 형태로 해석할 수 있다.

이러한 중수도의 용도는 「에어콘」냉각용보급수, 수세식변소용수, 가로청소용수, 조경용수, 소화용수 등으로 이 가운데 비교적 용이하게 이용할 수 있는 것은 수세식변소용수를 우선적으로 생각할 수도 있고 하수처리장에서 처리된 하수처리수를 사용하기도 한다.

우리나라는 2010년말 현재 241개의 중수도시설이 설치·운영되고 있으나 수자원의 개발 한계 및 물의 수요급증을 감안할 때 우선적으로 도시재개발지구의 신축대형건축물에 중수도 도입을 위해 관로의 이중배관 및 처리시설 등의 설치를 유도하거나 규제하여 장래의 물 수요에 대처하여야 할 것이다.

일본의 경우 중수도이용은 1960년대 후반부터 공공시설, 사무소「빌딩」, 공동주택 등에 있어서는 수세식변소용수, 「에어콘」냉각용수, 환경용수 등의 용도를 중심으로 보급되고 있다.[19]

중수도 도입은 상수도 급수량을 감소시키고 용수공급 부족지역의 수급을 원활히 하게 되는 효과가 있는 중수도를 우리나라에서 도입할 경우 수자원이 부족한 도시와 급수 수요량이 많은 대도시가 되겠으나 먼저 제도적인 뒷받침이 이루어져야한다. 중수도를 건설하기 위한 국가기관의 금융지원, 세제혜택 등이 뒤따라야 하고 행정지도를 통한 계몽이 선행되어야 할 것이다.

정부는 2001년 수도법을 개정하여 일정규모 이상 시설에 중수도 설치를 의무한 바 있으며, 2020년까지 500개소에 중수도를 설치하고 최종적으로 생활용수의 5.0%를 중수도로 대체해 나갈 계획이다.[20]

---

18) 건설부, 「중수도개발방안 연구」(1984), pp. 8～14.

19) 李圭煥, 전게논문, p. 453.

20) 건설교통부, 「수자원 장기종합계획(2001～2020)」(2001. 7).

제 4 장 都市의 쓰레기 處理問題

제 1 절 都市 쓰레기問題의 本質

Ⅰ. 都市 쓰레기의 意義

1. 都市 쓰레기의 槪念

폐기물이라 함은 우리들의 생활 또는 산업활동에 따라 발생하는 쓸모없는 液狀 또는 固形物을 말한다. 폐기물관리법 제2조에 의하면 「폐기물이란 쓰레기, 汚泥, 廢油, 폐산, 폐알카리, 동물의 사체 등으로서 사람의 생활이나 산업활동에 필요하지 아니하게 된 물질」[1]이라고 정의하고 있다.

폐기물은 그 발생원에 따라 가정쓰레기, 상업쓰레기, 사무실쓰레기, 가로쓰레기 및 산업폐기물로 구분하기도 한다. 그리고 처리방법에 따라 일반폐기물, 산업폐기물로 구분하기도 하며, 또 그 발생과정에 따라 생활폐기물, 산업폐기물로 구분하기도 한다. 폐기물관리법에서는 그 처리방법별 대상물질을 구분하여 생활폐기물과 사업장 폐기물로 구분하고 있다.[2]

생활폐기물이라 함은 사람의 일상생활에 수반하여 발생하는 쓰레기, 사업장폐기물 외의 폐기물을 말하며, 대부분 종량제 적용을 받고 있다. 사업장폐기물이라 함은 산업활동에 수반하여 발생하는 汚泥, 폐유, 폐산, 폐알카리, 폐고무, 廢合成樹脂 등을 말한다(〔그림 Ⅴ-4-1〕 참조).

이처럼 사람의 생활이나 산업활동에 필요하지 않은 물질을 폐기물이라 하며, 사람의 일상생활에 수반하여 발생하는 생활폐기물은 가정쓰레기와 사

1) 廢棄物管理法 제 2 조 제 1 항 참조.

2) 環境部, 「'97 廢棄物 政策資料」(1997), pp. 13~15.

업장폐기물외의 폐기물로 나누어진다.

- 폐기물
  - 생활폐기물 — 사업장 폐기물이 아닌 것
  - 사업장폐기물
    - ① 배출시설 운영사업장 폐기물
    - ② 지정폐기물 배출사업장 폐기물
    - ③ 300ha/일 이상 배출사업장 폐기물
    - ④ 1톤/회 또는 1톤/주 이상 배출사업장
  - 지정폐기물
    - ① 폐산(pH2.0 이하)
    - ② 폐알칼리(pH12.5 이상)
    - ③ 폐유(유분5% 이상, PCB 제외)
    - ④ 폐유기용제(할로겐/비할로겐)
    - ⑤ 폐합성고분자화합물
      - 가. 폐합성수지(제조공정)
      - 나. 폐합성고무(제조공정)
      - 다. 폐페인트 및 폐락카
    - ⑥ 폐석면(제조공정/ 건축물 제거)
    - ⑦ 광재(함량기준)
    - ⑧ 분진(함량기준)
    - ⑨ 폐주물사 및 샌드블라스트폐사(함량)
    - ⑩ 폐내화물 및 재벌구이전에 시유된 도자기 편류(함량기준)
    - ⑪ 소각잔재물(함량기준)
    - ⑫ 안정화 또는 고형화처리물(함량)
    - ⑬ 폐촉매(함량기준)
    - ⑭ 폐흡착제 및 폐흡수제(함량기준)
    - ⑮ 폐농약(제조, 판매)
    - ⑯ PCB함유 폐기물
      - 가. 액상: PCB 50㎢/ℓ 이상 함유
      - 나. 액상외: 용출액 50㎢/ℓ 이상
    - ⑰ 오니(수분함량 95%미만 또는 고형물 함량 5% 이상인 것)
      - 가. 폐수처리오니(함량기준, 배출원)
      - 나. 공정오니(함량기준, 배출원)
    - ⑱ 환경부장관이 고시하는 것

자료: 환경부, 「'97 폐기물 정책자료」(1997. 4), p. 15.

〔그림 V-4-1〕 현행 폐기물 분류체계

2. 쓰레기 處理의 主體

폐기물처리 주체를 누구로 하느냐 하는 문제 역시 폐기물 분류와 함께 달라져 왔다.

현행 폐기물 관리법상 관리주체 및 처리의무자는 생활폐기물에 있어서는 원칙적으로 시장·군수·구청장이 관리주체이며 그 처리책임자이나 생활폐기물 처리업자로 하여금 대행 처리시킬 수도 있다. 다만 1일 평균 300kg 이상의 쓰레기를 배출하는 자는 그 스스로 자가처리하여야 한다.

시장·군수·구청장은 관할구역안의 폐기물처리에 관한 기본계획을 수립하여 시·도지사에게 제출하여야 한다.

그리고 사업장폐기물의 경우에는 원칙적으로 이를 발생시킨 사업자에게 적정처리 의무가 있으나 실제 처리는 사업자가 직접하거나, 사업장폐기물 처리업자, 재생이용자 또는 공공처리시설에 위탁처리할 수 있다.

폐기물 관리의 근거법령은 우리의 생활과 문화의 발전에 따라 변천되었으며, 폐기물에 대한 의미와 용어도 마찬가지이다. 1961년 汚物淸掃法 제정 당시는 「오물이란 塵皎, 재, 汚泥, 糞尿, 개, 고양이, 쥐의 사체를 의미」하였으며, 이때는 폐기물이라는 말 대신 오물이란 용어가 쓰여졌다.

1973년 개정시는 일본식 용어인 塵皎를 「쓰레기」란 말과 개, 고양이, 쥐로 동물의 이름을 나열하였던 것을 동물이란 포괄 용어를 사용하였다.

1979년 개정시는 산업폐기물을 법의 적용대상에서 제외하고 또 기타 폐기물이라고 막연하게 공시되었던 것을 「사람의 일상생활에 필요로 하지 아니하게된 물질」로 정의함으로써 불필요물이라는 것을 강조하였다.

1986년 폐기물 관리법이 재정되었으며 현재 이 법에서는 폐기물이라 함은 쓰레기, 재, 오니, 폐유, 폐산, 폐알카리, 동물의 사체 등으로서 사람의 생활이나 산업활동에 필요하지 아니하게 된 물질을 말한다고 해서 오물이란 용어 대신에 폐기물이란 용어를 사용하였다. 또한 이 법 부칙에서 오물청소법은 이를 폐지한다고 하였으므로 현행 「폐기물관리법」은 종전의 「오물청소법」과 「환경보전법」상의 산업폐기물 부분을 통합하여 단일법화한 것으로 폐기물에 관한 한 일반법인 동시에 기본법적 성격을 띠고 있다.

1991년에 폐기물관리법을 개정하여 폐기물 구분을 종전에는 처리방법에 따라 일반폐기물과 특정폐기물로 구분하던 것을 이제는 처리방법 및 대상물질을 기준으로 생활폐기물과 사업장폐기물로 구분하게 되었다. 그리고 쓰레기 처리주체를 종전에는 시장·군수에서 구청장이 포함되었으며 특별청소 지정사항은 폐지되었다. 그리고 1995년 법개정으로 시장·군수·구청장이 관할구역안의 폐기물처리에 관한 기본계획을 수립하여 시·도지사에게 제출토록 되어 있으며 1995년 1월 1일부터 전국적 종량제 실시를 의무화하였다.

3. 生活쓰레기의 變遷過程

1960년대에 이르러서 폐기물처리를 국가의 관리영역으로 대응하기 시작하면서 쓰레기 및 분뇨처리를 위하여 1961년에 *汚物淸掃法*을 제정하였고, 1963년에 *公害防止法*이 제정되면서 산업폐기물의 관리를 규정케 되었고 1977년에 환경문화에 본격적으로 대응하기 위하여 공해방지법을 폐지하고 환경위생을 종합적으로 다루는 *環境保全法*을 제정한 바 있다.

1980년대에 들어 폐기물관리의 사회적 중요성이 보다 더 커지다 1986년에는 종전의 오물청소법의 내용과 환경보전법상의 산업폐기물 관리부문을 합하여 폐기물 전반을 다루는 하나의 독립된 *廢棄物管理法*을 제정하였다.

1991년에는 폐기물 문제에 대한 사회적 우려와 관심이 높아지면서, 특히 폐기물의 감량화와 재활용에 관한 인식이 고조되었는 바 폐기물의 재활용을 더욱 촉진하기 위한 제도의 마련을 위하여 폐기물관리법 제3장의 폐기물 발생억제 및 재활용에 관한 규정을 분리하여 자원의 절약과 재활용촉진에 관한 법률을 제정하고 재활용章을 폐기물처리시설 설치촉진 및 주변지역의 지원 등에 관한 법률로 1992년 12월에 대체하였다.[3)]

한편 폐기물 관리 기술이 발전되고 국민들이 환경에 대한 욕구수준이 향상되었으며, 쓰레기종량제가 실시되어 국민생활에 혁신적인 변화가 이루어지는 등 폐기물 관리행정의 주변여건이 대폭적으로 전환됨에 따라 새로운 폐기물 관리정책수단이 필요하게 되었다.

따라서 폐기물의 분류를 유해성 기준에서 발생원 기준으로 바꾸어 폐기물의 발생처리원칙을 확립하고 폐기물관리의 효율화를 기하기 위하여 폐기물의 종류를 일반폐기물과 특정폐기물에서 생활폐기물과 사업장 폐기물로 개정하게 되었다.

---

3) 環境部,「廢棄物處理運用」(環境公務員敎育院, 1995), pp. 5~6.

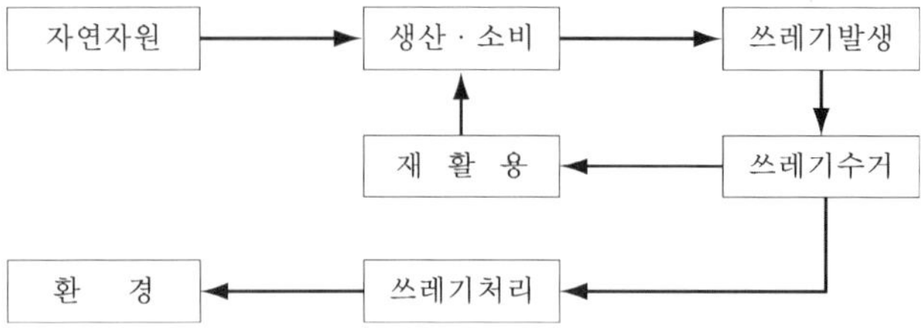

자료: 이규환, 「도시행정론」(서울: 녹원출판사, 1995), p. 674.

〔그림 V-4-2〕 물질의 흐름

Ⅱ. 都市 쓰레기의 發生過程

1. 쓰레기의 發生特性

쓰레기는 인간에게 필요한 물질이 자연자원에서 생산되어 소비활동을 통하여 발생된 못쓰게된 잔여물을 수거하여 처분함으로써 자연으로 되돌아가는 순환과정을 갖게된다(〔그림 V-4-2〕 참조).

이러한 쓰레기는 산업사회 이전에는 자연의 자정작용으로서 정화가 가능하였으나 현대는 공업화로 인한 생활용품의 대량생산 및 생활수준의 향상은 쓰레기 배출성분도 다양화해져서 자연의 자정작용으로는 정화되지 않고 환경을 오염시키고 있다.[4)]

또한 앞으로의 쓰레기의 구성성분은 시민소득수준이 높아지면서 1인당 쓰레기 배출량이 증가하는 동시에 쓰레기의 질적 변화로 구성성분은 연탄재가 많은 불연성 쓰레기보다는 가연성 쓰레기가 증가하게 되는 현상이 나타날 것으로 전망된다. 과거 80년대까지 우리나라의 쓰레기는 연탄재가 40% 이상을 차지하고 있었으나, 90년대 이후 현재에 이르러서는 연탄재가 차지하는 비중은 격감하는 추세를 보이고 있다.

이는 겨울철의 주 난방 연료였던 연탄이 도시가스 등의 새로운 연료로 대체됨에 기인한 현상으로 난방 에너지원의 다변화가 예상되는 2000년대에는 더욱 더 비중이 줄어들게 될 것으로 전망된다. 반면, 불연성인 음식물 쓰레기의 경우는 아직도 전체 쓰레기 발생량의 30%가까운 비중을 차지하고 있어 이에 대한 발생억제와 활용방안에 대한 대책이 요구된다. 그리고 최근

---

4) 李圭煥, 「都市行政論」(서울: 녹원출판사, 1995), pp. 673~674.

주목할 점은 90년대들어서 쓰레기 분리수거운동의 정착을 통하여 쓰레기 재활용의 비율이 20%대에 이르고 있다는 점이다. 앞으로도 자원재활용과 환경오염의 완화를 위하여 늘어나는 쓰레기문제의 대안으로서 앞으로 자원의 재활용방안의 다각적 모색이 이루어져야 할 것이다.

현재 우리나라의 쓰레기 발생량은 1991년도 까지는 연평균 9% 가량의 증가율을 보였으나 1992년부터는조금씩 감소하는 추세를 보여주고 있다. 이처럼 쓰레기 발생량의 감소요인을 배출원에서의 원천적인 감량화노력과 함께 1995년 종량제 실시에 따른 쓰레기 분리수거 및 재활용율 제고 등에 따른 것이며 특히 연탄재 발생의 감소가 크게 나타났다. 그러나 생활폐기물은 감소하였으나 건축폐기물의 증가로 인하여 건설폐기물 및 사업장 폐기물은 증가하는 추세를 보이고 있다.

2. 쓰레기 收去方法

쓰레기의 수거관리는 수집, 적환, 운송 등 3단계로 나누어지는 것이 보편적인 과정이다. 수집과정은 각 가정으로 부터 배출된 쓰레기를 한곳에 모음으로써 운송차량에 능률적으로 적재하기 위한 과정이며, 적환과정은 모여진 쓰레기를 운반할 수 있도록 차량에 적재하는 과정으로 이렇게 적재된 쓰레기는 최종처리장까지 운반하게 된다.

이러한 쓰레기의 수거업무는 구체적으로 다음과 같다.

첫째, 생활쓰레기는 시장・군수・구청장이 책임을 지고 직접 수거하거나 허가를 받은 민간 업체에 수거운반을 대행시키기도 한다.

둘째, 1일 평균 300kg 이상 배출하는 사업자의 경우 자체적으로 책임을 지고 자체 보유 인력과 장비로 수거, 운반하거나 허가를 받은 청소업자에 위탁계약하여 대행하는 경우가 있다.

셋째, 산업쓰레기는 환경부장관의 허가를 받은 사업장폐기물 처리업체가 수거 운반 처리하도록 현행 법에 규정하고 있다.

이와 같이 청소업무 중 가장 중요한 과정이 수거업무인 데 이러한 수거업무를 인력, 장비, 지역여건에 따라 ① 문전수거방식 ② 타종수거방식 ③ 「아파트」수거방식 ④ 정시차량 문전수거방식, ⑤ 콘테이너 수거방식 등으로 수행하고 있다.

단독주택지역의 수거방식은 주로 문전수거방식으로 이루어지며, 공동주택지역은 콘테이너 수거방식이 이용된다. '95년 쓰레기종량제가 시행되기 이전에는 단독주택지역의 쓰레기 수거방식은 타종시 주민들이 쓰레기를 직접 차에 싣는 상차식이 대부분이었다. 그러나 종량제이후 단독주택지역의 쓰레기 수거는 문전수거방식을 채택하는 경우가 늘어나고 있다.

3. 쓰레기 處理方法

쓰레기 관리업무 중 가장 중요한 것이 최종처리로서 환경오염에 가장 커다란 영향을 주고 있으며 앞으로도 계속적으로 환경오염에 대한 문제는 야기될 전망이다.

특히 우리나라 도시는 배출되는 쓰레기의 거의 전부를 매립에 의존하고 있어 토양이나 수질오염의 문제가 심각할 것이 예상됨으로 향후 쓰레기의 특징을 조사・연구하여 효율적인 처리가 되도록 하여야 할 것이다.

현재 쓰레기 처리방법으로는 ① 海上이나 지상투기, ② 위생매립처리, ③ 소각처리, ④ 퇴비활용, ⑤ 열분해법, ⑥ 건축자재화 등을 들 수 있다. 그러나 현재 우리나라에서 실제 처리가능한 방법으로 다음과 같은 것이 있다.[5)]

첫째, 소각법은 수거된 쓰레기를 선별분쇄후 소각로에 소각시켜 쓰레기의 양을 줄이고 쓰레기가 탈 때 발생하는 열을 이용하기도 하는데, 설치 및 운전자금이 많이 들고 대기오염이 발생하는 단점이 있다.

둘째, 퇴비화는 쓰레기 중 유기질을 분해시켜 처리하는 방법으로 작업공정이나 비용부담이 적고 간편하나 극소량만이 처리가 가능하다.

셋째, 매립처리로서 이는 현재까지 우리나라에서는 거의 전부를 매립에 의존하고 있는 역사가 가장 길고 보편적인 것이나 현재로서는 가용부지가 제한되어 있으며 현재까지는 위생적인 장기매립장을 조성하지 않고 임시로 저습지나 산계곡 및 하천부지에 매립함으로써 토양이나 수질 등의 환경오염을 가져오고 있다.

그러나 현실적으로 매립에 의존할 수 밖에 없으므로 위생적인 장기 매립장을 조성하여 환경오염방지와 매립시의 충분한 복토는 물론 매립이 끝난 후에도 환경오염이 없도록 충분한 복토를 해주어야 할 것이다. 한편 매립된 토지를 이용하는데 따른 제도적인 장치가 있어야 할 것이다.

---

5) 상게서, p. 676.

제 2 절 都市 쓰레기 處理現況과 問題點

Ⅰ. 都市 쓰레기의 處理現況

1. 쓰레기 發生實態

(1) 쓰레기 排出現況

폐기물관리법에 의거 관할 시장 군수·구청장에게 폐기물의 수집 운반 및 처리 책임이 부여되어있는 생활 폐기물 관리구역은 인구밀도가 300인/㎢ 이상인 서울특별시, 광역시, 시 또는 읍 지역을 기준으로 하여 지정되는 바, 도시화의 진전으로 인해 지속적으로 증가되고 있다. 이에 반해 폐기물의 발생량은 감소 추세를 보이고 있는데, 1991년도까지는 연평균 9%가량의 증가율을 보였으나 1992년 이후부터는 조금씩 감소하는 추세를 보였고 그 후에는 소폭 증감하는 경향에 있다. 이와 같은 폐기물 발생량의 감소요인은 배출원에서의 원천적인 감량화 노력과 함께 종량제 실시에 따른 쓰레기 분리수거 및 재활용율 제고 등에 따른 것이며, 특히 음식물 쓰레기 및 연탄재 발생량 감소가 크게 나타나고 있다.

즉, 1990년의 경우 1일 83,962톤의 생활폐기물이 배출되었는 데 이는 1988년의 72,897톤과 비교하면 약 1.3배가 증가하였다. 그러나 1991년 이후로는 연탄사용량이 줄어들면서, 또한 종량제를 실시하면서 현저한 감소추세를 나타내어 2012년의 경우 1일 48,990톤의 배출량으로서 1990년의 약 58%에 불과한 실정이다. 따라서 1인당 생활폐기물 발생량도 마찬가지로 1990년에 2.3㏊에서 2012년에는 0.95㎢로 급격히 감소하였다. 그러나 사업장 폐기물은 지속적으로 증하고 있음을 볼 수 있다(〈표 Ⅴ-4-2〉 참조).

2012년 생활폐기물 발생량은 전년대비 큰 차이는 없으나 1990년 이후 전체적으로도 감소하고 있는 실정이다.

한편 주요 도시별로 직접 관리 또는 민간대행업체에 의해 수거처리되는 생활 쓰레기와 사업장 쓰레기의 배출량을 보면 다음과 같다.

〈표 V-4-2〉 전국 생활폐기물 관리구역 현황

구분 연도별	생활폐기물 관리구역		생활폐기물관리 제외구역		관리구역내 생활폐기물 배출량 (톤/일)	1인당 생활폐기물 배출량 (kg/일)
	면적 (km^2)	인구 (천명)	면적 (km^2)	인구 (천명)		
1990	11,934	36,134	87,128	7,953	83,962	2.3
1994	59,345	42,603	40,044	2,087	58,118	1.3
1998	75,712	46,274	24,074	813	44,583	0.96
2000	82,326	47,307	17,509	647	46,438	0.98
2005	86,759	48,927	13,095	262	48,398	0.99
2010	96,175	50,903	4,085	100	49,159	0.96
2012	97,671	51,643	2,581	83	48,990	0.95

자료: 환경부, 「2009년 전국폐기물발생 및 처리현황」(2013).

먼저 단위면적당으로 도시별 배출량을 비교하여 볼 때 도시의 일일 평균 배출량은 3,030톤이며, 평균 생활폐기물 관리구역은 772.6km^2으로 면적당 4.42톤/km^2이 베출된다. 울산시의 경우 배출량이 1.21ton/km^2으로 가장 적고, 서울시의 배출량이 15.18ton/km^2으로 가장 많음을 볼 수 있다. 서울시를 비롯하여 도시들의 단위면적당 배출량은 과거 10년전과 비교해 크게 증가하여 대부분 평균치를 상회하고 있다(〈표 V-4-3〉 참조).

참고로 도시별 단위면적당 배출량의 큰 차이가 나타난 것은 도시별 행정구역의 면적과 인구밀도와의 관계에 의한 것이라 하겠다. 예컨대 인천광역시의 1km^2 면적당 1.97톤에 불과한 것은 인천시의 행정구역 내에는 강화군, 옹진군, 김포시 검단읍이 포함되어 있기 때문이다.

(2) 쓰레기 組成現況

배출쓰레기 성분은 도시의 경제적 사정, 문화수준, 계절별, 기후 및 지리적 조건에 따라 다르며, 같은 도시에 있어서도 소득수준의 차이, 주거형태, 생활 양식의 변화에 따라 그 성분도 차이가 있다고 보겠다.

쓰레기의 性狀別 發生量을 살펴보면 연탄재가 총쓰레기 배출량에서 차지하는 비율이 매년 급격하게 감소하고 있는 것을 볼 수 있는데, 이는 생활수준의 향상과 더불어 석유, 가스, 전기 등으로 생활 연료가 대체되고 있기

〈표 V-4-3〉 도시별 쓰레기 배출량의 비교(2012)

구 분		서 울	부 산	대 구	인 천	광 주	대 전	울 산
일일 배출량(톤/일)		9,189	3,189	2,684	2,071	1,329	1,469	1,280
청소구역	면적(km^2)	605.26	769.68	883.68	1,050.70	501.18	540.14	1,058.29
	수거대상인구	10,442,426	3,573,606	2,527,566	2,843,981	1,483,708	1,524,583	1,153,695
배출량비교	단위면적당(ton/km^2)	15.18	4.14	3.04	1.97	2.65	2.72	1.21
	1인당(kg/명)	0.88	0.89	1.06	0.07	0.90	0.96	1.11

자료: 환경부, 「2012년 전국폐기물발생 및 처리현황」(2013).

때문이다. 즉 연탄재는 1990년의 경우 전체 쓰레기의 33.4%를 차지하였지만 불과 22년만인 2012년에는 0.9%에 지나지 않음을 알 수 있다.

또한 다른 쓰레기의 증감이 별다른 변화를 보이지 않고 있는 것에 반해 재활용품의 쓰레기량이 급격하게 증가하였는데 이는 분리 수거가 정착됨에 따라 재활용품의 생산이 증가되었고, 환경문제의 심각성을 인식한 국민들에 의해서 재활용품의 소비가 증가되었음을 나타낸다(〈표 V-4-4〉 참조).

〈표 V-4-4〉 전국 쓰레기 조성의 변화추세

(단위: %)

성분별 / 연도	연탄재(유리류)	음식물류	종이류	목재류	금속초자류	재활용품	기타
1990	33.4	27.4	14.1	3.4	5.0	-	16.7
1994	9.5	31.1	21.5	4.2	5.6	-	28.1
1998	2.0	26.5	12.6	4.0	2.5	28.8	23.6
2000	1.3	24.6	12.1	4.3	2.2	29.5	26.0
2005	1.3	26.8	11.3	4.7	1.5	30.4	24.0
2010	0.8	27.8	9.7	4.5	0.7	30.1	26.4
2012	0.9	27.0	10.7	4.0	0.7	30.0	26.7

※ '06년부터 음식물류는 남은 음식물류를 따로 조사하기 때문에 위의 자료는 합한 내용이며, '07년부터 연탄재항목이 유리류로 바뀌었음.

자료: 환경부, 「2012년 전국폐기물발생 및 처리현황」(2013).

2. 쓰레기 收去 및 運搬實態

우리나라 도시들은 대부분 생활 쓰레기 수거 업무를 직영체제에서 민간 위탁 수거체제로 전환하고 있다. 직영체제하의 수거형태보다는 위탁에 의한 수거가 경제적이고 효율적이기 때문에 각 자치단체에서도 민영화를 추진하고 있다. 사업용 쓰레기 등 다량배출 폐기물은 자체처리를 지정·용역업체에서 수거하고 있는 것이 특징이라 하겠으며 주목할 만한 것은 재활용 업소를 통한 폐기물의 처리가 증가하고 있다는 것이다. 과거에는 각 구청이나 시에서 직영으로 수거하던 가로 쓰레기도 최근에는 인력 및 비용의 효율성을 감안하여 점차 민간 대행업체에서 맡고 있는 추세이다(〈표 V-4-5〉 참조).

종전에는 대부분의 도시는 打鐘收去 방식을 실시하였으나 최근에는 거의 모든 자치단체는 단독주택 지역에서는 주로 門前收去방식으로 이루어지며, 공동주택지역은 「콘테이너」收去方式을 이용하고 있다. 특히 1995년 쓰레기 종량제가 시행되면서 단독주택지역에서도 門前收去방식을 채택하는

〈표 V-4-5〉 전국 생활폐기물 처리 현황

• 처리 현황

(단위: 톤/일, %)

구 분	1995		2000		2005		2009		2012	
계	47,774	100.0	46,438	100.0	48,398	100.0	50,906	100.0	48,990	100.0
매 립	34,546	72.3	21,831	47.0	13,406	27.7	9,471	18.6	7,778	15.9
소 각	1,922	4.0	5,440	11.7	7,744	16.0	10,309	20.3	12,261	25.0
재활용	11,306	23.7	19,167	41.3	27,248	56.3	31,126	61.1	28,951	59.1

• 처리 주체별 현황

(단위: 톤/일, %)

구 분	1995	2000	2005	2009	2012
계	47,774(100.0)	46,438(100.0)	48,398(100.0)	50,906(100.0)	48,990(100.0)
지방자치단체	26,408(55.2)	21,152(45.5)	29,909(61.8)	27,204(53.5)	29,714(60.7)
대행처리업소	9,111(19.1)	5,580(12.0)	17,809(36.8)	23,394(46.0)	18,976(38.7)
자가처리업소	999(2.1)	539(1.2)	-	-	-
재활용업소	11,306(2.6)	19,167(41.2)	680(1.4)	272(0.5)	300(0.6)

자료: 환경부, 「2012년 전국폐기물발생 및 처리현황」(2013).

경우가 늘어나고 있다.

3. 쓰레기 處理實態

지금까지 우리나라의 경우 쓰레기의 처리에 있어서 90%가까이 매립에만 의존하고 있기 때문에 환경오염 문제는 더욱 심각해지고 있다. 현재 쓰레기 처리방법으로는 지상 또는 해양투기, 위생매립, 소각방법, 퇴비방법, 열분해방법, 재활용방법 등이 있다.

첫째, 소각방법은 지역에서 수거된 쓰레기 중 가연성 쓰레기를 선별하여 소각로에서 태워 폐열회수, 열병합발전 등으로 재이용하는데, 현재 2009년 현재 소각시설은 서울의 목동, 대구의 성서, 부산의 해운대를 포함하여 소각처리가 증가중이며 전체 쓰레기 발생량의 25.0%를 처리하고 있다. 이들 소각로는 외국의 기술을 도입하여 설치·운영하고 있으나 설치비용이나 운용비용이 많이 들고 우리나라 쓰레기 특성을 충분하게 고려하지 않고 설치하여 器機 마모등으로 가동중단 등 문제점이 발생하고 있으며 전체 쓰레기 중 일부만을 처리하는 문제점이 발생하고 있다.

둘째, 퇴비화하는 방법은 好氣性 微生物을 이용하여 쓰레기 중 유기물을 분산시켜 처리하는 방법이다. 쓰레기의 위생적인 처리로 공중보건의 안전을 확보하고 쓰레기의 생물학적 작용으로 인한 자발적 분해로서 환경의 질을 유지할 수 있으며 또한 작업공정이 간편하여 비교적 적은 비용으로 운영이 가능하다.

셋째, 매립방법은 쓰레기의 처리에 있어 가장 역사가 길고 보편적인 방법이다. 매립방법은 쓰레기의 성분이 무기물질인 경우에 더욱 효과적이다. 현재 매립시설은(2012년말 현재) 수도권 광역매립지를 포함하여 466개소가 가동중이며 1일 매립량은 7,778톤으로 전체 발생량의 15.9%를 처리하고 있다. 문제점으로는 가용부지가 제한되어 있고 시가지가 발전되고 주거환경에 대한 인식이 높아지면서 발생하는 이른바 NIMBY현상 등으로 인해 점점 도시외곽에서 먼거리로 이동해야 한다는 점이다.

과거 우리나라 도시들의 쓰레기 처리 방법은 공통적으로 쓰레기 분리 수거제를 실시하여 그 처분 방법으로서 80% 이상을 매립에 의존하여 분리수거 본래의 목적에 따른 처리효과를 기대할 수 없었다는 점이었다. 그러나 90년대에 들어와서 분리수거에 대한 대대적인 홍보와 정부의 시책으로 인해 분리수거가 정착되어가면서 생활 쓰레기의 경우 '95년 72.3%를 매립하고 23.7%만이 재활용되는 것에 그쳤으나 2012년 그 비율이 매립 15.9%, 재활용 59.1%로 크게 향상되었다.

Ⅱ. 都市 쓰레기處理의 問題點

1. 쓰레기 發生特性과 관련된 問題

(1) 過多한 쓰레기 排出量

1970년 이후 1991년까지 우리나라 쓰레기 연평균증가율은 9% 가까이 증가를 보였으나 1992년 이후 감소하는 추세를 보이고 있다. 그러나 1인당 생활폐기물 배출량이 아직도 1일 1kg 넘는 가까운 외국에 비해서 배출량이 과다한 편이다. 쓰레기 배출원에서 원천적인 감량화노력과 함께 종량제 실시에 따른 분리수거 및 재활용률 제고 등으로 쓰레기 배출량을 1인 1일 500g 이하로 낮아지도록 지속적인 노력이 행정당국과 국민 스스로에게 있어야 할 것이다.

(2) 쓰레기 質의 多樣化

경제성장과 함께 문화수준이 높아지고 편의성만을 추구한 결과 종이류와 「플라스틱」류의 증가가 현저하다.

특히 「플라스틱」류는 부패 및 분해되지 않고, 소각시 염화수소(HCl), 매연 등 대기오염물질을 배출하므로 매립, 자원회수(RDF생산), 소각 등 쓰레기 처리를 어렵게 하고 있다.

미량이기는 하나 수은전지, 형광등, 체온계 등 수은이 함유된 쓰레기들이 일반쓰레기와 함께 수거되어 최종 처분장에서 처리되고 있는 데, 이들은 수질오염을 통하여 중금속중독을 유발할 가능성이 있다.[6]

2. 收去運搬과 관련된 問題

(1) 分離收去體系의 一貫性 不足

분리배출된 재활용품 수거・운반체계가 혼재되어 있고, 효율적이고 경제

6) 李圭煥, "都市行政의 課題와 發展方向," 「韓國行政의 課題와 改革」(서울: 아세아 문화사, 1998), pp. 438~439.

적으로 체계화되어 있지 않다. 분리배출 수거되는 쓰레기의 종류가 매우 다양하다. 또한 일부 지방자치단체에서 음식물쓰레기의 분리수거가 이루어지고 있으나 주민들로 하여금 배출시간과 장소를 지정하는 등 효과적이고 위생적인 배출체계가 수립되지 못하고 있다.

(2) 收去業務의 經濟性 檢討 不足

쓰레기의 수거·운반 체계가 종류 혹은 지역별로 차이가 많아서 어떤 수거방식과 업체규모가 경제적인지에 대한 분석이 이루어지지 못하고 있다. 특히 '95년 종량제 이후 대부분의 지방자치단체에서 단독주택지역의 생활쓰레기수거를 문전수거 방식으로 전환해서 쓰레기 수거서비스의 질이 높아졌다고 평가하고 있으나 이는 수거비용이 많이 소요되는 방식이며 수거방식별로 경제성 검토가 이루어지지 못하고 있다.

그리고 수거·운반업무에 민간부문의 참여 확대에 따라 민간의 위탁대행, 허가업체의 수거, 지방자치단체 직영제도간의 효과성과 경제성 그리고 수거·운반업체의 규모의 경제성이나 적정규모 등에 검토가 이루어져야 할 것이다.

3. 環境汚染과 관련된 問題

쓰레기 처리장에서 발생가능한 환경문제로는 쓰레기에 의한 악취, 분진, 소음 그리고 파리, 쥐 등 공중보건상 해로운 동물에 의한 1차오염과 매립후 발생하게 되는 침출수(leachate), 유기물 분해가스, 지반침하, 토양오염 등 2차오염이 있다. 이 가운데 중요한 것을 구체적으로 살펴보면 다음과 같다.[7)]

(1) 惡臭

악취는 사람에게 불쾌감, 두통, 구토, 식욕부진 등을 유발하며, 심할 경우 정신적, 생리적으로 영향을 주게 된다.

악취는 쓰레기의 운반 및 매립, 분해가스의 누출과정에서 악취를 유발하는 각종 유기·무기 화합물에 의하여 발생하게 된다.

7) 李圭煥, 전게서, pp. 683~684.

(2) 騷 音

매립장에서의 소음은 쓰레기 수거 및 운반차량, 매립장에서 사용하는 중장비에서 발생하게 되며, 주로 작업중인 낮 동안에 발생하게 된다.

(3) 公衆保健上 問題

현재 대부분의 매립장에서는 음식 찌꺼기 등 유기물질을 매립후 복토를 제대로 하지 않음으로써 파리, 쥐 등 해로운 곤충과 동물이 번식하여 공중보건에 큰 위험이 되고 있다.

(4) 가스의 發生

쓰레기 매립장에서는 매립후 쓰레기중의 유기물 분해에 의하여 가스가 발생하게 되는 데, 이때 발생하는 가스의 종류 및 양은 쓰레기의 성분, 지형, 수문, 기온, 표층의 상태 등에 따라 달라지게 된다.

(5) 地盤沈下

매립된 쓰레기가 분해되면서 부피가 감소함에 따라 지반의 침하가 발생하게 되며, 장래 매립지의 이용에 영향을 미치게 된다. 매립지에 있어서 지반침하는 지반의 성질, 쓰레기의 성상, 분해정도, 초기 다짐의 종류와 복토상태에 따라 영향을 받게 된다.

(6) 土壤汚染

쓰레기 매립장에서 발생가능한 토양오염에는 쓰레기자체에 포함된 성분에 의한 것과 쓰레기 매립장 침출수에 의한 토양오염으로 나눌 수 있다.

쓰레기 자체에 포함된 토양오염 성분으로는 「플라스틱」류, 유리 및 초자, 중금속 등을 들 수 있다.

근래 1회용 제품의 급격한 증가와 상품판매시 사용하는 「비닐」의 남용, 나무제품에 대한 대체품의 증가, 합성섬유의 사용증가 등도 토양오염을 가중시키고 있다.

가정에서 배출되는 깨어진 형광등, 수은전지 등 수은을 함유한 쓰레기들이 일반 쓰레기와 함께 쓰레기 처리장으로 반입되고 있으며, 특정 사업장폐기물들이 불법으로 매립되고 있어 토양오염의 원인이 되고 있다.

제 3 절 都市쓰레기의 效率的 處理方案

Ⅰ. 쓰레기 處理改善을 위한 基本方向

현재 우리나라는 쓰레기 최종처분의 40% 이상을 매립에 의존하고 있으며, 서울을 비롯한 대도시에서는 점차 가용 매립지가 고갈되어 새로운 매립지의 확보가 시급한 과제로 대두되고 있다.

그러나 새로운 매립지의 확보는 쓰레기 운반차량의 소음, 악취 등으로 인하여 인근 지역 주민의 반발을 야기시키고 있으며, 쓰레기 발생지역과 처분지역이 다를 경우 쓰레기 처리문제가 2개 이상의 자치단체에 걸쳐서 발생하게 되므로 새로운 행정상의 문제를 유발시키게 된다.

서울 뿐만 아니라 최근 우리나라 각 도시에서는 매립지 확보의 한계를 인식, 미래의 "쓰레기 속에 파 묻힐 도시"로 부터 구해내고자 도시구조와 특성에 맞는 분리수거제도의 도입과 폐열이용 「시스템」의 개발을 활발히 추진하여 매립쓰레기양의 감량화를 그 나름대로 시도하고 있으나, 2000년대의 선진도시구조와 유통 「메카니즘」 속에서의 도시기능을 만족시키는 쓰레기 처리 「시스템」의 확립은 되지 못하고 있다고 볼 수 있다.

따라서 전국적인 쓰레기의 분리수거, 운반, 중간처리, 자원화 및 매립처분 등의 각 처리 「시스템」에 대한 종합적·국가경제적 견지에서 폐자원의 재활용 정책, 국토 보존 및 개발, 환경오염 방지를 위한 범국가적인 쓰레기 관리정책의 수립이 시급히 요망되고 있다.

이에 따라 도시 쓰레기의 효율적 처리방안을 모색하기 위하여 그 기본방향을 다음과 같이 설정하고자 한다.[8)]

첫째, 쓰레기 발생특성과 관련된 문제를 해결하기 위하여 쓰레기의 감량화 및 소각처리방법을 도입토록 한다.

둘째, 수거·운반과 관련된 문제를 해결하기 위하여 수거방법의 개선 및 중계기지설치에 의한 수송효율 제고「시스템」을 개발토록 한다.

8) 李圭煥, 전게논문, pp. 493~494.

셋째, 환경오염과 관련된 문제를 해결하기 위하여 위생적인 대단위 매립장을 건설토록 한다.

넷째, 쓰레기의 자원화 및 재활용화 방안을 모색토록 한다.

Ⅱ. 쓰레기 處理의 改善方案

1. 쓰레기 發生과 관련된 改善策

(1) 쓰레기 減量化

한정된 매립지의 수명을 연장시키기 위해서는 발생된 쓰레기량을 감량화시키는 것이 필요하다. 그 방법에는 분리수거를 통하여 재생가능한 물질은 재활용 또는 자원화하는 방법과 소각을 통한 감량화방법이 있다. 그러나 소각도 분리수거를 그 선행조건으로 한다.

도시쓰레기의 분리수거는 쓰레기처리의 흐름에서 최초의 배출단계로서 수집·운반·처리·처분효율에 큰 영향을 미치는 요소라고 볼 수 있다. 예컨대, 연탄재를 분리수거하는 경우에는 수집운반단계에서 압축차량의 사용이 가능하게 되거나 또는 압축화를 높여 차량의 운송횟수를 줄일 수 있게 된다.

중간처리단계에 있어서는 분리된 연탄재는 농토의 객토용이나 매립장의 복토용으로 활용할 수 있고, 생산소재로서는 내화벽돌의 제조원료로 일부 활용할 수 있다. 가연쓰레기는 소각처리하여 감량화 또는 발생하는 여열을 「에너지」원으로 활용할 수 있고, 부패쓰레기는 퇴비화(composting)하여 토양조절제(soil conditioner)로 사용할 수 있다.[9]

분리수거방식은 이러한 이점이 있는 반면에 분리수거의 종류가 많으면 많을 수록 수거노력이 증가되고, 시민들의 협조를 정착시키는데 상당기간 마찰이 예상된다. 그리고 분리수거의 종류가 다양화됨에 따라 수거일의 간격이 증가되어 하절기에는 부패성 쓰레기로 위생문제가 야기될 우려가 잇다. 또한, 청소원들의 수거시간이 연장될 가능성도 있어 노동생산성이나 장비생산성이 저하되어「서비스」수준을 악화시킬 우려도 있다.

그러나 분리수집을 할 경우 재생용 쓰레기 회수에 따른 배출쓰레기량의

---

9) 상게논문, p. 454.

감소효과와 연탄재의 복토재 이용에 따른 효과를 동시에 얻을 수 있다.

분리수집을 효율적으로 수행하기 위해서는 다음과 같은 대책이 수립되어야 한다.[10)]

① 지방자치단체에서 분리수집의 필요성을 적극적으로 알리고 주민의 협조를 구한다.

② 지방자치단체 예산으로 필요한 보관용기와 쓰레기 포장재를 주민들에게 보급하고 주민들의 적극적 참여를 유도한다.

③ 현재 사용되고 있는 쓰레기 포장용 「비닐」은 토양오염을 유발할 가능성이 높으므로 분해가능한 포장재의 개발 또는 대체가 필요하다.

(2) 燒却處理方法의 導入擴大

쓰레기처리의 기본은 배출된 쓰레기를 될 수 있는 한 자원화하고 재이용을 통해 감량화하여 그 잔여물을 위생적으로 처분하는 것이다. 소각처리는 각종 처리방법 중에서 감량효과가 가장 크며, 부식성 유기물을 연소에 의해 무기화하여, 병원성생물을 고온하에서 사멸시키는 등 쓰레기의 안정화, 무해화의 측면에서도 유용한 방법이다. 특히 減量, 安定, 無害라는 쓰레기 처리의 3요소를 연소반응이란 신속한 처리속도로 행할 수 있는 점이 과밀한 인구와 처리·처분지의 확보가 대단히 어려운 도시에서 높이 평가되고 있다.

소각처리는 쓰레기의 용적을 약 10~20%로 감소시킬 수 있으며, 쓰레기를 위생적으로 처리할 수 있고, 열 「에너지」를 회수할 수 있으므로 매우 유용한 방법이다.

그러나 초기 투자비와 운영비가 많이 소요되므로 인근에 대규모 열수요처가 있어야 경제성이 있게 된다. 또 쓰레기의 발생량 및 발열량이 계절별로 차이가 심하므로 집단「에너지」공급설비의 보조설비로 소각설비를 도입하는 것이 바람직하다.

따라서 대규모 주거단지 계획수립시 집단에너지 공급설비와 함께 쓰레기 소각설비의 도입을 적극적으로 검토할 필요가 있다. 이 경우 소각설비에 의한 대기오염 물질의 배출을 방지하는 방안도 함께 고려되어야 한다.

소각처리과정에서 발생하는 폐열을 어떻게 활용하는지 그 사례를 보면

---

10) 李圭煥, 전게서, pp. 686~687.

다음과 같다.

국내의 경우 서울시 목동소각로(150톤/일)에서 발생하는 폐열은 전량 목동열병합발전소로 공급되어 발전 및 아파트단지의 지역난방에 이용되고 있다.

외국의 사례 중 「유럽」은 초기에는 중간압력의 증기로 지역난방이나 소규모 전기생산에 사용하였으나 근래에는 연료부족현상이 심화되자 고온고압의 증기를 생산·이용하고 있는 추세이다. 폐열의 이용보다는 소각 자체에 중점을 두어 왔던 일본은 폐열의 일부를 소각처리장의 내부에서 사용하고 지역난방이나 온수 「풀장」 등에 열을 공급하고 있다. 한편 미국의 경우는 폐열의 활용에 관심을 기울이지 않고 있었으나 점차 증기를 주변공장들에 판매하거나 처리장 내부에서 활용하고 있는 추세이다.[11]

(3) 쓰레기 質의 管理

쓰레기 처리장으로 들어 오는 쓰레기의 질을 효율적으로 관리하기 위해서는 「플라스틱」류의 배출량을 감소시켜야 하며, 중금속 함유 쓰레기를 분리수집하여 별도로 처리하여야 한다.

「플라스틱」류의 배출량을 감소시키기 위해서는 다음과 같은 대책을 수립하여야 한다.

① 상품판매시 사용하는 「비닐」의 사용을 제한하고, 종이봉투로 대체한다.

② 현재 「스티로폼」이 주로 사용되고 있는 1회용 제품의 용기를 분해가능한 제품으로 대체하거나, 용기처리 비용을 제품생산비에 부과하여 이들 쓰레기를 처리할 수 있는 재원을 확보하고, 판매비 상승에 따른 판매량 감소효과를 얻도록 하여야 한다.

형광등, 수은전지, 체온계 등 수은함유 쓰레기를 비롯하여 중금속이 함유된 쓰레기가 다른 쓰레기와 혼합되어 각 가정에서 배출되고 있으나, 이들은 사업장 폐기물 중에서도 특히 유해한 폐기물로서 지정폐기물 처리업자에 의해 법규에 명시된 대로 처리되어야 한다.

11) 상게서, p. 688.

2. 收去·運搬과 관련된 改善策

(1) 收去方法의 改善

쓰레기처리에서 가장 핵심적인 사항은 최종처리단계이지만 중간처리과정 또한 소홀히 할 수 없고, 보관·수거·운반 등의 관리가 고도화되지 않는 한 최종처리의 합리화를 기대할 수 없다.

수거, 운반작업의 개선을 위해서는 인력집약수거방법을 지양하고, 가능한 한 장비에 의한 수거, 소형차량에 의한 직접수거, 쓰레기운반용 특수차량 사용, 장거리수송을 위한 적환시설의 설치 등이 필요하다.

쓰레기 관리비용 중 수거운반비용이 60% 이상을 점하며, 그 비용 중 75% 이상이 인건비가 차지하므로 수거 운반비용을 절감할 수 있는 방안으로서 우선 인건비를 절약할 수 있는 위탁화를 고려해야 한다.

또한 도시의 발달과 산업화의 촉진으로 쓰레기의 처리장이 도심으로부터 멀어짐에 따라 한꺼번에 대량으로 수거 운반함으로써 비용을 절약할 수 있는 중계수송방식을 고려해야 한다.

(2) 中繼基地의 설치

현재 우리나라 쓰레기 처리시스템은 대체적으로 門前收去후 곧바로 직송하여 매립지에서 비위생적으로 전량 매립처리하는 단순처리방식이 중심이 되고 있다.

또 광역처리장까지 막대한 쓰레기를 반입하기 위한 차량의 집중에 따라 교통혼잡, 환경악화 등의 또 다른 문제점이 발생하게 된다. 이러한 문제점에 대처하기 위해서는 교통혼잡 및 환경악화 등을 억제할 수 있는 수송시스템을 형성할 필요가 있다. 구체적으로 운송효율의 향상과 차량집중완화방안의 하나로서 중계기지설치에 따른 수송시스템의 개발을 들 수 있다.

중계수송시스템 도입의 기본방향은 다음과 같이 요약할 수 있다.

첫째, 수송효율이 향상될 수 있는 조건을 갖고 있는 지역에서는 중계수송의 도입을 적극적으로 검토할 필요가 있다.

둘째, 중계기지의 입지는 수송효율을 고려하면서 주변 주민과의 합의에 도달할 수 있는 적정한 장소를 선정하여야 한다.

셋째, 중계방식은 대상쓰레기의 종류, 최종처분장의 수용조건, 중계비, 수송차의 수송효율성 등을 종합적으로 검토하여 결정하는 것이 바람직하다.

3. 環境汚染과 관련된 改善策

(1) 衛生 埋立장 建設

법적·재정적 뒷받침으로 인하여 매립지가 확보되면 매립비용이 많이 소요된다 할지라도 단순매립이 아닌 위생매립이 되어야 한다. 왜냐하면 쓰레기처리는 쾌적한 생활환경을 유지하기 위한 것이므로 단순매립으로 인하여 환경오염문제가 발생되지 않아야 하기 때문이다.

(가) 環境影響評價의 實施

쓰레기의 매립시설을 건설하기 위해서는 환경영향평가를 실시하여 2차 공해대책에 만전을 기함으로써 주변주민의 합의를 얻어야 한다. 주민이 납득이 가는 쓰레기 처리계획을 추진하기 위하여 주민에게 정보공개와 더불어 환경보전을 위하여 기술적으로도 문제가 없는 계획의 수립이 필요한 것이다.

(나) 水質保全對策의 樹立

매립장 밑바닥에 「비닐」을 2~3중으로 布設하여 매립장내에 발생하는 오수가 지하로 침투 못하도록 완전히 차단하고, 폐기물관리법상 방류수 허용기준치이하로 오수를 정화처리하여 방류하도록 한다. 이러한 오수 정화처리시설의 기술적 조작·관리는 전문적인 기술이 요구되므로 전문요원으로 하여금 관리하게 하여야 할 것이다.

(다) 「가스」의 早期發散 및 防柵施設 設置

「가스」 분출공을 일정간격으로 설치하고 인화에 따른 별도의 안전대책을 고려하여야 한다. 그리고 쓰레기가 날리는 것을 방지할 수 있는 방책시설을 설치하여야 한다.

한편, 쓰레기 매립장에서 위생매립을 실시하기 위해서는 다음과 같은 장비 및 시설이 확보되어야 한다.[12)]

위생매립용 장비로는 ① 쓰레기소독 살포용 장비, ② 쓰레기 압축용 장비, ③ 복토 집토용 장비, ④ 복토 운반용 장비, ⑤ 복토 적재용 장비, ⑥ 복토 포설용 장비, ⑦ 기타 지원용 장비가 확보되어야 한다.

위생매립용 시설로는 ① 계량시설, ② 침출수 처리시설, ③ 「가스」 포집

---

12) 상게서, p. 691.

및 처리시설, ④ 세차시설, ⑤ 주유시설, ⑥ 복토야적장 등이 확보되어야 한다.

(2) 環境汚染 對策[13]

(가) 惡臭對策

운반차량에 의한 악취를 감소시키기 위해서는 쓰레기전용 밀폐식 차량을 사용토록 하고, 운반차량이 진입로에서 대기하지 않도록 차량배차계획을 수립하여야 한다.

쓰레기 야적시간을 최소화하고 복토를 철저히 하여 매립과정에서의 악취발생을 감소시켜야 하며, 악취가 심할 경우에는 탈취제를 살포하도록 한다.

가능한 복토를 두껍게 하여 분해가스의 누출을 감소시키고, 균열된 표면은 밀폐시키며, 가스 포집관을 설치하여 배출된 가스를 일정한 장소에서 처리한다.

(나) 騷音對策

운반차량의 출입과 작업을 가능한 주간에 실시하도록 하고, 주행속도를 제한한다. 반입차량의 수를 균등히 하여 집중소음이 발생하지 않도록 한다.

(다) 公衆保健對策

쥐와 파리, 모기 등 해충의 번식을 방지하기 위해서는 1일 작업 후 반드시 복토를 실시하도록 한다.

쓰레기 운반차량은 하차후 소독과 세차를 실시하며, 또한 종사원들에게 수시 검진을 실시하고 샤워시설을 제공하여 작업후 위생관리를 철저히 한다.

(라) 「가스」對策

유해가스를 안전하게 처리하고, 매립장을 조기에 안정화시키기 위하여 가스포집관을 설치한다.

포집된 가스의 종류 및 농도에 따라 희석식과 연소식 중 적절한 방법으로 처리하도록 한다.

(마) 土壤汚染對策

「플라스틱」류는 배출원에서의 배출량을 최소화하고, 적환장 및 매립장에

13) 상게서, pp. 692~693.

서 최대한 회수되도록 한다.

수은 등 중금속을 포함하는 쓰레기의 불법매립을 방지하고, 별도의 수집체계를 거쳐 처리하도록 한다.

4. 쓰레기의 資源化方案

환경오염을 최대로 억제할 수 있는 방법은 자연자원의 이용량을 감소시키는 것이라 하겠으나 현실적으로 가능한 방안은 도시쓰레기의 감량화 및 자원화의 행정목표에 직접적으로 부합되는 재활용체제(recycling system)를 개발하는 것이다.

쓰레기의 재활용체제의 개발로 쓰레기가 자원으로 재활용되는 경우에는 도시쓰레기에 대한 인식도 달라지게 되고, 경제성장 측면에서 볼 때 쓰레기 재활용을 통한 자원공급의 다원화와 원가절감에 의한 국제경쟁력 증가의 요인이 될 수 있다. 「에너지」측면에서는 대체 「에너지」원이며, 시민측면에서는 수익증대, 쓰레기의 시민재산화 및 행정참여의 기회가 되며, 환경면에서는 오염감소로 환경보전에 대한 공헌을 기대할 수 있게 되는 것이다.[14]

쓰레기의 자원화를 위해서는 앞에서 기술한 분리수거 혹은 소각 등의 처리방법과 병행하여 추진하여야 효과가 있다. 또한, 행정당국은 재이용을 고려한 상품디자인과 성분표시를 유도해 나가야 한다. 좀더 구체적으로 살펴보면 다음과 같다.

(1) 分離收去

연탄은 연탄재 파쇄기로 분쇄하여 복토용이나 토지매립용으로 사용하며, 종이와 비닐은 소각으로 여열을 이용하고, 유리는 재활용한다.

(2) 集團回收, 民間에 의한 回收

반상회 등을 통하여 특정의 수거일을 지정하여 종이 또는 재활용가능품목을 수집하는 방법과 민간기업이 직접 전지역을 방문하여 지류, 공병, 금속류 등 회수대상품목을 유상 혹은 생활필수품과 교환하여 개별적으로 회수하는 방법이 있다.

---

14) 상게서, pp. 693~694.

(3) 燒　却

소각 후 여열을 난방용, 발전용, 증기판매, 온수공급 등에 이용한다.

(4) 堆肥化(composting)

퇴비화 처리는 도시 쓰레기속의 유기성분을 토양미생물에 의한 好氣性分解作用으로 퇴비화하여 토양개량제로 재이용하는 방법이다.

쓰레기에서 유기비료를 축출할 수 있는 효과로 인해 일본의 많은 도시에서도 활용되고 있는 쓰레기 처리방법이다.

퇴비화 처리가 성공적으로 되기 위해서는 완성된 퇴비화가 뜻한 대로 농촌에 환원될 수 있도록 농촌과의 연결이 잘 이루어져야 한다.

참고문헌

Ⅰ. 著　　書

1. 國內書

姜炳基 外, 「都市論」(서울: 法文社, 1997)
권형신 外, 「韓國의 地方財政」(서울: 도서출판 해남, 1998)
金圭定, 「新版 行政學原論」(서울: 法文社, 1998)
김병준, 「韓國地方自治論」(서울: 法文社, 1998)
金甫炫 · 金庸來, 「地方行政의 理論과 實際」(서울: 法文社, 1983)
金安濟, 「地域開發과 地方自治行政」(서울: 大明出版社, 1995)
______, 「環境과 國土」(서울: 博英社, 1982)
김영종, 「地方自治論」(서울: 受珍社, 1997)
金 源, 「都市行政論」(서울: 博英社, 1983)
金種淳, 「地方財政學」(서울: 三英社, 1997)
김종표, 「現代地方行政論」(서울: 일신사, 1988)
盧隆熙 譯, 「開發途上國의 都市化 政策」(서울: 法文社, 1980)
______ 外, 「都市行政論」(서울大學校出版部, 1981)
朴東緖, 「韓國行政論」(서울: 法文社, 1997)
朴秀永, 「都市行政論」(서울: 博英社, 1996)
孫在植, 「現代地方行政論」(서울: 博英社, 1985)
심정근 外, 「地方財政學」(서울: 博英社, 1997)
梁柱東, 「現代國語大辭典」(서울: 도서출판 일중당, 1984)
元濟戊, 「都市交通論」(서울: 博英社, 1997)
尹張燮 · 張明都, 「住居學」(서울大學校 出版部, 1978)
尹定燮 · 李賢浩, 「都市計劃概論」(서울: 技文堂, 1984)
李圭煥, 「都市開發과 都市行政」(內務部 地方行政研修院, 市長 · 郡守課程教材, 1989)
______, 「都市行政論」(서울: 녹원출판사, 1995)
______, 「韓國地方行政學」(서울: 法文社, 2011)
______, 「地方財政의 計劃的 運用」(都市 및 地域計劃研究所, 1984)
______ 外, 「廣域行政體制의 새로운 模型設定에 관한 研究」(明知大學校 地方自治研究所,

1994)
______ 外, 「地方稅 非課稅·減免의 問題點과 改善方案」(光州·全南發展硏究院, 1995. 11)
李相熙, 「地方財政學」(서울: 啓明社, 1997)
李成福, 「都市行政論」(서울: 法文社, 1993)
이종익 外, 「都市論」(서울: 法文社, 1984)
林容柱, 「新地方行政論」(서울: 예지각, 1987)
鄭世煜, 「地方行政學」(서울: 法文社, 1998)
정재길 譯, 「日本의 地方自治法」(서울: 교학사, 1992)
趙 淳, 「經濟學原論」(서울: 法文社, 1995)
趙昌鉉, 「地方行政論」(서울: 博英社, 1996)
崔順植, 「現代地方自治論」(서울: 尙文社, 1988)
崔仁基 外, 「地方議會論」(서울: 法文社, 1995)
崔昌浩, 「地方自治制度論」(서울: 三英社, 1994)
______, 「地方自治學」(서울: 三英社, 1995)
하성규, 「住宅政策論」(서울: 博英社, 1995)
韓國地方自治學會, 「韓國地方自治論」(서울: 三英社, 1995)
韓垣澤, 「都市·地方行政論」(서울: 法文社, 1992)
______, 「地方行政論」(서울: 法文社, 1998)
黃鏞周, 「都市計劃原論」(서울: 녹원출판사, 1985)

2. 外國著書

Abrams, Charles, *Man's Struggle for Shelter in Urbanizing World*(M.I.T. Press, 1964).

______, *The Language of Cities*(New York: The Viking Press, 1971).

Adrian, Chales R., *State and Local Government*(New York: McGraw-Hill, 1976).

Alderfer, A. F., *American Local Government and Administration*(New York: Macmillan, 1956).

Alford, Robert R., *Bureaucracy and Participation*(New York: Rand Mcnally and Co., 1969).

Allison, Linclon, *Environmental Planning; A Political and Philosophical Analysis* (London: George Allen and Unwin Ltd., 1975).

Almond, G. A. and G. B. Powell Jr., *Comparative Politics; A Developmental Approach*(Boston: Little and Brown, 1966).

Arnold, David S.(ed.), *Urban Transportation in the Practice of Local Government Planning*(Internal City Management Association, 1979).

Bell, Gwen(ed.), *Urban Environments and Human Behavior; An Annotated Bibliography* (Dowden, Penn.: Hutchinson and Ross, Inc., 1973).

Bens, Charles, *Citizen Participation in Metro Toronto*(Toronto: Bureau of Municipal Research, 1974).

Bollens, J.C. and H.J. Schmandt, *The Metropolis: Its People, Politics and Economic Life*(New York: Harper & Row, Publishers, 1982).

Bormage, Arthur W., *Introduction to Municipal Government and Administration*, 2nd. ed.(1957).

Breese, Gerald, *Urbanization in Newly Developing Countries*(N.J.: Prentice-Hall, 1966).

Burkhead, Jesse, *Government Budgeting*(New York: Wiley, 1956).

Byrne, Tony, *Local Government in Britain*(Harmondsworth: Penguin Books, 1985).

Caiden, Gerald E., *Administration Reform*(Chicago: Aldine Publishing Co., 1969).

Campbell, Alan K. and Roy W. Bahl(eds.), *State and Local Government*(New York: The Free Press, 1976).

Chandler, Ralph C. and Jack C. Plano, *The Public Administration Dictionary*(New York: John Wiley & Sons, Inc., 1982).

Clark, Colin, *The Conditions of Economic Progress*, 2nd. ed.(London: 1951).

Cohen, Persy S., *Modern Social Theory*(New York: Basic Books, 1968).

Cole, G.D.H., *Local and Regional Government*(1947).

Creigeton, Robert, *Urban Transportation Planning*(Illinois: University of Illinois Press, 1970).

Davis, Kingsley, *The World Metropolitan Area*(Berkely: Univ. of California, 1959).

Diamond, O., & McLoughlin, J.B.(ed.), *Process in Planning*, Vol.1(Pergamon Press, 1973).

Dimock, Marshall E. and Gladys O. Dimock, *Public Administration*(New York: Holt, Reinehart and Winston, 1958).

______, *A Philosophy of Administration*(New York: Harper & Row, Publishers, Inc., 1958).

Doxiadis, Constantinos A., *Ekistics*(London: Hutchinson & Co, Ltd., 1968).

Due, John F. and Ann F. Firedlaender, *Government Finance*(Homewood, Ill.:Richard D. Irwin, 1981).

Dyke, Veron Van, *Political Science; A Phisosophical Analysis*(California: Standford University Press, 1960).

Etizioni, Amitai, *Modern Organizations*(Englewood Cliffs, N. J.: Prentice-Hall, 1964).

Faluid, Andress, *A Reader in Planning Theory*(New York: Pergamon Press, 1973).

Friedmann W., *The Public Corporation; A Comparative Symposium*(Toronto: The Carewell Co., 1954).

Gaus, John M., *Reflection on Public Administration*(Alabama: The Univ. of Alabama Press, 1947).

Golany, Gideon, *New Town Planning; Principles and Practice*(New York: John Wiley & Sons, 1976).

Goodman, J. S., *The Dynamics of Urban Government and Politics*(New York: Macmillan, 1980).

Gottmann Jean, *Megalopolis; The Urbanized Northeastern Seaboard of the United States*(Norwood, Mass.: The Plimton Press, 1961).

Grigsby, W., *Housing and Public Policy*(Pennsylvania: University of Pennsylvania Press, 1963).

Harris, G.M., *Comparative Local Government*(London: Hutchinson's University Library, 1948).

Hazard, John N., *The Soviet System of Government*(Chicago: University of Chicago Press, 1960).

Hirsch, Werner Z., *The Economics of State and Local Government*(New York: McGraw-Hill Book Co., 1970).

Hirschman, Albert O., *The Strategy of Economic Development*(New Haven: Yale University Press, 1958).

Hitchner, Dell Gillete and Levine Carol, *Comparative Goverment and Politics*(2nd ed.)(New York: Harper & Row, Publishers, 1981).

Hoover, Edgar M., *Anatomy of a Metropolis*(New York: Doubleday, 1962).

Howard, E., *Garden Cities of Tomorrow*(Cambridge, Mass.: M.I.T. Press, 1965).

Heady, Ferrel, *Public Administration; A Comparative Perspective*(Englewood Cliff, N.J.: Prentice-Hall, Inc., 1966).

Isard, Walter, *Location and Space Economy*(MIT Press, 1986).

Jackson, W.E., *Local Government in England and Wales*, 3rd edition(1989).

Johns, David W. and William L. Garrison(et al.), *Transportation System Management: Promise, Performance and Pronosis*(Washington D.C.: U.S Department of Transportation, 1978).

King, L.J. and Golledge R.G., Cities, *Space and Behaviors*(Englewood Cliffs, New Jergey: Prentice-Hall, 1978).

Lasswell, Harold, Politics; Who Gets What, *When and How*(Cleveland: The World Publishing Co., 1965).

Le Breton, P.P. and D.A. Henning, *Planning Theory*(Englewood Cliffs: Prentice Hall,

1961).

Lee, Robert D. and Ronald W. Johnson, *Public Budgeting System*, 3rd ed.(Baltimore: University Park Press, 1983).

Limpan, V.D., *Local Government Area* 1934~1945(Oxford: Basil Blackwell, 1949).

Lindblom, Charles and David Braybrooke, *A Strategy of Decision; Policy Evalution as a Social Process*(Glencoe, Illinoise: The Free Press, 1963).

Lineberry, Robert L. and Ira Sharkansky, *Urban Politics and Public Policy*(New York: Harper and Row Publishers, 1971).

Marx, Fritz Morstein, *The Administrative State*(Chicago: University of Press, 1950).

McGregor, Douglas, *The Human Side of Enterprise*(New York: McGraw-Hill, 1960).

Micheli, Robert B. and Chester Rapkin, *Urban Traffic; A Function of Land Use*(New York: Columbia University Press, 1954).

Mikesell, John L., *Fiscal Administration*(Homewood, Illinois: The Dorsey Press, 1982).

Mills, Edwin S., *Urban Economics*(Glenview, Illinois: Scott, Foresman and Company, 1972).

Millspaugh, Arthur C., *Local Democracy and Crime Control*(Washington D.C.: Brooking Inc., 1936).

Mogälf, Melvin B., *Citizen Participation: A Review and Commentary of Federal Policies and Practices*(Washington D.C.: Urban Institute, 1970).

________________, *Citizen Participation: The Local Perspective*(Washington D.C.: Urban Institute, 1970).

Morrow, Willam L., *Public Administration: Politics, Policy and Political System* (Random House, 1975).

Mumford Lewis, *The City in History; Its Origins, Its Transformations and Its Prospects*(New York: Harcoust Brace and World Inc., 1961).

Musgrave, R. A., *The Theory of Public Finance*(New York: McGraw-Hill, 1959).

Myrdal, Gunnar, *Rich Land and Pour; The Road to World Prosperity*(New York: Harper and Row, 1957).

Nigro, Felix A., *Modern Public Administration*(New York: Harper & Row, Publishers, Inc., 1965).

Northam, R.M., *Urban Geography*(New York: John Willey and Sons, Inc., 1979).

Paulsen, D.F. and R.D. Dengardt(eds.), *Pollution Public Policy*(New York: Dodd, Mead and Co., 1973).

Pitts, Forrest(ed.), *Urban System and Economic Development*(Oregon: University of Oregon, 1962).

Poole, Robert W., *Cutting Back City Hall*(New York: A Free Life Editions Book, Universe Books, 1980).

Renaud, Bertrand, *National Urbanization Policies in Developing Counties*(IBRD, 1979)

Rhodes, R., *Control and Power in Central-Local Relation*(Farnborough, Aldershot: Gower, 1981).

Richards, P.G., *The Reformed Local Government System*(London: George Allen & Unwin, 1973).

Riggs, Fred W., *Administration in Developing Countries; The Theory of Prismatic Society*(Boston: Houghton Mifflin Company, 1964).

______________, *The Ecology of Public Administration*(New Delli: Asia Publishing House, 1961).

Robinson, S. P., *The Administration Process; Intergrating Theory and Practice* (Englewood Cliffs, N. J.: Prentice Hall, 1976).

Sayre, Wallace S., *American Government*, 15th edition(New York: Branes & Noble, Inc., 1968).

Schultze, Charles L., *The Politics and Economics of Public Spending*(Washington D.C.: The Brookings Institution, 6th Printing, 1973).

Seneca, Joseph J. and Michael K. Jaussig, *Environment Economic*(Englewood Cliffs, N. J.: Prentice Hall Inc., 1979).

Sills, David L.(ed.), *International Encyclopedia of the Social Science*, Vol. 13(New York: The Macmillan Co. and the Free Press, 1968).

Simon, Herbert A.(et al.), *Centralization vs. Decentralization in Organization; the Controller's Department*(New York: Controllership Foundation, Inc., 1954).

Skmith, Wallace F., *Housing; The social and Economic Elements*(Berkeley: California University Press, 1971).

Taylor, G.R., *Satellite Citis; A Study of Industrial Suburbs*(New York: The Free Press, 1965).

Thompson, Wilbur R., *A Preface to Urban Economics*(Baltimore: The Johns Hopkins Press, 1965).

Thornhill, W., *The Case for Regional Reform*(London: Thomas Nelson and Sons, 1972).

Vanhove, Norbert and Leo H. Klaasssen, *Regional Policy; A European Approach* (Westmead, England: Saxon House, 1980).

Wagner, Fred A. and Keith Gillbert, *TSM: An Assessment of Impacts*(Washington D.C.: U.S. Department of Transportation, 1978).

Walsh, Anmarie H., *The Urban Challenge to Government: An International*

Comparison of Thirteen Cities(New York: A Praeger Publishers, 1969).
Waterston, Albert, *Development Planning*(Baltimore: Johns Hopkins Press, 1965).
Weber, Max, *The City*(New York: The Free Press, 1966).
Wirth, Louis(ed.), *Community Life and Social Policy*(Chicago: Univ. of Chicago, 1956).
加藤一明 外, 「現代地方自治」(東京: 東京大學出版會, 1983)
吉富重夫, 「地方自治」(東京: 勁草書房, 1985)
石原信雄, 「現代 地方財政運用論」(東京: ぎさるせい, 1967)
市町村自治研究會, 「全國市町村要覽」(1997. 11)
二橋正洪・河野榮, 「地方財政と 計劃・豫算」(東京: 第一法規出版社, 1983)
日本 自治省 地方財政調查會, 「地方財政分析」(市町村 財政效率化の 指針)(東京: ぎさるせい, 1990)
田成賴明, 「現代社會と 自治制度の 變革」(東京: 學陽書房, 1976)
村英一・星野光男, 「地方自治讀本」(東京: 東洋經濟新聞社, 1957)
恒松制治 外, 「都市財政槪論」(東京: 有斐閣, 1975)

Ⅱ. 論 文

1. 國內論文

權泰埈, "韓國의 住宅政策," 黃明燦 編, 「住宅政策論」(서울: 經營文化院, 1985)
강승규, "대중교통수단의 문제점과 방향," 「한세정책」 第12號(한세정책연구원, 1995)
강승필, "대도시 교통난 해소방안," 「정책포럼」 통권20호(1996)
金繁雄, "環境行政과 住民參與," 「國土計劃」 第15卷 第1號(大韓國土計劃學會, 1980. 9)
金安濟, "住宅供給의 基本理論," 黃明燦 編, 「住宅政策論」(서울: 經營文化院, 1985)
______, "地方自治行・財政制度의 懸案과 發展戰略," 「第2回 國家發展 및 政策 開發을 위한 政・學 세미나 發表論文」(社團法人 世界平和敎授 協議會, 1989. 4)
______, "地方行政階層構造 및 行政區域의 改編方向," 「地方行政構造改編에 관한 討論會 論文」(行政改革委員會, 1988. 7)
金儀遠, "日帝下의 韓國都市," 「都市問題」(大韓地方行政共濟會, 1982. 11)
김정훈, "首都圈 쓰레기 매립지의 問題點과 改善方案," 「서울市政研究」 第4卷 第2號(1996)
金海東, "韓國의 住民組織과 地方行政," 「行政論集」 第23號 第1號(서울大學校 行政大學院, 1985)
박연수, "우리나라 地方公企業의 役割과 責任," 「地方公企業 構造調整 및 經營革新 워크샵」(行政自治部, 地方自治經營協會, 1998. 9)

______, "우리나라 地方稅外收入의 實態,"「地方財政」 第17卷 5號(韓國地方財政共濟會, 1998)

孫楨睦, "우리나라 海岸都市形成과 發展過程,"「韓國都市開發論」(서울: 一志社, 1981)

원윤희, "地方財政擴充을 위한 地方稅制改編方案,"「地方財政擴充方案」(서울特別市 議政會, 1998. 12)

유재원, "首都圈廣域行政의 實態와 改善方向,"「首都圈 廣域行政의 效率的 遂行方案 摸索」(國民會議 第6次 政策討論會議, 1996)

李建榮, "승용차 이용의 사회적 비용,"「都市問題」(大韓地方行政共濟會, 1987. 4月號)

李圭煥, "道區域의 合理的 改編方案,"「地方行政研究」 第8卷 第2號(韓國地方行政研究院, 1993)

______, "都·農 統合型 區域改編과 階層構造,"「行政區域改編의 方向」(韓國地方自治學會 研究發表會, 1994. 4)

______, "都市開發과 住民參與,"「地方行政研修」 第13號(內務部 地方行政研修院, 1988. 6)

______, "都市計劃法 解說,"「地方自治와 議會運營」(韓國地方自治學會, 地方行政研修院, 1998)

______, "都市圈開發을 위한 廣域都市行政體制에 관한 研究"(서울大學校 環境大學院 碩士學位論文, 1977)

______, "都市圈에 있어 廣域行政體制의 方向,"「道政研究」 창간호(경기도, 1988)

______, "都市財政의 計劃的 運用에 관한 研究"(中央大學校 大學院 博士學位 論文, 1987)

______, "都市行政의 課題와 發展方向,"「韓國行政의 課題와 改革」(서울: 아세아 문화사, 1998)

______, "美國都市政府의 資本豫算制度 運用,"「地方財政」 第13卷 5號(韓國地方財政共濟會, 1994)

______, "美國의 減縮管理와 그 推進戰略,"「地方財政」 第12卷 2號(韓國地方財政共濟會, 1993)

______, "市·郡의 都·農 統合的 行政區域 改編方案,"「國會報」 第333號(國會事務處, 1994. 7)

______, "우리나라 都市開發의 課題와 方向,"「中央大學校 行政大學院 高位政策過程 特講論文」(1996)

______, "日帝下의 都市開發行政에 관한 考察,"「中央行政論集」 第11卷(中央大學校 國家政策研究所, 1997)

______, "自治基盤擴充을 위한 地方行政發展方案,"「首都圈對策과 地域均衡發展을 위한 政策討論會 發表論文」(國土開發研究院 및 地域均衡發展企劃團, 1989. 5)

______, "第3섹터의 意義,"「地方財政」 第15卷 2號(韓國地方財政公濟會, 1996)

______, "中期地方財政計劃制度의 意義와 期待效果," 「地方財政」 第16卷 2號(韓國地方財政共濟會, 1997)

______, "地方經營收益事業의 活性化 方案," 「地方財政」 第17卷 5號(韓國地方財政共濟會, 1998)

______, "地方公企業의 設立과 發展方向," 「江東開發公社 設立을 위한 公聽會」(강동구, 1998. 11)

______, "地方交付稅의 問題點과 改善方案," 「中央行政論集」 第9卷(中央大學校 國家政策研究所, 1995)

______, "地方讓與金制度의 意義," 「地方財政」 第11卷 2號(韓國地方財政共濟會, 1992. 여름호)

______, "地方自治團體의 決算制度의 發展方向," 「地方財政」 第17卷 6號(韓國地方財政共濟會, 1998)

______, "地方自治團體의 稅外收入擴充方案," 「地方財政擴充方案」(서울特別市 議政會, 1998. 12)

______, "地方財政支出의 合理化 方案," 「地方財政」 第13卷 4號(韓國地方財政共濟會, 1994)

______, "地方政府間의 關係," 「政府間 關係; 理論과 實際」(서울: 法文社, 1997)

______, "地方政府의 豫算制度 改革方案," 「行政研究」 第6卷(中央大學校 行政大學院, 1996)

______, "地方債의 本質," 「地方財政」 第12卷 6號(韓國地方財政共濟會, 1993)

______, "地方行政과 地域均衡發展에 관한 獨逸 研修記," 「地方行政研修」(內務部 地方行政研修院, 1986. 12)

______, "統合的 都市圈開發行政體制의 摸索," 「都市問題」(大韓地方行政共濟會, 1984. 10月號)

______, "道稅徵收交付金制度의 意義," 「地方財政」 第18卷 3號(韓國地方財政共濟會, 1999)

______, "地方自治下의 地方財政 投·融資事業 審査制度," 「地方財政」 第18卷 4號(韓國地方財政共濟會, 1999)

이기우, "地方自治團體의 協力活性化 方案," 「사회와 교육」(1994)

李漢彬, "開發型時觀論," 「行政論集」 第4卷 第2號(서울大學校 行政大學院, 1966).

林岡源, "都市情報 시스템 設計에 관한 研究," 「한국 OR 학회지」 第2卷 1號(한국운용과학회, 1977)

鄭世煜, "2000年代의 國家와 地方自治團體와의 關係," 「2000年代 地方行政의 座標」(韓國地方行政研究院, 세미나 綜合報告書, 1985)

______, "地方財政에 있어서 稅外收入의 增大方案," 「地方財政」 第17卷 5號(韓國地方財政共濟會, 1998)

정채융, "地方公企業 構造調整 및 經營革新의 方向과 目標,"「地方公企業 構造調整 및 經營革新 워크샵」(行政自治部, 地方自治經營協會, 1998.9)

趙德圭, "行政政策의 基本戰略(200萬戶 住宅建設計劃을 중심으로),"「都市問題」(大韓地方行政共濟會, 1989. 6月號)

조창현, "韓國地方自治團體의 自主組織權에 관한 硏究"(명지대학교 大學院 博士學位 論文, 1998)

崔昌浩, "地方行政階層構造 改編을 통한 自治區域과의 調和,"「國會報」第333號(國會事務處, 1994. 7月號)

하상균, "韓國의 地方自治團體組合에 관한 硏究"(단국대학교 大學院 博士學位 論文, 1996)

홍완식, "中央과 地方間의 機能配分에 관한 理論과 實際,"「시정硏究」(부산직할시, 1987. 第2號)

황성돈, "新人事行政의 基本原則과 方向,"「2000年代를 대비한 政府組織의 革新方案」(韓國行政學會, 夏季學術大會 發表論文集, 1997)

2. 國外論文

Aleshire, Robert A., "Power to the People: An Assessment of Community Action and Model Cities Experience," in Public Administration Review, Vol.32(September 1972).

Arnstein, Sherry R., "A Ladder of Citizen Participation," in Journal of the American Institute of Planners, Vol.35, No.4(July, 1969).

__________, "Eight Rungs on the Ladder of Citizen Participation," E.S. Cahn & B.A. Passtt(ed.), Citizen Participation; Effecting Community Change (Praeger Publishers, 1971).

Boone, Richard W., "Reflection on Citizen Participation Economic Opportunity Act," *in Pubic Administration Review,* Vol. 32(September 1972).

Carol, Hans, "The Hierachy of Central Functions within the City," *Annals of the American Geographer*, Vol. 50(1960).

__________, "The Hierachy of Central Functions within the City," *Annals of the Association Geographer*, Vol. 50(1960)

Crouch, W.W., "Metropolitan Government in Toronto," *Public Administration Review* (Spring, 1954).

Cunnigham, James V., "Citizen Participation in Public Affairs," in *Public Administration Review,* Vol. 32(October, 1972).

Dahl, Robert A., "Trends in the Comparative Study of Public Administration,"

American Society for Public Administration(April, 1961).

________________, "The Science of Public Administration," *Public Administration Review*, 7-1(1957).

Diamant, Alfred, "The Nature of Political Development," Reprinted in Jason L. Finkel and Richard W. Gable(eds.), *Political Development and Social Change*(New York: Wiley John, 1966).

Dimock, Marshall E., "The Criteria and Objectives of Public Administration"(eds.), J.M. Gaus, L.D. White and M.E. Dimock, *The Frontiers of Public Administration*(Chicago: University of Chicago Press, 1936).

____________________, "The Meaning and Scope of Public Administration," in John M. Gaus, Lionard D. White and Marshall E. Dimock(eds.), *The Frontiers of Public Administration*(Chicago: University of Chicago Press, 1936).

Doxiadis, C.A., "Ecumenopolis; Tomorrow's City," in *Britannica Encyclopedia*(New York: 1968).

Dunleavy, P., "The Limits to Local Government," in M. Boddy(eds.), *Local Socialim*(London: Macmillan, 1984).

Esman, Milton J., "The Politics of Development Administration," in John D. Montgomery and William J. Siffin(eds.), *Approaches to Development: Politics, Administration and Change*(New York: McGraw-Hill, 1966).

Etitioni, Amitai, "The Third Sector and Domestic Missions," in *Public administration Review*, Vol. 33(1973, Dec.).

Foster, Kathrn A., "Specialization in Government, The Uneen Use of Special Districts in Metropolitan Areas," *Urban Affairs Review*, Vol. 31, No. 3(1996.1).

Harris, C.D and E.L. Ullman, "The Nature of Cities," No. 11(1945).

Hart, David K., "Theories of Government Related to Decentralization and Citizen Participation," in *Public Administration Review*, volume 32(October, 1972).

Hauser, Philip, "Population Composition and Trend," in Daniel P. Moynihan(ed.), *Urban America; The Expert Looks at the City*(New York: Voice of America Forum Lectures, 1970).

Hawley, Amos H., "Human Ecology," *International Encyclopedia of the Social Sciences*, Vol. 4(New York: The Macmillan Co. and The Free Press, 1974).

Hendee, J.C., et al., "Methods for Acquiring Public Input," in Pierce & Doerksen, *Water Politics Public Involvement*(Ann Arbor: Arbor Science, 1976).

Hinshaw, Mark, "Environmental Preferences of Future Housing Consumers," in *JAIP*(March, 1972).

Ilchman, Warren F., "Rising Expectations and Revolution in Development,

Administration," *Public Administration Review*(December, 1965).

Irland, Lloyd C., "Citizen Participation; A Tool for Conflict Management on the Public Lands," in *Public Administration Review* Vol. 35, No. 3(May/June, 1975).

Jun, Jong S., "Management by Objectives in the Public Sector," *Public Administration Review*(Vol. 36, No. 1, January/ February, 1976).

Kalter, Rovert P., "Bottle Neck on the Roads," in George M. Smerk,(ed.), *Readings in Urban Transportation*(Indiana: Indiana University Press, 1968).

Lalpard, Eric E., "Historical Aspects of Urbanization," Philip M. Hauser & L. F. Schnore(ed.), *The Study of Urbanization*(New York: Willey John & Sons, Inc., 1967).

Mayer, Harold M., "Transportation Facilities Planning External," in Claive, William H.(ed.), *Handbook on Urban Planning*(New York: Van Nostrand Reinhald Co., 1978).

Mckean, Roland N. and Melvin Anshen, "Limitations, Risks and Problems," in David Novick(ed.), *Program Budgeting; Program Analysis and the Federal Budget*(Cambridge, Mass.: Harvard University Press, 1965).

Montgomery, John D., "A Royal Invitation; Variations on Three Classic Themes," in John D. Montgomery and William J. Siffin(eds.), *Approaches to Development: Politics, Administration and Change*(New York: McGraw-Hill, 1966).

Musgrave, Richard A., "Approach to a Fiscal Theory of Political Federalism," *Public Finance; Needs, Sources and Utilization, National Bureau of Economic Research*(Princeton, N.J.: Princeton University Press, 1961).

Panandiker, V.A. Pai, "Developmental Administration; An Approach," in Nimrod Raphaeli(ed.), *Readings in Comparative Public Administration*(Boston: Allyn and Bacon, 1967).

Peterson, P., "A Unitary Model of Local Taxation and Expenditure Policies in the United States," in *British Journal of Political Science*(1979. 9).

Pyhrr, Peter A., "The Zero-Base Approach to Government Budgeting," in *Public administration Review*, Vol. 37(1977, Jan.).

Ralph, Gakenheimer and Michael Meyer, "Urban Transportation; The Sources and Prospects of TSM," Alan Altshaler(ed.), *Current Issues in Transportation Policy*(Illinois: Lexington Book, 1979).

Richard, Peter G., "Delegation in Local Government Recent Developments," *Public Administration*(The Royal Institute of Public Administration, Autumn

1958).

Riggs, Fred W., "Bureaucracy and Political Development: A Paradoxical View," in Joseph LaPalombara(ed.), *Bureaucracy and Political Development*(Princeton: Princeton University Press, 1963).

Schick, Allen, "The Road to PPB: The Stages of Budget Reform," in *Public administration Review*, Vol. 26, No. 4(1966).

Schnore, Leo F., "The City as a Social Organism," *Urban Affairs*, Quarterly(Vol.1, No.3, 1966).

Sharpe, L.J., "Functional Allocation in the Welfare State," *Local Government Studies*, Vol.10, No.1.

Verba, Sidney, "Democratic Participation," in *The Annuals of the American Academy of Political and Social Science*(September 1967).

Ullman, Edward L., "A Theory of Location for Cities," Hatt and Reiss, *Cities and Society*(New York: The Free Press, 1957).

Weeks, Kent M., "Public Servants in the New Zealand Ombudsman System," *Public administration Review*, Vol. 29. No. 6(November/ December, 1969).

Weidner, Edward W., "Development Administration; A New Focus for Research," in Ferrel Heady and Sybil L. Stokes(eds.), *Papers in Comparative Public Administration*(Ann Arbor: Institute of Public Administration, The University of Michigan, 1962).

Wildavsky, Aaron, "The Political Economy and Efficiency; Cost Benefit Analysis, System Analysis and Program Budgeting," in *Public administration Review*, Vol. 24(1966, Dec.).

Wirth, Louis, "Urbanism as a Way of Life," *American Journal of Sociology*, Vol. 44(July, 1938).

成懶龍夫, "行政守備範圍論と 地方財政,"「都市問題」(東京: 東京市政調査會, 1982. 11月號)

Ⅲ. 기타 문헌

1. 국내문헌

建設交通部,「建設交通白書」(1998. 2)

______,「交通安全年次報告書」(1997. 8)

______,「韓國水資源 長期綜合計劃」(1991~2011)

建設部,「中水道開發方案 研究」(1984)

國土開發硏究院, "規制緩和를 통한 土地供給의 원활화," 「21世紀 對備 國家課題公聽會」(1997)

_______________, 內部資料(1998)

내무부, 「한국도시연감」(1997)

______, 「지방재정연감」(1997)

大韓住宅公社, 「住宅統計便覽」(1997)

서울特別市, 「서울6百年史」, 4卷(1982)

__________, 「市史資料 I」(1983)

朝鮮公論, 「國際都市京城府」(1935년 11月號)

朝鮮總督府, 「朝鮮土木事業誌」(1937)

統計廳, 「大都市住宅 및 住居環境 變化硏究」(1997)

______, 「將來人口推計」(1996)

韓國地方行政硏究院, 「2000年을 향한 地方行政座標」(1986. 12)

___________________, 「地方行政機能分析에 관한 硏究」(1985. 10)

韓國行政問題硏究所, 「韓國政府의 豫算適用에 있어서 統合豫算과 PPBS의 適用에 관한 硏究報告書」(서울大學校 行政大學院, 1969)

行政自治部, 「地方財政年監」(1998)

__________, 「韓國都市年監」(1998)

__________, 「 地方自治團體 豫算槪要」(1998)

環境部 水道政策課, 「全國上水道綜合 10個年 計劃」(1997)

______, 「'97 廢棄物 政策資料」(1997)

______, 「廢棄物處理運用」(環境公務員敎育院, 1995)

2. 국외문헌

Department of Housing and Urban Development, *Citizen Participation for Urban Management Module 13*(Washington D.C.: U.S. Government Printing Office, Aug.1977).

Skeffington Committee, *People and planning: Report of the Committee on Public Participation in Planning*(U.K. Ministry of Housing and Local Government, 1970).

UN, *Trend and Prospects in the Population of Urban Agglomerations, 1950, 2000, As Assessed in 1973*, 1975(Population Division, Department of Economic and Social Affairs, UN, November, 1975).

U.S. Environmental Pretection Agency, *Mobil Source of Emission Factor* (Washington, D.C., 1988).

색 인

[ㄱ]

가구의 세분화 405, 406
가구의 증가 405
가도시화 92, 366
가로망 69, 444
가로청소용수 483
가변차선제 456
가속현상 111
가스 분출공 504
가스 포집 및 처리시설 505
가스對策 505
가스포집관 505
가압 펌프장 475
가압송수 477
가압장 480
가압펌프장건설비용증대 477
가연성 쓰레기 488
가용자원 86, 421
가정하수 464
가치중립적·기계적 능률 54
가치판단 200
가치판단적 내용 23
가치판단적·사회적 능률 55
간선 452
간선도로 444
간접통제방법 169
감사권 226
감축관리 334, 336
감축관리전략 336
强市長·議會型 216
강제통제 52
개발경기 368
개발경제학자 405
개발규제 420
개발도상국 41, 409
개발사업관리 201
개발예정구역 427
개발이익 427
개발전략 53
개발정비관리보전 379
개발제한구역 373, 384
개발제한구역(green belt)지정 420
개발행정기능 250
개별 교통계획 376
개인목표 52
개인사무(personal business) 433
개입기능 175
거대도시 67, 100
거대도시의 도시화 88
거주면적의 증가 408
거주인구밀도 21
거주자 우선주차제 452
거주활동 68
건물부설주차장 446, 455
건물연면적 416
건설관리행정 44
건설교통부 475
건설기계검사시설 387
건설산업기본법 392
건설원가 418
건설주택국 409
건전재정 333
건축공학 415
建築物群 21
건축자재화 490
건축폐기물 489
게마인데 218
게마인데(Geminde)의 의회 222
게마인데조합 212

게임 시뮬레이션 181
격자형(gridiron)의 도로 9
결산검사위원 328
겸업농가율의 증가 90
경공업도시 71
경공업지역섹터 12
경기조절기능 406
경력직 공무원 271
경비수준 314
경사지 428
경상수입 286
경상재원 315
경상적 경비 295
경상적 경비부문 244
경상적 세외수입 293
경성부도시계획안 368
경성시가지계획연구회 368
경영수익사업 308
경제 원조 15
경제개발비 287
경제거래권 266
경제계획 362
경제발전 5개년 계획 3
경제성 54
경제성의 원칙 157
경제성장률 430
경제유통과정 406
경제적 관점 59
경제적 유량적용 481
경제적 접근방법 19
경제적 조건 466
경제적 통일체 351
경제적·물리적 쇠퇴지역(blighted area) 404
경제통계치 314
경제학 405
경제활동인구 123, 128
계량기 개량 481
계속비이월금 304
계층구조 254, 258
계층구조개편 269
계층성 65
계층적인 분화현상 14
계층확산 83
계획1인 1일 최대급수량 466
계획관리지역 380
계획급수인구 466
계획된 변동 37
계획모형 363
계획없는 발전 376
계획의 승인단계 201
계획인구 466
계획적 변화(planned change) 374
계획조정 200
계획조정단계 200
고가도로 388
고급주거지 12
고급주택소유욕 404
고농도폐수배출 473
고도자본주의 19
고립주의 104
고밀도 인구지역 62
고속철도 434
고오스 15
고용 93
고용기회 76, 317
고용원 476
고용정보 178
고용직 공무원 272
고용효과 405
고유사무 231
고지대 423
고층아파트 410
고층주택 410
고트만 79
공간구조 435
공간구조이론 12
공간구조적 입장 83
공간적 계층구조 100
공간적 균질성 354
공간적 분화성 90
공간적 이동 431

공간적 장 403
공간형성축 12
공공감보 427
공공경비 286
공공문화시설 373
공공복리 374
공공복리행정 409
공공복지기능 166
공공성 확보 427
공공수요 123
공공시설계획 362
공공시설의 확보 20
공공욕구 129, 283
공공용수 466
공공용지 406
공공자금 375
공공재 85
공공조합 209
공급비용 336
공급수준 314
공급요인 443
공급처리계획 376
공급처리시설 61
공급처리시설의 확충 20
공동구 61
공동위원회 212
공동차고지 388
공동택지개발조성 418
공람 398
공무원의 저항의식 352
공무원제도 277
공보 398
공복의식 52
公選幹部 216
공식적인 법적 통제 18
공업계획 376
공업단지의 건설 426
공업생산력 3
공업용수 466
공업용지 조성사업 390
공업용지조성 372
공업지조성사업 373
공업화 464
공영개발 420, 429
공영주차장 445
공영주택사업 415
공영차고지 388
공용시설보호지구 382
공용주차장 455
공유수면 385, 392, 426
공유지관리 307
공익사업비 297
공익세입 285
공장도시 365
공장용수 464
공장폐수 464
공장폐수처리시설 482
공항시설보호지구 382
공해문제 72
공해방지법 487
공회당 9
과다주입 468
과대경계도시 64
과대도시화 3, 435
과도기단계 83
과밀억제권역 392
과밀집중화 101
과밀화 464
과세권 298
과세단위 302
과세물건 299, 300
과세주체 299
과세평가관(assessor) 216
과세표준 299
과소주택투자 405
과소지역 76
과속차량운행 448
과태료 448
과학적 관리론 222
관광·휴양개발진흥지구 383
관광단지조성 196
관광도시 71

관념체(idea) 34
관련보완제도 329
관료우위사회 39
관료적 통제 357
관료제의 강화 38
관리관제도 222
관리전략 52
관리정책수단 487
관리주체 476
관리통제 168
관리행정부문 27
관보 398
관아기능 12
관청 회계방식 476
官治優越的 二元型 46
관치적 도시행정 46
관치적 도시행정방식 48
관치행정 41, 44, 46, 156
관할구역 357
관할구역의 다양화 353
관할구역의 다원화 13, 28
광역계획구역 373
광역도시정부 14
광역도시행정 13
광역매립지 495
광역사무 77
광역시의 보조기관 273
광역자치단체 73
광역적 행정 256
광역적 13
광역주의 338
광역처리장 503
광역행정 44
광역행정수요 265, 338
광역행정처리방식 345
교외화 91
교육구(school districts) 211
교육행정기능 242
교정적 감독 163
교통(transportation) 431
교통개발계획(T.I.P.) 460
교통공급증대 대책 450
교통공해 437
교통관련법규 457
교통관련법규의 일원화 450, 458
교통관련재정 448
교통관리체계(T.S.M.) 461
교통기관별 434
교통난 435
교통난의 가중요인 443, 446
교통망 435
교통목적(trip purpose) 433
교통문제 28, 75
교통발생자 451
교통법규위반의 과징금 448
교통사고(traffic accident) 435
교통사고발생건수 441
교통사고비용 436
교통서비스 434
교통소통의 원활 456
교통수단(mode) 432, 435, 443
교통수단별 분담율의 개선 449
교통수요관리정책 452
교통수요억제대책 450
교통수요억제효과 451
교통시설 435, 437, 443
교통신호체계의 연동화 456
교통운수시설 373
교통운영 443
교통재정의 확충 450
교통정보서비스 459
교통정보시스템 459
교통정책 437
교통종합계획의 수립 449
교통지체 436
교통지체현상 451
交通集結點(nodal point) 460
교통집중현상 433
교통체계관리(T.S.M.)계획 460
교통체증(bottle neck) 443
교통체증(bottle neck) 현상 435
교통축교통 434

교통통제의 전산화 449, 456
교통행정 44, 448
교통행정기구 461
교통행정의 전문화 450
교통현상 435
교통혼잡(traffic congestion) 433, 435, 451
교통혼잡세(congestion toll) 437
교호기능 183
구간속도 456
구릉지 428
구심적 도시화 88
구역조정 269
구조·기능적 접근방법 31
구조개선 20
구조기능적 접근방법 16
구조적 분화 36
구조조정 125
구획변경 425
국가IST기본계획 459
국가공무원 271
국가기관 230
국가기능 314
국가기획위원회 362
국가발전에 관한 사무 160
국가발전의 원천지 58
국가의 창조물 147
국가재정 282
국가재정운용 322
국가적 공간개발 251
국가적 사무 141
국가행정 41
국가형성 134
국고보조금 143, 286, 315
국고보조금사업 308
국고보조금제도 316
국고보조사업 317, 318
국고보조율 143
국권설 147
국내 내수항 72
국민복지증진 131
국민주택건설 414, 421
국민주택규모 424
국민주택기금 414, 421
국민최저수준 139, 140
국민형성 134
국제이민 84
국제통계회의 61
국지적 67
국토건설종합계획법 201
국토건설종합심의회 201
국토공간 61
국토공간구조 105, 117
국토공간체계 129
국토이용관리법 428
국토체계 124
국토해양부장관 396
군수 396
군항 72
궁성 58
권력적 통제 142, 145
권력통합원칙 213
권한배분관계 133
권한부여방법 151
권한분담 178
권한의 대립(conflict of authority) 344
귀속주체 306
규격품사용 468
규모의 경제(scale of economy) 85, 259
규모의 경제성 354
규범적 계획 364
규범적 접근방법 31
규범적 주장 48
균형의 원리 219
균형적 사회발전전략 38
균형적 행정발전전략 38
균형적 행정발전형 38
그린벨트 75, 366
극대화를 이룬 균형점 48
근교도시 67
근대상수도 469
근대적인 도시계획개념 366

근린상업지역 379
근린의식 18, 65
근린주구 21, 77
근접성 266
금전만능주의 18
급수계획 466
급수관정비 478
급수구 211
급수구역 466
급수기능 463
급수문제 28
급수보급률 466, 472
급수불량지역 470
급수수요량 466, 477
급수원가 475
급수인구 124
기간산업 134
기간시설 463
기계적 능률 54
기관구성권 150
기관대립형 213, 215, 218
기관분립형 215
기관위임 138, 158
기관위임사무 149, 161, 165, 237, 245, 246, 249
기관위임행정 156
기관의 자기선임원칙 221
機關統合型 213
기구의 편제 277
기구확장 331
기능배분 70, 73, 166, 200, 246
기능배분의 원칙 157
기능분담 429
기능분화과정 15
기능의 분화 130
기능의 중복 344
기능적 계획 364
기능적 관계 15
기능적 분화 42
기능적 분화현상 28
기능적 의존성 339
기능적 협력관계 138
기능적인 분화 15
기능직 공무원 271
기동수리반 편성 468
기동장비구입비 482
기본요건 404
기본재정수요액 313
기술개발 129
기술교육 129
기술의 쇄신성 20
기술적 원조 141
기술진보 129
기술집약형 129
기업간 M&A 125
기업관리 476
기업주택 410
기업회계 477
기준재정수요 313, 319, 320
기준재정수요액 312, 318, 320
기준재정수입액 312, 318, 320
기채사업 330
기채승인 143
기초단위 404
기초자치단체우선의 원칙 157
기초지방자치단체 14
기초통계 314
긴장과 불안(strain and discomfort) 435
꼼뮨 219
꼼뮨조합 212

[ㄴ]

나이그로 40
내구적 공공재 309
내륙교통로 72
내부공간구조의 개선 4
내부조직권 227
내재적 통제 168
내화벽돌 500
노동공간 61
노동당 362

노동력 402
노동분화 64
노동생산성 405
노동참가율 405
노면교통량 440
노사문제 41
노상불법주차 445
노상주차 금지지정체계 452
노상주차 454
노선위계 452
노후 · 쇠퇴지역 20
노후관의 적기교체 468
노후불량건물 423
농 · 축산배수처리시설 482
농가부업 240
농업용수분야 474
농업자재의 관리 240
농업진흥지역 381
농외소득사업 240
농지법 381
농지전용현상 90
농촌의 압출력 87
농촌의 잉여산물 19
농촌인구문제 17
농촌재정 284
농촌지역사회 64
농촌행정 41
누수량 481
누수량 절감 478
누수탐지장비 현대화 468
누진세 300
뉴 · 타운 75
뉴딜 362
능률성 54
능률주의 222

[ㄷ]

다결절형 198
다수의 법칙 86
다운타운 69
다원화도시 70
다층제 254
다층화 65
다핵도시 68
다핵이론 11, 12
단계론 91
단순매립 504
단위가족제도 405
단위비용 313
단일기관 212
단일도시 80
단일정부형식 13, 340
단일핵 12
단체위임 138, 158
단체위임사무 149, 153, 231, 246, 249
단체위임행정 156
단층제 27, 254
단핵구조의 도시형태 447
단핵도시 68, 69
단핵도시적 도시구조 69
달(R. Dahl) 35
담세자 54
대 런던 도시권 13
대공황 338, 362
대기오염(air pollution) 72, 435, 436
대단지조성사업 415
대도시 100
대도시교통난 449
대도시권 67
대도시권의회 77
대도시권지역 79
대도시도시계획위원회 397
대도시연합 77
대도시지역화 68
대도시특례화 269
대도시특별구위원회 342
대량공급 416
대량수송 432
대런던 행정청 213
대륙법계국가 230
대륙침략루트 368
대민접촉기능 175

대민행정 44, 55
대상급수지역 465
帶狀都市 79
대외신인도 125
대응성 266
大議會型 228
대중교통 432
대중교통 분담률 440
대중교통 수송분담률 440
대중교통서비스 452
대중교통수단 449
대중교통정보안내체계 449
대중교통환승시설 449
대중참여형 198
대증요법적 수단 367
대차대조표분석방법 376
대체에너지원 506
대표자형 204
대형주택 424
대화조언 178
델파이법 181
도로개발비 459
도로계층제(road heirarchy) 446
도로공급 445
도로교통능력 456
도로망의 정비 449
도로망체계 446
도로수익자분담금제도 459
도로율의 저위성 29, 449
도로율의 증대 449
도로의 입체화 455
도로체계의 정비 450
도로혼잡 445
도로확장 439
도수 464
도수시설 477
도시 물리적 구조 20
도시 및 지역개발기능 27
도시 자치협회 257
도시간교통(inter urban transportation) 434
도시개발구역지정 393
도시개발법 390
도시개발사업 195
도시개발예정구역 373
도시개발예정지구조성사업 389
도시개발행정 44
도시개조 406
도시경제 지표 64
도시경제 282
도시계획 362
도시계획가 112
도시계획법 390
도시계획시설 386
도시계획의 중요성 31
도시계획의 효시 367
도시공간 61
도시공간구조의 형성 12
도시공간시설 373
도시공공용수 464
도시관리계획 386
도시관리계획도서 396
도시관리계획시설 387
도시관리계획의 수립기준 396
도시교통난 443
도시교통난의 가중요인 445
도시교통난의 해소방안 29
도시교통문제 435
도시구조의 개혁 20
도시구조이론 11
도시권 행정협의회 활성화지침 348
도시권 행정협의회 13
도시권 13
도시권내 관할구역 352
도시권행정제도 344
도시권행정체제 269
도시급수난 472, 477
도시기능 84
도시기능 향상 20
도시기능의 공간적 전개 11
도시기능의 둔화 436
도시기능적 특성 43

도시기반시설 464
도시내교통(intra urban transportation) 434
도시내부문제 42
도시내부의 지역적 분화 11
도시내부통행(internal movement) 435
도시내용변화에 적응 20
도시문명사 463
도시문제 4
도시문제연구경향 16
도시문제해결 19
도시문화 81
도시미관 423
도시민의 의식구조 89
도시발전 3
도시방재 20
도시방재시설 373
도시비대화현상 418
도시사회병리 17
도시사회학 16
도시산업구조 19
도시생활환경 3, 10, 435
도시서민주택공급확대 427
도시설계지구 452
도시성 63
도시성립 463
도시성장 69
도시의 사회적 조직 17
도시의 쇠퇴 93
도시의 인구표준 61
도시의 정치학적 연구 6
도시의 중심기능 14
도시의 중추기능 69
도시의 특성 59
도시의 흡인력 84
도시이주현상 411
도시자연공원구역 384
도시자치단체 41, 207
도시자치단체가 처리하는 행정 41
도시자치단체의 기관구성 212
도시자치단체의 자치권 152
도시장기종합개발계획 376
도시재개발사업 373
도시재개발(urban renewal)이론 20
도시재정 282
도시재정세입 286
도시재정수요 131
도시재집중책 94
도시적 산업 63
도시적 요소 80
도시적 용지 124
도시정부 41, 404
도시정부간의 다양성 283
도시정부의 기구 277
도시정부의 세입원 285
도시정부의 예산제도 26
도시정부의 인력관리 280
도시정부의 자율권 127
도시정부의 지원기능 250
도시정부의 행정기능 236
도시정부행정제도 236
都市政策 7
도시정치학 5, 9
도시종합개발계획 29
도시주택정책 414
도시지리학 11
도시지배권 10
도시지역사회 64
도시지향성 87
도시집적의 불이익 28
도시집중 404, 473
도시철도노선 449
도시통행 433
도시팽창 415
都市學 9
도시행정 404
도시행정계층구조 260
도시행정공급체제 26
도시행정기능 56, 71, 161, 239
도시행정론 4
都市行政史 7
도시행정수요 122

도시행정수요의 변동 17
도시행정업무 287
도시행정의 감독기관 233
도시행정의 계층구조 262
도시행정의 내용 25
도시행정의 능률성 168
도시행정의 민주화 56
도시행정의 선진화 49
도시행정의 수요 121
도시행정의 연구 6
도시행정의 영역 40
도시행정의 영역확산 41
도시행정의 원리 44
도시행정의 전문성 215
도시행정의 존재형태 24
도시행정의 합법성 57
都市行政理論 7
도시행정주체 193
도시행정체제 279
도시행정체제의 내용 25
도시행정학 5, 9
도시행정현상 7
도시혁명 3
도시현상의 공통성 11
도시형성 10
도시형성의 기초자료 11
도시형태적 기준 63
도시형태적 성격 63
도시화 24, 80
도시화과정 10, 409
도시화된 구역 61
도시화율 83, 89, 467
도시화의 과정 365
도시화의 지표 89, 90
도시화의 진행 103
도시화형태 88
도심(C.B.D.) 14
도심과밀화 69
도심교통체증 455
도심의 과밀·혼잡현상 447
도심재개발사업 426
都心再開發事業 426
도심주차수요의 급증 446
도심지(central business district: C.B.D.) 447
도심지 통과 교통량 446
도심지구 410
도심진입차량 440
도종합개발계획 395
도청소재지 71
도협회 257
독과점현상 361
독립가옥 408
독립된 제약조건 122
독립변수 24
독립부처 409
독립세 299
독시아디스 21, 77
독일의 특별시 73
독임제 조직형태 218
독자적 예산편성권 155
동심원이론 11, 12, 69
同心圓的 都市 70
동태적·기능적 개념 52
動態的인 기능 236
둔화현상 123
등가교환 429
디목 54
디스트릭트(District) 213
딕킨슨 70

[ㄹ]

라이트 365
러쉬 아워(rush hour) 433
레스톤 75
레이크우드시스템 341
레이크우드제도 13
레치워드 75, 365
로드윈 11
로마클럽보고서 80
로스토우 83
로타리형 446

루이스 맘포드 11
르 꼴비제 11
리그스 15, 33

[ㅁ]

막스 웨버 19, 59
매립사업 428
매립시설 495
매립쓰레기양의 감량화 499
매립장 침출수 498
매립장 505
매립처리 490
매연 436
매연방출량 436
맥그리거 52
멈포드 59
메갈로폴리스 21, 79
메트로폴리스 21, 77
메트로폴리스(Metropolis)의 형성 88
面的施設 386
면협회 257
명목집단방법 181
명목참여 180
명시이월 326
명시이월금 304
모갤프 178
모도시 70, 75
목동소각로 502
목동열병합발전소 502
목적세 298
목적통행량 29, 432, 449
목표관련적 개념 53
목표관리(MBO) 52
목표달성분석방법 376
목표의 달성도 52
몽고메리 37
무성장관리 331
無收量 481
무수율 474
무허가・불법지역 20
문로 59
문명단계 59
문명론적 도시연구 9, 10
문명사적 학자 11
문명이전의 사회 16
문전수거방식 489, 494
문화도시 71
문화자원보존지구 382
문화적 지표 64
문화주택소유욕 408
문화횡단적(cross-cultural)인 성격 36
물리적 계획 362, 376
물리적 공간 61
물리적 기술 33
물리적 측면 61
물리적인 수법 20
물적 환경 61
물적구조 402
물질주의 18
미관지구 371, 385
美國의 市長・議會型 216
美國의 議會・管理官型 222
미급수인구 475
미급수지역 475, 479
미래의 대도시 11
미래의 도시상 10
미첼 81
미활용자본 405
민간 대행업체 494
민간건설업체 418
민간경제 283
민간경제활성화 190
민간대행업체 491
민간사업주체 190
민간위탁 27
민간위탁 수거체제 494
민간주택금융 414
민방위기능 27, 237
민영주차장 455
민영화 335
민의반영 221
민의행정 127

민주적 공복　52
민주적 행정행태　52
민주적 행정행태의 확립　51
민중조작　178
민중통제　135

[ㅂ]

바이에른(Bayern)주의　220
반계획적　374
반자유방임적　374
반자치적 도시행정　47
발전론적 접근방법　23, 32
발전복지기능　26, 236, 237
발전생태학　33
발전지향적 행정체제　37
발전행정능력　23
放射狀　12
방사형(star pattern)　69, 446
방사형 간선도로　456
방사형 도시　446
방사형의 도로망　454
방수설비　387
방풍설비　387
방화설비　387
방화지구　371, 385
배기가스비용　436
배분도로　444
배수관리　468
배수시설　464
배출량　492
배출성분　488
배후지　14
버러　213
버스노선입찰제　453
버스노선체계　452
버스운전신호　453
버스운행형태　453
버스이용객　439
버스이용승객의 대기시간　439
버제스　12, 15, 69
번잡한 결정　136
범죄성향　18
범칙금　448
법규만능주의적　55, 57
법의 집행　57
법인체　59
법적 안정성　55
법적 지위　59
법정교부율　319
법정위원회　213
법제적 구성요소로서의 自治權　207
법치행정　55
변동대응능력　36
변두리 관말지역　470
변화담당자　5
변화대응력　49
별정직 공무원　272
병목구간　448
병목(bottle neck)현상　455
병참산업기지　97
보건사회행정　44
보건위생시설　373
보건진료기관　240
보상가격　429
보상수준　429
보상협의　429
보수분담주체　271
보스톤・리죤　342
보완・대행기능　160
보완구역　14
보완성　86
보이는 손(visible hand)　28
보이지 않는 손　362, 374
보이지 않는 손(invisible hand)에 의한 예정조화　31
보전관리지역　380
보전녹지지역　380
보전임지　381
보전재원비　288
보조공간　61
보조금사용잔액　304
보조금제도　145

보조기관 270
보통교부세 312
보통세 298
보통시 74
보통지방자치단체 211
보편적·공통적 수요 44
보행난 436, 443
보행자 434
보행자전용도로 388
보호자 239
복토 운반용 장비 504
복토 적재용 장비 504
복토 집토용 장비 504
복토 포설용 장비 504
복토야적장 505
복토재 501
복합개발진흥지구 383
복합영농의 운영 240
본원적 수입 285
봉건적 특권 146
봉사행정 44
봉쇄적 상태 15
부담금제도 305
부도심(Sub C.B.D.) 14
부도심권 451
부도심권개발 449
부동산투기 419
부문계획 376
부분재개발 21
부실공사 418
不適應理論 17
부존자원 303
부채꼴의 섹터 12
부채꼴의 활동기능 12
분권 133
분권적 시장 216
분뇨처리시설 482
분뇨처리장 467
분류헌장제도 152, 153
분리(separation) 13, 341
분리수거방식 500
분리수거제도 499
분리수집 501
분배자(dispenser) 239
분산구매제도 135
분산의 효과 12
분산적 도시화 88
분산적 활동 68
분양주택 410, 418
분업 85
분업체제 27
분할불 410
불균형성장모델 20
불균형성장이론 53
불균형성장이론전략 87
불균형성장전략 4
불균형적 사회발전전략 39
불균형적 행정발전전략 38
불균형적 행정발전형 38
불량주거지구 423
불량주택정비사업 423
불량주택지역 414
불량지구개조 407
불법노상주차의 성행 446
不良地區再開發事業 426
불황기 285
붐 75
브라질리아 75
블렉벨트(Black Belt) 10
비경합성 284
비공식적 사회통제력 18
비공식조직의 인정 52
비교론적 접근방법 32
비교우위성 86
비권력적 통제방식 142
비농업적 생활 59
비례대표제 224
비민주적 도시행정 47
비배제성 284
비사업용자동차 438
비상동원계획 362
비송사건절차법 306

비영리적인 주택공급형태 410
비용·편익분석방법 375
비용·효과성분석방법 376
비용분석(cost analysis) 436
비용용도제한 143
비용절감 56
비용편익분석 331
비참여 179
빈곤가구 419

[ㅅ]

사고이월금 304
士農工商的 신분제도 95
사무위탁 346, 347
事務의 管理·執行權 231
사방설비 387
사법통제 141, 169
사실판단 200
사업계획(program) 321
사업시책체계 331
사업용자동차 438
사업장폐기물 487
사업집행과정 332
사전매수 428
事前承認制 142
사전심사 327
사회간접시설의 확충 406
사회간접자본 85, 105, 135
사회간접자본시설 251
사회경제발전계획 414
사회계층의 이해 215
사회계획 362
사회구조 58
社會問題的 都市研究 10
사회변동 48
사회병리학 17
사회병리현상 18
사회보장(social insurance)기능 239
사회보장적 수혜금 288
사회복지 17
사회복지기능 27, 237
사회복지정책학자 405
사회부문의 약화 38
사회사업 17
사회생태(social ecology) 10
사회심리적 현상 65
사회안정자 239
사회여건 122, 123
사회적 기술 33
사회적 능률 54
사회적 분화 65
사회적 비용증가 445
사회적 압력단체 174
사회적 에너지의 결집점 19
사회적 유동화 17
사회적 지표 64
사회적 편익 48
사회적·경제적 일체성 93
사회제도의 모체 402
사회체계적 방법 38
사회학적 입장 82
사후심사 327
사후적 평가체계 332
산림지 428
산업개발진흥지구 383
산업경제기능 27, 237
산업경제행정 44
산업경제활동 240
산업구조 466
산업구조의 고도화 125
산업구조적 개념 81
산업구조적 입장 83
산업국유화 362
산업사회 16
산업용수 464
산업의 고도화 473
산업입지 3, 20, 84
산업입지정책 107
산업진흥기능 239, 240
산업혁명 463
산업형 도시 16, 68
산업화 402

산업화이전단계 83
3차산업의 입지이론 14
3핵도시 68
상·하수도행정 44
상가주택 410
상급자치단체 149
상급지방자치단체 238
상대적 입지(relative location) 403
상세계획구역 373
상수도공학의 전문성 477
상수도관리체제 475
상수도문제점 472
상수도보급률 124
상수도분야 474
상수도사업주체 479
상수도업무 476
상수도행정 474
상수보호구역 482
상시급수 470
상업용수 466
상업활동 68
상위체제 34
상인도시 19
상임위원회 213, 323
상임직 정치인들 344
상주인구 443
상항 72
상향적 통제 168
상호관계의 규칙성 11
상호관련성 34
상호독립적 122
상호보완적 관계 55
상호의존 122
상호의존성 34
상호작용성 34
생산관리지역 380
생산녹지지역 380
생산요소 85
생산요소의 전문화 85
생산자도시 19
생산효과 405
생태계보존지구 382
생태론적 접근방법 15, 31
생태학적 접근방법 19
생활 연료 492
생활공간 61
생활기능의 분화성 89
생활보호(public assistance)기능 239
생활보호사무 238
생활수준의 향상 408
생활양식론 16
생활양식의 변화 408
생활용수 466
생활자원 19
생활폐기물 486, 487
생활행정 44
생활환경조성 415
샤우프(Shoup)사절단 157
서민거주지섹터 12
서민주택공급 419
선결처분 232, 325
선결처분권 234
선매권 행사 428
선매권제도 20
선매제 428
선발적 영향체계 121
선별분쇄 490
線的 施設 386
선진건축기술의 도입·보급 422
선진국의 도시화율 103
선진도시 68
선택헌장제도 153
扇形都市 70, 454
線型도시 70
선형이론 11, 12, 69
성과측정 203
성곽도시 10
性狀別 發生量 492
성장거점도시 75, 76
성장거점이론 20
성장잠재력 76
세계도시 79

세계도시화추세 80
세균수 467
세대(household) 403
세입예산규모 290
세입원 317
세차시설 505
세출구조 28
섹터 12
소각로 490
소각방법 495
소각법 490
소각처리 490
소관사항 218
소관상임위원회 323
소규모지구 434
소도시 100
소득의 재분배 284
소득효과 405
소방구 211
소비자도시 19
소비재 405
소유정책 416
소음 72
소음과 진동(noise and vibration) 435
小議會型 228
消化器系統 464
소화용수 464, 483
송·배수시설 477, 478
송·배시설관망 471
송수 463, 464
송유설비 387
쇄신적 행정 49
쇼버그 16
쇼핑(shopping) 433
수거운반비용 503
수계관리 480
수단통행량 29, 432, 433, 449
수도 71
수도권매립지운영조합 356
수도권정비계획 395
수도권정비위원회 13
수도권첨단교통정보체계 459
수도법 478
수도사업 478
수도시설 464
수도종사자 477
수동적 작용성 37
수변경관지구 381
수산자원보호구역 385
수산자원의 보호 385
수석행정관 217
수송분담 440
수송비인자 14
수송수단 432
수송시간 432
수송시스템 503
수송효율 제고시스템 499
수송효율 503
수시보고 144
수압유지 468
수용권 375
수원의 오염 464
수원지개발의 한계 477
수은함유 쓰레기 502
수익자부담 330
수임자치단체 346
수자원 부족량 471
수자원 이용량 473
수자원 확보방안 479
수자원 381
수자원계획 376
수장형 215
수정자본주의 362
수지균형 480
手指型都市 70
수질개선방안 482
수질오염 72
수질오염현황 473
수탁자치단체 346
수평적 재정불균형 313
수평적 통제 168
숙련공 476

순세계잉여금 304
순위규모법칙 109
順位規模의 法則 100
순조현상 129
순지방적인 사항 152
순환도로 446
순환방사형 454
숨터 222
쉬타인 365
스노 59
스케일의 가변성 22
스터케스틱(stochastic) 84
슬럼(slum) 10
슬럼(Slum)화 426
승용차 수요대체수단 451
승용차 특별소비세 459
승용차이용 439
승차난 436
시·군 분리방식 73, 345
시·도 도시계획위원회 397
시·도분리(city-county separation) 345
시·도지사 396
시가지 58
시가지 확산 3
시가지건축법 369
市街地建築取締規則 367
시가지경관지구 381
시가지계획령 368
시가지의 창설 369
시가지조성사업 373, 390
시가화조정구역 373, 384, 385, 395
市級都市 4
시내교통순환 448
시내직행좌석버스제 451
시민기초수요 104
시민복지행정 477
시민위원회 191
시선장애(visualintrusion) 435
시설단가 475
시설보호지구 385
市議會의 權限 225
시장 396
시장경제원리 117
시장권의 확대 432
시장규모 14
시장의 지위 230
시장지역 14
시장·행정관형 217
시장효과 432
시정관리관 222, 223
시정관리관제도 222
市政論的 都市研究 10
시정론적 학자 11
시정목표 50
시정부의 관리행정부문 5
市支配人制 222
시카고 학파 10
신개발 425
신규시설비 479
신규택지 419
신도시 366
신분계층적 질서 16
신생개발도상국 362
신생국 366
신중앙집권화 137, 139, 253, 340, 351
신지방분권화 137
신탁소유 75
신호대기 455
실거래가격 429
실거래수준 429
실리주의 104
실무협의회 355
실천행정 44
실체(thing) 34
쓰레기 114
쓰레기 減量化 500
쓰레기 관리비용 503
쓰레기 발생특성 499
쓰레기 배출원 496
쓰레기 분리수거 489
쓰레기 분리수거운동 489

쓰레기 압축용 장비 504
쓰레기 야적시간 505
쓰레기 처리시스템 503
쓰레기소독 살포용 장비 504
쓰레기운반용 특수차량사용 503
쓰레기의 시민재산화 506
쓰레기의 자원화 506
쓰레기전용 밀폐식 차량 505
쓰레기종량제 487
쓰레기처리문제 28
쓰레기처리시설 482
City-County의 행정협정 341

[ㅇ]

아노미理論 17
아담 스미스(Adam Smith)주의 374
아동관리 180
아른슈타인(Sherry R. Arnstein)의 모형 178
아버크롬비 365
아파트군의 건립 408
아파트수거방식 489
惡臭對策 505
안내자 239
안정유지자 5
압축화 500
압출요인 83
야간최소유량유지 481
야생동식물서식처 382
弱市長·議會型 216
양적 성장 36
양적 수요의 팽창 131
漁家 72
어업도시 72
어업서비스기능 72
어항 72
언더바운디드 시티 13, 338
언윈 365
업무활동 68
에너지낭비 436
에스 론트리(S.S. Rowntree) 10
에스만 37
SOC 투자 125
에큐메노폴리스 79
에키스틱스 21, 77
X이론 52
여가(recreational activity) 433
여객자동차터미널 388
여과법 467
여과속도 467, 468
여과지 468
역교부금제도 320
역교부세 320
역도시화 91, 93
역도시화 단계 93
역도시화(deurbanization)현상 93, 103
역사문화미관지구 381
역사적 도시 71
역세권 452
역세권개발 452
역점시책사업 322
역주기현상 405
연결의 최소화 481
연계노선 452
연담적 도시화 88
연료부족현상 502
연료소모 436
연방정부내의 주택·도시개발성 (Department of Housing and Urban Development) 409
年少人口 비율 123
연탄재 파쇄기 506
연합도시 77
연합도시정부 77
연합정부체제 77
연합제도 14
연합체(Metropolitan Federation) 342
열공급설비 387
열병합발전 495
열분해방법 495
열분해법 490
열수송시설 307

영구임대주택 414
영구적인 정착지 59
영세민 409
영세민가구 419
영세보조금 317
영외거주자 72
영조물법인 209
예방적 감독 163
예방적 수법 21
예산결산특별위원장 323
예산결산특별위원회 323
예산담당부서 336
예산안의 발의 232
예산요구부서 322
예산주관부서 322
예산지출 56
예산총규모 291
예산편성기본지침 144, 321, 322
예산편성지침 143
예정조화 362
예측가능성 55
오니 114
오물청소법 487
오버바운디드 시티 342
오수 464
오수 정화처리시설 504
오염원 474
오염원 발생량 473
오일 쇼크 125
오픈 스페이스 3, 53, 69, 123
온수 풀장 502
옴부즈맨(Ombudsman)제도 51
와이드너 37
Y이론 52
완속여과 467
완전관치 46
完全官治行政型 45
완전자치 46
完全自治行政型 45
외곽순환도로 439
외곽지 428
외곽지대 대규모주차장(park and ride) 456
외곽지역 12
외곽통근지역 12
외부방어 402
외부재원 479
외부행정체제 357
외연적 도시화 88
外因性 要素 122
외자도입 332
외재적 통제 168
외적환경 121
외형적인 부 29
요구호생활대책 118
요율수준 305
욕망과 이념 33
용수개발단가 471
용수공급 472
용수문제 477
용수수요 471, 473, 479
용수원 480
용수이용 480
우성생태학적 82
우월적 시의회 216
우주도시 21, 79
운반비용 503
운송효율 503
울만 12, 69
워싱톤 D.C 67
원심적 도시화 88
원양어업 72
원조시행과정 36
웰인 75, 365
위락공간 61
위생구 211
위생매립 495, 504
위생매립처리 490
위생수 468
위성도시 68, 70, 75, 366, 443
위쓰 16, 59, 81
위원회형 214, 223

위임행정 41, 166
위탁자치단체 346
위협적인 조건들 402
유기물 467
유기물 분해가스 497
유기비료 507
유기체 15
유로변경 479
유속도 468
UN HABITAT국제학술회의 22
유입통행(external-internal movement) 435
유지보전기능 26, 236
유지비용 436
유출통행(internal-external movement) 435
유토피아 9
유통 메카니즘 30
유통 및 공급시설 373
유통·물류기능 383
유통개발진흥지구 383
유통상업지역 380
유통업무설비 387
유통예측 454
유통의 합리화 432
유효수요 86, 317
유휴노동력 405
유휴화현상 93
융자금 409, 422
융자지원제도 196
융자한도 422
융자한도액 422
은신처(shelter) 401
음식물쓰레기 497
읍협회 257
의결기관 212, 220
의무부과 149
의무부담 226
의무적 주민투표 171
의사결정기능 215
의사결정적 접근방법 31
의사자율권 227
의사전달망 161
의원경찰권 227
의원의 자격심사 227
의전적 대표 230
의존재원 28, 286, 315
의회형 223
2단계형구조(two-tier system) 342
2단계형구조의 특별구 340
2단계형구조의 행정체제 13
이론도시행정 7
이상주의적 도시개혁론자 365
이스트 엔드(East End) 10
이의신청 51
이전확산 83
이주대책 429
이중감독 158
이중규제 158
이중행정 158, 255
2차 공해대책 504
인간 정주공간 69
인간관리 52
인간생활공간구조 11
인간생활공간체계 77
인간의 만족성 22
인간의 성격 33
인간적 환경 65
인간정주론 11
인간정주의 과학 77
인간정주학 21
인간집단 생활 463
인공저수지 463
인구감소현상 93
인구귀환(“U”turn)현상 103
인구내파 111
인구내파현상 28, 112
인구성장추세 441
인구의 노령화현상 93
인구의 다양성 111
인구의 정착현상 89
인구의 집중현상 89

인구증가율 123
인구집중 442
인구폭발 111, 404
인구학적 개념 81
인구학적 입장 82
인구학적 지표 64
인력의 배치 277
인력의존농경 87
인력집약수거방법 503
인사관리 27
인사행정 34
인센티브 335
引水供給 464
인적 구성요소로서의 住民 207
일단정지 455
일반공공행정 244
일반공업지역 380
일반도로 388
일반미관지구 381
일반상업지역 379
일반세입 285
일반시 74, 273
일반적인 법제도시 72
일반종합계획 376
일반직 공무원 271
일반폐기물 486
일반행정기관 476
일반행정기능 27, 236
일반행정사무 272
일반행정수요 292
일반행정요원 476
일반헌장제도 152
일반회계 전입금 423
일반회계세입 293
일방통행제 456
일선특별행정기관 159
1일 최대급수량 465, 466
1일 통행인구 443
일치만 37
逸脫行動理論 17
임대관리공사 418
임대료 416
임대료지불방식 417
임대산업육성 424
임대소득세 424
임대수입 418
임대시장 418
임대업자 418
임대주택 410
임대주택사업 410
임대주택시장 418
임대주택투자 418
임대차체계 417
임대행위 418
임시수입 286
임시적 세외수입 293
임의상환지방채 310
입법국가 55
입법통제 141, 169
입법활동 68
입주보증금 419
입체다단주차장건설 455
입체적 도시화 88

[ㅈ]

자가건축 408
자가주택취득능력 417
자금조성원 421
자기 완결적 조직 72
자기실현욕구 52
자동조정기능 285
자동차 1대당 인구수 438
자동차 보유대수 437
자동차 보유현황 437
자동차교통 434
자동차등록대수 437
자동차보유대수 438
자동차시대의 병(a disease of the rubber tire age) 436
자동차운송사업법 457
자동차위주의 교통문화 446
자동차전용도로 388

자동차주행 456
자동홍수통제체계 480
자문적 주민투표 171
자본재 405
자본주의 발흥기 10
자본축적 81
자본투자계획 329, 376
자산과세 301
자연경관지구 381
자연녹지지역 380
자연보호계획 376
자연여건 122
자연취락지구 383
자원공급의 다원화 506
자원배분의 합리화 333
자원의 재활용방안 489
자원의 최적배분 284
자원재활용 489
자원회수(RDF생산) 496
자유경쟁제도 374
자유민주국가 55
자유방임주의 361
자전거전용도로 388
자정작용 488
자조적 근린조직 186
자조주택 409
자주재원 27, 286, 357
자주적 기채권 156
자주적인 헌장 152
自治·官治二元型 46
자치계층 260
自治區 274
자치권 59, 127, 146
자치단체의 구역(autonomous area or boundary) 163, 258
자치단체의 수장 230
자치단체의 역할 289
자치단체의 행·재정개혁론 335
자치도시의 지방권 146
자치법규 148
자치사무 46
자치입법권 52, 148
자치재정권 52
자치적 도시행정 46
자치적 도시행정방식 48
자치적 분권 46
자치조직권 52, 150, 270
자치행정 44, 156
자치행정권 52
자치헌장제도 152
자치형 196
잔여군부(rump county) 104, 266, 345
잔여도부 74
장기교통계획 460, 462
장기매립장 490
장기예측성 55
장기임대 419
장기임대주택 414
장기전망 363
장래를 예견한 행동 361
장소적 구성요소로서의 區域 207
재개발 425
재개발주택 414
재난 33
재무관(treasurer) 216
재무행정 34
재산구 211
財產增殖 403
재생산 402
재원배분 73
재원보장기능 312
재원조달방법 285
재의요구권 234
재정계획 316
재정고문 216
財政管理作用 155
재정구조 284
財政權力作用 155
재정균형화 313
재정력 317
재정력지수 314
재정불균형 320

재정사정 317
재정상황 322
재정손실 481
재정운용방침 322
재정운용제도 27
재정의 강제성 283
재정의존도 286
재정잉여 132
재정자립도 193, 286, 292
재정자립력 135
재정정책 285
재정정책수단 317
재정조정납부금제도 320
재정출연 421
재정활동 285
재투입(re-input) 34
재활용방법 495
재활용체제(recycling system) 506
저소득계층 416
저수 464
저지가지역 70
저층주택 410
저항 · 운동형 196
적극적인 작용성 37
적량성의 원칙 408
적법성의 원칙 408
적시성의 원칙 408
적응형 196
적자단체 283
적자재정 330
적정배수지용량결정 481
적환장 505
전국교구협회 257
전근대적 도시 95
전래권설 147
전략공단조성 429
전면매수방법 20
전문인력의 파견제도 281
전문직 공무원 272
전반적인 계획권 355
전산업도시 16
전산업형 문명사회 16
전시동원계획 362
전역확산 83
전염소처리 467
전염확산 83
전용공업지역 380
전원도시 70, 75, 365
전원도시론자 365
전원도시운동 75, 365
전 주적인 사항 152
전통사찰 382
전통사회 64
전환과정 34
절차적 계획 363
점검체계 332
漸移地域 12
點的施設 386
점진적인 계획 363
접근교통 448
접근불가능성(inaccessibility) 435
정 · 취수시설 475
정경유착 125
정기보고 144
정률세 300
정무직 공무원 272
정보기능 175
정보수집(information collection)기능 175
정보전파(information dissemination)기능 175
정보제공방법 180
정부융자금 423
정부출연기관 390
정부홍보기관 187
정상적 종주화지수 101
정세변동 325
정수 463, 464
정수설비 478
정수시설 477
정수장 468
정수처리방식 465

정수처리시설 482
정시차량 문전수거방식 489
정액세 300
政令指定都市 74
정점 123
정책결정기능 5, 213, 323
정책결정자 5
정책과학 9
정책집행기능 213
정체적 인구구조 16
정치의식수준 136
정치적 수도 67
정치중추기능 71
정치훈련 136
靜態的인 구조 236
정한 지역적 범위 13
정화수 공급 464
제3의 물결 139
제2의 사회 16
제3섹타 28
제도적 접근방법 31
제약조건(constraints) 24, 121
제한급수 470
제한세율 301
조경계획 376
조경용수 483
조례제정권 356
조립식주택건립 422
조선시가지계획령 366, 367, 368
조선시가지계획령이 제정 366
조세감면제도 301
조세법률주의 303
조세부담 290
조세수입 298
조세저항 309, 333
조세체계 415
조정교부금 286, 319
조정교부금제도 318
조직관리 27
조직목표 52
組織解體理論 17
조직행정 34
조직형태 133
조합관리의 효율성 357
조합주택 410, 427
조형여건 122, 123
존 빌트 19
종가세 299
종량세 300
종속변수 24
종속적 57
종이 계획 368, 376
종적분업체제 27
종주도시 67, 100, 101, 108
종주화지수 101, 109
宗主性 101
종합교통정보체계 459
종합도시 70
종합성의 원칙 157
종합적인 단지개발 425
종합행정 42
종형의 인구구조 형태 123
주·정차수요 444
주거개발진흥지구 383
주거단위 403
주거양식의 변화 415
주거집단단위 401
주민계몽 482
주민과 정부간의 대화조직 186
주민권력 180
주민발안 171
주민복지 279
주민복지증진 56
주민복지증진기능 239
주민소환 171
주민운동 188
주민의 권리 51
주민의 기대수준 33
주민의 대의기관 214
주민참여 25, 45
주민참여모형 196
주민참여의 제도 193

주민통제 25, 45, 168, 221
주민통제수단 202
주민투표 171
주변낙후지역개발 76
주유시설 505
주차공간 443
주차난 436
주차문제 440
주차시설 444
주차시설의 확충 450
주차요금 차등적용 452
주차요금의 획일적 징수 446
주차장 지원제도 446
주차장 확보율 445
주차장관련법 455
주차장관리제도의 개선 455
주차장보유율 440
주차장시설의 확충 449
주차질서 452
주택 및 지방자치성(Ministry of Housing and Government) 409
주택가격 415
주택가격구성비 416
주택개량촉진 426
주택건설 409
주택건설기업 410
주택건설실적 412
주택건설자금 421
주택건설촉진법 425
주택공급 408
주택공급정책 411, 419
주택과 409
주택국 409
주택규모 413
주택규모추이 413
주택금융업무 409
주택난해결 419
주택단지조성 409
주택도시국 409
주택문제 28, 75
주택보급률 411, 416
주택비구성 419
주택사업자 418
주택산업 405
주택수급의 불균형 402
주택시장의 탄력성 405
주택의 고급화 408
주택의 양적부족 406
주택자금 419
주택정책 404, 409
주택지 428
주택지조성사업 373
주택행정 404
주헌법 152
住民發案(initiative) 214
住民召還(recall)제도 214
住民投票(referendum) 214
住宅問題 404
준공업지역 380
준주권적 권능 147
준주권적 제약 147
중간자치단체 73, 160
중간처리과정 503
중계기지설치 499
중계수송방식 503
중계수송시스템 503
중공업도시 71
중금속중독 496
중기재정계획제도 329, 331
중도시 100
중복행정 262
중산층 429
중산층거주지섹터 12
중세도시 10
중수도(雜用水道)개발 483
중수도개념 478
중심교통지역 69
중심기능 14
중심상업지역 69, 379
중심업무지역 12, 68, 69
중심지미관지구 381
중앙도시계획위원회 397

중앙정부시책 122
중앙정부재정 289
중앙집권 25, 134, 137
중앙집권적 47
중앙집권주의 340
중앙집권하 210, 256
중앙차선제 439
중앙통제 25, 140
중앙행정기관의 장 347
중요시설물보존지구 382
중재자 239
중층제 27
중화학공업화 463
卽物主義 91
卽人主義 91
증서차입 309
지가상승 420
地區改修 21
지구교통 434
지구단위계획구역 385
地區保全 21
지급액산정 143
지대의 고저 12
GDP주택투자율 412
지리적인 조건 135
지리학적 접근방법 19
지반침하 497
지방공공단체의 조합 212
지방공기업 240
지방공기업의 활성화 28
지방공무원 52, 271
지방공무원법 142
지방공무원의 전문성 280
지방공사화 478
지방공업 장려지구 196
지방교부세 286, 292, 319
지방교부세배분액 314
지방교부세제도 311
지방권(pouvoir municipal)사상 146
지방도시계획위원회 191
지방도시의 도시화 88
지방분권 25, 134, 137
지방분권주의 340
지방분권화 127, 131
지방상수도 건전화 기금 479
지방세 세입구조 293
지방세법 299
지방세원 300
지방양여금 28
지방육성책 117
지방의회 26, 50, 208
지방이양 314
지방자치기반확충 167
지방자치단체 207, 409
지방자치단체의 자주재원 162
지방자치단체의 조정사무 160
지방자치단체의 차입금 309
지방자치단체의 행정권 127
지방자치단체조합 209, 212, 348, 349
지방자치단체조합제도 355
지방자치법 63, 142, 148, 209, 239, 274
지방자치법시행령 211
지방자치의 원리 160
지방재정 289
지방재정의 세입구조 27
지방재정제도 314
지방재정조정제도 311
지방적 공간개발 251
지방적 사무 141
지방적 사항 147
지방적 67
지방채 309
지방채발행 330, 480
지방행정 34
지방행정공급주체 26
지방행정기능 245
지방행정여건의 변화전망 25
지방행정의 민주성 35
지방행정의 특수성 36
지배권 208
지배권의 소수집중화현상 174
지상투기 490

지선 452
지선도로 444
지역간이상수도급수업무 476
지역개발기능 135, 237, 241
지역개발사업 194, 241
지역교통 434
지역구조체 67, 68
지역난방 502
지역단체 209
지역문제해결 56
지역발전기능 239
지역사회의 분업화 431
지역사회의 평준화 431
지역성 43
지역인구규모 63
지역적 수도 67
지역적 통치체 158
지역정책 129
지역주민의 경제권 339
지역지구제 378
지역지구제의 강화 21
지역특수성의 원칙 158
지역행정 55
지원용 장비 504
지원행정기능 132
지정개발 425
지정권자 393
지정시 제도 269
지정폐기물 처리업자 502
지출원인행위 324
지하구조물 478
지하도로 388
지하수 부존량 471
지하철 분담률 440
지하철건설비 459
지하철교통 434
지하철도 434
직급제 476
직업윤리의식 223
직영체제 494
직접경영사업 476
직접민주주의 도장 9
직접수거 503
직접참정제도 170
직접통제방법 169
질적 변동 36
질적 수요의 다원화 131
집권 133
집단취락지구 383
집단협의 173
집적경제 86, 112
집적불경제 112
집적이익 3, 12, 83, 85
집중구매제도 135
집중적 도시화 88
집중적 활동 68
집중형 도시 447
집합도시(conurbation) 21, 78, 339
執行機關 間選型의 短點 220
執行機關 間選型의 長點 220
집행기관 212, 220
집행기관 임명형제도 221
집행책임자 223
징세액 54

[ㅊ]

차고지 확보율 445
차고지증명제 452
차관도입 459
차도점거 443
차등보조율제도 317
차량교통 434
차량등록대수 442
차량등록대수의 변화 444
차량배차계획 505
차량소통속도 439
차량속도 436
차량집중완화방안 503
차량허용량 446
차선당 차량 밀도 436
차선잠식 455
차지개발 429

찰스 부스 10
찰스 비어드 11
참사회위원 224
參事會型 223
참여적 관리 52
참여지향적 시민상 193
책임정치 220
책임행정 220
챈디갈 75
처리·처분지의 확보 501
처리주체 487
처분효율 500
천부인권적 기본권 146
철교교차 455
철도교통 434
첨단교통정보체계 459
청사진적 계획 363
청소년 유해시설 383
청소운동 180
청원인 170
청원적 주민투표 171
體系論的 都市研究 11
체비지 427
체제론적 접근방법 31
체제론적인 연구방법 32
초대도시화(over-urbanization)현상 366
총강우량 471
총량경제성장 20, 53
총부양비 124
총수자원량 471
최고고도지구 382, 385
최대 상한선 473
최대급수량 466
최대도시집중도 101
최저고도지구 382
최저도시인구수준 61
최저소득층 423
최저인구규모 62
최저인구수준 61
최종 처분장 496
최종처리단계 503
최종처리의 합리화 503
최종처분 499
최종처분장 503
출·퇴근시 차내 혼잡도 439
출납폐쇄 328
취수 464
취수설비 478
취업구조 62
취업인구분포 19
치아보건 468
치안행정 44
침실도시적 뉴·타운 75
침전지 468
침출수(leachate) 497
침출수 처리시설 504

[ㅋ]

카운티(County) 213
카운티 버러(County Borough) 73, 257
캔버라 75
커너베이션 78
콘테이너 수거방식 489
콜롬비아 75
콤뮤니티(community)이론 16
크라이스프라이 스타트 257
크리스탈러 14
클라센 91
클라크 198

[ㅌ]

타종수거방식 489, 494
탄력세율 302
탈공업적 성격 39
탈공업화 단계 83
택지개발 425
택지개발예정지구 427
택지개발예정지구지정 429
택지개발촉진법 427
택지개발형태 425
택지개발확대방안 420

택지공급 419
택지확보문제 419
테일러 70
테크놀러지 16
토론토 도시권 13
토마스 무어 9
토양개량제 507
토양미생물 507
토양오염 497, 498
토지개발 128
토지개발계획 362
토지공급주체 429
토지구획정리 371
토지구획정리방법 20
토지구획정리법 425
토지구획정리사업 373
토지구획정리사업법 366, 389, 390
토지비축 428
토지비축제도 427
토지소유자 420
토지수요 378
토지수요의 증대 128
토지수용 372
토지수용법 375
토지신탁 429
토지신탁관리제 307
토지은행기능 428
토지의 공공성 129
토지이용계획 378, 415
토지이용수요 124
토지이용패턴 11, 432, 444
토지자원 427
토지취득 429
토지형질변경 426
토착상공업자 97
토플러 139
통과교통 448
통과기능 444
통과통행(through movement) 435
통솔범위의 원리 27, 259
통제 178
통제자 239
통치권 208
統轄代表權 231
통행 패턴 435
통행발생(trip generation) 435
통행분담(modal split) 451
통행분담율 451
통행수단(traffic mode) 433
퇴비방법 495
퇴비화(composting) 500
퇴비화 처리 507
퇴비활용 490
투기적 매입 406
투자비부담 418
투자사업비 297
투자심사분석제도 332
투자우선순위 406
투자재원의 회수부진 421
투자효과 53
특별교부세 312
특별구(ad-hoc district) 13, 211, 342
특별구방식의 단점 343
특별위원회 213
특별지방자치단체 211
특별지방행정기관 41, 42, 44, 138, 209
특별행정기관 211, 212, 233
특별헌장제도 151, 153
특별회계 297
특별회계적립금 479
특수경력직 공무원 271
특수적 법제도시 72, 73
특정개발진흥지구 383
특정사업활동 285
특정시설제한구역 373
특정재원 312, 315
특정정책 361
특정직 공무원 271
특정폐기물 486, 487
특정행정 315

[ㅍ]

파난다이카 37
파생적 수요 434
파생적 수요교통 434
파슨스 16
팽창(sprawl)현상 368
팽창확산 83
페리 365
편입(annexation) 13, 341
평균인구증가율 441
평균주택보급률 113
평면적 도시화 88
평면적 확산 75
평면적 확산형 도시 454
평형사회 64
폐기물 484
폐기물관리 487
폐기물관리법 484, 486, 491
폐기물처리 주체 486
폐산 114
폐쇄적 사회 10
폐수유입 482
폐열회수 495
폐유 114
포괄보조금제도 317
표준도시지역 65
표준도시통계지역 13
표준세율 301
풀뿌리 민주주의 51, 172
풍기지구 371
풍치지구 371
프라이버시(privacy)의 장 403
프라이버시의 보장 403
프레임(Frame)식 422
플라스틱류 496
피편입지역 345
필요토지 427
필지분할 425

[ㅎ]

하급행정기관 232
하노바(Hannover)도시권 14
하부행정기관 270
하수종말처리시설 482
하울리 15
하워드 70, 75, 365
하위체제 34
하천오염 474
하천유량 471
하천유지용수 472
하향적 통제 168
학교시설보호지구 382
학문의 독립성 6
학문의 성립성 6
학원도시 71
한계점 14
한해지역 480
할거주의(sectionalism) 341
할거주의(sectionalism)사고 353
할렘(Harlem) 10
합동(consolidation) 13, 341
합동개발 424, 429
합동개발방식 430
합리적 종합계획 363
합목적성의 감독 163
합목적적 행정활동 55
합법성의 감독 163
合議制 行政機關 233
항만기능 72
항만시설보호지구 382
항아리형 123
해리스 12, 69
해안생태계 381
해양관광자원개발 196
해양투기 495
해외 무역항 72
핵가족화 402, 415
행동 프로그램 26
행동유형 17, 82

행동의 편의 12
행정감사권 226
행정계층 255
행정계층구조 268
행정과목 326
행정관리학적 입장 5
행정구역면적 62, 64
행정구제제도 51
행정국가화 4, 54, 55
행정권한 133
행정기관 200
행정기구 279
행정기구체계 272
행정기능 56
행정내부적인 개념 54
행정내용변동 122
행정능률 221
행정능률화의 원칙 157
행정단위 59
행정대상의 복잡화 55
행정도시의 건설 426
행정모형 37
행정법학적 입장 5
행정변수 122
행정비용 255
행정상담제도 51
행정생태학 33
행정서비스 131
행정수비범위이론 335, 336
행정수비이론 335
행정수요 43, 48, 122, 211
행정수행 56
행정수행과정 48
행정에 관한 성찰 33
행정여건 122, 128
행정여건변화 25
행정외적 환경 23, 24, 33
행정요원 476
행정위원회 50
행정의 기본변수 23
행정의 능률성 53
행정의 다양화 278
행정의 대응능력 49
행정의 독립성 39
행정의 민주성 55, 221
행정의 민주화 135, 136
행정의 전문화·기술화 55
행정의 종합성 215
행정의 주체 41, 123, 128
행정의 중앙전제화 253
행정의 지도원리 48
행정의 최말단기본조직 186
행정의 통일성 137, 221
행정의 합법성 55
행정의 획일성 137
행정의 효과성 52, 53
행정이념 49, 53, 258
행정일반 271
행정재량 55
행정적 분권 46
행정적 위임 127
행정정보 51
행정정책학적 입장 6
행정조직내부 51
행정조직외부 50
행정주체 155
행정참여형 196, 200, 204
행정책임 255
행정책임기능 175
행정책임명확화의 원칙 157
행정철학 48
행정체계적 방법 38
행정체제 121
행정체제의 기본 26
행정통제 141
행정통제방식 142
행정통합 344
행정편의 305
행정학적 연구 6
행정한계론 335
행정행위 51, 54, 122
행정행태 347

행정현상 122
행정협의회 348
행정협정 13, 356
행정환경 23, 122
행정환경여건의 변화 131
행정활동 122
행태론적 개념 81
행태론적인 연구방법 32
행태론적 접근방법 31
행태변화 52
허브(Hub) 459
憲章(charter) 151
현대도시사회 432
현대도시성립 463
현대사회병리학 17
현대사회의 현상 17
현대적 대공업 463
현대행정 137
현대행정의 특징 42
현지성의 원칙 157
협조형식 13, 341
형질변경 426
好氣性 微生物 495
好氣性 分解作用 507
호이트 12, 15, 69
홍보강화 482
화물터미널 388
확대된 생활체제 15
확산적 도시화 88
확장경비 330
환경기준치 473
환경녹지행정 44
환경보전 72
환경보전법 486, 487
환경부 수도정책과 474
환경설 18
환경악화 503
환경영향평가 481, 504
환경의 변동 33
환경적 제요소 15
환경적 특성 43
환경적인 요소 15
환경적인 요인 43
환류(feedback) 34, 146
환승시설 452
환승주차장건설 440
환율유지 정책 125
환지방식 392, 393
換地豫定地 371
환지처분방식 426
환차통행 444
활성탄 467
회계관(clerk) 216
회계연도 321
回轉基金 317
획일적 행정의 폐단 136
획일화 45
횡적 분업체제 28
효율적인 집행 355
후발적 영향체계 121
후버(E. M. Hoover) 41
휴양도시 72
흡인요인 83

[저자약력]

중앙대학교 법과대학 행정학과 및 동대학원 졸업(행정학박사)
서울대학교 환경대학원 졸업(도시계획학석사)
독일 해외협력성(DSE)초청 지방행정연수
서울특별시시정연구단 전문위원 역임
내무부지방행정연수원 조교수, 부교수 역임
국무총리실수도권대책위원회 위원 역임
중앙재해대책위원회 위원 역임
내무부 및 서울특별시 정책자문위원회 위원(지방행정분과) 역임
한국지방행정연구원 자문위원 및 서울시정개발연구원 초빙연구위원 역임
중앙투융자심의위원회 위원 역임, 동작구 규제개혁위원장 역임
환경부 국립공원위원회 위원 역임
대통령실 반부패특위 자문위원 역임
기획예산처 공기업평가 심사위원 역임
경기도지방도시계획위원회 위원(제2분과 위원장) 역임
행정고등고시 · 지방행정고등고시 및 5급승진시험 출제위원, 서울특별시 · 인천광역시 · 경기도 등 7급신규채용시험 출제위원(도시 및 지방행정론)
국가전문행정연수원 및 행정자치부 지방혁신인력개발원 지도교수
한국지방자치학회 회장 역임 및 한국지방자치학회 고문
중앙대학교 행정대학원 원장 및 국가정책연구소 소장 역임
중앙대학교 정경대학 학장 겸 행정대학원 원장
독립기념관 이사
현, 중앙대학교 사회과학대학 공공인재학부 교수

[저서 및 논문]

한국지방행정학(법문사, 2013)
도시 및 지방행정론(법문사, 2002)
도시행정론(녹원출판사, 1995)
도시행정관리론(내무부 지방행정연구원, 1988)
지방재정의 계획적 운용(도시 및 지역계획 연구소, 1984)
도시계획수립론(서울특별시 시정연구단, 1983)
지방세 비과세 · 감면의 문제점과 개선방안(중앙행정연구회, 1997)
외 150여편의 논문발표

한국도시행정학〔제6판〕

1999년 9월 5일 초판발행
2000년 8월 25일 수정판발행
2004년 2월 13일 개정판 발행
2007년 8월 15일 개정증보판 발행
2009년 8월 25일 개정증보수정판 발행
2011년 8월 30일 제5판 발행
2016년 1월 5일 제6판 1쇄발행

저 자 李 圭 煥
발행인 裵 孝 善
발행처 도서출판 法 文 社
주 소 413-120 경기도 파주시 회동길 37-29
등 록 1957년 12월 12일/제2-76호(윤)
전 화 031-955-6500~6 FAX 031-955-6525
E-mail (영업) bms@bobmunsa.co.kr
(편집) edit66@bobmunsa.co.kr
홈페이지 http://www.bobmunsa.co.kr
조 판 (주) 성 지 이 디 피

정가 34,000원 ISBN 978-89-18-02442-4

저자연락처
연구실: 02-820-5444 FAX: 02-814-1242 자택: 02-827-0655
e-mail address. leekh @ cau.ac.kr